中级财务会计

(第七版)

蒋尧明　荣　莉　主　编

中国财经出版传媒集团
中国财政经济出版社
·北京·

图书在版编目（CIP）数据

中级财务会计／蒋尧明，荣莉主编． -- 7版.
北京：中国财政经济出版社，2025.8． -- ISBN 978-7
-5223-4147-7

Ⅰ．F234.4

中国国家版本馆CIP数据核字第2025A18F93号

责任编辑：罗 荀　　　　　　　责任校对：张 凡
责任印制：史大鹏

中级财务会计（第七版）
ZHONGJI CAIWU KUAIJI（DIQIBAN）

中国财政经济出版社 出版

URL：http://www.cfeph.cn
E-mail：cfeph@cfeph.cn

（版权所有　翻印必究）

社址：北京市海淀区阜成路甲28号　邮政编码：100142
营销中心电话：010-88191522
天猫网店：中国财政经济出版社旗舰店
网址：https://zgczjjcbs.tmall.com
涿州汇美亿浓印刷有限公司印刷　各地新华书店经销
成品尺寸：170mm×240mm　16开　32印张　618 000字
2025年8月第7版　2025年8月河北第1次印刷
定价：86.00元
ISBN 978-7-5223-4147-7
（图书出现印装问题，本社负责调换，电话：010-88190548）
本社图书质量投诉电话：010-88190744
打击盗版举报热线：010-88191661　QQ：2242791300

前 言

《中级财务会计》（第七版）是在2019年第六版（获江西省优秀教材二等奖）的基础上，参考国内外优秀财务会计教材的精华进行再版修订。为深入贯彻落实实施企业会计准则，解决执行中出现的问题，同时，实现企业会计准则持续趋同和等效。2019年以来，财政部陆续出台了《企业会计准则解释第13号》《企业会计准则解释第14号》《企业会计准则解释第15号》《企业会计准则解释第16号》《企业会计准则解释第17号》和《企业会计准则解释第18号》等文件，对存货、投资性房地产、固定资产、收入、租赁、金融工具确认和计量、金融工具列报、财务报表列报、现金流量表、关联方披露等准则中的相关内容进行了修订。同时，为规范企业数据资源、碳排放权交易等新兴业务的相关会计处理，强化相关会计信息披露，财政部又陆续印发了《碳排放权交易有关会计处理暂行规定》《企业数据资源相关会计处理暂行规定》。在企业会计规范要求发生重大变化背景下，重新修订《中级财务会计》教材显得十分必要，又十分有意义。

第七版的修订主要突出以下方面。

1. 将专业教育与思政教育融合。党的二十大报告为会计人才培养提供了重要指导和方向。党的二十大报告强调教育、科技、人才是全面建设社会主义现代化国家的基础性、战略性支撑，育人的根本在于立德，要培养造就大批德才兼备的高素质人才。这就要求我们在会计人才培养中不仅应注重专业知识和技能传授，还应注重培养学生的思想政治素养、职业道德和社会责任感，确保培养出的会计人才能够在经济社会发展中积极发挥专业作用的同时，还能解决行业痛点问题（如财务造假、职业道德缺失），成为明"是非对错"的新时代会计人才。

2. 体现会计和税收改革的最新成果，应对数字化时代会计伦理新挑战。本教材所依据的会计和税收规范截至2025年6月。本版教材第一章总论新增第六节可持续信息披露；第七章无形资产新增第四节碳排放权交易、第五节数据资产相关内容。注重引导学生树立"科技向善"价值观（见数字据资产中对数据隐私、算法偏见相关内容）和可持续发展理念（见碳排放权交易会计核算和可持续披露相关内容）以应对数字化时代会计伦理新挑战。

3. 引进实务界人士参与教材编写，提升教材实用性与时效性。为打破传统教材"重理论、轻实践"的局限，深化产教融合，针对会计数据资产会计核算新需求，邀请了云上（南昌）大数据运营有限公司财务主管兼发展部负责人陈思思参与数据资产相关内容。以期通过企业真实项目案例，帮助学生理解数据资产会计核算和全生命周期管理的最新技术理论知识和实际应用场景。

本书由蒋尧明、荣莉担任主编，刘淑华担任副主编。蒋尧明负责本书的总体框架设计，荣莉负责对所有的修订稿进行总纂和审核，刘淑华、管考磊负责部分章节的审核。本书各章节修订具体分工如下：蒋尧明负责第一章第一到第四节；荣莉负责第一章第五节、第二章、第四章、第五章、第六章、第八章；刘淑华负责第十章、第十一章、第十三章和第十四章；荣莉和刘淑华共同负责第九章；管考磊负责第十二章、第十五章；江西财经大学会计学院博士研究生肖睿负责第三章、第七章第一到第四节；陈思思负责修订第七章第五节。本书不仅适用于高等院校会计学专业本科生的学习，还可作为企业经济管理人员，尤其是会计人员进修或参考用书。

本书的再版得到了江西财经大学硕士研究生胡媛媛（参与修订第八章和第九章）、高哲华（参与修订第二章、第四章和第五章）、周强强（参与修订第六章）和龙欢宇（负责全书校对）的帮助，在此表示衷心的感谢。

本书在编写过程中，得到了江西财经大学会计学院许多老师的大力支持和帮助，对本书的修订提出了许多宝贵的意见，在此一并表示衷心的感谢。同时感谢中国财政经济出版社李磊先生为本书的修订给予的大力支持。

由于修订时间仓促，加之水平有限，书中错误之处在所难免，敬请广大同仁、读者提出批评和建议。

编者

2025 年 7 月

目 录

第一章 总论 ……………………………………………………………… 1
第一节 财务会计及财务报告的目标 ……………………………… 2
第二节 财务会计的基本假设和会计基础 ………………………… 3
第三节 财务会计信息质量要求 …………………………………… 7
第四节 会计要素及其确认与计量 ………………………………… 11
第五节 可持续信息披露 …………………………………………… 14
【本章思考题】…………………………………………………………… 21

第二章 货币资金及应收预付项目 …………………………………… 22
第一节 货币资金 …………………………………………………… 23
第二节 应收票据 …………………………………………………… 32
第三节 应收账款 …………………………………………………… 35
第四节 预付账款及其他应收款 …………………………………… 38
第五节 坏账准备 …………………………………………………… 40
【本章小结】……………………………………………………………… 44
【本章思考题】…………………………………………………………… 45
【本章练习】……………………………………………………………… 45
【本章案例】……………………………………………………………… 47

第三章 存货 ……………………………………………………………… 48
第一节 存货概述 …………………………………………………… 49
第二节 存货取得的确认与计量 …………………………………… 52
第三节 存货发出的确认与计量 …………………………………… 63
第四节 存货的特殊核算方法 ……………………………………… 67
第五节 存货的期末计量 …………………………………………… 72
第六节 存货的清查 ………………………………………………… 75
【本章小结】……………………………………………………………… 77
【本章思考题】…………………………………………………………… 77

【本章练习】……………………………………………………………………… 78
【本章案例】……………………………………………………………………… 81

第四章 金融资产 …………………………………………………………… 83

第一节 金融资产概述 …………………………………………………………… 84
第二节 交易性金融资产 ………………………………………………………… 90
第三节 债权投资 ………………………………………………………………… 93
第四节 其他债权投资 …………………………………………………………… 97
第五节 其他权益工具投资 …………………………………………………… 100
第六节 金融资产重分类 ……………………………………………………… 102
【本章小结】……………………………………………………………………… 107
【本章思考题】…………………………………………………………………… 107
【本章练习】……………………………………………………………………… 108
【本章案例】……………………………………………………………………… 110

第五章 长期股权投资 ……………………………………………………… 112

第一节 长期股权投资概述 …………………………………………………… 113
第二节 长期股权投资取得的核算 …………………………………………… 117
第三节 长期股权投资核算的成本法 ………………………………………… 124
第四节 长期股权投资核算的权益法 ………………………………………… 126
第五节 成本法与权益法的相互转换 ………………………………………… 135
第六节 长期股权投资与公允价值计量的相互转换 ………………………… 137
第七节 长期股权投资处置的核算 …………………………………………… 141
第八节 长期股权投资减值的核算 …………………………………………… 142
【本章小结】……………………………………………………………………… 144
【本章思考题】…………………………………………………………………… 144
【本章练习题】…………………………………………………………………… 144
【本章案例】……………………………………………………………………… 148

第六章 固定资产 …………………………………………………………… 149

第一节 固定资产概述 ………………………………………………………… 150
第二节 固定资产增加的核算 ………………………………………………… 152
第三节 固定资产折旧 ………………………………………………………… 161
第四节 固定资产后续支出的核算 …………………………………………… 166
第五节 固定资产终止确认的核算 …………………………………………… 168

【本章小结】 ·· 174
【本章思考题】 ·· 175
【本章练习】 ·· 175
【本章案例】 ·· 177

第七章　无形资产 ·· 178

第一节　无形资产概述 ·· 179
第二节　无形资产取得的核算 ·· 181
第三节　无形资产的摊销与处置 ·· 188
第四节　碳排放权交易会计核算 ·· 192
第五节　数据资产会计核算 ·· 197
【本章小结】 ·· 211
【本章思考题】 ·· 211
【本章练习】 ·· 212
【本章案例】 ·· 212

第八章　投资性房地产 ·· 213

第一节　投资性房地产概述 ·· 214
第二节　投资性房地产的初始计量 ·· 216
第三节　投资性房地产的后续计量 ·· 221
第四节　投资性房地产的转换 ·· 227
第五节　投资性房地产的处置 ·· 230
【本章小结】 ·· 233
【本章思考题】 ·· 233
【本章练习】 ·· 234
【本章案例】 ·· 235

第九章　流动负债 ·· 237

第一节　流动负债概述 ·· 238
第二节　应付账款 ·· 240
第三节　应付票据 ·· 242
第四节　应交税费 ·· 244
第五节　交易性金融负债 ·· 262
第六节　应付职工薪酬 ·· 266
第七节　其他流动负债 ·· 278

【本章小结】 …… 281
【本章思考题】 …… 282
【本章练习】 …… 283
【本章案例】 …… 284

第十章　非流动负债 …… 286

第一节　非流动负债概述 …… 287
第二节　长期借款 …… 289
第三节　长期公司债券 …… 291
第四节　借款费用 …… 298
第五节　预计负债 …… 307
第六节　其他非流动负债 …… 314
【本章小结】 …… 315
【本章思考题】 …… 316
【本章练习】 …… 317
【本章案例】 …… 319

第十一章　收入 …… 321

第一节　收入的含义、特征及分类 …… 321
第二节　收入与合同成本的确认与计量 …… 325
第三节　关于一般交易的会计处理 …… 335
第四节　关于特定交易的会计处理 …… 344
【本章小结】 …… 355
【本章思考题】 …… 355
【本章练习】 …… 356
【本章案例】 …… 358

第十二章　费用 …… 360

第一节　费用概述 …… 361
第二节　生产成本的核算 …… 363
第三节　营业成本的核算 …… 365
第四节　期间费用的核算 …… 367
第五节　所得税的核算 …… 370
【本章小结】 …… 375
【本章思考题】 …… 375

【本章练习】 ……………………………………………………………………… 376

第十三章　所有者权益 ……………………………………………………… 378

第一节　所有者权益概述 ……………………………………………………… 378
第二节　实收资本（股本）和其他权益工具 ………………………………… 383
第三节　资本公积和其他综合收益的核算 …………………………………… 392
第四节　留存收益的核算 ……………………………………………………… 395
【本章小结】 ……………………………………………………………………… 399
【本章思考题】 …………………………………………………………………… 399
【本章练习】 ……………………………………………………………………… 400
【本章案例】 ……………………………………………………………………… 402

第十四章　特殊业务核算 …………………………………………………… 404

第一节　非货币性资产交换 …………………………………………………… 405
第二节　债务重组 ……………………………………………………………… 420
第三节　会计政策与会计估计变更及会计差错更正 ………………………… 430
【本章小结】 ……………………………………………………………………… 441
【本章思考题】 …………………………………………………………………… 441
【本章练习】 ……………………………………………………………………… 442
【本章案例】 ……………………………………………………………………… 445

第十五章　财务会计报告 …………………………………………………… 448

第一节　财务报告概述 ………………………………………………………… 449
第二节　资产负债表 …………………………………………………………… 454
第三节　利润表 ………………………………………………………………… 469
第四节　现金流量表 …………………………………………………………… 476
第五节　所有者权益变动表 …………………………………………………… 494
第六节　财务报表附注 ………………………………………………………… 497
【本章小结】 ……………………………………………………………………… 500
【本章思考题】 …………………………………………………………………… 501
【本章练习】 ……………………………………………………………………… 501

第一章 总 论

【引入案例】

　　会计的历史源远流长，几乎与人类文明的发展同步演进。早在原始社会，人们便开始用简单的符号和工具记录物资的收付，如古代部落以石子、绳结等方式记账，这便是会计最早的雏形。在中国，殷商时期的甲骨文中已有财物收支的记载；周代设有"司会"一职，专门负责国家财政核算，标志着早期政府会计制度的建立。到了唐宋时期，我国已形成较为系统的簿记制度，尤其在宋代，"四柱清册"法（即旧管、新收、开除、实在）成为世界上较早的复式记账思想之一。如今，在智能化、信息化、全球化及数智化浪潮下，人工智能、大数据和区块链等技术不断重塑会计职能，使其不仅限于事后记录，更走向事前预测与事中控制。会计，作为世界通用的商业语言，始终与时俱进，见证并推动着人类社会的不断前行。同学们，你们知道会计为什么如此重要吗？会计活动的目标又是什么？满足什么特征的会计才是高质量的？这些问题学完本章你就会有答案了。

【学习目的与要求】

　　1. 重点理解财务会计的特点和财务报告的目标；
　　2. 理解财务会计的信息质量特征；
　　3. 了解会计假设前提；
　　4. 了解可持续信息披露的定义、特征、目标与原则、主要内容（核心要素）、质量要求及其与财务报表信息的关联。

第一节　财务会计及财务报告的目标

一、财务会计的概念及特点

财务会计是现代企业会计的一个主要分支，它是以货币为主要计量单位，以会计准则为依据，为信息使用者提供企业财务状况、经营成果和现金流量等有关信息，并对企业经营活动和财务收支进行监督的经济管理工作。财务会计与管理会计相配合共同为市场经济下的现代企业服务。

财务会计与管理会计相比有以下四个方面的特点。

1. 财务会计是对外报告会计。

内外部使用者均为财务会计的服务对象，但更偏向于为企业外部信息使用者提供信息，包括企业的投资债权人、政府及其有关部门以及社会公众等；而管理会计师对内报告会计，主要的服务对象是企业内部经营管理者。

2. 财务会计以财务报告为工作核心。

财务会计是一个信息系统，所提供的财务信息最终是由通用财务报告反映出来的；管理会计提供信息的方式是内部报表，格式不一。

3. 财务会计提供历史信息。

从财务会计提供信息的性质看，财务报告主要反映的是企业已经发生的交易或事项，是历史信息；而管理会计侧重的是对未来的预测和决策。

4. 财务会计必须符合公认会计原则的要求。

财务报表由企业管理者编制，而外部使用者一般不了解企业的真实经营状况。在利益驱动下，企业管理者容易通过操纵财务报表信息，误导外部投资者。因此，企业财务报表必须按照公认的会计原则进行编制；管理会计报表的编制者和使用者都是企业内部管理者，强调的是符合逻辑关系，目的是更好地支持管理活动。

二、财务报告的目标

财务报告是企业财务会计工作的最终结果，是会计确认与计量的最终体现。企业外部的相关利益团体主要是通过企业对外报出的财务报告来了解企业的财务状况、经营成果与现金流量，并结合企业财务报告的其他组成部分来预测企业未来的现金能力和发展前景。因此，财务报告是企业向外部信息使用者提供决策有用信息的媒介和渠道，是连接企业和投资者、债权人及使用者的桥梁与纽带。

企业对外提供财务报告首先必须明确财务报告的目标是什么。财务报告的目标是财务会计概念框架的起点,并是整个框架的基础。概括地说,财务报告目标主要应解决三个问题:(1)谁是财务报告的信息使用者;(2)使用者对信息的主要用途是什么;(3)现行财务报告能提供哪些信息。

财务报告目标分为受托责任观和决策有用观。受托责任观认为,财务报告的目标是反映受托者对受托责任的履行情况,它强调会计人员的中立性,会计人员的行为不受委托者和受托者的影响,只受会计规范的约束。同时,受托责任观认为,由于最能有效地反映受托责任履行情况的信息,总是关于经营业绩的信息,故财务报表应以反映经营业绩及其评价为重心,以历史的、客观的信息为主。决策有用观认为,会计的目标是提供信息使用者决策有用的信息,而对决策有用的信息主要是关于企业财务状况、经营业绩和现金流量的信息,更强调信息的相关性和有用性。

我国《企业会计准则——基本准则》提出,财务会计报告的目标是向财务会计报告使用者提供与企业财务状况、经营成果和现金流量等有关的会计信息,反映企业管理层受托责任履行情况,有助于财务会计报告使用者作出经济决策。财务会计报告使用者包括投资者、债权人、政府及其有关部门和社会公众等。可见,我国基本准则对会计目标的界定融合了决策有用观和受托责任观的主要观点。

第二节 财务会计的基本假设和会计基础

一、财务会计的基本假设

会计假设又称会计假定,是指"对某些未被确切认识的会计现象,根据客观的正常情况或趋势所作的合乎事理的判断,而形成的一系列构成会计思想基础的公理或假定"(《经济大字典》,会计卷)。它是限定会计核算范围、内容,据以对收集、加工处理的会计信息加以过滤和筛选,以保证会计工作正常进行和会计信息质量的基本前提和约束条件,也是设计和选择会计方法、程序的重要依据。

美国伊利诺斯大学国际会计教育与研究中心的一个研究小组在1964年发表的一份报告《基本会计假设与原则说明》认为,会计假设应具有五个特征:

(1)假设在本质上是普遍性的,而且是推导其他命题的基础;

(2)假设是不言而自明的命题,它们或直接与会计职业相关,或是构成其基石;

(3)假设虽是普遍认为有效的,但却是无法证明的;

(4)会计假设应具有内在一致性,它们不会互相冲突;

(5) 每个会计假设都是独立的基本命题，并不会与其他假设重复或交叉。

根据西方会计学者的解释，由于会计实务中存在不确定性因素，在会计处理时难免要运用判断和估计，这就需要先做出一定的假设，会计假设正是会计人员对那些未经确切认识或无法正面论证的经济事项和会计现象，根据客观的正常情况或趋势所做出的合乎事理的推断。但是，尽管假设是对客观经济环境做出的合乎逻辑的理性的抽象，但毕竟与经济现实存在一定的差距，当这种差距被限定在一定的范围内时，这种假设就可以被接受，可以认为是有效的；但当假设远离会计经济环境，已不是对现实的理性的概括和总结时，会计假设固有的局限性就会充分暴露出来，会计假设的消极作用就会超过积极作用，据此假设所提供的会计信息的可靠性和相关性就很低，从而也使信息使用者的决策有用性降低，这又反过来加剧了会计环境的不确定性，扰乱正常的会计秩序。这说明，会计假设存在和发挥作用的前提，是假设与现实的脱节应保持在合理的限度内，当现实发生较大变化时，会计假设也必须做出相应的修正，以适应变化了的环境。

我国《企业会计准则——基本准则》提出的会计基本假设包括：会计主体假设、持续经营假设、会计分期假设和货币计量假设。

（一）会计主体假设

会计主体是指会计工作为其服务的特定单位或组织，包括企事业单位、集体甚至个人，它为会计工作规定了活动的空间和范围。会计主体是随着社会生产力发展和经济活动组织形式的发展变化而产生的。在生产经营规模很小，业主独资经营的情况下，经营活动和业主的活动是合二为一的，其会计核算的内容既包括业主生产经营活动，也包括个人的收支。而当几个人合伙经营时，合伙经营收支活动就必须与各业主个人收支活动相区分，需要确定会计主体，即合伙会计的核算范围。这样，会计主体的概念便应运而生。

会计主体的作用在于界定不同会计主体会计核算的范围。从企业来说，它要求会计核算区分自身的经济活动与其他企业单位的经济活动，区分企业的经济活动与企业投资者的经济活动。企业的会计记录和会计报表涉及的只是企业主体范围内的经济活动，而不核算反映企业投资者或所有者的经济活动，也不核算反映其他企业或其他经济主体的经济活动。这样通过界定会计核算的范围，才能正确反映会计主体的资产、负债和所有者权益情况，才能准确提供反映企业财务状况、经营成果和现金流量的会计报表，才能提供会计信息的使用者所需要的信息资料，也正是确定了会计核算的范围，企业的投资人、债权人及其他利益相关人才可能从企业的会计报表中得到有用的会计信息。

会计主体与法律主体并不是同一概念。一般说来，法律主体必然是会计主体，但会计主体并不一定就是法律主体。任何企业，无论是独资、合资或合伙，都是一个会计主体。在企业规模较大的情况下，为了便于掌握其分支机构的生产经营活动和收支情况，可以将分支机构作为会计主体，要求其每期编制会计报表。此外，在控股经营的情况下，母公司及其控制的子公司均为独立的法律主体，各为会计主体，但在编制合并会计报表时，也可将母公司和子公司这些独立的法律主体组成的企业集团视为一个会计主体，将其各自的会计报表予以合并，以反映企业集团整体的财务状况和经营成果。也就是说，会计主体，可以是独立法人，也可以是非法人（如合伙经营活动）；可以是一个企业，也可以是企业内部的某一单位或企业中的一个特定的部分（如企业的分公司、企业建立的事业部）；可以是单个企业，也可以是由几个企业组成的企业集团。

（二）持续经营假设

持续经营假设是指企业在可以预见的将来不会破产清算，按照当前的规模和状态及既定的目标持续不断地经营下去，直到实现企业主体的计划和完成受托责任为止。国际会计准则理事会（IASB）在2007年9月修订的国际会计准则第1号——财务报表的列报中，对持续经营作了更详细的界定："在编制财务报表时，管理层应对主体是否仍能持续经营进行评估。除非管理层打算清算该主体，或打算停止经营，或别无选择只能这样做，否则主体应以持续经营为基础编制财务报表。管理层在进行这种评估时，当意识到有关某些事项或情况的高度不确定因素可能引致对主体是否仍能持续经营产生重大怀疑时，则主体应披露这些不确定因素。如果主体不是以持续经营为基础编制财务报表，则应披露这一事实，并披露其编制财务报表的基础和主体不被认为是持续经营的原因。"

对会计主体前途的这种稳定性的设想，反映了与主体有利益关系的所有集团的愿望。持续经营假设为会计工作的正常活动做出了时间上的规定，因为只有在这样的前提下，会计主体才能采用历史成本而不是清算价值来确认、计量其资产要素，所有资产也将按照预定的目标在正常的生产经营过程中被耗用、出售，它所承担的债务也将如期偿还，企业提供的财务报表也就被理所当然地看成一系列连续报告的组成部分。

可见，持续经营假设在会计理论中占据着极其重要的地位，会计核算上所使用的一系列会计处理方法，都是建立在持续经营的前提下的。例如，在持续经营的前提下，才能运用历史成本原则，企业才可以按照正常的情况使用它所拥有的各种经济资源和依照原来的偿还条件来偿还它所负担的各种债务。企业对于它所使用的机器设备、厂房等固定资产，只有在持续经营的前提下，才可以在机器设备的使用年限内，按照其价值和使用情况，确定采用某一折旧方法计提折旧。如果没有规定这一前提，如在清算的情况下，则不能运用历史成本原则，资产的价值则必须按实际变现的价值来计算；负债必须按照资产变现后的实际负担能力来清偿。因此，在持续经营的前提下，企业在会计信息的收集和处理上所使用的会计处理方法才能保持稳定，企业的会计记录和会计报表才能真实可靠。

如果没有持续经营的前提条件，一些公认的会计处理方法将缺乏存在的基础，一些公认的会计处理方法也将无法采用，企业也就不能按照正常的会计原则、正常的会计处理方法进行会计核算，不能采用通常的方式提供会计信息。

（三）会计分期假设

会计分期假设是持续经营假设的逻辑延伸，指将企业持续经营期人为地分割为一个个连续的、长短相同的期间，以便结算账目、确定损益、编制报表、及时提供会计信息。由于持续经营假设已把会计主体当作一个长期存在的经营单位看待，而信息使用者为了短期决策却经常需要有关一个企业在某个时期的财务状况、经营成果和现金流量的各种信息。为了满足信息使用者的这种需要，企业应向有关各方提供信息，而不能等到经营活动结束时才去进行结算和编制财务报告，这样，就必须提出会计期间即会计分期假设。会计分期假设认为，凡是能描述一个企业财务状况、经营成果和现金流量的财务报告，就应该予以提供。会计期间分为年度和中期，年度通常是一年，称为"会计年度"。中期是指短于一个完整会计年度的报告期间，如月份、季度、半年度等。我国会计期间的起讫日期为公历日期。

会计期间的划分对会计核算有着重要的影响。由于有了会计期间，才产生了本期与非本期的区别；由于有了本期与非本期的区别，才产生了权责发生制和收付实现制，才使不同类型的会计主体有了记账的基准。采用权责发生制会计后，对于一些收入和费用也要按照权责关系在本期和以后会计期间进行分配，确定其归属的会计期间，为此需要在会计处理上运用预收、预付、应收、应付、预提、摊销等一些特殊的会计方法。

会计期间的划分，使企业连续不断的经营活动分为若干个较短的会计期间，有利于企业及时结算账目，编制会计报表；有利于及时提供反映企业经营情况的财务信息，能够及时满足企业内部加强经济管理及其他有关方面进行决策的需要。

（四）货币计量假设

货币计量假设是指会计提供的信息主要以货币（即记账本位币）为计量尺度，并假定货币的币值保持稳定。会计是一个运用货币对企业活动进行计量并把计量结果加以传递的过程。货币计量假设有两层含义：一是在诸多计量单位中假设货币是计量经济活动及其结果的最好单位；二是货币的单位价值是不变的。

货币计量假设可以使各种性质的会计主体（企业）的经济业务按同一标准计量反映，信息可比。企业的生产经营活动具体表现为商品的购销，各种原材料和劳务的耗费等实物运动。由于商品和各种原材料、劳务的耗费在实物上不存在统一的计量单位，无法比较，为了全面完整地反映企业的生产经营活动，会计核算客观上需要一个统一的计量单位作为会计核算的计量尺度。在商品经济条件下，货币是商品的一般等价物，是衡量商品价值的共同尺度，会计核算就必然选择货币作为会计核算上的计量单位。会计核算以货币计量，使会计核算的对象——企业的生产经营活动统一地表现为货币运动，能够全面完整地反映企业的财务状况和经营成果。我国以人民币作为记账本位币。

实践证明，上述基本假设对会计系统的正常运行是不可或缺的，如果违反这些基本前提的规定，会计就不能作为科学的信息系统为人们提供服务。但是，就目前对实践认识的水平而言，人们又无法或不能证明它，因此将其界定为"假设"，"假设"所代表的前提和制约条件具有客观性，但人们却依靠判断来认识它，所以也不能排除基本假设中的主观和相对成分，当前，人们对会计假设所包括的内容看法不一致，原因就在于此。

二、财务会计确认、计量基础

我国《企业会计准则——基本准则》规定，企业应当以权责发生制为基础进行会计确认、计量和报告。权责发生制解决收入和费用何时予以确认及确认多少的问题。与权责发生制对应的是"收付实现制"。权责发生制亦称应计基础、应计制原则，是以权利和责任的发生来决定收入和费用归属期的一项假设前提。按照权责发生制，凡是本期已经实现收入和已经发生或应当负担的费用，不论其款项是否已经收付，都应作为当期的收入和费用处理；凡是不属于当期的收入和费用，即使款项已经在当期收付，都不应作为当期的收入和费用。

第三节 财务会计信息质量要求

会计信息质量特征是选择或评价可供取舍的会计准则、程序和方法的标准，是对财务报告目标具体化。它主要回答：怎样的会计信息才算有用或有助于决策。会计信息质量特征比目标和原则更具体地指导财务会计的确认、计量和信息传递。因此，研究会计信息质量特征及其结构体系对财务报告的正确列报至关重要。根据《企业会计准则——基本准则》，会计信息质量特征包括：可靠性、相关性、可理解性、可比性、实质重于形式、重要性、谨慎性和及时性等。

一、可靠性

可靠性要求企业应当以实际发生的交易或者事项为依据进行会计确认、计量和报告，如实反映符合确认和计量要求的各项会计要素及其他相关信息，保证会计信息真实可靠、内容完整。

会计信息可靠性是指确保信息能免于错误的偏差，并能忠实反映它意欲反映的现象或状况的质量。会计信息如果不可靠，不仅无助于决策，而且还可能导致错误的决策，因此，可靠性也是会计信息的一个主要质量特征。按照美国财务会计委员会第2号财务会计概念公告，可靠性的主要标志包括反映真实性、可核性和中立性。国际会计准则委员会认为会计信息"当其没有重要差错或偏向并能如实反映其所拟反映或理当反映的情况而能供使用者作依据时，会计信息就具备了可靠性"，偏重把反映真实性作为可靠性的唯一标志。我们认为，应该把如实反映、可证实性和中立性同时作为可靠性的标志。

（1）如实反映。如实反映是指会计信息应当与其所要表达的现象或状况保持一致或吻合，会计信息若不能真实反映所计量的经济事项，就不会有可靠性。会计信息反映经济事项应遵循实质重于形式的原则，即会计信息应当恰当地反映所表述经济事项的经济实质而不是其表面形式，这里所说的"如实"就是指恰当反映其经济实质。各种会计方法都是对经济实质的近似反映，特定情况下，某一方法可能会优于其他方法，而更接近于反映其经济实质，但这种比较在现实中是很难进行的。如实反映要求会计人员选择适当的会计方法，如实反映的特征旨在减少会计方法的偏差，使会计信息更能恰当地表达经济活动的真实情况，从而使其具有可靠性。如实反映是第一位的，可证实性是第二位的，适当的方法是前提，恰当的运用是条件，只有两者结合才能得出可靠的会计信息，缺少任何一方都会导致会计信息缺乏可靠性。

需要指出的是，在会计实务中，判断会计信息是否与其所要表达的现象或状况保持一致或吻合，即判断会计信息是否"如实"地反映其经济实质的标准是"法律真实"，而不是"客观真实"。

（2）可证实性。可证实性是指具有相似背景的不同的人分别采用同一会计方法，对同一事项加以处理，就能得出相同的结果。可证实性能确保会计人员正确而无偏差地使用其选择的会计方法，不论该方法是否恰当，只要会计人员已正确使用了，并未掺杂个人偏见，会计信息就符合了可证实性的要求。可证实性的实现要求有确定的会计方法和无偏见的会计人员，而会计方法是可以选择的，会计人员也是有偏好和理性的，所以可证实性的达到也是有一定困难的。

（3）中立性。中立性要求财务会计信息是趋向于使用者的共同需要，且与信息的特定使用者的特殊需要及其推断无关，不基于特定使用者的特殊需要而作出推定。

与可靠性密切相关的还有另外两个概念，即真实性和客观性。真实性指会计信息应真实反映经济事项，要求会计信息完全按照现实状况来反映；可靠性要求会计信息恰当地反映经济事项以达到会计目标的要求，也就是说，可靠性是受会计目标限制的，只要求能恰当反映所希望反映的内容即可，这些内容是为会计目标服务的，并受使用者的信息需求限制。真实性则只要求客观真实地表述经济现实,不必受其他条件的限制。可靠是接近于真实性的,但真实的一定是可靠的,可靠的却未必是真实的。由于会计信息是一个人造系统,加上人的知识的相对性,其认知的有限性,这就决定了财务报告只能根据预定的目标恰当地反映经济事实,而不能做到完全真实地反映经济事项。因此,真实性只能作为会计信息理想的质量特征,而不能作为现实的质量特征,可靠性更能体现会计信息系统的本质要求。

对于会计信息的客观性,人们有不同的理解。当客观意味着公正、无偏见和不偏不倚这样一些所谓的道德标准时,客观性就演化为会计人员的职业道德问题,而很难直接地进行检验和分析;当客观是指会计信息的可验证性时,根据会计凭证能够得到证实的信息就未必是客观的。即使上述客观性无可置疑,由于会计方法选择、职业判断和估计等因素,会计数字从形式上虽然可精确到元、角、分,但其客观程度却是相对的,所以我们必须审慎地看待这种客观性(朱元午,1999)。具备可靠性的会计信息总是客观的,而客观的信息却未必总是可靠的。

二、相关性

企业提供的会计信息应当与财务会计报告使用者的经济决策需要相关,有助于财务会计报告使用者对企业过去、现在或者未来的情况作出评价或者预测。

相关性是一个比较模糊的概念,很难具体说明,但它至少涉及以下几个问题:

(1) 会计信息应该与谁的需求相关。谁是会计信息使用者不仅关系到会计目标的定位,还关系到会计信息能否达到特定的质量特征,包括相关性的要求。相关性最初是指一般相关性,也就是将财务状况、经营成果、现金流量信息都作为与使用者经济决策有关的信息,向使用者提供通用的会计信息。显然,目前的财务报告已经达到了一般相关的要求,基本能够满足"现有和潜在的投资者、雇员、贷款人、供应商和其他债权人、顾客、政府及其机构和公众"这样一系列信息使用者的需求。但是,使用者除一些共同的信息需求外,还面临一些特定决策问题,相比之下,他们更需要能够满足自己特定需求的信息。例如,投资者会更加关注投资报酬和投资风险,更需要能够帮助其正确做出"或购或持或售"决策的信息,提供评估企业股利支付情况的资料;贷款人则会重点关注企业的偿债能力信息;而政府及其机构更为关心有利于决定宏观经济政策和控制企业活动的信息等。会计信息只有真正满足了使用者的特殊需要,才能真正具有决策相关性,所以我们必须在提供通用信息和特定信息之间作出选择。

(2) 会计信息应该与什么相关。一项信息是否具有相关性,主要由三个因素所决定:即预测价值、反馈价值和及时性。

①预测价值。如果一项信息能帮助决策者预测过去、现在及未来事项的可能

结果，则此项信息就具有预测价值。决策者可根据预测的可能结果，作出最佳决策。因此，预测价值是相关性的重要因素，它具有改变决策反馈的能力。

②反馈价值。一项信息如能使决策者证实或更正过去决策时的预期结果，即具有反馈价值。把过去决策所产生的实际结果反馈给决策者，使之当初做决策时所预期的结果相比较，即知道过去的预期是否有误，将来再作同样的决策时可将其作为参考。因此反馈价值也有助于决策者的决策。

三、可理解性

企业提供的会计信息应当清晰明了，便于财务会计报告使用者理解和使用。它是针对会计信息使用者的质量。可理解性受下列两个因素的制约：一是使用者的特点，如掌握经济知识的广度和深度，是否愿意钻研；二是信息固有的特征，只能为少数人所理解或使用的信息应不予提供。但也不能仅仅由于有些人理解有困难，而把有关的重要信息排除在外。

四、可比性

企业提供的会计信息应当具有可比性。同一企业不同时期发生的相同或者相似的交易或者事项，应当采用一致的会计政策，不得随意变更。确需变更的，应当在附注中说明。不同企业发生的相同或者相似的交易或者事项，应当采用规定的会计政策，确保会计信息口径一致、相互可比。

作为信息质量特征，可比性与相关性和可靠性不同，它是表明两个或几个信息之间关系的质量，在某些特定的情况下，会计信息可以是相关的或可靠的，但却不是可比的，为了加强可比性，可能会加强或削弱相关性或可靠性。可比性并不要求各企业均采用相同的会计政策，而应该按各企业实际情况选用适当的会计政策，以如实反映为依据。可比性是以可靠性为基础的，只有可靠的信息才能使其真正具有可比性，不可靠的信息的可比性也是不可信的。

五、实质重于形式

企业应当按照交易或者事项的经济实质进行会计确认、计量和报告，不应仅以交易或者事项的法律形式为依据。

制定与实施实质重于形式原则的初衷，是为了防止会计人员在会计核算时忽视某些实质很重要但形式并非显示出其重要性；或虽然形式很复杂，但实质并不重要的经济事项可能造成的会计信息反映的肤浅或失真，它是对会计人员会计确认行为的引导与约束。实质重于形式的内涵强调的是一种选择，即是在形式与实质不统一时，偏重按实质进行修正的规范要求。实质重于形式的本质在于保证会计信息能够如实反映经济活动或事项的实质，使会计信息真实可靠。

六、重要性

企业提供的会计信息应当反映与企业财务状况、经营成果和现金流量等有关的所有重要交易或者事项。如果会计信息的省略或误报可能影响到会计报表使用者的投资决策，那么该信息就是重要信息，符合重要性原则；反之，则不是重要信息。因此，会计上的重要性原则被认为是"承认质量的起端"或"确认的门槛"。

七、谨慎性

企业对交易或者事项进行会计确认、计量和报告应当保持应有的谨慎，不应高估资产或者收益、低估负债或者费用。

稳健原则存在的主要依据是：第一，为了抵消经理人员和业主的过分乐观情绪；第二，多报利润或多计价值对投资者而言比少报少计更为危险；第三，会计人员掌握的内情比传递给投资者或债权人的信息要多得多，为了降低不确定带来的风险，必须作相对准确和较保守的估计。

谨慎性的理解是在遇到不确定性的情形时，会计人员应持有较为稳健的态度。谨慎性要求企业定期或至少每年年末，对可能发生的资产损失计提资产减值准备，体现了谨慎性对历史成本原则的修正。

八、及时性

企业对于已经发生的交易或者事项，应当及时进行会计确认、计量和报告，不得提前或者延后。及时性是相关性的重要补充。即使信息具备可靠性和相关性，若未能及时提供，也会丧失决策价值。

第四节 会计要素及其确认与计量

一、会计要素的定义

会计对象是指在一个会计主体范围内财务会计能够反映和控制的经济事项与经济行为，会计要素（财务报表要素）实质上是会计对象的具体化，是对会计对象的基本分类，但这种分类的基础应该服从于财务报表的目标。会计要素分为资产、负债、所有者权益、收入、费用、利润。

（一）资产

资产是指企业过去的交易或者事项形成的、由企业拥有或者控制的、预期会给企业带来经济利益的资源。过去的交易或者事项包括购买、生产、建造行为或其他交易或者事项。由企业拥有或者控制，是指企业享有某项资源的所有权，或者虽然不享有某项资源的所有权，但该资源能被企业所控制。预期会给企业带来经济利益，是指直接或者间接导致现金和现金等价物流入企业的潜力。

在数智经济时代，数据成为关键生产要素。符合确认条件的数字资产可以列入资产负债表。

（二）负债

负债是指企业过去的交易或者事项形成的、预期会导致经济利益流出企业的现时义务。现时义务是指企业在现行条件下已承担的义务。负债的清偿会导致经济利益流出企业。

（三）所有者权益

所有者权益是指企业资产扣除负债后由所有者享有的剩余权益。公司的所有者权益又称为股东权益。所有者权益的来源包括所有者投入的资本、直接计入所有者权益的利得和损失、留存收益等。直接计入所有者权益的利得和损失，是指不应计入当期损益、会导致所有者权益发生增减变动的、与所有者投入资本或者向所有者分配利润无关的利润或者损失。利得是指由企业非日常活动所形成的、会导致所有者权益增加的、与所有者投入资本无关的经济利益的流入。损失是指由企业非日常活动所发生的、会导致所有者权益减少的、与向所有者分配利润无关的经济利益的流出。

（四）收入

收入是指企业在日常活动中形成的、会导致所有者权益增加的、与所有者投入资本无关的经济利益的总流入。

（五）费用

费用是指企业在日常活动中发生的、会导致所有者权益减少的、与向所有者分配利润无关的经济利益的总流出。

（六）利润

利润是指企业在一定会计期间的经营成果。利润包括收入减去费用后的净额、直接计入当期利润的利得和损失等。直接计入当期利润的利得和损失，是指应当计入当期损益、会导致所有者权益发生增减变动的、与所有者投入资本或者向所有者分配利润无关的利得或者损失。

二、会计要素的确认

确认是指把一个事项作为资产、负债、收入和费用等正式加以记录和列入财务报表的过程。确认包括文字和数字来描述一个项目，其数额包括于财务报表的合计数之内"，而且这只是指一个项目的初始确认，还包括该项目随后发生变动的后续确认以及该项目消失的终止确认。

如何对会计要素进行确认。《企业会计准则——基本准则》对六个要素的确认进行了界定。

1. 资产的确认。符合资产的定义，同时满足下列条件：

（1）与该资源有关的经济利益很可能流入企业。例如，资产负债表日，有迹象表明应收账款很可能全部或部分收不回来，表明该部分应收账款已不符合资产确认条件，应当计提坏账准备，减少资产的账面价值。

（2）该资源的成本或者价值能够可靠地计量。某些情况下，企业取得的资产没有发生实际成本或发生的实际成本很小。例如，某些金融工具资产、数据资产，如其公允价值能够可靠计量，也可被认为符合了资产可计量性的确认条件。

符合资产定义和资产确认条件的项目，应当列入资产负债表；符合资产定义但不符合资产确认条件的项目，不应当列入资产负债表。

2. 负债的确认。符合负债的定义，同时满足下列条件：（1）与该义务有关的经济利益很可能流出企业；（2）未来流出的经济利益的金额能够可靠地计量。符合负债定义和负债确认条件的项目，应当列入资产负债表；符合负债定义但不符合负债确认条件的项目，不应当列入资产负债表。

3. 所有者权益的确认。符合所有者权益的定义，同时所有者权益的确认取决于资产和负债的确认。所有者权益项目应当列入资产负债表。

4. 收入的确认。符合收入的定义，同时收入只有在经济利益很可能流入从而导致企业资产增加或者负债减少且经济利益的流入额能够可靠计量时才予以确认。符合收入定义和收入确认条件的项目，应当列入利润表。

5. 费用的确认。符合费用的定义，同时费用只有在经济利益很可能流出从而导致企业资产减少或者负债增加且经济利益的流出额能够可靠计量时才予以确认。符合费用定义和费用确认条件的项目，应当列入利润表。

6. 利润的确认。符合利润的定义，同时利润的确认取决于收入的确认和费用的确认以及直接计入利润的利得和损失的确认。利润项目应当列入利润表。

三、会计要素的计量

计量是指为了在资产负债表和收益表中确认和填列财务报表的要素而确定其货币金额的过程。这一过程涉及具体计量基础的选择。

1. 计量单位。在会计计量过程中，货币一直充当着记账的单位或通用标准。但货币作为一种计量尺度，必须有自身量度的统一性，即要求货币单位统一、可比或者它的量度单位在不同时期保持稳定。然而在现实经济生活中，货币的量度单位即它的购买力是变动的，相应地，计量单位也存在两种选择：名义货币单位和一般购买力单位。这里的名义货币单位，是指各国主要流通货币的法定单位；

一般购买力单位是指以各国货币的一般购买力或实际交换比率作为计量单位。

2. 计量属性。计量属性是指被计量客体的特性或外在表现形式。在财务会计中，计量属性是指资产、负债等要素可用财务形式定量化的方面，即能用货币单位计量的属性。计量属性包括历史成本、重置成本、可变现净值、现值和公允价值。

（1）历史成本。在历史成本计量下，资产按照购置时支付的现金或者现金等价物的金额，或者按照购置资产时所付出的对价的公允价值计量。负债按照因承担现时义务而实际收到的款项或者资产的金额，或者承担现时义务的合同金额，或者按照日常活动中为偿还负债预期需要支付的现金或者现金等价物的金额计量。

（2）重置成本。在重置成本计量下，资产按照现在购买相同或者相似资产所需支付的现金或者现金等价物的金额计量。负债按照现在偿付该项债务所需支付的现金或者现金等价物的金额计量。

（3）可变现净值。在可变现净值计量下，资产按照其正常对外销售所能收到现金或者现金等价物的金额扣减该资产至完工时估计将要发生的成本、估计的销售费用以及相关税费后的金额计量。

（4）现值。在现值计量下，资产按照预计从其持续使用和最终处置中所产生的未来净现金流入量的折现金额计量。负债按照预计期限内需要偿还的未来净现金流出量的折现金额计量。

（5）公允价值。在公允价值计量下，资产和负债按照市场参与者在计量日发生的有序交易中，出售资产所能收到或者转移负债所需支付的价格计量。

第五节　可持续信息披露

可持续发展概念的诞生最早可追溯到 20 世纪 80 年代，世界环境与发展委员会在《我们共同的未来》这一报告中首次系统阐述了可持续发展的概念，明确可持续发展是指既能满足当代人的需要，又不对后代人满足其需要的能力构成危害的发展，以公平性、持续性、共同性为三大基本原则。而后，联合国 193 个成员于 2015 年在可持续发展峰会上正式通过 17 个可持续发展目标，通过衡量社会、经济、环境三个维度，旨在从 2015 年到 2030 年间以综合方式彻底解决这三个维度的发展问题，转向可持续发展的道路。

随着可持续发展成为全球共识，可持续信息披露也在推动和追踪全球可持续发展进程中扮演着重要角色。一家企业从管理其业务对环境的影响（如企业的温室气体减排措施、资源回收利用等），到员工健康与安全和可持续供应链管理，再到企业治理，都可纳入可持续发展问题的范畴。相关可持续发展问题不仅通过直接方式（如原材料、劳工成本等）或间接方式（如员工、投资方、监管机构等利益相关方）影响企业短期内的经营业绩和财务状况，还可能在中期甚至长期内影响企业的整体价值。因此，如何更好地披露可持续信息，为企业的利益相关方提供决策基础，是企业对外报告需要面临的新的课题。

一、可持续信息的定义

可持续信息（又称可持续发展信息），是指企业环境（Environmental）、社会（Social）和治理（Governance）（简称 ESG）方面的可持续议题相关风险、机遇和影响的信息。ESG 是近年来兴起的企业管理和金融投资的重要理念，其核心是关注企业环境、社会和公司治理等可持续绩效的投资理念和评价标准，被视为"可持续发展"理念在企业界和投资界的具象投影，其内涵不仅包括企业追求可持续发展的核心理念，也包括企业践行可持续发展的行动指南与工具。

可持续信息具有下列特征：

（1）可持续信息是围绕特定可持续议题进行的信息披露。可持续议题，是指对企业、经济、社会、环境和利益相关方具有影响的事项或因素，如气候变化、污染物排放、员工健康与安全、反商业贿赂等。

（2）可持续信息是关于可持续议题相关风险、机遇和影响的信息。可持续风险和机遇，是指企业就特定可持续议题与其整个价值链中的利益相关方、经济、社会和环境的互动而产生的可合理预期会影响企业发展前景（即企业短期、中期或者长期的现金流量、融资渠道及资本成本等）的风险和机遇。例如，能源企业面临极端天气导致的物理风险。可持续影响，是指企业与特定可持续议题相关的活动（包括与之相关的价值链活动）对经济、社会和环境产生的实际影响或者可预见的潜在影响，包括积极影响或者消极影响。例如，污水排放企业排放污水对其生产经营地周边的水域和居民的影响。可持续风险和机遇可以理解为外部环境和其他利益相关方活动对企业的财务影响，而可持续影响则是企业相关活动对外部环境和其他利益相关方产生的影响。

二、可持续信息披露的目标与原则

可持续信息披露的目标，是向投资者、债权人、政府及其有关部门和其他利益相关方（以下统称信息使用者）提供有关企业重要的可持续风险、机遇和影响的信息，从而使其了解可持续议题如何影响企业的未来发展、经营成果和财务状况，并了解企业的经营活动如何影响环境与社会，以便其作出资源配置等经济决策或者其他决策。

为有效满足使用者的决策需求，可持续信息披露必须严格遵循重要性原则。

该原则在应用上体现为"双重重要性"视角：一方面是财务重要性（针对风险与机遇信息），评估特定可持续风险或机遇是否在合理预期下，会对企业产生重大的当期或预期财务影响（如现金流、融资渠道、资本成本）。若遗漏、错报或模糊处理该信息将影响投资者、债权人等核心使用者的决策，则该信息具有重要性。另一方面是影响重要性（针对影响信息），评估企业的活动是否对经济、社会和环境产生了重大影响。评估标准聚焦于影响的规模、范围及不可补救程度，或严重性及发生可能性；对积极影响，则关注其规模、范围及可能性。

企业应将所有识别出的具有重要性的可持续风险、机遇和影响信息纳入披露范围，同时涵盖法律法规强制要求披露的可持续信息。在披露实践中，需要确保报告期间与报告主体范围均与财务报表保持一致。当报告主体为合并主体时，覆盖范围应与合并财务报表的合并范围相同。

此外，企业的可持续信息披露需要充分考虑其价值链。价值链指与企业价值创造活动全过程相关的互动、资源与关系网络，涵盖产品/服务从概念到生命周期结束的完整链条。企业与其价值链相互依存，这种依存既可能带来风险（如供应商中断），也可能产生广泛影响。企业在识别风险、机遇、影响及界定价值链范围时，应使用报告日合理可获取的信息，评估可持续风险或机遇的预期财务影响时，应采用与其能力相称的方法。

三、可持续信息质量要求

企业披露的可持续信息应当具有与财务信息一致的质量特征，包括可靠性、相关性、可比性、可验证性、可理解性和及时性，其中可靠性要求信息基于可获得的最客观证据。

（一）可靠性

可靠性要求企业如实反映重要的可持续风险、机遇和影响，保证可持续信息完整、中立和准确。信息完整要求企业披露有助于信息使用者了解其可持续风险、机遇和影响所必需的信息，避免重要信息被省略、漏报。信息中立要求企业在可持续信息披露时不带偏见，不低估或者夸大信息，尽可能做到不偏不倚地反映积极和消极的方面，并在作出重大判断时保持应有的审慎。信息准确要求企业采取充分的流程和内部控制以避免重要信息被错报或者模糊处理，确保事实信息不存在重要错误，描述精确，估计和预测被清晰识别。

（二）相关性

相关性要求企业披露的可持续信息与信息使用者的决策相关，有助于信息使用者作出评价或者预测。重要性原则是相关性在特定企业应用的体现，其考虑了一项可持续信息的性质和规模，从而确定哪些可持续信息对企业而言是重要的而应当予以披露。

(三) 可比性

可比性要求企业披露的可持续信息可以与企业不同时期提供的信息进行比较，以及与其他企业特别是同一行业企业或者从事相似经营活动、具有相似业务模式的企业提供的信息进行比较。

(四) 可验证性

可验证性要求企业披露的可持续信息能够通过该信息本身或者生成该信息的输入值加以证实。可验证性意味着不同的具有相关专业知识和经验的独立第三方能够对一项信息是否如实反映达成共识。企业可以通过下列方式提高可持续信息披露的可验证性：(1) 提供能够与披露的可持续信息相互验证的业务信息和外部信息；(2) 提供估计信息所使用的输入值、假设和方法；(3) 提供经管理层和治理层复核的信息，并披露相关复核流程和内部控制。

(五) 可理解性

可理解性要求企业披露的可持续信息内容清晰明了，便于信息使用者理解和使用。根据相关规定或实务惯例，企业会将披露的可持续信息作为独立的报告（如可持续发展报告）对外公告，从而与其他报告中的信息互相区分，以更为清晰地披露可持续信息，便于信息使用者理解和使用。

(六) 及时性

及时性要求企业披露的可持续信息能够及时满足使用者的信息需求。根据相关规定或实务惯例，可持续信息通常与财务报表或年度报告同时对外披露，从而使信息使用者能够更及时有效地作出决策。

四、可持续信息披露的主要内容

为向信息使用者提供可持续信息供其作出决策，企业披露的可持续信息应当使信息使用者了解企业日常经营活动中与可持续议题相关的各个方面，通常包括治理、战略、风险和机遇管理（或治理、战略、风险、机遇和影响管理），以及指标和目标等四个核心要素。

除针对可持续风险和机遇围绕四个核心要素进行披露外，我国企业可持续披露准则还要求企业应当根据信息使用者的信息需求，针对重要的可持续影响信息按照相关规定进行披露。国际可持续披露准则由于其目标主要使用者为投资者和债权人，未对可持续影响信息的披露作出要求。

下列四个核心要素披露的具体内容围绕可持续风险和机遇，不包括可持续影响。

(一) 治理

在治理方面，可持续信息披露的目标，是使可持续信息基本使用者了解企业管理和监督可持续风险和机遇所采用的治理架构、控制措施和程序。为了实现这一目标，企业应当披露下列信息：

（1）负责监督可持续风险和机遇的治理机构（包括董事会及其下设委员会或者其他类似机构）或者人员的信息，包括：①该机构或者人员的职权范围、授权、职责描述和其他相关政策如何体现其监督责任；②该机构或者人员如何确定其是否具备在执行、监督可持续风险和机遇的战略、制度等方面的专业技能和胜任能力，以监督企业为管理可持续风险和机遇而制定的战略；③该机构或者人员获悉可持续风险和机遇的方式和频率；④该机构或者人员在监督企业的战略、重大交易决策、风险管理流程以及相关政策时，如何考虑可持续风险和机遇；⑤该机构或者人员如何监督可持续风险和机遇的目标设定，并监控这些目标的实现进展，包括是否以及如何将相关绩效指标纳入薪酬政策。

（2）管理层在管理和监督可持续风险和机遇所采用的治理架构、控制措施和程序中的作用的信息，包括：①特定管理层岗位或者部门是否被赋予管理和监督可持续风险和机遇的职责，以及如何对该岗位或者部门进行监督；②管理层是否采用控制措施和程序对可持续风险和机遇的监督予以支持，以及如何将这些控制措施和程序与企业的其他内部职能相整合。企业针对可持续风险和机遇的管理和监督已经建立整体性治理架构和内部制度的，可以对上述内容进行整合披露，无须披露单个议题的相关信息。

（二）战略

在战略方面，可持续信息披露的目标，是使可持续信息基本使用者了解企业管理可持续风险和机遇所制定的战略和可能结果。为了实现这一目标，企业应当披露下列信息：

（1）可持续风险和机遇包括：①可合理预期会影响企业发展前景的可持续风险和机遇；②这些风险和机遇对企业的业务模式和价值链的当期和预期影响，并说明企业的业务模式和价值链中可持续风险和机遇集中的领域，包括特定活动、业务关系、地理区域、设施和资产类型等；③这些风险和机遇可合理预期影响企业发展前景的时间范围（可持续信息报告期间结束后的时间范围），包括短期（1年以内）、中期（1~5年）和长期（5年以上），以及如何与企业用于战略决策的时间范围相关联。因行业特殊性、业务周期、投资期限等原因，企业需要采用与上述短期、中期和长期不一致的时间范围时，应披露其采用的短期、中期和长期定义以及相关理由的信息。

（2）可持续风险和机遇如何影响企业的战略和决策，包括：①企业的战略和决策当期如何应对或者计划如何应对可持续风险和机遇；②企业以前报告期间披露的管理计划的进展，包括定量和定性信息；③企业如何在战略和决策中考虑可持续风险和机遇之间的权衡。

（3）可持续风险和机遇的当期和预期财务影响，包括下列定量和定性信息：

①可持续风险和机遇对企业报告期间的财务状况、经营成果和现金流量的影响;②识别出的可能对下一年度报告期间相关财务报表的资产和负债账面价值存在重大调整风险的可持续风险和机遇;③基于管理可持续风险和机遇的战略,企业预计其财务状况、经营成果和现金流量在短期、中期和长期将如何变化。

(4) 企业的战略和业务模式对可持续风险的韧性(即企业的战略和业务模式对可持续风险有关的不确定性作出调整的能力),包括评估韧性所采用的情景分析等方法和关键假设、使用的输入值或者参数、时间范围等。企业提供定量信息时,可以披露单个数值或者区间数值。

(三)风险和机遇管理

在风险和机遇管理方面,可持续信息披露的目标,是使可持续信息基本使用者了解企业识别、评估、排序和监控可持续风险和机遇的流程(包括这些流程是否以及如何融入企业的整体风险管理流程),以及评估企业的整体风险状况及其整体风险管理流程。为了实现这一目标,企业应当披露下列信息:

(1) 用于识别、评估、排序和监控可持续风险的流程和相关政策,包括:①采用的方法和关键假设;②使用的输入值和参数及其来源;③如何评估可持续风险影响的性质、可能性和规模;④是否以及如何考虑可持续风险相较于其他类型风险的优先级;⑤如何监控可持续风险;⑥与上一报告期间相比,是否以及如何改变所使用的流程。

(2) 用于识别、评估、排序和监控可持续机遇的流程。

(3) 用于识别、评估、排序和监控可持续风险和机遇的流程在多大程度上以及如何融入企业的整体风险管理流程。企业针对可持续风险和机遇进行统一管理的,可以对上述内容进行整合披露,无须披露单个议题的相关信息。

(四)指标和目标

在指标和目标方面,可持续信息披露的目标,是使可持续信息基本使用者了解企业在可持续风险和机遇方面的绩效,包括企业设定的目标的进展和国家法律法规、战略规划要求企业实现的目标的进展。为了实现这一目标,企业应当披露下列信息:

(1) 相关规定要求披露的指标(如有害废弃物排放量)。

(2) 企业用于计量和监控其可持续风险和机遇的指标(如温室气体排放量),以及衡量可持续风险和机遇管理绩效的指标(如温室气体减排量),包括与特定业务模式、活动或者其他表明企业具有某一行业的共同特征相关的指标。如果企业设定了一项指标,则应当说明:①如何定义指标;②指标是绝对值、相对值还是定性指标;③指标是否以及如何经独立第三方验证;④计算指标的方法、关键假设、方法的局限性以及使用的输入值或者参数;⑤指标的修订及原因(如适用)。

（3）企业设定的目标的进展和国家法律法规、战略规划要求企业实现的目标的进展，并说明：①用于设定目标和监控目标进展的指标（如温室气体目标减排量和已实现减排量）；②企业设定的或者被要求实现的特定定量或者定性目标；③目标适用的时间范围；④计量指标实现情况的基准期间；⑤阶段性目标和中期目标（如适用）；⑥目标实现情况的绩效及其未来趋势或者变化分析；⑦目标的修订及原因（如适用）。为满足信息使用者的信息需求，除按照我国可持续披露基本准则相关规定外，企业还应当按照可持续披露具体准则和应用指南的规定，披露按照可持续披露基本准则确定的重要的可持续影响信息。例如，建筑施工类企业从事的建筑施工业务可能会发生安全事故，导致其员工面临职业伤害和死亡的风险，因此企业的经营活动对员工职业健康和安全这一可持续议题存在重大影响。对于该可持续影响，企业可以结合实际情况，披露报告期间因从事建筑施工活动而发生的安全事故数量和比率，受安全事故影响的员工数量和比率（可以按严重程度类别披露，如暂时性的职业伤害、长期丧失工作能力的职业伤害和死亡），以及员工因职业伤害损失的工作天数和因职业伤害而死亡的数量和比率，从而让信息使用者了解该企业员工职业健康和安全的现状；同时，企业还可以披露为防范安全事故发生和降低安全事件对员工健康产生的影响所设定的目标（如"零事故""零伤害"）采取的举措（如已实施的安全管理体系、改善员工工作环境的措施、为员工提供的安全施工培训和为员工购买的职业保险等），以及举措的实际效果，从而让信息使用者了解企业如何应对员工健康和安全这一可持续议题的相关影响。

五、可持续信息和财务报表信息的关联和关系

企业在编制可持续信息披露时，所披露的可持续信息应当与财务报表信息之间相互关联，从而使信息使用者能够更好地理解不同披露之间的联系。可持续信息与财务报表信息之间的关联，包括可持续定量信息直接取自财务报表相关项目数值，或者取自财务报表相关项目数值的一部分或者合计数。同时，企业编制可持续信息所使用的数据和假设应当考虑所适用的企业会计准则的要求，尽可能与其编制相关财务报表所使用的数据和假设保持一致；若存在不一致的，应当披露重大差异的信息并说明理由。此外，以货币计量的可持续信息也应当使用与其相关财务报表一致的币种。可持续议题相关的风险、机遇和影响，也可能会对财务报表信息产生影响。例如，企业的固定资产由于自然气候事件（物理风险）或政策变动（转型风险）等原因而无法使用，企业需要重新评估资产的使用寿命和残值，并考虑对递延所得税资产和未来应纳税所得额的影响。又如，企业生产过程中造成其生产经营所在地及周边的土壤污染，导致其面临可能的罚款和赔偿，企业需要估计其可能发生的支出金额并相应确认预计负债。

【本章思考题】

1. 比较分析"受托责任观"与"决策有用观"的主要观点、侧重点及其在财务报告目标定位上的差异。结合恒大案例，说明财务造假行为如何违背了这两种观点下的财务报告目标？

2. 解释"持续经营假设"的内涵及其在会计确认、计量中的关键作用。结合恒大案例，分析其提前确认收入的违规操作如何破坏了持续经营假设的隐含前提？

3. 根据权责发生制和收入确认准则，阐述企业确认收入的基本原则和时点要求。以房地产行业为例，说明恒大地产将预售合同金额直接确认为收入的行为具体违反了哪些会计信息质量要求和确认原则？

4. 可靠性的内涵包括哪几个关键标志？结合恒大财务造假事件，分析其会计处理在哪些方面严重损害了信息的可靠性？这对投资者决策可能造成何种危害？

5. 阐述权责发生制会计基础的核心含义及其与收付实现制的根本区别。举例说明权责发生制如何更准确地反映企业的经营成果和财务状况。

6. 根据基本准则，资产、负债、收入、费用等会计要素的确认需要满足哪些基本条件？试举例说明。

7. 简述可持续信息披露的四个核心要素（治理、战略、风险和机遇管理、指标和目标）各自的目标和主要内容。

第二章　货币资金及应收预付项目

【引入案例】

在国产汽车赛道上,众泰汽车一度是个备受瞩目的存在。2016年,众泰凭借着对知名豪车外观的模仿,收获了大量关注,年销量飙升至33万辆,成为汽车行业的一匹黑马。那时的众泰,在资本市场上风光无限,股价一路高涨,投资者纷纷看好其发展前景。

政府为了推动汽车产业发展,给予众泰诸多政策支持,期望它能在技术创新、产业升级方面有所作为,带动上下游产业链共同进步,创造更多就业岗位,助力地方经济发展。众泰也对外宣称积极投入研发,立志从模仿走向自主创新,肩负起国产汽车品牌崛起的社会责任,一时间博得了市场与社会的好感。

然而,好景不长。随着市场环境变化,消费者对汽车品质与技术含量的要求不断提高,政策监管也日益严格,众泰曾经依赖的模仿策略难以为继。从2018年开始,其销量急剧下滑,到2019年,年销量仅为2.1万辆,业绩大幅缩水,经营陷入困境。

在业绩下滑的关键时期,浙江省证监局在2024年5月的调查中,发现众泰汽车存在严重的财务问题。

其一,货币资金与借款情况诡异。公司账面上货币资金看似充足,但仔细核查后发现,资金被大量以各种名目挪用,甚至存在将政府给予的产业扶持资金挪作他用的情况。与此同时,公司却向金融机构借取高额利息贷款,每年利息支出高达数千万元,资金运作混乱不堪,浪费了宝贵的社会资源,也违背了政府扶持的初衷。

其二,应收账款暗藏玄机。众泰汽车在销量不佳的情况下,应收账款却高得离谱。深入调查发现,部分应收账款源于与关联企业的虚假交易。这些关联企业有的由公司高管亲属控制,通过签订虚假销售合同,虚增营收数据,制造业绩繁荣假象,以维持公司股价,为自身谋取利益,严重损害了广大投资者的利益,破坏了资本市场的公平公正。

其三，公司治理混乱，漠视社会责任。2024年财报显示，众泰汽车全年销量仅14辆，同比暴跌98.74%，生产线停摆，库存积压严重，大量员工面临失业风险。但公司董监高薪酬总额却逆势增长61.45%至954.91万元，董事长个人报酬达196.59万元。面对产品质量问题频出、消费者投诉不断，众泰却对消费者权益不管不顾，在产品召回、售后维修等方面敷衍了事，完全丧失了企业应有的社会责任感。

众泰汽车从辉煌走向衰落，表面上是经营不善，实则是企业在经营管理中背离了思政原则，如诚信缺失、社会责任淡漠、管理层自私自利等。这些财务乱象不仅给企业自身带来了灭顶之灾，也给社会造成了诸多不良影响。如果你是负责调查众泰汽车财务问题的审计人员，你会从哪些方面入手，深入挖掘问题根源？又该如何从财务专业角度，避免此类企业经营与财务危机的发生？

【学习目的与要求】

1. 了解货币资金管理的意义；
2. 掌握应收票据的核算与贴现；
3. 了解应收账款的总价法与净价法；
4. 了解坏账的计提范围；
5. 掌握坏账的计提方法。

第一节 货币资金

一、货币资金的核算范围

货币资金是指企业的生产经营资金在周转过程中处于货币形态的那部分资金。货币资金具有普遍的可接受性，是流动性最强的资产。它的使用不受任何限制，可随时用来购买其他资产和清偿各种债务。其核算范围包括库存现金、银行存款和其他货币资金。现金有狭义现金和广义现金之分。狭义的现金仅指库存现金即企业金库中存放的有形纸币和硬币。广义的现金包括库存现金、银行存款、银行本票、银行汇票、保付支票、个人支票、旅行支票等。

这里应注意不受企业控制或限制用途的，且不能供企业日常经营使用的现金，不能列入货币资金。如公司债券偿债基金、定期储蓄存单、存入倒闭银行的存款以及其他专款专供特殊用途的现金，应纳入企业的投资性资产或其他资产核算。

货币资金与其他资产相比有三个特点：一是货币资金是交换与流通的主要手段，其流动性最强且易于隐藏和转移，因此其对人们的诱惑力也最强。二是货币资金作为一般等价物，一方面可以作为支付手段，保证企业生产经营的正常运转需要；另一方面，现金又是非生产性资产，除存款利息外，不能为企业创造任何价值。三是货币性，是指现金具有的货币属性，即它起着交易的媒介、价值衡量的尺度、会计记录货币单位的作用。因此，在货币资金的管理过程中，企业应严格遵守国家有关货币资金管理制度，正确进行货币资金收支的核算，监督货币资金使用的合法性与合理性，加强货币资金的内部控制，确保货币资金的安全与完整。

二、库存现金（Cash on Hand）的核算与使用

库存现金是指存放于企业财会部门、由出纳人员保管的纸币或硬币。企业的出纳负责妥善保管库存现金，登记银行存款日记账和库存现金日记账，但出纳不得兼管收入、支出、往来款项、库存现金、银行存款总账的登记工作以及会计稽核和会计档案保管工作；填写银行结算凭证的有关印鉴，不能集中由出纳人员保管，应实行印鉴分管制度。这样做的目的是便于职能分开，形成一种互相牵制的控制机制、防止挪用现金以及隐藏流入的现金。

为了总括反映企业库存现金的收取、支出和结存情况，应设置"库存现金"总分类科目，借方登记现金的增加，贷方登记现金的减少，期末余额在借方，反映企业实际持有的库存现金的余额。一般由不从事出纳工作的会计人员负责登记。

企业收取现金应向交款人出具正式收据，收取的现金应于当日送存开户银行，当日送存确有困难的，由开户银行确定送存时间。企业支付现金必须依据经过审批的合法凭证，付款后加盖"付讫"戳记。现金支付得从本企业的现金收入中直接支付，即不得"坐支现金"。因特殊情况需要坐支现金的企业，应事先报经开户银行审查批准。企业从开户银行提取现金时，应如实写明提取现金的用途，由本企业财会部门负责人签字盖章，并经开户银行审查批准后予以支付。

企业记录的每一笔"库存现金"增减业务，都必须取得或者填制真实、合法、完整、正确的原始凭证，作为收付现金的书面证明。例如，从银行提取现金的现金支票存根；将库存现金送存银行的银行送款单回单联；现金方式销售时由销售部门开出的发票副联；收进其他单位或个人交来现款而开出的收款收据副联；职工领取工资和劳保福利费用等所取得的由经领人签字的工资结算凭证或领款单，以及职工报销费用的有关费用凭证等。企业不准用不符合财务制度的凭证顶替库存现金，即不得"白条顶库"；不准谎报用途套取现金；不准用银行账户代其他企业和个人存入或支取现金；不准用企业收入的现金以个人名义储蓄，不

得"公款私存",不得私设"小金库"。

对企业的库存现金,除了要求出纳人员做到日清月结之外,企业的审计部门以及会计部门的领导对现金的管理工作要进行突击监督与检查,以防短缺。企业的出纳人员应当定期轮换,不得一人长期从事出纳工作,会计人员的及时轮换可以尽可能避免员工产生惰性及麻痹与侥幸心理,减少犯罪活动发生的可能。

对库存现金的使用范围只限于以下活动的支付:(1)职工工资、津贴;(2)个人劳务报酬;(3)根据国家规定颁发给个人的科学技术、文化艺术、体育等各种奖金;(4)各种劳保、福利费用以及国家规定的对个人的其他支出;(5)出差人员必须随身携带的差旅费;(6)向个人收购农副产品和其他物资的价款;(7)转账结算起点以下的零星现金支付;(8)中国人民银行确定需要支付现金的其他支出等。其他款项和前款超过结算起点(1 000元)的支出一般应通过银行办理转账结算。

企业在日常经营中需要定期清查库存现金,若发现账实不符,即可能出现盘盈或盘亏的情况,应根据《企业会计准则》的规定处理盘盈和盘亏情况。

发生库存现金盘盈时,审批前先按实际盘盈金额,借记"库存现金"科目,贷记"待处理财产损溢——待处理流动资产损溢"科目;审批后,若为应付款项,转入"其他应付款",无法查明原因则计入"营业外收入"。

库存现金盘亏时,审批前按盘亏金额,借记"待处理财产损溢"科目,贷记"库存现金"科目;审批后,责任人或保险公司赔偿部分计入"其他应收款",无法查明原因的计入"管理费用"。

三、银行存款(Bank Deposits)账户的开设

银行存款是指企业存放于银行或其他金融机构的货币资金。企业应当根据业务需要,按照规定在其所在地银行开设账户。根据《中国人民银行支付结算办法》规定,企业收入的款项都应于当日存入银行,一切支出除国家规定可以使用现金结算以外,必须通过银行办理转账结算。

《银行账户管理办法》将企业的存款账户分为四类,即基本存款账户、一般存款账户、临时存款账户和专用存款账户。

基本存款账户是指企业办理日常转账结算和现金收付的账户,是企业的主办账户。企业的工资、奖金等现金的支取,只能通过本账户办理。企业一般只能选择一家银行的一个营业机构开立一个基本存款账户。为了加强对基本存款账户的管理,企业开立基本存款账户,要实行开户许可证制度,必须凭中国人民银行当地分支机构核发的开户许可证办理。企业不得为还贷、还债和套取现金而多头开立基本存款账户。

一般存款账户是指企业基本存款账户以外的银行借款转存、与基本存款账户

的企业不在同一地点的附属非独立核算单位开立的账户,本账户可以办理转账结算和现金缴存,但不能支取现金。

临时存款账户是指企业因临时生产经营活动的需要且在规定的期限内使用而开立的账户,如企业异地产品展销、临时性采购资金等,本账户既可以办理转账结算,又可以根据国家现金管理规定存取现金。

专用存款账户是指企业因特定用途需要所开立的账户,如基本建设项目专项资金、农副产品资金等,企业的销货款不得转入专用存款账户。企业的基本建设资金,更新改造资金,党、团、工会设在单位的组织机构经费等,可以申请开立专用存款账户。《银行账户管理办法》规定,企业不得出租、出借账户;不得违反规定在异地存款和贷款而开立账户;任何单位和个人不得将本单位的资金以个人名义开立账户存储。

四、银行结算单据的种类

银行结算单据种类主要包括支票、银行本票、银行汇票、商业汇票、汇兑、委托收款、托收承付、信用卡和信用证等。

1. 支票,指企业或个人签发的,委托银行或信用社于见票时无条件支付给收款人或持票人的票据。支票分为现金支票、转账支票和普通支票。在支票上印有"现金"字样的支票为现金支票,现金支票只能用于支取现金;在支票上印有"转账"字样的支票为转账支票,转账支票只能用于转账;在支票上未印有"现金"或"转账"字样的为普通支票,既可以用于支取现金,也可以用于转账;在普通支票左上角画两条平行线的,为划线支票,只能用于转账,不能支取现金。支票的签发人必须在付款银行有足额支票存款,不得签发空头支票。支票的提示付款期限一般为自出票日起 10 日内,超过提示付款期限的,银行不予受理,付款人不予付款。出票人签发空头支票、签章与预留银行签章不符的支票或使用支付密码错误的支票时,银行应予以退票,并按票面金额处以 5% 但不低于 1 000 元的罚款。持票人有权要求出票人赔偿支票金额 2% 的赔偿金。支票普遍运用于同城结算。

2. 银行本票,是银行签发的,承诺自己在见票时无条件支付确定的金额给收款人或者持票人的票据。银行签发本票之前要求付款企业须将申请支付的金额先交存银行,同时填写"银行本票申请书",填明收款人名称、申请人名称、支付金额、申请日期等事项并签章。申请人取得银行本票后,即可向填明的收款企业办理提货或进行债务清算,收款人可以见票就发货或进行债权结算。银行本票可以用于转账,注明"现金"字样的银行本票可以用于支取现金,但申请人或收款人为单位的,不得申请签发现金银行本票。银行本票由银行签发并保证兑付,而且见票即付,具有信誉高、支付功能强等特点。银行本票的付款期限为自出票之日起最长不超过 2 个月，可以用于同一票据交换区域内任何款项的结算。

3. 银行汇票，是汇款人将款项交存当地出票银行，由出票银行签发的，由其在见票时，按照实际结算金额无条件支付给收款人或持票人的票据。出票银行在签发银行汇票时，应用压数机压印出票金额，并将银行汇票和解讫通知一并交给申请人。申请人应将银行汇票和解讫通知一并交付给银行汇票上记明的收款人。持票人向银行提示付款时，必须同时提交银行汇票和解讫通知，缺少任何一联，银行不予受理。银行汇票一般适用于先收款后发货或钱货两清的商品交易。它具有使用灵活、票随人到、兑现性强等特点。企业和个人各种款项结算，均可使用银行汇票。填明"现金"字样的银行汇票也可以用于支取现金。银行汇票的付款期限为自出票之日起 1 个月内。

4. 商业汇票，是出票人签发的，由付款人在指定日期无条件支付确定的金额给收款人或者持票人的票据。在银行开立存款账户的法人以及其他组织之间须具有真实的交易关系或债权债务关系，才能使用商业汇票。商业汇票的付款期限由交易双方商定，但最长不得超过 6 个月。商业汇票的提示付款期限为自汇票到期日起 10 日内。商业汇票按承兑人不同分为商业承兑汇票和银行承兑汇票。商业承兑汇票是由银行以外的付款人承兑，银行承兑汇票由银行承兑，由在承兑银行开立存款账户的存款人签发。商业汇票可以背书转让，符合条件的商业汇票在尚未到期前可以向银行申请贴现，并按银行规定的贴现率向银行支付贴现息。

5. 汇兑，是汇款人委托银行将其款项支付给收款人的结算方式。单位和个人的各种款项的结算，均可使用汇兑结算方式。汇兑分为信汇、电汇两种。汇兑结算方式适用于异地之间的各种款项结算，划拨款项简便、灵活。

6. 委托收款，是收款人委托银行向付款人收取款项的结算方式。委托收款结算款项划回的方式分为邮寄和电报两种。企业委托开户银行收款时，应填写银行印制的委托收款凭证和有关的债务证明，交付企业的开户银行。企业的开户银行审核后，将委托收款的其他结算凭证寄往付款单位的开户银行，由付款单位的开户银行通知付款单位承认付款。付款单位收到银行交给的委托收款凭证和债务证明，应签收并在 3 天之内审查债务证明是否真实，是否是本单位的债务，确认之后通知银行付款。按照规定，付款人未在接到通知日的次日起 3 日内通知银行付款的，视同付款人同意付款，银行应当于付款人接到通知日的次日起第 4 日上午开始营业时，将款项划给收款人。

7. 托收承付，是根据购销合同由收款人发货后委托银行向异地付款人收取款项，由付款人向银行承认付款的结算方式。办理托收承付结算的款项，必须是商品交易，以及因商品交易而发生的劳务供应的款项。代销、寄销、赊销商品的款项，不得办理托收承付结算。托收承付款项划回方式分为邮寄和电报两种，由收款人根据需要选择使用。收款单位办理托收承付，必须具有商品发出的证件或其他证明。托收承付结算每笔的金额起点为 10 000 元。新华书店系统每笔金额起点为 1 000 元。

8. 信用卡，是指商业银行向个人和企业发行的，凭以向特约企业购物、消费和向银行存取现金，且具有消费信用的特制载体卡片。信用卡按使用对象分为企业卡和个人卡；按信誉等级分为金卡和普通卡。企业卡一律不得用于 10 万元以上商品交易、劳务供应款项的结算，不得支取现金。信用卡在规定的限额和期限内允许善意透支，金卡不得超过 10 000 元，普通卡不得超过 5 000 元，透支期限最长为 60 天。

9. 信用证，是一种由银行依照客户的要求和指示开立的有条件承诺付款的书面文件，主要适用于国际结算。信用证是由进口企业向银行提交开证申请书、信用证申请人承诺书和购销合同，并将信用证保证金交存银行，银行再应进口企业的要求，向出口商开立的，由开证银行承担付款责任，议付银行解付货款的凭证。在信用证结算方式下，收款企业收到信用证后，即备货装运，签发有关发票账单，连同运输单据和信用证，送交银行，根据退还的信用证等有关凭证编制收款凭证；付款企业在接到开证行的通知时，根据付款单据编制付款凭证。

五、银行存款的核算

为核算企业银行存款的增减变动及余额情况，企业应设置"银行存款"科目。当企业收到银行的进账单的回单后，借记"银行存款"科目，贷记有关科目；企业可以根据支票存根，或银行开来的付款通知单，借记有关科目，贷记"银行存款"科目。为了序时反映企业银行存款的增减变动，企业应按照开户银行或其他金融机构名称、存款种类等，分别设置"银行存款日记账"，根据收、付款凭证，按照业务发生顺序，逐日逐笔登记，并于日终时结出账面余额。"银行存款日记账"应与"银行对账单"定期核对，至少每月核对一次。两者如有差额，企业应编制"银行存款余额调节表"调节。若记账无误，调节后的两者余额应一致，若银行存款日记账的余额与银行对账单的余额不一致，可能是由于记账错误和未达账项。

有外币存款业务的企业，应在"银行存款"科目下，按币种设置明细科目分别核算。凡有外汇收支的企业，必须按规定向外汇管理部门申请建立外汇额度账户和现汇账户。凡未开立外汇额度账户或现汇账户的企业，收入的外汇必须售给国家，不得私自保存和使用，更不得汇出境外。凡在开展各项业务活动中收入的外币或兑换券，应开具专用收据，写明外币名称、金额、折合人民币金额、折合率等。所有外币要按外汇管理规定，及时解交中国银行。收入的兑换券要解交开户银行。需要使用外汇时，每年应按规定向上级主管部门申请，经批准后，下达外汇额度和用汇控制指标，企业按规定的用途使用。临时汇往外国或参加国际会议出国人员或代表团等需要外汇，必须按照各专项计划使用外汇。严禁逃汇、套汇、挪用、将外汇私自留存国外银行保存等违反外汇管理的行为。

六、其他货币资金（Other Monetary Funds）的核算

"其他货币资金"主要核算的是企业办理银行本票、银行汇票、信用证保证金、信用卡时交存银行的款项，以及企业到外地进行临时或零星采购、汇往采购地银行开立采购专户的款项以及企业存入证券公司将用于投资的款项。该科目可以下设"外埠存款""银行本票存款""银行汇票存款""信用证保证金存款""信用卡存款"和"存出投资款"等明细科目。企业应在收到有关票据或开设外埠存款账户、投资账户后，借记"其他货币资金"科目，在使用这些款项购买货物或股票债券后，贷记"其他货币资金"科目，余额在借方，表示其他货币资金的结存数额。

【例 2-1】江西江运公司于 2024 年 5 月 20 日为临时采购需要在工商银行北京分行开设外埠存款账户，存入 50 000 元。6 月 15 日，采购员交来供货企业发票，货物金额为 40 000 元，增值税 5 200 元，货物尚未收到。6 月 20 日多余的 4 800 元资金转回了原开户银行。

开设外地临时采购专户：

借：其他货币资金——外埠存款	50 000
贷：银行存款	50 000

收到供货企业发票：

借：材料采购	40 000
应交税费——应交增值税（进项税额）	5 200
贷：其他货币资金——外埠存款	45 200

将多余的资金 4 800 元转回原开户银行：

借：银行存款	4 800
贷：其他货币资金——外埠存款	4 800

【例 2-2】某公司委托中国银行江西省分行开出 10 000 美元信用证，2024 年 10 月 17 日开出信用证时，外汇价为 1 美元兑换 6.73 元人民币，10 月 28 日购买商品动用信用证存款共计金额 6 000 美元，当日外汇价 1 美元兑换 6.78 元人民币，当日将未用完的信用证存款及时转回银行账户。

委托中国银行开出信用证时：

借：其他货币资金——信用证存款（＄10 000）	67 300
贷：银行存款——美元户（＄10 000）	67 300

购买商品时（进口增值税、关税略）：

借：材料采购	40 680

贷：其他货币资金——信用证存款（＄6 000）　　　　　40 680
　　将未用完的信用证存款转回银行账户时：
　　　　借：银行存款——美元户（＄4 000）　　　　　　　27 120
　　　　　　贷：其他货币资金——信用证存款（＄4 000）　　　27 120

【例 2 - 3】2024 年 4 月 8 日，江西江运公司拟利用闲置资金进行证券投资，向某证券公司申请资金账号，并开出转账支票划出资金 3 000 000 元存入该账号，以便购买股票、债券等。4 月 15 日，江西江运公司利用该账户从二级市场购买 A 公司股票 100 000 股，每股市价 13.50 元，发生交易费用 2 460 元，分类为以公允价值计量且其变动计入当期损益的金融资产。

4 月 8 日申请账号并划拨款项时：
　　借：其他货币资金——存出投资款　　　　　　　　　3 000 000
　　　　贷：银行存款　　　　　　　　　　　　　　　　　3 000 000
4 月 15 日购买 A 公司股票时：
　　借：交易性金融资产　　　　　　　　　　　　　　　1 350 000
　　　　投资收益　　　　　　　　　　　　　　　　　　　2 460
　　　　贷：其他货币资金——存出投资款　　　　　　　　1 352 460

七、货币资金的控制

　　2010 年 4 月 26 日，财政部会同证监会、审计署、国资委、银监会、保监会等五部委联合发布的《企业内部控制应用指引第 6 号——资金活动》规定，企业办理资金支付业务，应当明确支出款项的用途、金额、预算、限额、支付方式等内容，并附原始单据或相关证明，履行严格的授权审批程序后，方可安排资金支出。企业办理资金收付业务，应当遵守现金和银行存款管理的有关规定，不得由一人办理货币资金全过程业务，严禁将办理资金支付业务的相关印章和票据集中一人保管。

　　因此，企业应当对货币资金业务建立严格的授权批准制度，明确审批人对货币资金业务的授权批准方式、权限、程序、责任和相关控制措施，规定经办人办理货币资金业务的职责范围和工作要求。审批人应当根据货币资金授权批准制度的规定，在授权范围内进行审批，不得超越审批权限。企业对于重要货币资金支付业务，应当实行集体决策和审批，并建立责任追究制度，防范贪污、侵占、挪用货币资金等行为。严禁未经授权的机构或人员办理货币资金业务或直接接触货币资金。企业应当加强银行预留印鉴的管理，财务专用章应由专人保管，个人名章必须由本人或其授权人员保管，严禁一人保管支付款项所需的全部印章。

　　货币资金收入控制目标：保证每笔资金都及时足额存入银行。货币资金收入的控制流程见图 2 - 1。

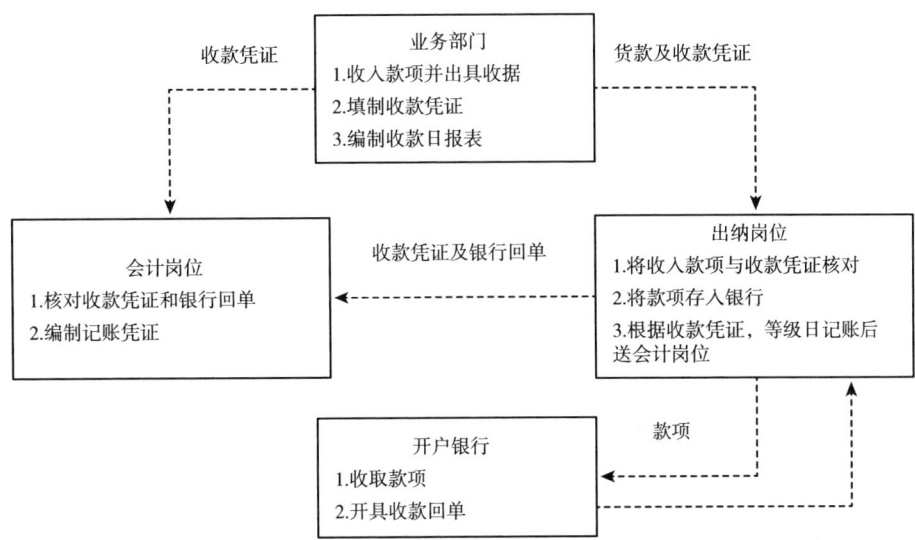

图 2 - 1　货币资金收入的控制流程

货币资金支付的控制目标：每一笔支付都必须经过授权批准。货币资金支付的控制流程见图 2 - 2。

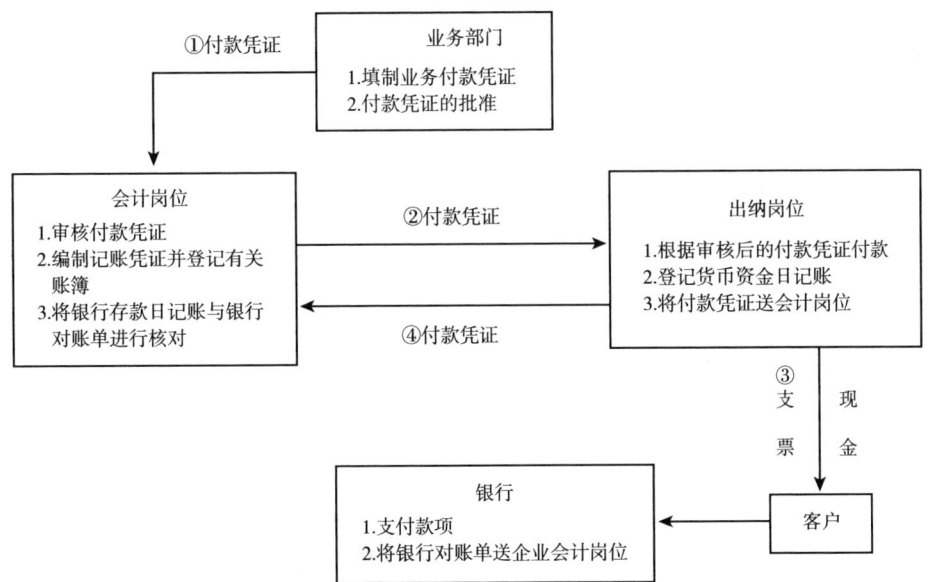

图 2 - 2　货币资金支付的控制流程

第二节　应收票据

一、应收票据（Notes Receivable）的性质与分类

这里的票据是指商业汇票，是企业因销售商品、产品、提供劳务等，由债权人或债务人签发的，表明债务人在约定时日应按约定金额偿付款项的书面文件。在国外还允许因借款而签发商业汇票。

商业汇票按承兑人不同，分为商业承兑汇票和银行承兑汇票。商业承兑汇票的承兑人是付款人；银行承兑汇票的承兑人是付款人的开户银行。按票面是否带息，分为不带息票据和带息票据。不带息票据是指商业汇票票面未标明利息，票据到期时，承兑人只按票面金额向收款人或被背书人支付款项；带息票据是指商业汇票的票面载明年利率，票据到期时，承兑人必须按票面金额加上票面利息，向收款人或被背书人支付票款。

应收票据的期限有按月表示和按日表示两种。按月表示的票据，以到期月份中与出票日相同的那一天为到期日。月末出票的票据，不论月份大小，均以到期月份的月末日为到期日。例如，4月10日出票的3个月期的票据，到期日为7月10日；4月30日出票的3个月期的票据，到期日为7月31日。按日表示的票据，应从出票日起按实际经历的天数计算到期日，但出票日和到期日只能算一天。例如，4月10日出票的90天期的票据，到期日为7月9日。商业汇票的付款期限最长不得超过六个月。

二、应收票据的管理与核算

为了加强对应收票据的管理，确保款项的及时收回，企业应当设置"应收票据备查簿"，逐笔登记每一商业汇票的种类、号数和出票日期、票面金额、票面利率、交易合同号和付款人、承兑人、背书人的姓名或企业名称、到期日、背书转让日、贴现日期、贴现率和贴现净额、未计提的利息、收款日期和收回金额、退票情况等资料。应收票据到期结清票款或退票后，应当在备查簿内逐笔注销。

（一）不带息票据的核算

不带息票据的核算内容包括应收票据的取得、票据到期收到款项或遭到拒付等。票据的取得，既可以是因为销售商品取得，也可以是为抵前欠货款取得。因此，当取得票据时，应借记"应收票据"科目，并按取得的原因不同，贷记"主营业务收入"或"应收账款"科目。票据到期收到款项时，按票据面值，借记"银行存款"科目，贷记"应收票据"科目。若票据到期无法收到款项时，则借记"应收账款"科目，贷记"应收票据"科目。

【例2-4】甲企业2024年5月20日销售商品一批给乙企业，价款为100 000

元，增值税 13 000 元，并于当日收到乙企业开来的一张不带息商业承兑汇票，面值为 113 000 元，期限 6 个月。编制会计分录如下：

2024 年 5 月 20 日收到票据：

借：应收票据 113 000
  贷：主营业务收入 100 000
    应交税费——应交增值税（销项税额） 13 000

2024 年 11 月 20 日票据到期，甲企业按期收到款项：

借：银行存款 113 000
  贷：应收票据 113 000

若 2024 年 11 月 20 日票据到期，乙企业无力付款，则：

借：应收账款 113 000
  贷：应收票据 113 000

（二）带息票据的核算

对于带息票据，企业应于中期期末和年度终了，按规定计算票据的利息，并增加应收票据的账面价值。利息计算公式如下：

应收票据利息 = 票据面值 × 利率 × 期限

上式中，利率一般以年利率表示。期限指签发日至到期日的时间间隔，可以按月表示，也可以按日表示。但这里必须注意的是，当期限按月表示时，必须相应地将年利率转化为月利率（年利率/12）。当期限按日表示时，必须将年利率转化成日利率（年利率/360）。

带息票据到期值的计算公式如下：

到期值 = 票据面值 + 利息 = 票据面值 ×（1 + 利率 × 期限）

【例 2－5】 甲企业于 2024 年 11 月 1 日收到丙企业当日开出的商业承兑汇票一张以抵前欠货款，面值为 100 000 元，年利率为 6%，期限为 3 个月。作有关分录如下：

11 月 1 日，甲企业收到票据时：

借：应收票据 100 000
  贷：应收账款 100 000

12 月 31 日计息时：

借：应收票据 1 000
  贷：财务费用 1 000

2025 年 2 月 1 日，票据到期，甲企业按期收到有关款项时：

借：银行存款 101 500
  贷：应收票据 101 000
    财务费用 500

三、应收票据贴现（Notes Receivable Discounted）

商业汇票贴现是指商业汇票的持票人为了资金融通的需要，将未到期的商业汇票以贴付一定利息的方式转让于银行的一种资金融通行为。票据一经贴现便归贴现人所有，贴现人到期可凭票直接向承兑人收取票款。对持票人来说，贴现是将未到期的票据卖给银行提前收回垫支于商业信用资金的行为。而对银行或贴现公司来说，贴现是与商业信用结合的放款业务。票据贴现融资与其他融资方式相比较，有许多特殊的优点。对银行来说，贴现银行可获得如下好处：利息收益较多；资金收回较快；资金收回较安全等。对于贴现企业，通过贴现可取得短期融通资金，手续相对简单。因此，票据融资方式已成为企业低成本融资的重要方式。

（一）贴现息、贴现值的计算

企业将票据背书时，贴付给银行的利息称为贴现息，企业实际收到的款项称为贴现额。用公式表示为：

贴现息 = 票据到期值 × 贴现率 × 贴现期

上式中，贴现率是指企业与银行商定的应付给银行的利率，贴现期是指银行持有票据的时间。

贴现额 = 到期值 − 贴现息

（二）贴现的会计处理

贴现分为带追索权的贴现和不附追索权的贴现。对于不附追索权的贴现，由于与应收票据相关的风险和报酬已经转移，企业应按扣除其贴现息后的净额，借记"银行存款"科目，按票据的账面价值，贷记"应收票据"科目，按其差额，贷记或借记"财务费用"科目。

【例 2−6】甲企业于 2023 年 4 月 20 日将其 3 月 20 日取得，面值为 10 000 元，年利率 3%，6 个月期的票据贴现给银行，贴现率为 4.8%，并收到有关款项。作有关分录如下：

4 月 20 日票据贴现，取得有关款项时：

到期值 = 10 000 × (1 + 3%/12 × 6) = 10 150（元）
贴现息 = 10 150 × 4.8%/12 × 5 = 203（元）
贴现值 = 10 150 − 203 = 9 947（元）

借：银行存款　　　　　　　　　　　　　　　　　9 947
　　财务费用　　　　　　　　　　　　　　　　　　 53
　　贷：应收票据　　　　　　　　　　　　　　　　　　10 000

若上述贴现为带追索权的贴现，由于与票据相关的风险尚未转移，收到款项时应增加短期负债。沿用上例，贴现时：

借：银行存款　　　　　　　　　　　　　　　　　　　9 947
　　财务费用　　　　　　　　　　　　　　　　　　　　53
　　贷：短期借款　　　　　　　　　　　　　　　　　　　10 000
票据到期，债务人将款项划给银行：
借：短期借款　　　　　　　　　　　　　　　　　　10 000
　　贷：应收票据　　　　　　　　　　　　　　　　　　　10 000

第三节　应收账款

一、应收账款的性质

应收账款（Accounts Receivable）是企业在正常经营过程中，因销售商品、产品、提供劳务而应向购货企业或接受劳务企业收取款项的权利。它包括企业出售商品、材料、提供劳务等应向债务人收取的价款及代购货方垫付的运费。它代表企业能获得未来的现金流入。

应收账款的实质是在商业信用条件下，基于买卖双方相互信任，买方向卖方所作的口头承诺。企业应加强对应收账款的管理，采取有效措施，积极组织催收，避免企业的资金长期被其他企业占用，以及时弥补企业生产经营过程中的资金耗费，确保企业的持续经营和扩大再生产。

不单独设置"预收账款"科目的企业，预收的账款也在本科目核算。

二、应收账款入账时间的确认

应收账款是在商业信用条件下由于赊销而产生的，因而一般可以在销售成立、确认销售收入的同时确认应收账款。按照收入的确认标准，企业在销售商品时，应同时符合以下条件，方可确认收入：企业应当在履行了合同中的履约义务，即在客户取得相关商品控制权时确认收入。取得相关商品控制权，是指能够主导该商品的使用并从中获得几乎全部的经济利益，也包括有能力阻止其他方主导该商品的使用并从中获得经济利益。取得该商品控制权包括以下三个要素：

一是能力，即客户必须拥有现时权利，能够主导该商品的使用并从中获得几乎全部经济利益。如果客户只能在未来某一期间主导该商品的使用并从中获益，则表明其尚未取得该商品的控制权。

二是主导该商品的使用。客户有能力主导该商品的使用，是指客户有权使用该商品，或者能够允许或阻止其他方使用该商品。

三是能够获得几乎全部的经济利益。商品的经济利益，是指该商品的潜在现金流量，既包括现金流入的增加，也包括现金流出的减少。客户可以通过使用、消耗、出售、处置、交换、抵押或持有等多种方式直接或间接地获得商品的经济利益。

三、应收账款入账金额的确认及其账务处理

当企业发生应收账款时，按实际发生额入账。即在一般情况下，按发票金额和代垫包装费、运杂费入账。但在实际交易过程中，由于存在商业折扣、现金折扣等，从而影响了应收账款的入账价值。

（一）商业折扣（Trade Discount）

所谓商业折扣是指企业在销售商品、提供劳务等过程中，根据市场供需状况，或针对不同的顾客以及不同的购买数量，为促销而给予客户的，从商品的标价中扣减部分款项的让渡。商业折扣在交易成立及付款之前已扣除，因此，对应收账款和销售收入的入账金额均不会产生影响。

【例2-7】甲企业于2024年5月6日以委托收款方式销售一批商品给乙企业，价目单上注明的价款为12 500元（不含税），给乙企业以八折优惠，甲企业开出增值税专用发票，价款为10 000元，增值税1 300元。另以银行存款代垫运杂费100元。货已发出，已办妥托收手续。2024年6月1日接到银行收款通知，该款已入账。作有关分录如下：

借：应收账款　　　　　　　　　　　　　　　11 400
　　贷：主营业务收入　　　　　　　　　　　　10 000
　　　　应交税费——应交增值税（销项税额）　1 300
　　　　银行存款　　　　　　　　　　　　　　100

收到货款时，编制如下分录：

借：银行存款　　　　　　　　　　　　　　　11 400
　　贷：应收账款　　　　　　　　　　　　　　11 400

（二）现金折扣（Cash Discount）

现金折扣是卖方为了鼓励顾客在规定期限内及早偿还货款，而从发票价款中让渡给顾客的一定数额的款项。它发生在交易成立之后，是销货方为加快收账速度，减少信用风险，加速资金周转而采取的理财手段。其表现形式为："1/10，n/30"（信用期限30天，如果在10天内付款可享受1%的现金折扣）。客户享有折扣额的多少视客户付款时间早晚决定。

存在现金折扣的情况下，应收账款入账金额的确认有两种方法：一种是总价法，另一种是净价法。

1. 总价法（Gross Price Method）：销售收入和应收账款均按总金额（发票价格）入账，不考虑可能发生的现金折扣。销货方在折扣期内收到款项时，按实际

收款额，借记"银行存款"科目，对顾客享受的现金折扣，冲减财务费用，按应收账款的入账价值，贷记"应收账款"科目。我国只能采用此法。

2. 净价法（Net Price Method）：销售收入和应收账款按发票价格扣除最大现金折扣后的余额入账。此法把客户取得折扣视为正常现象。对顾客丧失的现金折扣，调增收入，按实际收款额，借记"银行存款"科目，按应收账款的入账价值，贷记"应收账款"科目。

【例2-8】 甲企业于2024年5月15日销售商品一批给乙企业，价款为200 000元，增值税为26 000元，现金折扣条件为1/10，N/30（假设现金折扣时不考虑增值税），则总价法与净价法的会计分录如下：

5月15日销售商品时，总价法处理如下：

借：应收账款　　　　　　　　　　　　　　　　226 000
　　贷：主营业务收入　　　　　　　　　　　　　　200 000
　　　　应交税费——应交增值税（销项税额）　　 26 000

净价法处理如下：

借：应收账款　　　　　　　　　　　　　　　　224 000
　　贷：主营业务收入　　　　　　　　　　　　　　198 000
　　　　应交税费——应交增值税（销项税额）　　 26 000

（总价法下，应收账款和主营业务收入按总额入账。净价法下，按扣除折扣后的余额入账）

如果客户在折扣期10天内付款，总价法处理如下：

借：银行存款　　　　　　　　　　　　　　　　224 000
　　财务费用　　　　　　　　　　　　　　　　　 2 000
　　贷：应收账款　　　　　　　　　　　　　　　 226 000

净价法处理如下：

借：银行存款　　　　　　　　　　　　　　　　224 000
　　贷：应收账款　　　　　　　　　　　　　　　 224 000

（总价法下，对于客户享有的折扣，调减收入。净价法下，实际收款额和应收账款的入账金额一致）

如果客户超过折扣期付款，总价法处理如下：

借：银行存款　　　　　　　　　　　　　　　　226 000
　　贷：应收账款　　　　　　　　　　　　　　　 226 000

净价法处理如下：

借：银行存款　　　　　　　　　　　　　　　　226 000
　　贷：应收账款　　　　　　　　　　　　　　　 224 000
　　　　主营业务收入　　　　　　　　　　　　　　2 000

（总价法下，实际收款额与应收账款的入账金额一致。净价法下，实际收款额大于应收账款的入账金额，差额部分为客户丧失的现金折扣，调增收入）

第四节　预付账款及其他应收款

一、预付账款（Accounts Prepaid）

预付账款是指企业为取得生产经营所需的原材料、物品等按照购货合同预付给供应企业的款项。预付账款是商业信用的一种形式，它所代表的是企业在将来从供应企业取得材料、物品的债权。企业按供应企业设明细账。预付账款与应收账款相同之处在于都代表的是企业的债权。不同之处在于，预付账款产生于购货活动，而应收账款产生于销货活动；预付账款代表的是收货的权利，而应收账款代表的是企业收取款项的权利。

对于预付款项不多的企业，也可以不设"预付账款"科目，将预付款项直接记入"应付账款"科目的借方。

企业在预付账款时，借记"预付账款"科目，贷记"银行存款"科目。收到所购货物时，根据发票账单等列明应计入购入物资成本的金额，借记"材料采购"或"原材料""库存商品"等科目，按专用发票上注明的允许抵扣的增值税额，借记"应交税费——应交增值税（进项税额）"科目，按实际应付金额，贷记"预付账款"科目。补付款项时，借记"预付账款"科目，贷记"银行存款"科目。收到多付款项时，借记"银行存款"科目，贷记"预付账款"科目。

【例2-9】企业根据购销合同规定，9月10日预付甲企业购货款5 000元。9月25日，收到供应企业提供的商品和开具的发票，发票上注明价款为5 000元，增值税650元。10月23日，企业将余款支付给甲企业。有关分录如下：

9月10日，预付购货款时：

借：预付账款　　　　　　　　　　　　　　　　　　5 000
　　贷：银行存款　　　　　　　　　　　　　　　　　　5 000

9月25日，收到所购商品时：

借：库存商品　　　　　　　　　　　　　　　　　　5 000
　　应交税费——应交增值税（进项税额）　　　　　　650
　　　贷：预付账款　　　　　　　　　　　　　　　　5 650

10月23日，补付购货款时：

借：预付账款　　　　　　　　　　　　　　　　　　650
　　贷：银行存款　　　　　　　　　　　　　　　　　650

二、其他应收款（Other Receivables）

（一）其他应收款的核算内容

对于一般企业而言，其他应收款核算企业除应收票据、应收账款、预付账款、应收股利、应收利息、长期应收款等经营活动以外的其他各种应收、暂付的款项。具体包括：

1. 应收的各种赔款、罚款；
2. 应收出租包装物租金；
3. 应向职工收取的各种垫付的款项；
4. 备用金（向企业各职能部门、科室、车间拨出的备用金）；
5. 存出保证金，如租入包装物支付的押金；
6. 其他各种应收、暂付款项。

企业拨出用于投资、购买物资的各种款项，不在本科目中核算。

（二）备用金的核算

备用金（Cash Float）是指为了满足企业内部各部门和职工生产经营活动的需要，而暂付给有关部门和个人使用的现金。在会计核算上，企业应在"其他应收款"账户下设"备用金"明细账户，也可以单设"备用金"账户，对备用金进行明细核算。根据备用金管理制度规定，备用金的核算分为定额管理和非定额管理两种情况。

1. 定额管理，是企业为了满足内部各部门和个人正常生产经营需要，减少报账次数，根据各职能部门规模大小、用款情况，核定其用款权力大小拨定的定额。各职能部门对于领用的备用金应定期向财务会计部门报销，财务部门根据报销数用现金补足定额。

【例 2-10】甲企业给其一销售部门核定的备用金定额为 6 000 元，以现金拨付。作有关分录如下：

借：其他应收款——备用金　　　　　　　　6 000
　　贷：库存现金　　　　　　　　　　　　　　　　6 000

上述销售部门报销日常管理支出 2 000 元，财务部门补足定额，做有关分录如下：

借：销售费用　　　　　　　　　　　　　　2 000
　　贷：库存现金　　　　　　　　　　　　　　　　2 000

若车间报销，则借记"制造费用"科目；若厂部报销，则借记"管理费用"科目。值得注意的是，报销和补足定额时不通过"其他应收款"核算，直接贷记"库存现金"科目或"银行存款"科目。

根据经营需要将销售部门的定额收回一部分，减至 5 000 元，销售部门将款项以现金形式交回 1 000 元。

借:库存现金 　　　　　　　　　　　　　　　　　　　1 000
　　贷:其他应收款——备用金　　　　　　　　　　　　　　　1 000

2. 非定额管理,是指为了满足临时性需要而暂付给有关部门和个人的现金,使用后实报实销。

【例 2-11】企业供应部门外出采购某产品,预借款 50 000 元,以银行存款付讫。作有关分录如下:

借:其他应收款——备用金 　　　　　　　　　　　　　　50 000
　　贷:银行存款　　　　　　　　　　　　　　　　　　　　50 000

上述部门采购商品入库,并取得增值税专用发票,买价为 30 000 元,增值税 3 900 元,余款以现金形式交回。

借:库存商品 　　　　　　　　　　　　　　　　　　　30 000
　　应交税费——应交增值税(进项税额)　　　　　　　　 3 900
　　库存现金　　　　　　　　　　　　　　　　　　　　　16 100
　　贷:其他应收款——备用金　　　　　　　　　　　　　　50 000

第五节　坏账准备

一、坏账的确认

坏账(Bad Debts)是指因债务人拒付、破产、死亡等信用缺失原因而使部分或全部无法收回的应收款项。由于发生坏账而使企业遭受的损失,称为"坏账损失"。对不能收回的应收款项,根据企业管理权限,经股东大会、董事会、厂长(经理)办公会或类似权力机构的批准作为坏账损失予以确认。对以下情况,企业应当全额确认坏账损失:

1. 有确凿证据表明该应收款项不能收回。例如,债务企业已撤销、破产或债务人死亡,以其破产财产或遗产清偿后仍无法收回的应收账款。

2. 有证据表明该应收款项收回的可能性不大。例如,债务企业资不抵债、现金流量严重不足、发生严重的自然灾害等导致停产而在短时间内无法偿付债务的。

3. 债务人逾期未履行偿债义务超过三年仍无法收回的应收款项。

核算应收账款的减值主要通过直接核销法和备抵法两种方法。

二、直接核销法(Direct Write-off Method)

直接核销法是指对可能发生的坏账损失不进行会计处理,只有实际发生坏账时，对于发生的坏账损失（Loss from uncollectible accounts），直接计入当期费用（信用减值损失），同时注销该笔应收款项。坏账收回时，则应先作一笔相反分录，将坏账身份"恢复"为应收账款，再作正常的应收账款收回分录。

【例 2-12】 2023 年 11 月，甲企业经批准，将应收乙企业的销货款 80 000 元作为坏账损失，2024 年 6 月 1 日，上述已确认为坏账的应收乙企业的销货款又全数收回，作有关分录如下：

借：信用减值损失　　　　　　　　　　　　　　　80 000
　　贷：应收账款　　　　　　　　　　　　　　　　　　80 000
借：应收账款　　　　　　　　　　　　　　　　　80 000
　　贷：信用减值损失　　　　　　　　　　　　　　　　80 000
借：银行存款　　　　　　　　　　　　　　　　　80 000
　　贷：应收账款　　　　　　　　　　　　　　　　　　80 000

三、备抵法（Allowance Method）

（一）备抵法下坏账的处理

备抵法要求企业按期估计可能发生的坏账损失，对于估计收不回的应收款项，应借记"信用减值损失"科目，贷记"坏账准备"科目。实际发生坏账时，借记"坏账准备"科目，贷记"应收账款"科目。当坏账收回时，与直接核销法一样，先作确认坏账时的相反分录，将坏账身份"恢复"为应收账款，再作正常的应收账款收回分录。

备抵法与直接核销法相比，其优点有：一是预计不能收回的应收款项作为坏账损失及时计入费用，避免虚增企业利润，符合谨慎性原则；二是"坏账准备"作为应收款项的备抵性账户在资产负债表中列示，使得资产负债表中应收款项的金额以净额列示，使报表阅读者更能了解企业真实的财务状况；三是使应收账款实际占用资金接近实际，消除了虚列的应收款项，有利于企业资金周转，提高企业经济效益。因此，我国《企业会计准则第 22 号——金融工具的确认和计量》要求，企业应当在资产负债表日对应收款项（包括应收账款、其他应收款、应收票据、预付账款、长期应收款等）的账面价值进行检查，有客观证据表明应收款项发生减值的，应当计提坏账准备。但是，由于采用估计数作为确认减值损失、计提坏账准备的基础，不可避免地带有主观性，因此，给企业管理层带来盈余操纵的机会。

（二）坏账准备（Provision for Bad Debts）计提额的确认

对坏账损失金额的估计方法，主要有以下三种：应收款项余额百分比法、账龄分析法和销货百分比法。有时也可采用个别计提法。

1. 应收款项余额百分比法。

应收款项余额百分比法认为，企业发生坏账的可能性与期末仍未收回的应收账款成正比。会计期末，企业应提取的坏账准备大于计提前坏账准备的账面贷方余额的，按其差额提取；应提取的坏账准备小于其账面贷方余额的，按其差额冲回坏账准备。

【例2-13】甲企业2022年年末应收款项余额为500 000元，估计的坏账准备率为3%，2023年年末应收款项余额为600 000元，2024年4月应收乙企业的货款确认为坏账损失计20 000元，2024年年末应收款项余额为550 000元，2025年5月，上年已确认为坏账的应收账款又收回15 000元，2025年年末应收款项余额为700 000元。作有关分录如下：

2022年年末，应提坏账准备=500 000×3%=15 000（元），期初坏账准备余额为0，因此，本期计提额=15 000-0=15 000（元）。

  借：信用减值损失   15 000
    贷：坏账准备   15 000

2023年年末，计提坏账，应计提坏账准备=600 000×3%=18 000（元），计提前坏账准备余额为15 000（元），本期计提额=18 000-15 000=3 000（元）。

  借：信用减值损失   3 000
    贷：坏账准备   3 000

2024年4月发生坏账时：

  借：坏账准备   20 000
    贷：应收账款——乙企业   20 000

2024年年末，计提坏账，应计提坏账准备=550 000×3%=16 500（元），计提前坏账准备余额=18 000-20 000=-2 000（元），本期计提额=16 500-（-2 000）=18 500（元）。

  借：信用减值损失   18 500
    贷：坏账准备   18 500

2025年5月，坏账收回时：

  借：应收账款——乙企业   15 000
    贷：坏账准备   15 000
  借：银行存款   15 000
    贷：应收账款——乙企业   15 000

2025年年末，计提坏账，应计提坏账准备=700 000×3%=21 000（元），计提前坏账准备余额=16 500+15 000=31 500（元），本期计提额=21 000-31 500=-10 500（元）。

  借：坏账准备   10 500

贷：信用减值损失　　　　　　　　　　　　　　　　　　　　10 500

　　采用应收款项余额百分比法估计坏账损失，能使年末调整后"坏账准备"的余额直接体现为应收款项年末余额按预定比例提取的坏账损失数，从而可以恰当地反映应收款项预期可变现净值。但这种方法未能很好地解决收入与费用的配比问题。

　　2. 账龄分析法。

　　账龄分析法实际上是应收款项余额百分比的一种更为精确地估计坏账的方法。这里的账龄指的是顾客所欠账款的时间。账龄分析法认为，应收款项的入账时间越长，发生坏账的可能性越大，坏账准备率就应越高，反之，则越小。

　　【例 2 - 14】 甲企业 2024 年年末应收款项的余额为 900 000 元，期初坏账准备为贷方余额 20 000 元，应收款项的账龄及估计的坏账损失见表 2 - 1。

表 2 - 1　　　　　　应收款项的账龄及估计的坏账损失　　　　　　金额：元

应收款项账龄	应收款项余额	估计损失（%）	估计损失金额
未到期	300 000	1	3 000
逾期 3 个月	100 000	2	2 000
逾期 6 个月	200 000	3	6 000
逾期一年	180 000	5	9 000
逾期一年以上	120 000	8	9 600
合计	900 000		29 600

　　如表 2 - 1 所示，本期应提坏账准备 29 600 元，期初坏账准备为贷方余额 20 000 元，因此本期计提额 = 29 600 - 20 000 = 9 600（元）。

　　借：信用减值损失　　　　　　　　　　　　　　　　　　　　9 600
　　　　贷：坏账准备　　　　　　　　　　　　　　　　　　　　9 600

　　3. 销货百分比法。

　　销货百分比法是按当期赊销金额的一定百分比估计坏账损失的一种方法。这种方法的出发点是，坏账损失的产生与赊销业务直接相关，当期赊销业务越多，产生的坏账损失就越大。因此，企业可以根据过去的经验和当期的有关资料，估计坏账损失与赊销金额之间的比率，再用这一比率乘以当期的赊销净额，计算坏账损失的估计数。赊销净额一般应扣除销货退回和折让。

　　【例 2 - 15】 甲企业 2023 年度赊销金额为 900 000 元，根据以往经验，估计坏账损失率为 5%。则 2023 年应提坏账准备 = 900 000 × 5% = 45 000 元，分录如下：

　　借：信用减值损失　　　　　　　　　　　　　　　　　　　　45 000
　　　　贷：坏账准备　　　　　　　　　　　　　　　　　　　　45 000

若甲企业 2023 年度赊销金额为 800 000 元，则 2023 年应计提坏账准备 = 800 000 × 5% = 40 000 元，无须考虑坏账准备的期初余额。

借：信用减值损失　　　　　　　　　　　　　　　　40 000
　　贷：坏账准备　　　　　　　　　　　　　　　　　　　40 000

在采用销货百分比法时，估计坏账损失百分比可能由于生产经营情况的不断变化而不相适应，因此，需要经常检查百分比是否能足以反映企业坏账损失的实际情况，倘若发现过高或过低的情况，应及时调整百分比。因此，采用销货百分比法，对估计坏账所采用的百分比的合理性要求比较高。

（三）我国会计准则对坏账准备计提额的相关规定

为有利于真实地反映企业应收款项信息，扩大企业自主权，允许企业根据以往经验、债务企业的实际财务状况和现金流量情况，以及其他的相关信息，合理地估计坏账准备的计提比例。因此，我国《企业会计准则第 22 号——金融工具的确认和计量》要求，一般工商企业，对于单项金额重大的应收款项，应当单独进行减值测试，有客观证据表明其发生了减值的，应当根据其未来现金流量现值低于其账面价值的差额，确认减值损失，计提坏账准备。短期应收款项的预计未来现金流量与其现值相差很小的，在确定相关减值损失时，可不对其预计未来现金流量进行折现。对于单项金额非重大的应收款项以及经单独测试后未减值的单项金额重大的应收款项，可以按类似信用风险特征划分为若干组合，再按这些应收款项组合在资产负债表日余额的一定比例计算确定减值损失，计提坏账准备。企业应当根据以前年度与之相同或相类似的、具有类似信用风险特征的应收款项组合的实际损失率为基础，结合现时情况确定本期各项组合计提坏账准备的比例，据此计算本期应计提的坏账准备。

应当指出，对已确认为坏账的应收款项，并不意味着企业放弃了其追索权，一旦重新收回，应及时入账。企业应当制定计提坏账准备的政策，明确计提坏账准备的范围、提取方法、账龄的划分和提取比例，按照法律、行政法规的规定报有关各方备案，并备置于企业所在地。坏账准备计提方法一经确定，不得随意变更。如须变更，应当在会计报表附注中予以说明。

【本章小结】

货币资金是流动性最强的资产，企业应严格遵守国家有关货币资金管理制度，正确进行货币资金收支的核算，加强货币资金的内部控制，确保货币资金的安全与完整的同时应提高其获利性。企业在销售商品过程中，为购货方提供一定的商业信用，一方面能促进企业的销售，另一方面也可能产生无法收回的风险，给企业造成巨额的损失。因此，企业必须加强对应收项目的管理，积极组织账款的催收，保证及时收回有关款项，同时必须合理分析和估计应收项目收回的可能，合理计提坏账准备。对已确认为坏账的应收款项，并不意味着企业放弃了其追索权，一旦重新收回，应及时入账。企业为鼓励顾客提前付款而给予购货方的现金折扣，应在折扣实际发生时抵减收入。企业将未到期的应收票据贴现、应收账款让售和质押是企业资金融通的一种行为，若相关风险全部转移，应收债权应终止确认；若风险未全部转移，相关债权不能转出，应视同以债权做抵押向银行借款。

【本章思考题】

1. 货币资金管理的意义。
2. 如何完善企业的内部控制措施？
3. 银行汇票与银行承兑汇票的区别。
4. "商业折扣"与"现金折扣"的区别。
5. 试比较总价法与净价法的优缺点。
6. 试比较直接核销法和备抵法。

【本章练习】

练习一

1. 目的：练习银行存款余额调节表的编制
2. 资料：某企业2023年12月31日的银行存款有关资料如下：

银行存款余额为65 320元。

银行对账单的余额为74 620元。

经核对发现如下未达账项：

A. 企业开出转账支票5 000元，持票企业尚未到银行办理转账手续。

B. 企业送存转账支票1 000元，并已登记入账，但银行尚未记账。

C. 企业委托银行代收某公司货款6 000元，银行已收，但企业未收到收款通知单。

D. 银行代付水电费700元，但付款通知未送达企业，企业未入账。

3. 要求：编制银行存款余额调节表。

练习二

1. 目的：练习应收票据到期日、到期值的计算。
2. 资料：甲企业于2024年6月10日销售商品一批给乙企业，价款为10 000元，增值税为1 300元，并于当日收到商业承兑汇票一张，面值为11 300元，年利率3%，90天期。

3. 要求：计算该票据的到期日、到期值并作有关取得票据和票据到期时的分录。

练习三

1. 目的：练习应收票据贴现的核算。

2. 资料：甲公司有关资料如下：

（1）2024年6月5日，甲公司收到乙公司当日签发的带息商业汇票一张，用以偿还前欠货款。该票据的面值为10 000元，期限90天，年利率为6%。

（2）2024年7月15日，甲公司因急需资金，将该商业汇票向银行贴现，年贴现率为9%，贴现收入存入银行，假设不带追索权。

3. 要求：（1）计算甲公司该项应收票据的贴现期、到期值、贴现利息和贴现收入；

（2）编制甲公司取得和贴现该项应收票据的会计分录。

练习四

1. 目的：练习现金折扣的核算。

2. 资料：甲公司于2024年3月6日销售一批商品给乙企业，价目单上注明的价格为10 000元，假设不考虑增值税，经协商给予乙企业20%的商业折扣，同时约定现金折扣条件为2/10，1/20，N/30，3月15日甲企业应收款项收回3 000元，余款于3月30日收回。

3. 要求：用总价法分别作甲、乙企业有关分录。

练习五

1. 目的：练习坏账准备计提额的计算。

2. 资料：甲公司2024年年初应收账款余额为600 000元，坏账准备贷方余额为18 000元，坏账准备计提率为3%，2024年6月5日将应收乙公司的货款40 000元确认为坏账，9月20日上年已确认为坏账的应收乙公司货款20 000元又收回，2024年末甲公司应收账款余额为650 000元。

3. 要求：作甲公司2024年度有关坏账的分录。

练习六

1. 目的：练习预付和预收账款的核算。

2. 资料：东方公司向西西公司采购商品一批，总价款为339 000元，按照合同约定，东方公司于4月6日向西西公司预付了货款200 000元，5月3日东方公司收到西西公司交来的商品，价款为300 000元，增值税为39 000元，并将余款支付给西西公司。

3. 要求：分别作东方公司和西西公司的有关分录。

练习七

1. 目的：练习备用金的核算。

2. 资料：东方公司为满足其经营需要，于 2024 年 6 月 10 日在其销售部门设置备用金 2 000 元，以现金拨付，并要求其每月报销一次，6 月 30 日，销售部门报销 1 300 元，补足其定额。7 月 5 日，因业务需要，公司决定将销售部门的备用金增加到 5 000 元，并将款项拨付给销售部门。

3. 要求：作有关分录。

【本章案例】

某公司属于国有控股企业，最高权力机构是股东大会，执行机构是董事会，另外还设有职工代表大会以及各职能部门、分公司等。其内控制度及业务活动情况如下：

1. 会计出纳分设。财务部经理的妻子担任出纳，并兼任满足行政部门需要的日常业务，亲自处理取款、购买、报销等手续。支票等票据由会计保管，支取款项的印章都由总经理亲自保管。

2. 材料采购等由供应部经理审批、专门采购员实施。根据规定，各项费用由总经理签字都可以报销。某日出纳在采购时发现当地主要媒体宣传另一公司 A 产品正在开展促销活动，称其为高科技产品，可以替代本企业主要原料并能够节约成本 30%，促销时间仅仅两天。采购员认为时间过于紧张，来不及请示供应部经理，因此直接电告企业总经理，总经理决定采购 10 吨，价税合计 100 万元。出纳当即采购并由仓库验收入库，经总经理签字，办理了货款支付手续。后来生产车间反映，该批材料不适应生产要求，只能折价处理，造成损失 30 万元。总经理指示调整成本预算，将 30 万元损失计入正常材料耗费。

3. 办理销售、发货、收款三项业务的部门分别设立，同时，考虑到销售部门比较熟悉客户情况，也便于销售部进行业务谈判，确定授权销售部兼任信用管理机构。对大额销售业务，销售部可自主定价、签署销售合同。为逃避银行对公司资金流动的监控，企业在销售业务中尽可能利用各种机会由业务员向客户收取现金，然后交财务部存放在专门的账户上。某月销售业务员甲联系到一个大客户，办理了 300 万元的销售任务，并将款项交财务部入账。次月，该业务员谎称对方要求退货，并自行从其他企业低价购入同类商品要求仓储部门验收入库，仓储部门发现商品商标都丢失，但未进行进一步查验，直接办理了各项手续（但没有出具质检报告）。财务部将退货款项转入业务员提供的银行账号。

要求：分析该公司内控存在的问题，并提出改进意见。

第三章 存　　货

【引入案例】

在我国水产养殖领域，獐子岛集团股份有限公司一度风光无限。这家以海珍品种业、海水增养殖业以及海洋食品研发与加工为主营业务的上市公司，凭借得天独厚的地理优势与丰富的海洋资源，一度在资本市场上风光无限，其股票备受投资者追捧，被视为推动地方渔业经济发展、带动渔民增收致富的重要力量。

獐子岛拥有广袤的海洋牧场，虾夷扇贝等海产品产量可观，产品畅销国内外市场，为当地创造了大量的就业岗位，在税收贡献、产业引领等方面发挥着重要作用，树立起了良好的企业形象，社会各界对其寄予厚望。

然而，一系列令人瞠目结舌的事件，彻底撕下了獐子岛虚假繁荣的面具。自2014年起，獐子岛如同陷入了"扇贝魔咒"，多次以自然灾害为由，宣称养殖的扇贝出现大规模死亡、逃逸等情况，导致业绩巨幅波动。2014年10月，獐子岛公告称因北黄海遭遇冷水团，虾夷扇贝绝收，当年巨亏8.12亿元。市场对此质疑声四起，怀疑其利用"天灾"掩盖此前虚增存货的行为。果不其然，2019年7月，证监会调查认定獐子岛存在财务造假行为，包括虚增利润、虚增资产、虚假记载等，对其开出行政处罚及市场禁入事先告知书，对公司及一众董监高进行了严厉处罚。2020年，中国证监会借助北斗卫星导航系统的定位数据，对公司27条采捕船只的航行轨迹进行了详细分析，进一步证实发现獐子岛存在的财务造假行为。

从存货管理的专业视角来看，獐子岛的乱象令人触目惊心。公司存货主要包括原材料、周转材料、委托加工材料、在产品、自制半成品、产成品（库存商品）、发出商品、消耗性生物资产等，其中消耗性生物资产（如虾夷扇贝）占存货总额比例极高，在2012~2013年基本维持在80%左右。由于水产养殖受自然环境影响大，生长周期长，存货计量难度高，獐子岛便借此大做文章。一方面，通过虚报扇贝养殖数量和库存，虚增存货价值，夸大资产规模，以粉饰财务报表，营造经营良好的假象，误导投资者决策。另一方面，在经营不善、难以维持虚假业绩时，又以"扇贝跑了""扇贝死亡"等荒诞理由，一次性计提大额减值损失，将此前虚增的存货"洗掉"，严重破坏了资本市场的诚信环境。

在内部控制上，獐子岛同样漏洞百出。相关部门调查发现，公司经营过程中存在多项违规行为和风险隐患，内部管理混乱，缺乏有效的监督制衡机制，给管理层操纵财务数据提供了可乘之机。例如，在存货盘点环节，整个监盘过程仅三天，远短于獐子岛自身秋季底播虾夷扇贝存量抽测近一个月的时间，且监盘地点完全由公司选定，审计人员缺乏主动权，难以保证监盘结论的可靠性，导致账实不符问题长期隐匿。

獐子岛的行为背离了企业应有的社会责任与道德准则。企业本应诚信经营，对投资者负责，为社会创造价值，但獐子岛却为了短期利益，不惜造假欺诈，损害了广大投资者的利益，辜负了社会的信任，对资本市场的健康发展造成了恶劣影响。同时，其在经营困境中，未能积极寻求转型、提升管理水平，而是选择通过不正当手段掩盖问题，丧失了企业应有的担当。若你是负责调查獐子岛财务问题的审计人员，面对如此复杂的存货状况和企业乱象，你会从哪些关键方向深入挖掘问题根源？又该如何运用财务专业知识，通过严谨的存货核算、科学的盘点流程与有效的管理策略，避免此类企业经营与财务危机的发生？

【学习目的与要求】
1. 了解存货的核算范围和确认标准；
2. 了解存货数量盘存方法；
3. 掌握发出存货的各种计价方法及其优缺点；
4. 掌握存货盘盈、盘亏的账务处理；
5. 掌握存货的成本与可变现净值孰低法；
6. 了解存货在财务报告中的列报问题。

第一节 存货概述

一、存货的定义和特征

存货是指企业在日常生产经营过程中持有以备出售，或者仍然处在生产过程，或者在生产或提供劳务过程中将消耗的材料或物料等。具体来说，包括以下三类有形资产：一是在日常生产经营过程中持有以备出售的存货，主要指企业在正常生产经营过程中处于待销状态的各种物品，如工业企业的库存产成品、商品流通企业的库存商品等；二是为了出售正处在生产过程的存货，如工业企业的在产品和自制半成品；三是指企业将在生产产品或提供劳务过程中消耗而储存的各种物品，如工业企业为生产产品而储存的材料、燃料、包装物、周转材料等。

存货主要具备以下特征：

（1）存货通常为一种具有物质实体的材料物资，包括原材料、产成品、周转材料等有形资产，因而有别于金融资产、无形资产等无实物形态的资产。但是企业持有的数据资源，如果符合存货的定义和确认条件，也应当确认为存货。

（2）存货属于流动资产，具有较大流动性。存货通常在一年或超过一年的一个营业周期内被销售或耗用，并被不断重置，因而属于流动资产。

（3）存货在正常生产经营过程中被销售或耗用为目的而取得。企业持有存货的目的在于准备在正常生产经营过程中予以出售，如商品、产成品等；或者仍处于生产过程中，待制成产成品后再予以出售，如在产品等；或者在生产过程中或提供劳务过程中被耗用，如材料和物料、周转材料等。企业在判断一个资产项目是否属于存货时，必须考虑持有该资产的目的，即在生产经营过程中的用途或所起的作用。例如，企业为生产产品或提供劳务而购入的材料属于存货；为建造固定资产等购入的材料就不属于存货。再如，对于生产和销售机器设备的企业来说，机器设备属于存货，但对使用机器设备进行生产的企业来说，机器设备就属于固定资产。此外，企业为国家储备的特种物资、专项物资等，并不参与企业的经营周转，也不属于存货。

（4）存货属于非货币性资产，存在价值减损的可能性。存货的价值会受到来自市场等因素的影响而发生变动，具备较大的不确定性。当存货长期积压时，就可能发生存货减值，给企业带来损失。

二、存货的确认条件

企业在确认某项资产是否属于存货时，首先要看其是否符合存货的定义，在此前提下，应当同时满足存货确认的两个条件，才能最终确认：

（1）与该存货有关的经济利益很可能流入企业。

（2）存货的成本能够可靠计量。

三、存货的分类

为了给企业存货的管理提供有用的会计信息，应科学合理地对企业存货进行分类。存货按其经济内容分为以下类别：

1. 原材料。通过"原材料"核算。它指企业购入的各种原料、主要材料、辅助材料、燃料、修理用备件、包装材料、外购半成品等。

2. 在产品。一般表现为"生产成本"和"制造费用"的期末余额。它指在本企业尚未加工完成、需要进一步加工且正在加工的在制品和已经加工完毕但尚未检验或已检验但尚未办理入库手续的产品。

3. 半成品。通过"生产成本"核算。它指经过一定生产过程并已检验合格交付半成品仓库，但尚未制造完工成为商品产品，仍须继续加工的中间产品。

4. 产成品。通过"库存商品"核算。它指企业已完成全部生产过程并已验收合格入库，可以按照合同规定的条件送交订货企业，或可以作为商品对外销售的产品。

5. 周转材料。它是指企业能够多次使用，但不符合固定资产定义的材料，如为了包装本企业商品而储备的各种包装物、各种工具、管理用具、玻璃器皿、劳保用品、脚手架等其他周转材料。但是，周转材料符合固定资产定义的，应当作为固定资产处理。

值得注意的是，随着信息技术的不断发展，我国产业数字化水平不断提高，数据资源对企业的价值创造发挥着越来越重要的作用，已经成为企业的重要资源之一。根据相关规定，企业自用的数据资源，符合无形资产定义和确认条件的，应当确认为无形资产；日常活动中持有、最终目的用于出售的数据资源，符合存货定义和确认条件的，应当确认为存货。因此，如果企业存在确认为存货的数据资源，则应形成一个单独的存货类型，企业应当设置相应的会计科目进行核算。

四、存货管理的重要性

在很多企业，存货往往占流动资产甚至资产总额的比重极大。由于它们经常处在不断地销售和重置之中，是一项流动性很强的资产。存货在保管、维护安全及防止损失等各个方面，其重要程度并不次于现金。对于存货的管理，首先要保证其安全、完整，以防偷盗事件的发生。除此之外，还要在储备数量上保持适中，而适量的存货储备，要求既能避免因存货过多而使资金积压，甚至因日久变质而遭受损失，又能避免因存货不足而影响正常的生产经营活动，失去应有的获利机会。

存货的管理离不开会计的介入。存货的会计核算，主要是对企业生产经营过程中存货的收入、发出和结存进行反映和监督。具体地说，就是要确定存货的收入、发出和结存的数量及其金额，从而达到对存货实施计划和控制的目的。

由于存货是资产负债表中流动资产的一个重要项目，也是利润表中销售成本的来源。因此，存货计量正确与否，将直接和间接地关系到企业的财务状况和经营成果是否正确，进而还会影响到企业所得税额、收益在各方面的分配及管理人员业绩的评价等。

综上所述，存货管理是企业管理的一个重要组成部分，其影响面极广。存货管理上的失误，可能会导致企业整个生产经营管理活动的最终失败。

第二节　存货取得的确认与计量

一、实际成本法下存货的入账

《企业会计准则第1号——存货》规定，存货在取得时，应当按实际成本入账。由于存货的取得方式不同，其实际成本的组成内容不同，相关的会计处理也不同。具体表现如下。

（一）外购存货

1. 入账价值的确定。

购入存货的入账价值指企业物资从外购到入库前发生的相关支出，包括购买价款、相关税费、运输费、装卸费、保险费以及其他可归属于存货采购成本的费用。商品流通企业在采购商品过程中发生的运输费、装卸费、保险费以及其他可归属于存货采购成本的费用等进货费用，可以先进行归集，期末根据所购商品的存销情况分别进行分摊，对于已售商品的进货费用，计入当期损益（主营业务成本）；对于未售商品的进货费用，计入期末存货成本。企业采购商品的进货费用金额较小的，也可在发生时直接计入当期损益（销售费用）。

2. 会计处理。

外购存货由于结算方式和采购地点不同，货款支付方式和货物入库时间不同，因而账务处理不同（以下核算均以工业企业原材料的核算为代表，其他存货的核算与此类似）。

（1）对于结算凭证已到的存货，按存货的实际成本，借记"原材料"科目（若存货未入库，则借记"在途物资"科目），按专用发票上注明的允许抵扣的增值税，借记"应交税费——应交增值税（进项税额）"科目，按实际支付的或应付的款项，贷记"银行存款"或"应付账款"科目等。

【例3–1】企业从东方公司购入A材料一批，数量为1 000千克，增值税专用发票注明，价款为100 000元，增值税13 000元，款未付。另支付运杂费3 000元，货物尚未入库。作有关分录如下：

借：在途物资——A材料　　　　　　　　　　103 000
　　应交税费——应交增值税（进项税额）　　 13 000
　　贷：应付账款——东方公司　　　　　　　　113 000
　　　　银行存款　　　　　　　　　　　　　　 3 000

【例3-2】上述购入A材料已收到,但在验收入库时,发现短缺2千克系运输途中的合理损耗。作有关分录如下:

借:原材料——A材料　　　　　　　　　　　　　103 000
　　贷:在途物资——A材料　　　　　　　　　　　　103 000

【例3-3】企业持银行汇票10 000元从宝钢公司购入B材料一批,增值税专用发票注明价款为5 000元,增值税650元,另支付其代垫的运杂费150元。材料已验收入库。余款已通过银行转回。

借:原材料——B材料　　　　　　　　　　　　　5 150
　　应交税费——应交增值税(进项税额)　　　　650
　　贷:其他货币资金——银行汇票　　　　　　　5 800
借:银行存款　　　　　　　　　　　　　　　　　4 200
　　贷:其他货币资金——银行汇票　　　　　　　4 200

(2)对于结算凭证未到,货款未付,货物已到的存货,可暂不作账务处理,只在明细账上反映入库数量,在月内结算凭证到达支付款项时,再按实际成本借记"原材料""应交税费——应交增值税(进项税额)"科目,贷记"银行存款"科目等。如果月末结算凭证等单据仍未到达,按暂估价,借记"原材料"科目,贷记"应付账款"科目等,下月初用红字做同样的会计分录,冲销原分录。

【例3-4】企业从某纺织厂购入C材料一批,材料已验收入库,月末发票账单尚未收到,暂估价为56 000元。作有关分录如下:

借:原材料——C材料　　　　　　　　　　　　　56 000
　　贷:应付账款——××纺织厂　　　　　　　　56 000

下月初用红字冲回:

借:原材料——C材料　　　　　　　　　　　　　56 000
　　贷:应付账款——××纺织厂　　　　　　　　56 000

【例3-5】上述购入C材料于次月收到有关增值税专用发票,价款为60 000元,增值税7 800元,对方代垫运杂费500元,全部款项以银行存款付清。

借:原材料——C材料　　　　　　　　　　　　　60 500
　　应交税费——应交增值税(进项税额)　　　　7 800
　　贷:银行存款　　　　　　　　　　　　　　　68 300

(3)对于存货购进过程中发生的非合理损耗,如果是供货单位或运输单位的责任造成的存货短缺,应由责任人补足货款或赔偿货款,不计入存货的采购成本。尚待查明原因的短缺存货,应先借记"待处理财产损溢"科目,贷记"有关存货类"科目。查明原因以后,对于有赔偿部分,借记"其他应收款"或"应付账款"科目,贷记"待处理财产损溢"科目;对于自然灾害等非常原因造成的损失,应当将实际成本减去残料价值和过失人、保险公司赔款后的净损失,借记"营业外支出——非常损失"科目,贷记"待处理财产损溢"科目;属于无法收回的其他损失,借记"管理费用"科目,贷记"待处理财产损溢"科目。如果非合理损耗的存货增值税进项税额不允许抵扣,还需要通过"应交税费——应交增值税(进项税额转出)"贷方进行转出。

【例3-6】 A企业从甲公司购入B材料2 000件,单位价格80元,增值税专用发票上注明增值税进项税额为20 800元,款项已经通过银行转账支付,材料尚在运输途中。待所购材料运达企业后,验收时发现短缺50件,原因待查。

支付货款,材料尚在运输中:

借:在途物资——B材料	160 000
应交税费——应交增值税(进项税额)	20 800
贷:银行存款	180 800

验收时发现短缺,原因待查,其余货物入库:

借:原材料——B材料	156 000
待处理财产损溢	4 000
贷:在途物资——B材料	160 000

假设查明材料短缺的原因为运输途中的合理损耗:

借:原材料——B材料	4 000
贷:待处理财产损溢	4 000

假设短缺的材料为甲公司少发,经协商由甲公司补足材料B:

借:应付账款——甲公司	4 000
贷:待处理财产损溢	4 000

收到补发的材料后:

借:原材料——B材料	4 000
贷:应付账款——甲公司	4 000

假设短缺材料为运输单位的不慎造成,运输单位答应补偿短缺材料:

借:其他应收款	4 520
贷:待处理财产损溢	4 000
应交税费——应交增值税(进项税额转出)	520

(二)自制存货

1. 入账价值的确定。

自制存货的入账价值,应以制造过程中的各项实际支出作为实际成本,包括直接材料、直接人工、制造费用等。对于某些特殊行业,如房地产业、大型机械制造业等,由于这类企业的存货需要长时间生产才能达到预定可销售状态,因此,《企业会计准则第1号——存货》允许这类存货发生的借款费用满足《企业会计准则第17号——借款费用》资本化条件的,可计入存货的取得成本。

企业自制存货的成本主要由采购成本与加工成本构成，某些存货还包括使存货达到目前场所和状态所发生的其他成本。其中采购成本是自制存货所使用或消耗的原材料采购成本转移而来的，因此自制存货的重点是确定存货的加工成本。存货的加工成本由直接人工和制造费用构成。其中，直接人工是指企业在生产产品过程中，向直接从事产品生产的工人支付的职工薪酬、折旧费、办公费、水电费、物料消耗、劳动保护费、车间固定资产的修理费用、季节性和修理期间的停工损失等。

其他成本是指除采购成本、加工成本以外，使存货达到目前场所和状态所发生的其他支出。例如，为特定客户设计产品所发生的、可直接认定的设计费用；可直接归属于符合资本化条件的存货、应当予以资本化的借款费用等。其中，符合资本化条件的存货，是指需要经过相当长时间的生产活动才能达到预定可销售状态的存货。企业发生的一般产品设计费用以及不符合资本化条件的借款费用，应当计入当期损益。

需要注意的是，企业发生的非正常消耗的直接材料、直接人工和制造费用，存货入库后的仓储费用（在生产过程中为使存货达到下一个生产阶段所必需的仓储费用，计入产品成本），不能归属于使存货达到目前场所和状态的其他支出等不应当计入产品成本。

企业通过数据加工取得的确认为存货的数据资源，其成本包括采购成本，数据采集、脱敏、清洗、标注、整合、分析、可视化等加工成本和使存货达到目前场所和状态所发生的其他支出。

2. 会计处理。

对于制造过程中发生的直接材料和直接人工，借记"生产成本"科目，贷记"原材料""应付职工薪酬"科目等；发生的其他间接性费用，先计入"制造费用"，再分配计入"生产成本"。产品完工入库，借记"库存商品"科目，贷记"生产成本"科目。

（三）委托外企业加工完成的存货

1. 入账价值的确定。

委托外企业加工完成的存货应以实际耗用的原材料或者半成品以及加工费、运输费、装卸费和保险费等以及按规定应当计入成本的税金作为实际成本。

2. 会计处理。

对于委托外企业加工存货过程中耗用的材料或自制半成品，应借记"委托加工物资"科目，贷记"原材料"或"自制半成品"科目；支付的有关加工费用、往返运费、装卸费和保险费等费用以及按规定应当计入成本的税金，借记"委托加工物资"科目，贷记"银行存款"科目；对于支付的允许抵扣的增值税和消费税（委托加工物资收回后进行连续加工的，消费税允许抵扣），应借记"应交税费——应交增值税（进项税额）"或"应交税费——应交消费税"科目，贷记"银行存款"科目，而对于不允许抵扣的消费税（指委托加工物资收回后将直接用于出售的，支付的消费税不允许抵扣），则应计入委托加工物资成本，借记"委托加工物资"科目，贷记"银行存款"科目；加工完成的物资收回入库时，按委托加工物资实际归集的成本，借记"原材料""周转材料""包装物""自制半成品""库存商品"等科目，贷记"委托加工物资"科目。

【例3-7】 企业委托远大公司将 C 材料加工成 D 材料，发出材料的成本为 20 000 元，支付运杂费 100 元。作有关分录如下：

借：委托加工物资　　　　　　　　　　　　　　20 100
　　贷：原材料——C 材料　　　　　　　　　　　　　20 000
　　　　银行存款　　　　　　　　　　　　　　　　　　100

【例3-8】 支付加工费 1 000 元，增值税 130 元，消费税 80 元，委托加工物资收回后作为 D 材料，准备继续加工。作有关分录如下：

借：委托加工物资　　　　　　　　　　　　　　 1 000
　　应交税费——应交增值税（进项税额）　　　　 130
　　应交税费——应交消费税　　　　　　　　　　　 80
　　贷：银行存款　　　　　　　　　　　　　　　　1 210

【例3-9】 上述委托加工物资入库，又支付运杂费 90 元。作有关分录如下：

借：委托加工物资　　　　　　　　　　　　　　　　90
　　贷：银行存款　　　　　　　　　　　　　　　　　90
借：原材料——D 材料　　　　　　　　　　　　21 190
　　贷：委托加工物资　　　　　　　　　　　　　21 190

（四）接受投资者投入的存货

1. 入账价值的确定。

投资者投入的存货按照投资合同或协议约定的价值作为初始投资成本，合同或协议约定的价值不公允的除外。若接受投资过程中发生了有关运杂费等，还应将有关运杂费，计入存货的成本。

2. 会计处理。

接受投资时，按照投资合同约定的价值加上应负担的运杂费等，借记有关存货类科目，按允许抵扣的增值税，借记"应交税费——应交增值税（进项税额）"科目，按投资各方确认的价值，贷记"实收资本"或"股本"科目，按支付的有关运杂费等，贷记"银行存款"科目。

（五）接受捐赠的存货

1. 入账价值的确定。

应按以下规定确定其实际成本：

（1）捐赠方提供了有关凭据（如发票、报关单、有关协议）的，按凭据上标明的金额加上应支付的相关税费，作为实际成本。

（2）捐赠方没有提供有关凭据的，有同类或类似存货存在活跃市场的，应当参照同类或类似存货的市场价格估计的金额，加上应支付的相关税费确定；若没有，按该捐赠存货的预计未来现金流量现值确定。

2. 会计处理。

接受捐赠的存货，按实际成本借记"原材料"科目，贷记"营业外收入"科目，如涉及所得税，应按现行所得税会计相关规则进行核算，不在此详述。

（六）企业接受的债务人以非现金资产抵偿债务方式取得的存货，或以应收债权换入的存货

企业接受的债务人以非现金资产抵偿债务方式取得的存货，或以应收债权换入的存货，应当按《企业会计准则第12号——债务重组》规定处理。受让存货的成本，包括放弃债权的公允价值和使该资产达到当前位置和状态所发生的可直接归属于该资产的税金、运输费、装卸费、保险费等其他成本。增值税一般纳税人涉及增值税的存货，受让存货允许抵扣的增值税进项税额应当单独入账，不计入存货成本。放弃债权公允价值与账面价值之间的差额记入"投资收益"科目。

（七）以非货币性交易换入的存货

以非货币性交易换入的存货，按《企业会计准则第7号——非货币性资产交换》规定处理。若为不具有商业实质的资产交换，存货按换出资产的账面代价（包括支付的补价、非货币性资产账面价、应支付的相关税费）减去可抵扣的增值税进项税额后的差额入账（若收到了补价的，还应减去收到的补价）。若为具有商业性质的非货币性资产交换，则存货按换出资产的公允价值作为计价基础。

（八）盘盈的存货

按照其重置成本作为入账成本并通过"待处理财产损溢"科目进行会计处理，按管理权限经批准后，根据具体情况分别处理。

在确定存货成本的过程中，下列费用不应当计入存货成本，而应当在其发生时计入当期损益：（1）非正常消耗的直接材料、直接人工和制造费用。例如，企业超定额的废品损失以及由自然灾害而发生的直接材料、直接人工及制造费用，由于这些费用的发生无助于使该存货达到目前场所和状态，不应计入存货成本，而应计入当期损益。（2）仓储费用，指企业在采购入库后发生的储存费用。但是，在生产过程中为达到下一个生产阶段所必需的仓储费用则计入存货成本。（3）不能归属于使存货达到目前场所和状态的其他支出。（4）企业采购用于广告营销活动的特定商品，向客户预付货款未取得商品时，应作为预付账款进行会计处理，待取得相关商品时计入当期损益（销售费用）。

二、购入存货中的现金折扣

根据历史成本原则,存货应以取得时的实际成本入账,因此,外购存货一般以销货方开出的发票金额为依据入账。但销货企业有时为了鼓励购买方尽早付款,常常与购货方约定若购货方在规定的现金付款期限内付款,允许购买方按货价的一定比例享受现金折扣,现金折扣条件通常表现为"2/10,1/20,N/30"。

购货现金折扣的具体会计处理方法主要有总价法和净价法两种:

1. 总价法:销售收入和应收账款均按总金额(发票价格)入账,不考虑可能发生的现金折扣。销货方在折扣期内收到款项时,按实际收款额,借记"银行存款"科目,对顾客享受的现金折扣,调减收入。按应收账款的入账价值,贷记"应收账款"科目。我国只能采用此法。

2. 净价法:销售收入和应收账款按发票价格扣除最大现金折扣后的余额入账。此法把客户取得折扣视为正常现象。对顾客丧失的现金折扣,调增收入。按实际收款额,借记"银行存款"科目,按应收账款的入账价值,贷记"应收账款"科目。

三、特殊存货的核算

(一)周转材料

1. 周转材料的核算内容。

周转材料,指企业能够多次使用,但不符合固定资产定义的材料,如为了包装本企业商品而储备的各种包装物,各种工具、管理用具、玻璃器皿、劳保用品、脚手架等其他周转材料。但是,周转材料符合固定资产定义的,应当作为固定资产处理。企业一般应设置"周转材料"科目核算各种周转材料的实际成本或计划成本,也可以单独设置"包装物""低值易耗品"科目分别核算企业的包装物和低值易耗品。企业应根据周转材料的消耗方式、价值大小、耐用程度等,选择适当的摊销方法,将其账面价值一次或分次计入有关成本费用。常用的周转材料摊销方法有一次转销法、五五摊销法、分次摊销法等。

2. 低值易耗品的核算。

为了反映和监督低值易耗品的增减变化及其结存情况,企业可以设置"低值易耗品"科目,其借方登记增加数,贷方登记减少数,一般情况下,余额为库存未用数。该科目应按低值易耗品的类别、品种规格进行数量和金额的明细核算。

同原材料一样,低值易耗品也有实际成本与计划成本两种方法可供选择,其计价内容、增加的核算也与原材料相似。下面重点介绍低值易耗品减少的会计处理。低值易耗品随着使用,会逐渐发生磨损,对这部分磨损的价值,企业应当根据具体情况,对低值易耗品采用一次转销法、五五摊销法或分次摊销法进行计量。

（1）一次摊销法，是指在领用低值易耗品时，将其全部价值一次性摊入有关成本费用的方法。报废时，将报废低值易耗品的残料价值作为当月低值易耗品摊销额的减少，冲减有关资本成本或当期损益，借记"原材料"等科目，贷记"生产成本""制造费用""其他业务成本""管理费用""销售费用"等科目。该方法一般适用于价值较低的低值易耗品的减少。

【例3-10】甲企业某低值易耗品采用一次摊销法，其管理部门领用低值易耗品一批，计划成本为1 000元，材料成本差异率为2%。有关会计分录如下：

　　借：管理费用　　　　　　　　　　　　　　　　1 020
　　　　贷：低值易耗品（或周转材料，下同）　　　　　1 000
　　　　　　材料成本差异　　　　　　　　　　　　　　　20

（2）五五摊销法，是指在低值易耗品的使用期内将其价值在领用和报废时摊入有关成本费用各50%的方法。领用时，按其账面价值，借记"低值易耗品（或周转材料）——在用"科目，贷记"低值易耗品（或周转材料）——在库"科目，同时摊销其账面价值的50%，摊入有关成本费用，借记有关科目，贷记"低值易耗品（或周转材料）——摊销"科目。报废时，将报废低值易耗品的残料价值作为当月低值易耗品摊销额的减少，冲减有关资本成本或当期损益，借记"原材料"等科目，贷记"生产成本""制造费用""其他业务成本""管理费用""销售费用"等科目。

【例3-11】乙企业车间部门领用低值易耗品一批，采用五五摊销法核算，其实际成本为50 000元，残料估价2 000元作为原材料入库。应作有关分录如下：

　　借：低值易耗品——在用　　　　　　　　　　　　50 000
　　　　贷：低值易耗品——在库　　　　　　　　　　　50 000
　　借：制造费用　　　　　　　　　　　　　　　　　25 000
　　　　贷：低值易耗品——摊销　　　　　　　　　　　25 000

报废时，摊销剩余50%的账面价值并转销全部已提摊销额：

　　借：制造费用　　　　　　　　　　　　　　　　　25 000
　　　　贷：低值易耗品——摊销　　　　　　　　　　　25 000
　　借：低值易耗品——摊销　　　　　　　　　　　　50 000
　　　　贷：低值易耗品——在用　　　　　　　　　　　50 000

残料作价入库：

　　借：原材料　　　　　　　　　　　　　　　　　　2 000
　　　　贷：制造费用　　　　　　　　　　　　　　　　2 000

（3）分次摊销法，是指根据周转材料可供使用的估计次数，将其成本分期计入有关成本费用的一种摊销方法。各期周转材料摊销额的计算公式如下：

$$某期周转材料摊销额 = \frac{周转材料账面价值}{预计可使用次数} \times 该期实际使用次数$$

【例 3-12】宏远建筑工程公司本月领用一批脚手架,账面价值 20 000 元,预计可使用 8 次,采用分次摊销法摊销。领用当月,实际使用 3 次;领用第 2 个月,实际使用 4 次;领用第 3 个月,该批脚手架报废,将残料售出,收取价款 1 200 元存入银行。

(1) 领用脚手架。

借:周转材料——在用　　　　　　　　　　　　　　20 000
　　贷:周转材料——在库　　　　　　　　　　　　　　20 000

(2) 领用当月,摊销脚手架账面价值。

领用当月脚手架摊销额 = 20 000/8 × 3 = 7 500(元)。

借:合同履约成本——工程施工　　　　　　　　　　7 500
　　贷:周转材料——摊销　　　　　　　　　　　　　　7 500

(3) 领用第 2 个月,摊销脚手架账面价值。

第 2 个月脚手架摊销额 = 20 000/8 × 4 = 10 000(元)。

借:合同履约成本——工程施工　　　　　　　　　　10 000
　　贷:周转材料——摊销　　　　　　　　　　　　　　10 000

(4) 领用第 3 个月,脚手架报废,将账面摊余价值一次摊销并转销全部已提摊销额。

账面摊余价值 = 20 000 - 7 500 - 10 000 = 2 500(元)。

借:合同履约成本——工程施工　　　　　　　　　　2 500
　　贷:周转材料——摊销　　　　　　　　　　　　　　2 500
借:周转材料——摊销　　　　　　　　　　　　　　20 000
　　贷:周转材料——在用　　　　　　　　　　　　　　20 000

(5) 将报废脚手架残料售出,收取价款存入银行。

借:银行存款　　　　　　　　　　　　　　　　　　1 200
　　贷:合同履约成本——工程施工　　　　　　　　　　1 200

在用低值易耗品以及使用部门退回仓库的低值易耗品,企业应当加强实物管理,并在备查簿上进行登记。

对于出租、出借包装物的摊销与低值易耗品的摊销方法类似。

(二) 包装物

1. 包装物的核算内容。

包装物是指为了包装本企业商品而储备的各种包装容器,如桶、箱、瓶、坛、袋等。其包括:(1) 生产过程中用于包装产品作为产品组成部分的包装物;(2) 随同商品出售而不单独计价的包装物;(3) 随同商品出售而单独计价的包装物;(4) 出租或出借给购买企业使用的包装物。

以下各项不作为包装物核算：

（1）各种包装材料，如纸、绳、铁丝、铁皮等，应在"原材料"科目内核算；（2）用于储存和保管商品、材料而不对外出售的包装物，应按价值大小、使用年限长短，分别在"固定资产"科目或"低值易耗品（或周转材料）"科目中核算；（3）单独列作企业商品产品的自制包装物，应作为库存商品处理，不在本科目核算。

对于包装物数量不大的企业，可以不设置本科目，直接将包装物并入"原材料"科目内核算。

2. 包装物的核算。

包装物的核算应按包装物的种类设置明细账，进行明细核算。取得包装物的核算方法与原材料相同。下面主要介绍包装物减少的核算。

（1）生产领用包装物的会计处理。

生产领用包装物，按实际成本或计划成本，借记"生产成本"等科目，贷记"包装物（或周转材料，下同）"科目。

【例3-13】企业对包装物采用计划成本法核算，本月生产领用包装物一批，计划成本10 000元，材料成本差异率为2%。作有关分录如下：

借：生产成本 10 200
　　贷：包装物 10 000
　　　　材料成本差异 200

（2）随同商品出售包装物的会计处理。

随同商品出售但不单独计价的包装物的会计处理。应按包装物的实际成本或计划成本，借记"销售费用"科目，贷记"包装物"科目。

【例3-14】企业销售商品领用不单独计价的包装物一批，其计划成本为3 000元，材料成本差异率为5%。作有关分录如下：

借：销售费用 3 150
　　贷：包装物 3 000
　　　　材料成本差异 150

随同商品出售并单独计价的包装物的会计处理。对这类包装物，一方面应反映其销售收入，记入"其他业务收入"科目；另一方面应结转包装物的成本，按其实际成本借记"其他业务成本"科目，贷记"包装物"科目。

【例3-15】企业销售商品领用单独计价的包装物一批，销售收入为5 000元，增值税650元，款项已存入银行。该包装物的计划成本为4 000元，材料成本差异率为2%。作有关分录如下：

出售包装物时：
借：银行存款 5 650

贷：其他业务收入	5 000
应交税费——应交增值税（销项税额）	650

结转包装物成本时：

借：其他业务成本	4 080
贷：包装物	4 000
材料成本差异	80

3. 出租、出借包装物的会计处理。

（1）出租包装物的会计处理。

在第一次领用新包装物时，应结转成本，借记"其他业务成本"科目，贷记"包装物"科目。收到出租包装物的租金时，借记"库存现金""银行存款"等科目，贷记"其他业务收入"等科目。

收到出租包装物的押金时，借记"库存现金""银行存款"等科目，贷记"其他应付款"科目，退回押金时作相反的会计分录。对于逾期未退包装物，按没收的押金，借记"其他应付款"科目，按应交的增值税，贷记"应交税费——应交增值税（销项税额）"科目，按其差额，贷记"其他业务收入"科目。这部分没收的押金收入应交的消费税等税费，计入税金及附加，借记"税金及附加"科目，贷记"应交税费——应交消费税"等科目；对于逾期未退包装物没收的加收的押金，应转作"营业外收入"处理，企业应按加收的押金，借记"其他应付款"科目，按应交的增值税、消费税等税费，贷记"应交税费"等科目，按其差额，贷记"营业外收入——逾期包装物押金没收收入"科目。

出租的包装物不能使用而报废时，按其残料价值，借记"原材料"等科目，贷记"其他业务成本"等科目。

以后收回已使用过的出租包装物，应加强实物管理，并在备查簿上进行登记。"包装物"期末借方余额，一般反映的是企业库存未用包装物的实际成本或计划成本。

【例 3-16】 企业向某企业租出库存未用包装物 100 件，企业成本为 60 元，收到包装物押金 4 000 元。包装物成本分 6 个月平均摊销，租金于每个月月末分批收到，月租金为 1 500 元。作有关会计分录如下：

企业领用出租用包装物：

借：包装物——在用	6 000
贷：包装物——在库	6 000

收到包装物押金：

借：银行存款	4 000
贷：其他应付款——收到保证金	4 000

月末摊销包装物成本：
借：其他业务成本　　　　　　　　　　　　　　　　　　　1 000
　　贷：包装物——摊销　　　　　　　　　　　　　　　　　　1 000
收到租金：
借：银行存款　　　　　　　　　　　　　　　　　　　　　　1 500
　　贷：其他业务收入　　　　　　　　　　　　　　　　　　　1 500
出租包装物收回并退回包装物押金，对于退回的出租包装物，只须在备查簿中登记，不作分录。收到包装物退回押金时，作有关分录如下：
借：其他应付款——收到保证金　　　　　　　　　　　　　　4 000
　　贷：银行存款　　　　　　　　　　　　　　　　　　　　　4 000

（2）出借包装物的会计处理。

出借包装物的核算方法与出租包装物的核算方法基本相同。其区别在于出借包装物时不存在租金收入，因此，对于出借领用包装物摊销的成本以及包装物报废时的残料价值，应作为销售费用处理。

第三节　存货发出的确认与计量

一、存货成本流转假设

存货属于企业的流动资产，购入或生产完工入库时流入企业，又因销售或耗用流出企业。存货流转包括实物流转和成本流转两个方面。存货的实物流转方式取决于货品的特点以及管理控制的需求，而成本的流转方式（即购入或自制存货的成本流入及出售商品的成本流出）与实物流转方式一致并非易事，采用某种存货成本流转假设，将实际成本在期末存货成本和销货成本按设定好的顺序进行分配，不仅便于计算损益，而且减少人为操纵的可能性，企业在选择存货成本流转方式时应与实物流转方式大致相同。

《企业会计准则第1号——存货》第十四条规定，企业应当采用先进先出法、月末一次加权平均法、移动加权平均法或者个别计价法确定发出存货的实际成本。一旦确定就不能随意变更。

二、不同存货发出方法下存货成本的计量

（一）个别计价法（Specific Identification Method）

个别计价法，又称为个别认定法、具体辨认法、分批实际法，其特征是注重所发出存货具体项目的实物流转与成本流转之间的联系，逐一辨认各批发出存货

和期末存货所属的购进批别和生产批别，分别按其购入或生产时所确定的单位成本计算各批发出存货和期末存货的成本。即把每一种存货的实际成本作为计算发出存货成本和期末存货成本的基础。对于不能替代使用的存货、为特定项目专门购入或制造的存货以及提供的劳务，通常采用个别计价法确定发出存货的成本，如珠宝、名画等贵重物品。在实际工作中，越来越多的企业采用计算机信息系统进行会计处理，个别计价法可以广泛应用于发出存货的计价，并且个别计价法确定的存货信息最准确。

（二）先进先出法（First–in First–out Method）

先进先出法是以先购入或制成的存货应该先发出这样一种存货实物流转假设为前提，对发出存货进行计价的一种方法。

【例3–17】某企业2024年7月1日结存A材料100千克，每千克实际成本为10元。7月10日和18日分别购入该材料300千克和200千克，每千克实际成本分别为12元和13元，7月13日厂部领用材料180千克，7月27日领用材料270千克。按先进先出法核算时，则发出材料和结存材料的成本见表3–1。

表3–1   金额：元

2024年		摘要	收入			发出			结存		
月	日		数量	单价	金额	数量	单价	金额	数量	单价	金额
7	1	结存							100	10	1 000
7	10	购入	300	12	3 600				100 300	10 12	4 600
7	13	发出				100 80	10 12	1 960	220	12	2 640
7	18	购入	200	13	2 600				220 200	12 13	5 240
7	27	发出				220 50	12 13	3 290	150	13	1 950
7	31	合计	500		6 200	450		5 250	150	13	1 950

有关分录如下：

借：管理费用　　　　　　　　　　　　　　　　　　　　　　　5 250

　　贷：原材料　　　　　　　　　　　　　　　　　　　　　　　5 250

采用先进先出法，发出存货成本按存货取得的先后顺序分别确认，其优点是：第一，符合实物的流转过程；第二，使期末存货的成本比较接近现行的市场价值；第三，使企业不能随意挑选存货计价以调整当期利润。其缺点是：第一，确认工作比较烦琐，计算过程复杂；第二，与现行收入配比的不是现行成本而是最前期的货品成本。当物价上涨时，会高估企业当期利润和库存存货的价值；反之会低估企业存货价值和当期利润。

（三）月末一次加权平均法（Weighted Average Method）

月末一次加权平均法指以本月全部收货数量加月初存货数量，去除本月全部收货成本加上月初存货成本，计算出存货的加权平均成本，从而确定存货的发出和库存成本。计算公式如下：

$$企业加权平均单位成本 = \frac{月初结存金额 + 本月入库金额}{月初结存数量 + 本月入库数量}$$

【例3-18】 仍用【例3-17】的资料，采用月末一次加权平均法，计算其材料成本如下：

$$A 材料平均企业成本 = \frac{1\,000 + 3\,600 + 2\,600}{100 + 200 + 300} = 12（元）$$

本月发出材料的成本 = 450 × 12 = 5 400（元）

期末存货的成本 = 150 × 12 = 1 800（元）

期末时作有关分录如下：

借：管理费用　　　　　　　　　　　　　　　　　5 400
　　贷：原材料　　　　　　　　　　　　　　　　　　　5 400

采用月末一次加权平均法，只在月末一次计算加权平均单价，比较简单，而且在市场价格上涨或下跌时所计算出来的企业成本平均化，对存货成本的分摊较为折中。但是，这种方法平时无法从账上提供发出和结存存货的单价及金额，不利于存货的管理。

（四）移动加权平均法（Moving Weighted Average Method）

移动加权平均法，指每次进货的成本加原库存的成本，除以本次存货的数量加原存货的数量，据以计算加权单价，并对发出存货进行计价的一种方法。计算公式如下：

$$存货单位成本 = \frac{入库前存货的结存成本 + 本批收货的实际成本}{入库前存货结存数量 + 本批收货数量}$$

【例3-19】 仍用【例3-17】的资料，按移动加权平均法，计算发出材料和结存材料的成本见表3-2。

表3-2　　　　　　　　　　　　　　　　　　　　　　　　　　　　　　　金额：元

2024年		摘要	收入			发出			结存		
月	日		数量	单价	金额	数量	单价	金额	数量	单价	金额
7	1	结存							100	10	1 000
7	10	购入	300	12	3 600				400	11.5	4 600

续表

2024年		摘要	收入			发出			结存		
月	日		数量	单价	金额	数量	单价	金额	数量	单价	金额
7	13	发出				180	11.5	2 070	220	11.5	2 530
7	18	购入	200	13	2 600				420	12.21	5 128
7	27	发出				270	12.21	3 297	150	12.21	1 831
7	31	合计	500		6 200	450		5 367	150	12.21	1 831

注：单价精确到小数点后第二位，7月27日结存数 1 831 = 5 128 - 3 297。

有关分录如下：

借：管理费用　　　　　　　　　　　　　　　　　　　5 367
　　贷：原材料　　　　　　　　　　　　　　　　　　　　　5 367

移动加权平均法的优点在于能使管理当局及时了解存货的结存情况，而且计算的平均企业成本以及发出和结存的存货成本比较客观。但采用这种方法，每次收货都要计算一次平均单价，计算工作量较大，对收发存货较频繁的企业不适用。

三、各种存货计价方法的选择

存货计价方法的不同，对企业财务状况、利润、所得税、现金流量等方面都会产生一定的影响。以【例 3-17】中的资料为例，假设该企业 7 月扣除材料成本前的利润总额为 30 000 元，所得税税率为 25%，比较先进先出法、月末一次加权平均法、移动加权平均法对企业财务状况、利润、所得税、现金流量的影响，见表 3-3。

表 3-3　　　　　　　　　　　　　　　　　　　　　　　　　　　　　　金额：元

方法 项目	先进先出法	月末一次 加权平均法	移动加权平均法
扣除材料成本前的利润总额	30 000	30 000	30 000
发出材料成本	5 250	5 400	5 367
利润总额	24 750	24 600	24 633
所得税	6 187.5	6 150	6 158.25
净利润	18 562.5	18 450	18 474.75
期末材料成本	1 950	1 800	1 831
支付所得税流出现金	6 187.5	6 150	6 158.25

从表 3-3 我们可以看出：

1. 存货计价对企业损益的计算有直接影响。采用不同的计价方法，存货发出的企业成本金额也就不同。例如，在物价下跌的情况下，采用先进先出法计算出的存货发出成本比加权平均法计算出的企业成本要高，依此而计算出来的本期利润就会偏低，所得税费用也会跟着减少，本期的净利润就会低，而净利润低，企业的所有者权益也会低。

2. 存货计价对企业资产负债表存货项目金额有直接影响。由于存货的计价方法不同，计算出的期末存货价值也就会不同。例如，在物价下跌的情况下，采用先进先出法计算出来的期末存货价值比采用加权平均法计算出的期末存货价值低，期末存货价值的大小又会直接影响流动资产的价值，进而影响反映企业偿债能力的指标——流动比率的大小。

3. 存货计价会影响企业的现金流量。由于存货的计价方法不同会影响企业利润的大小，而利润的大小又直接决定了企业应交所得税金额和利润分配金额。企业的利润高，要缴的所得税金额就多，可供分配的利润就高，企业因支付所得税、支付投资者利润引起的现金流出就会增加，反之，则会减少。

因此，企业在选择存货计价方法时，应充分考虑每一种计价方法对企业利润、财务状况、现金流量的影响，结合企业的实际情况，决定采用何种计价方法。但一旦选择某种计价方法之后不得随意变更。

四、不同发出方式下发出存货的会计处理

存货发出的方式有企业内部领用、对外销售以及债务重组抵债、非货币交换发出，不同的发出方式会计处理不同：

1. 企业内部领用，应根据领用情况借记相关成本和费用，贷记存货相关科目。

2. 对外销售，应结转存货成本，借记"主营业务成本"或"其他业务成本"科目，贷记"库存商品"或"原材料"等相关科目。

3. 债务重组抵债、非货币交换发出等其他方式发出应遵循其他相关准则进行处理，不在此详述。

第四节　存货的特殊核算方法

一、计划成本法

（一）计划成本法的核算原则

计划成本法是指存货的日常收入、发出和结存均按预先制定的计划成本计价，并专门设置"材料成本差异"科目反映实际成本与计划成本之间的差异。

月末，再通过对存货成本差异的分摊，将发出存货的计划成本调整为实际成本。

采用计划成本法的前提是合理制定每一品种规格材料的计划成本。材料的计划成本一般由企业采购部门会同财会等有关部门共同制定，制定的计划成本应尽可能接近实际成本。另外，材料计划成本的组成内容应与实际成本的构成一致，包括买价、运杂费和有关的税金等。若材料取得时的实际成本大于计划成本，则称为超支差异；实际成本小于计划成本，则为节约差异。因此，材料的实际成本 = 计划成本 + 超支差异(− 节约差异)。

材料成本差异随着材料存货的入库而形成，包括外购材料、自制材料、委托加工完成入库材料等。同时也随着材料出库而减少，如领用材料、出售材料、消耗材料等。期初和当期形成的材料成本差异，应于月份终了，在当期已发出材料和期末结存材料之间进行分配。

$$材料成本差异率 = \frac{期初结存材料成本差异 + 本期入库材料差异}{期初结存材料计划成本 + 本期入库材料计划成本} \times 100\%$$

上式中，超支差异用正数，节约差异用负数。入库材料的计划成本不包括暂估入账材料的计划成本。本期发出存货应负担差异的计算公式如下：

发出材料应负担的差异 = 发出材料的计划成本 × 材料成本差异率

另外，为了核算计划成本法下存货的收、发、结存情况，需要另设"材料采购""材料成本差异"账户。上述账户借、贷方登记的内容如下：

材料采购

归集材料采购过程中发生的有关费用， 包括价款、运杂费； 结转入库材料的成本节约差异	验收入库材料的计划成本； 应冲减采购成本的材料短缺和赔偿数； 结转入库材料的成本超支差异
期末在途材料的实际成本	

材料成本差异

入库材料的超支差异	入库材料成本节约差异 结转发出材料成本差异 （节约用红字，超支用蓝字）
期末库存材料超支差异	期末库存材料节约差异

（二）计划成本法业务举例

【例3−20】某企业采用计划成本法记账，2025年1月"原材料"期初余额为40 000元，"材料成本差异"为借方余额800元，原材料企业计划成本为10元；1月5日购进商品1 000千克，增值税专用发票注明价款为10 000元，增值税1 300元，另支付运杂费500元，材料已入库；1月12日生产产品领用该材料

500千克，车间管理领用100千克，厂部领用200千克；1月20日购进材料5 000千克，增值税专用发票注明价款为48 900元，增值税6 357元，材料已验收入库。

根据上述资料进行如下会计处理：

借：材料采购　　　　　　　　　　　　　　　　　10 500
　　应交税费——应交增值税（进项税额）　　　　 1 300
　　贷：银行存款　　　　　　　　　　　　　　　　　11 800
借：原材料　　　　　　　　　　　　　　　　　　10 000
　　材料成本差异　　　　　　　　　　　　　　　　　500
　　贷：材料采购　　　　　　　　　　　　　　　　10 500
借：生产成本　　　　　　　　　　　　　　　　　 5 000
　　制造费用　　　　　　　　　　　　　　　　　　1 000
　　管理费用　　　　　　　　　　　　　　　　　　2 000
　　贷：原材料　　　　　　　　　　　　　　　　　 8 000
借：材料采购　　　　　　　　　　　　　　　　　48 900
　　应交税费——应交增值税（进项税额）　　　　 6 357
　　贷：银行存款　　　　　　　　　　　　　　　　55 257
借：原材料　　　　　　　　　　　　　　　　　　50 000
　　贷：材料采购　　　　　　　　　　　　　　　　48 900
　　　　材料成本差异　　　　　　　　　　　　　　 1 100

$$材料成本差异率 = \frac{800 + 500 - 1\,100}{40\,000 + 10\,000 + 50\,000} \times 100\% = 0.2\%$$

借：生产成本　　　　　　　　　　　　　　　　　　　10
　　制造费用　　　　　　　　　　　　　　　　　　　　2
　　管理费用　　　　　　　　　　　　　　　　　　　　4
　　贷：材料成本差异　　　　　　　　　　　　　　　　16

1月31日原材料的实际成本 = 92 000 + 184 = 92 184（元）

（三）计划成本法的评价

存货采用计划成本法核算，具有以下优点：

1. 有利于考核采购部门的工作业绩。存货采购成本的高低是衡量采购部门工作业绩的一个重要指标，采购价格的高低在一定程度上，受采购部门人员谈判水平、采购计划安排是否合理的影响。合理恰当的计划成本，则是衡量采购成本高低、采购人员工作业绩的重要尺度。计划成本法的显著特点是可以通过实际成本与计划成本的比较，得出实际成本脱离计划成本的差异，并通过对差异的分析，寻求实际成本脱离计划成本的原因，据以考核采购部门的工作业绩，促使采购部门不断降低采购成本。

2. 有利于简化会计处理程序。在计划成本法下，同一种存货只有一个企业成本，这样，存货业务在日常处理核算时，就不必逐批计算其收、发、结存的企业成本，存货明细账只需着重数量。这将大大简化记账手续。

3. 有利于考核耗用存货的部门工作业绩。在计划成本法下，由于发出存货采用计划成本计价，这样在耗用存货的数额中剔除了价格变动的因素，因而有利于客观公正地分析有关部门存货耗用数额，考核其工作业绩。因为就责任中心而言，存货耗用部门不能对采购存货的企业成本负责，而只能对存货的耗用数量负责。

计划成本法的缺点表现在：在物价变动频繁、升降幅度较大的情况下，要频繁修订计划成本，否则计划成本就可能经常地、较大地脱离实际成本。计划成本的修订，不仅工作量较大，也给存货价值的比较带来了许多麻烦，也就会使计划成本法的优点荡然无存。因此，计划成本法应在存货价格不会大幅度升降，实际成本相对稳定的情况下采用。

二、零售价格法（Retail Method）

零售价格法是对商品的进、销、存一律采用售价记账的一种方法。这种方法适用于商业零售企业，如百货商店和超级市场，尤其适用于那些所售商品型号、品种、款式繁多，商品的企业成本相对较小的零售企业。因为这类企业，是无法采用永续盘存制。若采用定期盘存制，又难以及时了解商品的进、销、存情况，检查商品流转环节有无重大异常现象。另外，这类企业的商品都要标上零售价格，便于顾客选购，这也为采用零售价格法提供了基础。该种方法主要适用于商业零售企业。

企业购入、加工收回以及销售退回等增加的库存商品，按售价借记"库存商品"科目，按实际取得成本，贷记"在途物资""委托加工物资""银行存款"等科目，按售价与取得成本之间的差额，贷记"商品进销差价"科目。商品发出时，按售价，借记"主营业务成本"科目，贷记"库存商品"科目，月份终了，按已销商品应分摊的进销差价，借记"商品进销差价"科目，贷记"主营业务成本"科目。

已销商品应分摊的进销差价，按以下方法计算：

差价分摊率 =（"商品进销差价"期初余额 + 本月入库产生的"商品进销差价"）÷（"库存商品"期初余额 + 本月入库增加的"库存商品"）× 100%

本月销售商品应分摊的进销差价 = 本月库存商品销售额（不含增值税）× 差价分摊率

【例3-21】某百货公司2025年8月期初库存商品成本为80 000元，售价为100 000元。8月5日购入商品一批，增值税专用发票注明，买价为400 000元，增值税 52 000 元，款已付，另支付有关运杂费 1 000 元，8 月 7 日该批商品入库，其预计售价为 500 000 元，本月 10 日销售收入为 400 000 元，应承担的增值税为 52 000 元，款已收。有关分录以及期末存货成本、本期销货成本计算如下：

借：在途物资　　　　　　　　　　　　　　　　400 000
　　应交税费——应交增值税（进项税额）　　　 52 000
　　销售费用　　　　　　　　　　　　　　　　　 1 000
　　　贷：银行存款　　　　　　　　　　　　　　453 000
借：库存商品　　　　　　　　　　　　　　　　500 000
　　　贷：在途物资　　　　　　　　　　　　　　400 000
　　　　　商品进销差价　　　　　　　　　　　　100 000
借：银行存款　　　　　　　　　　　　　　　　452 000
　　　贷：主营业务收入　　　　　　　　　　　　400 000
　　　　　应交税费——应交增值税（销项税额）　 52 000
借：主营业务成本　　　　　　　　　　　　　　400 000
　　　贷：库存商品　　　　　　　　　　　　　　400 000

进销差价率 $=\dfrac{20\,000+100\,000}{100\,000+500\,000}\times 100\% = 20\%$

借：商品进销差价　　　　　　　　　　　　　　 80 000
　　　贷：主营业务成本　　　　　　　　　　　　 80 000

8 月 31 日，库存商品的成本 = 200 000 × (1 − 20%) = 160 000（元）。

三、毛利率法

毛利率法是指根据本期销售净额乘以上期实际（或本期计划）毛利率匡算本期销售毛利，并据以计算发出存货和期末结存存货成本的一种方法。这种计算方法适用于经营品种较多的商业企业，特别是商业批发企业，此类企业若按每种商品计算并结转销售成本，工作量较为繁重。采用毛利法进行核算时，商品销售成本按商品大类销售额计算，在大类商品账上结转成本，而且商业企业的同类商品毛利率大致相同，采用这种存货计价方法也比较接近于实际采用这种方法，该方法计算手续简便。但是全部（或大类）商品的综合毛利率受影响的因素较多，计算结果往往不够精确。

毛利率法相关计算公式如下：

销售毛利率 = 销售毛利/销售净额 × 100%

其中：

销售毛利 = 销售净额 × 毛利率；

销售净额 = 商品销售收入 − 销售退回与折让；

销售成本 = 买入价 + 为销售而产生的费用；

期末结存存货成本 = 期初结存存货成本 + 本期购货成本 − 本期销售成本。

【例 3 – 22】豫章批发公司 2025 年 6 月初 A 类商品库存 50 000 元，本月购进 50 000 元，本月销售收入 111 000 元，发生的销售退回和销售折让为 1 000 元，上月该类商品的毛利率为 20%，本月已销售商品和库存商品的成本计算如下：

本月销售净额 = 111 000 – 1 000 = 110 000（元）；

销售毛利 = 110 000 × 20% = 22 000（元）；

本月销售成本 = 110 000 – 22 000 = 88 000（元）；

库存商品成本 = 50 000 + 50 000 – 88 000 = 12 000（元）。

第五节 存货的期末计量

企业应当定期或者至少于每年年度终了，对存货进行全面清查，如由于存货遭受毁损、全部或部分陈旧过时或销售价格低于成本等原因，使存货成本不可收回的部分，应当按成本与可变现净值孰低法提取存货跌价准备。

《企业会计准则第 1 号——存货》中规定，存货在会计期末应当按照成本与可变现净值孰低法计量。

一、成本与可变现净值孰低法的含义与存货减值范围

成本与可变现净值孰低法，是指对期末存货按照成本与可变现净值（Net Realizable Value）两者中较低者作为结存存货价值的计价方法。即若成本低于可变现净值，则期末存货按成本计价；若可变现净值低于成本，则期末存货按可变现净值计价。同时按照成本高于可变现净值的差额计提存货跌价准备，计入当期损益。这里所说的"成本"是指存货的历史成本。"可变现净值"的特征表现为存货的预计未来净现金流量。企业预计的销售存货现金流入量，并不完全等于存货的可变现净值。存货在销售过程中可能发生相关税费和销售费用，以及为达到预定可销售状态还可能发生的加工成本等相关支出，构成现金流入的抵减项目，扣除这些抵减项目后，才能确定存货的可变现净值。

企业在确定存货的可变现净值时，应当以取得的可靠证据为基础，并且考虑持有存货的目的、资产负债表日后事项的影响等因素。企业应根据不同存货的具体情况估计可变现净值。

1. 用于生产而持有的材料等，如果用其生产的产成品的可变现净值高于成本，则该材料仍然应当按成本计量；如果材料价格的下降表明产成品的可变现净值低于成本，则应当将该材料按可变现净值计量。可变现净值应当以所生产的产

成品的估计售价减去至完工时估计将要发生的成本、估计的销售费用和相关税费后的金额确定。

2. 用于出售的原材料、半成品等存货等，应当以市场价格作为其可变现净值的计量基础，用估计售价减去估计的销售费用和相关税费后的金额确定其可变现净值。如果用于出售的原材料或半成品存在销售合同约定，则应按合同价格作为其可变现净值的计算基础。

3. 为执行销售合同或者劳务合同而持有的存货，通常应当以合同价格作为其可变现净值的计量基础。如果企业持有存货的数量多于销售合同订购数量，则超出部分的存货可变现净值应当以一般销售价格为计量基础；如果企业持有存货的数量少于销售合同订购数量，则实际持有与该销售合同相关的存货应以销售合同所规定的价格作为可变现净值的计算基础。

4. 没有销售合同约定的存货（不包括用于出售的材料），其可变现净值应当以产成品或商品一般销售价格作为计算基础。

当存在下列情况之一时，应当计提存货跌价准备：

（1）市价持续下跌，并且在可预见的未来无回升的希望；

（2）企业使用该项原材料生产的产品成本大于产品的销售价格；

（3）企业因产品更新换代，原有库存原材料已不适应新产品的需要，而该原材料的市场价格又低于其账面成本；

（4）因企业所提供的商品或劳务过时或消费者偏好改变而使市场的需求发生变化，导致市场价格逐渐下跌；

（5）其他足以证明该项存货实质上已经发生减值的情形。

二、成本与可变现净值孰低法的会计程序

存货跌价准备应当按单个存货项目计提。在某些情况下，例如，与具有类似目的或最终用途并在同一地区生产和销售的产品系列相关，且难以将其与该产品系列的其他项目区别开来进行估价的存货，可以合并计提。对于数量繁多、单价较低的存货，也可以按存货类别计提。

期末，若成本低于可变现净值，则不作账务处理，资产负债表中的存货仍按期末账面成本列示；若可变现净值低于成本，则应计提存货跌价准备，应计提的跌价准备＝成本－可变现净值，对于计算出的存货可变现净值低于成本的差额，借记"资产减值损失"科目，贷记"存货跌价准备"科目。本科目期末贷方余额，反映企业已提取的存货跌价准备。

以后每一会计期末，企业均应通过成本与可变现净值的比较，计算应提的跌价准备，并与"存货跌价准备"科目计提前的余额对比。若计算的应提准备大于计提前准备的余额，则表明存货继续减值，应按差额补提跌价准备，借记"资

产减值损失"科目，贷记"存货跌价准备"科目；反之，如已计提跌价准备的存货价值以后又得以恢复，应按恢复增加的数额，借记"存货跌价准备"科目，贷记"资产减值损失"科目。但是，当已计提跌价准备的存货价值以后又得以恢复，其冲减的跌价准备金额，应以"存货跌价准备"科目的余额冲减至零为限。

企业生产领用、出售、抵偿等已计提跌价准备的存货，应同时调整已计提的跌价准备。

当存在以下一项或若干项情况时，通常表明存货的可变现净值为零，应将存货账面价值全部转入当期损益：

（1）已霉烂变质的存货；
（2）已过期且无转让价值的存货；
（3）生产中已不再需要，并且已无使用价值和转让价值的存货；
（4）其他足以证明已无使用价值和转让价值的存货。

企业发生上述情况时，应按存货的账面价值，借记"资产减值损失"科目，按已计提的存货跌价准备，借记"存货跌价准备"科目，按存货的账面余额，贷记"库存商品"等科目。

【例3-23】某企业采用"成本与可变现净值孰低法"进行存货的期末计价，2023年年末，存货的账面成本为110 000元，预计可变现净值为80 000元，则应提的跌价准备为30 000元，会计处理如下：

借：资产减值损失　　　　　　　　　　　　　　30 000
　　贷：存货跌价准备　　　　　　　　　　　　　　30 000

2024年年末，该存货的预计可变现净值为60 000元，则应补提跌价准备 = (110 000 - 60 000) - 30 000 = 20 000（元）

借：资产减值损失　　　　　　　　　　　　　　20 000
　　贷：存货跌价准备　　　　　　　　　　　　　　20 000

2025年年末，该存货的预计可变现净值为120 000元，则应恢复已计提的跌价准备50 000元（以以前已入账的减少数为限）。

借：存货跌价准备　　　　　　　　　　　　　　50 000
　　贷：资产减值损失　　　　　　　　　　　　　　50 000

对于存货的结转视不同情形进行相应处理：企业计提了存货跌价准备，如果其中有部分存货已经销售，则企业在结转销售成本时，应同时结转对其已计提的存货跌价准备。对于因债务重组、非货币性资产交换转出的存货，也应同时结转已计提的存货跌价准备。如果按存货类别计提存货跌价准备的，则应当按照发生销售、债务重组、非货币性资产交换等而转出存货的成本占该存货转出前该类别存货成本的比例，结转相应的存货跌价准备。

三、成本与可变现净值孰低法的评价

成本与可变现净值孰低法的优点主要在于其对存货的计价符合谨慎性原则的要求。即期末时，对于可能发生的存货跌价损失，预先估计，并计入当期损益，由本期的收入弥补，这样，减少了本期收益的数量。另外，对于存货的已发生价值减损且不再能为企业带来经济利益的部分计提跌价准备，将会减少存货的账面价值，使存货的账面价值更能真实反映存货的价值，符合新制度对资产的定义。

成本与可变现净值孰低法的缺点主要表现在以下几方面：第一，《企业会计准则第1号——存货》允许企业根据实际情况自行提取跌价准备，在体现谨慎性原则的同时，也可能会带来过度谨慎、计提"秘密准备"的问题。第二，它不符合一致性原则，从而也使存货的数据不具有可比性。其具体表现为同一企业的存货，有的反映市价，有的反映成本，存货数据相互之间不可比；不同存货由于取得时间和成本不同，成本与可变现净值对比的结果也就不同。

第六节　存货的清查

一、存货清查的要求

存货清查，是指通过对存货的实地盘点，确定存货的实有数量，并与账面结存数核对，从而确定存货实存数与账面结存数是否相符的一种专门方法。

存货应当每年至少盘点一次，盘点结果如果与账面记录不符，应于期末前查明原因，并根据企业管理权限，经股东大会或董事会，或经理（厂长）会议或类似机构批准后，在期末结账前处理完毕。

当企业发生存货盘盈时，按管理权限报经批准后分别处理：

（1）属于自然溢余（如某些作为存货的化学品）的，调整库存存货数量以及存货的单位成本。

（2）属于重大会计差错的，按照《企业会计准则第28号——会计政策、会计估计变更和差错更正》进行会计处理。

（3）属于其他原因导致的盘盈（如属于日常收发计量且不重大的差错）的，按重置成本冲减当期管理费用或计入营业外收入。

当企业发生存货盘亏或毁损时，应借记"待处理财产损溢"科目，贷记"原材料""库存商品"等科目。在按管理权限报经批准后，根据造成存货盘亏或毁损的原因，分别按以下情况进行处理：

（1）属于计量收发差错和管理不善等原因造成的存货短缺，应先扣除残料价值、可以收回的保险赔偿和过失人赔偿，将净损失计入管理费用。

（2）属于自然灾害等非常原因造成的存货毁损，应先扣除处置收入（如残料价值）、可以收回的保险赔偿和过失人赔偿，将净损失计入营业外支出。

（3）属于重大会计差错的，按照《企业会计准则第 28 号——会计政策、会计估计变更和差错更正》进行会计处理。

因存货盘亏或毁损，按规定不能抵扣的增值税进项税额应当予以转出，但是因自然灾害导致的存货毁损，其进项税额是可以抵扣的，因为自然灾害是不可以预计的不可抗力，所以不需要转出。

盘盈或盘亏的存货，如在期末结账前尚未经批准的，应在对外提供财务会计报告时先按上述规定进行处理，并在会计报表附注中作出说明；如果其后批准处理的金额与已处理的金额不一致，应按其差额调整会计报表相关项目的年初数。

二、存货清查的核算

存货清查的核算过程可以分两步：第一步，将盘盈、盘亏或毁损的存货先记入"待处理财产损溢"科目；第二步，期末或经董事会批准后，按会计准则的要求，再分别根据不同原因进行转销。

（一）存货盘盈

【例 3-24】企业在财产清查中盘盈 A 材料 100 千克，企业成本 10 元，经查属于材料收发计量方面的错误。

盘盈时，根据账存实存对比表的结果：

借：原材料——A 材料　　　　　　　　　　　　　1 000
　　贷：待处理财产损溢　　　　　　　　　　　　　　1 000

经董事会批准后：

借：待处理财产损溢　　　　　　　　　　　　　　1 000
　　贷：管理费用　　　　　　　　　　　　　　　　　1 000

（二）存货盘亏

【例 3-25】某企业发生火灾，造成甲材料发生毁损，该批材料实际成本为 100 000 元，应承担的增值税 13 000 元，根据保险合同，应由保险公司赔偿 60 000 元，其余经董事会批准后，转作营业外支出。作有关分录如下：

批准处理前：

借：待处理财产损溢　　　　　　　　　　　　　100 000
　　贷：原材料　　　　　　　　　　　　　　　　　100 000

批准处理后：

借：其他应收款——应收保险公司款　　　　　　　60 000
　　营业外支出　　　　　　　　　　　　　　　　　40 000

贷：待处理财产损溢　　　　　　　　　　　　　　　　　100 000

【例 3-26】 企业在财产清查中发现盘亏 B 材料 40 千克，实际成本为 5 000 元，应承担的增值税为 650 元，经查该盘亏有一部分原因是保管员管理不善造成的，因此，报经股东大会批准，应由保管员赔偿 2 000 元，其余部分作为一般经营损失。

批准处理前：
借：待处理财产损溢　　　　　　　　　　　　　　　　　5 650
　　贷：原材料　　　　　　　　　　　　　　　　　　　5 000
　　　　应交税费——应交增值税（进项税额转出）　　　　650

批准处理后：
借：其他应收款——应收保管员款　　　　　　　　　　　2 000
　　营业外支出　　　　　　　　　　　　　　　　　　　3 650
　　贷：待处理财产损溢　　　　　　　　　　　　　　　5 650

【本章小结】

　　存货是指企业在日常生产经营过程中持有以备出售，或者仍然处在生产过程，或者在生产或提供劳务过程中将消耗的材料或物料等。存货是资产负债表中流动资产的一个重要项目，也是利润表中销售成本的来源。因此，存货计量正确与否，将直接和间接地关系到企业的财务状况和经营成果是否正确，进而还会影响到企业所得税额、收益在各方面的分配及管理人员业绩的评价等。实际成本法下发出计价方法包括个别计价法、先进先出法、月末一次加权平均法、移动加权平均法，特殊的存货核算方法包括计划成本法、零售价格法和毛利率法等。企业应按实际情况选用合适的方法，一旦选择不得随意变更。其中计划成本法适用于存货收发业务比较频繁的制造企业。该方法有利于考核采购部门、生产部门的工作业绩，有利于简化会计处理程序。企业应当定期或者至少于每年年度终了，对存货进行全面清查，如由于存货遭受毁损、全部或部分陈旧过时或销售价格低于成本等原因，使存货成本不可收回的部分，应当按成本与可变现净值孰低法提取存货跌价准备。

【本章思考题】

1. 存货的核算内容包括哪些？在界定存货的核算范围时，应注意哪些问题？
2. 存货数量的确定方法有哪些？试比较它们的优缺点。
3. 存货企业成本的确认方法有哪几种？分别对其简要评价。

4. 简要说明存货计划成本法的基本原理及核算程序。

5. 在物价上涨的情况下，比较先进先出法与月末一次加权平均法对企业主要会计报表的影响。

6. 出租和出借包装物在会计处理上有哪些异同，原因是什么？

7. 简述材料成本差异率和商品进销差价率的异同点。

8. 如何结转发出存货已计提的跌价准备？

9. 什么是存货盘盈和盘亏？如何进行会计处理？

10. 什么是存货的可变现净值？确定可变现净值应考虑哪些主要因素？

【本章练习】

练习一

1. 目的：练习实际成本计价法下外购存货的账务处理。

2. 资料：东方公司2025年7月发生如下外购业务：

(1) 7月5日向某企业购入A材料一批，增值税专用发票注明，价款10 000元，增值税1 300元，支付对方代垫的运杂费300元，款项通过转账支票支付，货物已验收入库。

(2) 7月8日向远东集团购入B材料2 000千克，每公斤单价为19元，C材料3 000千克，每千克单价为21元，增值税13 130元，支付运杂费1 000元，按材料的重量分配运杂费，款未付，货物已验收入库。

(3) 7月10日向某企业购入A材料，价款为5 000元，增值税650元，款项已于6月预付3 000元，货物已验收入库。余款于7月14日付清。

(4) 7月15日向某企业购入材料1 000千克，单价10元，并给该企业开出一张面值为10 000元的不带息商业承兑汇票，7月18日，验收入库时，发现该材料短缺2千克，系运输途中的合理损耗。

(5) 7月19日向某企业购入C材料2 500千克，单价9元，款已付，但验收入库时，发现该材料只有2 000千克，原因待查。

(6) 7月25日经查，上述短缺系销货企业少发500千克造成的，应由销货企业补齐。

(7) 7月28日购入D材料3 000千克，合同价为每千克8元，材料已验收入库，款未付，发票未到。

3. 要求：编制有关分录。

练习二

1. 目的：练习计划成本法下外购存货的账务处理。

2. 资料：东方公司采用计划成本法核算，2025年8月有关资料如下：

(1) 8月1日，"原材料"期初余额为60 000元，"材料成本差异"期初贷方余额为500元。企业计划成本12元，假定该企业只有一种原材料。

（2）8月4日，购入材料一批2 490件，增值税专用发票注明价款30 000元，增值税3 900元，运杂费300元，款已付，货物已验收入库。

（3）8月7日，购入材料1 000件，增值税专用发票注明价款10 000元，增值税1 300元，款未付，另用现金支付运杂费200元，货物已验收入库。

（4）8月11日，购入材料500件，增值税专用发票注明价款6 200元，增值税806元，价款为6 200元，经验收发现短缺2件，经查系运输途中的合理损耗。

（5）8月18日，购入材料400件，价款为5 000元，增值税专用发票注明价款5 000元，增值税650元，发票已取得，款已付，但货物尚未入库。

（6）8月21日，购入材料一批700件，合同价款为每件12元，货物已验收入库，但到月末发票仍未取得。

（7）8月31日，本月领用材料情况汇总如下：

生产产品领用材料　　　　　1 500件
车间管理领用材料　　　　　500件
厂部领用材料　　　　　　　3 000件

3. 要求：（1）编制有关会计分录；

（2）计算本月材料成本差异率；

（3）分配本月材料应负担的材料成本差异，并编制有关分录将发出材料的成本调整为实际成本；

（4）计算月末材料的实际成本。

练习三

1. 目的：练习不同计价方法下，存货发出成本的核算。

2. 资料：天虹公司采用实际成本法对期末存货和发出存货进行计价，2025年6月存货的收、发、结存情况如下：

金额：元

2025年		摘要	收 入			发 出			结 存		
月	日		数量	单价	金额	数量	单价	金额	数量	单价	金额
6	1	结存							100	12	1 200
	10	购入	300	13	3 900						
	13	发出				350					
	18	购入	500	14	7 000						
	27	发出				270					
	31	合计	800		10 900	620			180		

3. 要求：

（1）分别采用先进先出法、月末一次加权平均法、移动加权平均法计算发出存货成本和期末存货成本。

（2）试比较不同的计价方法，对企业利润、所得税、流动资产的影响。

练习四

1. 目的：练习低值易耗品的会计处理。

2. 资料：京元公司低值易耗品采用一次摊销法，2025年5月有关低值易耗品的经济业务如下：

（1）5月5日向元凤公司购入量具一批，实际成本为6 000元，计划成本为5 800元，量具已验收入库。

（2）5月6日，生产车间领用量具一批，计划成本为800元，材料成本差异率3％。

（3）5月10日，厂部领用量具一批，计划成本为500元，材料成本差异率为3％。

（4）生产车间报废量具一批，计划成本为1 000元，无残值。

（5）厂部报废量具一批，残料100元，已验收入库。

3. 要求：编制有关分录。

练习五

1. 目的：练习包装物的核算。

2. 资料：天虹公司2025年7月包装物的经济业务如下：

（1）购入原料桶6 000只，每只100元，以银行存款支付。

（2）本月销售甲种化工原料2 000桶，收到销货款2 400 000元，另收到包装物押金240 000元。

（3）客户退回原料桶500只，天虹公司如数退还200元/只的押金。

（4）本月随商品销售单独计价的原料桶100只，每只企业成本为100元，售价为150元。

（5）本月将原料桶500只用于出租，每只每月租金为10元，并收对方押金40 000元，收到第一个月的租金。

（6）上述出租包装物收回450只，其余50只已无法收回。没收其押金8 000元。

（7）支付上述出租包装物的修理费200元。

3. 要求：编制有关分录。

练习六

1. 目的：练习材料清查的核算。

2. 资料：用友公司材料采用计划成本法核算，本月材料成本差异率为5％，

2025年年末对材料进行全面清查，发现如下事项：

(1) A材料盘亏100千克，企业计划成本为10元。

(2) B材料盘亏50千克，企业计划成本为11元。

(3) C材料盘盈10千克，企业计划成本为2元。

经查，C材料盘盈10千克系材料收发过程中正常溢余。B材料盘亏50千克系保管人员管理不善造成，应由管理人员赔偿。A材料盘亏100千克是由于连续大雨，导致仓库进水造成的。经董事会批准，作营业外支出核算，假定B和C材料购进时增值税率为13%。

3. 要求：编制有关分录。

练习七

1. 目的：练习存货的成本与可变现净值孰低法。

2. 资料：永乐集团采用"成本与可变现净值孰低法"进行存货的期末计价，2024年年末，存货的账面成本为600 000元，预计可变现净值为540 000元，2025年年末该存货的预计可变现净值为530 000元。

3. 要求：(1) 计算各年应计提的存货跌价准备。(2) 作相关分录。

练习八

1. 目的：练习不同存货的期末计量。

2. 资料：豫章公司是一家生产电子产品的上市公司，为增值税一般纳税企业。2025年12月31日，公司期末存货有关资料如下：

(1) 产成品甲，账面余额为500万元，按照一般市场价格预计售价为550万元，预计销售费用和相关税金为10万元。已计提存货跌价准备20万元。

(2) 产成品乙，账面余额为400万元，其中有20%已签订销售合同，合同价款为80万元；另有80%未签订合同，按照一般市场价格预计销售价格为350万元。产成品乙的预计销售费用和税金为15万元。未计提存货跌价准备。

(3) 材料丙30吨，每吨实际成本1 500万元。全部30吨丁材料用于生产A产品20件，A产品每件加工成本为1 000万元，现有7件已签订销售合同，合同规定每件为4 000万元，每件一般市场售价为3 500万元，假定销售税费均为销售价格的10%。丁材料未计提存货跌价准备。

假定公司对存货采用单项计提存货跌价准备，按年计提跌价准备。

3. 要求：计算上述存货的期末可变现净值，和应计提的跌价准备，并进行相应的账务处理。

【本章案例】

某市地税稽查局在2025年税收财务大检查中，发现某五金厂2024年上半年和下半年对存货成本采用了不同的计价方法。上半年产成品的存货成本采用先进先出法，销售实现后，按账面存货成本结转产品销售成本。但是从 2024 年 7 月开始，在未经税务机关批准的情况下，擅自改变存货计价方法而采用了加权平均法，致使 2024 年产品销售成本上升了将近 400 万元，企业该年度的应纳税所得额也相应减少了 400 万元，少缴企业所得税 100 万元。

讨论题：

不同的发出存货计价方法对企业产生了什么财务影响？该五金厂企业为什么改变存货计价方法，带来的结果是什么？如何规范企业发出计价方法的选择？

第四章　金融资产

【引入案例】

在全球新能源产业蓬勃发展的浪潮中，比亚迪作为行业的领军企业，在国内外市场中占据了举足轻重的地位。随着业务的迅猛扩张与市场份额的稳步提升，比亚迪积累了可观的资金储备，如何合理配置这些资金，在实现资产增值的同时积极履行社会责任，成为公司管理层深思熟虑的核心议题。

2023年，比亚迪斥资30亿元，认购了国家绿色能源产业基金的份额。该基金聚焦于支持太阳能、风能、储能等清洁能源项目的开发与推广，致力于推动能源结构的优化升级。公司明确表示，未来将把基金收益的一部分专项用于偏远地区的清洁能源科普教育项目，旨在提升公众的环保意识，为绿色能源的广泛应用营造良好的社会氛围。

同年，比亚迪以20亿元购入了某新兴新能源汽车制造商发行的债券。该债券期限设定为6年，票面利率为3.5%，每年按时付息。比亚迪对这笔债券的管理策略是既以收取合同现金流量为目标又以出售该债券为目标。一方面，通过稳定收取利息，为公司带来持续的现金流回报；另一方面，若该债券价值急速升高，则出售该债券。

此外，比亚迪还拿出10亿元投资了多家专注于新能源材料研发的初创企业股权。比亚迪凭借自身在行业内积累的丰富资源、强大的技术研发能力以及广泛的市场影响力，为这些初创企业提供了全方位的支持。

然而，金融资产投资的道路从来都不是一帆风顺的，随着全球经济形势的风云变幻、新能源行业竞争的日益白热化，比亚迪的部分投资也不可避免地遭遇了困境。例如，受全球原材料市场供需关系的剧烈波动影响，一些新能源材料初创企业的原材料采购成本大幅攀升，研发进度受阻，企业发展不及预期，股权价值随之出现波动；国际金融市场的利率波动也对企业债券的估值与收益产生了影响，增加了投资收益的不确定性。

比亚迪的金融资产投资实践，为众多企业在金融投资领域提供了宝贵的借鉴与启示。它提醒着企业在把握投资机遇的同时，要时刻牢记社会责任，以专业、审慎的态度应对金融市场的挑战。若你是比亚迪的财务顾问，面对复杂的金融投资环境与多样的投资项目，你将如何运用专业知识，为企业制定更为科学合理的投资策略与风险防控方案？若你是企业管理者，又该如何在投资决策过程中，更好地权衡经济效益与社会责任，引领企业实现可持续发展的长远目标？

【学习目的与要求】
1. 了解金融工具的含义、特征、种类；
2. 掌握金融资产的定义以及会计准则规定的金融资产分类方法；
3. 掌握交易性金融资产的确认、初始计量和后续计量方法；
4. 掌握其他债权投资的确认、初始计量和后续计量方法；
5. 掌握其他权益工具投资的确认、初始计量和后续计量方法；
6. 掌握债权投资的确认、初始计量和后续计量方法；
7. 了解会计准则对金融工具重分类的规定；
8. 掌握金融资产重分类的会计处理方法。

第一节　金融资产概述

一、金融工具的含义

金融工具，是指形成一个企业的金融资产，并形成其他单位的金融负债或权益工具的合同。金融工具包括金融资产、金融负债、权益工具。例如，股票作为金融工具，发行股票方产生权益工具，购买股票方产生金融资产；债券作为金融工具，发行方产生金融负债，购买方产生金融资产。

注意：金融工具合同通常采用书面形式的合同，非合同的资产或负债不属于金融工具。例如，应交税费作为负债，与税务机关没有合同，不能确认为金融工具中的金融负债。签订的采购合同不会产生金融资产也不能作为金融工具。

二、金融工具的种类

金融工具可以分为基础金融工具和衍生工具。

1. 基础金融工具。

基础金融工具指一切能证明债权、权益、债务关系的具有一定格式的合法书面文件。基础金融工具也称传统金融工具,它是衍生金融工具产生和运用的基础,是在商品经济社会在货币发挥支付手段职能的基础上,伴随信用关系发展而发展起来的。主要的基础金融工具包括货币、商业票据及银行票据、股票和债券。

2. 衍生工具。

衍生工具是指属于金融工具准则范围并同时具备下列特征的金融工具或其他合同:

第一,其价值随特定利率、金融工具价格、商品价格、汇率、价格指数、费率指数、信用等级、信用指数或其他变量的变动而变动,变量为非金融变量(比如特定区域的地震损失指数、特定城市的气温指数等)的,该变量不应与合同的任何一方存在特定关系。

衍生工具的价值变动取决于标的变量的变化。例如,某国内金融企业甲与境外金融企业乙签订了一份 12 个月的利率互换合约,每半年末甲企业向乙企业支付美元固定利息、从乙企业收取以 6 个月担保隔夜融资利率(SOFR)计算确定的浮动利息,合约名义金额为 2.5 亿美元。合约签订时,其公允价值为零。假定合约签订半年后,浮动利率(6 个月美元 SOFR)与合约签订时不同,甲企业将根据未来可收取的浮动利息现值,扣除将支付的固定利息现值,确定该合约的公允价值,合约的公允价值因浮动利率的变化而改变。

第二,不要求初始净投资,或者与对市场因素变化预期有类似反应的其他合同相比,要求较少的初始净投资。

企业从事衍生工具交易不要求初始净投资,通常指签订某项衍生工具合同时不需要支付现金。例如,某企业与其他企业签订一项将来买入债券的远期合同,就不需要在签订合同时支付将来购买债券所需的现金。但是,不要求初始净投资,并不排除企业按照约定的交易惯例或规则相应缴纳一笔保证金,如企业进行期货交易时要求缴纳一定的保证金。缴纳保证金不构成一项企业解除负债现时义务的支付,因为保证金仅具有"保证"性质。

在某些情况下,企业在从事衍生工具交易时也会遇到要求进行现金支付的情况,但该现金支付只是相对很少的初始净投资。例如,从市场上购入备兑认股权证,就需要先支付一笔款项。但相对于行权时购入相应股份所需支付的款项,此项支付往往是金额很小的。又如,企业进行货币互换时,通常需要在合同签订时支付以某种货币计价的一笔款项,但同时也会收到以另一种货币计价的"等值"的一笔款项,无论是从该企业的角度,还是从其对手(合同的另一方)看,初始净投资均为零。

第三,在未来某一日期结算。衍生工具在未来某一日期结算,表明衍生工具结算需要经历一段特定期间。衍生工具通常在未来某一特定日期结算,也可能在未来多个日期结算。例如,利率互换可能涉及合同到期前多个结算日期。另外,有些期权可能由于是价外期权而到期不行权，也是在未来日期结算的一种方式。

三、金融资产的界定

会计准则规定，金融资产是指企业持有的现金、其他的权益工具以及符合下列条件之一的资产：

1. 从其他方收取现金或其他金融资产的合同权利。例如，企业的银行存款、应收账款、应收票据和贷款等均属于金融资产。再如，预付账款不是金融资产，因其产生的未来经济利益是商品或服务，不是收取现金或其他金融资产的权利。

2. 在潜在有利条件下，与其他方交换金融资产或金融负债的合同权利。例如，企业持有的看涨期权或看跌期权等。

3. 将来须用或可用企业自身权益工具进行结算的非衍生工具合同，且企业根据该合同将收到可变数量的自身权益工具。

4. 将来须用或可用企业自身权益工具进行结算的衍生工具合同，但以固定数量的自身权益工具交换固定金额的现金或其他金融资产的衍生工具合同除外。其中，企业自身权益工具不包括应当按照《企业会计准则第37号——金融工具列报》分类为权益工具的可回售工具或发行方仅在清算时才有义务向另一方按比例交付其净资产的金融工具，也不包括本身就要求在未来收取或交付企业自身权益工具的合同。

本章内容不涉及以下金融资产的会计处理：（1）长期股权投资（即企业对外能够形成控制、共同控制和重大影响的股权投资）；（2）货币资金（即库存现金、银行存款、其他货币资金）；（3）应收款及贷款。不涉及的内容将在本教材其他章节讲解。

四、金融资产的分类

金融资产分类是确认和计量的基础。企业应当根据其管理金融资产的业务模式和金融资产的合同现金流量特征，将金融资产划分为下列三类：

1. 以摊余成本计量的金融资产，如债权投资、应收款、贷款等。

2. 以公允价值计量且其变动计入其他综合收益的金融资产，如其他债权投资、其他权益工具投资等。

3. 以公允价值计量且其变动计入当期损益的金融资产，如交易性金融资产。

企业应当结合自身业务特点和风险管理要求，对金融资产进行合理的分类。金融资产的分类一经确定，不得随意变更。

会计准则规定，金融资产的具体分类方法如下：

1. 金融资产同时符合下列条件的，应当分类为以摊余成本计量的金融资产：

（1）企业管理该金融资产的业务模式是以收取合同现金流量为目标。

（2）该金融资产的合同条款规定，在特定日期产生的现金流量，仅为对本金和以未偿付本金金额为基础的利息的支付。

例如，银行向企业客户发放的固定利率的贷款，在没有其他特殊安排的情况下，贷款通常符合本金加利息的合同现金流量特征。如果银行管理该贷款的业务模式是以收取合同现金流量为目标，则该贷款可以分类为以摊余成本计量的金融资产。再如，企业正常商业往来形成的具有一定信用期限的应收账款，如果企业拟根据应收账款的合同现金流量收取现金，且不打算提前处置应收账款，则该应收账款可以分类为以摊余成本计量的金融资产。

企业一般设置"贷款""应收账款""债权投资"等科目核算分类为以摊余成本计量的金融资产。

2. 金融资产同时符合下列条件的，应当分类为以公允价值计量且其变动计入其他综合收益的金融资产：

（1）企业管理该金融资产的业务模式既以收取合同现金流量为目标又以出售该金融资产为目标。

（2）该金融资产的合同条款规定，在特定日期产生的现金流量，仅为对本金和以未偿付本金为基础的利息的支付。

例如，企业持有的普通债券的合同现金流量是到期收回本金及按约定利率在合同期间按时收取固定或浮动利息的权利。在没有其他特殊安排的情况下，普通债券的合同现金流量一般情况下可能符合仅对本金和以未偿付本金金额为基础的利息支付的要求。如果企业管理该债券的业务模式既以收取合同现金流量为目标又以出售该债券为目标，则该债券应当分类为以公允价值计量且其变动计入其他综合收益的金融资产。

企业应当设置"其他债权投资""其他权益工具投资"等科目核算分类为以公允价值计量且其变动计入其他综合收益的金融资产。

3. 按照上述1和2分类为以摊余成本计量的金融资产和以公允价值计量且其变动计入其他综合收益的金融资产之外的金融资产，企业应当将其分类为以公允价值计量且其变动计入当期损益的金融资产。例如，企业持有的普通股股票的合同现金流量是收取被投资企业未来股利分配以及其清算时获得剩余收益的权利。由于股利及获得剩余收益的权利均不符合本金和利息的定义，因此股票不符合本金加利息的合同现金流量特征，在不考虑非交易性权益工具特殊指定的情况下，企业持有的普通股股票应当分类为以公允价值计量且其变动计入当期损益的金融资产。

企业应当设置"交易性金融资产"科目核算以公允价值计量且其变动计入当期损益的金融资产。企业持有的直接指定为以公允价值计量且其变动计入当期损益的金融资产，可在本科目下单设"指定类"明细科目核算。

注意：权益工具投资一般不符合本金加利息的合同现金流量特征，因此应当分类为以公允价值计量且其变动计入当期损益的金融资产。然而在初始确认时，企业可以将非交易性权益工具投资指定为以公允价值计量且其变动计入其他综合收益的金融资产，并按规定确认股利收入。该决定一经做出，不得撤销。企业投资其他上市公司股票或者非上市公司股权的，都可能属于这种情形。

初始确认时，企业可基于单项非交易性权益工具投资，将其指定为以公允价值计量且其变动计入其他综合收益的金融资产，其公允价值的后续变动计入其他综合收益，不需要计提减值准备。除了获得的股利（明确作为投资成本部分收回的股利除外）计入当期损益外，其他相关的利得和损失（包括汇兑损益）均应当计入其他综合收益，且后续不得转入损益。当金融资产终止确认时，之前计入其他综合收益的累计利得或损失应当从其他综合收益中转出，计入留存收益。

五、金融资产计量原则

（一）金融资产的初始计量原则

金融资产应当按照公允价值进行初始计量。对于以公允价值计量且其变动计入当期损益的金融资产，相关交易费用应当直接计入当期损益；对于其他类别的金融资产，相关交易费用应当计入初始确认金额。

交易费用，是指可直接归属于购买、发行或处置金融工具的增量费用。增量费用，是指企业没有发生购买、发行或处置金融工具的情形就不会发生的费用，包括支付给代理机构、咨询公司、券商、证券交易所、政府有关部门等的手续费、佣金、相关税费及其他必要支出，不包括债券溢价、折价、融资费用、内部管理成本和持有成本等其他与交易不直接相关的费用。

企业取得金融资产所支付的价款中包含的已宣告但尚未发放的现金股利或债券利息，应当单独确认为应收项目进行处理。

（二）金融资产的后续计量原则

金融资产的后续计量与金融资产的分类密切相关。企业应当对不同类别的金融资产，分别以摊余成本、以公允价值计量且其变动计入其他综合收益或以公允价值计量且其变动计入当期损益进行后续计量。

1. 以摊余成本进行后续计量的金融资产（如债权投资）。

采用摊余成本进行后续计量的金融资产，应当采用实际利率法计算利息收入，资产负债表日采用摊余成本计量金融资产并列入财务报表。

（1）实际利率法。

实际利率法，是指采用金融资产或金融负债的实际利率计算金融资产或金融负债的摊余成本以及将利息收入或利息费用分摊计入各会计期间的方法。

实际利率，是指将金融资产或金融负债在预计存续期的估计未来现金流量，折现为该金融资产账面余额（不考虑减值）或该金融负债摊余成本所使用的利率。在确定实际利率时，应当在考虑金融资产或金融负债所有合同条款（如提前还款、展期、看涨期权或其他类似期权等）的基础上估计预期现金流量，但不应当考虑预期信用损失。

经信用调整的实际利率，是指将购入或衍生的已发生信用减值的金融资产在预计存续期的估计未来现金流量，折现为该金融资产摊余成本的利率。在确定经信用调整的实际利率时，应当在考虑金融资产的所有合同条款（如提前还款、展期、看涨期权或其他类似期权等）以及初始预期信用损失的基础上估计预期现金流量。

合同各方之间支付或收取的、属于实际利率或经信用调整的实际利率组成部分的各项费用、交易费用及溢价或折价等，应当在确定实际利率或经信用调整的实际利率时予以考虑。

（2）摊余成本的计算方法。

金融资产或金融负债的摊余成本，应当以该金融资产或金融负债的初始确认金额经下列调整后的结果确定：

①扣除已偿还的本金。

②加上或减去采用实际利率法将该初始确认金额与到期日金额之间的差额进行摊销形成的累计摊销额。

③扣除累计计提的损失准备（仅适用于金融资产）。

2. 分类为或指定为以公允价值计量且公允价值变动计入其他综合收益的金融资产（如其他债权投资、其他权益工具投资）。

（1）分类为以公允价值进行后续计量且公允价值变动计入其他综合收益的金融资产（"其他债权投资"科目核算）所产生的利得或损失，除减值损失或利得和汇兑损益之外，均应当计入其他综合收益，直至该金融资产终止确认或被重分类。但是采用实际利率法计算的该金融资产的利息应当计入当期损益。该类金融资产计入各期损益的金额应当与视同其一直按摊余成本计量而计入各期损益的金额相等。

该金融资产终止确认时，之前计入其他综合收益的累计利得或损失应当从其他综合收益中转出，计入当期损益。

（2）指定为以公允价值计量且其变动计入其他综合收益的非交易性权益工具投资（"其他权益工具投资"科目核算），除了获得的股利（属于投资成本收回部分除外）计入当期损益外，其他相关的利得和损失（包括汇兑损益）均应当计入其他综合收益，且后续不得转入当期损益。当其终止确认时，之前计入其他综合收益的累计利得或损失应当从其他综合收益中转出，计入留存收益。

3. 以公允价值计量且公允价值变动计入当期损益的金融资产（如交易性金融资产）。

对于以公允价值计量且其变动计入当期损益的金融资产，取得时应当按照公允价值计量入账，相关交易费用应当直接计入当期损益。资产负债表日按照公允价值进行后续计量，公允价值变动计入当期损益。不需要计提资产的减值准备。

第二节 交易性金融资产

会计准则规定，以公允价值计量且其变动计入当期损益的金融资产包括交易性金融资产和其他以公允价值计量且其变动计入当期损益的金融资产。除分类为以摊余成本计量的金融资产和以公允价值计量且其变动计入其他综合收益的金融资产之外的金融资产，企业应当将其分类为以公允价值计量且其变动计入当期损益的金融资产。例如，企业持有的普通股股票的合同现金流量是收取被投资企业未来股利分配以及其清算时获得剩余收益的权利。由于股利及获得剩余收益的权利均不符合本金和利息的定义，因此企业持有的普通股股票通常应当分类为以公允价值计量且其变动计入当期损益的金融资产。

企业应当设置"交易性金融资产"科目核算以公允价值计量且其变动计入当期损益的金融资产。企业持有的直接指定为以公允价值计量且其变动计入当期损益的金融资产，也在本科目核算。

权益工具投资一般只能分类为以公允价值计量且其变动计入当期损益的金融资产。然而在初始确认时，企业可以将非交易性权益工具投资指定为以公允价值计量且其变动计入其他综合收益的金融资产，并按规定确认股利收入。该决定一经做出，不得撤销。企业投资其他上市公司股票或者非上市公司股权的，都可能属于这种情形。

一、交易性金融资产的初始计量

企业初始确认交易性金融资产，应当按照公允价值计量，相关交易费用应当直接计入当期损益（投资收益借方）。

企业应当根据《企业会计准则第39号——公允价值计量》的规定，确定金融资产在初始确认时的公允价值。公允价值通常为相关金融资产的交易价格。

企业取得金融资产所支付的价款中包含的已宣告但尚未发放的债券利息或现金股利，应当单独确认为应收项目进行处理，不能计入资产成本。

二、交易性金融资产的后续计量

交易性金融资产属于采用公允价值进行后续计量且公允价值变动计入当期损益的金融资产，资产负债表日应当采用公允价值重新计量该金融资产，因公允价值变动产生的变动额，应当记入"公允价值变动损益"科目的借方或贷方。持有交易性金融资产期间获得的现金股利应当计入投资收益，同时借记"应收股利"科目，如果是债务工具，利息收入应当计入当期损益（投资收益），同时借记"交易性金融资产——应计利息"科目。如果已过付息期还未收到的利息，应将"交易性金融资产——应计利息"转为"应收利息"。企业也可以不单独确认前述利息，而通过"交易性金融资产——公允价值变动"科目汇总反映包含利息的债权类投资的公允价值变化。采用公允价值计量的交易性金融资产不需要进行减值测试，不需要计提资产的减值准备。

三、交易性金融资产会计处理举例

【例 4-1】2020 年 6 月 30 日，A 公司购入 B 公司债券 2 000 张，支付买价 104 元/张，相关税费 1 000 元。该债券面值 100 元/张，债券期限为 3 年，票面年利率为 4%，每年 7 月 1 日和 1 月 1 日付息一次。A 公司将其划分为以公允价值计量且公允价值变动计入当期损益的金融资产，债券发行日为 2020 年 1 月 1 日。其他资料如下：2020 年 7 月 1 日，收到上半年利息 4 000 元。2020 年 12 月 31 日，B 公司债券的公允价值为 106 元/张（不含利息）。2021 年 1 月 1 日，收到 2020 年下半年利息 4 000 元。2021 年 6 月 30 日，B 公司债券的公允价值为 103 元/张（不含利息）。2021 年 7 月 1 日，收到 2021 年上半年利息 4 000 元。2021 年 7 月 20 日，A 公司出售 B 公司债券 2 000 张，售价（已扣除费用）108 元/张。假定不考虑其他因素，A 公司处理如下：

2020 年 6 月 30 日：购买债券时包含尚未发放的 2020 上半年应收利息 = 2 000×100×4%/2 = 4 000 元，初始投资成本 = 2 000×104 - 4 000 = 204 000 元。

借：交易性金融资产——成本	204 000
应收利息	4 000
投资收益	1 000
贷：银行存款	209 000

2020 年 7 月 1 日：

借：银行存款	4 000
贷：应收利息	4 000

2020 年 12 月 31 日计提利息：

借：交易性金融资产——应计利息	4 000

　　　　贷：投资收益　　　　　　　　　　　　　　　　　　　　　　　4 000
2020 年 12 月 31 日公允价值变动 = 2 000 × 106 - 204 000 = 8 000 元。
　　借：交易性金融资产——公允价值变动　　　　　　　　　　　8 000
　　　　贷：公允价值变动损益　　　　　　　　　　　　　　　　　8 000
2021 年 1 月 1 日：
　　借：银行存款　　　　　　　　　　　　　　　　　　　　　　4 000
　　　　贷：交易性金融资产——应计利息　　　　　　　　　　　　4 000
2021 年 6 月 30 计息：
　　借：交易性金融资产——应计利息　　　　　　　　　　　　　4 000
　　　　贷：投资收益　　　　　　　　　　　　　　　　　　　　　4 000
2021 年 6 月 30 日公允价值变动 = 2 000 × (103 - 106) = -6 000 元。
　　借：公允价值变动损益　　　　　　　　　　　　　　　　　　6 000
　　　　贷：交易性金融资产——公允价值变动　　　　　　　　　　6 000
2021 年 7 月 1 日：
　　借：银行存款　　　　　　　　　　　　　　　　　　　　　　4 000
　　　　贷：交易性金融资产——应计利息　　　　　　　　　　　　4 000
2021 年 7 月 20 日出售 2 000 张债券，"成本" = 204 000（借方余额）"公允价值变动" = 8 000 - 6 000 = 2 000 元（借方余额）。
　　借：银行存款　　　　　　　　　　　　　　　　　　　　　 216 000
　　　　贷：交易性金融资产——成本　　　　　　　　　　　　 204 000
　　　　　　　　　　　　——公允价值变动　　（8 000 - 6 000）2 000
　　　　　　投资收益　　　　　　　　　　　　　　　　　　　 10 000

【例 4 - 2】2022 年 4 月 1 日，A 公司购入 B 公司股票 10 万股，用存出投资款支付买价 200 万元和相关税费 3 万元，A 公司将其划分为以公允价值计量且其变动计入当期损益的交易性权益工具投资。买价中包含现金股利 10 万元。2022 年 4 月 20 日，A 公司收到 B 公司发放的现金股利 10 万元。2022 年 6 月 30 日，B 股票市价为 25 元/股。2022 年 12 月 31 日，B 股票市价为 16 元/股。2023 年 3 月 9 日，B 公司宣告发放现金股利 0.5 元/股。2023 年 4 月 13 日，A 公司收到 B 公司发放的现金股利 5 万元。2023 年 5 月 20 日，以 23 元/股（已经扣除交易费用）的价格将 B 股票全部转让。

假设不考虑其他因素影响，A 公司会计处理如下（分录单位：万元）：
2022 年 4 月 1 日：
　　借：交易性金融资产——成本　　　　　　　　　　　　　　　190
　　　　应收股利　　　　　　　　　　　　　　　　　　　　　　 10
　　　　投资收益　　　　　　　　　　　　　　　　　　　　　　　3

　　　　贷：其他货币资金　　　　　　　　　　　　　　　　　　　203
　2022 年 4 月 20 日：
　　　借：其他货币资金　　　　　　　　　　　　　　　　　　　 10
　　　　贷：应收股利　　　　　　　　　　　　　　　　　　　　 10
　2022 年 6 月 30 日，发生公允价值变动 = 10×25 - 190 = 60 万元：
　　　借：交易性金融资产——公允价值变动　　　　　　　　　　 60
　　　　贷：公允价值变动损益　　　　　　　　　　　　　　　　 60
　2022 年 12 月 31 日，发生公允价值变动 = 10×(16 - 25) = -90 万元：
　　　借：公允价值变动损益　　　　　　　　　　　　　　　　　 90
　　　　贷：交易性金融资产——公允价值变动　　　　　　　　　 90
　2023 年 3 月 9 日，应收股利 = 10×0.5 = 5 万元：
　　　借：应收股利　　　　　　　　　　　　　　　　　　　　　　5
　　　　贷：投资收益　　　　　　　　　　　　　　　　　　　　　5
　2023 年 4 月 13 日：
　　　借：其他货币资金　　　　　　　　　　　　　　　　　　　　5
　　　　贷：应收股利　　　　　　　　　　　　　　　　　　　　　5
　2023 年 5 月 20 日出售 10 万股 B 公司股票，"成本" = 190 万元（借方余额）"公允价值变动" = 60 - 90 = -30 万元（贷方余额）：
　　　借：其他货币资金　　　　　　　　　　　　　　　　　　　230
　　　　交易性金融资——公允价值变动　　　　　　　　　　　　 30
　　　　贷：交易性金融资产——成本　　　　　　　　　　　　　190
　　　　　　投资收益　　　　　　　　　　　　　　　　　　　　 70

第三节　债权投资

　《企业会计准则第 22 号——金融工具确认和计量》规定，金融资产同时符合下列条件的，应当分类为以摊余成本计量的金融资产：
　第一，企业管理该金融资产的业务模式是以收取合同现金流量为目标。
　第二，该金融资产的合同条款规定，在特定日期产生的现金流量，仅为对本金和以未偿付本金金额为基础的利息的支付。
　例如，企业取得并持有的其他企业发行的债券，在没有其他特殊安排的情况下，合同现金流量一般符合仅对本金和以未偿付本金为基础的利息支付的要求。如果企业管理该债券的业务模式是以收取合同现金流量为目标，则该债券投资应当分类为以摊余成本计量的金融资产（债权投资）。

对企业划分为债权投资的金融资产,企业应当设置"债权投资"一级科目核算,并在"债权投资"科目下,分别设置"成本""应计利息""利息调整"等明细科目进行核算。

一、债权投资的初始计量

债权投资应当按照公允价值进行初始计量,相关交易费用应当计入初始确认金额。具体来说,应当按照取得债券的面值总额记入"债权投资——成本"科目,支付的买价中若包含已到付息期尚未收到的债券利息,应当从买价中剔除,记入"应收利息"科目,初始投资成本与债券面值之间的差额,应当记入"债权投资——利息调整"科目(溢价计入借方、折价计入贷方)。

二、债权投资的后续计量

采用摊余成本进行后续计量的金融资产,应当采用实际利率法计算利息收入,资产负债表日采用摊余成本计量金融资产并列入财务报表。

金融资产或金融负债的摊余成本,应当以该金融资产或金融负债的初始确认金额经下列调整后的结果确定:

(1)扣除已偿还的本金。

(2)加上或减去采用实际利率法将该初始确认金额与到期日金额之间的差额进行摊销形成的累计摊销额。

(3)扣除累计计提的信用减值准备(仅适用于金融资产)。

每期采用实际利率法计算利息收入的具体计算方法如下:

每期名义利息=债券面值总额×每期票面利率

每期计算的名义利息应当记入"债权投资——应计利息"借方。如果已过付款期还未收到的利息需转入"应收利息"。

每期实际利息=期初摊余成本×每期实际利率

每期计算的实际利息应当记入"投资收益"贷方。

每期利息调整额=每期名义利息-每期实际利息(或相反)

资产负债表日,应以已预期信用损失为基础确定应计提的减值准备金额,当金额大于当期减值准备账面余额,按其差额借记"信用减值损失"科目,贷记"债权投资减值准备"科目;当金额小于当期减值准备账面余额,按其差额作相反会计分录。

三、债权投资会计处理举例

【例4-3】2022年1月1日,甲公司支付价款949 880万元(含交易费用)购入A公司同日发行的3年期公司债券10 000张,债券票面价值总额为1 000 000

万元，票面年利率为 8%，测算的实际利率为 10%，每年 1 月 1 日支付债券利息，本金在债券到期时一次性偿还。甲公司在购买该债券时，预计不会提前出售该债券。甲公司根据其管理该债券的业务模式和该债券的合同现金流量特征，将该债券分类为以摊余成本计量的金融资产。

假定不考虑所得税、减值损失等因素，甲公司会计处理如下（分录单位：万元）：

2022 年 1 月 1 日：

借：债权投资——成本　　　　　　　　　　　　　　　　1 000 000
　　贷：银行存款　　　　　　　　　　　　　　　　　　　　949 880
　　　　债权投资——利息调整　　　　　　　　　　　　　　 50 120

2022 年 12 月 31 日：

名义利息 = 1 000 000 × 8% = 80 000 万元，实际利息 = 949 880 × 10% = 94 988 万元，利息调整 = 94 988 − 80 000 = 14 988 万元。

借：债权投资——应计利息　　　　　　　　　　　　　　　 80 000
　　　　　　——利息调整　　　　　　　　　　　　　　　　 14 988
　　贷：投资收益　　　　　　　　　　　　　　　　　　　　 94 988

2023 年 1 月 1 日：

借：银行存款　　　　　　　　　　　　　　　　　　　　　 80 000
　　贷：债权投资——应计利息　　　　　　　　　　　　　　 80 000

2023 年 12 月 31 日：

名义利息 = 1 000 000 × 8% = 80 000 万元，实际利息 = (949 880 + 14 988) × 10% = 96 486.8 万元，利息调整 = 96 486.8 − 80 000 = 16 486.8 万元。

借：债权投资——应计利息　　　　　　　　　　　　　　　 80 000
　　　　　　——利息调整　　　　　　　　　　　　　　　 16 486.8
　　贷：投资收益　　　　　　　　　　　　　　　　　　　 96 486.8

2024 年 1 月 1 日：

借：银行存款　　　　　　　　　　　　　　　　　　　　　 80 000
　　贷：债权投资——应计利息　　　　　　　　　　　　　　 80 000

2024 年 12 月 31 日：

名义利息 = 1 000 000 × 8% = 80 000 万元，利息调整 = 50 120 − 14 988 − 16 486.8 = 18 645.2 万元，实际利息 = 80 000 + 18 645.2 = 98 645.2 万元。

注：采用实际利率法，最后一期应当先倒挤利息调整，再计算实际利息。

借：债权投资——应计利息　　　　　　　　　　　　　　　 80 000
　　　　　　——利息调整　　　　　　　　　　　　　　　 18 645.2
　　贷：投资收益　　　　　　　　　　　　　　　　　　　 98 645.2

2025 年 1 月 1 日：

借：银行存款　　　　　　　　　　　　　　　　　　　1 080 000
　　贷：债权投资——成本　　　　　　　　　　　　　　　　　1 000 000
　　　　　　　——应计利息　　　　　　　　　　　　　　　　　　80 000

【例 4-4】若上例 A 公司债券为到期一次还本付息债券，假设测算的实际利率为 9.5%（应当采用插入法测算实际利率），其他条件不变，甲公司会计处理如下：

2022 年 1 月 1 日：

借：债权投资——成本　　　　　　　　　　　　　　　　1 000 000
　　贷：银行存款　　　　　　　　　　　　　　　　　　　　　949 880
　　　　债权投资——利息调整　　　　　　　　　　　　　　　　50 120

2022 年 12 月 31 日：

名义利息 = 1 000 000 × 8% = 80 000 万元，实际利息 = 949 880 × 9.5% = 90 238.6 万元，实际利息 = 90 238.6 - 80 000 = 10 238.6 万元。

借：债权投资——应计利息　　　　　　　　　　　　　　　80 000
　　　　　　　——利息调整　　　　　　　　　　　　　　　　10 238.6
　　贷：投资收益　　　　　　　　　　　　　　　　　　　　　90 238.6

2023 年 12 月 31 日：

名义利息 = 1 000 000 × 8% = 80 000 万元，实际利息 = （949 880 + 90 238.6）× 9.5% = 98 811.27 万元，利息调整 = 98 811.27 - 80 000 = 18 811.27 万元。

借：债权投资——应计利息　　　　　　　　　　　　　　　80 000
　　　　　　　——利息调整　　　　　　　　　　　　　　　　18 811.27
　　贷：投资收益　　　　　　　　　　　　　　　　　　　　　98 811.27

2024 年 12 月 31 日：

名义利息 = 1 000 000 × 8% = 80 000 万元，利息调整 = 50 120 - 10 238.6 - 18 811.27 = 21 070.13 万元，实际利息 = 80 000 + 21 070.13 = 101 070.13 万元。

借：债权投资——应计利息　　　　　　　　　　　　　　　80 000
　　　　　　　——利息调整　　　　　　　　　　　　　　　　21 070.13
　　贷：投资收益　　　　　　　　　　　　　　　　　　　　　101 070.13

2025 年 1 月 1 日：

借：银行存款　　　　　　　　　　　　　　　　　　　1 240 000
　　贷：债权投资——成本　　　　　　　　　　　　　　　　　1 000 000
　　　　　　　——应计利息　　　　　　　　　　　　　　　　　240 000

第四节 其他债权投资

《企业会计准则第 22 号——金融工具确认和计量》规定，金融资产同时符合下列条件的，应当分类为以公允价值计量且其变动计入其他综合收益的金融资产：

第一，企业管理该金融资产的业务模式既以收取合同现金流量为目标又以出售该金融资产为目标。

第二，该金融资产的合同条款规定，在特定日期产生的现金流量，仅为对本金和以未偿付本金金额为基础的利息的支付。

例如，企业持有的普通债券的合同现金流量是到期收回本金及按约定利率在合同期间按时收取固定或浮动利息的权利。在没有其他特殊安排的情况下，普通债券的合同现金流量一般情况下可能符合仅对本金和以未偿付本金为基础的利息支付的要求。如果企业管理该债券的业务模式既以收取合同现金流量为目标又以出售该债券为目标，则该债券应当分类为以公允价值计量且其变动计入其他综合收益的金融资产。

权益工具投资的合同现金流量评估一般不符合基本借贷安排，因此只能分类为以公允价值计量且其变动计入当期损益的金融资产。然而在初始确认时，企业可以将非交易性权益工具投资指定为以公允价值计量且其变动计入其他综合收益的金融资产，但权益类投资不能确认为其他债权投资。

企业应当设置"其他债权投资"科目核算分类为以公允价值计量且其变动计入其他综合收益的金融资产。

一、其他债权投资的初始计量

会计准则规定，其他债权投资应当按照公允价值进行初始计量，相关交易费用应当计入初始确认金额。

具体来说，应当按照取得债券的面值总额记入"其他债权投资——成本"科目，支付的买价中若包含已到付息期但尚未收到的债券利息，应当从买价中剔除，记入"应收利息"科目，初始投资成本与债券面值之间的差额，应当记入"其他债权投资——利息调整"科目（溢价记入借方、折价记入贷方）。

二、其他债权投资的后续计量

其他债权投资应当采用公允价值进行后续计量，公允价值变动（公允价值与投资账面价值的差额）计入其他综合收益，处置其他债权投资时，应当将公允价值变动产生的其他综合收益累计余额结转为投资收益。每期利息收入应当按照实际利率法计算确定（实际利率法的计算方法与债权投资相同）。资产负债表日，应以已预期信用损失为基础确定应计提的减值准备金额，当金额大于当期减值准备账面余额，按其差额借记"信用减值损失"科目，贷记"其他综合收益—信用减值准备"科目；当金额小于当期减值准备账面余额，按其差额作相反会计分录。

三、其他债权投资会计处理举例

【例4-5】2022年1月1日，A公司支付价款980万元及交易费用20万元购入B公司同日公开发行的5年期公司债券一批，债券票面价值总额为1 250万元，票面年利率为4.72%，于年末支付本年度债券利息（即每年利息为59万元），本金在债券到期时一次性偿还。A公司根据其管理该债券的业务模式和该债券的合同现金流量特征，将该债券分类为以公允价值计量且其变动计入其他综合收益的金融资产。

其他资料如下：

2022年12月31日B公司债券的公允价值为1 200万元（不含利息）。
2023年12月31日B公司债券的公允价值为1 300万元（不含利息）。
2024年12月31日B公司债券的公允价值为1 250万元（不含利息）。
2025年12月31日B公司债券的公允价值为1 200万元（不含利息）。
2026年1月20日A公司出售B公司债券12 500份，取得价款1 260万元。
计算该债券的实际利率采用插值法，计算得出r=10%。（计算过程略）
假定不考虑所得税、减值损失等因素，A公司会计处理如下（单位：万元）：

2022年1月1日：

借：其他债权投资——成本　　　　　　　　　　　　　　1 250
　　贷：银行存款　　　　　　　　　　　　　　　　　　1 000
　　　　其他债权投资——利息调整　　　　　　　　　　　250

2022年12月31日计算利息收入：

名义利息=1 250×4.72%=59万元，实际利息=1 000×10%=100万元，利息调整=100-59=41万元。

借：其他债权投资——应计利息　　　　　　　　　　　　59
　　　　　　　　——利息调整　　　　　　　　　　　　41
　　贷：投资收益　　　　　　　　　　　　　　　　　　100

2022年12月31日收到利息：

借：银行存款　　　　　　　　　　　　　　　　　　　　59
　　贷：其他债权投资——应计利息　　　　　　　　　　59

2022年12月31日计算公允价值变动：

公允价值=1 200万元，投资账面价值=1 000+41=1 041万元，公允价值变动=1 200-1 041=159万元。

借：其他债权投资——公允价值变动　　　　　　　　　　　159
　　贷：其他综合收益　　　　　　　　　　　　　　　　　　159

2023年12月31日计算利息收入：

名义利息=1 250×4.72%=59万元，实际利息=(1 000+41)×10%=104万元（约等于），利息调整=104-59=45万元。

借：其他债权投资——应计利息　　　　　　　　　　　　59
　　　　　　　　——利息调整　　　　　　　　　　　　45
　　贷：投资收益　　　　　　　　　　　　　　　　　　　104

2023年12月31日收到利息：

借：银行存款　　　　　　　　　　　　　　　　　　　　59
　　贷：其他债权投资——应计利息　　　　　　　　　　　59

2023年12月31日计算公允价值变动：

公允价值=1 300万元，投资账面价值=1 000+41+159+45=1 245万元，公允价值变动=1 300-1 245=55万元。

借：其他债权投资——公允价值变动　　　　　　　　　　55
　　贷：其他综合收益　　　　　　　　　　　　　　　　　55

2024年12月31日计算利息收入：

名义利息=1 250×4.72%=59万元，实际利息=(1 000+41+45)×10%=109万元，利息调整=109-59=50万元。

借：其他债权投资——应计利息　　　　　　　　　　　　59
　　　　　　　　——利息调整　　　　　　　　　　　　50
　　贷：投资收益　　　　　　　　　　　　　　　　　　　109

2024年12月31日收到利息：

借：银行存款　　　　　　　　　　　　　　　　　　　　59
　　贷：其他债权投资——应计利息　　　　　　　　　　　59

2024年12月31日计算公允价值变动：

公允价值=1 250万元，投资账面价值=1 000+41+45+50+159+55=1 350万元，公允价值变动=1 250-1 350=-100万元。

借：其他综合收益　　　　　　　　　　　　　　　　　　100
　　贷：其他债权投资——公允价值变动　　　　　　　　　100

2025年12月31日计算利息收入：

名义利息=1 250×4.72%=59万元，实际利息=(1 000+41+45+50)×10%=114万元，利息调整=114-59=55万元。

借：其他债权投资——应计利息　　　　　　　　　　　　59
　　　　　　　　——利息调整　　　　　　　　　　　　55

贷：投资收益 114

2025 年 12 月 31 日收到利息：

借：银行存款 59
　　贷：其他债权投资——应计利息 59

2025 年 12 月 31 日计算公允价值变动：

公允价值 = 1 200 万元，投资账面价值 = 1 000 + 41 + 45 + 50 + 159 + 55 + 55 − 100 = 1 305 万元，公允价值变动 = 1 200 − 1 305 = − 105 万元。

借：其他综合收益 105
　　贷：其他债权投资——公允价值变动 105

2026 年 1 月 20 日出售 B 公司债券，取得收入 1 260 万元。

计算"其他债权投资"明细科目余额如下：

"其他债权投资——成本" = 1 250 万元（借方余额）

"其他债权投资——利息调整" = 250 − 41 − 45 − 50 − 55 = 59 万元（贷方余额）

"其他债权投资——公允价值变动" = 159 + 55 − 100 − 105 = 9 万元（借方余额）

借：银行存款 1 260
　　其他债权投资——利息调整 59
　　贷：其他债权投资——成本 1 250
　　　　　　　　　　——公允价值变动 9
　　　　投资收益 60

结转"其他综合收益"累计余额 = 159 + 55 − 100 − 105 = 9 万元（贷方余额）：

借：其他综合收益 9
　　贷：投资收益 9

第五节　其他权益工具投资

权益工具投资的合同现金流量评估一般不符合基本借贷安排，因此只能分类为以公允价值计量且其变动计入当期损益的金融资产。然而在初始确认时，企业可以将非交易性权益工具投资指定为以公允价值计量且其变动计入其他综合收益的金融资产，企业应当设置"其他权益工具投资"科目核算指定为以公允价值计量且其变动计入其他综合收益的非交易性权益工具投资。

一、其他权益工具投资的初始计量

会计准则规定，其他权益工具投资应当按照公允价值进行初始计量，相关交易费用应当计入初始确认金额。若买价中包含已宣告发放尚未收到的现金股利，应当记入"应收股利"借方，不能计入投资成本。

二、其他权益工具投资的后续计量

其他权益工具投资应当采用公允价值进行后续计量，公允价值变动计入其他综合收益，处置其他权益工具投资时，应当将公允价值变动产生的其他综合收益累计余额结转为留存收益，不能计入当期损益。

三、其他权益工具投资会计处理举例

【例4-6】 2022年4月8日，A公司支付买价1 200万元及相关税费10万元购入B公司发行的股票100万股，A公司将其指定为以公允价值计量且其变动计入其他综合收益的非交易性权益工具投资。买价中包含现金股利50万元。2022年4月20日，A公司收到B公司发放的现金股利50万元。2022年6月30日，B公司股票市价为15元/股。2022年12月31日，B股票市价为11元/股。2023年3月9日，B公司宣告发放现金股利0.3元/股。2023年4月13日，A公司收到B公司发放的现金股利30万元。2023年5月20日，A公司以13元/股的价格将B公司股票全部转让。

假设不考虑所得税等其他因素影响，A公司的账务处理如下（金额单位：万元）

2022年4月8日购入股票：
 借：其他权益工具投资——成本   1 160
   应收股利   50
  贷：银行存款   1 210

2022年4月20日收到现金股利50万元：
 借：银行存款   50
  贷：应收股利   50

2022年6月30日：公允价值变动 = 100 × 15 − 1 160 = 340万元。
 借：其他权益工具投资——公允价值变动   340
  贷：其他综合收益——其他权益工具投资公允价值变动 340

2022年12月31日：公允价值变动 = 100 × (11 − 15) = −400万元。
 借：其他综合收益——其他权益工具投资公允价值变动 400
  贷：其他权益工具投资——公允价值变动   400

2023年3月9日：
 借：应收股利   30
  贷：投资收益   30

2023 年 4 月 13 日：
　　借：银行存款　　　　　　　　　　　　　　　　　　30
　　　　贷：应收股利　　　　　　　　　　　　　　　　　　　30
2023 年 5 月 20 日出售股票：
　　借：银行存款　　　　　　　　　　　　　　　　　　1 300
　　　　其他权益工具投资——公允价值变动　　　　　　60
　　　　贷：其他权益工具投资——成本　　　　　　　　　　1 160
　　　　　　盈余公积　　　　　　　　　　　　　　　　　　　20
　　　　　　利润分配——未分配利润　　　　　　　　　　　180
　同时将其他综合收益累计借方余额（400－340）60 万元结转至留存收益。
　若 A 公司按 10% 计提盈余公积：
　　借：盈余公积　　　　　　　　　　　　　　　　　　6
　　　　利润分配——未分配利润　　　　　　　　　　　54
　　　　贷：其他综合收益——其他权益工具投资公允价值变动　　60
　　注意：采用公允价值计量且其变动计入其他综合收益的非交易性权益工具投资，结转其他综合收益只能计入留存收益。

第六节　金融资产重分类

一、金融工具重分类的原则

　　企业改变其管理金融资产的业务模式时，应当按照规定对所有受影响的相关金融资产进行重分类。但企业对所有金融负债均不得进行重分类。
　　金融资产可以在以摊余成本计量、以公允价值计量且其变动计入其他综合收益和以公允价值计量且其变动计入当期损益之间进行重分类，以公允价值计量且其变动计入当期损益的权益性金融资产和指定为以公允价值计量且其变动计入其他综合收益的非交易性权益工具投资不得进行重分类。实际工作中，企业管理金融资产业务模式的变更是一种较为少见的情形。
　　例如，甲公司为非上市公司，持有 100 000 张 B 公司债券，面值总额 1 000 万元，初始确认时划分为债权投资，2022 年 5 月 10 日甲公司决定改变对该债券的业务管理模式，从以收取合同现金流量为目标改为既以收取合同现金流量为目标，又以出售为目标，2022 年 6 月 1 日，甲公司应当将该金融资产由债权投资重新分类为其他债权投资并采用公允价值进行后续计量，公允价值变动计入其他综合收益。

企业对金融资产进行重分类，应当自重分类日起采用未来适用法进行相关会计处理，不得对以前已经确认的利得、损失（包括减值损失或利得）或利息进行追溯调整。重分类日，是指导致企业对金融资产进行重分类的业务模式发生变更后的首个报告期间的第一天。

例如，P公司为非上市公司，决定于2022年6月20日改变某金融资产的业务模式，则重分类日为2022年7月1日（即下一个会计期间的期初）；G公司为上市公司，决定于2022年11月15日改变某金融资产的业务模式，则重分类日为2023年1月1日（因上市公司只需要披露季度报告）。

需要注意的是，如果企业管理金融资产的业务模式没有发生变更，而金融资产的条款发生变更但未导致终止确认时，不允许重分类。如果金融资产条款发生变更导致金融资产终止确认的，不属于重分类，企业应当终止确认原金融资产，同时按照变更后的条款确认一项新金融资产。

二、金融资产重分类的计量

1. 以摊余成本计量的金融资产的重分类。

（1）企业将一项以摊余成本计量的金融资产重分类为以公允价值计量且其变动计入当期损益的金融资产的，应当按照该资产在重分类日的公允价值进行计量。原账面价值与公允价值之间的差额计入当期损益。

【例4-7】2022年1月1日，A公司支付价款940 000元及费用9 880元购入B公司同日发行的3年期公司债券10 000张，债券面值100元/张，票面年利率为8%，实际利率10%，每年1月1日支付上年度利息，本金到期一次偿还。A公司将该债券分类为以摊余成本计量的金融资产，假设A公司每年末计息一次。2022年末A公司计提减值准备5万元。2022年11月20日，A公司管理债权投资的业务模式发生变化，将其重新分类为公允价值计量且变动计入当期损益的金融资产。重分类日为2023年1月1日，重分类日债权投资公允价值为1 020 000元。假设不考虑其他因素，A公司会计处理如下：

2022年1月1日：

借：债权投资——成本　　　　　　　　　　　　　　　1 000 000
　　贷：银行存款　　　　　　　　　　　　　　　　　　　949 880
　　　　债权投资——利息调整　　　　　　　　　　　　　 50 120

2022年12月31日：名义利息=1 000 000×8%=80 000元，实际利息=949 880×10%=94 988元，利息调整=94 988-80 000=14 988元。

借：债权投资——应计利息　　　　　　　　　　　　　　 80 000
　　　　　　　——利息调整　　　　　　　　　　　　　　 14 988
　　贷：投资收益　　　　　　　　　　　　　　　　　　　 94 988

2022年12月31日：

借：信用减值损失　　　　　　　　　　　　　　　　　50 000
　　贷：债权投资减值准备　　　　　　　　　　　　　　　　50 000

2023年1月1日：

借：银行存款　　　　　　　　　　　　　　　　　　　80 000
　　贷：债权投资——应计利息　　　　　　　　　　　　　　80 000

2023年1月1日重分类日"利息调整" = 50 120 - 14 988 = 35 132元（贷方余额）。

借：交易性金融资产——成本　　　　　　　　　　　1 020 000
　　债权投资——利息调整　　　　　　　　　　　　　　35 132
　　债权投资减值准备　　　　　　　　　　　　　　　　50 000
　　贷：债权投资——成本　　　　　　　　　　　　　　1 000 000
　　　　公允价值变动损益　　　　　　　　　　　　　　　105 132

（2）企业将一项以摊余成本计量的金融资产重分类为以公允价值计量且其变动计入其他综合收益的金融资产的，应当按照该金融资产在重分类日的公允价值进行计量。原账面价值与公允价值之间的差额计入其他综合收益。该金融资产重分类不影响其实际利率和预期信用损失的计量。

【例4-8】承【例4-7】，2023年1月1日A公司将债权投资重分类为公允价值计量且变动计入其他综合收益的金融资产，其他不变。重分类日的会计分录为：

借：其他债权投资——成本　　　　　　　　　　　1 000 000
　　　　　　　　——公允价值变动　　　　　　　　　55 132
　　债权投资——利息调整　　　　　　　　　　　　　　35 132
　　贷：债权投资——成本　　　　　　　　　　　　　1 000 000
　　　　其他债权投资——利息调整　　　　　　　　　　35 132
　　　　其他综合收益——其他债权投资公允价值变动　　55 132

借：债权投资减值准备　　　　　　　　　　　　　　　50 000
　　贷：其他综合收益——信用减值准备　　　　　　　　　50 000

2. 以公允价值计量且其变动计入其他综合收益的金融资产的重分类。

（1）企业将一项以公允价值计量且其变动计入其他综合收益的金融资产重分类为以摊余成本计量的金融资产的，应当将之前计入其他综合收益的累计利得或损失转出，调整该金融资产在重分类日的公允价值，并以调整后的金额作为新的账面价值，即视同该金融资产一直以摊余成本计量。该金融资产重分类不影响其实际利率和预期信用损失的计量。

【例4-9】2021年1月1日，A公司购入H公司于当日发行的面值500 000

元、期限 5 年、票面利率 8%、每年 12 月 31 日付息的债券并分类为公允价值计量且其变动计入其他综合收益的金融资产，实际支付购买价款（包括交易费用）560 000 元，购买日确定的实际利率为 5.22%。2023 年 12 月 5 日，A 公司决定改变管理 H 公司债券的业务模式。2023 年 12 月 31 日，H 公司债券的账面价值为 527 000 元。所属明细科目中，成本 500 000 元，利息调整 25 980 元，公允价值变动 1 020 元。重分类日（2024 年 1 月 1 日），H 公司债券的公允价值为 527 000 元。

假定 A 公司将 H 公司债券重分类为以摊余成本计量的金融资产。

2024 年 1 月 1 日：

借：债权投资——成本　　　　　　　　　　　　　500 000
　　　　　　——利息调整　　　　　　　　　　　　25 980
　　其他综合收益　　　　　　　　　　　　　　　　1 020
　　贷：其他债权投资——成本　　　　　　　　　　500 000
　　　　　　　　　　——利息调整　　　　　　　　25 980
　　　　　　　　　　——公允价值变动　　　　　　1 020

注意：H 公司债券重分类为以摊余成本计量的金融资产后，仍以 5.22% 作为实际利率，据以确认之后期间 H 公司的利息收入。

（2）企业将一项以公允价值计量且其变动计入其他综合收益的金融资产重分类为以公允价值计量且其变动计入当期损益的金融资产的，应当继续以公允价值计量该金融资产。同时，企业应当将之前计入其他综合收益的累计利得或损失从其他综合收益转入当期损益。

【例 4-10】承【例 4-9】，A 公司将 H 公司债券重分类为以公允价值计量变动计入当期损益的金融资产。

2024 年 1 月 1 日：

借：交易性金融资产——成本　　　　　　　　　　527 000
　　贷：其他债权投资——成本　　　　　　　　　　500 000
　　　　　　　　　　——利息调整　　　　　　　　25 980
　　　　　　　　　　——公允价值变动　　　　　　1 020
借：其他综合收益　　　　　　　　　　　　　　　　1 020
　　贷：投资收益　　　　　　　　　　　　　　　　1 020

3. 以公允价值计量且其变动计入当期损益的金融资产的重分类。

（1）企业将一项以公允价值计量且其变动计入当期损益的金融资产重分类为以摊余成本计量的金融资产的，应当以其在重分类日的公允价值作为新的账面余额。

【例 4-11】2022 年 1 月 1 日，A 公司支付价款 940 000 元及费用 9 880 元购入 B 公司同日发行的 3 年期公司债券 10 000 张，债券面值 100 元/张，票面年利率为8%，实际利率10%，每年1月1日支付上年度利息，本金到期一次偿还。A公司将该债券分类为公允价值计量变动计入当期损益的金融资产，假设A公司每年末计息一次。2022年12月31日公允价值为101元/张（不含利息）。2022年11月20日，A公司管理债权投资的业务模式发生变化，将其重新分类为以摊余成本计量的金融资产。重分类日债权投资公允价值为1 020 000元。A公司会计处理如下：

2022年1月1日：
 借：交易性金融资产——成本   940 000
    投资收益   9 880
   贷：银行存款   949 880

2022年12月31日：公允价值变动 = 10 000 × 101 − 940 000 = 70 000元。
 借：交易性金融资产——公允价值变动   70 000
   贷：公允价值变动损益   70 000

2022年12月31日计息：1 000 000 × 8% = 80 000元。
 借：交易性金融资产——应计利息   80 000
   贷：投资收益   80 000

2023年1月1日：
 借：银行存款   80 000
   贷：交易性金融资产——应计利息   80 000

2023年1月1日重分类日：
 借：交易性金融资产——公允价值变动   10 000
   贷：公允价值变动损益   10 000
 借：债权投资   1 020 000
   贷：交易性金融资产——成本   940 000
         ——公允价值变动   80 000

（2）企业将一项以公允价值计量且其变动计入当期损益的金融资产重分类为以公允价值计量且其变动计入其他综合收益的金融资产的，应当继续以公允价值计量该金融资产。

【例4-12】接【例4-11】，2022年11月20日A公司管理债权投资的业务模式发生变化，将其重新分类为公允价值计量且公允价值变动计入其他综合收益的金融资产。重分类日债权投资公允价值为1 020 000元，其他不变。

重分类日A公司会计处理如下：
2023年1月1日重分类日：
 借：交易性金融资产——公允价值变动   10 000
   贷：公允价值变动损益   10 000

借：其他债权投资　　　　　　　　　　　　　　　　1 020 000
　　贷：交易性金融资产——成本　　　　　　　　　　　940 000
　　　　　　　　　　——公允价值变动　　　　　　　　 80 000

对以公允价值计量且其变动计入当期损益的金融资产进行重分类的，企业应当根据该金融资产在重分类日的公允价值确定其实际利率。同时，企业应当自重分类日起对该金融资产适用金融资产减值的相关规定，并将重分类日视为初始确认日。

【本章小结】

《企业会计准则第 22 号——金融工具确认和计量》将金融资产按照管理金融资产的业务模式和金融资产的合同现金流量特征，将金融资产划分为以摊余成本计量的金融资产（如债权投资、应收款、贷款）、以公允价值计量且其变动计入其他综合收益的金融资产（如其他债权投资、其他权益工具投资）、以公允价值计量且其变动计入当期损益的金融资产（如交易性金融资产）三大类。企业应当结合自身业务特点和风险管理要求，对金融资产进行合理的分类。对金融资产的分类一经确定，不得随意变更。

本章阐述了《企业会计准则第 22 号——金融工具确认和计量》规定的金融资产的含义、分类方法；不同种类的金融资产初始计量和后续计量方法；交易性金融资产、其他债权投资、其他权益工具投资和债权投资的核算方法；金融资产重分类的规定和会计处理方法等。本章学习重点包括：金融资产的分类规定；摊余成本计量的金融资产、以公允价值计量且其变动计入其他综合收益的金融资产、以公允价值计量且其变动计入当期损益的金融资产等三类金融资产的初始计量和后续计量规定；交易性金融资产、其他债权投资、其他权益工具投资和债权投资的核算方法；金融资产重分类的规定和会计处理方法等。

【本章思考题】

1. 金融工具有哪些特征？
2. 什么是金融资产？金融资产包括哪些资产？
3. 会计准则规定金融资产应当如何进行分类？
4. 交易性金融资产如何确认？如何进行初始计量和后续计量？
5. 其他债权投资如何确认？如何进行初始计量和后续计量？
6. 其他权益工具投资如何确认？如何进行初始计量和后续计量？

7. 债权投资如何确认？如何进行初始计量和后续计量？
8. 会计准则对金融工具重分类有哪些规定？
9. 金融资产重分类如何进行会计处理？
10. 金融资产在财务报表中应当如何列报？

【本章练习】

1. A公司2024年3月5日购入P公司的股票40万股，买价10元/股，另支付相关费用1万元。A公司初始确认将其划分为交易性金融资产。上述款项用存出投资款结算。2024年6月30日P股票每股市价12元，2024年12月31日P股票每股市价9元。2025年3月10日，P公司宣告发放现金股利0.2元/股，A公司4月5日收到上述现金股利。2025年4月20日，A公司将上述P公司20万股股票对外出售，每股售价14元。出售的相关税费0.6万元。

要求：根据上述资料编制A公司全部会计分录。

2. A公司于2022年1月1日从证券市场购入B公司2022年1月1日发行的债券一批作为交易性金融资产投资，该批债券面值为100万元，两年期，每年7月1日和1月1日支付利息，票面利率为6%，A公司在购入上述债券实际支付价款102万元，另支付相关税费0.5万元。2022年6月30日上述B债券的公允价值为105万元（不含利息）。2022年12月31日上述B债券的公允价值为99万元（不含利息），2023年2月1日，A公司将上述债券的全部转让，售价102万元，相关税费0.6万元。

要求：编制A公司上述业务的相关会计分录。

3. A公司2022年4月10日购入B上市公司的股票120万股，划分为其他权益工具投资，每股买价15元（含已宣告但尚未发放的现金股利1元），另支付相关费用10万元。2022年5月10日A公司收到B公司支付的现金股利120万元。2022年6月30日B股票每股公允价值18元，2022年12月31日B股票每股公允价值13元。2023年3月10日B公司宣告发放现金股利0.5元/股，2023年3月20日B公司支付现金股利0.5元/股。2023年4月5日，A公司将上述B上市公司的股票对外出售80万股，每股售价16元，相关税费6万元。

要求：根据上述资料编制A公司有关会计分录。

4. A公司2022年3月10日购买B公司发行的股票300万股，成交价为14.7元/股，另付交易费用90万元，占B公司表决权的5%，作为其他权益工具投资。2022年4月20日B公司宣告现金股利1 200万元；A公司5月20日收到现金股利。2022年12月31日，该股票每股市价为13元，A公司预计股票价格下跌是暂时的。2023年12月31日，B公司因违反相关证券法规，受到证券监管部门查处，受此影响，B公司股票的价格发生严重下跌，收盘价格为每股市价为6

元。2024年12月31日B公司整改完成,加之市场宏观面好转,2024年12月31日收盘价格为每股市价为10元。

要求:编制A公司有关其他权益工具投资的会计分录。

5. 甲股份有限公司为上市公司(以下简称"甲公司"),有关购入、持有和出售乙公司发行的不可赎回债券的资料如下:

(1) 2022年1月1日,甲公司支付价款1 100万元(含交易费用),从活跃市场购入乙公司当日发行的面值为1 000万元、5年期的不可赎回债券。该债券票面年利率为10%,利息按单利计算,到期一次还本付息,实际年利率为6.4%。当日,甲公司将其划分为债权投资,按年确认投资收益。2022年12月31日,该债券未发生减值迹象。

(2) 2023年1月1日,该债券市价总额为1 200万元。当日,为筹集生产线扩建所需资金,甲公司出售债券的80%,将扣除手续费后的款项955万元存入银行。该债券剩余的20%重分类为其他债权投资。

要求:不考虑所得税影响及减值影响,(1)编制2022年1月1日甲公司购入该债券的会计分录。(2)计算2022年12月31日甲公司该债券投资收益、应计利息和利息调整摊销额,并编制会计分录。(3)编制剩余20%债券重分类的会计分录。

6. A公司2022年1月1日购入D公司当日发行的2年期债券,债券票面年利率为6%。购买债券面值总额为500万元,实际利率为8%,实际支付买价及相关税费共480万元,A公司将其划分为债权投资。债券期限两年,每半年支付一次利息,持有期间H公司每半年计提利息一次,到期一次收回投资成本及最后一期利息。

要求:不考虑所得税、减值影响,编制A公司上述债权投资会计分录。

7. A公司2023年1月3日购入某公司于2023年1月1日发行的三年期债券,作为债权投资。该债券票面金额为400万元,票面利率为10%,实际利率为8%,A公司实际支付424万元。该债券一次还本付息,假设A公司每年末计算债券利息收入。

要求:不考虑所得税及减值影响,编制A公司上述业务会计分录。

8. 2021年1月1日,A公司支付价款949 880元(含费用)购入B公司同日发行的3年期公司债券10 000张,债券面值100元/张,票面年利率为8%,实际利率10%,每年1月1日支付上年度利息,本金到期一次偿还。A公司将该债券分类为以公允价值计量且其变动计入其他综合收益的金融资产,假设A公司每年末计息一次。

其他资料如下:

(1) 2021年12月31日B债券的公允价值为98元/张(不含利息)。

(2) 2022 年 12 月 31 日 B 债券的公允价值为 96 元/张（不含利息）。

(3) 2023 年 1 月 20 日出售 B 公司债券 10 000 张，售价 101 元/张。

要求：不考虑其他因素，编制 A 公司上述业务会计分录。

9. 2022 年 1 月 1 日，甲公司支付价款 1 000 万元（含交易费用）从上海证券交易所购入 A 公司同日发行的 5 年期公司债券 12 500 份，债券票面价值总额为 1 250 万元，票面年利率为 4.72%，于年末支付本年度债券利息（即每年利息为 59 万元），本金在债券到期时一次性偿还。合同约定，该债券的发行方在遇到特定情况时可以将债券赎回，且不需要为提前赎回支付额外款项。甲公司在购买该债券时，预计发行方不会提前赎回。甲公司根据其管理该债券的业务模式和该债券的合同现金流量特征，将该债券分类为以摊余成本计量的金融资产，经测算的实际利率为 10%。

要求：不考虑所得税、减值损失等因素，编制甲公司上述业务会计分录。

10. A 公司 2022 年 1 月 20 日购入 B 公司股票 200 万股，成交价 10 元/股，另支付相关税费 10 万元，A 公司将其分类为公允价值计量且变动计入其他综合收益的金融资产，2022 年 6 月 30 日 B 股票市价为 12 元/股，2022 年 12 月 31 日 B 股票市价 10.5 元/股，2023 年 1 月 20 日 A 公司将上述 B 公司股票 150 万股对外出售，售价 14 元/股，相关税费 8 万元。当日 A 公司改变金融资产管理模式，将剩余 50 万股 B 公司股票重新分类为公允价值计量且变动计入当期损益的金融资产，重分类日 B 股票市价为 14 元/股。

要求：编制 A 公司上述业务的会计分录。

【本章案例】

HP 公司是一家上市公司，公司从 2022 年 1 月 1 日起执行新修订后的《企业会计准则第 22 号——金融工具确认和计量》。为确保新准则的有效执行，公司财务部组织全体会计人员学习修订后的《企业会计准则第 22 号——金融工具确认和计量》，并组织会计人员对新准则的内容进行讨论。部分会计人员对新准则的运用和本公司相关金融工具的会计处理方法发表的看法包括：

（1）会计人员甲：公司近期闲置货币资金较多，存在银行的利息太少，管理层已经决定利用闲置资金购买刚发行的 B 公司债券 5 亿元进行投资（债券期限三年）。对于购入的债券，公司管理该债券的业务模式为既以收取该类债券的合同现金流量为目标又以出售该类债券为目标，且该债券在特定日期产生的现金流量仅为本金和以未偿付本金金额为基础的利息的支付。因此会计人员甲认为，既然以出售作为管理目标之一，应当将 B 公司债券投资确认为采用公允价值计量且公允价值变动计入当期损益的金融资产，采用公允价值进行后续计量，公允价值变动计入当期损益。

（2）会计人员乙：公司持有 C 公司股票 600 万股，占 B 公司股权比例为 5%，经判断 HP 公司对 B 公司没有重大影响。HP 公司初始确认时将 B 公司股票投资确认为其他权益工具投资。考虑到 B 公司具有较高的成长性，公司管理层决定长期持有 B 公司的股票并随时准备追加投资。会计人员乙认为，既然公司计划长期持有 B 公司股票并准备追加投资，因此对 B 公司的股票投资应当确认为长期股权投资，采用成本法进行后续计量。乙会计人员建议将 B 公司的股票投资从其他权益工具投资重新分类为长期股权投资，并作为会计政策变更处理。

（3）会计人员丙：对公司商品销售形成的不含重大融资成分的合同资产和应收账款，应当分类为以摊余成本计量的金融资产，公司预期无法收回的合同资产及应收账款，应当计提坏账准备并计入当期"资产减值损失"。

（4）会计人员丁：公司购买的债券如果管理模式为既以收取合同现金流量为目标，又以出售为目标，初始确认时应当分类为以公允价值计量且其变动计入其他综合收益的金融资产，公司无须在资产负债表日对该债券投资进行减值测试。

要求：判断 HP 公司上述会计人员的观点是否符合修订后的《企业会计准则第 22 号——金融工具确认和计量》的规定，如果不符合，请指出应当如何处理。

第五章 长期股权投资

【引入案例】

　　中色股份凭借在有色金属工业工程、采选与冶炼等全产业链的深厚底蕴,在国内外市场占据重要地位。随着行业的蓬勃发展,中色股份积累了丰厚的资金,如何巧妙运用这些资金进行战略投资,成为公司管理层重点关注的问题。

　　2007年,中色股份敏锐捕捉到行业变革的先机,将目光聚焦于一家颇具潜力的企业——中国瑞林工程技术股份有限公司(以下简称"中国瑞林")。彼时,中国瑞林的前身"南昌有色冶金设计研究院"已在有色金属领域深耕多年,拥有扎实的技术积累与行业口碑,但面临着从传统设计院向现代化工程技术服务企业转型的挑战,急需资金注入与战略资源整合。中色股份果断出手,出资2 070万元,一举持有其23%的股份,迈出了长期股权投资的关键一步。

　　投资决策阶段,摆在中色股份面前的问题不容小觑。长期股权投资回报周期长、风险难测,中国瑞林转型期面临技术创新与市场拓展挑战,巨额资金投入的安全性存疑。在会计处理上,复杂的初始计量与后续核算,一旦失误将影响财务报表准确性。行业竞争激烈,技术迭代迅速,中国瑞林若跟不上步伐,投资便可能打水漂。

　　中色股份经深入调研论证,决定看好此次投资潜力。双方携手在全球开展合作,以印度尼西亚阿曼90万吨/年铜冶炼项目为例,中国瑞林凭借先进设计水平引入中国湿法工艺奠定技术基础,中色股份依靠工程经验推动项目落地。2025年项目成功产出高纯度阴极铜板,为双方带来经济效益与市场声誉。

　　多年来,中国瑞林的发展也为中色股份带来了可观的回报。仅2020~2023年,中国瑞林实施的4次现金分红,就让中色股份累计获得5 278.5万元收益。2025年4月8日,中国瑞林成功在上海证券交易所主板挂牌上市,上市首日收盘价99.90元/股,比发行价大涨386.84%。中色股份持有的中国瑞林股权价值持续飙升，其对持有的中国瑞林股权按照"长期股权投资"科目列报，并采用"权益法"进行核算。截至 2024 年 6 月末，公司按权益法核算的长期股权投资账面价值达 4.31 亿元，这一投资成为中色股份资本运作与资源整合的成功典范。

中色股份的长期股权投资案例，不仅考验着企业的战略眼光、专业能力，更检验着企业的社会责任意识。若你是中色股份的财务顾问，面对复杂多变的市场环境与投资挑战，你将如何运用专业知识，为企业的长期股权投资决策提供更完善的风险预警与应对策略？若你是企业管理者，又该如何在追求经济效益的同时，更好地履行社会责任，实现企业与社会的可持续发展？

【学习目的与要求】
1. 了解长期股权投资的含义、特征、分类；
2. 掌握长期股权投资的初始计量方法；
3. 掌握长期股权投资成本法的含义、适用范围和会计处理方法；
4. 掌握长期股权投资权益法的含义、适用范围和会计处理方法；
5. 掌握成本法和权益法相互转换的会计处理；
6. 掌握长期股权投资与公允价值计量转换的会计处理方法；
7. 了解长期股权投资减值和处置的会计处理方法。

第一节 长期股权投资概述

一、股权投资的含义

股权投资，又称为权益性投资，通常是指通过付出现金或非现金资产等取得的被投资单位的股权，享有一定比例的权益份额。投资企业取得被投资单位的股权，相应地享有被投资单位净资产份额，并意图通过自被投资单位分得现金股利或利润以或投资增值后出售等获利。

股权投资基于投资合同、协议等约定，会形成投资方的金融资产。在大的范畴属于金融工具的情况下，根据投资方在投资后对被投资单位能够施加影响的程度，企业会计准则将股权投资区分为应当按照《企业会计准则第 22 号——金融工具确认和计量》进行核算和应当按照《企业会计准则第 2 号——长期股权投资》进行核算两种情况。其中，属于《企业会计准则第 2 号——长期股权投资》规范的股权投资，是根据投资方在获取投资以后，能够对被投资单位施加影响的程度来划分的，而不是根据持有投资的期限长短。会计意义上的长期股权投资包括投资方持有的对联营企业、合营企业以及子公司的投资。

二、长期股权投资的含义、特征及核算方法

长期股权投资，是指企业投出的意图持有期限在1年以上（不含1年）的各种股权性质的投资，包括购入的股票和其他股权投资等。它通常长期持有，不准备随时出售。投资企业作为被投资单位的股东，按所持有股份比例享有被投资单位权益并承担责任。

企业进行长期股权投资，目的在于通过股权投资控制被投资单位或对被投资单位施加重大影响，或为长期盈利，或为与被投资单位建立密切关系，以分散经营风险。长期股权投资具有投资金额大、投资期限长、投资风险大、实际持有期限不确定，主要目的在于影响或控制被投资单位以及能为企业带来长期利益等特点。长期股权投资所产生的未来经济利益主要取决于被投资单位的经营绩效和利润分配政策等因素，具有较高的不确定性，因而不同于其他资产为企业带来的经济利益。

长期股权投资的内容包括企业持有的对子公司、联营企业及合营企业的投资。企业为交易目的持有的股权投资、采用公允价值计量的其他权益工具投资以及所有债权性投资，应当按照《企业会计准则第22号——金融工具确认和计量》的相关规定核算，不能确认为长期股权投资。

长期股权投资的成本法适用于投资企业能够对被投资单位实施控制的长期股权投资；投资企业对被投资单位具有共同控制或重大影响的长期股权投资应采用权益法核算。

为正确核算企业的长期股权投资，应设置"长期股权投资"科目并按被投资单位进行明细核算。长期股权投资采用权益法核算的，应当在"长期股权投资"科目下分别设置"投资成本""损益调整""其他权益变动""其他综合收益"等明细科目进行核算。

三、对联营企业投资

联营企业投资，是指投资方能够对被投资单位施加重大影响的股权投资。重大影响，是指投资方对被投资单位的财务和生产经营决策有参与决策的权力，但并不能控制或与其他方一起共同控制这些政策的制定。

这里所谓"重大影响"，其实对于投资单位只要能够参与被投资单位的生产经营决策即可，在此基础上不再衡量影响的重大程度如何，即投资方有关提议的接受程度或是在被投资单位的财务和生产经营决策过程中发言权的比重等。实务中，较为常见的重大影响体现为在被投资单位的董事会或类似权力机构中派有代

表，通过在被投资单位财务和经营决策制定过程中的发言权实施重大影响。从股权比例来看，投资方直接或通过子公司间接持有被投资单位 20% 以上但低于 50% 的表决权股份时，一般认为对被投资单位具有重大影响，除非有明确的证据表明此情况下不能参与被投资单位的生产经营决策，不会形成重大影响。相反地，如果投资方直接或通过子公司间接持有被投资单位 20% 以下的表决权，一般认为对被投资单位不具有重大影响，除非能够明确证明存在这种影响。

在以持有股权来判断投资方对被投资单位的影响程度时，应综合考虑投资方自身持有的股权、通过子公司间接持有的股权以及投资方或其他方持有的可转换为对被投资单位股权的其他潜在因素影响，该类潜在因素通常包括被投资单位发行的当期可转换的认股权证、股份期权及可转换公司债券等的影响。上述因素中，以投资方自身直接或通过子公司间接持有的股权来分析和判断，且在判断中注重的是投资方现时施加重大影响的能力。理论上来讲，重大影响的判断应当基于现时实际持有股权及被投资单位发行的其他当期可转换为普通股的认股权证、股份期权等的影响，但实际执行中，投资方往往难以获得充分有效的信息用以评估有关潜在表决权因素对其自身及被投资单位其他投资者可能施加表决权的影响。

投资企业通常可以通过以下一种或几种情形来判断是否对被投资单位具有重大影响：

1. 在被投资单位的董事会或类似权力机构中派有代表。

这种情况下，由于在被投资单位的董事会或类似权力机构中派有代表，并享有实质性的参与决策权，投资方可以通过该代表参与被投资单位经营决策的制定，达到对被投资单位施加重大影响的目的。

2. 参与被投资单位财务和经营政策制定过程。

包括参与被投资单位股利分配政策等的制定。这种情况下，因可以参与被投资单位的政策制定过程，在政策制定过程中可以为其自身利益提出建议和意见，从而可能对被投资单位施加重大影响。

3. 与被投资单位之间发生重要交易。

有关的交易因对被投资单位的日常经营具有重要性，在一定程度上可以影响被投资单位的生产经营决策。

4. 向被投资单位派出管理人员。

这种情况下，投资方通过对被投资单位派出管理人员，管理人员有权力并负责被投资单位的财务和经营活动，从而能够对被投资单位施加重大影响。

5. 向被投资单位提供关键技术资料。

因被投资单位的生产经营需要依赖投资方的技术或技术资料，表明投资方对被投资单位可能具有重大影响。

四、对合营企业投资

对合营企业投资，是指投资方与其他合营方一同对被投资单位实施共同控制且对被投资单位净资产享有权利的权益性投资。合营企业是共同控制一项安排的参与方仅对该安排的净资产享有权利的合营安排。认定一项安排是合营安排后，应当根据合营方获得回报的方式，来判断该合营安排应当被划分为共同经营还是合营企业。即，如果合营方通过对合营安排的资产享有权利，并对合营安排的义务承担责任来获得回报，则该合营安排应当被划分为共同经营；如果合营方仅对合营安排的净资产享有权利，则该合营安排应当被划分为合营企业。

五、对子公司的投资

对子公司投资，是投资方持有的能够对被投资单位施加控制的股权投资。判断投资方对被投资方是否具有控制，应当按照《企业会计准则第 33 号——合并财务报表》的规定进行。控制，是指投资方拥有对被投资方的权力，通过参与被投资方的相关活动而享有可变回报，并且有能力运用对被投资方的权力影响其回报金额。

会计准则所称相关活动，是指对被投资方的回报产生重大影响的活动。对许多企业而言，经营和财务活动通常对其回报产生重大影响。但是，不同企业的相关活动可能是不同的，应当根据企业的行业特征、业务特点、发展阶段、市场环境等具体情况来进行判断，这些活动可能包括但不限于：商品或劳务的销售和购买；金融资产的管理；资产的购买和处置；研究与开发活动；确定资本结构和获取融资。同一企业在不同环境和情况下，相关活动也可能有所不同。

投资方对被投资方的权力可能来自表决权、委派或罢免有能力主导被投资方相关活动的该被投资方关键管理人员或其他主体的权力、决定被投资方进行某项交易或否决某项交易的权力、由管理合同授予的决策权力。这些权利单独或者结合在一起，可能赋予对被投资方的权力。

通常情况下，当被投资方具有一系列对回报产生重要影响的经营及财务活动，且需要就这些活动连续地进行实质性决策时，表决权或类似权利本身或结合其他安排，将赋予投资者权力。

表决权是对被投资方经营计划、投资方案、年度财务预算方案和决算方案、利润分配方案和弥补亏损方案、内部管理机构的设置、聘任或解聘公司经理及确定其报酬、公司的基本管理制度等事项进行表决而持有的权利。表决权通常与其出资比例或持股比例是一致的，但公司章程另有规定的除外。

投资企业可以根据下列情况判断投资方是否对被投资方拥有权力：

1. 投资方通过直接或间接持有被投资方半数以上的表决权的。
2. 投资方持有被投资方半数或以下的表决权，但通过与其他表决权持有人之间的协议能够控制半数以上表决权的。

投资方持有被投资方半数或以下的表决权，但综合考虑下列事实和情况后，判断投资方持有的表决权足以使其目前有能力主导被投资方相关活动的，视为投资方对被投资方拥有权力：

（1）投资方持有的表决权相对于其他投资方持有的表决权份额的大小，以及其他投资方持有表决权的分散程度。

（2）投资方和其他投资方持有的被投资方的潜在表决权，如可转换公司债券、可执行认股权证等。

（3）其他合同安排产生的权利。

（4）被投资方以往的表决权行使情况等其他相关事实和情况。

某些情况下，投资方可能难以判断其享有的权利是否足以使其拥有对被投资方的权力。在这种情况下，投资方应当考虑其具有实际能力以单方面主导被投资方相关活动的证据，从而判断其是否拥有对被投资方的权力。投资方应考虑的因素包括但不限于下列事项：

1. 投资方能否任命或批准被投资方的关键管理人员。
2. 投资方能否出于其自身利益决定或否决被投资方的重大交易。
3. 投资方能否掌控被投资单位董事会等类似权力机构成员的任命程序，或者从其他表决权持有人手中获得代理权。
4. 投资方与被投资方的关键管理人员或董事会等类似权力机构中的多数成员是否存在关联方关系。

第二节　长期股权投资取得的核算

企业取得长期股权投资，应当按照初始投资成本计量入账。长期股权投资可以通过企业合并取得，也可以通过企业合并以外的其他方式取得。在不同的取得方式下，初始投资成本的确定方法有所不同。企业应当区分企业合并和非企业合并两种情况确定长期股权投资的初始投资成本。

企业在取得长期股权投资时，如果实际支付的价款或其他对价中包含已宣告但未发放的现金股利或利润，则该现金股利或利润在性质上属于暂付应收款项，应作为应收项目单独入账，不构成长期股权投资的初始投资成本。

一、企业合并形成的长期股权投资

企业合并，是指将两个或者两个以上单独的企业合并形成一个报告主体的交易或事项。企业合并通常包括吸收合并、新设合并和控股合并三种形式。其中，吸收合并和新设合并均不构成投资关系，只有控股合并形成投资关系。因此，企业合并形成的长期股权投资，是指控股合并所形成的投资方（即合并后的母公司）对被投资方（即合并后的子公司）的股权投资。企业合并形成的长期股权投资，应当区分同一控制下的企业合并和非同一控制下的企业合并，并分别确定初始投资成本。

1. 同一控制下的企业合并。

参与合并的企业在合并前后均受同一方或相同的多方最终控制且该控制并非暂时性的，为同一控制下的企业合并。对于同一控制下的企业合并，从能够对参与合并各方在合并前及合并后均实施最终控制的一方来看，其能够控制的资产在合并前及合并后没有发生变化，企业合并交易仅仅被视为集团内部资产和权益的重新整合，通过这种整合改变的只是子公司相互的层级、直接或间接控股关系。因此，合并方通过企业合并形成的对被合并方的长期股权投资，其成本代表的是在被合并方所有者权益账面价值中按持股比例享有的份额。需要注意的是，这里所说的被合并方所有者权益账面价值，并不是指在被合并方个别财务报表中的账面价值，而是指在最终控制方合并财务报表中的账面价值，即站在最终控制方的角度，以其收购被合并方时被合并方各项资产、负债（包括收购时形成的商誉）的公允价值为基础，持续计算至合并日所确定的被合并方所有者权益的账面价值。

（1）合并方以支付现金、转让非现金资产或承担债务作为合并对价。

同一控制下的企业合并，合并方以支付现金、转让非现金资产或承担债务方式作为合并对价的，应当在合并日按照被合并方所有者权益在最终控制方合并财务报表中的账面价值的份额作为长期股权投资的初始投资成本。长期股权投资初始投资成本与支付的现金、转让的非现金资产以及所承担债务账面价值之间的差额，应当调整资本公积（资本溢价或股本溢价）；资本公积（资本溢价或股本溢价）不足冲减的，依次冲减盈余公积和未分配利润。合并方为进行企业合并而发行债券或承担其他债务支付的手续费、佣金等，应当计入所发行债券及其他债务的初始计量金额。合并方为进行企业合并而发生的各项直接相关费用，如发生的审计、法律服务、评估咨询等中介费用以及其他相关管理费用，应当于发生时计入当期损益（管理费用），不能计入长期股权投资的初始投资成本。

【例5-1】A公司出资1 500万元购买B公司60%股权，准备长期持有。合并日A、B公司均受甲公司控制。合并日B公司所有者权益在最终控制方甲公司合并财务报表中的账面价值共2 000万元。

初始投资成本 = 2 000 × 60% = 1 200万元，冲减资本公积 = 1 500 - 1 200 = 300万元。

会计分录如下（单位：万元）：

借：长期股权投资　　　　　　　　　　　　　　　　　　1 200
　　资本公积——股本溢价　　　　　　　　　　　　　　300
　　贷：银行存款　　　　　　　　　　　　　　　　　　　　1 500

若上例合并日 A 公司有资本公积 100 万元，盈余公积 80 万元。

借：长期股权投资　　　　　　　　　　　　　　　　　　1 200
　　资本公积——股本溢价　　　　　　　　　　　　　　100
　　盈余公积　　　　　　　　　　　　　　　　　　　　 80
　　利润分配——未分配利润　　　　　　　　　　　　　120
　　贷：银行存款　　　　　　　　　　　　　　　　　　　　1 500

【例 5 -2】 2023 年 1 月 1 日，甲公司与乙公司达成合并协议，约定甲公司以固定资产、无形资产和银行存款 1 300 000 元向乙公司投资，占乙公司股份总额的 60%。2023 年 1 月 1 日，乙公司所有者总额为 5 000 000 元；甲公司参与企业合并的固定资产原价为 1 400 000 元，已计提折旧 400 000 元，未计提固定资产减值准备；无形资产账面原价为 1 000 000 元，已摊销 500 000 元，未计提无形资产减值准备。甲公司所有者权益中资本公积余额为 400 000 元。合并过程中另外支付相关资产的评估费用 10 000 元。假设不考虑其他相关税费，且该合并为同一控制下的企业合并，甲公司的会计处理如下：

初始投资成本 = 5 000 000 × 60% = 3 000 000 元，冲减资本公积 = 3 000 000 - 1 300 000 - (1 400 000 - 400 000) - (1 000 000 - 500 000) = 200 000 元。

借：固定资产清理　　　　　　　　　　　　　　　　　1 000 000
　　累计折旧　　　　　　　　　　　　　　　　　　　　400 000
　　贷：固定资产　　　　　　　　　　　　　　　　　　　　1 400 000

借：长期股权投资　　　　　　　　　　　　　　　　　3 000 000
　　累计摊销　　　　　　　　　　　　　　　　　　　　500 000
　　贷：固定资产清理　　　　　　　　　　　　　　　　　　1 000 000
　　　　无形资产　　　　　　　　　　　　　　　　　　　　1 000 000
　　　　银行存款　　　　　　　　　　　　　　　　　　　　1 300 000
　　　　资本公积——股本溢价　　　　　　　　　　　　　　200 000

借：管理费用　　　　　　　　　　　　　　　　　　　　10 000
　　贷：银行存款　　　　　　　　　　　　　　　　　　　　10 000

(2) 合并方以发行权益性证券作为合并对价的，应当在合并日按照被合并方所有者权益在最终控制方合并财务报表中的账面价值的份额作为长期股权投资的初始投资成本。按照发行权益性证券的面值总额作为股本，长期股权投资初始投资成本与所发行权益性证券面值总额之间的差额，应当调整资本公积（资本溢价或股本溢价）；资本公积（资本溢价或股本溢价）不足冲减的，依次冲减盈余公积和未分配利润。

合并方为进行企业合并而发行的权益性证券发生的手续费、佣金等费用，应当抵减权益性证券的溢价发行收入（资本公积－股本溢价），溢价发行收入不足冲减的，冲减留存收益。

【例5-3】A公司和B公司均为甲公司的子公司，2023年1月10日A公司向B公司股东发行股票3 000万股，取得B公司60%股权，准备长期持有，股票面值1元/股。合并日B公司所有者权益在最终控制方甲公司编制的合并财务报表中的账面价值共4 000万元，不考虑相关税费。A公司会计处理如下（单位：万元）：

初始投资成本＝4 000×60%＝2 400万元，冲减资本公积＝3 000－2 400＝600万元。

借：长期股权投资　　　　　　　　　　　　　　　　2 400
　　资本公积——股本溢价　　　　　　　　　　　　　600
　　贷：股本　　　　　　　　　　　　　　　　　　　　3 000

【例5-4】甲、乙两家公司同属丙公司的子公司。甲公司于2024年3月1日以发行股票的方式从乙公司的股东手中取得乙公司60%的股份。甲公司发行1 500万股普通股股票，每股面值1元。乙公司2024年3月1日所有者权益为2 000万元，甲公司在2024年3月1日资本公积为180万元，盈余公积为100万元，未分配利润为200万元。甲公司以银行存款支付审计费用、评估费用、法律服务费用等共计70万元，甲公司会计处理如下（单位：万元）：

该投资的初始投资成本＝2 000×60%＝1 200万元。该成本与所发行的股票的面值1 500万元的差额300万元应首先调减资本公积180万元，然后再调减盈余公积100万元，最后再调整未分配利润20万元。

借：长期股权投资　　　　　　　　　　　　　　　　1 200
　　资本公积　　　　　　　　　　　　　　　　　　　180
　　盈余公积　　　　　　　　　　　　　　　　　　　100
　　利润分配——未分配利润　　　　　　　　　　　　 20
　　贷：股本　　　　　　　　　　　　　　　　　　　　1 500
借：管理费用　　　　　　　　　　　　　　　　　　　70
　　贷：银行存款　　　　　　　　　　　　　　　　　　 70

2. 非同一控制下的企业合并。

参与合并的各方在合并前后不受同一方或相同多方最终控制的，为非同一控制下的企业合并。非同一控制下的企业合并，购买方在购买日应按照确定的企业合并成本作为长期股权投资的初始投资成本。企业合并成本包括购买方付出的资产、发生或承担的负债、发行的权益性证券的公允价值之和。

合并方或购买方为企业合并发生的审计、法律服务、评估咨询等中介费用以及其他相关管理费用,应当于发生时计入当期损益(管理费用)。具体来说,一次交换交易实现的企业合并,合并成本为购买方在购买日为取得对被购买方的控制权而付出的资产、发生或承担的负债以及发行的权益性证券的公允价值;通过多次交换交易分步实现的企业合并,合并成本为每一单项交易成本之和;购买方为进行企业合并发生的各项直接相关费用也应当计入企业合并成本;在合并合同或协议中对可能影响合并成本的未来事项作出约定的,购买日如果估计未来事项很可能发生并且对合并成本的影响金额能够可靠计量的,购买方应当将其计入合并成本。

非同一控制下控股合并涉及以库存商品等作为合并对价的,应按库存商品的公允价值,贷记"主营业务收入"或"其他业务收入"科目,并同时结转相应的成本。以公允价值计量且其变动计入其他综合收益的债权性金融资产作为合并对价的,原持有期间公允价值变动形成的其他综合收益一并转入投资收益,借记或贷记"其他综合收益"科目,贷记或借记"投资收益"科目。

【例5-5】A公司支付买价900万元及相关税费10万元购买B公司80%股权,支付的买价中包含B公司已公告发放但尚未支付的现金股利30万元,A公司准备长期持有该股权投资。股权合并日A、B公司之间没有任何关联关系。A公司会计处理如下(单位:万元):

合并成本=900+10-30=880万元,应收股利=30万元。

借:长期股权投资 880
  应收股利 30
  贷:银行存款 910

【例5-6】甲、乙两家公司属非同一控制下的独立公司。甲公司于2022年3月1日以本企业的固定资产对乙企业投资,取得乙公司60%的股份。该固定资产原值1 500万元,已提折旧400万元,已提减值准备50万元,在投资当日该设备的公允价值为1 250万元。乙公司2022年3月1日所有者权益为2 000万元。假定甲公司与乙公司在此之前不存在任何投资关系。不考虑其他相关税费。甲公司的会计处理如下(单位:万元):

借:固定资产清理 1 050
  累计折旧 400
  固定资产减值准备 50
  贷:固定资产 1 500
借:长期股权投资 1 250
  贷:固定资产清理 1 250
借:固定资产清理 200

贷：资产处置损益　　　　　　　　　　　　　　　　　　　　200

　　【例 5-7】A 公司与 B 公司为两个独立的法人企业，合并之前不存在任何关联方关系。A 公司与 B 公司约定，A 公司发行权益性证券作为合并对价取得 B 公司 80% 的股份。A 公司拟增发的权益性证券为每股面值 1 元的普通股股票，共增发 1 600 万股，每股公允价值 3.50 元；2024 年 7 月 1 日，A 公司完成了权益性证券的增发，发生手续费及佣金等发行费用 120 万元。在与 B 公司的合并中，A 公司另以银行存款支付审计费用、评估费用、法律服务费用共计 80 万元。A 公司的会计处理如下（单位：万元）：

　　合并成本 = 3.50 × 1 600 = 5 600 万元。

　　借：长期股权投资　　　　　　　　　　　　　　　　　　5 600
　　　　贷：股本　　　　　　　　　　　　　　　　　　　　　1 600
　　　　　　资本公积——股本溢价　　　　　　　　　　　　　4 000
　　借：资本公积——股本溢价　　　　　　　　　　　　　　　120
　　　　贷：银行存款　　　　　　　　　　　　　　　　　　　　120
　　借：管理费用　　　　　　　　　　　　　　　　　　　　　　80
　　　　贷：银行存款　　　　　　　　　　　　　　　　　　　　80

二、企业非合并形成的长期股权投资

　　除企业合并形成的对子公司的长期股权投资以外，企业以支付现金、转让非现金资产、发行权益性证券等方式取得被投资方不具有控制的长期股权投资，为非企业合并方式形成的长期股权投资，包括对合营企业的长期股权投资和联营企业的长期股权投资。企业通过非合并方式取得的长期股权投资，应当根据不同的取得方式，按照实际支付的价款、转让非现金资产的公允价值、发行权益性证券的公允价值等分别确定其初始投资成本，作为入账的依据。

　　1. 以现金购入长期股权投资。

　　企业以支付现金取得的长期股权投资，应当按照实际支付的购买价款与取得长期股权投资直接相关的费用、税金及其他必要支出作为初始投资成本。企业取得长期股权投资，实际支付的价款或对价中包含的已宣告但尚未发放的现金股利或利润，作为应收项目处理，不构成取得长期股权投资的成本。具体来说，企业以支付现金取得的长期股权投资，应当按照实际支付的价款及与取得长期股权投资直接相关的手续费、佣金等，作为长期股权投资的初始投资成本，借记"长期股权投资——投资成本"科目，按实际支付的价款及手续费、佣金等，贷记"银行存款"等科目。

　　【例 5-8】2022 年 2 月 1 日，甲公司在证券交易所购入乙公司的普通股股票 200 万股，取得乙公司 25% 的股份，并以银行存款支付买价 3 000 000 元（含已宣告尚未收取股利为 10 000 元），相关税费为 2 000 元。甲公司的会计处理如下：

  借：长期股权投资——投资成本　　　　　　　　　　　　2 992 000
    应收股利　　　　　　　　　　　　　　　　　　　　　　10 000
   贷：银行存款　　　　　　　　　　　　　　　　　　　　　　3 002 000

2. 以发行权益性证券取得的长期股权投资。

  企业以发行权益性证券取得的长期股权投资，应当按照发行权益性证券的公允价值作为初始投资成本。具体来说，企业以发行权益性证券取得的长期股权投资，应当按照权益性证券的公允价值，借记"长期股权投资——投资成本"科目，按权益性证券的面值，贷记"股本"科目，按权益性证券的公允价值与其面值之间的差额，贷记"资本公积"科目。在这一过程中，与发行权益性证券有关的税费及其他直接相关费用，应当冲减"资本公积"科目，溢价发行收入不足冲减的，依次冲减盈余公积和未分配利润。

【例 5 – 9】2024 年 3 月 13 日，A 公司与甲公司达成合并协议，约定 A 公司以增发的权益性证券作为对价向甲公司投资。当日，A 公司权益性证券增发成功，共增发普通股股票 100 万股，每股面值 1 元，实际发行价格 1.5 元，另外支付股票发行相关税费为 20 000 元，占甲公司股本的 15%。A 公司的会计处理如下：

  借：长期股权投资——投资成本　　　　　　　　　　　　1 500 000
   贷：股本　　　　　　　　　　　　　　　　　　　　　　　1 000 000
    资本公积——股本溢价　　　　　　　　　　　　　　　　500 000
  借：资本公积——股本溢价　　　　　　　　　　　　　　　　20 000
   贷：银行存款　　　　　　　　　　　　　　　　　　　　　　20 000

3. 接受投资者投入取得的长期股权投资。

  企业接受投资者投入而取得的长期股权投资，应当按照投资合同或协议约定的价值作为初始投资成本，合同或协议约定不公平的除外。具体来说，接受投资者投入的长期股权投资，企业应当按照投资合同或协议约定的价值以及相关的税费等作为初始投资成本，借记"长期股权投资——投资成本"科目，按照投资者出资构成实收资本（或股本）的部分，贷记"实收资本""股本"等科目，按照支付的相关税费，贷记"银行存款"等科目，按照借贷双方之间的差额，贷记"资本公积"科目。

【例 5 – 10】2024 年 3 月 1 日，甲公司接受乙公司以其所持有的对丙公司长期股权投资对本企业进行投资，该长期股权投资占丙公司 35% 的股份，甲股份有限公司获得该长期股权投资后能对丙公司施加重大影响。乙公司对丙公司长期股权投资的账面余额为 1 400 000 元，未计提长期股权投资减值准备。甲公司和乙公司约定丙公司长期股权投资公允价为 4 000 000 元，投资后乙公司享有甲公司60%的股份。假定在2024年3月1日，甲公司接受投资后所有者权益总额为6 000 000元，不考虑其他相关税费。甲公司会计处理如下：

借：长期股权投资——投资成本　　　　　　　　　4 000 000
　　贷：实收资本　　　　　　　　　　　　　　　　　3 600 000
　　　　资本公积——资本溢价　　　　　　　　　　　　400 000

4. 以债务重组、非货币性资产交换等方式取得的长期股权投资。

应当按照《企业会计准则第7号——非货币性资产交换》《企业会计准则第12号——债务重组》的相关规定进行确认和计量（详细内容详见第十四章特殊业务核算）。

第三节　长期股权投资核算的成本法

一、成本法的含义及适用范围

1. 成本法的含义。

成本法是指长期股权投资以初始投资成本计价，除减少或追加投资外，一般不调整投资账面价值的核算方法。持有投资期间，被投资单位所有者权益变动不需要调整投资账面价值。除取得投资时实际支付的价款或对价中包含的已宣告但尚未发放的现金股利或利润外，投资企业应当按照享有被投资单位宣告发放的现金股利或利润确认投资收益，不管利润分配是属于对取得投资前还是取得投资后被投资单位实现净利润的分配。

2. 成本法的适用范围。

成本法适用于投资企业能够对被投资单位实施控制的长期股权投资，也就是投资企业对子公司的投资。会计准则规定，控制是指投资方拥有对被投资方的权力，通过参与被投资方的相关活动而享有可变回报，并且有能力运用对被投资方的权力影响其回报金额。

二、成本法的会计处理

成本法下，投资后被投资单位宣告分派的利润或现金股利，投资企业按应享有的部分，确认为当期投资收益，不管有关利润分配是属于对取得投资前还是取得投资后被投资单位实现净利润的分配。被投资单位发放股票股利或用资本公积转增资本，投资企业只需要备查登记发放股票股利和资本公积转增资本增加股票的数量和摊薄后的单位投资成本，不编制相关的会计分录。如果资产负债表日有证据表明长期股权投资发生减值，应当计提减值准备。会计准则规定，长期股权投资计提的减值准备，以后期间不能转回，到处置长期股权投资时才能注销。

三、成本法会计处理举例

【例 5-11】甲企业 2022 年 4 月 1 日购入 A 上市公司股份 2 000 万股，每股价格 15 元，另支付相关税费 200 万元。甲企业购入 A 公司股份，占 A 公司有表决权资本的 60%，并准备长期持有，甲企业与 A 公司之前不存在关联关系。A 公司已于 2022 年 3 月 20 日宣告分派 2021 年度的现金股利，每股 0.3 元，该股利 2022 年 4 月 10 日发放。2023 年 3 月 20 日，A 公司宣告发放 2022 年度现金股利 0.2 元/股，同时宣告发放股票股利 0.3 股/股，另外用资本公积每股转增股本 0.2 股。2023 年 4 月 20 日，A 公司发放现金股利 0.2 元/股，同时发放股票股利并用资本公积转增股本。2023 年 12 月 31 日，A 公司会计舞弊导致该公司股票价格大幅下跌，市价下跌到 6 元/股。2024 年 2 月 20 日，甲公司出售 A 公司全部股票 3 000 万股，售价 8 元/股，出售股票相关税费 150 万元。不考虑其他因素，甲企业的账务处理如下：（单位：万元）

2022 年 4 月 1 日购入时：

应收股利 = 2 000 × 0.3 = 600 万元，初始投资成本 = 2 000 × 15 + 200 - 600 = 29 600 万元。

  借：长期股权投资   29 600
    应收股利   600
    贷：银行存款   30 200

2022 年 4 月 10 日 A 公司发放现金股利：

  借：银行存款   600
    贷：应收股利   600

2023 年 3 月 20 日 A 公司宣告现金股利 0.2 元/股：

  借：应收股利   400
    贷：投资收益   400

2023 年 4 月 20 日 A 公司发放现金股利、股票股利并转增股本：

  借：银行存款   400
    贷：应收股利   400

备查登记：由于收到 A 公司股票股利及资本公积转增股本，甲公司股票数量由 2 000 万股增加到 3 000 万股，计算的单位投资成本为 29 600/3 000 = 9.87 元/股。

2023 年 12 月 31 日长期股权投资账面价值 = 29 600 万元，可回收金额 = 3 000 × 6 = 18 000 万元，计提长期股权投资减值准备 = 29 600 - 18 000 = 11 600 万元：

借：资产减值损失　　　　　　　　　　　　　　　　　　11 600
　　贷：长期股权投资减值准备　　　　　　　　　　　　　11 600

2024年2月20日出售3 000万股A公司股票，出售净收入 = 3 000 × 8 − 150 = 23 850万元：

借：银行存款　　　　　　　　　　　　　　　　　　　　23 850
　　长期股权投资减值准备　　　　　　　　　　　　　　 11 600
　　贷：长期股权投资　　　　　　　　　　　　　　　　　29 600
　　　　投资收益　　　　　　　　　　　　　　　　　　　 5 850

第四节　长期股权投资核算的权益法

一、长期股权投资核算的权益法的含义及适用范围

根据企业会计准则的规定，投资企业对被投资单位具有共同控制或重大影响的长期股权投资，应当采用权益法核算。

权益法是指投资最初以初始投资成本计价，以后根据企业享有被投资单位所有者权益份额的变动对投资的账面价值进行调整的方法。其中被投资单位所有者权益的变动包括被投资单位实现净利润、宣告发放现金股利、净亏损、其他综合收益变动及其他所有者权益等导致的变动等。

二、长期股权投资初始投资成本的调整

长期股权投资的初始投资成本大于投资时应享有被投资单位可辨认净资产公允价值份额的，不调整长期股权投资的初始投资成本；长期股权投资的初始投资成本小于投资时应享有被投资单位可辨认净资产公允价值份额的，其差额应当计入取得投资当期的营业外收入，同时调整长期股权投资的成本。

【例5-12】2023年1月1日，甲公司以银行存款500万元向乙公司投资，占乙公司有表决权股份的25%，采用权益法核算。当日，乙公司可辨认净资产公允价值为3 000万元。

假定不考虑其他因素，甲公司的会计处理如下：

借：长期股权投资——投资成本　　　　　　　　7 500 000
　　贷：银行存款　　　　　　　　　　　　　　　5 000 000
　　　　营业外收入　　　　　　　　　　　　　　2 500 000

【例5-13】2024年2月1日，乙公司以银行存款400万元向丁公司投资，占丁公司有表决权股份的40%，采用权益法核算。当日，丁公司可辨认净资产

公允价值为 900 万元。

假定不考虑其他因素，乙公司的会计处理如下：

借：长期股权投资——投资成本	4 000 000
贷：银行存款	4 000 000

三、持有投资期间权益法的会计处理

企业持有的长期股权投资如果采用权益法，投资企业在取得股权投资后，应当按照在被投资方实现的净利润或发生的净亏损中，投资方按持股比例计算应享有或应分担的份额确认投资损益，同时相应调整长期股权投资的账面价值。

投资企业确定应享有的被投资单位净利润或应分担的净亏损时，在被投资单位账面净利润的基础上，应当考虑以下因素的影响并进行适当调整：

第一，被投资单位采用的会计政策或会计期间与投资企业不一致的，应按投资企业的会计政策及会计期间对被投资单位的财务报表进行调整。

第二，以取得投资时被投资单位固定资产、无形资产的公允价值为基础计提的折旧额或摊销额，以及以投资企业取得投资时的公允价值为基础计算确定的资产减值准备金额等对被投资单位净利润的影响。

被投资单位个别利润表中的净利润是以其持有的资产、负债账面价值为基础持续计算的，而投资企业在取得投资时，是以被投资单位有关资产、负债的公允价值为基础确定投资成本，长期股权投资的投资收益所代表的是于投资日被投资单位资产、负债在公允价值计量的情况下在未来期间通过经营产生的损益中归属于投资企业的部分。取得投资时有关资产、负债的公允价值与其账面价值不同的，未来期间，在计算归属于投资企业应享有的净利润或应承担的净亏损时，应以投资时被投资单位有关资产对投资企业的成本即取得投资时的公允价值为基础计算确定，从而产生了需要对被投资单位账面净利润进行调整的情况。该调整从基本的会计理论来讲，是要落实资本保全原则。在有关股权性交易发生在股东之间，并未影响到被投资单位作为一个独立的会计主体日常核算的情况下，其自身原已持有的资产、负债在持续经营情况下应保持原有账面价值不变，而该账面价值如与新的投资方进入时所确定的相应资产、负债的公允价值不同，则对投资方来讲，其所获得的投资背后包含的被投资单位每一单项资产、负债的成本为投资取得时点的公允价值，如以被投资单位的资产、负债账面价值为基础计算确认投资损益，则可能产生投资方的有关成本未能得到完全补偿的情况，进而违背资本保全原则。也正是基于此，会计准则要求投资方在采用权益法计算确认应享有被投资单位的净损益时，应当考虑投资时被投资单位有关资产、负债公允价值与其账面价值的差额对被投资单位实现净利润的影响，计算确定属于投资方的净利润，并考虑持股比例确认有关的投资收益。

【例 5-14】 A 公司 2024 年 1 月 10 日购入 B 公司 40% 的股份,购入后能够对 B 公司产生重大影响,购买价款为 2 000 万元,取得投资当日 B 公司可辨认净资产公允价值为 6 000 万元,账面价值为 5 500 万元,账面价值与公允价值的差额 500 万元因一项无形资产而产生。该无形资产账面价值为 300 万元,公允价值为 800 万元,会计核算按 10 年直线摊销,不考虑净残值。该无形资产自 A 公司取得投资开始,尚可使用 8 年。假设除上述无形资产外,B 公司其他资产和负债的账面价值与公允价值相同,A 公司和 B 公司的会计分期和会计政策相同。2024 年 B 公司实现净利润 600 万元。A 公司采用权益法核算。2018 年计算投资收益的方法如下:

无形资产公允价值与账面价值的差额应调整增加的摊销额 = 800/8 − 300/10 = 70 万元,调整后的 B 公司净利润 = 600 − 70 = 530 万元,A 公司应享有的"份额"(确认的投资收益)= 530 × 40% = 212 万元。A 公司会计分录如下(单位:万元):

2024 年 1 月 10 日取得投资时:
借:长期股权投资——投资成本　　　　　　(6 000 × 40%) 2 400
　　贷:银行存款　　　　　　　　　　　　　　　　　　　2 000
　　　　营业外收入　　　　　　　　　　　　　　　　　　　400

计算投资收益并调整投资账面价值时:
借:长期股权投资——损益调整　　　　　　　　　　　　　212
　　贷:投资收益　　　　　　　　　　　　　　　　　　　　212

注意:在针对上述事项对被投资单位实现的净利润进行调整时,如果对所有投资时点公允价值与账面价值不同的资产、负债项目进行调整的工作量较大,且有些资产、负债项目的跟踪相对较为困难,同时相关所得税等因素的影响也较难计算确定,企业应立足重要性原则,不具重要性的项目可不予调整。

符合下列条件之一的,投资企业可以以被投资单位的账面净利润为基础计算确认投资损益,同时应在财务报表附注中说明不能按照准则规定进行核算的原因:

(1) 投资企业无法合理确定取得投资时被投资单位可辨认资产的公允价值;

(2) 投资时被投资单位可辨认净资产的公允价值与其账面价值相比,两者之间的差额不具重要性的;

(3) 其他原因导致无法取得被投资单位的有关资料,不能按照准则中规定的原则对被投资单位的净损益进行调整的。

第三,在评估投资方对被投资单位是否具有重大影响时,应当考虑潜在表决权的影响,但在确定应享有的被投资单位实现的净损益、其他综合收益和其他所有者权益变动的份额时,潜在表决权所对应的权益份额不应予以考虑。该处理方式与控制权的判断相一致，即在确定投资方与被投资单位之间的关系时，所有实际持有股权与其他影响对被投资单位投资的因素均应予以考虑，但在具体确定对被投资单位净资产的享有及收益、损失份额归属时，仍然应当以现行实际法律关系为基础。

第四，确认应享有或应分担的被投资单位净利润（或亏损）额时，法规或章程规定不属于投资企业的净损益应当予以剔除后再计算。例如，被投资单位发行了分类为权益的可累积优先股等类似的权益工具，无论被投资单位是否宣告分配优先股股利，投资方计算应享有被投资单位的净利润时，均应将归属于其他投资方的累积优先股股利予以扣除。

第五，在确认投资收益时，除考虑公允价值的调整外，对于投资企业与其联营企业及合营企业之间发生的未实现内部交易损益应予抵销。即，投资企业与联营企业及合营企业之间发生的未实现内部交易损益按照持股比例计算归属于投资企业的部分应当予以抵销，在此基础上确认投资损益。投资企业与被投资单位发生的内部交易损失，按照《企业会计准则第8号——资产减值》等规定属于资产减值损失的，应当全额确认。投资企业对于纳入其合并范围的子公司与联营企业及合营企业之间发生的内部交易损益，也应当按照上述原则进行抵销，在此基础上确认投资损益。

（1）对于联营企业或合营企业向投资企业出售资产的逆流交易，在该交易存在未实现内部交易损益的情况下（即有关资产未对外部独立第三方出售），投资企业在采用权益法计算确认应享有联营企业或合营企业的投资损益时，应抵销该未实现内部交易损益的影响。当投资企业自其联营企业或合营企业购买资产时，在将该资产出售给外部独立的第三方之前，不应确认联营企业或合营企业因该交易产生的损益中本企业应享有的部分。

【例5-15】A公司于2024年1月取得乙公司30%有表决权股份，能够对乙公司施加重大影响。假定A公司取得该项投资时，乙公司各项可辨认资产、负债的公允价值与其账面价值相同。2024年8月，乙公司将其成本为300万元的某商品以500万元的价格出售给A公司，A公司将取得的商品作为存货。至2024年资产负债表日，A公司仍未对外出售该存货。乙公司2024年实现净利润为3 000万元。假定不考虑所得税因素，A公司在按照权益法确认应享有乙公司2017年净损益时，应进行以下会计处理：

乙公司经调整净利润 = 3 000 - (500 - 300) = 2 800万元，A公司确认损益调整 = 2 800 × 30% = 840（万元）

借：长期股权投资——损益调整　　　　　　　　　8 400 000
　　　贷：投资收益　　　　　　　　　　　　　　　　　　8 400 000

假定2025年A公司将上述商品以600万元的价格向外部第三方出售，因该部分内部交易损益已经实现，甲企业在确认应享有乙公司 2024 年净损益时，应考虑将原未确认的该部分内部交易损益计入投资损益，即应在考虑其他因素计算确定的投资损益基础上调整增加 60（200×30%）万元。

(2) 对于投资企业向联营企业或合营企业投出或出售资产的顺流交易，在该交易存在未实现内部交易损益的情况下（即有关资产未向外部独立第三方出售或未被消耗），投资企业在采用权益法计算确认应享有联营企业或合营企业的投资损益时，应抵销该未实现内部交易损益的影响，同时调整对联营企业或合营企业长期股权投资的账面价值。当投资企业向联营企业或合营企业投出或出售资产，同时有关资产由联营企业或合营企业持有时，投资方因出售资产应确认的损益仅限于与联营企业或合营企业其他投资者交易的部分。即在顺流交易中，投资方投出资产或出售资产给其联营企业或合营企业产生的损益中，按照持股比例计算确定归属于本企业的部分应当不予确认。

【例 5-16】甲企业持有乙公司 20% 有表决权股份，能够对乙公司的财务和生产经营决策施加重大影响。2024 年，甲企业将其账面价值为 600 万元的商品以 1 000 万元的价格出售给乙公司。至 2024 年资产负债表日，该批商品尚未对外部第三方出售。假定甲企业取得该项投资时，乙公司各项可辨认资产、负债的公允价值与其账面价值相同，两者在以前期间未发生过内部交易。乙公司 2024 年净利润为 2 000 万元。假定不考虑所得税因素。

甲企业在该项交易中实现利润 400 万元，其中的 80（400×20%）万元是针对本企业持有的对联营企业的权益份额，在采用权益法计算确认投资损益时应当予以抵销，即甲企业应当进行的账务处理为：

借：长期股权投资——损益调整
　　　　［(20 000 000 − 4 000 000)×20%］　3 200 000
　　贷：投资收益　　　　　　　　　　　　　　　　3 200 000

应当说明的是，投资企业与其联营企业及合营企业之间发生的无论是顺流交易还是逆流交易产生的未实现内部交易损失，属于所转让资产发生减值损失的，有关的未实现内部交易损失不应予以抵销。其原因是该损失原则上不因是否发生资产的内部转移而发生变化，即使有关资产未发生实际交易，有证据表明其可收回金额等低于账面价值的，无论资产持有方是哪个企业，均应按照会计准则规定计提相应的减值损失，即相关损失与转让交易无关。

投资企业确认被投资单位发生的净亏损，以长期股权投资的账面价值及其他实质上构成对被投资单位净投资的长期权益（如没有明确清收计划，且在可预见的未来期间不准备收回的长期债权）冲减至零为限，投资企业负有承担额外损失义务的除外；如果被投资单位以后各期实现净利润，投资企业应在计算的收益分享额超过未确认的亏损分担额以后，按超过未确认的亏损分担额的金额，恢复投资的账面价值。在按被投资单位净损益计算调整投资的账面价值和确认投资损益时，应以取得被投资单位股权后发生的净损益为基础。被投资单位除净损益以外的所有者权益的其他变动，也应根据具体情况调整投资的账面价值。

长期股权投资采用权益法核算的一般程序归纳如下：

第一，初始投资或追加投资时，按照初始投资或追加投资时的投资成本增加长期股权投资的账面价值。

长期股权投资的初始投资成本大于投资时应享有被投资单位可辨认净资产公允价值份额的，不调整长期股权投资的初始投资成本；长期股权投资的初始投资成本小于投资时应享有被投资单位可辨认净资产公允价值份额的，其差额应当计入当期损益（营业外收入），同时调整长期股权投资的成本。

第二，取得投资后，随着被投资单位所有者权益的变动而相应调整增加或减少长期股权投资的账面价值。具体包括以下几个方面的调整：

（1）取得投资后被投资单位实现净利润增加所有者权益。

采用权益法核算长期股权投资时，被投资单位当年实现的净利润增加所有者权益的，投资企业应按所持表决权资本比例计算应享有的净利润"份额"，相应地增加长期股权投资的账面价值，并确认为当期投资收益。

【例 5-17】2022 年 1 月 1 日，A 公司购买 B 公司的普通股股票，获得 B 公司 30% 的表决权，能够对 B 公司产生重大影响。A 公司实际支付银行存款 800 万元；2022 年 1 月 1 日，B 公司的所有者权益公允价值总额为 2 500 万元；2022 年度，B 公司实现净利润 300 万元；假定 2022 年 1 月 1 日 B 公司可辨认净资产的公允价值等于其账面价值；当年双方没有发生内部交易。A 公司的会计处理如下：

2022 年 1 月 1 日购入 B 公司的股票时，由于初始投资成本 800 万元大于享有的 B 公司可辨认净资产公允价值份额（2 500×30% = 750 万元），因此不需要调整初始投资成本。

借：长期股权投资——投资成本　　　　　　　　　8 000 000
　　贷：银行存款　　　　　　　　　　　　　　　　　8 000 000

2022 年 B 公司实现利润 300 万元，A 公司享有的利润 = 300×30% = 90（万元）。

借：长期股权投资——损益调整　　　　　　　　　　900 000
　　贷：投资收益　　　　　　　　　　　　　　　　　　900 000

（2）取得投资后被投资单位宣告发放现金股利减少所有者权益。

采用权益法核算长期股权投资时，被投资单位宣告发放现金股利会减少所有者权益，投资企业应按所持表决权资本计算应享有的现金股利，减少长期股权投资的账面价值，并确认为应收股利。

【例 5-18】接【例 5-17】，B 公司 2023 年 3 月 20 日宣告发放现金股利 100 万元，A 公司按持股比例计算的应收股利为 30 万元。B 公司 2023 年 4 月 5 日发放现金股利，A 公司处理如下：

2023 年 3 月 20 日，B 公司宣告现金股利 100 万元时：

借：应收股利　　　　　　　　　　　　　　　　300 000
　　贷：长期股权投资——损益调整　　　　　　　　　　300 000

2023 年 4 月 5 日，A 公司收到现金股利 30 万元时：

借：银行存款　　　　　　　　　　　　　　　　300 000
　　贷：应收股利　　　　　　　　　　　　　　　　　　300 000

需要说明的是，取得投资后若被投资单位宣告发放股票股利以及用资本公积转增股本，投资企业只需要备查登记发放股票股利和资本公积转增股本增加的股票数量和重新计算摊薄后的单位投资成本，不需要编制会计分录。

（3）取得投资后被投资单位发生净亏损减少所有者权益。

采用权益法核算长期股权投资时，被投资单位当年发生净亏损计算所有者权益的，投资企业应按所持表决权资本比例计算应分担的亏损份额，相应地减少长期股权投资的账面价值，并确认为当期投资损失。

【例 5-19】 接**【例 5-18】**，B 公司 2024 年发生净亏损 500 万元，当年双方没有发生内部交易。由于发生亏损，B 公司当年未分配现金股利。

A 公司应当分担亏损额 = 5 000 000 × 30% = 1 500 000，会计处理如下：

借：投资收益　　　　　　　　　　　　　　　　1 500 000
　　贷：长期股权投资——损益调整　　　　　　　　　　1 500 000

需要特别注意的是，对被投资单位的超额亏损的分担问题，采用权益法核算的长期股权投资，如果取得投资后被投资单位长期亏损或者发生巨额亏损，投资企业确认应分担被投资单位发生的损失，原则上应以长期股权投资账面价值以及实质上构成对被投资单位净投资的长期权益冲减至零为限，投资企业负有承担额外损失义务的除外。这里所讲的"其他实质上构成对被投资单位净投资的长期权益"通常是指长期应收项目。例如，企业对被投资单位的长期债权，该债权没有明确的清收计划且在可预见的未来期间不准备收回的，实质上构成对被投资单位的净投资，但不包括投资企业与被投资单位之间因销售商品、提供劳务等日常活动所产生的长期债权。

投资企业在确认应分担被投资单位发生的净亏损时，具体应按照以下顺序处理：

第一步，冲减长期股权投资的账面价值至零为限。

第二步，在长期股权投资的账面价值冲减至零的情况下，对于未确认的投资净损失，应考虑除长期股权投资以外，投资方的账面上是否有其他实质上构成对被投资单位净投资的长期权益项目（如长期应收款），如果有，则应以其他长期权益的账面价值为限，继续确认投资损失，冲减长期应收项目等的账面价值。

第三步，经过上述处理，若投资企业仍需要承担额外损失弥补等义务的，应按预计将承担的义务金额确认预计负债，计入当期投资损失。

企业在实务操作过程中，在发生投资损失时，应借记"投资收益"科目，贷记"长期股权投资——损益调整"科目。在长期股权投资的账面价值冲减至零以后，考虑其他实质上构成对被投资单位净投资的长期权益，继续确认的投资损失，应借记"投资收益"科目，贷记"长期应收款"等科目；因投资合同或协议约定导致投资企业需要承担额外义务的，按照或有事项准则的规定，对于符合确认条件的义务，应确认为当期损失，同时确认预计负债，借记"投资收益"科目，贷记"预计负债"科目。除上述情况仍未确认的应分担被投资单位的损失，应在账外备查登记。

【例 5-20】接【例 5-19】，B 公司 2025 年发生净亏损 5 000 万元，当年双方没有发生内部交易。由于发生亏损，B 公司当年未分配现金股利。截至 A 公司计算分担 B 公司亏损日，A 公司实质上构成对被投资单位净投资的长期权益（长期应收款）余额为 300 万元，根据投资合同规定，A 公司需要承担 B 公司额外损失弥补等义务，预计将承担的义务金额为 200 万元。A 公司会计处理如下：

2025 年 A 公司应分担 B 公司亏损额 = 50 000 000 × 30% = 15 000 000，"长期股权投资"账面价值 = 8 000 000 + 900 000 - 300 000 - 1 500 000 = 7 100 000，应当冲减长期应收款 = 3 000 000，应当确认预计负债 = 2 000 000。A 公司应当编制的会计分录为：

借：投资收益　　　　　　　　　　　　　　　　　12 100 000
　　贷：长期股权投资——损益调整　　　　　　　　　7 100 000
　　　　长期应收款　　　　　　　　　　　　　　　3 000 000
　　　　预计负债　　　　　　　　　　　　　　　　2 000 000

注：上述会计分录也可以分别编制成三个会计分录。

A 公司除编制上述会计分录外，对尚未分担的 B 公司亏损应当备查登记，备查登记尚未分担的亏损额为 15 000 000 - 12 100 000 = 2 900 000 元。

会计准则规定，对被投资单位的超额亏损在确认了有关的投资损失以后，被投资单位于以后期间实现盈利的，应按以上相反顺序分别减记账外备查登记的金额、已确认的预计负债、恢复其他长期权益及长期股权投资的账面价值，同时确认投资收益。即，应当按顺序分别借记"预计负债""长期应收款""长期股权投资"等科目，贷记"投资收益"科目。

【例 5-21】接【例 5-20】，B 公司 2026 年实现净利润 4000 万元，当年双方没有发生内部交易。由于需要弥补亏损，B 公司当年未分配现金股利。A 公司会计处理如下：

2026 年 A 公司应享有的 B 公司净利润 = 40 000 000 × 30% = 12 000 000，A

公司应当按下列顺序处理：

弥补备查的亏损＝2 900 000，冲减预计负债＝2 000 000，恢复长期应收款＝3 000 000，恢复投资账面价值＝12 000 000－2 900 000－2 000 000－3 000 000＝4 100 000。

A公司编制的会计分录为：

借：预计负债　　　　　　　　　　　　　　　　　　　2 000 000
　　长期应收款　　　　　　　　　　　　　　　　　　　3 000 000
　　长期股权投资——损益调整　　　　　　　　　　　　4 100 000
　　贷：投资收益　　　　　　　　　　　　　　　　　　　　　9 100 000

注意：弥补备查的亏损2 900 000元不需要编制会计分录。

（4）取得投资后被投资单位因其他综合收益变动导致所有者权益变动。

在权益法核算下，被投资单位确认的其他综合收益及其变动，也会影响被投资单位所有者权益总额，进而影响投资企业应享有被投资单位所有者权益的份额。因此，当被投资单位其他综合收益发生变动时，投资企业应当按照归属于本企业的部分，相应调整长期股权投资的账面价值，同时增加或减少其他综合收益。

【例5-22】 接【例5-21】，若B公司2027年因持有的其他权益工具投资公允价值变动增加其他综合收益150万元。A公司会计处理如下：

借：长期股权投资——其他综合收益　（1 500 000×30%）450 000
　　贷：其他综合收益　　　　　　　　　　　　　　　　　　　450 000

注：若被投资单位B公司减少其他综合收益，A公司编制上述相反会计分录。

（5）被投资单位除净损益、其他综合收益变动以外的其他所有者权益变动。

其他权益变动是指被投资方除发生净损益、分配利润以及确认其他综合收益以外所有者权益的其他变动，主要包括被投资方接受其他股东的资本性投入、被投资方发行可分离交易的可转换公司债券中包含的权益成分、以权益结算的股份支付、其他股东对被投资方增资导致投资方持股比例变动等。投资方对于按照持股比例计算的应享有或应分担的被投资方其他权益变动份额，应调整长期股权投资的账面价值，同时计入资本公积（其他资本公积）。

【例5-23】 接【例5-22】，若B公司2027年年末因其他权益变动增加资本公积800万元，A公司会计处理如下：

借：长期股权投资——其他权益变动（8 000 000×30%）2 400 000
　　贷：资本公积——其他资本公积　　　　　　　　　　　2 400 000

注：若被投资单位B公司减少资本公积，A公司应当编制上述相反会计分录。

（6）投资后被投资单位因会计政策变更、会计差错等导致所有者权益变动（本部分涉及企业合并财务报表的相关知识，可选择性学习）。

按照会计政策变更、会计估计变更和会计差错更正的规定而调整前期留存收益的，投资企业也应按相关期间的持股比例计算调整留存收益。如果被投资单位调整前期资本公积的，投资企业应视具体情况按上述规则分别处理。如果被投资单位的上述变更或差错产生于投资前，并将累计影响数调整投资前的留存收益的，投资企业应相应调整股权投资差额。如果被投资单位仅就所有者权益各项目所做调整，并不影响所有者权益总额的变化，则长期股权投资的账面价值保持不变。此时，涉及明细科目的，在长期股权投资各明细科目中应做相应调整。

【例5-24】 接【例5-23】，若2027年B上市公司在注册会计师审计过程中发现2026年度的重大会计差错，400万元管理用固定资产折旧费未作为管理费用计入当期损益，导致B公司2026年净利润多记300万元，B上市公司已经作为会计差错调整，将其中的10%调整了盈余公积，其余调整未分配利润。

投资方A公司应当编制的会计处理如下：

借：以前年度损益调整　　　　　　（3 000 000×30%）900 000
　　贷：长期股权投资——损益调整　　　　　　　　　　900 000
借：利润分配——未分配利润　　　（900 000×90%）810 000
　　盈余公积——法定盈余公积　　　（900 000×10%）90 000
　　贷：以前年度损益调整　　　　　　　　　　　　　　900 000

注意：如果前期会计差错导致被投资单位少计净利润，投资企业应当按投资比例计算应享有的净利润，编制上述相反的会计分录。

采用权益法核算长期股权投资，取得投资后被投资单位提取法定盈余公积、提取任意盈余公积、发放股票股利以及资本公积转增资本，仅影响所有者权益结构的变化，不会影响所有者权益总额的变化。因此，对上述事项投资企业不需要编制会计分录调整投资账面价值。

第五节　成本法与权益法的相互转换

一、成本法转换为权益法

会计准则规定，因处置部分投资等原因导致对被投资单位由能够实施控制转变为具有重大影响或者与其他投资方一起实施共同控制的，应当将长期股权投资核算方法由成本法转为权益法。

成本法转换权益法时，首先应按处置投资的比例结转应终止确认的长期股权投资成本，与处置对价之间的差额计入当期损益。然后，比较剩余长期股权投资的成本与按照剩余持股比例计算原投资时应享有被投资单位可辨认净资产公允价值的份额，前者大于后者的，属于投资作价中体现的商誉部分，不调整长期股权投资的账面价值；前者小于后者的，在调整长期股权投资成本的同时，调整期初留存收益。

对于原取得投资时至处置投资时（转为权益法核算）之间被投资单位实现净损益中投资方应享有的份额。一方面应当调整长期股权投资的账面价值；另一方面，对于原取得投资时至处置投资当期期初被投资单位实现的净损益（扣除已宣告发放的现金股利和利润）中应享有的份额，调整期初留存收益，对于处置投资当期期初至处置投资之日被投资单位实现的净损益中享有的份额，调整计入当期损益；在被投资单位其他综合收益变动中应享有的份额，在调整长期股权投资账面价值的同时，应当计入其他综合收益，除净损益、其他综合收益和利润分配外的其他原因导致被投资单位其他所有者权益变动中应享有的份额，在调整长期股权投资账面价值的同时，应当计入资本公积（其他资本公积）。长期股权投资自成本法转为权益法后，未来期间应当按长期股权投资准则的规定计算确认应享有被投资单位实现的净损益、其他综合收益和所有者权益其他变动的份额。

【例 5 – 25】 A 公司原持有 B 公司 60% 的股权，能够对 B 公司实施控制。2023 年 11 月 6 日 A 公司对 B 公司的长期股权投资的账面价值为 6 000 万元，未计提减值准备，当日 A 公司出售 B 公司 20% 的股权，取得价款 3 600 万元，当日被投资单位可辨认净资产公允价值总额为 16 000 万元。相关手续于当日完成，剩余 40% 的股权导致 A 公司不再对 B 公司实施控制，但具有重大影响。A 公司原取得 B 公司 60% 股权时，B 公司可辨认净资产公允价值总额为 9 000 万元（假定公允价值与账面价值相同）。自 A 公司取得对 B 公司长期股权投资后至部分处置投资前，B 公司实现净利润 5 000 万元。其中，自 A 公司取得投资日至 2023 年年初实现净利润 4 000 万元。假定 B 公司一直未进行利润分配。除所实现净损益外，B 公司未发生其他计入资本公积的交易或事项。A 公司按净利润的 10% 提取盈余公积，不考虑相关税费等其他因素影响。

分析：本例中，在出售 20% 的股权后，A 公司对 B 公司的持股比例为 40%，对 B 公司施加重大影响。对 B 公司长期股权投资应由成本法改为按照权益法核算。

A 公司有关会计处理如下：
(1) 确认长期股权投资处置损益：
转让股权的账面价值 = 6 000 × 20%/60% = 2 000 万元。
借：银行存款　　　　　　　　　　　　　　　　　36 000 000
　　贷：长期股权投资　　　　　　　　　　　　　　20 000 000

投资收益	16 000 000

（2）调整长期股权投资账面价值：

剩余长期股权投资的账面价值为 4 000 万元，与原投资时应享有被投资单位可辨认净资产公允价值份额 3 600（9 000×40%）万元之间的差额 400 万元为商誉，该部分商誉的价值不需要对长期股权投资的成本进行调整。

假设原投资时应享有被投资单位可辨认净资产公允价值为 12 000 万元，享有被投资单位可辨认净资产公允价值份额为 12 000×40% = 4 800 万元，两者之间差额 800 万元应调整剩余投资成本，同时调整留存收益。其中应调整盈余公积 80 万元，未分配利润 720 万元。A 公司会计处理如下：

借：长期股权投资——投资成本	48 000 000
贷：长期股权投资	40 000 000
盈余公积	800 000
利润分配——未分配利润	7 200 000

处置投资以后按照持股比例计算享有被投资单位自购买日至处置投资日的期初之间实现的净损益为 1 600（4 000×40%）万元，应调整增加长期股权投资的账面价值，同时调整留存收益；处置期初至处置日之间实现的净损益 400（1 000×40%）万元，应调整增加长期股权投资的账面价值，同时计入当期投资收益。A 公司应进行以下会计处理：

借：长期股权投资——损益调整	20 000 000
贷：盈余公积	1 600 000
利润分配——未分配利润	14 400 000
投资收益	4 000 000

二、权益法转换为成本法

投资方原持有的对被投资单位有重大影响的对联营企业、合营企业的长期股权投资，因追加投资等原因，能够对被投资单位实施控制的，应当将长期股权投资核算方法由权益法转换为成本法。权益法转为成本法，应按多次交易形成的企业合并进行会计处理。

第六节　长期股权投资与公允价值计量的相互转换

一、公允价值计量转权益法核算

原持有的对被投资单位的股权投资不具有控制、共同控制或重大影响，按照金融工具确认和计量准则进行会计处理的，因追加投资等原因导致持股比例上升，能够对被投资单位施加共同控制或重大影响的，应当由公允价值计量转权益法核算。

在转权益法核算时，投资方应当按照金融工具确认和计量准则确定的原股权投资的公允价值加上为取得新增投资而应支付对价的公允价值，作为改按权益法核算的初始投资成本。原投资属于分类为以公允价值计量且其变动计入其他综合收益的非交易性权益工具投资，与其相关的原计入其他综合收益的累计公允价值变动转入改按权益法核算当期的留存收益，不能计入当期损益。原持有的股权投资分类为交易性金融资产的，其公允价值与账面价值之间的差额应当转入当期损益（计入投资收益）。

然后，比较上述计算所得的初始投资成本，与按照追加投资后全新的持股比例计算确定的应享有被投资单位在追加投资日可辨认净资产公允价值份额之间的差额。前者大于后者的，不调整长期股权投资的账面价值；前者小于后者的，差额应调整长期股权投资的账面价值，并计入当期营业外收入。

【例5-26】2023年3月1日，A公司出资800万元（含税费）取得B公司5%的股权，取得后对B公司无重大影响。A公司将其划分为其他权益工具投资。2023年12月31日，B公司5%股权的公允价值为1 000万元。2024年1月10日，A公司再出资2 000万元购入B公司10%的股权，相关手续于当日完成。追加投资的当日，B公司可辨认净资产公允价值总额为22 000万元，A公司对B公司的其他权益工具投资的公允价值为1 100万元。A公司追加投资后能够对B公司施加重大影响，对该项股权投资转为采用权益法核算。

不考虑其他因素影响，A公司会计处理如下（单位：万元）：

2023年3月1日取得5%的B公司股权：

借：其他权益工具投资——成本　　　　　　　　　　　　800
　　贷：银行存款　　　　　　　　　　　　　　　　　　800

2023年12月31日：确认5%股权的公允价值变动=1 000-800=200万元。

借：其他权益工具投资——公允价值变动　　　　　　　200
　　贷：其他综合收益　　　　　　　　　　　　　　　　200

2024年1月10日，A公司原持有5%股权的公允价值为1 100万元，为取得新增投资而支付对价的公允价值为2 000万元，因此A公司对B公司15%股权的初始投资成本为1 100+2 000=3 100万元。

A公司对B公司新持股比例为15%，应享有B公司可辨认净资产公允价值的份额为3 300（22 000×15%）万元。由于初始投资成本（3 100万元）小于应享有B公司可辨认净资产公允价值的份额（3 300万元），因此，A公司应当调整初始投资成本，两者差额200（3 300-3 100）万元计入营业外收入。

A 公司会计处理如下：

借：长期股权投资——投资成本　　　　　　　　　　　3 300
　　贷：其他权益工具投资——成本　　　　　　　　　　800
　　　　　　　　　　　　——公允价值变动　　　　　　200
　　　　银行存款　　　　　　　　　　　　　　　　2 000
　　　　盈余公积　　　　　　　　　　　　　　　　　　10
　　　　利润分配——未分配利润　　　　　　　　　　　90
　　　　营业外收入　　　　　　　　　　　　　　　　200

结转5%股权产生的其他综合收益累计余额200万元计入留存收益，假设A公司按10%计提盈余公积。

借：其他综合收益　　　　　　　　　　　　　　　　　200
　　贷：盈余公积　　　　　　　　　　　　　　　　　　20
　　　　利润分配——未分配利润　　　　　　　　　　　180

二、公允价值计量转成本法核算

投资方原持有的对被投资单位不具有控制、共同控制或重大影响的按照金融工具确认和计量准则进行会计处理的权益性投资，或者原持有对联营企业、合营企业的长期股权投资，因追加投资等原因，能够对被投资单位实施控制的，应按多次交易实现的企业合并产生的长期股权投资进行会计处理。

三、权益法核算转公允价值计量

原持有的对被投资单位具有共同控制或重大影响的长期股权投资，因部分处置等原因导致持股比例下降，不能再对被投资单位实施共同控制或重大影响的，应改按金融工具确认和计量准则对剩余股权投资进行会计处理，其在丧失共同控制或重大影响之日的公允价值与账面价值之间的差额计入当期损益。原采用权益法核算的相关其他综合收益应当在终止采用权益法核算时，采用与被投资单位直接处置相关资产或负债相同的基础进行会计处理，因被投资方除净损益、其他综合收益和利润分配以外的其他所有者权益变动而确认的所有者权益，应当在终止采用权益法核算时全部转入当期损益。

【例5-27】A公司持有B公司40%的有表决权股份，能够对B公司施加重大影响，对该股权投资采用权益法核算。2023年5月，A公司将30%的B公司股权出售给非关联方，取得价款3 000万元。相关手续于当日完成。出售后A公司持有B公司10%股权，无法再对B公司施加重大影响，剩余10%的B公司股权投资转为其他权益工具投资。出售时，该项长期股权投资的账面价值为3 600万元，其中投资成本3 000万元，损益调整为400万元，其他综合收益为200万元（其中160万元为在B公司持有的其他债权投资公允价值变动中应享有的份额，40万元为在B公司持有的其他权益工具投资公允价值变动中应享有的份额），剩余10%股权的公允价值为1 000万元。甲公司按10%提取法定盈余公积。不考虑相关税费等其他因素影响。甲公司有关会计处理如下（单位：万元）：

借：银行存款　　　　　　　　　　　　　　　　　　　　3 000
　　贷：长期股权投资——投资成本　　（3 000×30%/40%）2 250
　　　　　　　　　　——损益调整　　　（400×30%/40%）　300
　　　　　　　　　　——其他综合收益　（200×30%/40%）　150
　　　　投资收益　　　　　　　　　　　　　　　　　　　 300

对乙公司的投资中相关的其他综合收益部分，其他债权投资部分转入投资收益，其他权益工具投资部分转入留存收益。由于终止采用权益法核算，将原确认的相关其他综合收益全部结转。

借：其他综合收益　　　　　　　　　　　　　　　　　　　200
　　贷：投资收益　　　　　　　　　　　　　　　　　　　160
　　　　盈余公积　　　　　　　　　　　　　　　　　　　　4
　　　　利润分配——未分配利润　　　　　　　　　　　　 36

剩余10%股权投资转为其他权益工具投资，当天公允价值为1 000万元，账面价值为900（3 600×10%/40%）万元，两者差异应计入当期损益。

借：其他权益工具投资——投资成本　　　　　　　　　　1 000
　　贷：长期股权投资——投资成本　　（3 000-2 250）　750
　　　　　　　　　　——损益调整　　　（400-300）　　100
　　　　　　　　　　——其他综合收益　（200-150）　　 50
　　　　投资收益　　　　　　　　　　　　　　　　　　　100

四、成本法核算转公允价值计量

原持有的对被投资单位具有控制的长期股权投资，因部分处置等原因导致持股比例下降，不能再对被投资单位实施控制、共同控制或重大影响的，应改按金融工具确认和计量准则进行会计处理，在丧失控制之日的公允价值与账面价值之间的差额计入当期投资收益。

【例5-28】 A公司原持有B公司80%的有表决权股份，能够对B公司实施控制，对该股权投资采用成本法核算，80%的B公司股权初始投资成本为1 200万元。2023年4月1日，A公司出售70%的B公司股权给非关联方，取得价款1 300万元。相关手续于当日完成。出售后持有B公司10%股权，无法再对B公司实施控制，也不能施加共同控制或重大影响，A公司将剩余10%的B公司股权投资重新分类为其他权益工具投资，出售日剩余10%股权投资的公允价值为

190万元。不考虑相关税费等其他因素影响。A公司有关会计处理如下（单位：万元）：

出售B公司70%股权时：

借：银行存款　　　　　　　　　　　　　　　　　　　1 300
　　贷：长期股权投资　　　　　　（1 200×70%/80%）1 050
　　　　投资收益　　　　　　　　　　　　　　　　　　150

剩余10%股权投资转为其他权益工具投资，当天公允价值为190万元，账面价值为150（1 200－1 050）万元，两者差异应计入当期投资收益。

借：其他权益工具投资——成本　　　　　　　　　　　190
　　贷：长期股权投资　　　　　　　　　　　　　　　150
　　　　投资收益　　　　　　　　　　　　　　　　　 40

第七节　长期股权投资处置的核算

企业处置长期股权投资，应当将长期股权投资账面价值与实际取得的价款之间的差额计入投资收益，同时终止确认长期股权投资。

一、处置采用成本法核算的长期股权投资

处置采用成本法核算的长期股权投资，应当将长期股权投资账面价值与实际取得的价款之间的差额计入投资收益，同时终止确认长期股权投资。具体来说，应当按处置收到的价款计入"银行存款"等科目借方，按长期股权投资账面价值计入"长期股权投资"贷方，处置价款与长期股权投资账面价值之间的差额，计入"投资收益"的借方或贷方。如果持有投资期间计提了长期股权投资减值准备，处置时应当同时结转计提的长期股权投资减值准备。

【例5－29】A公司持有B公司80%的有表决权股份，能够对B公司实施控制，对该股权投资采用成本法核算，80%的B公司股权初始投资成本为1 200万元。2023年5月10日A公司出售全部B公司80%的股权，售价1 300万元（已经扣除交易税费），出售前A公司已就上述股权投资计提减值准备50万元。A公司会计处理如下（单位：万元）：

借：银行存款　　　　　　　　　　　　　　　　　　　1 300
　　长期股权投资减值准备　　　　　　　　　　　　　　50
　　贷：长期股权投资　　　　　　　　　　　　　　 1 200
　　　　投资收益　　　　　　　　　　　　　　　　　150

二、处置采用权益法核算的长期股权投资

采用权益法核算的长期股权投资,在处置该项投资时,采用与被投资单位直接处置相关资产或负债相同的基础,按相应比例对原计入其他综合收益的部分进行会计处理。原计入其他综合收益(不能结转损益的除外)或资本公积(其他资本公积)的金额,如处置后因具有重大影响或共同控制仍然采用权益法核算的,在处置时亦应进行结转。例如,处置后对有关投资终止使用权益法的,则原计入其他综合收益(不能结转损益的除外)或资本公积(其他资本公积)的金额应全部结转。其中,权益法下不能结转损益的其他综合收益包括:

(1) 投资方按持股比例计算确认的因被投资单位重新计量设定受益计划净负债或净资产变动导致的权益变动份额。

(2) 投资方按持股比例计算确认的被投资方其他权益工具投资公允价值变动计入其他综合收益的部分。

【例 5-30】 A 公司持有 B 公司 40% 的有表决权股份,能够对 B 公司施加重大影响,对该股权投资采用权益法核算。2024 年 5 月 10 日,A 公司将 40% 的 B 公司股权全部出售给非关联方,取得价款 4 000 万元。相关手续于当日完成。出售时,该项长期股权投资的账面价值为 3 600 万元,其中投资成本 3 000 万元,损益调整为 300 万元,可转损益的其他综合收益为 200 万元,其他权益变动 100 万元。

不考虑相关税费等其他因素影响。甲公司有关会计处理如下(单位:万元):

借:银行存款 4 000
　　贷:长期股权投资——投资成本 3 000
　　　　　　　　　　——损益调整 300
　　　　　　　　　　——其他综合收益 200
　　　　　　　　　　——其他权益变动 100
　　　　投资收益 400

将原确认的其他综合收益 200 万元和资本公积 100 万元全部转入当期损益。

借:其他综合收益 200
　　资本公积——其他资本公积 100
　　贷:投资收益 300

第八节　长期股权投资减值的核算

会计准则规定,企业至少应当在每年年末对持有的长期股权投资进行减值测

试。如果长期股权投资存在减值迹象，应当计算其预计可回收金额。长期股权投资的预计可回收金额，应当按照公允价值减去处置费用的净额与预计未来现金流量现值两者中的较高者确定。若预计可回收金额低于长期股权投资账面价值，应当计提长期股权投资减值准备，计提的长期股权投资减值准备以后期间不能转回，至处置长期股权投资时才能注销计提的减值准备。

一、长期股权投资减值的判断

1. 对无市价的长期投资是否发生减值，一般可以根据下列迹象判断：

①影响被投资企业经营的政治或法律环境的变化，如税收、贸易等法规的颁布或修订，导致被投资企业出现巨额亏损；

②被投资企业所供应的商品或提供的劳务因产品过时或消费者偏好改变而使市场的需求发生变化，从而导致被投资企业财务状况发生严重恶化；

③被投资企业所在行业的生产技术等发生重大变化，被投资企业已失去竞争能力，从而导致财务状况发生严重恶化，如进行清理整顿、清算等；

④有证据表明该项投资实质上已经不能再给企业带来经济利益的其他情形。

2. 对有市价的长期股权投资是否发生减值，一般可根据以下迹象判断：

①市价持续 2 年低于账面价值；

②该项投资暂停交易 1 年或 1 年以上；

③被投资企业当年发生严重亏损；

④被投资企业持续 2 年发生亏损；

⑤被投资企业进行清理整顿、清算或出现其他不能持续经营的迹象。

二、长期股权投资减值的会计处理

计提长期股权投资减值准备时，应当借记"资产减值损失"科目，贷记"长期股权投资减值准备"科目。会计准则规定，企业计提的长期股权投资减值准备，以后期间即使长期股权投资价值得以恢复，也不能转回。到企业处置长期股权投资时，才能注销计提的减值准备。因此不需要编制转回的会计分录。

【例 5 – 31】A 公司原持有 B 公司 80% 的有表决权股份，能够对 B 公司实施控制，对该股权投资采用成本法核算，80% 的 B 公司股权初始投资成本为 1 200 万元。2023 年年末，B 公司出现严重财务困难，导致 A 公司长期股权投资发生减值迹象，预计 80% 的 B 公司股权的可回收金额为 850 万元，A 公司以前期间没有对上述投资计提减值准备。

减值金额 = 1 200 – 850 = 350 万元。

借：资产减值损失　　　　　　　　　　　　　　350
　　贷：长期股权投资减值准备　　　　　　　　　　　　350

【本章小结】

长期股权投资，是指企业投出的意图持有期限在1年以上（不含1年）的各种股权性质的投资，包括购入的股票和其他股权投资等。它通常为长期持有，不准备随时出售，投资企业作为被投资单位的股东，按所持有股份比例享有权益并承担责任。会计准则规定的长期股权投资包括对子公司投资、对联营企业投资以及对合营企业投资。

本章阐述了长期股权投资的含义、特征、分类；长期股权投资的初始计量方法；长期股权投资后续计量的成本法和权益法的会计处理；成本法和权益法相互转换的会计处理；长期股权投资与公允价值计量相互转换的会计处理；长期股权投资减值及处置的会计处理等。学习本章，应当将学习重点放在长期股权投资初始计量、成本法和权益法的会计处理、成本法和权益法转换的会计处理、长期股权投资与公允价值计量相互转换的会计处理上。

【本章思考题】

1. 长期股权投资有哪些主要特点？
2. 如何具体确定对子公司投资、对联营企业投资以及对合营企业投资？
3. 长期股权投资如何进行初始计量？
4. 简述成本法的含义及适用范围。
5. 简述权益法的含义及适用范围。
6. 简述成本法和权益法会计处理的异同。
7. 简述成本法和权益法转换的条件和会计处理方法。
8. 简述长期股权投资和公允价值计量转换的会计处理方法。
9. 长期股权投资发生减值的证据有哪些？如何处理减值？
10. 处置长期股权投资如何进行会计处理？

【本章练习题】

1. 甲公司于2023年7月1日支付2 000万元价款取得E公司30%的股权（当日，E公司所有者权益的账面价值和公允价值均为6 000万元），取得投资后甲公司能够对E公司实施重大影响。其他资料如下：

（1）2023年E公司共实现净利润960万元，当年各月利润实现较为均衡。

（2）2024年4月6日E公司宣告分配现金股利400万元。

（3）2024年4月26日发放4月6日宣告的现金股利。

（4）2025 年 E 公司发生亏损 10 000 万元。

（5）2026 年 E 公司实现净利润 7 000 万元。

要求：假设各年度甲公司和 E 公司均未发生相互的商品交易事项，两个公司的会计期间和会计政策一致，采用权益法编制甲公司有关会计分录。

2. 甲公司于 2023 年 1 月 1 日取得乙公司 40% 股权，实际支付价款为 4 000 万元，投资时乙公司可辨认净资产公允价值为 11 000 万元（各项可辨认资产、负债的公允价值与账面价值相同）。甲公司能够对乙公司施加重大影响。其他资料如下：

（1）乙公司 2023 年实现净利润 1 200 万元，未分配现金股利。

（2）乙公司 2024 年实现净利润 1 000 万元，分配现金股利 400 万元；

（3）乙公司 2024 年因金融资产公允价值变动增加其他综合收益 300 万元。

（4）乙公司 2025 年度发生净亏损 15 000 万元，未分配现金股利。

（5）乙公司 2025 年其他权益变动增加资本公积 800 万元。

（6）乙公司 2026 年度实现净利润 10 000 万元，因需要弥补亏损，未分配现金股利。

假定不考虑所得税和其他因素的影响。

要求：编制 2023 年 1 月 1 日至 2026 年甲公司对乙公司投资的会计分录。

3. 甲公司 2022 年至 2024 年与投资有关资料如下：

（1）2022 年 3 月 1 日甲公司支付现金 800 万元及相关税费 3 万元取得 A 公司 60% 的股权，实现了非同一控制下企业合并，支付价款中包含已经宣告发放尚未支付的现金股利 20 万元。

（2）2022 年 4 月 10 日甲公司收到上述现金股利 20 万元。

（3）2022 年 A 公司实现净利润 500 万元，2023 年 4 月 1 日，A 公司宣告分配 2022 年现金股利 200 万元。

（4）甲公司于 2023 年 4 月 10 日收到上述现金股利。

（5）2023 年 A 公司发生亏损 3 000 万元。因 A 公司发生巨额亏损，2023 年末甲公司对 A 公司的长期股权投资预计可回收金额为 380 万元。

（6）2024 年 2 月 20 日，甲公司将持有的 A 公司的全部股权转让给乙企业，转让价款 500 万元，相关税费 2 万元。

要求：编制甲公司上述与有关业务的会计分录。

4. A 公司 2023 年 1 月 1 日购入 B 公司 20% 的股权，支付买价 1 800 万元及相关税费 10 万元，准备长期持有。购买日 B 公司所有者权益账面价值和公允价值均为 20 000 万元，持有投资期间发生以下事项：

（1）2023 年 6 月 30 日 B 公司因金融资产公允价值变动增加其他综合收益 200 万元。

（2）2023年B公司实现净利润600万元（不存在调整事项）。

（3）2024年2月10日B公司宣告发放2023年度现金股利200万元。

（4）2024年3月10日发放上述现金股利。

（5）2024年6月30日，B公司因其他权益变动增加资本公积300万元。

（6）2024年7月20日，A公司决定出售10%的B公司股权，售价1 100万元，相关税费7万元。A公司剩余10%的B公司股权已经没有重大影响。

（7）2024年7月20日，A公司将B公司其余10%股权投资重新分类为其他权益工具投资，分类日该股权的公允价值为1 100万元。

要求：编制A公司上述会计分录。

5. P公司为一般纳税人，适用的增值税率为13%。2020年1月1日P公司以一项生产用设备、库存商品一批作为对价取得东大公司股票600万股，每股面值1元，占东大公司实际发行在外股数的30%。该设备原值为750万元，累计折旧75万元，尚未计提固定资产减值准备，公允价值为750万元。库存商品的成本为975万元，已计提存货跌价准备为75万元，市场销售价格为900万元。股权过户手续于当日办理完毕，投资后P公司可以派人参与东大公司的生产经营决策的制定。2020年1月1日，东大公司可辨认净资产公允价值为6 000万元。取得投资时东大公司资产、负债的公允价值与账面价值相同。

2020年，东大公司实现净利润500万元，提取盈余公积50万元，2021年3月20日宣告发放现金股利200万元，2021年4月5日发放已经宣告的现金股利。

2021年东大公司发生亏损9 000万元，2021年末P公司应收东大公司长期应收款为450万元。

2022年6月30日东大公司因其他权益工具投资增加其他综合收益150万元。

2022年东大公司在调整了经营方向后，扭亏为盈，当年实现净利润7 000万元。假定不考虑所得税和其他事项。

要求：编制P公司上述长期股权投资业务会计分录。

6. 甲公司持有乙公司60%股权并能控制乙公司，投资成本为1 500万元，按成本法核算。2023年5月12日，甲公司将50%的乙公司股权出售给非关联方，所得价款为1 800万元，剩余10%的乙公司股权于丧失控制权日的公允价值为360万元，甲公司将其重新分类为以公允价值计量且其变动计入当期损益的金融资产。

要求：不考虑其他因素，编制甲公司相关业务的会计分录。

7. 2024年1月1日，甲公司支付600万元取得乙公司100%的股权，投资当时乙公司可辨认净资产的公允价值为500万元，商誉100万元。2024年1月1日至2025年12月31日，乙公司的净资产增加75万元，其中按购买日公允价值计算实现的净利润50万元，持有其他权益工具投资公允价值变动增加其他综合收益25万元。2026年1月8日，甲公司转让乙公司60%的股权，收取现金480万元存入银行，转让后甲公司对乙公司的持股比例为40%，能对其施加重大影响。2026年1月8日，即甲公司丧失对乙公司的控制权日，乙公司剩余40%股权的公允价值为320万元。假定甲、乙公司提取盈余公积的比例均为10%。假定乙公司未分配现金股利，并不考虑其他因素影响。

要求：编制甲公司上述业务会计分录。

8. 甲公司持有乙公司30%的有表决权股份，能够对乙公司施加重大影响，对该股权投资采用权益法核算。2023年10月，甲公司将该项投资中的一半对外出售，取得价款1 800万元。相关股权划转手续于当日完成。甲公司持有乙公司剩余15%的股权无法再对乙公司施加重大影响，转为以公允价值计量且其变动计入其他综合收益的权益的金融资产核算。股权出售日，剩余股权的公允价值为1 800万元。

出售该股权时，长期股权投资的账面价值为3 200万元，其中投资成本2 600万元，损益调整为300万元，因被投资单位的其他权益工具投资公允价值变动计入其他综合收益的为200万元，除净损益、其他综合收益和利润分配外的其他所有者权益变动为100万元。不考虑相关税费等其他因素影响。

要求：编制甲公司上述业务会计分录。

9. A企业原持有B公司30%的股权，采用权益法核算。2024年1月20日，A企业决定出售10%的B公司股权，出售时A企业账面上对B公司长期股权投资的账面价值为2 490万元，其构成为：投资成本1 800万元，损益调整480万元，其他综合收益120万元，其他权益变动90万元。出售取得价款700万元。剩余20%的B公司股权仍然具有重大影响。

要求：编制A企业出售上述长期股权投资的会计分录。

10. 甲公司于2023年4月1日自其母公司（P公司）取得B公司100%股权并能够对B公司实施控制。该项交易中，以2022年1月31日为评估基准日，B公司全部股权经评估确定的价值为15亿元，其个别财务报表中净资产账面价值为6.4亿元，以P公司取得B公司时点确定的B公司有关资产、负债价值为基础，考虑B公司后续有关交易事项的影响，2023年4月1日，B公司净资产价值为9.2亿元。甲公司用以支付购买B公司股权的对价为其账面持有的一项土地使用权，成本为7亿元，已摊销1.5亿元，评估价值为10亿元，同时该项交易中甲公司另支付现金5亿元。当日，甲公司账面所有者权益项目构成为：股本6亿元，资本公积3.6亿元，盈余公积2.4亿元，未分配利润8亿元。

要求：编制甲公司取得乙公司100%股权的会计分录。

【本章案例】

PG 公司为我国境内上市的上市公司，其主要客户在我国境内。2023 年 12 月起，PG 公司董事会聘请了新华会计师事务所为其常年财务顾问。2023 年 12 月 31 日，新华会计师事务所担任 PG 公司常年财务顾问的注册会计师张超收到 PG 公司财务总监李明的邮件，其内容如下：

张超注册会计师：你好。

我公司想请你就本邮件的附件 1 所述相关交易或事项，提出在 2023 年度财务报表中如何进行会计处理的建议。

附件 1：对好食品公司投资情况的说明

为保障我公司的原材料供应，2023 年 7 月 1 日，我公司发行 1 000 万股普通股换到好食品公司原股东持有的好食品公司 20% 有表决权股份。我公司取得好食品公司 20% 有表决权股份后，派出一名代表作为好食品公司董事会成员，参与好食品公司的财务和经营决策。好食品公司注册地为我国境内某省，以人民币为记账本位币。

股份发行日，我公司每股股份的市场价格为 2.5 元，发行过程中支付券商手续费 50 万元。好食品公司可辨认净资产的公允价值为 13 000 万元，账面价值为 12 000 万元，其差额为好食品公司一项无形资产增值。该无形资产预计尚可使用 5 年，预计净残值为零，按直线法摊销。

2023 年，好食品公司按其净资产账面价值计算实现的净利润为 1 200 万元，其中，1 月至 6 月实现净利润 500 万元。无其他所有者权益变动事项。

我公司在本次交易中发行 1 000 万股股份后，发行在外的股份总额为 15 000 万股，每股面值为 1 元。我公司在购买好食品公司的股份之前，他们不存在关联方关系。

要求：请从王超注册会计师的角度回复李明邮件，回复要点包括但不限如下内容：

根据附件 1：

①简述 PG 公司发行权益性证券对其所有者权益的影响，并编制相关会计分录。

②简述 PG 公司对好食品公司投资的后续计量方法及理由，计算对初始投资成本的调整金额，以及期末应确认的投资收益金额。

第六章　固定资产

【引入案例】

在全球科技竞争日趋激烈的当下，科技创新不仅是企业发展的核心驱动力，更是实现国家科技自立自强的关键力量。我国急需通过加强创新来推动产业转型升级并避免关键技术"卡脖子"，关键核心技术受制于人的问题。华为技术有限公司作为全球5G通信设备的核心供应商，积极响应国家科技强国战略，肩负起推动5G技术广泛应用的社会责任，持续加大在5G领域的研发与设备投入。然而，随着5G技术迭代速度不断加快，设备实际使用场景也发生显著变化，这给企业的资产管理带来了新的挑战。

行业数据显示，2024年，华为技术有限公司的5G设备原设计寿命为10年，但受技术更新的影响，其实际经济寿命大幅缩短至3~5年。为了更准确地反映资产价值，合理配置企业资源以持续投入5G技术研发创新，华为公司秉持着严谨的会计职业操守，在2024年针对其5G基站及相关设备采取了加速折旧政策，将部分5G设备的折旧年限从10年缩短至5年，并采用双倍余额递减法替代原有的直线法计提折旧。这一决策不仅体现了企业对技术发展趋势的敏锐洞察，也彰显了企业在面对复杂经济环境时，遵循会计准则、客观反映财务状况的责任担当。

基于此，我们深入探讨以下问题：

1. 折旧政策调整的会计处理：华为公司为何选择在2024年调整5G设备的折旧方法和年限？固定资产的使用年限是由哪些因素决定？这一变更属于会计政策变更还是会计估计变更？

2. 财务报表影响：加速折旧对2024年净利润、资产负债表及现金流会产生哪些具体影响？

【学习目的与要求】
1. 理解固定资产的特点和分类；
2. 掌握固定资产取得和折旧；
3. 熟悉固定资产减值准备的核算；
4. 熟悉固定资产增加及减少的核算。

第一节 固定资产概述

一、固定资产的特征

根据《企业会计准则第4号——固定资产》的规定，固定资产，是指同时具有下列特征的有形资产：（1）为生产商品、提供劳务、出租或经营管理而持有的；（2）使用寿命超过一个会计年度。企业不符合以上条件的工具、器具等劳动资料，应当作为低值易耗品管理和核算。从固定资产的定义可以看出，它具有以下特征：

第一，固定资产是指为生产商品、提供劳务、出租或经营管理而持有的，也就是说企业持有固定资产主要并非用于出售。其中，以经营租赁方式出租的机械设备等属于固定资产范畴内的"出租"固定资产；而以经营方式出租的建筑物，依据会计准则，属于投资性房地产，不归类于固定资产。

第二，使用寿命是有限的（土地除外），即固定资产的耐用年限至少超过一年或大于一年的一个经营周期，且最终要废弃或重置。使用寿命，是指企业使用固定资产的预计期间，或者该固定资产所能生产产品或提供劳务的数量。

第三，固定资产是有形资产。固定资产具有实物特征，这一特征将固定资产与无形资产区别开来。对于构成固定资产的各组成部分，如果各自具有不同使用寿命或者以不同方式为企业提供经济利益，适用不同折旧率或折旧方法的，该各组成部分实际上是以独立的方式为企业提供经济利益，因此，企业应当分别将各组成部分确认为单项固定资产。

二、固定资产的确认条件

根据《企业会计准则第4号——固定资产》的规定，固定资产同时满足下列条件的，才能予以确认。

（一）与该固定资产有关的经济利益很可能流入企业

根据会计基本准则的规定，资产最基本的特征是预期能给企业带来经济利益。如果某一项目预期不能给企业带来经济利益，就不能确认为企业的资产。对固定资产的确认来说，如果某一固定资产预期不能给企业带来经济利益，就不能确认为企业的固定资产。

在实际工作中，判断固定资产包含的经济利益是否很可能流入企业，主要依据与该固定资产所有权相关的风险和报酬是否转移到了企业。其中，与固定资产所有权相关的风险是指，由于经营情况变化造成的相关收益的变动，以及由于资产闲置、技术陈旧、毁损、报废、减值等原因造成的损失。与固定资产所有权相关的报酬是指，在固定资产预计使用寿命内直接使用该资产而增加的收入，以及处置该资产所实现的利得等。

（二）该固定资产的成本能够可靠地计量

固定资产是企业资产的重要组成部分，其所发生的支出也必须能够可靠地计量。如果固定资产的成本能够可靠地计量，并同时满足其他确认条件，就可以加以确认；否则，企业不应加以确认。企业对于已达到预定可使用状态但尚未办理竣工决算的固定资产，需要根据工程预算、工程造价或者工程实际发生的成本等资料，按估计价值确定其成本，办理竣工决算后，再按照实际成本调整原来的暂估价值。

在实际工作中，下列各项满足固定资产确认条件的，也应作为固定资产管理及核算：

1. 企业（航空运输）的高价周转件。
2. 企业以经营租赁方式租入的固定资产发生的改良支出，如满足固定资产确认条件的装修费用等。
3. 企业（建造承包商）为保证施工和管理的正常进行而购建的各种临时设施。
4. 企业购置计算机硬件所附带的、未单独计价的软件，与所购置的计算机硬件一并作为固定资产。
5. 企业为开发新产品、新技术购置的符合固定资产定义和确认条件的设备。

三、固定资产的分类

企业的固定资产根据不同的管理需要和核算要求以及不同的分类标准，可以进行不同的分类，主要有以下几种分类方法。

（一）按固定资产的经济用途分类

按固定资产的经济用途分类，可分为生产经营用固定资产和非生产经营用固定资产。

1. 生产经营用固定资产，是指直接被企业生产经营过程所使用，并为企业生产经营过程提供服务或发挥效能的各项固定资产，如供生产经营使用的房屋、建筑物、机器设备、运输设备、电子设备、器具工具等。

2. 非生产经营用固定资产，是指不直接被企业生产经营过程使用，而是为企业职工生活、福利等方面提供服务或发挥效能的各项固定资产，如职工宿舍、食堂、浴室、医院、理发室、子弟学校、幼儿园等其他非生产经营方面使用的房屋、建筑物、设备和其他固定资产等。

（二）按固定资产的使用情况分类

按固定资产的使用情况分类，可分为使用中固定资产、未使用固定资产和不需用固定资产。

1. 使用中固定资产，是指正在使用中的经营性和非经营性固定资产。由于季节性经营或大修理等原因，暂时停止使用的固定资产仍属于企业使用中的固定资产，企业出租（指经营性租赁）给其他单位或者个人使用的固定资产和内部替换使用的固定资产也属于使用中的固定资产。

2. 未使用固定资产，是指已购建完成但尚未交付使用的新增固定资产以及进行改建、扩建等暂时脱离生产经营过程的固定资产，企业拥有但未被生产经营或非生产经营过程使用。例如，企业购建的尚待安装的固定资产、经营任务变更停止使用的固定资产以及主要的备用设备等。

3. 不需用固定资产，是指多余或不适用、待处置的固定资产。例如，因为企业经营对象变更、企业自行淘汰弃用的不能报废处理且仍有一定使用价值和价值的固定资产。

（三）按固定资产的所有权分类

按固定资产的所有权分类，可分为自有固定资产和租入固定资产。

1. 自有固定资产，是指企业拥有的可供企业自由支配使用的固定资产。

2. 租入固定资产，是指企业采用租赁的方式从其他单位租入的固定资产。企业对租入固定资产依照租赁合同拥有使用权确认使用权资产，同时对负有支付租金的义务确认租赁负债，但资产的所有权属于出租单位。

由于企业的经营性质不同，经营规模各异，对固定资产的分类不可能完全一致，也没必要强求统一，企业可以根据各自的具体情况和经营管理、会计核算的需要进行必要的分类。

第二节 固定资产增加的核算

根据《企业会计准则第 4 号——固定资产》的规定，固定资产应当按照成本进行初始计量。固定资产的价值确定入账以后，一般不得进行调整，但是在下面所列特殊情况下，对已入账的固定资产价值需要做调整。这些情况包括：根据国家规定对固定资产价值重新估价；增加补充设备或改良装置；将固定资产的一部分拆除；根据实际价值调整原来的暂估价值；发现原记固定资产价值有错误。根据固定资产的来源渠道不同，其价值构成的具体内容及会计处理分述如下。

一、外购的固定资产

外购固定资产的成本，包括购买价款、相关税费、使固定资产达到预定可使用状态前所发生的可归属于该项资产的运输费、装卸费、安装费和专业人员服务费等，不包括按规定可以抵扣的增值税进项税额。购入的固定资产，包括购入不需要安装的固定资产和购入需要安装的固定资产，外购固定资产是否达到预定可使用状态，需要根据具体情况进行分析判断。如果购入不需要安装的固定资产，购入后即可发挥作用，因此，购入后即可达到预定可使用状态。如果购入需要安装的固定资产，只有安装调试后，达到设计要求或合同规定的标准，该项固定资产才可发挥作用，才意味着达到预定可使用状态。

（一）购入不需要安装的固定资产

购入不需要安装的固定资产的取得成本为企业实际支付的购买价款、包装费、运杂费、保险费、专业人员服务费和相关税费（不含可抵扣的增值税进项税额）等。企业购入不需要安装的固定资产时，应按应计入固定资产成本的金额，借记"固定资产"科目，贷记"银行存款""其他应付款""应付票据"等科目。

【例6-1】2025年6月1日，某股份有限公司企业购入一台不需要安装的设备，发票价款40 000元，增值税额5 200元。另支付发生运费700元，增值税额63元，保险费300元。款项以银行存款支付。

会计处理如下：

借：固定资产　　　　　　　　　　　　　　　　　　　　　41 000
　　应交税费——应交增值税（进项税额）　　　　　　　　 5 263
　　贷：银行存款　　　　　　　　　　　　　　　　　　　　46 263

（二）购入需要安装的固定资产

购入需要安装的固定资产，是指企业购入的固定资产需要经过安装以后才能达到预定可使用状态。在会计核算上，企业购入的固定资产以及发生的安装费等均应通过"在建工程"科目核算，待安装完毕达到预定可使用状态时，再由"在建工程"科目转入"固定资产"科目。企业购入固定资产时，按实际支付的成本，借记"在建工程"科目，贷记"银行存款"科目等；发生的安装费等，借记"在建工程"科目，贷记"银行存款""应付职工薪酬"科目等；安装完毕达到预定可使用状态时，按其实际成本作为固定资产的入账价值，借记"固定资产"科目，贷记"在建工程"科目。

【例6-2】A企业购入一台需要安装的生产用设备，发票价款100 000元，增值税额 13 000 元，支付的运杂费 3 800 元，款项已通过银行转账支付。安装时，领取材料物资 6 000 元，安装工人工资 5 000 元。

会计处理如下：

(1) 支付设备价款、税金、运杂费时：

借：在建工程　　　　　　　　　　　　　　　　　　103 800
　　应交税费——应交增值税（进项税额）　　　　　　13 000
　　贷：银行存款　　　　　　　　　　　　　　　　　116 800

(2) 领用安装材料、负担工人工资时：

借：在建工程　　　　　　　　　　　　　　　　　　 11 000
　　贷：原材料　　　　　　　　　　　　　　　　　　 6 000
　　　　应付职工薪酬　　　　　　　　　　　　　　　 5 000

(3) 设备安装完毕交付使用，确定固定资产的入账价值时：

借：固定资产　　　　　　　　　　　　　　　　　　114 800
　　贷：在建工程　　　　　　　　　　　　　　　　　114 800

购入固定资产超过正常信用条件延期支付价款（如分期付款购买固定资产），实质上具有融资性质的，固定资产的成本应以购买价款的现值为基础确定。实际支付的价款与购买价款的现值之间的差额，除按照《企业会计准则第 17 号——借款费用》应予资本化，应当通过在建工程计入固定资产成本的以外，应当在信用期间内确认为财务费用，计入当期损益。其会计处理为：购入固定资产时，按购买价款的现值，借记"固定资产"或"在建工程"科目，按应支付的金额，贷记"长期应付款"科目，按其差额，借记"未确认融资费用"科目（详见融资租赁固定资产）。

以一笔款项购入多项没有单独标价的固定资产，应将各项资产单独确认为固定资产，并按照各项固定资产公允价值比例对总成本进行分配，分别确定各项固定资产的成本。

【例 6-3】A 企业购入甲、乙、丙三台不需要安装的生产用设备，发票价款 1 000 000 元，增值税额 130 000 元，支付的运杂费 50 000 元，款项已通过银行转账支付。该设备的公允价值分别为 600 000 元、500 000 元、400 000 元。

企业购入固定资产的入账价值计算及会计处理如下：

(1 000 000 + 50 000) ÷ (600 000 + 500 000 + 400 000) = 0.7

甲 = 600 000 × 0.7 = 420 000

乙 = 500 000 × 0.7 = 350 000

丙 = 400 000 × 0.7 = 280 000

借：固定资产——甲　　　　　　　　　　　　　　　420 000
　　　　　　　——乙　　　　　　　　　　　　　　　350 000

——丙	280 000
应交税费——应交增值税（进项税额）	130 000
贷：银行存款	1 180 000

二、自行建造的固定资产

企业生产经营所需的固定资产，除了外购等方式取得外，还经常根据生产经营的特殊需要，利用自有的人力、物力条件自行建造固定资产。

自制固定资产是指企业自己制造生产经营所需的机器设备等，如自制特殊需要的车床等。自建固定资产是指企业自行建造房屋、建筑物、各种设施以及进行大型机器设备的安装工程等，也称为在建工程，包括固定资产新建工程、改扩建工程等。

自行建造的固定资产，按建造该项固定资产达到预定可使用状态前发生的必要支出作为入账价值。其包括工程物资成本、人工成本、交纳的相关税费、应予资本化的借款费用以及应分摊的间接费用。测试固定资产可否正常运转而发生的支出属于固定资产达到预定可使用状态前的必要支出，应当计入该固定资产成本。企业将固定资产达到预定可使用状态前产出的产品或副产品对外销售（以下统称试运行销售）的，应当按照《企业会计准则第 14 号——收入》《企业会计准则第 1 号——存货》等规定，对试运行销售相关的收入和成本分别进行会计处理，计入当期损益。

自行建造的固定资产按其实施的方式不同可分为自营建造和出包建造两种，两种方式所建工程都应当按照实际发生的支出确定其工程成本并单独核算。

（一）自营建造的固定资产

企业以自营方式建造固定资产，是指企业自行组织工程物资采购、自行组织施工人员从事工程施工完成固定资产建造。企业自营建造固定资产，应当按照建造该项固定资产达到预定可使用状态前所发生的必要支出确定其工程成本，并单独核算。工程项目较多且支出较大的企业，应当按照工程项目的性质分别核算。

在建工程发生的管理费、征地费、可行性研究费、临时设施费、公证费、监理费、应负担的税费及发生的借款费用满足借款费用准则资本化条件的利息支出等，应当列入"在建工程——待摊支出"科目。

固定资产达到预定可使用状态后剩余的工程物资，如转作库存材料，按其实际成本或计划成本，转作企业的库存材料。若材料可抵扣增值税进项税额，应按减去可抵扣增值税进项税额后的实际成本或计划成本，转作企业的库存材料。盘盈、盘亏、报废、毁损的工程物资，减去保险公司、过失人赔偿部分后的余额，分别按情况处理：如果工程项目尚未达到预定可使用状态，计入或冲减所建工程项目的成本；如果工程项目已达到预定可使用状态，计入当期损益；由于自然灾害等原因造成的单项工程或单位工程报废或毁损，减去残料价值和过失人或保险公司等赔款后的净损失，应当记入"在建工程——待摊支出"科目；在建工程全部报废或毁损的，应按其净损失，记入"营业外支出——非常损失"科目。

工程达到预定可使用状态前进行试负荷联合试车发生的费用，应当记入"在建工程——待摊支出"科目；试车形成的产品对外销售或转为库存商品的，借记"银行存款""库存商品"等科目，贷记"在建工程——待摊支出"科目。上述事项涉及增值税的，应结转相应的增值税额。

工程达到预定可使用状态后，应计算分配待摊支出，借记"在建工程——××工程"科目，贷记"在建工程——待摊支出"科目；结转在建工程成本时，按其发生的实际成本结转企业的固定资产成本。

所建造的固定资产已达到预定可使用状态，但尚未办理竣工决算的，应当自达到预定可使用状态之日起，根据工程预算、造价或者工程实际成本等，按暂估价值转入固定资产，并按有关计提固定资产折旧的规定，计提固定资产折旧。待办理竣工结算手续后再做调整，但不需要调整原已计提的折旧额。

【例6-4】A企业自行建造仓库一幢，购入为工程准备的物资400 000元，支付的增值税52 000元，全部用于该项工程；另领用生产用原材料一批，实际成本30 000元，增值税3 900元；支付工程人员工资80 000元，企业辅助生产车间为工程提供有关劳务支出5 000元，工程完工达到预定可使用状态交付使用。相关增值税专用发票已取得，为简化核算，假设可以当期一次抵扣。

有关会计处理如下：

(1) 借：工程物资　　　　　　　　　　　　　　　400 000
　　　　应交税费——应交增值税（进项税额）　　 52 000
　　　　贷：银行存款　　　　　　　　　　　　　　　　452 000
(2) 借：在建工程——仓库　　　　　　　　　　　400 000
　　　　贷：工程物资　　　　　　　　　　　　　　　　400 000
(3) 借：在建工程——仓库　　　　　　　　　　　 30 000
　　　　贷：原材料　　　　　　　　　　　　　　　　　 30 000
(4) 借：在建工程——仓库　　　　　　　　　　　 80 000
　　　　贷：应付职工薪酬　　　　　　　　　　　　　　 80 000
(5) 借：在建工程——仓库　　　　　　　　　　　　5 000
　　　　贷：生产成本——辅助生产成本　　　　　　　　　5 000
(6) 借：固定资产　　　　　　　　　　　　　　　515 000
　　　　贷：在建工程——仓库　　　　　　　　　　　　515 100

企业按照国家规定提取的安全生产费，应当计入相关产品的成本或当期损益，同时计入"专项储备"科目。企业使用提取的安全生产费时，属于费用性支出的，直接冲减"专项储备"科目。企业使用提取的安全生产费形成固定资产的，应当通过"在建工程"科目归集所发生的支出，待安全项目完工达到预定可使用状态时确认为固定资产；同时，按照形成固定资产的成本冲减"专项储备"科目，并确认相同金额的累计折旧。该固定资产在以后期间不再计提折旧。"专项储备"科目期末余额在资产负债表所有者权益项下的"专项储备"项目反映。企业提取的维修费等其他具有类似性质的费用，比照安全生产费的原则进行出包方式建造固定资产会计处理。

（二）出包建造的固定资产

企业以出包方式建造固定资产，其成本由建造该固定资产达到预定可使用状态前所发生的必要支出构成，包括发生的建筑工程支出、安装工程支出，以及需要分摊计入各固定资产价值的待摊支出。待摊支出，是指在建设期间发生的、不能直接计入某项固定资产价值，而应由所建造固定资产共同负担的相关费用，包括管理费、可行性研究费用、临时设施费、公证费、监理费、应负担的税金、符合资本化条件的借款费用、建设期间发生的工程物资盘亏、报废及毁损净损失等。

在出包方式下，"在建工程"科目主要是企业与建造承包商办理工程价款的结算科目，企业支付给建造承包商的工程价款，作为工程成本通过"在建工程"科目核算。企业应按合理估计的工程进度和合同规定结算的进度款，借记"在建工程——建筑工程（××工程）"科目，贷记"银行存款""预付账款"等科目；工程完成时，按合同规定补付的工程款，借记"在建工程——安装工程（××工程）"科目，贷记"银行存款"等科目；企业将需要安装设备运抵现场安装时，借记"在建工程——在安装设备（××设备）"科目，贷记"工程物资——××设备"科目；企业为建造固定资产发生的待摊支出，借记"在建工程——待摊支出"科目，贷记"银行存款""应付职工薪酬""长期借款"等科目；工程完工交付使用时，按实际发生的全部支出，借记"固定资产"科目，贷记"在建工程××工程"科目。

【例6-5】 A企业与B企业订立合同，A企业要求B企业承建一仓库，承包价款500 000元，合同约定：A企业预付400 000元，工程完工收到B企业账单时付清款项。验收合格后交付使用。

A企业会计处理如下：

（1）借：预付账款　　　　　　　　　　　　　　400 000
　　　　贷：银行存款　　　　　　　　　　　　　　　400 000
（2）借：在建工程——仓库　　　　　　　　　　400 000
　　　　贷：预付账款　　　　　　　　　　　　　　　400 000

(3) 借：在建工程——仓库　　　　　　　　　　　100 000
　　　贷：银行存款　　　　　　　　　　　　　　　　　100 000
(4) 借：固定资产　　　　　　　　　　　　　　　500 000
　　　贷：在建工程——仓库　　　　　　　　　　　　　500 000

三、投资者投入的固定资产

企业接受其他投资者投资转入的房屋、机器设备等固定资产，一方面反映本企业固定资产的增加，另一方面反映投资者投资额的增加。投资者投入固定资产的成本，应当按照投资合同或协议约定的价值加上应支付的相关税费作为固定资产的入账价值，但合同或协议约定价值不公允的除外。在投资合同或协议约定价值不公允的情况下，按照该项固定资产的公允价值作为入账价值。企业收到投入的固定资产，应当借记"固定资产"科目，贷记"实收资本""股本"等科目。

【例6-6】甲企业收到乙企业投入的固定资产一台，乙企业记录的该固定资产的账面原价为 20 000 元，已提折旧 2 000 元。A 企业接受投资时，聘请资产评估师对该固定资产进行评估，评估结果为：资产原价为 22 000 元，净值为 19 000 元，双方同意以评估净值确认投资额。

A 企业会计处理如下：

借：固定资产　　　　　　　　　　　　　　　　　19 000
　　贷：实收资本　　　　　　　　　　　　　　　　　　19 000

四、非货币性交易换入的固定资产

非货币性交易（Non-monetary transactions），是指交易双方以非货币性资产进行的交换，这种交换不涉及或只涉及少量的货币性资产。以非货币性资产交换方式取得的固定资产，其入账价值在考虑非货币性资产交换是否具有商业实质以及换入或换出资产的公允价值能否可靠计量的情况下，分两种情况进行处理：

第一，非货币性资产交换具有商业实质，而且换入资产或换出资产公允价值能够可靠计量时，换入的固定资产应当以换出资产公允价值为基础，再加上应支付的相关税费之和作为换入固定资产成本（入账价值）。但是，如果有确凿的证据表明换入固定资产的公允价值更为可靠，则应以换入固定资产的公允价值为基础进行计价。换出资产公允价值与换出资产账面价值的差额计入当期损益。

第二，非货币性资产交换不具有商业实质，而且换入资产或换出资产公允价值不能可靠计量时，应当以换出资产的账面价值和应支付的相关税费之和作为换入固定资产的初始计量金额，换出资产终止确认时不确认损益。

在确定涉及补价的交易是否为非货币性交易时，收到补价的企业，应当按照收到的补价占换出资产公允价值的比例等于或低于25%确定；支付补价的企业，应当按照支付的补价占换出资产公允价值加上支付的补价之和的比例等于或低于25%确定。

以非货币性交易换入的固定资产的会计处理，需要区分涉及补价与否进行相应的会计处理（参见第十三章）。

五、债务重组方式换入的固定资产

企业通过债务重组，即在不改变交易对手方的情况下，经债权人和债务人协定或法院裁定，就清偿债务的时间、金额或方式等重新达成协议的交易取得的固定资产，应当按照受让固定资产的成本计量。固定资产的成本以企业放弃债权的公允价值为计量基础，具体内容包括放弃债权的公允价值以及使该资产达到预定可使用状态前所发生的可直接归属于该资产的税金、运输费、装卸费、安装费、专业人员服务费等其他成本。确定固定资产成本时，应当考虑预计弃置费用因素。债权人因债务重组而放弃债权的公允价值与其账面价值之间的差额，应当计入"投资收益"。

债权人受让多项非金融资产，或者包括金融资产、非金融资产在内的多项资产的，应当按照《企业会计准则第 22 号——金融工具确认和计量》的规定确认和计量受让的金融资产；按照受让的金融资产以外（固定资产）的各项资产在债务重组合同生效日的公允价值比例，对放弃债权在合同生效日的公允价值扣除受让金融资产当日公允价值后的净额进行分配，并以此为基础分别确定各项资产的成本。放弃债权的公允价值与账面价值之间的差额，记入"投资收益"科目。

六、租入的固定资产

企业租入固定资产，尽管从法律形式上资产的所有权在租赁期间仍然属于出租方，但由于资产租赁期间基本上包括资产的有效使用年限，承租企业实质上获得了租赁资产所提供的主要经济利益，同时承担与资产有关的风险。符合租赁准则的核算范围的，应单独设置"使用权资产"科目核算。在租赁期开始日，承租人应当按照成本对使用权资产进行初始计量。该成本包括下列四项：（1）租赁负债的初始计量金额。（2）在租赁期开始日或之前支付的租赁付款额；存在租赁激励的，应扣除已享受的租赁激励相关金额。（3）承租人发生的初始直接费用。（4）承租人为拆卸及移除租赁资产、复原租赁资产所在场地或将租赁资产恢复至租赁条款约定状态预计将发生的成本。租赁付款额，是指承租人向出租人支付的与在租赁期内使用租赁资产的权利相关的款项。另外，设置"租赁负债——租赁付款额""租赁负债——未确认融资费用"两个科目来确认租赁负债，即租赁期开始日尚未支付的租赁付款额的现值。涉及发生的初始直接费用贷方设置"银行存款",若资产涉及预计将发生的拆卸、复原,贷方设置"预计负债"。

承租人应当采用成本模式对使用权资产进行后续计量,即以成本减累计折旧及累计减值损失计量使用权资产。承租人应当参照《企业会计准则第4号——固定资产》有关折旧规定,自租赁期开始日起对使用权资产计提折旧。在租赁期开始日后,承租人应当按照《企业会计准则第8号——资产减值》的规定,确定使用权资产是否发生减值,并对已识别的减值损失进行会计处理。使用权资产发生减值的,按应减记的金额,借记"资产减值损失"科目,贷记"使用权资产减值准备"科目。

七、接受捐赠的固定资产

企业接受捐赠,应按以下规定确定其入账价值:

(1) 捐赠方提供了有关凭据(如发票、报关单、有关协议)的,按凭据上标明的金额加上应支付的相关税费,作为入账价值。

(2) 捐赠方未提供有关凭据的,按同类或类似固定资产的市场价格估计的金额,加上应当支付的相关税费,作为入账价值;若没有同类或类似活跃市场,按该捐赠固定资产的预计未来现金流量现值确定。

(3) 如果受赠的为旧的固定资产,按照上述方法确认的固定资产原价,减去按该项资产的新旧程度估计的价值损耗后的余额,作为入账价值。

企业接受捐赠的固定资产,应按公允价值借记"固定资产""应交税费——应交增值税"科目,贷记"营业外收入——捐赠利得""银行存款"等科目。

【例6-7】A企业接受一台全新专用设备的捐赠,捐赠者提供的有关价值凭证上标明的价格为117 000元,应交增值税为15 210元,办理产权过户手续时支付相关税费2 900元。

借:固定资产　　　　　　　　　　　　　　　　119 900
　　应交税费——应交增值税(进项税额)　　　 15 210
　　贷:营业外收入——捐赠利得　　　　　　　　132 210
　　　　银行存款　　　　　　　　　　　　　　　2 900

八、固定资产的盘盈

企业在固定资产清查中盘盈固定资产,作为前期差错处理,在按管理权限报经批准处理前,应通过"以前年度损益调整"科目核算,处理时,再转入有关科目。对于在清查中盘盈的固定资产,企业应按重置成本确定固定资产的入账价值。借记"固定资产"科目,贷记"以前年度损益调整"科目。同时借记"以前年度损益调整"科目,贷记"盈余公积""利润分配——未分配利润"科目。

九、存在弃置费用的固定资产

若固定资产存在弃置义务的,应在取得固定资产时,按预计弃置费用的现值增加固定资产的成本。弃置费用通常是指根据国家法律和行政法规、国际公约等规定,企业承担的环境保护和生态恢复等义务所确定的支出,如核电站核设施等的弃置和恢复环境义务等。弃置费用的金额与其现值比较通常较大,需要考虑货币时间价值。企业应当根据《企业会计准则第 13 号——或有事项》的规定,按照现值计算确定应计入固定资产成本的金额和相应的预计负债。在固定资产的使用寿命内按照预计负债的摊余成本和实际利率计算确定的利息费用应当在发生当年计入财务费用。油气资产的弃置费用,应当按照《企业会计准则第 27 号——石油天然气开采》及其应用指南的规定处理。不属于弃置义务的固定资产报废清理费,应当在发生时作为固定资产处置费用处理。

固定资产存在弃置义务的,应在取得固定资产时,按预计弃置费用的现值,借记"固定资产"科目,贷记"预计负债"科目。在该项固定资产的使用寿命内,按弃置费用计算确定各期应负担的利息费用,借记"财务费用"科目,贷记"预计负债"科目。

【例 6-8】A 公司经国家批准于 2025 年 1 月 1 日建造完成核电站核反应堆并交付使用,建造成本为 500 000 万元,预计使用寿命 40 年。该反应堆将会对当地生态环境产生一定的影响,预计发生弃置费用 50 000 万元。假定适用的折现率为 10%。

(1) 核反应堆属于特殊行业的特定固定资产,确定其成本时应考虑弃置费用。

2025 年 1 月 1 日,弃置费用的现值 = 50 000 × (P/F, 10%, 40)
$$= 50\ 000 \times 0.022\ 1 = 1\ 105\ (万元)$$

固定资产的成本 = 500 000 + 1 105 = 501 105 (万元)

借:固定资产——××核反应堆　　　　　　　　501 105
　　贷:在建工程——××核反应堆　　　　　　　　500 000
　　　　预计负债——××核反应堆——弃置费用　　1 105

(2) 计算第一年应负担的利息费用 = 1 105 × 10% = 110.5 (万元)

借:财务费用　　　　　　　　　　　　　　　　110.5
　　贷:预计负债——××核反应堆——弃置费用　　110.5

第三节　固定资产折旧

固定资产折旧(Depreciation)是指在固定资产的使用寿命内,按照确定的方法对应计提折旧额进行的系统分摊。应计折旧额，是指应当计提折旧的固定资产的原价扣除其预计净残值后的金额。已计提减值准备的固定资产，还应当扣除已计提的固定资产减值准备累计金额。预计净残值，是指假定固定资产预计使用寿命已满并处于使用寿命终了时的预期状态，企业目前从该项资产处置中获得的扣除预计处置费用后的金额。

在计算固定资产应计折旧额时，必须考虑影响固定资产计提折旧的因素，即，固定资产的原价、固定资产的预计净残值、固定资产预计使用寿命、已计提的固定资产减值准备累计金额等。企业在确定固定资产的使用寿命时，主要应考虑下列因素：（1）该资产的预计生产能力或实物产量；（2）该资产的有形损耗，如设备使用中发生磨损、房屋建筑物受到自然侵蚀等；（3）该资产的无形损耗，如因新技术的出现而使现有的资产技术水平相对陈旧、市场需求变化使产品过时等；（4）法律或者类似规定对资产使用的限制。

固定资产的使用寿命、预计净残值一经确定，不得随意变更。但是，存在下列情况下可以变更：（1）固定资产使用寿命预计数与原先估计数有差异的，应当调整固定资产使用寿命；（2）预计净残值预计数与原先估计数有差异的，应当调整预计净残值。

一、固定资产的折旧范围和时间

（一）固定资产的折旧范围

根据《企业会计准则第4号——固定资产》的规定，企业应当对所有固定资产计提折旧。但是，已提足折旧仍继续使用的固定资产和单独计价入账的土地除外。

（二）固定资产的折旧时间

企业应当按月计提固定资产折旧，并根据用途分别计入相关资产的成本或当期费用。固定资产应自达到预定可使用状态时开始计提折旧，终止确认时或划分为持有待售非流动资产时停止计提折旧。闲置状态或处于退出活跃的使用状态的固定资产仍应计提折旧。企业在实际计提固定资产折旧时，应按月初固定资产账面状况提折旧。即当月增加的固定资产，当月不计提折旧，从下月起计提折旧；当月减少的固定资产，当月仍计提折旧，从下月起停止计提折旧。

固定资产提足折旧后，不论能否继续使用，均不再计提折旧；提前报废的固定资产，也不再补提折旧。

在计提固定资产折旧时，应特别注意以下几点：

（1）已达到预定可使用状态但尚未办理竣工决算的固定资产，应当按照估计价值确定其成本，并计提折旧；待办理竣工决算后，再按实际成本调整原来的暂估价值，但不需要调整原已计提的折旧额。

(2) 处于修理、更新改造过程而停止使用的固定资产，符合固定资产的确认条件的，应当转入在建工程，停止计提折旧；不符合固定资产的确认条件的，不应转入在建工程，照提折旧。

(3) 符合固定资产的确认条件的装修费用，应当在两次装修期间与固定资产剩余使用寿命两者中较短的期间内计提折旧。

(4) 固定资产的各组成部分具有不同使用寿命或者以不同方式为企业提供经济利益，适用不同折旧率或折旧方法的，应当分别将各组成部分确认为单项固定资产。

二、固定资产折旧方法

企业应当根据与固定资产有关的经济利益的预期消耗方式合理选择折旧方法。可选用的方法有年限平均法、工作量法、双倍余额递减法和年数总和法等。根据《企业会计准则解释第10号——关于以使用固定资产产生的收入为基础的折旧方法》的规定，企业不应以包括使用固定资产在内的经济活动所产生的收入为基础进行折旧，因为收入可能受到投入、生产过程、销售等因素的影响，这些因素与固定资产有关经济利益的预期消耗方式无关。

除非固定资产包含的经济利益的预期消耗方式有重大改变，则应当相应改变固定资产折旧方法外，折旧方法一经选定，不得随意调整。折旧方法不同，应计折旧额的各期分摊额就不同，各期资产的计价就有区别，各期损益的确定和应缴税额的计算也不同。这既涉及资产和损益的报告，也事关所得税的申报。

(一) 年限平均法 (Straight–Line Method)

年限平均法，是将固定资产的应计折旧额在固定资产整个预计使用寿命内平均分摊的折旧方法，也称直线法，采用这种方法计算的每期折旧额均相等。有关的计算公式：

年折旧率 = (1 - 预计净残值率)/预计使用寿命 × 100%

月折旧率 = 年折旧率 ÷ 12

月折旧额 = 固定资产原价 × 月折旧率

年限平均法计提固定资产折旧计算比较简单，但它也存在局限性。首先，固定资产在不同使用年限提供的经济效益是不同的。一般来讲，固定资产在其使用前期工作效率相对较高，带来的经济利益也相对较多，而在后期，带来的经济利益会相对减少。而年限平均法不予考虑，这是不合理的。其次，固定资产在不同的使用年限发生的维修费用也不一样。固定资产的维修费用将随着其使用年限的延长而增加，而年限平均法对此也没有考虑。

【例6-9】A企业2023年12月25日投入一台机器设备用于生产，该设备原始价值100 000元，预计使用寿命为5年，预计净残值率为5%，按年限平均法计提折旧。

2024 年计提折旧会计处理如下：

借：制造费用　　　　　　　　　　　　　　　　　　　　　19 000
　　贷：累计折旧　　　　　　　　　　　　　　　　　　　　　19 000

假如由于技术因素的原因，已不能按原定使用寿命计提折旧，2025 年 1 月 1 日，该设备的尚可使用寿命为 2 年，预计净残值 5 000 元，所得税率为 25%。

从 2025 年 1 月 1 日起年折旧额及会计处理：

(100 000 - 19 000 - 5 000)/2 = 38 000（元）

借：制造费用　　　　　　　　　　　　　　　　　　　　　38 000
　　贷：累计折旧　　　　　　　　　　　　　　　　　　　　　38 000

上述会计估计变更使 2025 年度净利润减少 14 250[(38 000 - 19 000) × (1 - 25%)] 元，应将此项会计估计变更在会计报表附注中披露。

（二）工作量法（Units of Production Method）

工作量法是根据实际工作量计算每期应计提折旧额的一种方法。其计算公式为：

单位工作量折旧额 = 固定资产原价 × (1 - 预计净残值率)/预计总工作量

某项固定资产月折旧额 = 该项固定资产当月工作量 × 单位工作量折旧额

工作量法假定固定资产价值的降低不是由于时间的推移，而是由于使用。对于在使用期内工作量负担程度差异大，提供的经济效益不均衡的固定资产而言，特别是在有形磨损比经济折旧更为重要的情况下，工作量法的这一假定是合理的。但是，工作量法把有形损耗看作是引起固定资产折旧的唯一因素，而忽略了无形损耗的客观存在，固定资产即使不使用也会发生折旧。

（三）双倍余额递减法（Double declining balance method—DDB）

双倍余额递减法，是以固定资产的期初账面净值为折旧基数、以直线法折旧率的双倍（不考虑净残值）作折旧率来计算各期折旧额的方法。其计算公式为：

年折旧率 = 2 ÷ 预计使用寿命（年）× 100%

月折旧率 = 年折旧率 ÷ 12

月折旧额 = 固定资产净值 × 月折旧率

采用双倍余额递减法计提折旧时，每年年初固定资产净值没有扣除预计净残值，因此，应注意不能使固定资产的净值降到其预计净残值以下，通常在折旧年限到期前两年内，将固定资产净值扣除预计净残值后的余额平均摊销。

【例 6-10】某项固定资产，原值为 10 000 元，预计使用寿命为 5 年，预计净残值为 200 元。按双倍余额递减法计提折旧，每年的折旧额计算如下：

双倍直线折旧率 = 2/5 × 100% = 40%

第一年应提折旧额 = 10 000 × 40% = 4 000（元）

第二年应提折旧额 =（10 000 - 4 000）×40% = 2 400（元）

第三年应提折旧额 =（6 000 - 2 400）×40% = 1 440（元）

从第四年起改按年限平均法（直线法）计提折旧。第四年、第五年的年折旧额为 980[（2 160 - 200）÷2]元。

（四）年数总和法（Sum - of - the - years digits method）

年数总和法，是将固定资产的原价减去预计净残值的余额乘以一个以固定资产尚可使用寿命为分子、以预计使用寿命逐年数字之和为分母的逐年递减的分数计算每年的折旧额。其计算公式为：

年折旧率 = 尚可使用寿命/预计使用寿命的年数总和 ×100%

月折旧率 = 年折旧率÷12

月折旧额 =（固定资产原价 - 预计净残值）× 月折旧率

【例 6 - 11】某项固定资产原值为 50 000 元，预计使用寿命为 5 年，预计净残值为 2 000 元。按年数总和法计提折旧，每年的折旧额计算如表 7 - 1 所示。

表 7 - 1　　　　　　　　　　　　　　　　　　　　　　　　　　　单位：元

年份	尚可使用寿命	原值 - 净残值	变动折旧率	每年折旧额	累计折旧
1	5	48 000	5/15	16 000	16 000
2	4	48 000	4/15	12 800	28 800
3	3	48 000	3/15	9 600	38 400
4	2	48 000	2/15	6 400	44 800
5	1	48 000	1/15	3 200	48 000

（五）固定资产折旧的会计处理

固定资产应当按月计提折旧，计提的折旧应通过"累计折旧"科目核算，并根据用途计入相关资产的成本或者当期损益。

（1）企业基本生产车间所使用的固定资产，其计提的折旧应计入制造费用。

（2）管理部门所使用的固定资产，其计提的折旧应计入管理费用。

（3）销售部门所使用的固定资产，其计提的折旧应计入销售费用。

（4）自行建造固定资产过程中使用的固定资产，其计提的折旧应计入在建工程成本。

（5）经营租出的固定资产，其计提的折旧应计入其他业务成本。

（六）各种折旧方法的比较

采用加速折旧法（例如，双倍余额递减法、年数总和法）后，在固定资产使用的早期多提折旧，后期少提折旧，其递减的速度逐年加快。加快折旧速度，目的是使固定资产成本在估计耐用寿命内加快得到补偿，企业早期确认的利润比晚期确认的利润少，早期少交所得税，现金流出量比晚期少。

选择不同的折旧方法对各期成本费用及利润的影响是不同的，直线法折旧是假设由时间推移所造成的陈旧的损耗不是由使用所造成的有形磨损，而是认为资产服务潜力的降低在各个会计期间是等量的，也就是说，不管资产的服务程度如何，各会计期间所损耗的服务总成本是相等的。因而它对各期的利润影响是相对平衡的。

工作量法是根据工作的产量或劳动的完成程度来计算的，它由产量或劳动服务所造成的陈旧的损耗是因使用所造成的有形磨损，因而认为资产服务潜力的降低在各个会计期间是不相等的，产量或劳动服务量越高，折旧额也是越高的。

加速折旧法在不考虑利息或资本成本的情况下，每年的服务贡献额是逐渐递减，以剩余服务价值的现值来表示的资产价值在早期降低较多，而在后期则降低较少，修理维护费用逐渐递增，收入逐渐递减，利润相对平衡。

企业至少应当于每年年度终了，对固定资产的使用寿命、预计净残值和折旧方法进行复核。使用寿命预计数与原先估计数有差异的，应当调整固定资产使用寿命。预计净残值预计数与原先估计数有差异的，应当调整预计净残值。与固定资产有关的经济利益预期消耗方式有重大改变的，应当改变固定资产折旧方法。固定资产使用寿命、预计净残值和折旧方法的改变应当作为会计估计变更。

第四节　固定资产后续支出的核算

固定资产的后续支出是指固定资产在使用过程中发生的更新改造支出、修理费用等。企业的固定资产投入使用后，为了适应新技术发展的需要，或者为维护或提高固定资产的使用效能，往往需要对现有固定资产进行维护、改建、扩建或者改良。

固定资产的更新改造等后续支出，满足固定资产确认条件的，应当计入固定资产成本，如有被替换的部分，应扣除其账面价值；不满足固定资产确认条件的修理费用等，应当在发生时计入当期损益。

一、后续支出资本化或费用化的原则

在具体会计实务中，对于固定资产发生的下列各项后续支出，通常的处理方法为：

1. 固定资产修理费用，不符合固定资产确认条件的，应当直接计入当期费用，不得采用预提或待摊方式处理。
2. 固定资产改良支出，满足固定资产确认条件的，计入固定资产的成本。

3. 如果不能区分是固定资产修理还是固定资产改良，或者固定资产修理和固定资产改良结合在一起，则企业应按上述原则进行判断，其发生的后续支出，分别计入固定资产价值或者计入当期费用。

4. 融资租赁方式租入的固定资产发生的固定资产后续支出，比照上述原则处理。发生的固定资产装修费用，符合上述原则可予资本化的，应在两次装修期间、剩余租赁期与固定资产尚可使用年限三者中较短的期间内，采用合理的方法单独计提折旧。

5. 经营租赁方式租入的固定资产发生的固定资产改良支出，应单设"长期待摊费用"科目核算，并在剩余租赁期与租赁资产尚可使用年限两者中较短的期间内，采用合理的方法单独计提折旧。

二、资本化的后续支出

企业通过对厂房进行改建、扩建而使其更加坚固耐用，延长了厂房等固定资产的使用寿命；企业通过对设备的改建，提高了其单位时间内产品的产出数量，提高了机器设备等固定资产的生产能力；企业通过对车床的改良，大大提高了其生产产品的精确度，实现了企业产品的更新换代等；企业通过对生产线的改良，促使其大大降低了产品的成本，提高了企业产品的价格竞争力等，通常都表明后续支出提高了固定资产原定的创利能力。根据企业会计准则的规定，在对固定资产发生后续支出的过程中，如果后续支出满足固定资产的确认条件，则应当计入固定资产账面价值。

在对固定资产发生可资本化的后续支出时，企业应将该固定资产的原价、已计提的累计折旧和减值准备转销，将固定资产的账面价值转入在建工程，并在此基础上重新确定固定资产原价。当固定资产转入在建工程，应停止计提折旧。在固定资产发生的后续支出完工并达到预定可使用状态时，再从在建工程转为固定资产，并按重新确定的固定资产原价、使用寿命、预计净残值和折旧方法计提折旧。

【例6-12】迅驰汽车集团于2022年12月购入一条自动化生产线，总成本2 000万元（含核心设备价值350万元），公司未对核心设备单独核算。2025年年末，为提升生产效率，公司决定更换新型核心设备。新设备采购价420万元，安装费5.1万元。已知生产线年折旧率3%，不考虑税费，请完成下列账务处理。

（1）2026年初生产线转在建工程：

累计折旧 = 2 000 × 3% × 3 = 180（万元）

固定资产净值 = 2 000万 - 180万 = 1 820（万元）

借：在建工程——生产线改造　　　　　　　　　　　18 200 000

　　累计折旧　　　　　　　　　　　　　　　　　　1 800 000

贷：固定资产——生产线　　　　　　　　　　　　　　　　20 000 000

（2）安装新核心设备：

新设备成本 = 420 万 + 5.1 万 = 425.1（万元）

　　借：在建工程——生产线改造　　　　　　　　　　　　　　 4 251 000
　　　　贷：工程物资——核心设备　　　　　　　　　　　　　 4 200 000
　　　　　　银行存款　　　　　　　　　　　　　　　　　　　　　51 000

（3）终止确认旧设备：

旧设备账面价值 = 350 万 −（350 万 × 3% × 3 年）= 350 万 − 31.5 万 = 318.5（万元）

（按原值比例分摊折旧：350/2 000 = 17.5%，累计折旧 = 180 万 × 17.5% = 31.5 万）

　　借：营业外支出　　　　　　　　　　　　　　　　　　　　 3 185 000
　　　　贷：在建工程——生产线改造　　　　　　　　　　　　 3 185 000

（4）改造完毕转入固定资产，新资产价值 = 1 820 万 + 425.1 万 − 318.5 万 = 1 926.6（万元）

　　借：固定资产——生产线　　　　　　　　　　　　　　　　19 266 000
　　　　贷：在建工程——生产线改造　　　　　　　　　　　　19 266 000

三、费用化的后续支出

如果固定资产的后续支出不符合固定资产确认的条件，则应在发生时直接计入当期损益，不通过预提或者待摊的方式进行核算。例如，固定资产大修理等维护性支出，通常就属于这种情况。

【例 6 − 13】 2025 年 1 月 1 日，A 企业管理部门的复印机委托专业修理厂进行经常性修理，支付修理费 1 136 元，用银行存款转账支付。

A 企业会计处理如下：

　　借：管理费用　　　　　　　　　　　　　　　　　　　　　　　1 136
　　　　贷：银行存款　　　　　　　　　　　　　　　　　　　　　 1 136

第五节　固定资产终止确认的核算

根据《企业会计准则第 42 号——持有待售的非流动资产、处置和终止经营》的规定，终止经营，是指企业满足下列条件之一的、能够单独区分的组成部分，且该组成部分已经处置或划分为持有待售类别：（1）该组成部分代表一项独立的主要业务或一个单独的主要经营地区；（2）该组成部分是拟对一项独立的主要业务或一个单独的主要经营地区进行处置的一项相关计划的一部分；（3）该组成部分是专为转售而取得的子公司。

一、报废、出售或毁损的固定资产

企业因调整经营方针或因考虑技术进步等因素，可以将不需用的固定资产出售给其他企业。固定资产的报废、毁损有两种情况：一种情况是正常报废、毁损，包括由于固定资产长期使用发生损耗不能继续使用而报废、毁损，也包括由于社会技术进步必须以先进设备代替落后设备而提前报废、毁损；另一种情况是非正常报废、毁损，主要是指由于火灾、水灾、地震等自然灾害和责任事故而使固定资产报废，毁损。其会计核算与固定资产出售的会计核算基本相同。

出售、报废和毁损等原因减少的固定资产，会计核算一般可以分为以下几步：

第一步，固定资产转入清理。企业出售、报废和毁损的固定资产转入清理时，按减少的固定资产净值，借记"固定资产清理"科目，按已提的累计折旧，借记"累计折旧"科目，按已计提的减值准备，借记"固定资产减值准备"科目，按固定资产原价，贷记"固定资产"科目。

第二步，发生的清理费用。固定资产清理过程中发生的清理费用以及应交的税费，也应记入"固定资产清理"科目，按实际发生的清理费用以及应交的税费，借记"固定资产清理"科目，贷记"银行存款""应交税费"等科目。

第三步，出售收入和残料等的处理。企业收回出售固定资产的价款、报废固定资产的残料价值和变价收入等，应冲减清理支出，按实际收到的出售价款及残料变价收入等，借记"银行存款""原材料"等科目，贷记"固定资产清理"科目。

第四步，保险赔偿的处理。企业计算或收到的应由保险公司或过失人赔偿的报废、毁损固定资产的损失时，应冲减清理支出，借记"银行存款""其他应收款"等科目，贷记"固定资产清理"科目。

第五步，清理净损益的处理。固定资产清理后的净收益，属于生产经营期间的，计入当期损益，借记"固定资产清理"科目，贷记"资产处置损益"科目。固定资产清理后的净损失，属于生产经营期间的正常损失，计入当期损益，借记"资产处置损益"科目，贷记"固定资产清理"科目；属于生产经营期间的非正常损失，计入当期损益，借记"营业外支出——非正常损失"科目，贷记"固定资产清理"科目。

自2009年1月1日起，一般纳税人销售自己使用过的2009年1月1日以后购进或者自制的固定资产，按照适用税率征收增值税，全面"营改增"后，房屋、建筑物等不动产的销售，以及企业整体转让的固定资产征收增值税。销售已使用过的固定资产在销售额无法确定时，以固定资产净值为销售额。

【例6-14】A公司2025年7月1日出售一台闲置设备，该设备2022年购入，账面原始价值200 000元，已提折旧110 000元；取得出售价款70 000元。现金支付有关费用500元。该设备已计提减值准备10 000元。该企业为一般纳税人。

A公司会计处理如下：

（1）固定资产转入清理：

借：固定资产清理　　　　　　　　　　　　　　　80 000
　　累计折旧　　　　　　　　　　　　　　　　　110 000
　　固定资产减值准备　　　　　　　　　　　　　 10 000
　　贷：固定资产　　　　　　　　　　　　　　　200 000

（2）收到出售价款：

借：银行存款　　　　　　　　　　　　　　　　　79 100
　　贷：固定资产清理　　　　　　　　　　　　　 70 000
　　　　应交税费——应交增值税（销项税额）　　　9 100

（3）支付有关费用：

借：固定资产清理　　　　　　　　　　　　　　　　 500
　　贷：库存现金　　　　　　　　　　　　　　　　 500

（4）结转固定资产清理净损益：

借：资产处置损益　　　　　　　　　　　　　　　 10 500
　　贷：固定资产清理　　　　　　　　　　　　　 10 500

二、捐赠转出的固定资产

捐赠转出的固定资产，应按固定资产净值，借记"固定资产清理"科目，按该项固定资产已提的累计折旧，借记"累计折旧"科目，按该项固定资产已提的减值准备，借记"固定资产减值准备"科目，按该项固定资产账面原值，贷记"固定资产"科目。按捐赠转出的固定资产应交的相关税费，借记"固定资产清理"科目，贷记"银行存款""应交税费"等科目。按"固定资产清理"科目的余额，借记"营业外支出——捐赠支出"科目，贷记"固定资产清理"科目。

三、盘亏的固定资产

盘亏的固定资产，按其账面价值，借记"待处理财产损溢——待处理固定资产损溢"科目，按已提累计折旧，借记"累计折旧"科目，按该项固定资产已计提的减值准备，借记"固定资产减值准备"科目，按固定资产账面原值，贷记"固定资产"科目。待批准后,再将短缺毁损固定资产的账面净值自"待处理财产损溢——待处理固定资产损溢"科目的贷方转入"营业外支出——固定资产盘亏"科目的借方。如有属于责任人赔偿的,应将赔偿款部分记入"其他应收款"科目的借方。

四、持有待售固定资产

固定资产划分为持有待售类别,应当同时满足下列条件:(1)根据类似交易中出售此类资产或处置组的惯例,在当前状况下即可立即出售;(2)出售极可能发生,即企业已经就一项出售计划作出决议且获得确定的购买承诺,预计出售将在一年内完成。有关规定要求企业相关权力机构或者监管部门批准后方可出售的,应当已经获得批准。确定的购买承诺,是指企业与其他方签订的具有法律约束力的购买协议,该协议包含交易价格、时间和足够严厉的违约惩罚等重要条款,使协议出现重大调整或者撤销的可能性极小。

企业的固定资产被划分为持有待售类别时,按固定资产账面价值,借记"持有待售资产"科目,按已计提的累计折旧,借记"累计折旧"科目,按计提的减值准备,借记"固定资产减值准备"科目,按固定资产账面余额,贷记"固定资产"科目。划分日按减值的金额,借记"资产减值损失"科目,贷记"持有待售资产减值准备"科目。

企业初始计量或在资产负债表日重新计量持有待售的非流动资产或处置组时,其账面价值高于公允价值减去出售费用后的净额的,应当将账面价值减记至公允价值减去出售费用后的净额,减记的金额确认为资产减值损失,计入当期损益,同时计提持有待售资产减值准备。

持有待售的非流动资产或处置组中的非流动资产不应计提折旧或摊销,持有待售的处置组中负债的利息和其他费用应当继续予以确认。

非流动资产或处置组因不再满足持有待售类别的划分条件而不再继续划分为持有待售类别或非流动资产从持有待售的处置组中移除时,应当按照以下两者孰低计量:(1)划分为持有待售类别前的账面价值,按照假定不划分为持有待售类别情况下本应确认的折旧、摊销或减值等进行调整后的金额;(2)可收回金额。

五、其他方式转出固定资产

企业通过投资、非货币性资产交换、债务重组抵债、无偿调出等方式转出固定资产,需要遵循《企业会计准则第20号——企业合并》《企业会计准则第2号——长期股权投资》《企业会计准则第7号——非货币性资产交换》《企业会计准则第12号——债务重组》等准则,不在本章内容范围。

六、固定资产减值（Devalue）

固定资产减值，是指固定资产的可收回金额低于其账面价值。可收回金额应当根据固定资产的公允价值减去处置费用后的净额与资产预计未来现金流量的现值两者之间较高者确定。处置费用包括与资产处置有关的法律费用、相关税金、搬运费以及为使资产达到可销售状态所发生的直接费用等。

资产的公允价值减去处置费用后的净额与资产预计未来现金流量的现值，只要有一项超过了资产的账面价值，就表明资产没有发生减值，不需要再估计另一项金额。

没有确凿证据或者理由表明，资产预计未来现金流量现值显著高于其公允价值减去处置费用后的净额的，可以将资产的公允价值减去处置费用后的净额视为资产的可收回金额。

资产的公允价值减去处置费用后的净额，应当根据公平交易中具有法律约束力的销售协议价格减去直接归属于该资产处置费用的金额确定；没有法律约束力销售协议的，但存在资产活跃市场的，应当按照该资产的市场价格减去处置费用后的金额确定，资产的市场价格通常应当根据资产的买方出价确定；在既没有法律约束力的销售协议又不存在活跃市场的情况下，应当以可获取的最佳信息为基础，估计资产的公允价值减去处置费用后的净额，同行业类似资产的最近交易价格或者结果可以作为估计资产公允价值减去处置费用后的净额确定。

企业按照上述规定仍然无法可靠估计资产的公允价值减去处置费用后的净额的，应当以该资产未来现金流量的现值作为其可收回金额。

企业应当于期末对固定资产进行检查，如存在下列迹象的，表明资产可能发生了减值：

（1）资产的市价当期大幅度下跌，其跌幅明显高于因时间的推移或者正常使用而预计的下跌。

（2）企业经营所处的经济、技术或者法律等环境以及资产所处的市场在当期或者将在近期发生重大变化，从而对企业产生不利影响。

（3）市场利率或者其他市场投资回报率在当期已经提高，从而影响企业计算资产预计未来现金流量现值的折现率，导致资产可收回金额大幅度降低。

（4）企业所有者权益（净资产）的账面价值远高于其市值等，均属于资产可能发生减值的迹象。

（5）有证据表明资产已经陈旧过时或者其实体已经损坏。

（6）资产已经或者将被闲置、终止使用或者计划提前处置。

（7）企业内部报告的证据表明资产的经济绩效已经低于或者将低于预期，如资产所创造的净现金流量或者实现的营业利润（或者损失）远远低于预计金额等。

(8) 其他表明资产可能已经发生减值的迹象。

可收回金额的计量结果表明,资产的可收回金额低于其账面价值的,应当将资产的账面价值减记至可收回金额,减记的金额确认为资产减值损失,计入当期损益,同时计提相应的资产减值准备。

资产减值损失确认后,减值资产的折旧或者摊销费用应当在未来期间作相应调整,以使该资产在剩余使用寿命内,系统地分摊调整后的资产账面价值(扣除预计净残值)。资产减值损失一经确认,在以后会计期间不得转回。

发生固定资产减值时,借记"资产减值损失"科目,贷记"固定资产减值准备"科目。在资产负债表上,固定资产减值准备应当作为固定资产净值的减项反映。

【例6–15】A 股份有限公司2020年12月23日购置了一台不需安装的设备,价值为2 600 000元,增值税税率为13%,款项以银行存款支付。预计该设备的使用寿命为8年,预计净残值为130 000元,采用年限平均法计提折旧。2024年12月31日,公司在进行检查时发现,该设备有可能发生减值,现时的销售净价为408 000元,未来4年内持续使用以及使用寿命结束时的处置中形成的现金流量现值为561 600元。2026年12月31日,公司在进行检查时发现,以前期间据以计提固定资产减值的各种因素发生变化,对公司产生有利影响,目前市场上该类设备的销售净价为460 000元,未来2年内持续使用以及使用寿命结束时的处置中形成的现金流量现值为480 000元。假设整个过程不考虑其他相关税费。

会计处理如下:

(1) 2020年12月23日购入:

借:固定资产 2 600 000
  应交税费——应交增值税(进项税额) 338 000
 贷:银行存款 2 938 000

(2) 2021~2024年公司每年计提的折旧金额分别为308 750[(2 600 000 – 130 000)÷8]元,累计折旧金额为1 235 000(308 750×4)元。

借:管理费用 308 750
 贷:累计折旧 308 750

(3) 2024年12月31日,在不考虑计提减值准备因素情况下计算确定的固定资产账面净值为1 365 000(2 600 000 – 1 235 000)元;销售净价为408 000元,预期从该资产的持续使用和使用寿命结束时的处置中形成的现金流量的现值为561 600元,所以可收回金额为561 600元。因此,该公司应计提固定资产减值准备金额为803 400(1 365 000 – 561 600)元。

借：资产减值损失　　　　　　　　　　　　　　　　803 400
　　贷：固定资产减值准备　　　　　　　　　　　　　　803 400

(4) 2025～2026年公司每年计提的折旧金额分别为107 900[(561 600 - 130 000)÷4]元。

借：管理费用　　　　　　　　　　　　　　　　　　107 900
　　贷：累计折旧　　　　　　　　　　　　　　　　　　107 900

(5) 2026年12月31日，在没有转回已确认的固定资产减值损失情况下的固定资产账面净额为345 800 (561 600 - 107 900×2)元；销售净价为460 000元，预期从该资产的持续使用和使用寿命结束时的处置中形成的现金流量的现值为480 000元，所以可收回金额为480 000元。可收回金额大于账面价值，不需要计提减值准备。

【本章小结】

固定资产是企业为生产商品、提供劳务、出租或经营管理而持有的，使用寿命超过一个会计年度的工具、器具等劳动资料。固定资产按用途分为生产经营用固定资产和非生产经营用固定资产。生产经营用固定资产代表企业的生产能力和规模。固定资产应当按照实际取得成本进行初始计量。由于固定资产取得方式不同，实际成本的构成内容不同。如外购固定资产的成本，包括购买价款、相关税费、使固定资产达到预定可使用状态前所发生的可归属于该项资产的运输费、装卸费、安装费和专业人员服务费等。对于在清查中盘盈的固定资产，按照同类或类似存货的市场价格，作为实际成本。同类或类似固定资产不存在活跃市场的，按该项固定资产的预计未来现金流量现值，作为入账价值。

固定资产折旧是指在固定资产的使用寿命内，按照确定的方法对应计折旧额进行的系统分摊。主要应考虑下列因素：(1) 该资产的预计生产能力或实物产量；(2) 该资产的有形损耗，如设备使用中发生磨损、房屋建筑物受到自然侵蚀等；(3) 该资产的无形损耗，如因新技术的出现而使现有的资产技术水平相对陈旧、市场需求变化使产品过时等；(4) 法律或者类似规定对资产使用的限制。企业在实际计提固定资产折旧时，应按月初固定资产账面状况提折旧。即当月增加的固定资产，当月不计提折旧，从下月起计提折旧；当月减少的固定资产，当月仍计提折旧，从下月起停止计提折旧。企业应当根据固定资产所含经济利益预期实现方式选择折旧方法，可选用的方法有年限平均法、工作量法、双倍余额递减法和年数总和法等。除非固定资产包含的经济利益的预期实现方式有重大改变，则应当相应改变固定资产折旧方法外，折旧方法一经选定，不得随意调整。

固定资产的更新改造等后续支出，满足固定资产确认条件的，应当计入固定资产成本，如有被替换的部分，应扣除其账面价值；不满足固定资产确认条件的修理费用等，应当在发生时计入当期损益。

企业因调整经营方针或因考虑技术进步等因素，可以将不需用的固定资产进行处置。固定资产清理后的净损失，属于生产经营期间的正常损失，记入"资产处置损益"科目，属于生产经营期间的非正常损失，记入"营业外支出——非正常损失"科目。固定资产持有期间发生减值迹象的，可以计提资产减值损失，资产减值损失一经确认，在以后会计期间不得转回。

【本章思考题】

1. 什么是固定资产？其入账价值如何确定？
2. 什么是固定资产折旧？影响折旧的因素有哪些？
3. 如何确定固定资产折旧范围？
4. 如何确定借款费用资本化的范围？
5. 什么是固定资产修理？会计上如何处理？
6. 计提固定资产和在建工程减值后发生的升值如何核算？

【本章练习】

1. 某企业采用出包方式新建厂房，总投资预算 1 000 万元，发生与此相关的经济业务如下：（1）由于资金不足向银行借入 500 万元，并在开工时全部用于该工程项目；（2）年底按进度预付工资款 700 万；（3）次年 6 月 30 日工程完工，补付工资款 300 万元；（4）银行借款利息 50 万元；（5）工程完工后，办理竣工决算手续，编制工程决算表，全部工程总造价 1 050 万元。要求：编制相关会计分录。

2. 企业报废一辆运输汽车，原值 78 000 元，已提折旧 45 700 元，发生清理费用 400 元，以现金支付。出售残值收入 2 000 元，已存银行。要求：编制相关会计分录。

3. 某公司于 2024 年 12 月 14 日购入一台需安装的机械设备，当月安装完毕并交付使用。该设备价值 100 000 元，该设备预计净残值为 5 000 元，预计使用年限 5 年。要求：分别采用年限平均法、年数总和法和双倍余额递减法计算该设备每年应提折旧额。

4. 某企业 2025 年 7 月 1 日将一条原始价值 2 500 000 元，已提折旧 1 300 000 元的生产流水线进行大修，预计修理期为 25 天。发生修理人员工资 32 000 元，领用原材料 14 000 元，低值易耗品 3 800 元，水电费 4 400 元，以现金支付其他零星支出 760 元（职工福利费 14%，工会经费 2%，职工教育经费 8%，增值税率 13%）。要求：计算该生产线的大修理费用，并编制会计分录。

5. 某企业 2021 年 12 月 1 日购入一台设备，价值 100 万元，预计使用年限 10 年，无残值，折旧方法采用年限平均法。2022 年末，市场需求发生变化，该设备市价为 45 万元，2026 年末，该设备市价为 14 万元。要求编制会计分录。

6. 甲公司系增值税一般纳税人，2×20 年至 2×23 年与固定资产业务相关的资料如下：

资料一：2×20 年 12 月 5 日，甲公司以银行存款购入一套不需安装的大型生产设备，取得的增值税专用发票上注明的价款为 5 000 万元，增值税税额为 650 万元。

资料二：2×20 年 12 月 31 日，该设备投入使用，预计使用年限为 5 年，预计净残值为 50 万元，采用年数总和法按年计提折旧。

资料三：2×22 年 12 月 31 日，该设备出现减值迹象。预计未来现金流量的现值为 1500 万元，公允价值减去处置费用后的净额为 1 800 万元，甲公司对该设备计提减值准备后，根据新获得的信息预计其剩余使用年限仍为 3 年，预计净残值为 30 万元，仍采用年数总和法按年计提折旧。

资料四：2×23 年 12 月 31 日，甲公司售出该设备，开具的增值税专用发票上注明的价款为 900 万元，增值税税额为 117 万元，款项已收存银行，另以银行存款支付清理费用 2 万元。

资料五：甲公司于 2×20 年初购入一台生产用设备，总价款为 1 000 万元，分三次付款，2×20 年末支付 400 万元，2×21 年末支付 300 万元，2×22 年末支付 300 万元。税法规定，增值税在约定的付款时间按约定的付款额计算缴纳，增值税率为 13%。假定资本市场利率为 10%，假定无其他相关税费。

假定不考虑其他因素。

要求：

(1) 编制甲公司 2×20 年 12 月 5 日购入该设备的会计分录。

(2) 分别计算甲公司 2×21 年度和 2×22 年度对该设备应计提的折旧金额。

(3) 计算甲公司 2×22 年 12 月 31 日对该设备计提减值准备的金额，并编制相关会计分录。

(4) 计算甲公司 2×23 年度对该设备应计提的折旧金额，并编制相关会计分录。

(5) 编制甲公司 2×23 年 12 月 31 日出售该设备的会计分录。

(6) 计算固定资产购入时的成本，编制购入、2020 年末计息还款等相关分录。

【本章案例】

为提高固定资产的使用效率，盘活企业的资产，为企业的生产创造更好的条件，赣粤公司于 2025 年 12 月初对公司的固定资产进行了以下处理：

1. 对一台生产设备进行了大修理，12 月底完成，实际发生大修理费用 46 000 元，用银行存款支付。

2. 以一辆卡车与甲公司的一台机器设备进行交换。卡车的原始价值 280 000 元，已提折旧 80 000 元，已计提减值准备 6 000 元，公允价值 210 000 元。支付对方的补价款 10 000 元，另外支付相关的费用 600 元。上述款项均以银行存款支付。

3. 为腾出一定的空间，以安装新的设备，公司将一台四成新的设备出售。该设备原始价值 310 000 元，已提折旧 120 000 元，出售所得价款 150 000 元已存入银行。

4. 年末时，赣粤公司经考核认定，一项固定资产由于实体发生损坏导致其可收回金额大大降低。经计算可收回金额为 83 000 元，该项固定资产账面价值 112 000 元，已计提减值准备 6 000 元。

赣粤公司为一般纳税人。

要求：

1. 上述支出业务中，哪些属于资本性支出业务？为什么？构成公司资本性支出金额合计是多少？

2. 编制各项经济业务正确的会计分录。

第七章 无形资产

【引入案例】

在"双碳"目标引领全球绿色转型的时代浪潮下,新能源产业不仅是经济高质量发展的新引擎,更是践行生态文明理念,推动人类可持续发展的关键力量。新能源汽车产业已成为国家抢占未来发展制高点、实现"双碳"目标的关键战场。宁德时代(CATL)作为全球领先的新能源汽车动力电池系统提供商,自2011年成立以来,始终以"为全人类提供清洁、可持续的能源解决方案"为使命,将个人奋斗融入国家发展大局,用科技创新扛起绿色发展的时代重任。

2018年登陆深交所后,宁德时代一路高歌猛进,截至2023年底,市值突破1万亿元人民币,营业收入达4 009亿元,交出了一份亮眼的成绩单。其在全球动力电池市场的份额从2018年的23.5%稳步攀升至2023年的36.8%,稳居行业龙头地位。这份卓越成就的背后,是无数科研人员秉持工匠精神,夜以继日钻研技术的心血结晶,更是企业坚定不移贯彻创新驱动发展战略的生动体现。

在研发投入上,宁德时代展现出非凡的魄力与远见。从2019年的29.92亿元到2023年的183.56亿元,研发投入占营业收入比例始终保持在4.5%~7%,坚持不懈的资金投入,为技术创新提供了坚实后盾。截至2023年6月30日,宁德时代手握6 821项境内专利、1 415项境外专利,另有13 803项境内外专利正在申请中。这些数字的背后,是科研团队攻克动力电池技术、材料开发和循环利用等领域难题的执着坚守,彰显着中国企业突破"卡脖子"技术,实现科技自立自强的决心。此外,宁德时代通过连续并购整合资源,既保障了技术开发的高效推进,又稳固了原材料供应,在提升自身竞争力的同时,也为新能源产业的协同发展贡献力量。

基于此,我们深入思考:

1. 会计核算与财务处理:宁德时代的研发投入如何核算?是计入

当期费用还是计入无形资产？不同的核算方式对企业财务报表会产生怎样的影响？企业又是如何判断研发项目是否满足资本化条件的？这种判断是否存在主观性，可能面临哪些审计风险？

2. 企业战略与发展：高额的研发费用在短期内会对公司净利润产生较大压力，宁德时代为何依然坚持高比例投入？从长期来看，这些研发投入为公司带来了哪些战略优势？研发投入与企业市场份额增长之间存在怎样的内在联系？

【学习目的与要求】
1. 通过本章的学习，了解无形资产的特征、类别；
2. 了解商标与专利权的区别，并掌握其会计计量和记录方法；
3. 重点掌握我国关于土地使用权的特殊处理方式；
4. 重点掌握不同取得方式下，无形资产的入账价值的确认；
5. 掌握无形资产期末计价的核算，熟悉长期待摊费用的账务处理。

第一节　无形资产概述

一、无形资产的定义及特征

无形资产（Intangible Assets）是指企业拥有或者控制的没有实物形态的可辨认非货币性资产。无形资产一般具有下列特征。

（一）由企业拥有或者控制并能为其带来未来经济利益的资源

通常情况下，企业拥有或者控制无形资产，是指企业拥有该项无形资产的所有权，且该项无形资产能够为企业带来未来经济利益。但某些情况下并不需要企业拥有其所有权，如企业有权获得某项无形资产产生的经济利益，同时又能约束其他人获得这些经济利益，并受法律的保护。例如，企业自行研制的技术通过申请依法取得专利后，在一定期限内拥有了该专利技术的法定所有权。

（二）不具有实物形态

无形资产不具有实物形态，看不见，摸不着，如土地使用权、非专利技术等。某些无形资产的存在有赖于实物载体，如计算机软件需要存储在介质中，但这并不改变无形资产本身不具有实物形态的特性。在区分固定资产还是无形资产通常以哪个要素更重要作为判断的依据。例如，计算机控制的机械工具没有特定计算机软件就不能运行时，则说明该软件是构成相关硬件不可缺少的组成部分，该软件应作为固定资产处理；如果计算机软件不是相关硬件不可缺少的组成部分，则该软件应作为无形资产核算。

（三）具有可辨认性

要作为无形资产进行核算，该项资产必须是能够区别于其他资产可单独辨认的。企业合并中取得的商誉不属于无形资产，商誉是企业合并成本大于合并中取得的各项可辨认资产、负债公允价值份额的差额，代表的是企业未来现金流量大于每一单项资产产生未来现金流量的合计金额，其存在无法与企业自身区分开来，因此不具有可辨认性。资产满足下列条件之一的，符合无形资产定义中的可辨认性标准：

1. 能够从企业中分离或者划分出来，并能单独或者与相关合同、资产或负债一起，用于出售、转移、授予许可、租赁或者交换。

2. 源自合同性权利或其他法定权利，无论这些权利是否可以从企业或其他权利和义务中转移或者分离。

（四）属于非货币性资产

非货币性资产，是指企业持有的货币资金和将以固定或可确定的金额收取的资产以外的其他资产。无形资产由于没有发达的交易市场，一般不容易转化为现金，在持有过程中为企业带来的经济利益的情况不确定，不属于以固定或可确定的金额收取的资产，属于非货币性资产。

二、无形资产核算内容

无形资产包括专利权、非专利技术、商标权、著作权、土地使用权、特许经营权以及符合无形资产定义和确认的数据资源等。企业自创商誉以及内部产生的品牌、报刊名等，不应确认为无形资产。

（一）专利权

专利权（Patent）是指国家专利主管机关依法授予发明创造专利申请人对其发明创造在法定期限内所享有的专有权利，包括发明专利权、实用新型专利权和外观设计专利权。

（二）非专利技术

非专利技术也称为专有技术（Proprietary Technology），它是指不为外界所知，在生产经营活动中已采用了的，不享有法律保护的可以带来经济利益的各种技术和经验。非专利技术一般包括工业专有技术、商业贸易专有技术、管理专有技术等，具有经济性、机密性和动态性等特点。

（三）商标权

商标是用来辨认特定的商品或劳务的标记，商标权（Trademark Right）是指专门在某类指定的商品或产品上使用特定的名称或图案的权利。商标权包括独占使用权和禁止权两个方面。

（四）著作权

著作权又称为版权（Copyright），指作者对其创作的文学、科学和艺术作品依法享有的某些特殊权利。著作权包括精神权利（人身权利）和经济权利（财产权利）。前者指作品署名、发表作品、确认作者身份、保护作品的完整性、修改已经发表的作品等权利，包括发表权、署名权、修改权及保护作品完整权。后者指以出版、表演、广播、展览、录制唱片、摄制影片的方式使用作品以及因授权他人使用作品而获得经济利益的权利。

（五）土地使用权

土地使用权（The Right to the Use of the Land）指国家准许某企业在一定期间内对国有土地享有开发、利用、经营的权利。根据我国土地管理的规定，我国土地实行公有制，任何企业和个人不得侵占、买卖或者以其他形式非法转让。企业取得土地使用权的方式大致有行政划拨、外购、投资者投入等。企业取得土地使用权的目的若是出租或增值后转让，则不作为无形资产核算，应作为"投资性房地产"核算。

（六）特许经营权

特许经营权是指企业在某一地区经营或销售某种特定商品的权利或是一家企业接受另一家企业使用其商标、商号、技术秘密等的权利。前者一般是政府机构授权，准许企业使用或在一定地区享有经营某种业务的特许权，如水、电、邮电通讯等专营权，烟草专卖权等；后者指企业间依照签订的合同，有限期或无限期使用另一家企业的某些权利，如连锁店分店使用总店的名称等。

（七）数据资源

数据资源是数字经济环境下的关键要素，如企业的客户记录、销售记录、人事记录、采购记录、财务数据和库存数据等。企业对于数据资源应当结合经济实质，按照《企业数据资源相关会计处理暂行规定》（财会〔2023〕11 号）以及企业会计准则等相关规定进行判断和会计处理。对于符合无形资产定义和确认条件的，应当确认为无形资产。

第二节 无形资产取得的核算

一、企业购入无形资产

企业外购方式取得的无形资产应当按照取得成本进行初始计量。外购无形资产的成本，包括购买价款、相关税费以及直接归属于使该项资产达到预定用途所发生的其他支出。其中，直接归属于使该项资产达到预定用途所发生的其他支出,包括使无形资产达到预定用途所发生的专业服务费用、测试无形资产是否能够正常发挥作用的费用等。

企业通过外购方式取得确认为无形资产的数据资源,其成本包括购买价款,相关税费,直接归属于使该项无形资产达到预定用途所发生的数据脱敏、清洗、标注、整合、分析、可视化等加工过程所发生的有关支出以及数据权属鉴证、质量评估、登记结算、安全管理等费用。企业通过外购方式取得数据采集、脱敏、清洗、标注、整合、分析、可视化等服务所发生的有关支出,不符合《企业会计准则第6号——无形资产》规定的无形资产确认条件的,应当根据用途计入当期损益。

【例7-1】2025年6月1日,虹远公司购买万达公司某新产品的专利权,价款为4 500 000元,增值税为270 000元,相关费用为8 000元,价款已从银行存款已付。

借:无形资产——专利权　　　　　　　　　　　　4 508 000
　　应交税费——应交增值税（进项税额）　　　　270 000
　　贷:银行存款　　　　　　　　　　　　　　　　4 778 000

若企业购买无形资产的价款超过正常信用条件延期支付,实质上具有融资性质的,无形资产的成本应以购买价款的现值为基础确定。现值与应付价款之间的差额作为未确认融资费用,在付款期间内按照实际利率法确认为利息费用。

【例7-2】2021年1月1日,A公司从甲公司购买一项专利权,由于A公司资金周转比较紧张,经与甲公司协议采用分期付款方式支付款项。合同规定,该专利权总计3 000万元,每年末付600万元,5年付清。假定银行同期存款利率为5%,假定不考虑增值税的影响（已知5年期5%利率,其年金现值系数为4.3295）。

无形资产现值 = 600 × 4.3295 = 2 597.7（万元）
未确认融资费用 = 3 000 - 2 597.7 = 402.3（万元）

借:无形资产——专利权　　　　　　　　　　　　25 977 000
　　未确认融资费用　　　　　　　　　　　　　　4 023 000
　　贷:长期应付款　　　　　　　　　　　　　　　30 000 000

2021年年底付款时:
借:长期应付款　　　　　　　　　　　　　　　　6 000 000
　　贷:银行存款　　　　　　　　　　　　　　　　6 000 000

2021年未确认融资费用摊销额 = (3 000 - 402.3) × 5% = 129.89（万元）（四舍五入）

借:财务费用　　　　　　　　　　　　　　　　　1 298 900
　　贷:未确认融资费用　　　　　　　　　　　　　1 298 900

2022 年年底付款时：

　　借：长期应付款　　　　　　　　　　　　　　6 000 000
　　　　贷：银行存款　　　　　　　　　　　　　　　6 000 000

2022 年未确认融资费用摊销额 =（3 000 - 600）-（402.3 - 129.89）× 5% = 106.38（万元）（四舍五入）

　　借：财务费用　　　　　　　　　　　　　　　1 063 800
　　　　贷：未确认融资费用　　　　　　　　　　　1 063 800

2023 年年底付款时：

　　借：长期应付款　　　　　　　　　　　　　　6 000 000
　　　　贷：银行存款　　　　　　　　　　　　　　　6 000 000

2023 年未确认融资费用摊销额 =（3 000 - 600 - 600）-（402.3 - 129.89 - 106.38）× 5% = 81.70（万元）（四舍五入）

　　借：财务费用　　　　　　　　　　　　　　　　817 000
　　　　贷：未确认融资费用　　　　　　　　　　　　817 000

2024 年年底付款时：

　　借：长期应付款　　　　　　　　　　　　　　6 000 000
　　　　贷：银行存款　　　　　　　　　　　　　　　6 000 000

2024 年未确认融资费用摊销额 =
（3 000 - 600 - 600 - 600）-（402.3 - 129.89 - 106.38 - 81.70）× 5% = 55.78（万元）（四舍五入）

　　借：财务费用　　　　　　　　　　　　　　　　557 800
　　　　贷：未确认融资费用　　　　　　　　　　　　557 800

2025 年年底付款时：

　　借：长期应付款　　　　　　　　　　　　　　6 000 000
　　　　贷：银行存款　　　　　　　　　　　　　　　6 000 000

2025 年未确认融资费用摊销额 = 402.3 - 129.89 - 106.38 - 81.70 - 55.78 = 28.55（万元）（四舍五入）

　　借：财务费用　　　　　　　　　　　　　　　　285 500
　　　　贷：未确认融资费用　　　　　　　　　　　　285 500

二、投资者投入的无形资产

投资者以无形资产进行投资，应当按照投资合同或协议约定的价值确定，但合同或协议约定价值不公允的，应按无形资产的公允价值作为无形资产的初始成本入账，无形资产的公允价值与投资合同或协议约定的价值之间的差额计入资本公积。

【例7-3】2025年6月1日，某公司收到投资者以其商标权作价投资，投资合同约定确认的价值（等于公允价值）为100 000元。

借：无形资产——商标权　　　　　　　　　　　　　100 000
　　应交税费——应交增值税（进项税额）　　　　　　6 000
　　　贷：实收资本　　　　　　　　　　　　　　　　　　　106 000

三、以非货币性交易换入的无形资产

企业通过非货币性交换取得的无形资产，包括以投资、存货、固定资产或无形资产换入无形资产等。非货币性交换具有商业实质且公允价值能够可靠计量的，在发生补价的情况下，支付补价方应当以换出资产的公允价值加上支付的补价和应支付的相关税费，作为换入资产的成本；收到补价方，应当以换入无形资产的公允价值和应支付的相关税费，作为换入资产的成本。如果非货币性资产交换不具有商业实质，而且换入资产或换出资产公允价值不能可靠计量时，应当以换出资产的账面价值和应支付的相关税费之和作为换入固定资产的初始计量金额，换出资产终止确认时不确认损益。

以非货币性交易换入的无形资产的会计处理，需要区分涉及补价与否进行相应的会计处理（参见第十三章）。

四、债务重组取得的无形资产

以资产清偿债务方式进行债务重组的，债权人初始确认受让的金融资产以外的资产（如果其中包含无形资产）时，应当按照下列原则以成本计量：无形资产的成本，包括放弃债权的公允价值和可直接归属于使该无形资产达到预定用途所发生的税金等其他成本。放弃债权的公允价值与账面价值之间的差额，记入"投资收益"科目。

以多项资产清偿债务或者组合方式（如果其中包含无形资产）进行债务重组的，债权人应当首先按照《企业会计准则第22号——金融工具确认和计量》的规定确认和计量受让的金融资产和重组债权，然后按照受让的金融资产以外的各项资产（其中包含无形资产）的公允价值比例，对放弃债权的公允价值扣除受让金融资产和重组债权确认金额后的净额进行分配，并以此为基础分别确定各项资产的成本。放弃债权的公允价值与账面价值之间的差额，记入"投资收益"科目。

五、接受捐赠取得的无形资产

接受捐赠的无形资产的入账价值，应分别按以下情况确定：

（1）捐赠方提供了有关凭据的，按凭据上标明的金额加上应支付的相关税

费确定。

（2）捐赠方没有提供有关凭据的，有同类或类似无形资产存在活跃市场的，应按照同类或类似无形资产的市场价格估计的金额，加上应支付的相关税费确定；若没有，按该捐赠无形资产的预计未来现金流量现值确定。

六、通过政府补助取得的无形资产

企业通过政府补助取得无形资产，一般指政府通过行政划拨无偿给予企业的土地使用权等。通过政府补助取得的无形资产成本，应当按照公允价值计量；公允价值不能可靠取得的，按照名义金额计量。企业收到政府补助的无形资产时，一方面增加企业的无形资产，记入"无形资产"科目的借方，另一方面要作为递延收益，记入"递延收益"科目的贷方。递延收益应在无形资产的使用寿命内按系统、合理的方法分配计入各期损益中。

【例7-4】华联实业股份有限公司收到政府行政划拨的土地使用权。根据有关凭证，此项无形资产的公允价值为12 000 000元。

借：无形资产　　　　　　　　　　　　　　　　12 000 000
　　贷：递延收益　　　　　　　　　　　　　　　　12 000 000

七、企业合并中取得的无形资产成本

企业合并中取得的无形资产，按照企业合并的分类分别处理。

1. 同一控制下吸收合并，按照合并日被合并方相关无形资产在最终控制方合并财务报表中的账面价值确认为取得时的初始成本。同一控制下控股合并，合并方在合并日编制合并报表时，应当按照被合并方相关无形资产在最终控制方合并财务报表中的账面价值作为合并基础。

2. 非同一控制下的企业合并中，购买方取得的无形资产应以其在购买日的公允价值计量，包括：第一，被购买企业原已确认的无形资产；第二，被购买企业原未确认的无形资产，但其公允价值能够可靠计量，购买方就应在购买日将其独立于商誉确认为一项单独的无形资产。在对被购买方未确认的无形资产进行初始确认时要充分辨认和合理判断，满足下列条件之一的，应确认为无形资产：第一，源于合同性权利或其他法定权利；第二，能够从被购买方中分离或者划分出来，并能单独或与相关合同、资产和负债一起，用于出售、转移、授予许可、租赁或交换。

在非同一控制下的企业合并中，如果取得的无形资产本身可以单独辨认，但其计量或处置必须与有形的或其他无形的资产一并作价，如天然矿泉水的商标可能与特定的泉眼有关，但不能独立于该泉眼出售，在这种情况下，如果该无形资产及与其相关的资产各自的公允价值不能可靠计量，则应将该资产组（即将无形资产与其相关的有形资产一并）独立于商誉确认为单项资产。

八、自行开发的无形资产

自行开发的无形资产，其成本包括满足资本化条件后的开发支出和无形开发成功至达到预定用途前所发生的注册登记费、法律咨询费等。

《企业会计准则第 6 号——无形资产》规定，企业内部研究开发项目的支出，应当注意区分支出是发生在研究阶段还是开发阶段。研究阶段是指为获取并理解新的科学或技术知识而进行的独创性的有计划调查。其特点在于研究阶段是探索性的，为进一步的开发活动进行资料及相关方面的准备，从已经进行的研究活动看，将来是否会转入开发、开发后是否会形成无形资产等具有较大的不确定性。其包括：为获取知识而进行的活动；研究成果或其他知识的应用研究、评价和最终选择；材料、设备、产品、工序、系统或服务替代品的研究；新的或经改进的材料、设备、产品、工序、系统或服务的可能替代品的配制、设计、评价和最终选择等。

开发是指在进行商业性生产或使用前，将研究成果或其他知识应用于某项计划或设计，以生产出新的或具有实质性改进的材料、装置、产品等。开发阶段相对研究阶段而言，应当是完成了研究阶段的工作，在很大程度上形成一项新产品或新技术的基本条件已经具备。其包括：生产前或使用前的原型和模型的设计、建造和测试；新技术的工具、夹具、模具和冲模的设计；不具有商业性生产经济规模的试生产设施的设计、建造和运营；新的或经改造的材料、设备、产品、工序、系统或服务所选定的替代品的设计、建造和测试等。

企业内部研究开发项目研究阶段的支出，应当于发生时计入当期损益。企业内部研究开发项目开发阶段的支出，同时满足下列条件的，才能确认为无形资产：

（1）完成该无形资产以使其能够使用或出售在技术上具有可行性；

（2）具有完成该无形资产并使用或出售的意图；

（3）无形资产产生经济利益的方式，包括能够证明运用该无形资产生产的产品存在市场或无形资产自身存在市场，无形资产将在内部使用的，应当证明其有用性；

（4）有足够的技术、财务资源和其他资源支持，以完成该无形资产的开发，并有能力使用或出售该无形资产；

（5）归属于该无形资产开发阶段的支出能够可靠地计量。

企业内部研究和开发无形资产，在其研究阶段的支出全部费用化，计入当期损益；开发阶段的支出符合条件的资本化，不符合资本化条件的计入当期损益。如果确实无法区分研究阶段的支出和开发阶段的支出，应将其所发生的研究支出全部费用化,计入当期损益。

企业自行开发无形资产发生的研究支出,不满足资本化条件的,借记"研发支出——费用化支出"科目,满足资本化条件的,借记"研发支出——资本化支出"科目,贷记"银行存款""原材料""应付职工薪酬"等科目。研究开发项目达到预定用途形成无形资产的,应按"研发支出——资本化支出"科目的余额,借记"无形资产"科目,贷记"研发支出——资本化支出"。

【例7-5】某企业自行研究开发一项新产品专利技术,在研究开发过程中发生材料费600 000元、人工费200 000元,以及其他费用100 000元,总计900 000元,其中,符合资本化条件的支出为700 000元,期末,该专利技术已经达到预定用途。

借:研发支出——费用化支出　　　　　　　　　　200 000
　　　　　　——资本化支出　　　　　　　　　　700 000
　贷:原材料　　　　　　　　　　　　　　　　　600 000
　　　应付职工薪酬　　　　　　　　　　　　　　200 000
　　　银行存款　　　　　　　　　　　　　　　　100 000
期末:
借:管理费用　　　　　　　　　　　　　　　　　200 000
　　无形资产　　　　　　　　　　　　　　　　　700 000
　贷:研发支出——费用化支出　　　　　　　　　200 000
　　　　　　　——资本化支出　　　　　　　　　700 000

九、土地使用权的处理

企业取得的土地使用权,通常应当按照取得时所支付的价款及相关税费确认为无形资产。土地使用权用于自行开发建造厂房等地上建筑物时,土地使用权的账面价值不与地上建筑物合并计算其成本,而仍作为无形资产进行核算,土地使用权与地上建筑物分别进行摊销和提取折旧。但下列情况除外:

1. 房地产开发企业取得的土地使用权用于建造对外出售的房屋建筑物,相关的土地使用权应当计入所建造的房屋建筑物成本。

2. 企业外购的房屋建筑物,实际支付的价款中包括土地以及建筑物的价值,则应当对支付的价款按照合理的方法(如公允价值比例)在土地和地上建筑物之间进行分配;如果确实无法在地上建筑物与土地使用权之间进行合理分配的,应当全部作为固定资产,按照固定资产确认和计量的规定进行处理。

企业改变土地使用权的用途,将其用于出租或增值目的时,应将其转为投资性房地产。

第三节 无形资产的摊销与处置

一、无形资产的摊销

（一）无形资产摊销额的计算

《企业会计准则第 6 号——无形资产》规定，企业应当于取得无形资产时分析判断其使用寿命。无形资产的使用寿命为有限的，应当估计该使用寿命的年限或者构成使用寿命的产量等类似计量单位数量，自无形资产可供使用时起，至不再作为无形资产确认时止将无形资产的取得成本进行系统合理摊销。对于使用寿命不确定的无形资产，不应摊销其取得成本，但应在每年末确认其预计可收回金额，以决定是否应提减值准备。

无形资产使用寿命的确定，通常来源于合同性权利或其他法定权利，而且合同规定或法律规定有明确的使用年限。来源于合同性权利或其他法定权利的无形资产，其使用寿命不应超过合同性权利或其他法定权利的期限；如果合同性权利或其他法定权利能够在到期时因续约等延续，且有证据表明企业续约不需要付出大额成本，续约期应当计入使用寿命。合同或法律没有规定使用寿命的，企业应当综合各方面情况，聘请相关专家进行论证或与同行业的情况进行比较，以及参考历史经验等，确定无形资产为企业带来未来经济利益的期限。经过上述努力仍无法合理确定无形资产为企业带来经济利益期限的，才能将其作为使用寿命不确定的无形资产。

对于使用寿命有限的无形资产，企业至少应当于每年年度终了，对无形资产的使用寿命及摊销方法进行复核。对使用寿命不确定的无形资产，企业应当在每个会计期间对无形资产的使用寿命进行复核。如果有证据表明无形资产的使用寿命是有限的，应当估计其使用寿命，按照《企业会计准则第 28 号——会计政策、会计估计和差错更正》进行会计处理，并根据使用寿命有限的无形资产进行后续计量。

无形资产摊销方法，企业应当按该项无形资产有关的经济利益的预期实现方式选择直线法、生产总量法等进行摊销，无法可靠确定预期实现方式的，应当采用直线法摊销。根据《企业会计准则解释第 11 号——关于以使用无形资产产生的收入为基础的摊销方法》的规定，企业通常不应当以包括使用无形资产在内的经济活动所产生的收入为基础进行摊销，但是，下列极其有限的情况除外：

（1）企业根据合同约定确定无形资产固有的根本性限制条款（如无形资产的使用时间、使用无形资产生产产品的数量或因使用无形资产而应取得的固定的收入总额）时，取得的收入可以成为摊销的合理基础，如企业获得勘探开采黄金的特许权,且合同明确规定该特许权在销售黄金的收入总额达到某固定的金额时失效。

(2) 有确凿的证据表明收入的金额和无形资产经济利益的消耗是高度相关的。

企业采用车流量法对高速公路经营权进行摊销的,不属于以包括使用无形资产在内的经济活动产生的收入为基础的摊销方法。

无形资产的应摊销金额为其成本扣除预计残值后的金额。已计提减值准备的无形资产,还应扣除已计提的无形资产减值准备累计金额。使用寿命有限的无形资产,其残值应当视为零,但下列情况除外:

(1) 有第三方承诺在无形资产使用寿命结束时购买该无形资产。

(2) 可以根据活跃市场得到预计残值信息,并且该市场在无形资产使用寿命结束时可能存在。

企业将土地使用权用于自行开发建造厂房等地上建筑物时,土地使用权与地上建筑物应分别进行摊销和提取折旧,但房地产开发企业除外。房地产开发企业取得的土地使用权用于建造对外出售的房屋建筑物,相关的土地使用权应当计入所建造的房屋建筑物的开发成本,不用摊销。

(二) 无形资产摊销的会计处理

无形资产摊销时,根据不同情况分别进行会计处理。自用的无形资产,借记"管理费用"科目,出租的无形资产,借记"其他业务成本"科目,专门用于生产某种产品或其他资产,其包含的经济利益是通过转入所生产的产品或其他资产中实现的无形资产,借记"制造费用"或"生产成本"科目,贷记"累计摊销"科目。

【例7-6】 某企业2024年8月购入一项专利权,其入账价值为360 000元,有效使用年限为5年,采用直线摊销法。

月摊销额 = 成本 ÷ 有效使用年限 ÷ 12 = 360 000 ÷ 5 ÷ 12 = 6 000

每月摊销时:

借:管理费用　　　　　　　　　　　　　　　　　　　　　6 000
　　贷:累计摊销　　　　　　　　　　　　　　　　　　　　　　6 000

二、无形资产的处置和报废

(一) 无形资产出售

企业出售某项无形资产,表明企业放弃无形资产的所有权,应将取得的价款与该资产账面价值的差额作为资产处置利得或损失,计入当期损益。企业出售无形资产应按6%的增值税税率计算缴纳增值税,其中土地使用权出售时增值税税率为9%。

无形资产出售时,应按实际收到的金额,借记"银行存款"等科目,按已计提的累计摊销，借记"累计摊销"科目，已计提减值准备的，借记"无形资产减值准备"科目，按应支付的相关税费，贷记"应交税费"等科目，按其账面余额，贷记"无形资产"，按其差额，借记或贷记"资产处置损益"科目。

【例 7-7】 2024 年 6 月 1 日，某企业将一项专利权转让他人，开具的增值税专用发票上注明的价款为 80 000 元，增值税税额为 4 800 元，该项专利权账面余额为 40 000 元，已摊销 15 000 元。

借：银行存款	84 800
累计摊销	15 000
贷：无形资产	40 000
应交税费——应交增值税（销项税额）	4 800
资产处置损益	55 000

（二）无形资产出租

企业将无形资产出租收取使用费，出租收入应在符合以下条件时予以确认：（1）与出租交易相关的经济利益能够流入企业；（2）租金收入的金额能够可靠地计量。借记"银行存款"等科目，贷记"其他业务收入"科目。摊销的无形资产的成本，借记"其他业务成本"科目，贷记"累计摊销"科目。无形资产出租，即转让无形资产使用权时，除了符合法律规定的免征增值税项目外，应计算缴纳增值税，如出租商标使用权等，增值税税率为 6%。

【例 7-8】 甲公司向乙公司出租某商标权的使用权，该项商标权账面余额为 30 万元，摊销期限为 10 年，出租期为 5 年，每年收取使用费 60 000 元。

借：银行存款	60 000
贷：其他业务收入	60 000
借：其他业务成本	30 000
贷：累计摊销	30 000

（三）无形资产报废

当无形资产预期不能为企业带来经济利益的，从而不再符合无形资产的定义，则应将其转销。企业应按已计提的累计摊销，借记"累计摊销"科目，已计提减值准备的，借记"无形资产减值准备"科目，按其账面余额，贷记"无形资产"科目，按其差额，借记"营业外支出"科目。

企业在判断无形资产是否预期不能为企业带来经济利益时，可根据以下迹象判断：

（1）该无形资产是否已被其他新技术等所替代，且已不能为企业带来经济利益；

（2）该无形资产是否不再受法律的保护，且不能给企业带来经济利益；

（3）其他足以证明某项无形资产已丧失了使用价值和转让价值的情形。

【例 7-9】 B 公司在 2019 年 1 月 1 日以 300 万元购入一项商标权，预计使用年限为 10 年，采用直线法进行摊销，无残值。2022 年年末，由于市场竞争加剧以及品牌影响力下降等原因，该商标权出现减值迹象。经减值测试，其可收回金额为 150 万元。2024 年年末，因市场环境进一步恶化，该商标权已无法为企业带来经济利益，B 公司决定对其进行转销。该商标权减值和转销的会计分录处理过程如下：

（1）计算 2019~2022 年累计摊销额：每年摊销额 = 无形资产入账价值 ÷ 预计使用年限 = 300 ÷ 10 = 30（万元），2019~2022 年共 4 年，累计摊销额 = 每年摊销额 × 使用年限 = 30 × 4 = 120（万元）。

（2）计提 2022 年年末减值准备：2022 年年末账面价值 = 入账价值 - 累计摊销额 = 300 - 120 = 180（万元），可收回金额为 150 万元，应计提减值准备 = 账面价值 - 可收回金额 = 180 - 150 = 30（万元）。

（3）会计分录为：

借：资产减值损失——无形资产减值损失　　　　　　300 000
　　贷：无形资产减值准备——商标权　　　　　　　　　　300 000

计算 2023~2024 年累计摊销额：2023 年年初账面价值变为 150 万元（计提减值准备后的金额），剩余使用年限为 6 年，每年摊销额 = 150 ÷ 6 = 25（万元）。2023~2024 年共 2 年，累计摊销额 = 25 × 2 = 50（万元），此时，累计摊销总额 = 120 + 50 = 170（万元）。

（4）2024 年末转销处理，会计分录为：

借：累计摊销　　　　　　　　　　　　　　　　　1 700 000
　　无形资产减值准备——商标权　　　　　　　　　　300 000
　　营业外支出——处置非流动资产损失　　　　　　1 000 000
　　贷：无形资产——商标权　　　　　　　　　　　　　3 000 000

三、无形资产的减值

企业应定期对无形资产的账面价值进行检查，至少每年年末检查一次，如果发现一种或多种无形资产减值迹象，应对无形资产的可收回金额进行估计，并相应计提减值准备。无形资产的减值迹象包括：

1. 资产的市价在当期大幅下跌，即跌幅大大高于因时间推移或正常使用而预计的下跌；

2. 技术、市场、经济和法律等企业经营环境，或是资产的营销市场，在当期发生或在近期将发生重大变化，对企业产生负面影响；

3. 市场利率或市场的其他投资回报率在当期已经提高，从而很可能影响企业计算资产使用价值时采用的折现率，大幅度降低资产的可收回金额；

4. 报告期企业的净资产账面金额大于其市场资本化金额；

5. 有证据表明资产已经陈旧过时或实体损坏；

6. 资产的使用和预计使用方式或程度已在当期发生或在近期将发生重大变化，对企业产生负面影响；

7. 内部报告提供的证据表明，资产的经济绩效已经低于预期或者将低于预期。

注意：按我国新准则规定，无形资产提减值后不得转回。这与国际会计准则有关规定不同。

【例 7-10】 2024 年 1 月 1 日华联集团外购一项无形资产，实际支付价款 600 000 元，根据相关法律，该无形资产的有效年限 10 年，集团估计该无形资产预计使用年限为 5 年，2025 年 12 月 31 日，由于与该无形资产相关的经济因素发生不利变化，致使该无形资产发生价值减值，集团估计其可收回金额为 210 000 元。

2024 年 1 月 1 日：

借：无形资产　　　　　　　　　　　　　　　　　600 000
　　贷：银行存款　　　　　　　　　　　　　　　　600 000

2024 年 12 月 31 日：摊销金额 = 600 000 ÷ 5 = 120 000。

借：管理费用　　　　　　　　　　　　　　　　　120 000
　　贷：累计摊销　　　　　　　　　　　　　　　　120 000

2025 年 12 月 31 日，摊销同 2024 年 12 月 31 日。

2025 年末提减值：

账面价值：600 000 - 240 000 = 360 000

可收回金额：210 000

应计提减值准备：360 000 - 210 000 = 150 000

借：资产减值损失　　　　　　　　　　　　　　　150 000
　　贷：无形资产减值准备　　　　　　　　　　　　150 000

第四节　碳排放权交易会计核算

一、碳排放权概述

（一）碳排放权的政策背景与市场发展

为履行《巴黎协定》提出的 2030 年全球温室气体减排 25% 的目标，我国作为《联合国气候变化框架公约》的重要缔约方，积极制定并实施低碳发展战略，于 2021 年正式建立全国碳排放权交易市场（CEA），率先纳入电力行业并逐步扩展至钢铁、建材等重点排放领域。碳排放权交易采用"总量控制与交易"（Cap-and-Trade）机制，通过设定行业排放上限、分配碳排放配额的方式，构建市场化减排体系。这一制度的法律基础源于 2014 年颁布的《碳排放权交易管理暂行条例》，该办法确立了我国碳市场的基本框架；2019 年财政部出台的《碳排放权交易有关会计处理暂行规定》则进一步规范了相关会计处理，自 2020 年 1 月 1 日起在重点排放企业中实施。在具体运作层面，政府通过免费分配或有偿拍卖的方式向企业发放碳排放配额，企业可根据实际排放情况在市场上买卖配额，对于超额排放的企业，需要购买额外配额或面临相应处罚，这一机制有效促进了企业节能减排和绿色转型。

（二）碳排放权的含义

碳排放权是指政府基于环境保护目标，为控制温室气体排放总量，通过法定程序向重点排放企业分配的碳排放配额（如全国碳市场的 CEA）或经核证的自愿减排量（如 CCER）。该权利代表企业在特定期限内合法排放定量二氧化碳当量（CO_2e）的环境权益凭证，其本质是一种具有稀缺性和排他性的环境资源使用权。作为市场化减排机制的核心载体，碳排放权通过配额分配形成排放约束，通过市场交易实现减排资源的优化配置。

二、碳排放权的会计处理原则

财政部《碳排放权交易有关会计处理暂行规定》适用于按照《碳排放权交易管理暂行条例》等有关规定开展碳排放权交易业务的重点排放单位中的相关企业（以下简称重点排放企业）。重点排放企业开展碳排放权交易应当按照该规定采用未来适用法进行会计处理，具体遵循的会计处理原则如下：

1. 重点排放企业通过购入方式取得碳排放配额的，应当在购买日将取得的碳排放配额确认为碳排放权资产，并按照成本进行计量。

碳排放权是一种可供使用、交易的经济资源，属于由企业过去的交易或者事项形成的、由企业拥有或者控制的、预期会给企业带来经济利益的资源，因而是企业的一项资产。并且，与该资源有关的经济利益很可能流入企业，该资源的成本或者价值能够可靠地计量，因此碳排放权应确认为企业的资产量。由于对于碳排放权的资产属性有一定争议，为避免争议，《碳排放权交易有关会计处理暂行规定》统一要求将碳排放配额确认为"碳排放权资产"，并在"其他流动资产"项目列示。对于计量属性，由于企业持有配额主要是保证自身的清洁发展，因此按照成本进行计量更符合企业的业务实际。

2. 重点排放企业通过政府免费分配等方式无偿取得碳排放配额的，不作账务处理。

对于政府免费分配的碳排放配额，由于与直接取得资产的政府补助不同，且按公允价值确认补助后，按公允价值结转损益与不确认为政府补助对净利润的影响基本一致，从简化实务的角度出发，通过政府免费分配等方式无偿取得碳排放配额，不作账务处理更便于操作。

三、碳排放权的会计科目设置

重点排放企业应当设置"碳排放权资产"科目，核算通过购入方式取得的碳排放配额。"碳排放权资产"属于流动资产，借方发生额表示重点排放企业碳排放配额的增加，但仅包括通过购入方式取得的碳排放配额，不包括通过政府免费分配等方式无偿取得碳排放配额，贷方发生额表示重点排放企业因使用、出售、自愿注销而减少的碳排放配额，仅包括通过购入方式取得的碳排放配额的减少，不包括通过政府免费分配等方式无偿取得碳排放配额的减少。期末金额一般在借方，表示企业尚未使用的碳排放配额。

四、账务处理

（一）账务处理流程

1. 通过购入方式或无偿取得方式增加的碳排放配额。

重点排放企业购入碳排放配额的，按照购买日实际支付或应付的价款（包括交易手续费等相关税费），借记"碳排放权资产"科目，贷记"银行存款""其他应付款"等科目。

重点排放企业无偿取得碳排放配额的，不作账务处理。

2. 使用碳排放配额。

重点排放企业使用购入的碳排放配额履约（履行减排义务）的，按照所使用配额的账面余额，借记"营业外支出"科目，贷记"碳排放权资产"科目。

重点排放企业使用无偿取得的碳排放配额履约的，不作账务处理。

3. 出售碳排放配额。

重点排放企业出售购入的碳排放配额的，按照出售日实际收到或应收的价款（扣除交易手续费等相关税费），借记"银行存款""其他应收款"等科目，按照出售配额的账面余额，贷记"碳排放权资产"科目，按其差额，贷记"营业外收入"科目或借记"营业外支出"科目。

重点排放企业出售无偿取得的碳排放配额的，按照出售日实际收到或应收的价款（扣除交易手续费等相关税费），借记"银行存款""其他应收款"等科目，贷记"营业外收入"科目。

4. 自愿注销碳排放配额。

重点排放企业自愿注销购入的碳排放配额的，按照注销配额的账面余额，借记"营业外支出"科目，贷记"碳排放权资产"科目。

重点排放企业自愿注销无偿取得的碳排放配额的，不作账务处理（见图7-1）。

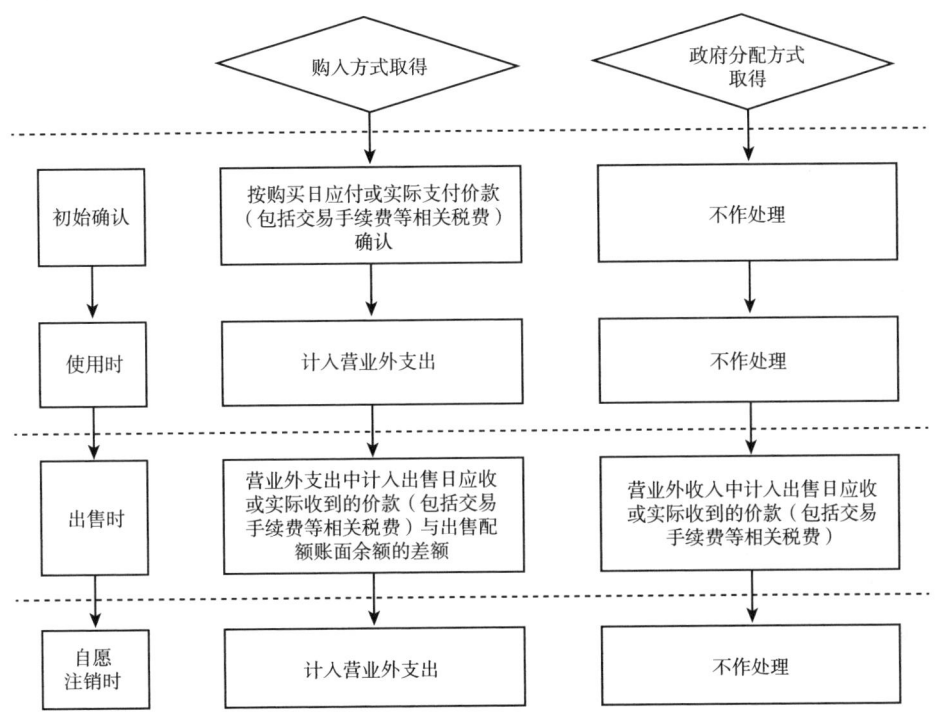

图7-1 碳排放配额具体账务处理示意图

（二）综合案例解析

1. A 地铁公司概况。

A 地铁公司主要负责 N 市地铁行车组织、乘客服务、票务收益、运营设施、运营系统设备的维修管理以及新线运营筹备等工作，确保轨道交通的安全运营，为乘客提供快捷、准时、高效、优质的运输服务，承担着南昌市绿色出行的重担。为了在市民中倡导"绿色低碳出行"的生活理念，A 地铁不断推出各类便民惠民的乘车活动。自首条线路开通以来，已累计吸引 10.68 亿人次选择搭乘地铁绿色出行，运送乘客超 88.67 亿公里。与驾驶小汽车相比，同等运量下累计减排二氧化碳约 3 300 万吨。

2. A 地铁公司碳排放权交易业务分析。

2025 年，A 地铁公司发生如下碳排放权相关业务：

（1）2025 年 1 月，A 地铁公司从 N 市政府获得免费的碳排放配额 100 万吨。

(2) 2025 年 10 月，根据预测，2025 年当年 A 地铁公司碳排放权配额不够支撑自身排放所需，因此从碳交易市场上购入 20 万吨碳配额，价格是 60 元/吨。

(3) 2025 年 12 月，A 地铁公司根据年度数据统计，通过自身科研技术改造，当年度剩余碳排放配额 8 万吨，可卖出或自愿注销。若选择出售，则成交价格为 600 万元。

(4) 2025 年 12 月末，A 地铁公司当年实际排放量为 112 万吨。

3. A 地铁公司碳排放权交易会计处理。

(1) 2025 年 1 月，A 地铁公司从政府获得的 100 万吨碳排放配额，无须进行账务处理。

(2) 2025 年 10 月，A 地铁公司购入的 20 万吨碳排放权配额，应根据支付的单价 60 元/吨，记入相关资产科目。账务处理如下（单位：元，下同）：

借：碳排放权资产　　　　　　　　　　12 000 000
　　贷：银行存款　　　　　　　　　　　　12 000 000

(3) 2025 年 12 月，若 A 公司选择出售 8 万吨碳排放权时，须调减碳排放权资产 480（8×60）万元，差额记入"营业外收入"科目。账务处理如下：

借：银行存款　　　　　　　　　　　　6 000 000
　　贷：碳排放权资产　　　　　　　　　　4 800 000
　　　　营业外收入　　　　　　　　　　　1 200 000

若 A 公司自愿注销剩余的碳排放额 8 万吨，须按照账面余额 480（8×60）万元冲销相关资产科目。账务处理如下：

借：营业外支出　　　　　　　　　　　4 800 000
　　贷：碳排放权资产　　　　　　　　　　4 800 000

(4) 2025 年 12 月末，A 公司当年实际排放量 112 万吨，其中免费配额 100 万吨的部分不作账务处理，仅备查登记，并在财务报表附注中披露使用情况；购入 12 万吨的部分，按照账面余额 720（12×60）万元进行计量。账务处理如下：

借：营业外支出　　　　　　　　　　　7 200 000
　　贷：碳排放权资产　　　　　　　　　　7 200 000

五、财务报表列示和披露

（一）列示

"碳排放权资产"科目的借方余额在资产负债表中的"其他流动资产"项目列示，方便报表使用者了解企业碳排放权资产状况。

（二）披露

重点排放企业应在财务报表附注中披露诸多信息，如列示在资产负债表"其他流动资产"项目中的碳排放配额的期末账面价值，列示在利润表"营业外收入"项目和"营业外支出"项目中的碳排放配额交易的相关金额;与碳排放权交易相关的信息,包括参与减排机制的特征、碳排放战略、节能减排措施等;碳排放配额的具体来源,包括配额取得方式、取得年度、用途、结转原因等;节能减排或超额排放情况,包括免费分配取得的碳排放配额与同期实际排放量有关数据的对比情况、节能减排或超额排放的原因等。碳排放配额变动情况,具体披露格式如表 7-1 所示。此外,企业参与碳排放权交易的,还应该在 ESG 报告中予以披露相关事宜。

表 7-1　　　　　　　　　碳排放权变动情况对比表

项　目	本年度		上年度	
	数量（吨）	金额（元）	数量（吨）	金额（元）
1. 本期期初碳排放配额				
2. 本期增加的碳排放配额				
（1）免费分配取得的配额				
（2）购入取得的配额				
（3）其他方式增加的配额				
3. 本期减少的碳排放配额				
（1）履约使用的配额				
（2）出售的配额				
（3）其他方式减少的配额				
4. 本期期末碳排放配额				

第五节　数据资产会计核算

一、数据资产概述

（一）数据资产的政策背景

2023 年 8 月 21 日,财政部发布了《企业数据资源相关会计处理暂行规定》（财会〔2023〕11 号,以下简称《暂行规定》),自 2024 年 1 月 1 日起开始实施。《暂行规定》根据《中华人民共和国会计法》和企业会计准则等相关规定,首次明确了数据资源的适用范围、会计处理标准以及披露要求等内容。

资源（Resources）一般是指可被开发和利用且能给人带来财富的物质、能量和信息的总称，其经济学内涵是"生产过程中所使用的投入"，显然资源的本质是生产要素。从这一角度出发，数据资源其实就是数据生产要素。《暂行规定》作为一般性的会计准则，将"数据资源"定义为企业数据资产入表的范畴是一种审慎的做法，与"数据二十条"保持高度一致。《暂行规定》所提数据资源是一种广义的概念，可以代表所有具有使用价值的数据或者基于数据形成的数据产品。对于可以纳入资产负债表具体科目的数据资源，企业在实践操作中以"数据产品"作为载体，完全符合《暂行规定》的要求。

这一规定的颁布对规范企业数据资源相关会计处理和加强相关会计信息披露具有重要意义，旨在落实党中央、国务院有关数字经济发展的决策部署，为数字经济健康发展提供制度性支持。微观层面，《暂行规定》首次从政策角度将数据资产明确确认入表，使得原先只能费用化处理的数据资源开发成本在满足一定条件后得以确认为资产，为报表使用者提供决策有用信息，同时帮助数据驱动型企业吸引外部融资、优化财务结构、提升公司价值。宏观层面，《暂行规定》是党的二十大报告中提出的"加快建设数字中国，加快发展数字经济"的具体举措，是贯彻落实党中央、国务院关于发展数字经济的决策部署。我国关于企业数据资源的相关探索不仅有助于监管部门完善数字经济治理体系，还有助于我国在国际会计准则制定等工作中贡献中国智慧、提供中国方案。

（二）数据资产的概念及特性

数据可以是结构化的、半结构化的、非结构化的，如图表、图片、视频、网页浏览记录、日志、财务系统、邮件等，都是数据。数据资产是指由个人或企业拥有或控制的，能够为企业带来未来经济利益的，以物理或电子方式记录的数据资源。这些数据资源具有明确的业务价值，可以带来经济利益，并能够记录在资产负债表上，是组织的一种无形资产。数据资产可以划分为结构化数据（如财务交易记录）和非结构化数据（如客户行为数据、社交媒体数据），值得注意的是，某些数据涉及隐私保护（如个人身份信息）和算法偏见，其会计处理需要考虑合规成本。

数据资产具有以下显著特性：

（1）权属性，即所有权与控制权。数据资产由个人或企业拥有或控制，这意味着数据的权属（如勘探权、使用权、所有权）明确归属于某一主体。

（2）价值性。数据资产具有明确的业务价值，能够为企业或个人带来经济利益。这种价值可能体现在提高生产效率、优化业务流程、支持决策分析等多个方面。

（3）可计量性。数据资产的价值可以被明确计量，可以登记入账，这为其在财务报表中的体现提供了可能。

（4）稀缺性和排他性。优质的数据资产往往具有一定的稀缺性，且其商业利用具有排他性。这意味着拥有独特数据资产的企业或个人在市场上具有更强的竞争力。

（5）可管理和控制。数据资产归组织所有或控制，受数据治理和安全管控。组织需要制定适当的数据治理策略，以确保数据资产的安全、合规和有效利用。

（6）潜在价值。数据资源本身蕴含大量信息和知识，通过加工处理可以形成数据产品和服务，从而创造价值。

（三）数据资产入表的意义

第一，数据资产入表直接增加企业的资产总额，从而提升企业的总资产价值。这不仅反映了企业更全面的资产状况，还可能增加股东权益。

第二，数据资产入表提高企业融资能力，随着资产总额的增加，如果负债水平保持不变，资产负债率（即负债总额与资产总额的比率）将下降。这有助于提高企业的信用等级，降低借款成本，并为未来的活动打下良好基础。

第三，数据资产的利用可以为企业带来新的收入来源，增加利润总额。此外，如果数据资产的利用能够降低成本或提高效率，那么企业的净利率也可能得到改善，这是企业盈利能力强的表现。

第四，数据资产入表将提高财务报表的透明度和准确性，使投资者和其他利益相关者能够更全面地了解企业的财务状况。因为，数据资产入表要求企业在财务报表附注中披露数据资源的详细信息，包括其账面价值、累计折旧或摊销、减值情况等。

第五，对于准备进行首次公开募股（IPO）的企业来说，数据资产的入表可能会提高企业的估值。数据资产的确认可以展示企业的创新能力和未来增长的潜力，这对于吸引投资者非常重要。

二、数据资产的确认、计量与报告

关于数据资源会计处理适用的准则企业应当按照企业会计准则相关规定，根据数据资源的持有目的、形成方式、业务模式，以及与数据资源有关的经济利益的预期消耗方式等，对数据资源相关交易和事项进行会计确认、计量和报告。

（一）数据资产的确认与计量

根据规定，不同业务模式下的数据资产的确认流程如图 7-2 所示。

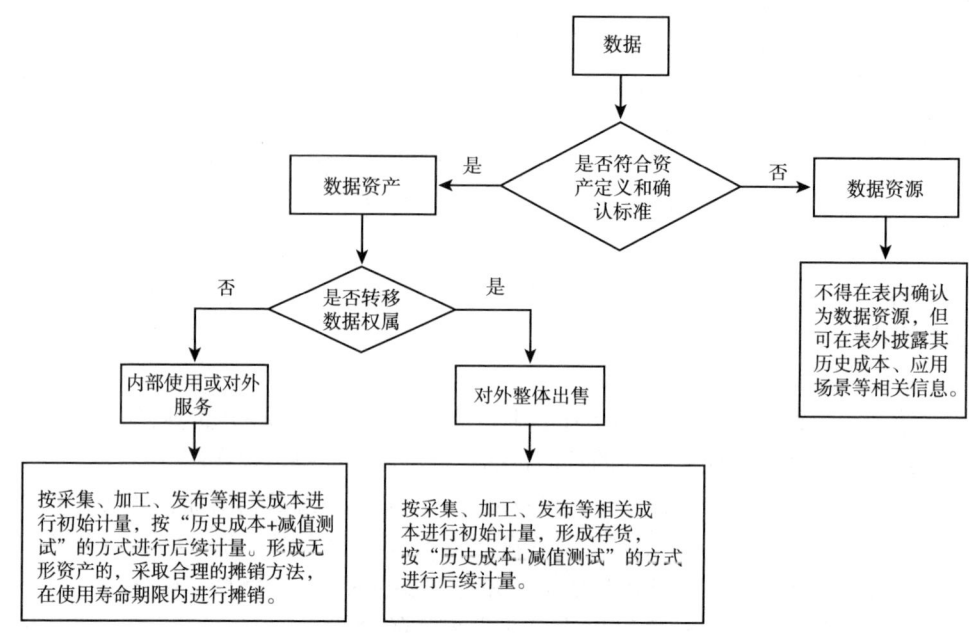

图 7-2 不同业务模式的数据资产确认流程

1. 数据资源确认为无形资产的情况。

（1）企业使用的数据资源，符合《企业会计准则第 6 号——无形资产》（财会〔2006〕3 号，以下简称无形资产准则）规定的定义和确认条件的，应当确认为无形资产。

（2）企业应当按照无形资产准则、《〈企业会计准则第 6 号——无形资产〉应用指南》（财会〔2006〕18 号，以下简称无形资产准则应用指南）等规定，对确认为无形资产的数据资源进行初始计量、后续计量、处置和报废等相关会计处理。其中，企业通过外购方式取得确认为无形资产的数据资源，其成本包括购买价款、相关税费、直接归属于使该项无形资产达到预定用途所发生的数据脱敏、清洗、标注、整合、分析、可视化等加工过程所发生的有关支出，以及数据权属鉴证、质量评估、登记结算、安全管理等费用。企业通过外购方式取得数据采集、脱敏、清洗、标注、整合、分析、可视化等服务所发生的有关支出，不符合无形资产准则规定的无形资产定义和确认条件的，应当根据用途计入当期损益。企业内部数据资源研究开发项目的支出，应当区分研究阶段支出与开发阶段支出。研究阶段的支出，应当于发生时计入当期损益。开发阶段的支出，满足无形资产准则第九条规定的有关条件的，才能确认为无形资产。企业在对确认为无形资产的数据资源的使用寿命进行估计时，应当考虑无形资产准则应用指南规定的因素，并重点关注数据资源相关业务模式、权利限制、更新频率和时效性、有关产品或技术迭代、同类竞品等因素。

（3）企业在持有确认为无形资产的数据资源期间，利用数据资源为客户提供服务的，应当按照无形资产准则、无形资产准则应用指南等规定，将无形资产的摊销金额计入当期损益或相关资产成本。同时，企业应当按照《企业会计准则第14号——收入》（财会〔2017〕22号，以下简称收入准则）等规定确认相关收入。除上述情形外，企业利用数据资源为客户提供服务的，应当按照收入准则等规定确认相关收入，符合有关条件的应当确认合同履约成本。

2. 数据资源确认为存货的情况。

（1）企业日常活动中持有、最终目的用于出售的数据资源，符合《企业会计准则第1号——存货》（财会〔2006〕3号，以下简称存货准则）规定的定义和确认条件的，应当确认为存货。

（2）企业应当按照存货准则、《〈企业会计准则第1号——存货〉应用指南》（财会〔2006〕18号）等规定，对确认为存货的数据资源进行初始计量、后续计量等相关会计处理。其中，企业通过外购方式取得确认为存货的数据资源，其采购成本包括购买价款、相关税费、保险费，以及数据权属鉴证、质量评估、登记结算、安全管理等所发生的其他可归属于存货采购成本的费用。企业通过数据加工取得确认为存货的数据资源，其成本包括采购成本，数据采集、脱敏、清洗、标注、整合、分析、可视化等加工成本和使存货达到目前场所和状态所发生的其他支出。

（3）企业出售确认为存货的数据资源，应当按照存货准则将其成本结转为当期损益。同时，企业应当按照收入准则等规定确认相关收入。

3. 数据资源未确认为资产的情况

企业出售未确认为资产的数据资源，应按照收入准则等规定确认相关收入。

（二）列示与披露

1. 列示。

确认为存货的数据资产，企业应当根据重要性原则并结合本企业的实际情况，在"存货"项目下增设"其中：数据资源"项目，反映资产负债表日确认为存货的数据资源的期末账面价值。确认为无形资产的数据资产，企业应当根据重要性原则并结合本企业的实际情况，在"无形资产"项目下增设"其中：数据资源"项目，反映资产负债表日确认为无形资产的数据资源的期末账面价值。确认为开发支出的数据资产，企业应当根据重要性原则并结合本企业的实际情况，在"开发支出"项目下增设"其中：数据资源"项目，反映资产负债表日正在进行数据资源研究开发项目满足资本化条件的支出金额。

2. 披露。

（1）数据资源的强制披露。

按照存货准则、无形资产准则、资产减值准则、持有待售准则的披露要求，强制披露被确认为存货的数据资源以及被确认为无形资产的数据资源的相关信息。企业对数据资源进行评估且评估结果对企业财务报表具有重要影响的，应当披露评估依据的信息来源，评估结论成立的假设前提和限制条件，评估方法的选择，各重要参数的来源、分析比较与测算过程等信息。

（2）数据资源的自愿披露。

企业可以根据实际情况，自愿披露数据资源（含未作为无形资产或存货确认的数据资源）下列相关信息：数据资源的应用场景或业务模式、对企业创造价值的影响方式与数据资源应用场景相关的宏观经济和行业领域前景等；用于形成相关数据资源的原始数据的类型、规模、来源、权属、质量等信息；企业对数据资源的加工维护和安全保护情况，以及相关人才、关键技术等的持有和投入情况；数据资源的应用情况，包括数据资源相关产品或服务等的运营应用、作价出资、流通交易、服务计费方式等情况；重大交易事项中涉及的数据资源对该交易事项的影响及风险分析，重大交易事项包括但不限于企业的经营活动、投融资活动、质押融资、关联方及关联交易、承诺事项、或有事项、债务重组、资产置换等；数据资源相关权利的失效情况及失效事由、对企业的影响及风险分析等，如数据资源已确认为资产的，还包括相关资产的账面原值及累计摊销减值准备或跌价准备、失效部分的会计处理；数据资源转让、许可或应用所涉及的地域限制、领域限制及法律法规限制等权利限制；企业认为有必要披露的其他数据资源相关信息。

（三）数据资产入表特点

根据《企业数据资源相关会计处理暂行规定》，综合上述解析，我们总结出数据资产入表的主要特点，如表7-2所示。

表7-2　　　　　　　　　数据资产入表的主要特点

类别	特点
是否涉及会计政策变更	否
入表涉及的资产科目	无形资产：使用的数据资产 存货：日常持有以备出售的数据资产
初始计量原则	历史成本法
后续计量原则	数据资源无形资产：使用寿命有限的需要摊销；期末计量按照账面价值与可收回金额孰低原则 数据资源存货：如果可变现净值低于成本则需计提存货跌价准备；期末计量按成本与可变现净值孰低原则
处置或出售计量原则	数据资源无形资产：直接计入当期资产处置损益 数据资源存货：确认营业收入和营业成本

续表

类别	特点
披露方式	表内披露+表外披露，存货、无形资产和开发支出科目下设数据资源二级科目，并在附注中列示具体情况
披露模式	强制+自愿模式，对报表有重要影响的强制披露
是否需要追溯调整	否，采用未来适用法

三、数据资产入表实例分析

根据 2024 年年报我国上市公司入表情况进行统计（见表 7-3），在数据资源入表的 100 家企业中，在数据资源的确认方面，已入表上市公司中有 69 家企业确认为"无形资产——数据资源"，有 10 家企业确认为"开发支出——数据资源"，有 3 家企业确认为"存货——数据资源"，有 18 家企业部分确认为"无形资产——数据资源"，部分确认为"开发支出——数据资源"。在确认金额上，确认为"无形资产——数据资源"的总金额达到 137 525.24 万元，确认为"开发支出——数据资源"的总金额达到 76 782.62 万元，确认为"存货——数据资源"的总金额达到 10 732.84 万元。可见已经进行数据资源入表的企业主要将数据资源确认为无形资产与开发支出。

表 7-3　　　　我国上市公司入表现状（截至 2024 年 12 月）

数据资源入表科目	入表各科目企业总数（家）	金额（万元）
无形资产	87	137 525.24
开发支出	28	76 782.62
存货	3	10 732.84
合计	数据资源入表企业数合计 100 家	225 040.70

资料来源：Wind 数据库。数据资源入表企业数合计 100 家，其中 18 家企业部分确认为"无形资产"，部分确认为"开发支出"。

本节以云上（南昌）大数据运营有限公司（以下简称云上南昌）的财务数据和业务数据为基础，开展数据资产会计核算实操。

（一）案例介绍

云上南昌是一家数据服务商，属于轻资产公司，该企业自 2024 年 1 月 1 日开始执行《暂行规定》，并采用未来适用法编制财务报表。云上南昌同时还是高新技术企业，所得税税率为 15%，研发费用满足加计扣除的条件。如果云上南昌在 2024 年不按照《暂行规定》进行入表处理，则云上南昌在 2024 年的收入为 3 亿元，资产规模为 10 亿元，经营活动产生的现金流量净额为 5 万元。

假定云上南昌持有两种类型的数据资产：一种是以数据资源经过创新性投入和实质性加工形成准备对外提供服务并且满足无形资产准则的数据资产，且这种类型的数据资产占比较高；另一种是在企业日常活动中持有、最终目的用于出售且满足存货准则的数据资产。云上南昌数据资产相关成本主要包括：取得数据采集、脱敏、清洗、标注、整合、分析、可视化等服务所发生的有关支出，在《暂行规定》出台之前，云上南昌数据资产相关的成本均在当期费用化，主要归集在营业成本科目，部分研发费用部门人员参与数据加工环节，相应成本归集在研发费用。而在《暂行规定》出台之后，这部分原来费用化的即可以在满足资产确认条件之后进行资本化处理。

（二）数据资产会计核算

1. 数据资源确认为存货的会计处理。

（1）数据资源确认为存货的初始计量。

【例 7-11】 2024 年 1 月 1 日，云上南昌购入 500 个单位的数据资产 A，该数据资产价款为 500 万元，且在可出售前发生管理费、保险费、数据权属鉴证、质量评估、登记结算、安全管理等费用合计 20 万元。

  借：原材料——数据资产 A——购买价款   5 000 000
     原材料——数据资产 A——其他费用   200 000
    贷：银行存款   5 200 000

【例 7-12】 2024 年 6 月，云上南昌自行研发 500 个单位的数据资产 B，该数据资产在采集、过敏清洗、标注、整合、分析可视化等过程中产生费用 1 000 万元，则存货成本为 1 000 万元。

  借：生产成本——数据资产 B——加工成本   10 000 000
    贷：银行存款、应付职工薪酬、原材料等   10 000 000
  借：库存商品——数据资产 B   10 000 000
    贷：生产成本——数据资产 B——加工成本   10 000 000

（2）数据资源确认为存货的后续计量。

【例 7-13】 2024 年 9 月，云上南昌对 300 个单位的数据资产 B 经过审核后出售，出售收入（不考虑增值税）共计 1 200 万元，实际成本为 600 万元。

  借：银行存款   12 000 000
    贷：主营业务收入   12 000 000
  借：主营业务成本   6 000 000
    贷：库存商品——数据资产 B   6 000 000

【例 7-14】 截至 2024 年 12 月 31 日，云上南昌剩余 200 个单位的数据资产 B。由于市场价格波动，预计可变现净值为 250 万元，且应计提存货跌价准备金额为 150 万元。

借：资产减值损失　　　　　　　　　　　　　　　　　　1 500 000
　　贷：存货跌价准备——数据资产 B　　　　　　　　　　　　1 500 000

2. 数据资源确认为无形资产的会计处理。

（1）数据资源确认为无形资产的初始计量。

【例 7-15】2024 年 9 月 12 日，云上南昌从丙公司购买一项数据资产 C，该项数据资产的预计使用年限为 10 年，100 个单位的数据资产 C 总价为 440 万元，另支付相关税费 10 万元（不考虑增值税）。

借：无形资产——数据资产 C——购买价款　　　　　　　4 400 000
　　无形资产——数据资产 C——相关税费　　　　　　　　100 000
　　贷：银行存款　　　　　　　　　　　　　　　　　　　4 500 000

【例 7-16】2024 年 1 月 1 日，云上南昌董事会批准研发某项数据资产 D。2024 年 6 月 1 日，数据资产 D 研发成功并已经达到预定用途。研发过程中，2024 年 1~5 月发生的材料费用为 900 万元，人工费用为 400 万元，计提专用设备折旧 100 万元，以银行存款支付其他费用 300 万元，总计 1 700 万元，其中符合资本化条件的支出为 800 万元

借：研发支出——数据资产 D——费用化支出　　　　　　9 000 000
　　研发支出——数据资产 D——资本化支出　　　　　　　8 000 000
　　贷：原材料　　　　　　　　　　　　　　　　　　　　9 000 000
　　　　应付职工薪酬　　　　　　　　　　　　　　　　　4 000 000
　　　　累计折旧　　　　　　　　　　　　　　　　　　　1 000 000
　　　　银行存款　　　　　　　　　　　　　　　　　　　3 000 000
借：管理费用　　　　　　　　　　　　　　　　　　　　　9 000 000
　　贷：研发支出——数据资产 D——费用化支出　　　　　　9 000 000
借：无形资产——数据资产 D　　　　　　　　　　　　　　8 000 000
　　贷：研发支出——数据资产 D——资本化支出　　　　　　8 000 000

（2）数据资源确认为无形资产的后续计量。

【例 7-17】2024 年 12 月 31 日，数据资产 C 预计可回收金额为 480 万元，原预计使用年限不变，2024 年累计摊销金额为 15 万元。

借：管理费用等　　　　　　　　　　　　　　　　　　　　150 000
　　贷：累计摊销——无形资产数据资产 C　　　　　　　　　150 000

【例 7-18】2027 年 12 月 31 日，云上南昌外购的无形资产 C 预计可回收金额为 205 万元，原预计使用年限不变，2027 年应提取减值准备 95 万元。

借：资产减值损失　　　　　　　　　　　　　　　　　　　950 000
　　贷：资产减值准备——无形资产——数据资产 C　　　　　950 000

【例 7-19】2024 年，云山南昌自行研发的数据资产 D，其初始入账价值为

800 万元，摊销期限为 10 年，采用直线法进行摊销，2024 年累计摊销为 46.67 万元，2024 年年末计提的减值准备为 100 万元。2025 年 1 月发现，数据资产 D 已经没有应用场景，假定数据资产 D 的残值为 0，该数据资产应予转销，处置无形资产损失 653.33 万元。

借：累计摊销　　　　　　　　　　　　　　　　　466 700
　　无形资产减值准备　　　　　　　　　　　　　1 000 000
　　营业外支出——处置无形资产损失　　　　　　6 533 300
　　贷：无形资产——数据资产 D　　　　　　　　　　8 000 000

（三）数据资产入表的影响

本节将通过云上南昌数据资产入表路径，探讨其对企业报表产生的影响，以及可能产生的经济后果。本部分以企业入表的形式进行研究，所以这里我们省略日常细节繁杂的中间成本归集和收入成本匹配的步骤，直接假设企业相关数据资产产生的成本和收入项然后进行报表列报。在企业进行数据资源入表的实践操作中，相关成本归集和收入成本匹配会存在较大挑战，主要原因是数据产品的可塑性较高，底层的数据库可以通过多种建模方式进行后续加工使用，应用场景也非常多样化，顾客可能一次性购买多个数据产品组合，导致企业在数据产品的投入方面相关人力成本、设备投入成本可能难以清晰归集，收入匹配到具体产品中也存在困难。以下我们将分数据资源无形资产和数据资源存货两部分展开论述。

1. 满足无形资产确认条件的企业数据资源。

第一部分我们将描述云上南昌满足无形资产计量准则的数据资源入表的会计政策和会计估计方法。根据《暂行规定》要求，这部分数据资源将按照成本法进行初始计量。对于使用寿命有限的数据资产，在使用寿命内按照与该项无形资产有关的经济利益的预期实现方式系统合理地摊销，无法可靠确定预期实现方式的，采用直线法摊销。根据云上南昌对提供数据产品最长回溯 3 年或 10 年的历史数据等因素进行综合分析，报表采用不同类型产品不同摊销年限的做法。同时考虑到数据时效性一般呈现逐年递减的特征，本部分采用年数总和法进行摊销。云上南昌 2024 年 1 月 1 日起拥有的计入无形资产的数据资产具体情况如表 7 - 4 所示。

表 7 - 4　　　　　　云上南昌主要数据资产摊销年限

项目	金额（万元）	摊销年限（年）
数据资源无形资产——数据应用	2 500	3
数据资源无形资产——数据集	7 500	10

2. 满足存货确认条件的企业数据资源。

第二部分我们将描述云上南昌满足存货计量准则的数据资源入表的会计政策

和会计估计方法。根据《暂行规定》要求，存货包括在日常活动中持有，最终目的用于出售的数据资源。本部分模拟报表采用个别计价法来发出存货。数据资源存货可变现净值的确定依据为：资产负债表日，存货采用成本与可变现净值孰低计量，通常按照单个存货成本高于可变现净值的差额计提存货跌价准备。直接用于出售的存货，在正常生产经营过程中以该存货的估计售价减去估计的销售费用和相关税费后的金额确定其可变现净值；需要经过加工的存货，在正常生产经营过程中以所生产的产成品的估计售价减去至完工时估计将要发生的成本、估计的销售费用和相关税费后的金额确定其可变现净值；资产负债表日，同一项存货中一部分有合同价格约定、其他部分不存在合同价格的，分别确定其可变现净值，并与其对应的成本进行比较，分别确定存货跌价准备的计提或转回的金额。

基于上述判断标准和成本确认方法，云上南昌的数据资源无形资产和存货的列报情况如表 7-5 所示。其中有 10 000 万元数据资产计入研发费用，且数据资源无形资产中有 7 500 万元按 10 年摊销，2 500 万元按 3 年摊销，计算摊销时无形资产残值为 0 且当年新增的无形资产平均分配至当年 12 个月。

表 7-5　　云上南昌自行加工的数据资源无形资产和存货列报　　单位：人民币万元

a. 自行开发的数据资源无形资产		b. 自行加工的数据资源存货	
项目	2024.12.31	项目	2024.12.31
一、账面原值		一、账面原值	
1. 期初余额		1. 期初余额	
2. 本期增加金额	10 000.00	2. 本期增加金额	2 000.00
其中：购置		其中：购入	
内部研发	10 000.00	采集加工	2 000.00
其他增加		其他增加	
3. 本期减少金额		3. 本期减少金额	1 600.00
其中：处置		其中：出售	1 600.00
失效且终止确认		失效且终止确认	
其他减少		其他减少	
4. 期末余额	10 000.00	4. 期末余额	400
二、累计摊销		二、存货跌价准备	
1. 期初余额		1. 期初余额	
2. 本期计提金额	2 613.63	2. 本期计提金额	
3. 本期减少金额		3. 本期减少金额	
其中：处置		其中：转回	

续表

a. 自行开发的数据资源无形资产		b. 自行加工的数据资源存货	
项目	2024.12.31	项目	2024.12.31
失效且终止确认		转销	
其他减少		4. 期末余额	
4. 期末余额	2 613.63	三、账面价值	
三、减值准备		1. 期末账面价值	400
1. 期初余额		2. 期初账面价值	—
2. 本期增加金额			
3. 本期减少金额			
4. 期末余额			
四、账面价值			
1. 期末账面价值	7 386.37		
2. 期初账面价值	—		

结合上述条件，我们可以计算得出数据资产入表在会计上和税务上的处理差异计算如下：

会计处理上当年摊销额

$= 7\,500 \times 10 \div (1+2+3+4+5+6+7+8+9+10) + 2\,500 \times 3 \div (1+2+3) = 2\,613.63$（万元）；

税务处理上当年摊销额 $= (7\,500 + 2\,500) \div 10 = 1\,000$（万元）；

税会摊销差异形成的可抵扣暂时性差异 $= 2\,613.63 - 1\,000 = 1\,613.63$（万元）；

递延所得税 $=$ 税会摊销差异形成的可抵扣暂时性差异 $\times$ 所得税税率

$= 1\,613.63 \times 15\% = 242.05$（万元）。

3. 入表前和入表后的财务报表变化。

首先，我们重点分析入表前后资产负债表的变化。入表前，云上南昌的资产负债表中不存在数据资产相关的科目列表。入表后，我们将表7-5中的满足无形资产确认条件的数据资产和满足存货确认条件的数据资产计入资产负债表，如表7-6所示，其中数据资产的确认导致存货账面价值对应增加400万元，导致无形资产账面价值对应增加7 386.37万元（已扣除当年摊销额）。同时，原本费用化的数据资产入表后确认为无形资产或存货，导致利润总额增加7 786.37万元（7 386.37 + 400），当期无形资产按年数总和法摊销及税务按10年直线摊销形成递延所得税资产增加242.05万元，研发费用重分类至数据资产导致研发费用加计扣除减少150万元，进而综合导致应交所得税（体现在应交税费中）增加1 560万元。

表 7-6　云上南昌数据资产入表前和入表后的简化资产负债表　　单位：人民币万元

项目	入表前 2024 年度	入表后 2024 年度	差异
资产			
存货		400.00	400
流动资产合计	18 000.00	18 400.00	400
递延所得税资产	300.00	542.05	242.05
无形资产	2 000.00	9 386.37	7 386.37
非流动资产合计	82 000.00	89 628.42	7 628.42
资产总计	100 000.00	108 028.42	8 028.42
负债和所有者权益			
应交税费	1 000.00	2 560.00	1 560.00
流动负债合计	15 000.00	16 560.00	1 560.00
非流动负债合计	20 000.00	20 000.00	0
负债合计	35 000.00	36 560.00	1 560.00
未分配利润	25 000.00	31 468.40	6 468.42
所有者权益合计	65 000.00	71 468.40	6 468.42
负债和所有者权益总计	100 000.00	108 028.42	8 028.42

其次，我们分析入表前后利润表的变化。入表前，云上南昌是以费用化的方式处理与数据资产相关的支出；入表后，云上南昌将满足资产确认条件的支出予以资本化，可以从表 7-7 中看出，营业成本和研发费用分别下降 6 786.37 万元和 1 000 万元，因入表调整导致企业当期的利润总额和净利润显著上升，同时所得税费用也显著上升。

表 7-7　云上南昌数据资源入表前和入表后的简化利润表　　单位：人民币万元

项目	入表前 2024 年度	入表后 2024 年度	差异
营业收入	30 000.00	30 000.00	0.00
减：营业成本	15 000.00	7 015.72	-6 786.37
研发费用	3 500.00	2 500.00	-1 000.00
营业利润（亏损以"-"号填列）	5 000.00	12 786.37	7 786.37
利润总额（亏损总额以"-"号填列）	5 000.00	12 786.37	7 786.37
减：所得税费用	750.00	2 121.42	1 317.42
净利润（净亏损以"-"号填列）	4 250.00	10 718.42	6 468.42

最后，我们分析入表前后现金流量表的变化。从表 7-8 可以看出，云上南昌数据资产入表对现金流量表的影响主要是投资活动产生的现金流量和经营活动产生的现金流量，数据资源无形资产的增加导致入表后购建无形资产支付的现金部分增加 10 000 万元，同时入表前原本计入营业成本或者研发费用的经营活动现金流量支付相应减少 10 000 万元。

表 7-8　云上南昌数据资源入表前和入表后的简化现金流量表　单位：人民币万元

项目	入表前 2024 年度	入表后 2024 年度	差异
一、经营活动产生的现金流量：			
支付给职工以及为职工支付的现金	15 000.00	6 000.00	-9 000.00
支付其他与经营活动有关的现金	3 000.00	2 000.00	-1 000.00
经营活动产生的现金流量净额	5 000.00	15 000.00	10 000.00
二、投资活动产生的现金流量：			
购建固定资产、无形资产和其他长期资产支付的现金		10 000.00	10 000.00
投资活动产生的现金流量净额		-10 000.00	-10 000.00
三、筹资活动产生的现金流量：			
筹资活动产生的现金流量净额			

4. 财务指标分析。

根据以上财务报表，我们计算入表前和入表后的关键财务指标情况，包括流动比率、资产负债率、净资产收益率和毛利率。基于入表数据和对比分析，我们可以直观看到数据资产入表会带来的变化主要有：(1) 因存货与无形资产增加导致总资产增加，而负债前后变化幅度小于资产，使得资产负债率下降，即企业的杠杆率下降；(2) 数据资产入表导致所得税费用上升，应交税费等流动负债增加，流动负债增加幅度大于流动资产，使得流动比率低；(3) 数据资源形成无形资产后需要按照预计可使用年限进行摊销，虽然入表当年部分费用化的数据资产因纳入资产负债表而导致当期成本或费用降低，但因为无形资产摊销导致后续年份的数据资源无形资产摊销额将再次计入当期成本或费用，直至无形资产最终处置或报废，即入表可能导致企业成本或费用的确认存在时间差异，呈现先低后高的规律；(4) 假定企业收入平稳，由于当期成本或费用先低后高，则利润呈现出先高后低的状态，毛利率和净资产收益率同样也会呈现先高后低的状态；(5) 利润先高后低的变化，可能导致所得税也表现为先高后低。

【本章小结】

无形资产是指企业拥有或者控制的没有实物形态的可辨认的非货币性资产，包括专利权、非专利技术、商标权、著作权、土地使用权、特许经营权以及符合无形资产定义和确认的数据资源。企业自创商誉以及内部产生的品牌、报刊名等，不应确认为无形资产。企业外购取得的无形资产应当按照取得成本进行初始计量。外购无形资产的成本，包括购买价款、相关税费以及直接归属于使该项资产达到预定用途所发生的其他支出。对于企业自行开发的无形资产，其成本包括满足资本化条件后的开发支出和无形开发成功至达到预定用途前所发生的注册登记费、法律咨询费等。

企业内部研究开发项目的支出，应当注意区分支出是发生在研究阶段还是开发阶段。研究阶段是指为获取并理解新的科学或技术知识而进行的独创性的有计划调查。企业内部研究开发项目开发阶段的支出，满足资本化条件后，才能确认为无形资产。企业取得的土地使用权，通常应当按照取得时所支付的价款及相关税费确认为无形资产。土地使用权用于自行开发建造厂房等地上建筑物时，土地使用权的账面价值不与地上建筑物合并计算其成本，而仍作为无形资产进行核算，土地使用权与地上建筑物分别进行摊销和提取折旧。

无形资产取得成本应在受益期内摊销。企业应当于取得无形资产时分析判断其使用寿命。无形资产的使用寿命为有限的，自无形资产可供使用时起，至不再作为无形资产确认时止将无形资产的取得成本进行系统合理地摊销。对于使用寿命不确定的无形资产，不应摊销其取得成本，但应在每年末确认其预计可收回金额，以决定是否应提减值准备。无形资产使用寿命的确定，通常来源于合同性权利或其他法定权利，而且合同规定或法律规定有明确的使用年限。

【本章思考题】

1. 简述无形资产的概念及特征。
2. 无形资产与固定资产的主要区别有哪些？
3. 简述无形资产和其他资产在会计报表及其附注中应披露的内容。
4. 碳排放权与其他无形资产在会计处理上有何异同？
5. 讨论数据资产入表对企业的影响。

【本章练习】

1. 天宝公司2024年购入专利权，购入价款为8万元，以银行存款支付手续费、法律咨询费2 000元，专利权价款已支付。该专利权有效期为10年，编制专利权购入和第一年摊销的会计分录。

2. 大华公司2025年6月将一专利权有偿转让给其他企业，双方协商作价8万元，价款已存入银行。该项专利权摊余价值7.5万元，销售无形资产的增值税税率为6%，编制有关会计分录。

3. 华强公司2025年将一商标权转让给宏为工厂使用，双方协议按使用企业销售收入10%作为转让商标使用权的收入，有效期为6年。为保证产品质量，企业派出技术人员进行指导，发生工资费用3 000元，材料费用5 000元，应转出进项税额850元，接受企业本月销售收入为600 000元，销售无形资产的增值税税率为6%，编制有关分录。

4. 华宇公司批准研发某项数据资产。2025年1月1日，数据资产研发成功并已经达到预定用途，预计使用年限10年，预计达到使用年限后无残值。研发过程中，2024年1~5月发生的材料费用为800万元，人工费用为400万元，以银行存款支付其他费用300万元，总计1 500万元，其中符合资本化条件的支出为800万元。编制该项数据资产初始计量和后续计量相关分录。

【本章案例】

立信会计师事务所于2025年3月8日对天人股份有限公司2024年度报表进行审计时发现该公司2024年3月1日购买某项专有技术A，支付价款580万元，根据相关法律规定，该项无形资产的有效使用年限为10年，但当年未做摊销的账务处理。2024年12月31日，公司与转让该技术的单位发生合同纠纷，专有技术A的使用范围也因受到一定的限制而可能造成减值。预计可收回金额为400万元。请问应对此作何调整？

第八章　投资性房地产

【引入案例】

　　在新时代高质量发展的征程中，国家积极推动企业盘活存量资产、提升资源利用效率，这不仅是经济转型升级的内在要求，更是践行新发展理念、促进资源合理配置的重要举措，彰显着社会主义市场经济体制下对资源优化的高度重视与责任担当。浙江英特科技股份有限公司，基于公司自用房地产部分闲置的实际情况，积极探索资产优化新路径。2024年12月20日，公司管理层经过深思熟虑，提出将位于浙江省湖州市安吉县递铺街道乐三路468号的部分闲置房产用于出租获取收益，以此优化企业的资产配置，为经济发展注入新活力。

　　经过深入调研与严谨规划，2025年1月8日，浙江英特科技股份有限公司董事会审议通过了《关于公司部分房地产转为投资性房地产的议案》。该房产总建筑面积达33 410.37平方米，其中18 260.34平方米的闲置区域被规划转为投资性房地产，后续计量仍按成本模式。截至2024年12月31日，该变更部分房地产原值27 971 782.35元，账面价值13 727 209.40元。这一决策，不仅是企业自身发展的重要调整，更是对国家政策的有力呼应，体现了企业作为市场主体，在追求经济效益的同时，积极践行社会责任，为社会资源的合理利用贡献力量。

　　请根据该案例思考以下问题：

　　1. 什么是投资性房地产？浙江英特科技股份有限公司何时将闲置的房产确认为投资性房地产？转换日的入账价值应如何确定？

　　2. 如果随着周边产业生态的完善，该区域房产价值逐步显现，专业评估机构数据显示，若采用公允价值模式计量，其市场价值较账面价值存在显著增值。在此情形下，英特科技的财务团队面临关键抉择：是延续成本模式进行后续计量，确保财务信息的稳定性；还是选择公允价值模式，以更直观地反映资产现时价值？

【学习目的与要求】

1. 通过本章的学习，了解投资性房地产的范围；
2. 掌握投资性房地产确认条件；
3. 重点掌握成本模式与公允价值模式下投资性房地产的计量；
4. 熟悉投资性房地产的取得方式；
5. 掌握投资性房地产的相互转换；
6. 熟悉投资性房地产处置的核算。

第一节 投资性房地产概述

一、投资性房地产的范围

根据《企业准则第3号——投资性房地产》，投资性房地产是指为赚取租金或资本增值，或两者兼有而持有的房地产。主要包括下列各项：

1. 已出租的企业拥有产权的建筑物和已出租的土地使用权，是指以经营租赁（不含融资租赁）方式出租的建筑物和土地使用权，包括自行建造或开发完成后用于出租的房地产。已出租的投资性房地产租赁期满，因暂时空置但继续用于出租的，仍作为投资性房地产。企业计划用于出租但尚未出租的土地使用权不属于此类。此外，对于通过经营租赁的方式租入的土地使用权再转租给其他单位的，不能确认为投资性房地产。

2. 持有并准备增值后转让的土地使用权，是指企业通过受让方式取得的、准备增值后转让的土地使用权。闲置土地不属于持有并准备增值的土地使用权。根据《闲置土地处置办法》的规定，闲置土地是指土地使用者依法取得土地使用权后，未经原批准用地的人民政府同意，超过规定的期限未动工开发建设的建设用地。具有下列情形之一的，也可以认定为闲置土地：

（1）国有土地有偿使用合同或者建设用地批准书未规定动工开发建设日期，自国有土地有偿使用合同生效或者土地行政主管部门建设用地批准书颁发之日起满1年未动工开发建设的；

（2）已动工开发建设但开发建设的面积占应动工开发建设总面积不足1/3或者已投资额占总投资额不足25%且未经批准中止开发建设连续满1年的；

（3）法律、行政法规规定的其他情形。

3. 一项房地产，部分用于赚取租金或资本增值，部分用于生产商品、提供劳务或经营管理。用于赚取租金或资本增值的部分能够单独计量和出售的，可以确认为投资性房地产；否则，不能作为投资性房地产。

4. 企业将建筑物出租并按出租协议向承租人提供保安和维修等其他服务，所提供的其他服务在整个协议中不重大的，可以将该建筑物确认为投资性房地产；所提供的其他服务在整个协议中如为重大的，该建筑物应视为企业的经营场所，应当确认为自用房地产。

5. 关联企业之间租赁房地产的，出租方应将出租的房地产确认为投资性房地产。

母公司以经营租赁的方式向子公司租出房地产，该项房地产应当确认为母公司的投资性房地产，但在编制合并报表时，作为企业集团的自用房地产。

6. 将其拥有的旅馆饭店部分或全部出租，且出租的部分能够单独计量和出售的，出租的部分可以确认为投资性房地产。企业拥有并自行经营的旅馆饭店，其经营目的是通过向客户提供客房服务取得服务收入，该业务不具有租赁性质，不属于投资性房地产。

企业的厂房和办公楼，企业生产经营用的土地使用权、企业出租给本企业职工居住的宿舍，即使按照市场价格收取租金，也不属于投资性房地产。这部分房产间接为企业自身的生产经营服务，具有自用房地产的性质。作为存货的房地产，是指房地产开发企业销售的或为销售而正在开发的商品房和土地，也不属于投资性房地产。

就某些企业而言，投资性房地产属于日常经营性活动，形成的租金收入或转让增值收益确认为企业的主营业务收入，但对大部分企业而言，是与经营性活动相关的其他经营活动，形成的租金收入或转让增值收益构成企业的其他业务收入。房地产的租金收入的确认、计量和披露适用《企业会计准则第21号——租赁》的规定，投资性房地产的确认、计量和披露适用投资性房地产准则。

二、投资性房地产的确认条件

根据企业会计准则的规定，投资性房地产同时满足下列条件的，才能予以确认。

（一）与该投资性房地产有关的经济利益很可能流入企业

资产最基本的特征是预期能给企业带来经济利益。如果某一项目预期不能给企业带来经济利益，就不能确认为企业的资产。对投资性房地产的确认来说，如果某一投资性房地产预期不能给企业带来经济利益，就不能确认为企业的投资性房地产。如果某项投资性房地产包含的经济利益很可能流入企业，并同时满足投资性房地产确认的其他条件，那么，企业应将其确认为投资性房地产。

在实际中，判断投资性房地产包含的经济利益是否很可能流入企业，主要依据与该投资性房地产所有权相关的风险和报酬是否转移到了企业。通常，取得投资性房地产的所有权是判断与投资性房地产所有权相关的风险和报酬转移到企业的一个重要标志。凡是所有权已属于企业，不论企业是否收到或持有该投资性房地产，均可作为企业的投资性房地产；反之，如果没有取得所有权，即使存放在企业，也不能作为企业的投资性房地产。

（二）该投资性房地产的成本能够可靠地计量

成本能够可靠地计量，是资产确认的一项基本条件。投资性房地产作为企业资产的重要组成部分，要予以确认，其为取得该投资性房地产而发生的支出也必须能够可靠地计量。如果投资性房地产的成本能够可靠地计量，并同时满足其他确认条件，就可以加以确认；否则，企业不应加以确认。

对于已出租的土地使用权和已出租的建筑物，确认为投资性房地产的时点一般为租赁期开始日，即土地使用权和建筑物已进入出租状态、开始赚取租金的日期，但企业持有以备经营出租、可视为投资性房地产的空置建筑物或在建建筑物，确认为投资性房地产的时点是董事会或类似机构就该事项作出正式书面决议的日期。对于持有并准备增值后转让的土地使用权，确认为投资性房地产的时点是企业将自用土地使用权停止自用，准备增值后转让的日期。

三、投资性房地产应设置的会计科目

为了核算投资性房地产，企业应设置"投资性房地产"总账科目进行核算。投资性房地产的后续计量模式有成本模式和公允价值模式两种。采用成本模式计量的投资性房地产，还应当设置"投资性房地产累计折旧""投资性房地产减值准备"等总账科目进行核算；采用公允价值模式计量的投资性房地产，还应当根据投资性房地产类别和项目分别按照"成本"和"公允价值变动"进行明细核算。

第二节 投资性房地产的初始计量

投资性房地产应当按照成本进行初始计量。投资性房地产的取得方式不同，其初始成本的计量方法也各不相同。

一、外购投资性房地产

外购的投资性房地产，应当按照购买价款、相关税费和可直接归属于该资产的其他支出，作为其成本，借记"投资性房地产"科目，贷记"银行存款"等科目。企业购入的房地产，部分用于出租（或资本增值）、部分自用，用于出租（或资本增值）的部分应当予以单独确认的，应按照不同部分的公允价值占公允价值总额的比例将成本在不同部分之间进行分配。

【例8-1】红星股份公司为了拓展经营规模，2024年1月以银行存款方式购得繁华商业街的一栋商务楼，并当即出租。该商务楼的购买价为400万元，增值税36万元（假设可以一次性抵扣），款项以银行转账支付。假设不考虑其他税费。

红星股份公司会计处理为：

借：投资性房地产　　　　　　　　　　　　　　　　4 000 000
　　应交税费——应交增值税（进项税额）　　　　　　360 000
　　贷：银行存款　　　　　　　　　　　　　　　　　　　4 360 000

企业以分期付款方式购入的投资性房地产，应当按照购入投资性房地产的公允价值，借记"投资性房地产"科目，按照应支付金额与成本之间的差额，借记"未确认融资费用"科目，按照应支付金额，贷记"长期应付款"科目。

【例8-2】东方股份有限公司为了拓展经营规模，2025年1月以分期付款方式购得繁华商业街的一栋商务楼，并当即出租。该商务楼的公允价值为850万元，款项分五年支付，每年末支付200万元。假设不考虑相关税费。

东方股份有限公司会计处理为：

借：投资性房地产　　　　　　　　　　　　　　　　8 500 000
　　未确认融资费用　　　　　　　　　　　　　　　　1 500 000
　　贷：长期应付款　　　　　　　　　　　　　　　　　10 000 000

二、自行建造投资性房地产

企业自行建造投资性房地产的成本，按建造该项资产达到预定可使用状态前所发生的必要支出构成。这里所讲的"建造该项资产达到预定可使用状态前所发生的必要支出"，包括土地开发费、建筑成本、安装成本、应予以资本化的借款费用、缴纳的相关税金以及应分摊的其他间接费用等。需要注意的是，下列支出不能作为投资性房地产的成本：启动费，使房地产达到能够以管理当局要求的方式运行的必要状态所必需的启动费除外；投资性房地产达到计划的占用水平之前发生的经营亏损；房地产的建造或开发过程中浪费的直接材料、直接人工和其他资源。建造过程中发生的非正常性损失，直接计入当期损益，不计入建造成本。

自行建造投资性房地产分为自营方式建造和出包方式建造两种。

（一）自营方式

企业通过自营方式建造投资性房地产，其入账价值应当按照该项投资性房地产达到预定可使用状态前所发生的必要支出确定。工程项目较多且工程支出较大的企业，应当按照工程项目的性质分别核算各工程项目的成本。

工程完工达到预定可使用状态后，应将该项工程完工达到预定可使用状态前所发生的必要支出结转，作为投资性房地产的入账价值。投资性房地产达到预定可使用状态后剩余的工程物资，如转作库存材料，按其实际成本或计划成本，转作企业的库存材料。若材料存在可抵扣的增值税进项税额，应按减去可抵扣增值税进项税额后的实际成本或计划成本，转作企业的库存材料。盘盈、盘亏、报废、毁损的工程物资，减去保险公司、过失人赔偿部分后的余额，分别处理：如果工程项目尚未达到预定可使用状态，计入或冲减所建工程项目的成本；如果工程项目已经达到预定可使用状态，计入当期营业外支出或营业外收入。工程达到预定可使用状态前因必须进行试运转所发生的净支出，计入工程成本。

由于正常原因造成的单项工程或单位工程报废或毁损，减去残料价值和过失人或保险公司等赔款后的净损失（或收益），如果工程项目尚未达到预定可使用状态的，计入（或冲减）继续施工的工程成本。如果工程项目已经达到预定可使用状态的：属于筹建期间的，计入长期待摊费用（筹建费用）；不属于筹建期间的，直接计入当期营业外支出（或收益）。

企业通过自营方式建造的投资性房地产，按照该项资产达到预定可使用状态前所发生的必要支出，借记"在建工程""投资性房地产——在建"或"开发成本"等科目，贷记"银行存款""原材料""应付职工薪酬"等科目。工程达到预定可使用状态交付使用投资性房地产时，借记"投资性房地产"或"投资性房地产——成本"科目，贷记"在建工程""投资性房地产——在建"或"开发成本"等科目。

【例8-3】2025年1月，甲公司自行建造一幢厂房准备用于出租，购入工程物资一批，价款为600 000元，支付的增值税进项税额为54 000元，款项以银行存款支付，但未取得专用发票。工程领用工程物资545 000元（含增值税税额）；领用生产用材料一批，价值为40 000元（不含增值税）；辅助生产车间为工程提供有关劳务支出为60 000元；计提工程人员的职工薪酬为50 000元；年底，该工程达到预定可使用状态并交付使用。假定不考虑其他相关税费，甲公司的会计处理如下：

(1) 购入为工程准备的物资：

借：工程物资　　　　　　　　　　　　　　　　　　　654 000
　　贷：银行存款　　　　　　　　　　　　　　　　　　　654 000

(2) 工程领用物资：

借：在建工程——厂房　　　　　　　　　　　　　　　545 000
　　贷：工程物资　　　　　　　　　　　　　　　　　　　545 000

(3) 工程领用原材料：

借：在建工程——厂房　　　　　　　　　　　　　　　 40 000
　　贷：原材料　　　　　　　　　　　　　　　　　　　　 40 000

（4）辅助生产车间为工程提供劳务支出：

借：在建工程——厂房　　　　　　　　　　　　　　　60 000
　　　贷：生产成本——辅助生产成本　　　　　　　　　　　60 000

（5）计提工程人员工资、福利费：

借：在建工程——厂房　　　　　　　　　　　　　　　50 000
　　　贷：应付职工薪酬　　　　　　　　　　　　　　　　　50 000

（6）年底，工程达到预定可使用状态并交付使用：

借：投资性房地产——厂房　　　　　　　　　　　　　695 000
　　　贷：在建工程——厂房　　　　　　　　　　　　　　　695 000

（二）出包方式

企业采用出包方式进行的自制、自建投资性房地产，按应支付给承包单位的工程价款作为其固定资产成本，其工程的具体支出在承包单位核算，这种方式下，"在建工程"科目实际成为企业与承包单位的结算科目，企业将与承包单位结算的工程价款作为工程成本，通过"在建工程"科目核算。企业按规定预付承包单位的工程价款时，借记"预付账款"科目。工程完工收到承包单位账单，补付或补记工程价款时，借记"预付账款"科目，贷记"银行存款"等科目。工程完工交付使用时，按实际发生的全部支出，借记"投资性房地产"科目，贷记"在建工程"科目。

【例8-4】 2025年3月12日，甲公司准备建一幢厂房用于出租。该工程出包给乙公司承建，按规定先向承包单位预付工程价款1 000 000元，以银行存款转账支付。2025年7月8日，工程达到预定可使用状态后，收到承包单位的有关工程结算单据，补付工程款344 000元，以银行存款转账支付。2025年7月23日，工程达到预定可使用状态经验收后交付使用。甲公司的会计处理如下：

（1）2025年3月12日，甲公司预付工程款1 000 000元。

借：预付账款　　　　　　　　　　　　　　　　　　1 000 000
　　　贷：银行存款　　　　　　　　　　　　　　　　　　1 000 000

（2）2025年7月8日，甲公司补付工程款344 000元。

借：预付账款　　　　　　　　　　　　　　　　　　　344 000
　　　贷：银行存款　　　　　　　　　　　　　　　　　　　344 000

（3）2025年7月23日，工程达到预定可使用状态经验收交付使用。

借：投资性房地产　　　　　　　　　　　　　　　　1 344 000
　　　贷：预付账款　　　　　　　　　　　　　　　　　　1 344 000

三、投资者投入的投资性房地产

企业对投资者投资转入的投资性房地产，在办理了有关资产移交手续之后，按投资合同或协议约定的价值作为投资性房地产的入账价值,借记"投资性房地产"科目;按投资各方确认的价值在其注册资本中所占的份额,一般企业确认为实收资本,贷记"实收资本"科目;股份制公司确认为股本,贷记"股本"科目;按投资各方确认的价值与确认为实收资本或股本的差额,确认为资本公积,贷记"资本公积——资本溢价(股本溢价)"科目;按应支付的相关税费,确认为银行存款或应交税费及附加,贷记"银行存款""应交税费"等科目。

【例8-5】乙公司为股份有限公司,其注册资本为30 000 000元。2025年2月1日,乙公司接受丁公司以某投资性房地产进行投资。该投资性房地产采用公允价值计量,当日的公允价值为10 000 000元,占甲公司注册资本的30%。假定不考虑其他相关税费。乙公司的会计处理如下:

借:投资性房地产　　　　　　　　　　　　　　　10 000 000
　　贷:股本——丁公司　　　　　　　　　　　　　9 000 000
　　　　资本公积——股本溢价　　　　　　　　　　1 000 000

四、通过非货币性资产交换取得的投资性房地产

企业通过非货币性资产交换取得的投资性房地产,按是否具有商业实质,分为不具有商业实质的非货币性资产交换和具有商业实质的非货币性资产交换。

(一)不具有商业实质的非货币性资产交换

企业通过非货币性资产交换取得的投资性房地产且不涉及补价的,应当以换出资产的账面价值和应支付的相关税费作为换入投资性房地产的成本,借记"投资性房地产"科目,按换出资产累计摊销额或累计折旧等,借记"累计摊销""累计折旧"科目,按换出资产已计提的减值或跌价准备金额,借记"有关资产减值(或跌价)准备"等科目,按换出资产的账面余额,贷记"有关资产"等科目,按应支付的相关税费,贷记"应交税费""银行存款"等科目。

企业通过非货币性资产交换取得的投资性房地产且收到补价的,应当以换出资产账面价值和应支付的相关税费减去补价作为换入投资性房地产的成本,借记"投资性房地产"科目,按收到的补价,借记"银行存款"科目,按换出资产累计摊销额或累计折旧等,借记"累计摊销""累计折旧"科目,按换出资产已计提的减值或跌价准备金额,借记"有关资产减值(或跌价)准备"等科目,按换出资产的账面余额,贷记"有关资产"等科目,按应支付的相关税费,贷记"应交税费""银行存款"等科目。

(二)具有商业实质的非货币性资产交换

企业通过非货币性资产交换取得投资性房地产且不涉及补价的,应当以换出资产的公允价值和应支付的相关税费作为投资性房地产的成本,借记"投资性房地产"科目,按换出资产累计摊销或累计折旧额,借记"累计摊销""累计折

旧"科目，按换出资产的账面余额，贷记"有关资产"等科目，按换出资产已计提的减值或跌价准备金额，借记"资产减值（或跌价）准备"等科目，按应支付的相关税费，贷记"应交税费""银行存款"等科目，换出资产的公允价值与其账面价值之间的差额，应当分别不同情况处理：

换出资产为存货的，应当作为销售处理，按照《企业会计准则第 14 号——收入》以其公允价值确认收入，同时结转相应的成本；换出资产为固定资产、无形资产的，换出资产公允价值与其账面价值的差额，计入资产处置损益；换出资产为长期股权投资的，换出资产公允价值与其账面价值的差额，计入投资收益。

五、通过债务重组取得的投资性房地产

企业通过债务重组取得的投资性房地产，应当按照受让的投资性房地产的公允价值加上应支付的相关税费作为投资性房地产的成本。具体来说，企业应当按照受让的投资性房地产的公允价值加上应支付的相关税费，借记"投资性房地产"科目，按照重组债权已计提的减值准备，借记"坏账准备"科目，按照重组债权的账面余额，贷记"应收账款"等科目，按照应支付的相关税费，贷记"银行存款""应交税费"等科目，抵债资产公允价值与账面价值的差额，应当分别按下列情况进行处理：

1. 抵债资产为存货的，应当作为销售处理，按照《企业会计准则第 14 号——收入》的规定以其公允价值确认收入，同时结转相应的成本。

2. 抵债资产为固定资产、无形资产的，其公允价值和账面价值的差额，计入资产处置损益。

3. 抵债资产为长期股权投资的，其公允价值和账面价值的差额，计入投资收益。

第三节　投资性房地产的后续计量

企业的投资性房地产可以采用成本模式计量，在符合条件时也可以采用公允价值模式计量。但是，企业对投资性房地产的计量模式一经确定，不得随意变更。成本模式转为公允价值模式的，应当作为会计政策变更，按照《企业会计准则第 28 号——会计政策、会计估计变更和差错更正》处理。企业应当采用一种模式对投资性房地产进行后续计量，不得同时采用两种计量模式，除准则规定的特殊情况除外。

一、投资性房地产的成本模式

根据《投资性房地产准则》规定，企业应当采用成本模式计量投资性房地

产。对于投资性房地产中的建筑物而言，应当比照《企业会计准则第4号——固定资产》核算；对于投资性房地产中的土地使用权，应当比照《企业会计准则第6号——无形资产》核算。

对于投资性房地产中的建筑物（或土地使用权），其计提折旧的政策与固定资产完全一致。具体来说，计提投资性房地产折旧时，应当按照计提的折旧金额，借记"其他业务成本"科目，贷记"投资性房地产累计折旧（摊销）"科目。计提投资性房地产减值准备金额时，借记"资产减值损失"科目，贷记"投资性房地产减值准备"科目，如果已经计提减值准备的投资性房地产的价值又得以恢复，不得转回。

【例8-6】2025年6月30日，红星股份有限公司某投资性房地产账面原价为500 000元，已计提累计折旧50 000元，未计提减值准备，可收回金额为410 000元；某投资性房地产账面原价为10 000元，已摊销金额为3 000元，未计提减值准备，可收回金额为6 000元。红星股份有限公司的会计处理如下：

红星股份有限公司投资性房地产应计提的减值准备金额为：

[（500 000 - 50 000）- 410 000] + [（10 000 - 3 000）- 6 000] = 41 000（元）

借：资产减值损失　　　　　　　　　　　　　　　　41 000
　　贷：投资性房地产减值准备　　　　　　　　　　　　41 000

投资性房地产在持续期间取得收益列入当期损益，发生的折旧等费用计入当期损益。折旧费用的计提可以采用直线法和其他方法等。

【例8-7】北方股份有限公司2024年12月31日购入一幢商务楼，用于对外出租，该商务楼的购置价为2 395万元，相关税费10万元，预计使用寿命40年，预计净残值5万元，采用直线法折旧。2025年7月1日对外出租，年租金120万元，每月收取租金一次。假设不考虑其他因素，北方股份有限公司的会计处理如下：

北方股份有限公司购入的商务楼符合投资性房地产的界定条件，该投资性房地产的入账成本为：2 395 + 10 = 2 405（万元），每月租金为：120 ÷ 12 = 10（万元），每月的折旧费用为：[（2 405 - 5）÷ 40] ÷ 12 = 5（万元）。

(1) 购置房地产：

借：投资性房地产　　　　　　　　　　　　　　　24 050 000
　　贷：银行存款　　　　　　　　　　　　　　　　24 050 000

(2) 收取租金：

借：银行存款　　　　　　　　　　　　　　　　　100 000
　　贷：其他业务收入　　　　　　　　　　　　　　100 000

(3) 提取折旧：

借：其他业务成本　　　　　　　　　　　　　　　50 000

贷：投资性房地产累计折旧　　　　　　　　　　　　　50 000

二、投资性房地产的公允价值模式

（一）采用公允价值模式的条件

有确凿证据表明投资性房地产的公允价值能够持续可靠取得的，企业才可以对投资性房地产采用公允价值模式进行后续计量。企业选择公允价值模式，就应当对其所有的投资性房地产采用公允价值模式进行后续计量，不得对一部分投资性房地产采用成本模式进行后续计量，对另一部分投资性房地产采用公允价值模式进行后续计量。并且已采用公允价值模式计量的投资性房地产，不得从公允价值模式转为成本模式。采用公允价值模式计量的，应当同时满足下列条件：

1. 投资性房地产所在地有活跃的房地产交易市场，意味着投资性房地产可以在房地产交易市场中直接交易。所在地，通常是指投资性房地产所在的城市。对于大中城市，应当具体化为投资性房地产所在的城区。

活跃市场，是指同时具有下列特征的市场：（1）市场内交易对象具有同质性；（2）可随时找到自愿交易的买方和卖方；（3）市场价格信息是公开的。

2. 企业能够从房地产交易市场上取得同类或类似房地产的市场价格及其他相关信息，从而对投资性房地产的公允价值做出科学合理的估计。

同类或类似的房地产，对建筑物而言，是指所处地理位置和地理环境相同、性质相同、结构类型相同或相近、新旧程度相同或相近、可使用状况相同或相近的建筑物；对于土地使用权而言，是指同一城区、同一位置区域、所处地理环境相同或相近、可使用状况相同或相近的土地。

（二）采用公允价值模式计量的主要账务核算

1. 企业外购、自行建造等取得的投资性房地产，应按投资性房地产准则确定的成本，借记"投资性房地产——成本"科目，贷记"银行存款""在建工程"等科目。

2. 企业采用其他方式取得投资性房地产，按照会计准则的有关规定处理。

（三）投资性房地产的后续计量

采用公允价值模式计量的，不对投资性房地产计提折旧或进行摊销，企业应当以资产负债表日投资性房地产的公允价值为基础调整其账面价值，公允价值高于其账面价值之间的差额，借记"投资性房地产——公允价值变动损益"科目，贷记"公允价值变动损益"科目；公允价值低于其账面价值的差额做相反的会计分录。

【例8-8】2025年6月30日，红星股份有限公司的某投资性房地产的公允价值为700万元，此前，该投资性房地产的账面价值为670万元。红星股份有限公司的会计处理如下：

借：投资性房地产——公允价值变动损益　　　　　　　300 000
　　贷：公允价值变动损益　　　　　　　　　　　　　　　　300 000

三、投资性房地产的后续支出

投资性房地产的后续支出，是指已确认为投资性房地产的项目在持有期间发生的与投资性房地产使用效能直接相关的各种支出，如改建扩建支出、装修装潢支出、日常维修支出等。

根据《投资性房地产准则》的规定，与投资性房地产有关的后续支出，如果延长了投资性房地产的使用寿命或明显改良了投资性房地产的使用效能，从而导致流入企业的经济利益超过了原先的估计，能够满足投资性房地产确认条件的，应当计入投资性房地产的成本。例如，企业为了使投资性房地产更加坚固耐用而对其进行改建扩建所发生的支出，或为了提高投资性房地产使用效能而对其进行装修装潢所发生的支出，一般可以满足投资性房地产的确认条件，应当将其资本化，如果只是维护或恢复投资性房地产原有的使用效能，不满足投资性房地产的确认条件，应当在发生时计入当期损益。例如，企业为了保持投资性房地产的正常使用效能而对其进行日常维护和修理所发生的支出，不能满足投资性房地产的确认条件，应当将其费用化，计入支付当期损益。

（一）资本化的投资性房地产后续支出

1. 采用成本模式下，投资性房地产进行改良或装修时，首先应按该项投资性房地产的账面价值转入"投资性房地产——在建"科目，在开发期间不计提折旧或摊销。作如下分录：

借：投资性房地产——在建
　　投资性房地产累计折旧（摊销）
　　投资性房地产减值准备
　　贷：投资性房地产

其次将发生的与投资性房地产有关的后续支出，借记"投资性房地产——在建"科目，贷记"银行存款""工程物资""原材料""应交税费"等科目。最后竣工时，按实际发生的成本，借记"投资性房地产"科目，贷记"投资性房地产——在建"科目。

【例8-9】2025年3月，甲企业与乙企业的一项厂房经营租赁合同即将到期。该厂房按照成本模式进行后续计量，原价为2 000万元，已计提折旧600万元。为了提高厂房的租金收入，甲企业决定在租赁期满后对厂房进行改扩建，并与丙企业签订了经营租赁合同，约定自改扩建完工时将厂房出租给丙企业。3月15日，与乙企业的租赁合同到期，厂房随即进入改扩建工程。12月10日，厂房改扩建工程完工，共发生支出150万元，即日按照租赁合同出租给丙企业。假设甲企业采用成本计量模式。

本例中，改扩建支出属于资本化的后续支出，应当计入投资性房地产的成本。

甲企业的账务处理如下：

（1）2025年3月15日，投资性房地产转入改扩建工程：

借：投资性房地产——厂房（在建）　　　　　　　14 000 000
　　投资性房地产累计折旧　　　　　　　　　　　　6 000 000
　　贷：投资性房地产——厂房　　　　　　　　　　　　　20 000 000

（2）2025年3月15日至12月10日：

借：投资性房地产——厂房（在建）　　　　　　　 1 500 000
　　贷：银行存款　　　　　　　　　　　　　　　　　　　 1 500 000

（3）2025年12月10日，改扩建工程完工：

借：投资性房地产——厂房　　　　　　　　　　　15 500 000
　　贷：投资性房地产——厂房（在建）　　　　　　　　　15 500 000

2. 采用公允价值模式下，投资性房地产进行改良或装修时，首先应将该项投资性房地产的"投资性房地产——成本"科目、"投资性房地产——公允价值变动"科目的账面余额转入"投资性房地产——在建"科目；其次将发生的与投资性房地产有关的后续支出，借记"投资性房地产——在建"科目，贷记"银行存款""工程物资""原材料""应交税费"等科目；最后竣工时，按实际发生的成本，借记"投资性房地产"科目，贷记"投资性房地产——在建"科目。

【例8-10】2024年12月31日，甲企业与乙企业的一项厂房经营租赁合同即将到期。为了提高厂房的租金收入，甲企业决定在租赁期满后对厂房进行改扩建，并与丙企业签订了经营租赁合同，约定自改扩建完工时将厂房出租给丙企业。2024年12月31日，与乙企业的租赁合同到期，厂房随即进入改扩建工程。2024年12月31日该厂房账面价值2 300万元，其中成本2 000万元，累计公允价值变动300万元。厂房改扩建工程完工，共发生支出150万元，2025年8月31日按照租赁合同出租给丙企业。假设甲企业采用该投资性房地产采用公允价值计量，甲公司相关账务处理如下：

（1）2024年12月31日，投资性房地产转入改扩建工程：

借：投资性房地产——厂房（在建）　　　　　　　2 300
　　贷：投资性房地产——厂房（成本）　　　　　　　　　 2 000
　　　　投资性房地产——厂房（公允价值变动）　　　　　　300

（2）2025年1月1日至8月31日：

借：投资性房地产——厂房（在建）　　　　　　　 150

　　　　贷：银行存款　　　　　　　　　　　　　　　　　　150
　　（3）2025年8月31日，改扩建工程完工：
　　　　借：投资性房地产——厂房（成本）　　　　　　　2 450
　　　　　贷：投资性房地产——厂房（在建）　　　　　　　　2 450

（二）费用化的投资性房地产后续支出

企业发生的与投资性房地产有关的后续支出，如果不满足投资性房地产的确认条件，应当在发生时计入当期损益，即按照发生的后续支付金额，借记"其他业务成本"科目，贷记"银行存款""工程物资""原材料"等科目。

在具体实务中，对于投资性房地产发生的下列各项后续支出，如果不能区分是投资性房地产修理还是投资性房地产改良，或投资性房地产修理和投资性房地产改良结合在一起，则企业应当判断，与投资性房地产有关的后续支出，是否使可能流入企业的经济利益超过了原先的估计。如果该后续支出使可能流入企业的经济利益超过了原先的估计，则后续支出应当计入投资性房地产账面价值，其增加后的金额不应超过该投资性房地产的可收回金额；否则，后续支出应当确认为当期费用。

四、投资性房地产由成本模式转为公允价值模式

企业对投资性房地产的计量模式一经确定，不得随意变更。但投资性房地产由成本模式转换为公允价值模式，应当视为会计政策变更，按照《企业会计准则第28号——会计政策、会计估计变更和差错更正》处理，采用追溯调整法进行核算，并按计量模式变更时公允价值与账面价值的差额调整留存收益。但已采用公允价值模式计量的投资性房地产，不得从公允价值模式转为成本模式。

在投资性房地产由成本模式转换为公允价值模式时，如果在转换当日投资性房地产的公允价值小于（或大于）投资性房地产的账面价值，那么，企业应当按照投资性房地产变更前的账面原价，借记"投资性房地产"科目，按照已计提的累计折旧或摊销，借记"投资性房地产累计折旧（摊销）"等科目，按照已计提的投资性房地产减值准备金额，借记"投资性房地产减值准备"科目，按照投资性房地产变更前的账面原价，贷记"投资性房地产"科目，按照投资性房地产公允价值与其账面价值之间的差额，借（或贷）记"盈余公积"科目和"利润分配——未分配利润"科目，如果涉及所得税影响的，还应调整递延所得税负债（或递延所得税资产）。

【例8-11】甲企业将某一栋写字楼租赁给乙公司使用，并一直采用成本模式进行后续计量。2025年1月1日，甲企业认为，出租给乙公司使用的写字楼，其所在地的房地产交易市场比较成熟，具备了采用公允价值模式计量的条件，决

定对该项投资性房地产从成本模式转换为公允价值模式计量。该写字楼的原造价为 90 000 000 元，已计提折旧 2 700 000 元，账面价值为 87 300 000 元。2025 年 1 月 1 日，该写字楼的公允价值为 95 000 000 元。

假设甲企业按净利润的 10% 计提盈余公积，不考虑所得税的影响。

甲企业的账务处理如下：

借：投资性房地产——成本	95 000 000
投资性房地产累计折旧	2 700 000
贷：投资性房地产	90 000 000
利润分配——未分配利润	6 930 000
盈余公积	770 000

第四节　投资性房地产的转换

一、投资性房地产转换的条件

企业有确凿证据表明房地产用途发生改变而对房地产进行重分类，才能将投资性房地产转换为非投资性房地产或者将非投资性房地产转换为投资性房地产。这里的确凿证据包括两个方面：一是企业董事会或类似机构应当就改变房地产用途形成正式的书面决议；二是房地产因用途改变而发生实际状态上的改变，如从自用状态改为出租状态。满足下列条件之一的，应当将投资性房地产转换为其他资产或者将其他资产转换为投资性房地产：投资性房地产开始自用；投资性房地产重新开发用于对外销售，转换为存货；作为存货的房地产，改为出租；自用土地使用权停止自用，用于赚取租金或资本增值；自用建筑物停止自用，改为出租。

企业只有为销售而开发的房地产的用途发生变化时，才可以将房地产由存货转换为投资性房地产。同样的道理，如果企业为在将来继续作为投资性房地产使用而开始对某项现有的投资性房地产进行再开发，则在再开发期间，企业应继续将该投资性房地产作为投资性房地产，而不应将其转换为自用房地产。如果企业决定处置某项投资性房地产，则在终止确认之前，企业不需要将其转换为存货，而应继续将其作为投资性房地产核算。

二、投资性房地产转换日的确定

1. 投资性房地产开始自用，是指投资性房地产转为自用房地产，其转换日为房地产达到自用状态，企业开始将房地产用于生产商品、提供劳务或者经营管理的日期。

2. 投资性房地产转换为存货，转换日为租赁期届满、企业董事会或类似机构作出书面决议明确表明将其重新开发用于对外销售的日期。

3. 作为存货的房地产改为出租，或者自用建筑物或土地使用权停止自用改为出租，其转换日为租赁期开始日。租赁期开始日是指承租人有权行使其使用租赁资产权力的日期。

4. 自用土地使用权停止自用，改用于资本增值，其转换日为自用土地使用权停止自用后确定用于资本增值的日期。

三、投资性房地产转换的会计处理

投资性房地产主要包括土地使用权和房地产，因此，投资性房地产的转换也主要是在土地使用权和房地产之间进行转换。

（一）转换的会计处理原则

根据企业会计准则的规定，转换的会计处理原则为：

1. 在成本模式下，应当将房地产转换前的账面价值作为转换后的入账价值。

2. 采用公允价值模式计量的投资性房地产转换为自用房地产时，应当以其转换当日的公允价值作为自用房地产的账面价值，公允价值与原账面价值的差额计入当期损益。

3. 自用房地产或存货转换为采用公允价值模式计量的投资性房地产时，投资性房地产按照转换当日的公允价值计价，转换当日的公允价值小于原账面价值的，其差额计入当期损益；转换当日的公允价值大于原账面价值的，其差额计入所有者权益。

（二）采用成本模式核算

1. 投资性房地产转换为自用房地产。

采用成本模式计量的投资性房地产转换为自用的建筑物和土地使用权时，企业应当按照投资性房地产的账面原价，借记"固定资产"科目，贷记"投资性房地产"科目。投资性房地产已计提的累计折旧应转入一般固定资产折旧，借记"投资性房地产累计折旧（摊销）"科目，贷记"累计折旧"科目，按照投资性房地产已计提的减值准备，借记"固定资产减值准备"或"无形资产减值准备"科目，贷记"投资性房地产减值准备"科目。

2. 存货转换为投资性房地产。

企业在将作为存货核算的房地产转换为采用成本模式计量的投资性房地产时，应当按照存货的账面价值，借记"投资性房地产"科目，按照已计提的存货跌价准备金额，借记"存货跌价准备"科目，按照存货的账面余额，贷记"开发产品"科目。

【例 8-12】2025 年 8 月 31 日，南方股份有限公司决定将其持有作为库存商品核算的房地产作为投资性房地产，采用成本模式核算。当日，该库存商品的账面余额为 20 万元，已计提存货跌价准备 3 万元。假定不考虑其他因素。南方股份有限公司的会计处理如下：

借：投资性房地产　　　　　　　　　　　　　　　　　　170 000
　　存货跌价准备　　　　　　　　　　　　　　　　　　 30 000
　　贷：开发产品　　　　　　　　　　　　　　　　　　200 000

3. 土地使用权转换为投资性房地产。

企业将作为无形资产核算的土地使用权转换为采用成本模式计量的投资性房地产时，应当按照土地使用权的账面价值，借记"投资性房地产"科目，按照已摊销的无形资产金额，借记"累计摊销"科目，按照已计提的无形资产减值准备金额，借记"无形资产减值准备"科目，按照土地使用权的账面余额，贷记"无形资产"科目。

【例 8-13】2025 年 6 月 30 日，东方股份有限公司决定将持有的某土地使用权作为投资性房地产，采用成本模式核算。当日，该土地使用权的账面原价为 15 万元，已累计摊销 2 万元，已计提无形资产减值准备 1 万元。假定不考虑其他因素。东方公司的会计处理如下：

借：投资性房地产　　　　　　　　　　　　　　　　　　120 000
　　累计摊销　　　　　　　　　　　　　　　　　　　　 20 000
　　无形资产减值准备　　　　　　　　　　　　　　　　 10 000
　　贷：无形资产　　　　　　　　　　　　　　　　　　150 000

4. 自用建筑物转换为投资性房地产。

企业将作为固定资产核算的自用建筑物转换为采用成本模式计量的投资性房地产时，应当按照自用建筑物的账面价值，借记"投资性房地产"科目，按照已计提的累计折旧金额，借记"累计折旧"科目，按照已计提的固定资产减值准备金额，借记"固定资产减值准备"科目，按照自用建筑物的账面余额，贷记"固定资产"科目。

【例 8-14】2025 年 9 月 30 日，北方股份有限公司决定将某自用建筑物作为投资性房地产，采用成本模式核算。当日，该自用建筑物的账面原价为 200 万元，已计提累计折旧 50 万元，已计提减值准备 10 万元。假定不考虑其他因素，北方股份有限公司的会计处理如下：

借：投资性房地产　　　　　　　　　　　　　　　　　1 400 000
　　累计折旧　　　　　　　　　　　　　　　　　　　 500 000
　　固定资产减值准备　　　　　　　　　　　　　　　 100 000
　　贷：固定资产　　　　　　　　　　　　　　　　　2 000 000

(三) 采用公允价值模式核算

1. 企业自用的资产转换为投资性房地产。

企业将作为存货的房地产转换为投资性房地产的,应按其在转换日的公允价值,借记"投资性房地产——成本"科目,原已计提跌价准备的,借记"存货跌价准备"科目,按其账面余额,贷记"开发产品"等科目,按其差额,贷记"其他综合收益"科目或借记"公允价值变动损益"科目。若转换日的公允价值小于账面价值的,按其差额,借记"公允价值变动损益"科目;转换日的公允价值大于账面价值的,按其差额,贷记"其他综合收益"科目。当该项投资性房地产处置时,因转换计入其他综合收益的部分应转入当期损益。

企业将自用的建筑物等转换为投资性房地产的,按其转换日的公允价值,借记"投资性房地产——成本"科目,按已提的累计折旧等金额,借记"累计折旧"等科目,按其账面余额,贷记"固定资产"等科目,按其差额,贷记"其他综合收益"科目或借记"公允价值变动损益"科目。已计提减值准备的,还应同时结转减值准备。

【例 8-15】 2025 年 4 月 2 日,红海股份有限公司决定将自用的建筑物转换为投资性房地产。该投资性房地产账面原价 40 万元,已计提累计折旧 25 万元,已计提减值准备 5 万元。转换日,该建筑物公允价值为 12 万元。假定不考虑其他因素,红海股份有限公司的会计处理如下:

借:投资性房地产——成本　　　　　　　　　　120 000
　　累计折旧　　　　　　　　　　　　　　　　250 000
　　固定资产减值准备　　　　　　　　　　　　 50 000
　　贷:固定资产　　　　　　　　　　　　　　400 000
　　　　其他综合收益　　　　　　　　　　　　 20 000

2. 企业将投资性房地产转换为自用的建筑物或土地使用权。

企业采用公允价值模式计量的投资性房地产转换为自用的建筑物或土地使用权时,应当按照转换日投资性房地产的公允价值,借记"固定资产""无形资产"等科目,按照投资性房地产的账面原价,贷记"投资性房地产——成本"科目,按该项投资性房地产的累计公允价值变动,贷记或借记"投资性房地产——公允价值变动"科目。投资性房地产的公允价值与其账面价值之间的差额,借记或贷记"公允价值变动损益"科目。

第五节　投资性房地产的处置

根据《企业会计准则第 3 号——投资性房地产》的规定,当投资性房地产被处置，或者永久退出使用且预计不能从其处置中取得经济利益时，应当终止确认该项投资性房地产。企业出售、转让、报废投资性房地产或者发生投资性房地产毁损，应当将处置收入扣除其账面价值和相关税费后的金额计入当期损益。

一、投资性房地产的出售

1. 企业出售采用成本模式计量的投资性房地产时，应当按照收到的款项，借记"银行存款"等科目，贷记"其他业务收入"科目。按照该项投资性房地产的已计提的累计折旧或累计摊销金额，借记"投资性房地产累计折旧（摊销）"科目，按照已计提的投资性房地产减值准备金额，借记"投资性房地产减值准备"科目，按照投资性房地产的账面余额，贷记"投资性房地产"科目，按照出售过程中发生的相关税费，贷记"应交税费"等科目，按照借贷双方之间的差额，借记"其他业务成本"科目。

【例8-16】2025年12月31日，北方股份有限公司决定将采用成本模式计量的某投资性房地产出售，收到出售价款15万元。当日，该投资性房地产账面原价40万元，已计提累计折旧25万元，已计提减值准备5万元，应交的相关税金2万元。假定不考虑其他因素，北方股份有限公司的会计处理如下：

借：银行存款　　　　　　　　　　　　　　　　150 000
　　贷：其他业务收入　　　　　　　　　　　　　　150 000
借：其他业务成本　　　　　　　　　　　　　　120 000
　　投资性房地产累计折旧　　　　　　　　　　　250 000
　　投资性房地产减值准备　　　　　　　　　　　 50 000
　　贷：投资性房地产　　　　　　　　　　　　　　400 000
　　　　应交税费　　　　　　　　　　　　　　　　 20 000

2. 企业出售采用公允价值模式计量的投资性房地产时，应按实际收到的金额，借记"银行存款"等科目，贷记"其他业务收入"科目。按该项投资性房地产的账面余额，借记"其他业务成本"科目，贷记"投资性房地产（成本）"科目，贷记或借记"投资性房地产（公允价值变动）"科目。同时，按该项投资性房地产的公允价值变动，借记或贷记"公允价值变动损益"科目，贷记或借记"其他业务成本"科目。按该项投资性房地产在原转换日已记入其他综合收益的金额，借记"其他综合收益"科目，贷记"其他业务成本"科目。

【例8-17】甲企业为一家房地产开发企业，2025年3月10日，甲企业与乙企业签订了租赁协议，将其开发的一栋写字楼出租给乙企业使用，租赁期开始日为2025年4月15日。2025年4月15日，该写字楼的账面余额为45 000万元，公允价值为47 000万元。2025年12月31日，该项投资性房地产的公允价值为48 000万元。2026年6月租赁期届满，企业收回该项投资性房地产，并以55 000

万元出售，出售款项已收讫。甲企业采用公允价值模式计量，不考虑相关税费。

甲企业的账务处理如下：

（1）2025 年 4 月 15 日，存货转换为投资性房地产：

借：投资性房地产——成本　　　　　　　　　　　　470 000 000
　　贷：开发产品　　　　　　　　　　　　　　　　　450 000 000
　　　　其他综合收益　　　　　　　　　　　　　　　 20 000 000

（2）2025 年 12 月 31 日，公允价值变动：

借：投资性房地产——公允价值变动　　　　　　　　 10 000 000
　　贷：公允价值变动损益　　　　　　　　　　　　　 10 000 000

（3）2026 年 6 月，出售投资性房地产：

借：银行存款　　　　　　　　　　　　　　　　　　550 000 000
　　贷：其他业务收入　　　　　　　　　　　　　　　550 000 000
借：其他业务成本　　　　　　　　　　　　　　　　480 000 000
　　贷：投资性房地产——成本　　　　　　　　　　　470 000 000
　　　　　　　　　　——公允价值变动　　　　　　　 10 000 000
借：公允价值变动损益　　　　　　　　　　　　　　 10 000 000
　　贷：其他业务成本　　　　　　　　　　　　　　　 10 000 000
借：其他综合收益　　　　　　　　　　　　　　　　 20 000 000
　　贷：其他业务成本　　　　　　　　　　　　　　　 20 000 000

二、投资性房地产的报废、毁损

1. 采用成本模式计量的投资性房地产发生报废、毁损时，企业应当按照残料价值或变现价值，借记"银行存款""原材料"等科目，按照已计提的累计折旧或摊销金额，借记"投资性房地产累计折旧（摊销）"等科目，按照已计提的投资性房地产减值准备金额，借记"投资性房地产减值准备"科目，按照投资性房地产的账面原价，贷记"投资性房地产"科目，按照借贷双方之间的差额，借记"营业外支出"科目或贷记"营业外收入"科目。

【例 8-18】2025 年 4 月 30 日，南方股份有限公司某采用成本模式的投资性房地产经批准报废。该投资性房地产账面原价为 100 000 元，已计提折旧 80 000 元，已计提减值准备为 1 000 元。在清理过程中，以银行存款支付清理费用 3 000 元，残料变卖收入为 7 000 元。假定不考虑其他税费，南方股份有限公司的会计处理如下：

借：投资性房地产累计折旧　　　　　　　　　　　　　80 000
　　投资性房地产减值准备　　　　　　　　　　　　　 1 000
　　银行存款　　　　　　　　　　　　　　　　　　　 4 000

  营业外支出 15 000
   贷：投资性房地产 100 000

2. 采用公允价值模式计量的投资性房地产发生报废、毁损时，企业应当按照残料价值或变现价值，借记"银行存款""原材料"等科目，按照投资性房地产的账面价值，贷记"投资性房地产"科目，按照借贷双方的差额，借记"营业外支出"科目或贷记"营业外收入"科目。

【例 8-19】 2025 年 6 月 30 日，大海股份有限公司采用公允价值模式计量的投资性房地产经批准报废。该投资性房地产账面原价为 200 000 元。在清理过程中，以银行存款支付清理费用 6 000 元，残料变卖收入为 46 000 元。假定不考虑其他税费，大海股份有限公司的会计处理如下：

  借：银行存款 40 000
    营业外支出 160 000
   贷：投资性房地产 200 000

【本章小结】

  投资性房地产，是指为赚取租金或资本增值，或两者兼有而持有的房地产。投资性房地产应当按照实际成本进行初始计量。投资性房地产的后续计量可以采用成本模式和公允价值模式。企业应当采用一种模式对投资性房地产进行后续计量，不得同时采用两种计量模式。有确凿证据表明投资性房地产的公允价值能够持续可靠取得的，可以对投资性房地产采用公允价值模式进行后续计量。采用公允价值模式计量的，不对投资性房地产计提折旧或进行摊销。与投资性房地产有关的后续支出，如果满足投资性房地产的确认条件，则应当计入投资性房地产成本；不满足投资性房地产的确认条件，应当在发生时计入当期损益。企业有确凿证据表明房地产用途发生改变，应当将投资性房地产转换为非投资性房地产或者将非投资性房地产转换为投资性房地产。企业出售投资性房地产时，应当按照实际收到的款项，借记"银行存款"等科目，贷记"其他业务收入"科目。

【本章思考题】

1. 什么是投资性房地产，包含哪些内容？
2. 投资性房地产与固定资产的联系与区别主要有哪些？
3. 投资性房地产取得方式有哪些？
4. 采用公允价值模式与采用成本模式在计量上有哪些区别？

5. 投资性房地产后续支出核算主要有哪些方式？它们各适用于哪些范围？
6. 如何正确理解投资性房地产的确认条件？
7. 如何将投资性房地产由成本模式转为公允价值模式核算？
8. 投资性房地产的处置原因是什么？如何进行核算？

【本章练习】

练习一

1. 目的：练习成本模式下投资性房地产的初始计量和后续计量。

2. 资料：东海股份有限公司 2025 年 5 月 31 日购入一幢商务楼，用于对外出租，该商务楼的购置价为 1 680 万元，相关税费 10 万元，预计使用寿命 40 年，预计净残值 10 万元，采用直线法折旧。2025 年 7 月 1 日对外出租，年租金 180 万元，每月收取租金一次，假定该公司对此项投资性房地产采取成本模式进行核算。

3. 要求：做东海股份有限公司的有关会计分录。

练习二

1. 目的：练习公允价值模式下投资性房地产的初始计量和后续计量。

2. 资料：2024 年 1 月 1 日，丁股份有限公司与 B 公司协商，由 B 公司向丁股份有限公司投入房产，双方协商价为 3 000 万元。当日，丁股份有限公司即将该房产出租给 C 公司，年租金 300 万元，年终一次性付清。2024 年年底，该房产的公允价值为 2 800 万元，但 2025 年年底，该房产的公允价值升值至 3 200 万元，假定该公司对此项投资性房地产采取公允价值模式进行核算，不考虑其他税费。

3. 要求：为丁股份有限公司做有关会计分录。

练习三

1. 目的：练习公允价值模式下投资性房地产的初始计量和后续计量。

2. 资料：甲公司为从事房地产经营开发的企业。2025 年 10 月 1 日，甲公司与乙公司签订租赁协议，约定将甲公司开发的一栋精装修的写字楼于开发完成的同时开始租赁给乙公司使用，租赁期为 10 年。当年 10 月 1 日，该写字楼开发完成并开始起租，写字楼的造价为 9 000 万元。2025 年 12 月 31 日，该写字楼的公允价值为 9 200 万元。假设甲公司采用公允价值计量模式。

3. 要求：为甲公司做有关会计分录。

练习四

1. 目的：练习公允价值模式下投资性房地产资本化后续支出的账务处理。

2. 资料：C 股份有限公司对某投资性房地产进行改良，该投资性房地产账面价值为 2 300 000 元，采用公允价值计量。改良过程中发生的支出均可资本化。

在改良期间，该投资性房地产停止使用。在改良工程中，发生工人工资 100 000 元，领用原材料 200 000 元，与该原材料有关的增值税额为 26 000 元。

3. 要求：做 C 股份有限公司的有关会计分录。

练习五

1. 目的：练习公允价值模式下投资性房地产转换为自用的账务处理。

2. 资料：大江股份公司将原采用公允价值计量模式计价的一幢出租用办公楼收回，作为企业的自用房地产处理。在出租收回前，该投资性房地产的成本和公允价值变动明细科目分别为 1 000 万元和 200 万元（贷方）。转换当日该厂房的公允价值为 900 万元。

3. 要求：做出大江股份公司转换日的会计处理。

（答案中的金额单位用万元）

练习六

1. 目的：练习公允价值模式下自用房地产转换为投资性房地产的账务处理。

2. 资料：2024 年 6 月，甲企业打算搬迁至新建办公楼，由于原办公楼处于商业繁华地段，甲企业准备将其出租，以赚取租金收入。2024 年 10 月，甲企业完成了搬迁工作，原办公楼停止自用。2024 年 12 月，甲企业与乙企业签订了租赁协议，将其原办公楼租赁给乙企业使用，租赁期开始日为 2025 年 1 月 1 日，租赁期限为 3 年。假设甲企业对出租的办公楼采用公允价值模式计量。假设 2025 年 1 月 1 日，该办公楼的公允价值为 350 000 000 元，其原价为 500 000 000 元，已提折旧 142 500 000 元。

3. 要求：编制甲企业上述经济业务的会计分录。

练习七

1. 目的：综合练习投资性房地产转换、出租以及处置等相关账务处理。

2. 资料：豫章房地产公司（以下简称豫章公司）于 2024 年 12 月 31 日将一建筑物对外出租并采用公允价值模式计量，租期为 3 年，每年 12 月 31 日收取租金 200 万元，出租当日，该建筑物的成本为 2 700 万元，已计提折旧 400 万元，尚可使用年限为 20 年，公允价值为 1 700 万元，2025 年 12 月 31 日，该建筑物的公允价值为 1 830 万元，2026 年 1 月 5 日豫章公司将该建筑物对外出售，收到 1 800 万元存入银行，假定不考虑其他税费。

3. 要求：编制豫章公司上述经济业务的会计分录。

【本章案例】

恒宇房地产公司（以下简称恒宇公司）于 2023 年 12 月 31 日将一建筑物对外出租，租期为 3 年，每年 12 月 31 日收取租金 150 万元，出租时，该建筑物的成本为 2 800 万元，已提折旧 500 万元，已提减值准备 300 万元，尚可使用年限为20年，恒宇公司对该建筑物采用年限平均法计提折旧，假设无残值，且与税法规定均相同。由于此时无法取得公允价值，采用成本模式进行后续计量。

2024年12月31日，该建筑物的公允价值减去处置费用后的净额为1 710万元，预计未来现金流量现值为1 650万元。并且恒宇公司认为，其所在地的房地产交易市场逐渐活跃和成熟，具备了采用公允价值模式计量的条件，决定对该项出租的建筑物从成本模式转换为公允价值模式计量。公允价值资料如下：

（1）2024年12月31日该建筑物的公允价值为2 410万元。

（2）2025年12月31日该建筑物的公允价值为2 610万元。

2026年12月31日租赁协议到期，恒宇公司将该建筑物对外出售，收到2 710万元存入银行。按资产负债表债务法核算所得税费用，所得税税率25%，不考虑其他相关税费，按净利润的10%计提盈余公积。

要求：

（1）编制恒宇公司2023年出租建筑物的会计分录；

（2）编制恒宇公司2024年收取租金和计提折旧的会计分录；

（3）编制恒宇公司2024年资产减值相关的会计分录；

（4）编制恒宇公司2024年成本模式转换为公允价值模式的账务处理；

（5）编制恒宇公司2025年公允价值变动相关的会计分录；

（6）编制恒宇公司2026年出售建筑物相关的会计分录。

第九章 流动负债

【引入案例】

审计人员在对某医药上市公司 2024 年财务报表进行审计时，针对以下业务的会计处理提出质疑：（1）该医药上市公司 2024 年年末，用自产保健品作为节日福利发放给员工，该批保健品的成本 50 万元，市场价 80 万元，这笔业务属于非货币性职工福利，公司按照成本 50 万元确认了相关薪酬费用，该公司用自产产品发福利应按成本还是公允价值确认相关成本费用？（2）该医药上市公司在 2024 年 10 月将外购的一批原材料用于生产免税药品，但未按规定转出相关原材料采购的进项税额，该公司增值税核算时，在生产免增值税产品时是否应将之前计入进项税额的增值税转出？你如果作为一名专业的会计人员，面对审计人员的质疑应如何处理？另外，合格的会计人员，除了严格按照会计准则进行专业的会计处理外，是否还需要从企业战略发展的角度分析薪酬财务数据，助力企业降本增效？本章将重点介绍与应交税费、应付职工薪酬等流动负债相关的账务处理，学习完本章内容之后我们就可以解答上述疑问，并且也能运用专业的财务数据参与企业的战略管理了。

【学习目的与要求】

1. 明确负债的概念、特点和分类；
2. 掌握流动负债的分类；
3. 掌握短期借款、应付账款、应付票据的核算；
4. 重点掌握应交税费的计算和有关账务处理、应付职工薪酬的核算；
5. 熟悉交易性金融负债的确认、计量与核算；
6. 熟悉其他流动负债的核算。

第一节 流动负债概述

一、负债确认与分类

（一）负债确认

1. 负债含义。

国际会计准则委员会《关于编制和提供财务报表的框架》中将负债定义为：负债是指由于以往事项而发生的企业的现有义务，这种义务的结算将会引起含有经济利益的企业资源的外流。我国《企业会计准则》中将负债定义为：负债是指企业过去的交易或者事项形成的、预期会导致经济利益流出企业的现时义务。

现时义务是指企业在现行条件下已承担的义务，包括法定义务和推定义务。未来发生的交易或者事项形成的义务，不属于现时义务，不应当确认为负债。

2. 负债特征。

负债具有以下基本特征：（1）负债是由企业过去的交易或事项形成的；（2）负债预期会导致经济利益流出企业；（3）负债是企业承担的现时义务；（4）负债有确切的或可以合理估计的债权人和偿付期限。

3. 负债确认条件。

同时满足以下条件的现时义务时，确认为负债：

（1）与该义务有关的经济利益很可能流出企业；（2）未来流出的经济利益的金额能够可靠地计量。

符合负债定义和负债确认条件的项目，应当列入资产负债表；符合负债定义但不符合负债确认条件的项目，不应当列入资产负债表。

（二）负债分类

负债可从不同角度进行分类，按是否在一个正常营业周期或一年内清偿可分为流动负债和非流动负债。结合《企业会计准则第 22 号——金融工具确认和计量》，负债可分为金融负债与非金融负债。详见本章第五节。

本章讲述流动负债的核算内容和方法。

二、流动负债

（一）流动负债确认

流动负债是指预计在一个正常营业周期中或自资产负债表日起一年内到期应予以清偿，且企业无权自主地将该债务清偿推迟至资产负债表日后一年以上的债务。

满足下列条件之一的负债，应当归类为流动负债：

1. 在一个正常营业周期中清偿。一个正常营业周期，是指企业从购买用于加工的资产起至实现现金或现金等价物的期间,如短期借款。

正常营业周期通常短于一年,在一年内有几个营业周期。但是,也存在正常营业周期长于一年的情况,如房地产开发企业开发用于出售的房地产开发产品,造船企业制造的用于对外出售的大型船只等,往往超过一年才变现、出售或耗用,但仍应划分为流动资产;应付账款等经营性项目,属于企业正常营业周期中使用的营运资金的一部分,有时在资产负债表日后超过一年才到期清偿,也应划分为流动负债。

正常营业周期不能确定时,应当以一年(12个月)作为划分流动负债的标准。

2. 主要为交易目的而持有,如以公允价值计量且其变动计入当期损益的金融负债。

3. 自资产负债表日起一年内到期应予以清偿,如一年内到期的长期借款。

4. 企业在资产负债表日没有将负债清偿推迟至资产负债表日后一年以上的实质性权利。即使在资产负债表日后、财务报告批准报出日前签订了重新安排清偿计划协议,该项负债仍应归类为流动负债。

企业正常营业周期中的经营性负债项目如应付账款、应付职工薪酬等即使在资产负债表日后超过一年才予以清偿的,仍应划分为流动负债。流动负债以外的负债应当归类为非流动负债。如在资产负债表日起一年内到期的负债,企业预计能够自主地将清偿义务展期至资产负债表日后一年以上的,应当归类为非流动负债。

(二) 分类

流动负债包括短期借款、应付票据、应付账款、预收账款、其他应付款、应付职工薪酬、以公允价值计量且其变动计入当期损益的金融负债、应交税费、应付股利、应付利息、其他应付款以及一年内到期的长期借款等。

流动负债可从不同角度进行分类。

1. 按照流动负债金额是否确定分类。

流动负债按照金额是否确定可以分为:可以确定的流动负债、视经营情况而定的流动负债以及需要预先估计的流动负债。

(1) 金额可以确定的流动负债是指根据契约或法律规定,到期日须予以偿还有确定金额的债务,如短期借款、预收账款、应付账款、应付票据、预收账款等。

(2) 金额视经营情况而定的流动负债是指需要视一定期间的经营情况,到期末才能决定金额为多少的流动负债,如应交税费、应付股利等。

(3) 金额需要预先估计的流动负债是指负债虽是因过去或现在完成的经济活动而确实存在的现时义务,但在资产负债表日仍不能确定其应偿付金额而必须预先估计的流动负债。

2. 按流动负债形成的原因划分。

（1）借贷形成的流动负债是指企业从银行或其他金融机构筹集资金而形成的流动负债，如短期借款、应付利息等。

（2）结算过程中形成的流动负债是指企业在与外部有关单位进行结算时形成的流动负债，如应付账款、应付票据、预收账款等。

（3）经营过程中形成的流动负债是指企业核算正常生产经营活动时为了实现权责发生制形成的流动负债，如应付职工薪酬、应交税费等。

（4）利润分配形成的流动负债是指企业在对净利润分配过程中形成的流动负债，如应付股利等。

（5）交易目的形成的流动负债是指企业为了短期内出售或回购而形成的流动负债，如以公允价值计量且其变动计入当期损益的金融负债。

第二节 应付账款

一、应付账款的确认与计量

应付账款是指企业因购买材料、商品和接受劳务供应等经营活动应支付的款项。其主要是买卖双方在购销活动中由于取得物资与支付货款在时间上不一致而产生的负债。应付账款属于金额确定的负债，也是最普遍的流动负债。

（一）应付账款的确认

应付账款入账时间确认，一般应以所购买货物的所有权的风险和报酬已经转移或接受劳务为标志，即在企业取得所购货物的所有权或已接受劳务时确认应付账款。但在会计实务中，应当区别不同情况进行会计处理：

1. 对于物资和发票账单同时到达的情况。

为了确认所购入的物资是否在质量、数量和品种上都与合同上规定的条款相同，应付账款一般待物资验收入库后，才根据发票账单验收入库。

2. 对于物资已验收入库而发票账单未到达的情况。

由于应付账款需要根据发票账单登记入账，有时货物已到，而发票账单需要间隔较长时间才能到，但该项购物活动的负债已成立，应作为一项负债反映。因此在实际工作中采用在月份终了时将所购物资和应付账款暂估入账，待下月初再用红字冲回的方法进行处理。

（二）应付账款的计量

应付账款的计量一般按应付金额入账，而不按到期应付金额的现值入账。如果购入的资产在形成一笔应付账款时是附有现金折扣的，一般有总价法和净价法两种做法。在总价法下，应付账款按发票上记载的应付金额的总额（即未扣除现金折扣）计量，公司的现金折扣冲减公司的财务费用。在净价法下，应付账款按扣除最大现金折扣后的净价计量。我国现行会计准则规定，企业对应付账款采用总价法进行会计处理，即应付账款按发票上记载的应付金额的总值进行计量。

二、应付账款一般业务的核算

为核算企业因购买材料、商品和接受劳务供应等经营活动应支付的款项，应设置"应付账款"总分类科目，并按照不同的债权人进行明细核算。

（一）企业购入材料、商品等验收入库，但货款尚未支付

根据有关凭证（发票账单、随货同行发票上记载的实际价款或暂估价值），借记"材料采购""在途物资"等科目，按可抵扣的增值税额，借记"应交税费——应交增值税（进项税额）"等科目，按应付的价款，贷记本科目。

【例9-1】豫章股份有限公司2025年4月1日从B企业购得某种材料100千克，价款200 000元，增值税额26 000元，货款于4月26日付清。

材料核算采用实际成本法，供货方实行送货制。

（1）货物验收入库时：

借：原材料　　　　　　　　　　　　　　　　　　　200 000
　　应交税费——应交增值税（进项税额）　　　　　　26 000
　　　贷：应付账款　　　　　　　　　　　　　　　　　　226 000

（2）付清款项时：

借：应付账款　　　　　　　　　　　　　　　　　　226 000
　　　贷：银行存款　　　　　　　　　　　　　　　　　　226 000

若合同规定，豫章股份有限公司在15天内付款，将获得1%的现金折扣（假设计算现金折扣时考虑增值税）。豫章股份有限公司在2025年4月10日付清所有货款，其账务处理如下：

借：应付账款　　　　　　　　　　　　　　　　　　226 000
　　　贷：银行存款　　　　　　　　　　　　　　　　　　223 740
　　　　　财务费用　　　　　　　　　　　　　　　　　　　2 260

本例中，豫章股份有限公司在2025年4月10日付清所有货款，按照合同规定可获现金折扣。豫章股份有限公司获得的现金折扣金额为2260（226 000 × 1%）元，因此实际支付的货款为223 740（226 000 - 2 260）元。

（二）接受供应单位提供劳务而发生的应付未付款项

根据供应单位的发票账单，借记"生产成本""管理费用"等科目，贷记本

科目。支付时，借记本科目，贷记"银行存款"等科目。

【例9-2】豫章股份有限公司2025年1月根据有关用电资料计算当月应付电费30 000元，其中产品生产直接用电费15 000元，车间一般管理用电费5 000元，厂部行政管理用电10 000元，款项暂未支付。则账务处理如下：

借：生产成本——基本生产成本　　　　　　　　　　15 000
　　制造费用　　　　　　　　　　　　　　　　　　　5 000
　　管理费用　　　　　　　　　　　　　　　　　　　10 000
　　贷：应付账款　　　　　　　　　　　　　　　　　　　　30 000

三、应付账款的特殊业务

应付账款的特殊业务主要是指企业将应付账款划转出去或者确实无法支付的应付账款和因发生财务困难而与债权人进行的债务重组。

企业如果将应付账款划转出去或者确实无法支付的应付账款，应按其账面余额计入营业外收入，借记本科目，贷记"营业外收入"科目。

如果是债务重组，详见本教材第十四章第二节债务重组。

第三节　应付票据

一、应付票据的确认与计量

（一）应付票据的确认

应付票据是企业购买材料、商品和接受劳务供应等而开出、承兑的商业汇票，包括银行承兑汇票和商业承兑汇票，是由出票人出票，委托付款人在指定日期无条件支付确定的金额给收款人或者持票人的票据。应付票据也是委托付款人允诺在一定时期内支付一定款额的书面证明。按照《支付结算办法》规定，在银行开立存款账户的法人以及其他组织之间，具有真实的交易关系或债权债务关系，均可使用商业汇票。应付票据与应付账款一样，都是企业所欠货款，不同的是应付账款对还款时间只是口头承诺，而应付票据则是企业签发了书面票据，在付款时间上更具有约束力。商业汇票的付款期限一般为6个月。企业应设立"应付票据"账户进行核算。应付票据按是否带息分为带息应付票据和不带息应付票据两种。

应付票据的确认时间是企业开出商业汇票的时间。

（二）应付票据的计量

企业开出商业汇票时，无论是否带息，其初始计量均为商业汇票的面值。

二、应付票据的核算

企业开出、承兑商业汇票或以承兑商业汇票抵付货款、应付账款时，借记"材料采购""库存商品""应付账款""应交税费——应交增值税（进项税额）"等账户，贷记本账户。

支付银行承兑汇票的手续费，借记"财务费用"账户，贷记"银行存款"账户。支付款项时，借记本科目，贷记"银行存款"账户。

应付票据到期，支付票款，借记本账户，贷记"银行存款"账户。如企业开出并承兑的商业承兑汇票，如果到期无力支付票款，按应付票据的票面价值，借记本科目，贷记"应付账款"账户，待协商后再进行处理。如果银行承兑汇票到期，企业无力支付到期票款，承兑银行垫支后对付款人的应付票据金额作逾期贷款处理，企业应按未付票款借记"应付票据"账户，贷记"短期借款"账户，对计收的利息，按短期借款利息的处理办法处理。

应付票据按是否带息分为带息应付票据和不带息应付票据两种。两者在账务处理方面存在差异：对于带息应付票据，其到期价值为面值与利息之和，企业通常在期末对尚未支付的应付票据计提利息，计入当期财务费用，同时计入应付票据面值；票据到期支付票款时，尚未计提的利息部分直接计入当期财务费用。不带息票据的到期值等于面值。

【例 9-3】豫章股份有限公司 2024 年 11 月 1 日购入材料一批，该批材料价款为 300 000 元，允许抵扣的增值税额为 39 000 元，企业开出并承兑期限 3 个月的商业承兑汇票一张。该批材料已验收入库。

（1）2024 年 11 月 1 日购入材料，签发票据时：

借：原材料　　　　　　　　　　　　　　　　　　300 000
　　应交税费——应交增值税（进项税额）　　　　 39 000
　　贷：应付票据　　　　　　　　　　　　　　　339 000

（2）2025 年 1 月 31 日到期支付票款时：

借：应付票据　　　　　　　　　　　　　　　　 339 000
　　贷：银行存款　　　　　　　　　　　　　　　339 000

若无力支付，则：

借：应付票据　　　　　　　　　　　　　　　　 339 000
　　贷：应付账款　　　　　　　　　　　　　　　339 000

假如此商业汇票为带息的票据，其票面利率为 6%，账务处理如下：

（1）2024 年 11 月 1 日购入材料，签发票据时：

借：原材料　　　　　　　　　　　　　　　　　　300 000
　　应交税费——应交增值税（进项税额）　　　　 39 000

贷：应付票据	339 000

（2）2024年12月31日计提利息：

借：财务费用	3 390
贷：应付票据	3 390

（3）2025年1月31日应付票据到期：

借：应付票据	342 390
财务费用	1 695
贷：银行存款或应付账款	344 085

企业应当设置"应付票据备查簿"，详细登记每一商业汇票的种类、号数和出票日期、到期日、票面余额、交易合同号和收款人姓名或单位名称以及付款日期和金额等资料。应付票据到期结清时，应当在备查簿内逐笔注销。

第四节　应交税费

企业根据税法规定应缴纳的各种税费包括：增值税、消费税、城市维护建设税、资源税、企业所得税、土地增值税、房产税、车船税、土地使用税、教育费附加、印花税、耕地占用税等。

企业应通过"应交税费"科目，总括反映各种税费的应交、交纳等情况。该科目贷方登记应交纳的各种税费等，借方登记实际交纳的税费；期末余额一般在贷方，反映企业尚未交纳的税费，期末余额如在借方，反映企业多交或尚未抵扣的税费。本科目按应交的税费设置明细科目进行明细核算。

企业代扣代交的个人所得税等，也通过"应交税费"科目核算，而采用粘贴印花税票方式交纳的印花税、耕地占用税等不需要预计应交数的税金，不通过"应交税费"科目核算。

一、增值税

（一）增值税概述

增值税（Value Added Tax）是以商品（含货物、加工、修理修配劳务、服务、无形资产和不动产，以下统称为商品）在流转过程中产生的增值额作为计税依据而征收的一种流转税。根据增值税有关规定，企业购入商品支付的增值税（即进项税额）可以从销售商品按规定收取的增值税（即销项税额）中抵扣。从计税原理上看，增值税是对商品生产和流通中各环节的新增价值或商品附加值进行征税，所以叫"增值税"。然而由于新增价值或商品附加值在商品流通过程中是一个难以准确计算的数据，因此，在增值税的实际操作上采用间接计算办法，即，从事货物销售以及提供应税劳务的纳税人，要根据货物或应税劳务销售额，按照规定的税率计算税款，然后从中扣除上一道环节已纳增值税款，其余额即为纳税人应缴纳的增值税税款。

我国于 2016 年 5 月 1 日起全面推开营改增试点，扩大试点范围，将建筑业、房地产业、金融业、生活服务业纳入试点范围。其中，建筑业和房地产业适用 11% 税率，金融业和生活服务业适用 6% 的税率。同时，继上一轮增值税转型改革将企业购进机器设备纳入抵扣范围之后，将不动产也纳入抵扣范围，在符合税法法规规定情况下，新增不动产所支付的增值税从销项税额中扣除，不再计入相关资产成本。

在我国，增值税的计征分一般纳税企业和小规模纳税企业。

1. 征税范围包括：

（1）销售或者进口的货物，货物是指有形动产，包括电力、热力、气体在内。

（2）提供的加工、修理修配劳务。

除了以上两点，还有一些特殊项目我们会在下面逐步提到。

2. 税率。

增值税实行比例税率，当前我国共有 4 档增值税税率，分别为 13%、9%、6%、0。一般纳税人的增值税税率具体规定如下：

（1）纳税人销售货物、劳务、有形动产租赁服务或者进口货物，除本条第（2）项、第（4）项、第（5）项另有规定外，适用的增值税税率为 13%。

（2）纳税人销售交通运输、邮政、基础电信、建筑、不动产租赁服务，销售不动产，转让土地使用权，销售或者进口粮食等农产品、食用植物油、食用盐、自来水、暖气、煤气、石油液化气天然气、图书、报纸、杂志、电子出版物、饲料、化肥、农药等货物，适用的增值税税率为 9%。

（3）提供金融、研发和技术、信息技术、文化创意、物流辅助、鉴证咨询、文化体育、教育医疗、旅游娱乐、餐饮住宿、居民日常等服务，销售著作权、商标、技术等无形资产，适用的增值税税率为 6%。

（4）纳税人出口货物，税率为零，仅适用于法律不限制或不禁止的报关出口货物，以及输往保税区、保税工厂、保税仓库的货物。零税率不但不需要缴税，还可以退还以前纳税环节所缴纳的增值税，因而零税率意味着退税。

（5）境内单位和个人跨境销售国务院规定范围内的服务、无形资产，税率为 0。

小规模纳税人，不实行税款抵扣制，而实行简易计税办法计算的增值税的征收率为 3%。

3. 计税方法。

（1）一般计税方法。

增值税一般纳税人适用一般计税方法，即销项税额扣减进项税额的计税方法，应纳税额为当期销项税额抵扣当期进项税额后的余额，其计算公式为：

应纳税额 = 当期销项税额 − 当期进项税额

销项税额 = 销售额 × 税率

销售额 = 含税销售额 ÷（1 + 税率）

当期销项税额小于当期进项税额不足抵扣时，其不足部分可以结转下期继续抵扣。

（2）简易计税方法。

①小规模纳税人提供应税服务的，可按照销售额和征收率计算应纳税额，同时不得抵扣进项税额，其应纳税额计算公式为：

应纳税额 = 销售额 × 征收率。

②一般纳税人销售、提供或者发生财政部和国家税务总局规定的特定的货物、应税劳务、应税行为，也可以选择适用简易计税方法计税，但是不得抵扣进项税额。例如，自来水公司销售自来水；药品经营企业销售生物制品；公共交通运输服务；电影放映服务、仓储服务、装卸搬运服务、收派服务和文化体育服务；以清包工方式提供的建筑服务；不动产老项目出售、出租；提供劳务派遣服务等。

值得注意的是，一般纳税人销售、提供或者发生财政部和国家税务总局规定的特定的货物、应税劳务、应税行为，一经选择适用简易计税方法计税，36 个月内不得变更。

（二）主要账务处理

1. 会计科目及专栏设置。

增值税一般纳税人应当在"应交税费"科目下设置"应交增值税""未交增值税""预交增值税""待抵扣进项税额""待认证进项税额""待转销进项税额""增值税留抵税额""简易计税""转让金融商品应交增值税""代扣代交增值税"等明细科目。以下将主要介绍"应交增值税""未交增值税""待抵扣进项税额""待转销项税额""增值税留抵税额""简易计税""代扣代缴增值税"等明细科目。

（1）增值税一般纳税人应在"应交增值税"明细账内设置"进项税额""销项税额抵减""已交税金""转出未交增值税""减免税款""出口抵减内销产品应纳税额""销项税额""出口退税""进项税额转出""转出多交增值税"等专栏。

其中，"进项税额"专栏，记录一般纳税人购进货物、加工修理修配劳务、服务、无形资产或不动产而支付或负担的、准予从当期销项税额中抵扣的增值税额;"销项税额"专栏,记录一般纳税人销售货物、加工修理修配劳务、服务、无形资产或不动产应收取的增值税额;"已交税金"专栏,记录一般纳税人当月已交纳的应交增值税额;"出口退税"专栏,记录一般纳税人出口货物、加工修理修配劳务、服务、无形资产按规定退回的增值税额;"进项税额转出"专栏,记录一般纳税人购进货物、加工修理修配劳务、服务、无形资产或不动产等发生非正常损失以及其他原因而不应从销项税额中抵扣、按规定转出的进项税额。

(2)"未交增值税"明细科目,核算一般纳税人月度终了从"应交增值税"或"预交增值税"明细科目转入当月应交未交、多交或预交的增值税额,以及当月交纳以前期间未交的增值税额。

(3)"预交增值税"明细科目,核算一般纳税人转让不动产、提供不动产经营租赁服务、提供建筑服务、采用预收款方式销售自行开发的房地产项目等,以及其他按现行增值税制度规定应预缴的增值税额。企业预缴增值税时,借记"应交税费——预交增值税"科目,贷记"银行存款"科目。月末,企业应将"预交增值税"明细科目余额转入"未交增值税"明细科目,借记"应交税费——未交增值税"科目,贷记"应交税费——预交增值税"科目。但是对于房地产企业等相关行业,"预交税款"的期末余额在纳税义务发生之前不能结转入"未交增值税",应直至纳税义务发生时方可从"应交税费——预交增值税"科目结转至"应交税费——未交增值税"科目。

(4)"待抵扣进项税额"明细科目,核算一般纳税人已取得增值税扣税凭证并经税务机关认证,按照现行增值税制度规定准予以后期间从销项税额中抵扣的进项税额。其包括:一般纳税人自2016年5月1日后取得并按固定资产核算的不动产或者2016年5月1日后取得的不动产在建工程,按现行增值税制度规定准予以后期间从销项税额中抵扣的进项税额;实行纳税辅导期管理的一般纳税人取得的尚未交叉稽核比对的增值税扣税凭证上注明或计算的进项税额。

(5)"待认证进项税额"明细科目,核算一般纳税人由于未经税务机关认证而不得从当期销项税额中抵扣的进项税额。其包括:一般纳税人已取得增值税扣税凭证、按照现行增值税制度规定准予从销项税额中抵扣,但尚未经税务机关认证的进项税额;一般纳税人已申请稽核但尚未取得稽核相符结果的海关缴款书进项税额。

(6)"待转销项税额"明细科目,核算一般纳税人销售货物、加工修理修配劳务、服务、无形资产或不动产,已确认相关收入(或利得)但尚未发生增值税纳税义务而需要于以后期间确认为销项税额的增值税额。

(7)"增值税留抵税额"明细科目,核算兼有销售服务、无形资产或者不动产的原增值税一般纳税人,截至纳入营改增试点之日前的增值税期末留抵税额按照现行增值税制度规定不得从销售服务、无形资产或不动产的销项税额中抵扣的增值税留抵税额。

(8)"简易计税"明细科目,核算一般纳税人采用简易计税方法发生的增值税计提、扣减、预缴、缴纳等业务。

(9)"转让金融商品应交增值税"明细科目,核算增值税纳税人转让金融商品发生的增值税额。

(10)"代扣代缴增值税"明细科目,核算纳税人购进在境内未设经营机构的境外单位或个人在境内的应税行为代扣代缴的增值税。

小规模纳税人只须在"应交税费"科目下设置"应交增值税"明细科目,不需要设置上述专栏及除"转让金融商品应交增值税""代扣代交增值税"外的明细科目。

2. 取得资产或接受劳务等业务的账务处理。

(1)采购等业务进项税额允许抵扣的账务处理。一般纳税人购进与应税交易相关的货物、服务、无形资产或不动产,按应计入相关成本费用或资产的金额,借记"在途物资"或"原材料""库存商品""生产成本""无形资产""固定资产""管理费用"等科目,按当月已认证的可抵扣增值税额,借记"应交税费——应交增值税(进项税额)"科目,按当月未认证的可抵扣增值税额,借记"应交税费——待认证进项税额"科目,按应付或实际支付的金额,贷记"应付账款""应付票据""银行存款"等科目。发生退货的,如原增值税专用发票已做认证,应根据税务机关开具的红字增值税专用发票做相反的会计分录;如原增值税专用发票未做认证,应将发票退回并做相反的会计分录。

【例9-4】豫章股份有限公司购进一批原材料,增值税专用发票上注明的原材料价款200万元,增值税额为26万元。运费2 500元,运费增值税225元,货款已付,材料已验收入库。会计处理如下:

借:原材料 2 002 500
　　应交税费——应交增值税(进项税额) 260 225
　　贷:银行存款 2 262 725

(2)采购等业务进项税额不得抵扣的账务处理。一般纳税人购进货物、加工修理修配劳务、服务、无形资产或不动产,用于简易计税方法计税项目、免征增值税项目、集体福利或个人消费等,其进项税额按照现行增值税制度规定不得从销项税额中抵扣的,取得增值税专用发票时,应借记相关成本费用或资产科目,借记"应交税费——待认证进项税额"科目,贷记"银行存款""应付账款"等科目,经税务机关认证后,应借记相关成本费用或资产科目,贷记"应交税费——应交增值税(进项税额转出)"科目。

【例9-5】豫章股份有限公司2025年4月采购一台不需安装设备,用于简易计税项目,取得增值税专用发票,不含税价50万元,增值税6.5万元,此笔

增值税需要税务机关认证,款项已付清。会计处理如下:

取得专用发票:

借:固定资产 500 000
　　应交税费——待认证进项税额 65 000
　　贷:银行存款 565 000

增值税专用发票经税务机关认证后不得抵扣,作进项税额转出:

借:固定资产 65 000
　　贷:应交税费——应交增值税(进项税额转出) 65 000

(3)购进不动产或不动产在建工程按规定进项税额的账务处理,应当按取得成本,借记"固定资产""在建工程"等科目,按当期可抵扣的增值税额,借记"应交税费——应交增值税(进项税额)"科目,按应付或实际支付的金额,贷记"应付账款""应付票据""银行存款"等科目。

【例9-6】豫章股份有限公司2025年6月购入房产一套作为管理人员办公用,房产价格为5 000 000元,增值税额为650 000元,增值税可以当期抵扣,价款一次性付清。会计处理如下:

购入时:

借:固定资产 5 000 000
　　应交税费——应交增值税(进项税额) 650 000
　　贷:银行存款 5 650 000

(4)货物等已验收入库但尚未取得增值税扣税凭证的账务处理。一般纳税人购进的货物等已到达并验收入库,但尚未收到增值税扣税凭证并未付款的,应在月末按货物清单或相关合同协议上的价格暂估入账,不需要将增值税的进项税额暂估入账。下月初,用红字冲销原暂估入账金额,待取得相关增值税扣税凭证并经认证后,按应计入相关成本费用或资产的金额,借记"原材料""库存商品""固定资产""无形资产"等科目,按可抵扣的增值税额,借记"应交税费——应交增值税(进项税额)"科目,按应付金额,贷记"应付账款"等科目。

【例9-7】豫章股份有限公司2025年4月购进商品一批,因购买该批商品时未付款也尚未取得购货发票,按照合同成本12万元暂估入账,2025年5月取得购货增值税专用发票,注明货款15万元,增值税额1.95万元,并用银行存款支付。会计处理如下:

购进商品的月末:

借:库存商品 120 000
　　贷:应付账款——暂估应付账款 120 000

下月初,用红字冲销原暂估入账金额:

借:库存商品 120 000(红字)

　　　　贷：应付账款——暂估应付账款　　　　　　　120 000（红字）
　　　取得增值税扣税凭证并经认证后：
　　　借：库存商品　　　　　　　　　　　　　　　　150 000
　　　　　应交税费——应交增值税（进项税额）　　　 19 500
　　　　　贷：银行存款　　　　　　　　　　　　　　169 500

（5）小规模纳税人采购等业务的账务处理。小规模纳税人购买货物、服务、无形资产或不动产，取得增值税专用发票上注明的增值税应计入相关成本费用或资产，不通过"应交税费——应交增值税"科目核算。

　　小规模纳税企业发生的应税行为使用简易计税方法计税。

　　在购买商品时，其支付的增值税税额均不计入进项税额，不得由销项税额抵扣，应计入相关成本费用。销售商品时按照销售额和增值税征收率计算增值税额，不得抵扣进项税额。简易计税方法的销售额不包括其应纳税额，纳税人采用销售额和应纳税额合并定价方法的，按照公式"销售额=含税销售额÷（1+征收率）"还原为不含税销售额计算。征收率一般为3%。

【例9-8】 洪都公司核定为小规模纳税企业，本月购入原材料按照增值税专用发票上记载的原材料价款为300 000元，支付的增值税额为9 000元，企业开出商业汇票，材料已到达入库。会计处理如下：

　　　借：原材料　　　　　　　　　　　　　　　　　309 000
　　　　　贷：应付票据　　　　　　　　　　　　　　309 000

（6）购买方作为扣缴义务人的账务处理。按照现行增值税制度规定，境外单位或个人在境内发生应税行为，在境内未设有经营机构的，以购买方为增值税扣缴义务人。境内一般纳税人购进货物、服务、无形资产或不动产，按应计入相关成本费用或资产的金额，借记"生产成本""无形资产""固定资产""管理费用"等科目，按可抵扣的增值税额，借记"应交税费——进项税额"科目（小规模纳税人应借记相关成本费用或资产科目），按应付或实际支付的金额，贷记"应付账款"等科目，按应代扣代缴的增值税额，贷记"应交税费——代扣代缴增值税"科目。实际缴纳代扣代缴增值税时，按代扣代缴的增值税额，借记"应交税费——代扣代缴增值税"科目，贷记"银行存款"科目。

3. 销售等业务的账务处理。

（1）销售业务的账务处理。企业销售货物、加工修理修配劳务、服务、无形资产或不动产，应当按应收或已收的金额，借记"应收账款""应收票据""银行存款"等科目，按取得的收入金额，贷记"主营业务收入""其他业务收入""固定资产清理""合同结算"等科目，按现行增值税制度规定计算的销项税额（或采用简易计税方法计算的应纳增值税额），贷记"应交税费——应交增值税（销项税额）"或"应交税费——简易计税"科目（小规模纳税人应贷记

"应交税费——应交增值税"科目)。发生销售退回的,应根据按规定开具的红字增值税专用发票做相反的会计分录。

按照国家统一的会计制度确认收入或利得的时点早于按照增值税制度确认增值税纳税义务发生时点的,应将相关销项税额记入"应交税费——待转销项税额"科目,待实际发生纳税义务时再转入"应交税费——应交增值税(销项税额)"或"应交税费——简易计税"科目。

按照增值税制度确认增值税纳税义务发生时点早于按照国家统一的会计制度确认收入或利得的时点的,应将应纳增值税额,借记"应收账款"科目,贷记"应交税费——应交增值税(销项税额)"或"应交税费——简易计税"科目,按照国家统一的会计制度确认收入或利得时,应按扣除增值税销项税额后的金额确认收入。

【例9-9】豫章股份有限公司本期销售产品一批,增值税专用发票上注明货款100 000元,增值税13 000元,货款未到。会计处理如下:

借:应收账款　　　　　　　　　　　　　　　　　113 000
　　贷:主营业务收入　　　　　　　　　　　　　100 000
　　　　应交税费——应交增值税(销项税额)　　 13 000

(2)视同应税交易的账务处理。企业的某些行为虽然没有取得销售收入,在税法上也视同应税交易,应当计算缴纳增值税。常见的视同应税交易情形包括:①单位和个体工商户将自产或者委托加工的货物用于集体福利或者个人消费;②单位和个体工商户无偿转让货物;③单位和个人无偿转让无形资产、不动产或者金融商品;④国务院规定的其他情形。税法上视同应税交易的行为,应当按照企业会计准则制度相关规定进行相应的会计处理,并按照现行增值税制度规定计算的销项税额(或采用简易计税方法计算的应纳增值税额),借记"应付职工薪酬""利润分配"等科目,贷记"应交税费——应交增值税(销项税额)"或"应交税费——简易计税"科目(小规模纳税人应记入"应交税费——应交增值税"科目)。

【例9-10】豫章股份有限公司将本企业自产的产品用于工程建设(工程项目属于应税项目),该产品实际成本为700 000元,售价为1 000 000元,增值税率为13%。会计处理如下:

借:在建工程　　　　　　　　　　　　　　　　　700 000
　　贷:库存商品　　　　　　　　　　　　　　　700 000

【例9-11】豫章股份有限公司用原材料对A公司投资,取得股权后对A公司产生重大影响,双方协议按市场价格计价。该原材料成本200 000元,市场价和计税价格250 000元,若增值税率为13%,豫章股份有限公司会计处理如下:

借:长期股权投资　　　　　　　　　　　　　　　282 500

贷：其他业务收入 250 000
　　　应交税费——应交增值税（销项税额） 32 500
　借：其他业务成本 200 000
　　贷：原材料 200 000

（3）全面试行营业税改征增值税后，"营业税金及附加"科目名称调整为"税金及附加"科目，该科目核算企业经营活动发生的消费税、城市维护建设税、资源税、教育费附加及房产税、土地使用税、车船使用税、印花税等相关税费；利润表中的"营业税金及附加"项目调整为"税金及附加"项目。

4. 交纳增值税的账务处理。

（1）交纳当月应交增值税的账务处理。企业交纳当月应交的增值税，应借记"应交税费——应交增值税（已交税金）"科目（小规模纳税人应借记"应交税费——应交增值税"科目），贷记"银行存款"科目。

（2）交纳以前期间未交增值税的账务处理。企业交纳以前期间未交的增值税，借记"应交税费——未交增值税"科目，贷记"银行存款"科目。

（3）预缴增值税的账务处理。企业预缴增值税时，应借记"应交税费——预交增值税"科目，贷记"银行存款"科目。月末，企业应将"预交增值税"明细科目余额转入"未交增值税"明细科目，借记"应交税费——未交增值税"科目，贷记"应交税费——预交增值税"科目。房地产开发企业等在预缴增值税后，应直至纳税义务发生时方可从"应交税费——预交增值税"科目结转至"应交税费——未交增值税"科目。

（4）增值税税控系统专用设备和技术维护费用抵减增值税额的会计处理。按增值税有关规定，初次购买增值税税控系统专用设备支付的费用以及缴纳的技术维护费允许在增值税应纳税额中全额抵减。企业购入增值税税控系统专用设备，按实际支付或应付的金额，借记"固定资产"科目，贷记"银行存款""应付账款"等科目。按规定抵减的增值税应纳税额，借记"应交税费——应交增值税（减免税款）"科目（小规模纳税人借记"应缴税费——应交增值税"科目），贷记"管理费用"科目。

企业发生技术维护费，按实际支付或应付的金额，借记"管理费用"等科目，贷记"银行存款"等科目。按规定抵减的增值税应纳税额，借记"应缴税费——应交增值税（减免税款）"科目（小规模纳税人借记"应缴税费——应交增值税"科目），贷记"管理费用"科目。

（5）对于当期直接减免的增值税，借记"应交税费——应交增值税（减免税款）"科目，贷记"其他收益"科目。当期按规定即征即退的增值税，也记入"其他收益"科目。

【例9-12】豫章股份有限公司2025年5月发生销项税额合计136 000元，

进项税额合计 81 950 元，进项税额转出合计 2 420 元，则豫章股份有限公司当月应交增值税会计处理如下：

  借：应交税费——应交增值税（已交税金）   56 470
    贷：银行存款   56 470

（三）增值税特殊事项的账务处理

1. 进项税额抵扣情况发生改变的账务处理。

  因发生非正常损失或改变用途等，原已计入进项税额、待抵扣进项税额或待认证进项税额，但按现行增值税制度规定不得从销项税额中抵扣的，借记"待处理财产损溢""应付职工薪酬""固定资产""无形资产"等科目，贷记"应交税费——应交增值税（进项税额转出）""应交税费——待抵扣进项税额"或"应交税费——待认证进项税额"科目；原不得抵扣且未抵扣进项税额的固定资产、无形资产等，因改变用途等用于允许抵扣进项税额的应税项目的，应按允许抵扣的进项税额，借记"应交税费——应交增值税（进项税额）"科目，贷记"固定资产""无形资产"等科目。固定资产、无形资产等经上述调整后，应按调整后的账面价值在剩余尚可使用寿命内计提折旧或摊销。

【例 9 – 13】豫章股份有限公司购入一批材料，增值税专用发票上注明增值税 15 600 元，材料价款 120 000 元，材料已入库，货款已付。材料入库后全部用于捐助灾区建设。会计处理如下：

  借：原材料   120 000
    应交税费——应交增值税（进项税额）   15 600
    贷：银行存款   135 600

捐助灾区建设时：

  借：营业外支出   135 600
    贷：原材料   120 000
      应交税费——应交增值税（进项税额转出） 15 600

【例 9 – 14】豫章股份有限公司因为管理不善毁损库存原材料一批，增值税专用发票确认的成本为 20000 元，增值税 2600 元，豫章股份有限公司的账务处理如下：

  借：待处理财产损溢——待处理流动资产损溢 22 600
    贷：原材料   20 000
      应交税费——应交增值税（进项税额转出） 2 600

2. 月末转出多交增值税和未交增值税的账务处理。

  月度终了，企业应当将当月应交未交或多交的增值税自"应交增值税"明细科目转入"未交增值税"明细科目。对于当月应交未交的增值税，借记"应交税费——应交增值税（转出未交增值税）"科目，贷记"应交税费——未交增值税"科目；对于当月多交的增值税，借记"应交税费——未交增值税"科目，贷记"应交税费——应交增值税（转出多交增值税）"科目。

（四）综合案例

【例9-15】豫章股份有限公司为一般纳税企业，增值税率13%，材料按实际成本核算。2025年4月30日，"应交税费——应交增值税（进项税额）"借方余额4万元，均可从下月的销项税额中抵扣。

5月发生以下业务：

（1）购入一台不需要安装的生产用机器设备，取得的增值税生产用专用发票上注明的设备价款为5万元，增值税进项税额6 500元，款项已通过银行存款支付。

（2）购买原材料一批，价款30万元，增值税额3.9万元，已开出商业汇票，原材料已入库。

（3）用原材料对外投资，双方协议按市价作价，投资后能对被投资企业产生重大影响。该批原材料成本为20万元，市价和计税价格为28万元，应缴纳的增值税额3.64万元。

（4）销售产品一批，售价20万元（不含增值税），实际成本15万元，增值税发票已交购货方，货款尚未收到，符合收入确认条件。

（5）盘亏原材料一批，实际成本15万元，所负担的增值税额1.95万元。

（6）该公司销售一台不需用的生产设备，不按税的价款为3 000元，增值税为390元。

（7）月末盘亏原材料一批，实际成本10万元，增值税额1.3万元。

要求：作有关会计分录，计算5月应交增值税并用银行存款缴纳。

①借：固定资产　　　　　　　　　　　　　　　　　　　50 000
　　　应交税费——应交增值税（进项税额）　　　　　　 6 500
　　　贷：银行存款　　　　　　　　　　　　　　　　　 56 500
②借：原材料　　　　　　　　　　　　　　　　　　　　300 000
　　　应交税费——应交增值税（进项税额）　　　　　　39 000
　　　贷：应付票据　　　　　　　　　　　　　　　　　339 000
③借：长期股权投资　　　　　　　　　　　　　　　　　316 400
　　　贷：其他业务收入　　　　　　　　　　　　　　　280 000
　　　　　应交税费——应交增值税（销项税额）　　　　 36 400
　　借：其他业务成本　　　　　　　　　　　　　　　　200 000
　　　贷：原材料　　　　　　　　　　　　　　　　　　200 000
④借：应收账款　　　　　　　　　　　　　　　　　　　226 000
　　　贷：应交税费——应交增值税（销项税额）　　　　 26 000

	主营业务收入	200 000
借：	主营业务成本	150 000
贷：	库存商品	150 000

⑤借：待处理财产损溢　　　　　　　　　　　　169 500
　　贷：原材料　　　　　　　　　　　　　　　　　150 000
　　　　应交税费——应交增值税（进项税额转出）　19 500

⑥应交增值税销项税额 = 3 000 × 13% = 390（元）。
　　借：银行存款　　　　　　　　　　　　　　　　3390
　　　　贷：固定资产清理　　　　　　　　　　　　3000
　　　　　　应交税费——应交增值税（销项税额）　　390

⑦借：待处理财产损溢　　　　　　　　　　　　113 000
　　贷：原材料　　　　　　　　　　　　　　　　　100 000
　　　　应交税费——应交增值税（进项税额转出）　13 000

⑧ 5 月应交增值税。
= 销项税额 -（进项税额 - 进项税额转出）
=（36 400 + 26 000 + 390）-［(40 000 + 39 000 + 6 500) -（19 500 + 13 000）］
= 9 790（元）
借：应交税费——应交增值税（已交税金）　　　　9 790
　　贷：银行存款　　　　　　　　　　　　　　　　9 790

二、消费税

（一）消费税概述

1. 概念。

消费税是指在我国境内生产、委托加工和进口应税消费品的单位和个人，按其流转额交纳的一种税。消费税实行价内征收，企业按规定应缴的消费税，在"应交税费"科目下设置"应交消费税"明细科目核算。"应交消费税"明细科目的借方发生额反映企业实际缴纳的消费税和待抵扣的消费税；贷方发生额反映企业按规定应缴纳的消费税；期末贷方反映尚未缴纳的消费税；期末借方余额反映多缴或待抵扣的消费税。

2. 税率。

消费税共设置了 15 个税目，在其中的 3 个税目下又设置了 13 个子目，列举了 25 个征税项目。实行比例税率的有 21 个，实行定额税率的有 4 个。共有 13 个档次的税率，最低 3%，最高 56%。具体税率见表 9 - 1。

表 9-1　　　　　　　消费税税率表

税　目	税　率
一、烟	
1. 卷烟	
（1）甲类卷烟	56% 加 0.003 元/支
（2）乙类卷烟	36% 加 0.003 元/支
（3）批发环节	11% 加 0.005 元/支
2. 雪茄烟	36%
3. 烟丝	30%
4. 电子烟	
生产（进口）环节	36%
批发环节	11%
二、酒及酒精	
1. 白酒	20% 加 0.5 元/500 克（或者 500 毫升）
2. 黄酒	240 元/吨
3. 啤酒	
（1）甲类啤酒	250 元/吨
（2）乙类啤酒	220 元/吨
4. 其他酒	10%
三、高档化妆品	15%
四、贵重首饰及珠宝玉石	
1. 金银首饰、铂金首饰和钻石及钻石饰品	5%
2. 其他贵重首饰和珠宝玉石	10%
五、鞭炮、焰火	15%
六、成品油 [4]	
1. 汽油	1.52 元/升
2. 柴油	1.2 元/升
3. 航空煤油	1.2 元/升
4. 石脑油	1.52 元/升
5. 溶剂油	1.52 元/升
6. 润滑油	1.52 元/升
7. 燃料油	1.2 元/升

续表

税　目	税　率
七、摩托车	
1. 气缸容量 250 毫升的	3%
2. 气缸容量在 250 毫升（不含）以上的	10%
八、小汽车	
1. 乘坐用车	
（1）气缸容量（排气量，下同）在 1.0 升（含 1.0 升）以下的	1%
（2）气缸容量在 1.0 升以上至 1.5 升（含 1.5 升）的	3%
（3）气缸容量在 1.5 升以上至 2.0 升（含 2.0 升）的	5%
（4）气缸容量在 2.0 升以上至 2.5 升（含 2.5 升）的	9%
（5）气缸容量在 2.5 升以上至 3.0 升（含 3.0 升）的	12%
（6）气缸容量在 3.0 升以上至 4.0 升（含 4.0 升）的	25%
（7）气缸容量在 4.0 升以上的	40%
2. 中轻型商用客车	5%
3. 超豪华小汽车每辆零售价格 130 万元不含增值税）及以上的乘用车和中轻型商用客车	10%
九、高尔夫球及球具	10%
十、高档手表	20%
十一、游艇	10%
十二、木制一次性筷子	5%
十三、实木地板	5%
十四、涂料	4%
十五、电池	4%

（二）主要账务处理

1. 销售应税商品。

企业将生产的应税消费品直接对外出售的，其应交纳的消费税，通过"税金及附加"科目核算。基本账务处理如下：

借：税金及附加
　　贷：应交税费——应交消费税

【例 9-16】洪都公司当月销售摩托车 10 辆，每辆售价 1.5 万元（不含增值税），货款尚未收到，摩托车每辆成本 0.5 万元。适用的消费税税率为 10%，则企业账务处理如下：

　　借：应收账款　　　　　　　　　　　　　　　　　169 500
　　　　贷：主营业务收入　　　　　　　　　　　　　　　150 000
　　　　　　应交税费——应交增值税（销项税额）　　　　19 500
　　借：税金及附加　　　　　　　　　　　　　　　　　15 000
　　　　贷：应交税费——应交消费税　　　　　　　　　　15 000
　　借：主营业务成本　　　　　　　　　　　　　　　　50 000
　　　　贷：库存商品　　　　　　　　　　　　　　　　　50 000

2. 自产自用应税消费品。

企业将生产的应税消费品用于在建工程等非生产机构时，按规定应交纳的消费税，借记"在建工程"等科目，贷记"应交税费——应交消费税"科目；将自产应税消费品用于对外投资、分配给职工等，应该借记"税金及附加"科目，贷记"应交税费——应交增值税"科目。

【例9-17】洪都公司在建工程领用自产粮油50 000元，应纳增值税10 200元，应纳消费税6 000元，则企业账务处理如下：

　　借：在建工程　　　　　　　　　　　　　　　　　　56 000
　　　　贷：库存商品　　　　　　　　　　　　　　　　　50 000
　　　　　　应交税费——应交消费税　　　　　　　　　　6 000

3. 委托加工应税消费品。

委托加工应税消费品在会计处理时，需要缴纳消费税的委托加工物资，于委托方提货时，由受托方代收代缴税款。受托方按应扣税款金额，借记"应收账款""银行存款"等科目，贷记"应交税费——应交消费税"科目。

委托加工物资收回后，直接用于销售或委托加工物资收回后用于连续生产非应税消费品的，委托方将受托方代收代缴的消费税计入委托加工物资的成本；委托加工物资收回后用于连续生产应税消费品、按规定准予抵扣的，委托方应按已由受托方代收代缴的消费税，借记"应交税费——应交消费税"科目，贷记"应付账款""银行存款"等科目，待用委托加工的应税消费品生产出应纳消费税产品销售时，再交纳消费税。

4. 进口应税消费品。

企业进口应税消费品在进口环节应交纳的消费税，计入该项物资的成本。

三、城市维护建设税、教育费附加及房产税、土地使用税、车船使用税、印花税

城市维护建设税，是我国为了加强城市的维护建设，扩大和稳定城市维护建设资金的来源，对有经营收入的单位和个人征收的一个税种。2016年5月起全面

实行营业税改为增值税，营业税全面取消。按照现行税法的规定，城市维护建设税的纳税人是在征税范围内从事工商经营，缴纳"二税"（即增值税、消费税）的单位和个人。任何单位或个人，只要缴纳"二税"中的一种，就必须同时缴纳城市维护建设税。

城市维护建设税 =（增值税 + 消费税）× 城市维护建设税税率

教育费附加是国家为扶持教育事业发展，计征用于教育的政府性基金。教育费附加是对缴纳增值税、消费税的单位和个人征收的一种附加费。它的作用是发展地方性教育事业，扩大地方教育经费的资金来源。

教育费附加 =（增值税 + 消费税）× 教育费附加税率

房产税是以房屋为征税对象，按房屋的计税余值或租金收入为计税依据，向产权所有人征收的一种财产税。

城镇土地使用税，是指在城市、县城、建制镇、工矿区范围内使用土地的单位和个人，以实际占用的土地面积为计税依据，依照规定由土地所在地的税务机关征收的一种税。

车船税是指对在我国境内应依法到公安、交通、农业、渔业、军事等管理部门办理登记的车辆、船舶，根据其种类，按照规定的计税依据和年税额标准计算征收的一种财产税。

印花税是以经济活动中签立的各种合同、产权转移书据、营业账簿、权利许可证照等应税凭证文件为对象所征的税。

主要账务处理如下：

1. 企业按规定计算应交的资源税、城市维护建设税、教育费附加及房产税、土地使用税、车船使用税、印花税等时：

借：税金及附加
贷：应交税费——应交资源税
　　　　——应交城市维护建设税
　　　　——应交教育费附加
　　　　——应交房产税
　　　　——应交土地使用税
　　　　——应交车船使用税

印花税的会计处理应注意：

（1）按合同自贴花。

一般情况下，企业需要预先购买印花税票，待发生应税行为时，再根据凭证的性质和规定的比例税率或者按件计算应纳税额，将已购买的印花税票粘贴在应纳税凭证上，并在每枚税票的骑缝处盖戳注销或者划销，办理完税手续。

企业交纳的印花税，不会发生应付未付税款的情况，不需要预计应纳税金额，同时也不存在与税务机关结算或清算的问题。

企业交纳的印花税可以不通过"应交税费"科目：

借：税金及附加
　　贷：银行存款

（2）汇总缴纳。

同一种类应纳税凭证，需要频繁贴花的，应向当地税务机关申请按期汇总缴纳印花税。企业按规定应交的印花税，在"应交税费"科目下设置"应交印花税"明细科目核算。

计算应交时：

借：税金及附加
　　贷：应交税费——应交印花税

计算上交时：

借：应交税费——应交印花税
　　贷：银行存款

（3）企业按照核定征收计算缴纳印花税。

企业按规定应交的印花税，在"应交税费"科目下设置"应交印花税"明细科目核算。

计算应交时：

借：税金及附加
　　贷：应交税费——应交印花税

计算上交时：

借：应交税费——应交印花税
　　贷：银行存款

2. 交纳上述税费时。

借：应交税费——应交资源税
　　　　　　——应交城市维护建设税
　　　　　　——应交教育费附加
　　　　　　——应交房产税
　　　　　　——应交土地使用税
　　　　　　——应交车船使用税
　　　　　　——应交印花税
　　贷：银行存款

四、企业所得税

企业所得税是国家根据企业的纳税所得计征的一种收益税。企业的所得税费用包括当期所得税和递延所得税两部分。其中，当期所得税是指当期应交所得税。递延所得税包括递延所得税资产和递延所得税负债。递延所得税资产是指以未来期间很可能取得用来抵扣可抵扣暂时性差异的应纳税所得额为限确认的一项资产。递延所得税负债是指根据应纳税暂时性差异计算的未来期间应付所得税的金额。此处只简单介绍计算和缴纳时的会计处理，关于所得税的详细知识，将在第十二章第五节介绍。主要账务处理如下：

1. 企业按照税法规定计算应交的所得税时：
借：所得税费用
　　递延所得税资产
　　　贷：应交税费——应交所得税
　　　　　递延所得税负债

2. 缴纳所得税时：
借：应交税费——应交所得税
　　贷：银行存款

五、土地增值税

企业转让国有土地使用权、地上建筑物及其附着物并取得收入的单位和个人，均应缴纳土地增值税。土地增值税按照转让房地产所取得的增值额和规定的税率计算征收。这里的增值额是转让房地产取得的收入减去规定扣除项目后的余额。计算土地增值税的主要扣除项目有：（1）取得土地使用权所支付的金额；（2）开发土地的成本、费用；（3）新建房屋及配套设备的成本、费用，或者旧房及建筑物的评估价格；（4）与转让房地产有关的税金；（5）财政部规定的其他扣除项目。

企业交纳的土地增值税通过"应交税费——应交土地增值税"科目核算。

兼营房地产业务的企业，应由当期收入负担的土地增值税，借记"税金及附加"科目，贷记本科目（"应交税费——应交土地增值税"）。转让的国有土地使用权与其地上建筑物及其附着物一并在"固定资产"或"在建工程"科目核算的，转让时应交纳的土地增值税，借记"固定资产清理""在建工程"科目，贷记本科目。

企业在项目全部竣工结算前转让房地产取得的收入，按税法规定预交的土地增值税，借记"应交税费——应交土地增值税"科目，贷记"银行存款"等科目；待该项房地产销售收入实现时，再按上述销售业务的会计处理方法进行处理。该项目全部竣工、办理结算后进行清算，收回退回多交的土地增值税，借记"银行存款"等科目，贷记"应交税费——应交土地增值税"科目，补交的土地增值税做相反的分录。

六、个人所得税

个人所得税是国家对本国公民、居住在本国境内的个人的所得和境外个人来源于本国的所得征收的一种所得税。企业职工按规定应缴纳的个人所得税通常由单位代扣代缴。企业按规定计算的代扣代缴的职工个人所得税，借记"应付职工薪酬"科目，贷记"应交税费——应交个人所得税"科目；企业交纳个人所得税时，借记"应交税费——应交个人所得税"科目，贷记"银行存款"等科目。主要账务处理如下：

1. 企业按规定计算应代扣代缴的职工个人所得税时：

借：应付职工薪酬
　　贷：应交税费——应交个人所得税

2. 交纳个人所得税时：

借：应交税费——应交个人所得税
　　贷：银行存款

第五节　交易性金融负债

一、金融负债

（一）定义

金融负债指基于下列合同义务的负债：（1）向另一个企业交付现金或另一金融资产的合同义务；（2）在潜在不利的条件下，与另一企业交换金融工具的合同义务；（3）将来须用或可用企业自身权益工具进行结算的非衍生工具合同，且企业根据该合同将交付可变数量的自身权益工具；（4）将来须用或可用企业自身权益工具进行结算的衍生工具合同（以固定数量的自身权益工具交换固定金额的现金或其他金融资产的衍生工具合同除外）。《国际会计准则》第 39 号在涉及金融负债的确认与计量时指出"初始确认"当且仅当成为金融工具合同条款的一方时，企业应在其资产负债表上确认金融资产或金融负债。其主要包括短期借款、应付票据、应付债券、长期借款等。

（二）分类

除以下各项外，企业应当将金融负债分类为以摊余成本计量的金融负债。

1. 以公允价值计量且其变动计入当期损益的金融负债，包括交易性金融负债（含属于金融负债的衍生工具）和指定为以公允价值计量且其变动计入当期损益的金融负债。

2. 不符合终止确认条件的金融资产转移或继续涉入被转移金融资产所形成的金融负债。

3. 部分财务担保合同，以及不属于以公允价值计量且其变动计入当期损益的金融负债、以低于市场利率贷款的贷款承诺。

需要注意的是，在非同一控制下的企业合并中，企业作为购买方确认的或有对价形成金融负债的，该金融负债应当按照以公允价值计量且其变动计入当期损益的金融负债进行会计处理。

二、以公允价值计量且其变动计入当期损益的金融负债分类

以公允价值计量且其变动计入当期损益的金融负债可以进一步划分为交易性金融负债和直接指定为以公允价值计量且其变动计入当期损益的金融负债。

（一）交易性金融负债

满足下列条件之一的，应当划分为交易性金融负债：

1. 承担该金融负债的目的，主要是近期内出售或回购。

2. 属于进行集中管理的可辨认金融工具组合的一部分，且有客观证据表明企业近期采用短期获利方式对该组合进行管理。

3. 属于衍生工具。但是，被指定且为有效套期工具的衍生工具、属于财务担保合同的衍生工具、与在活跃市场中没有报价且其公允价值不能可靠计量的权益工具投资挂钩并须通过交付该权益工具结算的衍生工具除外。

（二）直接指定为以公允价值计量且其变动计入当期损益的金融负债

此包括一项或多项嵌入衍生工具的混合工具，企业可将整个混合工具直接指定为以公允价值计量且其变动计入当期损益的金融负债，但以下两种情况除外：

1. 嵌入衍生工具对混合工具的现金流量没有重大变化；

2. 类似混合工具所嵌入的衍生工具明显不应从混合工具中分拆。

对于混合工具以外的金融负债，只要能够产生更相关的会计信息时就能将该项金融负债直接指定为以公允价值计量且其变动计入当期损益的金融负债。

能够产生更相关的会计信息需要符合下列条件之一：

（1）该指定可以消除或明显减少金融负债的计量基础不同所导致的相关利得或损失在确认或计量方面不一致的情况。

（2）企业风险管理或投资策略的正式书面文件已载明，该金融负债组合或该金融资产和金融负债组合，以公允价值为基础进行管理、评价并向关键管理人员报告。

三、以公允价值计量且其变动计入当期损益的金融负债的会计核算

（一）确认和终止确认

企业在成为金融工具合同的一方并承担相应义务时确认金融负债。根据此确认条件，对于由衍生工具合同形成的义务，企业应当将其确认为金融负债。但是如果衍生工具涉及金融资产转移且导致金融资产转移不符合终止确认条件的，则不再确认为金融负债，以免企业重复确认负债。

金融负债现时义务的解除涉及的情形比较复杂，企业在决定是否应全部或部分终止确认金融资产时，应当注意分析交易的法律形式和经济实质。

1. 金融负债的现时义务全部或部分已经解除的，才能终止确认该金融负债或其一部分。但企业将用于偿付金融负债的资产转入某个机构或设立信托，偿付债务的现时义务仍存在的，不应当终止确认该金融负债。

2. 企业（债务人）与债权人之间签订协议，以承担新金融负债方式替换现存金融负债，且新金融负债与现存金融负债的合同条款实质上不同的，应当终止确认现存金融负债，并同时确认新金融负债。

3. 企业对现存金融负债全部或部分的合同条款作出实质性修改的，应当终止确认现存金融负债或其一部分，同时将修改条款后的金融负债确认为一项新金融负债。

4. 金融负债全部或部分终止确认的，企业应当将终止确认部分的账面价值与支付的对价（包括转出的非现金资产或承担的新金融负债）之间的差额，计入当期损益。

5. 企业回购金融负债一部分的，应当在回购日按照继续确认部分和终止确认部分的相对公允价值，将该金融负债整体的账面价值进行分配。分配给终止确认部分的账面价值与支付的对价（包括转出的非现金资产或承担的新金融负债）之间的差额，计入当期损益。

（二）初始计量和后续计量

对于以公允价值计量且其变动计入当期损益的金融负债，应当按照公允价值进行初始计量和后续计量，相关交易费用应当在发生时直接计入当期损益。其中金融负债的公允价值一般以市场交易价格为基础确定。交易费用包括支付给代理机构、咨询公司、券商等的手续费和佣金及其他必要支出，不包括债券溢价、折价、融资费用、内部管理成本及其他与交易不直接相关的费用。

对于以公允价值计量且其变动计入当期损益的金融负债，其公允价值变动形成的利得和损失，除与套期保值有关外，应当计入当期损益。

（三）会计处理

为了核算以公允价值计量且其变动计入当期损益的金融负债，应设置"交易

性金融负债"账户，此科目可以按照交易性金融负债的类别，分别按"成本""公允价值变动"进行明细核算。

交易性金融负债的主要账务处理：

1. 企业承担交易性金融负债时，按公允价值进行初始计量：

借：银行存款
　　贷：交易性金融负债——成本

2. 资产负债表日：

（1）按交易性金融负债票面利率计算的利息。

借：投资收益
　　贷：交易性金融负债——应计利息

（2）交易性金融负债的公允价值与其账面余额的差额计入当期损益。

若公允价值高于其账面余额的差额：

借：公允价值变动损益
　　贷：交易性金融负债——公允价值变动

若公允价值低于其账面余额的差额——做相反的会计分录。

3. 回购交易性金融负债时：

借：交易性金融负债——成本
　　　　　　　　　——公允价值变动（也可能在贷方）
　　　　　　　　　——应计利息
　　贷：银行存款（实际支付的金额）
　　　　投资收益（也可能在借方）

【例9-18】2024年7月1日，豫章股份有限公司经批准在全国银行间债券市场公开发行10亿元人民币短期融资券，期限为1年，票面年利率5.58%，每张面值为100元，到期一次还本付息，所募集资金主要用于公司购买生产经营所需的原材料及配套件等。公司将该短期融资券指定为以公允价值计量且其变动计入当期损益的金融负债。假定不考虑发行短期融资券相关的交易费用以及企业自身信用风险变动。

2024年12月31日，该短期融资券市场价格每张120元（不含利息）；2025年6月30日，该短期融资券到期兑付完成。

要求：作有关会计分录（单位：万元）。

据此，豫章股份有限公司账务处理如下（金额单位：万元）：

（1）2024年7月1日，发行短期融资券：

借：银行存款　　　　　　　　　　　　　　　　　100 000
　　贷：交易性金融负债——成本　　　　　　　　　　　　100 000

(2) 2024 年 12 月 31 日，年末确认公允价值变动和利息费用：

借：公允价值变动损益　　　　　　　　　　　　　　　20 000
　　贷：交易性金融负债——公允价值变动　　　　　　　　20 000
借：财务费用（100 000×5.58%×6/12）　　　　　　　 2 790
　　贷：交易性金融负债——应计利息　　　　　　　　　　 2 790

(3) 2025 年 6 月 30 日，短期融资券到期：

借：财务费用　　　　　　　　　　　　　　　　　　　 2 790
　　贷：交易性金融负债——应计利息　　　　　　　　　　 2 790
借：交易性金融负债——成本　　　　　　　　　　　　100 000
　　　　　　　　　　——应计利息　　　　　　　　　　　 5 580
　　　　　　　　　　——公允价值变动　　　　　　　　　20 000
　　贷：银行存款　　　　　　　　　　　　　　　　　　105 580
　　　　投资收益　　　　　　　　　　　　　　　　　　 20 000

第六节　应付职工薪酬

一、职工薪酬的概述

（一）职工薪酬的定义

职工薪酬是指为获得职工提供的服务而给予各种形式的报酬以及其他相关支出。企业提供给职工配偶、子女、受赡养人、已故员工遗属及其他受益人等的福利，也属于职工薪酬。

（二）职工薪酬的内容

职工薪酬主要包括短期薪酬、离职后福利、辞退福利和其他长期职工福利。

1. 短期薪酬。

短期薪酬，是指企业预期在职工提供相关服务的年度报告期间结束后 12 个月内将全部予以支付的职工薪酬，因解除与职工的劳动关系给予的补偿属于辞退福利而非短期薪酬。短期薪酬主要包括：

（1）职工工资，是指构成工资总额的各组成部分，与国家统计局口径一致，包括职工工资、奖金、津贴、补贴等。

（2）职工福利费，通常是指实际发生的职工生活困难补助等福利性的开支。

（3）医疗保险费、工伤保险费、生育保险费等社会保险费，是指企业按照国家规定的基准和比例计算，向社会保险经办机构缴纳的医疗保险费、工伤保险费、生育保险费（短期薪酬不核算养老保险和失业保险，在离职后福利中核算）。

（4）住房公积金，是指按照国家规定的基准和比例计算，向住房公积金管理机构缴存的住房公积金。

（5）工会经费和职工教育经费，指企业为了改善职工文化生活，为职工学习先进技术和提高文化水平和业务素质，用于开展工会活动和职工教育技能培训等相关支出。通常分别按职工工资总额的2%和1.5%（从业人员技术要求高、培训任务重、经济效益好的企业为2.5%）计提。

（6）短期带薪缺勤，是指企业支付工资或提供补偿的职工缺勤，包括年休假、病假、短期伤残、婚假、产假、丧假、探亲假等。

（7）短期利润分享计划，是指因职工提供服务而与职工达成的基于利润或其他经营成果提供薪酬的协议（长期利润分享计划属于其他长期职工福利）。

（8）非货币性福利，是指企业以自己的产品或外购商品发放给职工作为福利，企业提供给职工无偿使用自己拥有的资产或租赁资产供职工无偿使用。如提供给企业高级管理人员使用的住房，免费为职工提供诸如医疗保健的服务，或向职工提供企业支付了一定补贴的商品和服务，或以低于成本的价格向职工出售住房等。

（9）其他短期薪酬，是指除上述薪酬外的其他与获得职工提供的服务而给予的短期薪酬。如企业提供给职工以权益形式结算的认股权、以现金形式结算但以权益工具公允价值为基础确定的现金股票增值权计划等。

2. 离职后福利。

（1）定义。

离职后福利，是指企业为获得职工提供的服务而在职工退休或与企业解除劳动关系后，提供的各种形式的报酬和福利，属于短期薪酬和辞退福利的除外。

（2）离职后福利计划。

离职后福利计划，是指企业与职工就离职后福利达成的协议，或者企业为向职工提供离职后福利制定的规章或办法等。

离职后福利计划按其特征可以分为设定提存计划和设定受益计划。

①设定提存计划，指向独立的基金缴存固定费用后，企业不再承担进一步支付义务的离职后福利计划。例如，实务中的养老保险、失业保险等都属于设定提存计划。

②设定受益计划，是指除设定提存计划以外的离职后福利计划。这是指企业根据一定的标准（职工服务年限、工资水平等）确定每个职工离职后每期的年金收益水平，由此倒算出企业每期应为职工缴费的金额。在这种情况下，与计划相关的风险全部由企业承担。

3. 辞退福利。

辞退福利，是指企业在职工劳动合同到期之前解除与职工的劳动关系，或者为鼓励职工自愿接受裁减而给予职工的补偿。通常采取解除劳动关系时一次性支付补偿的方式，也有通过提高退休后养老金或其他离职后福利的标准，或者在职工不再为企业带来经济利益后，将职工工资支付到辞退后未来某一期间的方式。辞退福利主要包括：

（1）在职工劳动合同到期之前，不论职工本人是否愿意，企业决定解除与职工的劳动关系而给予的补偿。

（2）在职工劳动合同到期前，为鼓励职工自愿接受裁减而给予的补偿，职工有权利选择继续在职或者接受补偿离职。

4. 其他长期职工福利。

其他长期职工福利，是指除短期薪酬、离职后福利、辞退福利之外所有的职工薪酬，包括长期带薪缺勤、长期残疾福利、长期利润分享计划等。

二、职工薪酬的确认与计量

企业应当在职工为其提供服务的会计期间，将应确认的职工薪酬确认为一项流动负债，并根据职工提供服务的受益对象，将职工薪酬计入相关资产成本或当期损益，同时确认为应付职工薪酬，但解除劳动关系补偿（下称"辞退福利"）除外。

为了核算企业根据有关规定应付给职工的各种薪酬，应设置"应付职工薪酬"科目，并按"工资""职工福利""社会保险费""住房公积金""工会经费""职工教育经费""非货币性福利""辞退福利""股份支付"等进行明细核算。外商投资企业按规定从净利润中提取的职工奖励及福利基金，也在本科目核算。

（一）短期薪酬的确认与计量

企业应当在职工为其提供服务的会计期间，将实际发生的短期薪酬确认为负债，并计入当期损益，其他会计准则要求或允许计入资产成本的除外。

1. 货币性短期薪酬。

（1）内容。

货币性短期薪酬一般包括职工的工资、奖金、津贴和补贴，大部分的职工福利、医疗保险费、工伤保险费和生育保险费等社会保险费，住房公积金、工会经费和职工教育经费等。

（2）会计处理。

①计提时。

企业应当根据职工提供服务的情况和工资标准计算应计入职工薪酬的工资总额，按照受益对象计入当期损益或相关资产成本，借记"生产成本""制造费用""管理费用"等科目，贷记"应付职工薪酬"科目。企业为职工缴纳的医疗保险费、工伤保险费和生育保险费等社会保险费,应当在职工为其提供服务的会计期间,根据规定的计提基础和比例计算确定相应的职工薪酬金额,并确认相关负债。

借:生产成本(生产车间人员)
　　制造费用(车间管理人员)
　　管理费用(行政人员)
　　销售费用(销售人员相关)
　　在建工程(基建人员)
　　研发支出(研发人员)
　　　贷:应付职工薪酬——工资
　　　　　　　　　　——职工福利
　　　　　　　　　　——社会保险费
　　　　　　　　　　——住房公积金
　　　　　　　　　　——工会经费
　　　　　　　　　　——职工教育经费等

【例9-19】豫章股份有限公司发生的职工薪酬分配如下:生产工人及车间管理人员的职工薪酬分别为100 000元和20 000元,管理部门人员的职工薪酬30 000元,销售人员的职工薪酬15 000元;工程人员和无形资产研发人员符合资本化条件的职工薪酬分别为20 000元和15 000元。要求做有关会计分录。

借:生产成本　　　　　　　　　　　　　　　　100 000
　　制造费用　　　　　　　　　　　　　　　　 20 000
　　管理费用　　　　　　　　　　　　　　　　 30 000
　　销售费用　　　　　　　　　　　　　　　　 15 000
　　在建工程　　　　　　　　　　　　　　　　 20 000
　　研发支出——资本化支出　　　　　　　　　 15 000
　　　贷:应付职工薪酬——工资　　　　　　　200 000

【例9-20】接上例,豫章股份有限公司分别按职工工资总额200 000元的9%、2%、0.8%和8%计算缴纳医疗保险费、工伤保险费、生育保险费等社会保险费和住房公积金;按职工工资总额200 000元的2%和1.5%计提工会经费和职工教育经费。

应计入生产成本的职工薪酬金额
=100 000×(9%+2%+0.8%+8%)=19 800(元)
应计入制造费用的职工薪酬金额
=20 000×(9%+2%+0.8%+8%)=3 960(元)
应计入管理费用的职工薪酬金额

$= 30\,000 \times (9\% + 2\% + 0.8\% + 8\%) = 5\,940$(元)

应计入销售费用的职工薪酬金额

$= 15\,000 \times (9\% + 2\% + 0.8\% + 8\%) = 2\,970$(元)

应计入在建工程的职工薪酬金额

$= 20\,000 \times (9\% + 2\% + 0.8\% + 8\%) = 3\,960$(元)

应计入研发支出的职工薪酬金额

$= 15\,000 \times (9\% + 2\% + 0.8\% + 8\%) = 2\,970$(元)

借：生产成本 19 800
　　制造费用 3 960
　　管理费用 5 940
　　销售费用 2 970
　　在建工程 3 960
　　研发支出——资本化支出 2 970
　　贷：应付职工薪酬——医疗保险费 18 000
　　　　　　　　　　——工伤保险费 4 000
　　　　　　　　　　——生育保险费 1 600
　　　　　　　　　　——住房公积金 16 000

同理，提取工会经费和职工教育经费如下：

借：生产成本 3 500
　　制造费用 700
　　管理费用 1 050
　　销售费用 525
　　在建工程 700
　　研发支出——资本化支出 525
　　贷：应付职工薪酬——工会经费 4 000
　　　　　　　　　　——职工教育经费 3 000

②发放时。

企业在实际支付货币性职工薪酬时，应当按照实际应支付给职工的金额，借记"应付职工薪酬"科目，按照实际支付的总额，贷记"银行存款"科目；将应由职工个人负担由企业代缴代扣的职工个人所得税，贷记"应交税费——应交个人所得税"科目；将应由职工个人负担由企业代缴代扣的医疗保险费、工伤保险费和生育保险费等社会保险费及住房公积金等，贷记"其他应付款"科目。

借：应付职工薪酬
　　贷：银行存款
　　　　应交税费——应交个人所得税

其他应付款

【例9-21】豫章股份有限公司按照有关规定职工薪酬支付情况如下：（1）应向职工支付工资、奖金、津贴等200 000元，其中，代垫的家属药费、个人所得税等分别为5 000元和6 000元，代扣水电费及房租费分别为2 500元和3 400元，其余部分通过银行划给各职工银行账户；（2）用现金向职工支付医药费4 600元，职工生活困难补助1 000元；（3）支付工会运作费3 000元和职工培训2 400元；（4）通过银行缴纳社会保险费10 000元和住房公积金8 000元。

要求：作有关会计分录。

(1) 借：应付职工薪酬——工资　　　　　　　　　　　200 000
　　　贷：银行存款　　　　　　　　　　　　　　　　183 100
　　　　　其他应收款　　　　　　　　　　　　　　　　5 000
　　　　　应交税费——应交个人所得税　　　　　　　　6 000
　　　　　其他应付款——水电费　　　　　　　　　　　2 500
　　　　　　　　　　——房租费　　　　　　　　　　　3 400
(2) 借：应付职工薪酬——职工福利费　　　　　　　　　5 600
　　　贷：库存现金　　　　　　　　　　　　　　　　　5 600
　同时，借：管理费用　　　　　　　　　　　　　　　　5 600
　　　　　贷：应付职工薪酬——职工福利费　　　　　　5 600
(3) 借：应付职工薪酬——工会经费　　　　　　　　　　3 000
　　　　　　　　　　——职工教育经费　　　　　　　　2 400
　　　贷：银行存款　　　　　　　　　　　　　　　　　5 400
(4) 借：应付职工薪酬——社会保险费　　　　　　　　 10 000
　　　　　　　　　　——住房公积金　　　　　　　　　8 000
　　　贷：其他应付款　　　　　　　　　　　　　　　 18 000
　借：其他应付款　　　　　　　　　　　　　　　　　 18 000
　　　贷：银行存款　　　　　　　　　　　　　　　　 18 000

2. 短期带薪缺勤。

短期带薪缺勤，是指企业支付工资或提供补偿的职工缺勤，包括年休假、病假、短期伤残、婚假、产假、丧假、探亲假等。短期带薪缺勤分为累积带薪缺勤和非累积带薪缺勤两种。

(1) 累积带薪缺勤。

累积带薪缺勤是指带薪缺勤权利可以结转下期的带薪缺勤，本期尚未用完的带薪缺勤权利可以在未来期间使用。

企业应当在职工提供服务从而增加了其未来享有的带薪缺勤权利时，确认与累积带薪缺勤相关的职工薪酬，并以累积未行使权利而增加预期支付金额计量，而不是在实际发生缺勤的会计期间予以确认。如果职工在离开企业时能够获得现金支付（既定累积带薪缺勤），企业就应当确认必须支付给职工的全部累积未行使权利的补偿金额。

【例9-22】豫章股份有限公司共有100名职工，该公司实行累积带薪缺勤制度。该制度规定，每个职工每年可享受5个工作日带薪病假，未使用的病假只能向后结转一个日历年度，超过1年未使用的权利作废，不能在职工离开公司时获得现金支付；假定职工休病假时首先从当年可享受的权利中扣除，再从上年结转带薪病假余额中扣除；职工离开公司时，公司对职工未使用累积带薪病假不支付现金。

2023年12月31日，每个职工当年平均未使用带薪病假为2天。根据过去的经验并预期该经验将继续适用，豫章股份有限公司预计2024年有50名职工将享受不超过5天的带薪病假，剩余50名职工每人将平均享受6.5天病假，假定剩余的50名职工全部为总部各部门经理，该公司平均每名职工每个工作日工资为300元。

豫章股份有限公司在2023年12月31应当预计由于职工累积未使用的带薪病假权利而导致的预期支付的追加金额，即相当于75天（50×1.5天）的病假工资22 500元（300×75），应作会计处理：

借：管理费用　　　　　　　　　　　　　　　　　　22 500
　　贷：应付职工薪酬——累积带薪缺勤　　　　　　　　　22 500

假定2024年12月31日，上述50名部门经理中有40名享受了六天半病假，并随同正常工资以银行存款支付，2024年的工资费用应扣除上年已确认的工资费用。另外的10名只享受5天病假，由于该公司的带薪缺勤制度规定，未使用的权利只能结转1年，超过1年未使用的权利将作废。2024年，豫章股份有限公司应进行如下账务处理：

借：应付职工薪酬——累积带薪缺勤　　18 000　[40×1.5×300]
　　贷：银行存款　　　　　　　　　　　　　　　　　　18 000
借：应付职工薪酬——累积带薪缺勤　　4 500　[10×1.5×300]
　　贷：管理费用　　　　　　　　　　　　　　　　　　4 500

不难看出，累积带薪缺勤福利需要在职工提供服务并行使带薪缺勤权利的当期确认为生产成本或者计入当期损益，并非到企业实际支付现金或银行存款时才确认。

(2) 非累积带薪缺勤。

非累积带薪缺勤是指带薪缺勤权利不能结转下期的带薪缺勤，本期尚未用完的带薪缺勤权利将予以取消，并且职工离开企业时也无权获得现金支付。实务中，由于其不能向以后年度结转，也不需要在职工离职时支付现金，一般可以在缺勤期间正常计提应支付职工薪酬时一并处理。

3. 短期利润分享计划。

短期利润分享计划是按照企业实现净利润的一定比例确定享受的奖金，与企业经营业绩挂钩，因是职工提供服务而产生的，而非职工作为所有者身份产生，故不属于权益性交易，因此，企业应当将利润分享和奖金计划作为费用处理（或根据相关准则，作为资产成本的一部分），不能作为净利润的分配。

【例9-23】企业2024年初净利润目标为1 000万元，规定公司管理层可以分享超过1 000万元净利润部分的10%作为额外报酬。假设2024年12月31日实际完成利润为1 500万元，则该公司管理层按利润分享计划分享利润50万元。

计算：(1 500 - 1 000) × 10% = 50（万元）。

会计分录：

借：管理费用　　　　　　　　　　　　　　　　　　　　　　50
　　贷：应付职工薪酬——利润分享计划　　　　　　　　　　　　50

4. 非货币性短期薪酬。

企业向职工提供非货币性福利的，应当按照公允价值计量；公允价值不能可靠取得的，可以采用成本计量。应当分别按以下情况处理。

(1) 以自产产品或外购商品发放给职工作为福利。

企业将自产的产品作为非货币性福利发放给职工时，应当按照该产品的公允价值和相关税费，计量应计入成本费用的职工薪酬金额，相关收入的确认、销售成本的结转和相关税费的处理，与正常商品销售相同。

①决定发放非货币性福利时：

借：生产成本
　　管理费用
　　在建工程
　　研发支出等
　　贷：应付职工薪酬——非货币性福利

②将自产产品实际发放时：

借：应付职工薪酬——非货币性福利
　　贷：主营业务收入
　　　　应交税费——应交增值税（销项税额）

以外购商品作为非货币性福利的情况下，应当按照该商品的公允价值和相关税费计入成本费用。

①购入时：

借：库存商品等
　　应交税费——应交增值税（进项税额）

　　　　贷：银行存款
　②决定发放非货币性福利时：
　　借：生产成本
　　　　管理费用
　　　　在建工程
　　　　研发支出等
　　　　贷：应付职工薪酬——非货币性福利
　③将外购商品实际发放时：
　　借：应付职工薪酬——非货币性福利
　　　　贷：库存商品等
　　　　　　应交税费——应交增值税（进项税额转出）

这里需要注意的是，如果外购商品时明确用于发放职工福利，购进时支付的增值税应计入库存商品的成本，实际发放时不需要进项税额转出。在以自产产品或外购产品发放给职工作为福利的情况下，企业在进行账务处理时，应当先通过"应付职工薪酬"科目归集当期应计入成本费用的非货币性薪酬金额。

【例 9-24】豫章股份有限公司为一家彩电生产企业，共有职工 100 名，2025 年 5 月，公司以其生产成本为 6 000 元的液晶彩电和外购的每台不含税价格为 800 元的电暖器作为福利发放给公司每名职工。该型号液晶彩电的售价为每台 10 000 元，豫章股份有限公司适用的增值税率为 13%；豫章股份有限公司购买的电暖器也开具了增值税专用发票，增值税率为 13%。

假定 100 名职工中 80 名为直接参加生产的职工，20 名为总部管理人员。

彩电的增值税销项税额 = 80 × 10 000 × 13% + 20 × 10 000 × 13%
　　　　　　　　　　 = 130 000（元）

借：生产成本	904 000
管理费用	226 000
贷：应付职工薪酬——非货币性福利	1 130 000
借：应付职工薪酬——非货币性福利	1 130 000
贷：主营业务收入	1 000 000
应交税费——应交增值税（销项税额）	130 000
借：主营业务成本	600 000
贷：库存商品	600 000

电暖器的进项税额 = 100 × 800 × 13%
　　　　　　　　 = 10 400（元）

借：库存商品	80 000
应交税费——应交增值税（进项税额）	10 400

　　　　贷：银行存款　　　　　　　　　　　　　　　　　90 400
　　借：生产成本　　　　　　　　　　　　　　　　　　72 320
　　　　管理费用　　　　　　　　　　　　　　　　　　18 080
　　　　贷：应付职工薪酬——非货币性福利　　　　　　90 400
　　借：应付职工薪酬——非货币性福利　　　　　　　 90 400
　　　　贷：库存商品　　　　　　　　　　　　　　　　80 000
　　　　　　应交税费——应交增值税（进项税额转出）　10 400

（2）将拥有的房屋等资产无偿提供给职工使用或租赁住房等资产供职工无偿使用。

①自有：企业将拥有的房屋等资产无偿提供给职工使用时，应当根据受益对象，将住房每期的折旧计入当期损益或相关资产成本，同时确认应付职工薪酬。公允价值无法可靠取得的，可以按照成本计量。

②租赁：租赁住房等资产供职工无偿使用的，应当根据受益对象，将每期应付的租金计入相关资产成本或当期损益，并确认应付职工薪酬。

【例9-25】豫章股份有限公司为总部各部门经理级别以上职工提供自建单位宿舍免费使用，同时为副总裁以上高级管理人员每人租赁一套住房。该公司总部共有部门经理以上职工60名，每人提供一间单位宿舍免费使用，假定每间单位宿舍每月计提折旧1 000元；副总裁以上高级管理人员10名，公司为其每人租赁一套月租金为10 000元的公寓。该公司每月业务处理如下：

①自建宿舍应当按照宿舍的折旧费用来计量应付职工薪酬。
　　借：管理费用　　　　　　　　　　　　　　　　　　60 000
　　　　贷：应付职工薪酬——非货币性福利——宿舍　　60 000
　　借：应付职工薪酬——非货币性福利——宿舍　　　 600 000
　　　　贷：累计折旧　　　　　　　　　　　　　　　　60 000

②租赁房屋应当按照租赁房屋的租金来计量应付职工薪酬。
　　借：管理费用　　　　　　　　　　　　　　　　　　100 000
　　　　贷：应付职工薪酬——非货币性福利——租赁公寓　100 000
　　借：应付职工薪酬——非货币性福利——租赁公寓　1 000 000
　　　　贷：其他应付款　　　　　　　　　　　　　　　100 000

【例9-26】豫章股份有限公司为总部部门经理级别以上职工每人提供一辆红旗牌小轿车免费使用，该公司总部共有部门经理以上职工25名，假定每辆红旗牌小轿车每月计提折旧1 000元；该公司还为其5名副总裁以上高级管理人员每人租赁一套公寓免费使用，月租金为每套6 000元（假定上述人员发生的费用无法认定受益对象）。

本例中，豫章股份有限公司应按照对轿车计提折旧的折旧费及租赁房屋的租金来计量应付职工薪酬（25×1 000+5×6 000=55 000）。

该公司业务处理如下：

借：管理费用　　　　　　　　　　　　　　　　　　　55 000
　　贷：应付职工薪酬——非货币性福利　　　　　　　　55 000
借：应付职工薪酬——非货币性福利　　　　　　　　　55 000
　　贷：累计折旧　　　　　　　　　　　　　　　　　　25 000
　　　　银行存款　　　　　　　　　　　　　　　　　　30 000

附注中应当披露企业每月为部门经理无偿提供用车、为副总裁以上高级管理人员租赁公寓免费使用等非货币性福利55 000元。

(3) 向职工提供企业支付了补贴的商品或服务。

企业以低于企业取得资产或服务成本的价格向职工提供资产或服务时，以提供包含补贴的住房为例，企业在出售住房等资产时，应当将此类资产的公允价值与其内部售价的差额分以下两种情况处理：

如果出售住房的合同或协议中规定了职工在购得住房后至少提供服务的年限，且如果职工提前离开则应退回部分差价，企业应当将该项差额作为"长期待摊费用"处理，并在合同或协议规定的服务年限内平均摊销，根据受益对象分别计入相关资产成本或当期损益。

①购入住房时：
借：固定资产
　　贷：银行存款

②出售住房时：
借：银行存款
　　长期待摊费用
　　贷：固定资产

③摊销长期待摊费用时：
借：管理费用等
　　贷：应付职工薪酬——非货币性福利
借：应付职工薪酬——非货币性福利
　　贷：长期待摊费用

如果出售住房的合同或协议未规定职工在购得住房后必须服务的年限，企业应当将该项差额直接计入出售住房当期相关资产成本或当期损益。

【例9-27】豫章股份有限公司在2025年5月购入了100套全新的公寓拟以优惠价格向职工出售，该100名职工有80名为直接生产人员，20名管理人员。公司拟向生产人员出售的住房平均每套购买价为100万元，向职工出售的价格为每套80万元；向管理人员出售的住房平均每套购买价为180万元，向职工出售的价格为每套 150 万元。假定该 100 名员工均在 2025 年度中陆续购买了公司出售的住房，售房协议规定，职工在取得住房后必须在公司服务 15 年，不考虑相关税费。

分析如下：

售房合同规定了购得住房后至少应当服务的年限，住房公允价值与内部售价之间的差额应计入"长期待摊费用"。

购入住房时的成本为：$80 \times 100 + 20 \times 180 = 11\,600$（万元）

出售住房时取得的收入为：$80 \times 80 + 20 \times 150 = 9\,400$（万元）

差额为：$11\,600 - 9\,400 = 2\,200$（万元）

借：银行存款　　　　　　　　　　　　　　　　　94 000 000
　　长期待摊费用　　　　　　　　　　　　　　　22 000 000
　　贷：固定资产　　　　　　　　　　　　　　　　　　116 000 000

出售住房后的每年，豫章股份有限公司应当按照直线法在 15 年内摊销长期待摊费用每年共摊销 $22\,000\,000 \div 15 = 1\,466\,667$ 元。

直接生产人员相关：

$(1\,000\,000 - 800\,000) \times 80 / 22\,000\,000 \times 1\,466\,667 = 1\,066\,667$。

管理人员相关：

$(1\,800\,000 - 1\,500\,000) \times 20 / 22\,000\,000 \times 1\,466\,667 = 400\,000$。

借：生产成本　　　　　　　　　　　　　　　　　1 066 667
　　管理费用　　　　　　　　　　　　　　　　　　400 000
　　贷：应付职工薪酬——非货币性福利　　　　　　　　1 466 667
借：应付职工薪酬——非货币性福利　　　　　　　1 466 667
　　贷：长期待摊费用　　　　　　　　　　　　　　　　1 466 667

（二）辞退福利的确认与计量

1. 辞退福利的确认。

确认辞退福利时，需要注意以下两个方面：

（1）对于分期或分阶段实施的解除劳动关系计划或自愿裁减建议，企业应当将整个计划看作是由各单项解除劳动关系计划或自愿裁减建议组成，在每期或每阶段计划符合预计负债确认条件时，将该期或该阶段计划中由提供辞退福利产生的预计负债予以确认，计入该部分计划满足预计负债确认条件的当期管理费用，不能等全部计划都符合确认条件时再予以确认，即每期计提满足条件的部分。

（2）对于企业实施的职工内部退休计划，由于这部分职工不再为企业带来经济利益，企业应当比照辞退福利处理。具体来说，在内退计划符合本准则规定的确认条件时，按照内退计划规定，将自职工停止提供服务日至正常退休日期间、企业拟支付的内退人员工资和缴纳的社会保险费等，确认为预计负债，一次计入当期管理费用，不能在职工内退后各期分期确认因支付内退职工工资和为其缴纳社会保险费而产生的义务。

2. 辞退福利的计量。

辞退福利的计量因辞退计划中职工有无选择权而有所不同：

（1）对于职工没有选择权的辞退计划，应当根据计划条款规定拟解除劳动关系的职工数量、每一职位的辞退补偿等计提应付职工薪酬。

（2）对于自愿接受裁减的建议，应当预计将会接受裁减建议的职工数量，根据预计的职工数量和每一职位的辞退补偿标准等，按照《企业会计准则第13号——或有事项》规定，计提应付职工薪酬。

（3）企业应当按照辞退计划条款的规定，合理预计并确认辞退福利产生的应付职工薪酬。辞退福利预期在其确认的年度报告期期末后12个月内完全支付的，应当适用短期薪酬的相关规定。

（4）对于辞退福利预期在年度报告期间期末12个月内不能完全支付的，应当适用本准则关于其他长期职工福利的有关规定。即实质性辞退工作在一年内实施完毕但补偿款项超过一年支付的辞退计划，企业应当选择恰当的折现率，以折现后的金额计量应计入当期损益的辞退福利金额。

【例9－28】豫章股份有限公司为一家家用电器制造企业，2024年12月，为了能够在下一年度顺利实施转产，豫章股份有限公司管理层制订一项辞退计划，拟从2025年1月1日起，企业将以职工自愿方式，辞退其平面直角系列彩电生产车间职工。辞退计划的详细内容，均已与职工沟通，并达成一致意见。辞退计划已于当年12月10日经董事会正式批准，并将于下一个年度内实施完毕。根据职工意愿，愿意接受辞退福利职工的最可能数量为60名，预计补偿总额为1 400 000元，豫章股份有限公司的账务处理如下：

借：管理费用　　　　　　　　　　　　　　　1 400 000
　　贷：应付职工薪酬——辞退福利　　　　　　　　1 400 000

第七节　其他流动负债

一、短期借款

（一）定义

短期借款主要是指企业向银行或其他金融机构等借入的期限在1年以下（含1年）的各种借款。为了总括地反映和监督短期借款的取得和归还情况，设置

"短期借款"科目。"短期借款"科目的贷方登记取得的借款，借方登记归还的借款，余额在贷方，表示尚未归还的短期借款。该科目按债权人设置明细账，并按借款种类进行明细分类核算。

（二）会计核算

1. 借入时：企业借入一项短期借款时，借记"银行存款"等科目，贷记本科目。

2. 支付利息时：企业对于取得借款的利息，应按合同约定于每个季度末根据短期借款的本金和利率确定的金额支付。根据权责发生制的要求，企业还应当在每个月末计提借款利息，将应当支付的利息记入"长期借款——应计利息"科目，同时确认当期损益。即借记"财务费用""利息支出"等科目，贷记"银行存款""长期借款——应计利息"等科目。

3. 归还时：企业应于短期借款到期日偿还本金及尚未支付的利息，借记"短期借款""长期借款——应计利息"或"应付利息""财务费用"等科目，贷记"银行存款"科目。

二、应付利息

应付利息是指企业核算按照合同约定应支付的利息期限已到，但未付息的情形下，应借记"长期借款——应计利息""应付债务——应计利息"等科目，贷记"应付利息"科目。该科目期末贷方余额反映企业按照合同约定应支付但尚未支付的利息。

三、应付股利

（一）定义

应付股利是指企业经股东大会或类似机构审议批准分配给投资者的现金股利或利润。企业应根据股东大会或类似机构通过的利润分配方案，宣告分派现金股利或利润，在实际支付前，形成企业的负债（注意，企业董事会或类似机构通过的利润分配方案中拟分配的现金股利或利润，不应确认负债，但应在附注中披露）。

（二）会计核算

1. 批准时：企业应根据股东大会或类似机构审议批准的利润分配方案，按应支付的现金股利或利润，借记"利润分配"科目，贷记本科目。

借：利润分配
　　贷：应付股利

2. 实际支付时：支付现金股利或利润，应借记本科目，贷记"银行存款""库存现金"等科目。

借：应付股利
　　　贷：银行存款/库存现金等

【例 9-29】豫章股份有限公司总股本 500 000 股，每股面值为 1 元。2024 年度利润分配方案为：每 10 股配送 2 股，并每股派发 0.1 元。

对于现金股利：

(1) 宣告发放现金股利时：

借：利润分配——应付现金股利或利润　　　　　　　50 000
　　　贷：应付股利　　　　　　　　　　　　　　　　　50 000

(2) 发放现金股利时：

借：应付股利　　　　　　　　　　　　　　　　　　50 000
　　　贷：银行存款　　　　　　　　　　　　　　　　　50 000

对于股票股利，在办理增资手续后做会计分录：

借：利润分配——应付股票股利　　　　　　　　　100 000
　　　贷：股本　　　　　　　　　　　　　　　　　　100 000

四、其他应付款

(一) 定义

其他应付款是指企业除应付票据、应付账款、预收账款、应付职工薪酬、应付股利、应付利息、应交税费、长期应付款等经营活动以外的其他各项应付、暂收的款项。其主要包括：

1. 企业发生的存入保证金、收取的押金；
2. 企业采用售后回购方式融入的资金；
3. 企业代职工缴纳的社会保险费和住房公积金等。

(二) 会计核算

1. 核算原则。

企业应设置"其他应付款"科目进行核算，并按其他应付款的项目和对方单位（或个人）进行明细核算。期末贷方余额反映企业应付未付的其他应付款项的金额。

2. 会计处理。

(1) 企业采用售后回购方式融入资金的，应按实际收到的金额，借记"银行存款"科目，贷记本科目。回购价格与原销售价格之间的差额，应在售后回购期间内按期计提利息费用，借记"财务费用"科目，贷记本科目。

(2) 按照合同约定购回该项商品时，应按实际支付的金额，借记本科目，贷记"银行存款"科目。

(3) 企业发生的其他各种应付、暂收款项，借记"管理费用"等科目，贷记本科目；支付的其他各种应付、暂收款项，借记本科目，贷记"银行存款"等科目。

【例9-30】豫章股份有限公司2025年1月1日，将一台生产用设备100万元的价格销售给华远公司，合同约定豫章股份有限公司应在2025年5月30日将该设备以110万元的价格进行回购。合同签订后，豫章股份有限公司与华远公司已经办理设备交接手续，款项也已经结清。假设不考虑相关税费。

豫章股份有限公司账务处理如下：
（1）2025年1月1日收到款项时：
借：银行存款　　　　　　　　　　　　　　　　　　1 000 000
　　贷：其他应付款　　　　　　　　　　　　　　　　　　1 000 000
（2）2025年1月至5月，每月应确认利息2万元：
借：财务费用　　　　　　　　　　　　　　　　　　　20 000
　　贷：其他应付款　　　　　　　　　　　　　　　　　　　20 000
（3）2025年5月30日，豫章股份有限公司回购设备时：
借：其他应付款　　　　　　　　　　　　　　　　　1 100 000
　　贷：银行存款　　　　　　　　　　　　　　　　　　　1 100 000

【本章小结】

流动负债是指偿还期在一年或超过一年的一个营业周期内偿还的债务。理论上流动负债应按未来应予偿付的现金或现金等价物的贴现值计价，而实务中往往直接以到期值反映，不考虑贴现因素。本章主要介绍了应付账款、应付票据、应交税费、交易性金融负债、应付职工薪酬等常见流动负债会计处理。

应付账款是指企业在正常生产经营过程中，因购买材料、商品或接受劳务供应等而应付给供应单位的款项。应付账款的入账时间，应以取得所购货物的所有权有关的风险和报酬已经转移或劳务已经接受为标志。应付账款一般按应付金额入账，如果购货附有现金折扣条件时，有总价法和净价法两种核算方法。我国规定采用总价法，即应付账款的入账金额的确定按发票上记载的应付金额的总值（不扣除现金折扣）记账，所获得的现金折扣，冲减财务费用。

应付票据是由企业开出并承诺一定时期后，支付一定金额给持票人的一种书面凭证。企业为了正确核算短期应付票据，应设置"应付票据"科目。其核算内容包括应付票据的开出、到期清偿、到期无力清偿的核算。

应交税费是我国企业一项重要的流动负债，包括增值税、消费税和城市维护建设税等内容。增值税是对商品生产和流通中各环节的新增价值或商品附加值进行征税，属价外税。应交增值税分一般纳税人和小规模纳税人核算，对于一般纳税人，应交增值税还应设置"进项税额、销项税额、进项税额转出、出口退税、转出多交增值税、转出未交增值税、已交税金"等明细科目；小规模纳税人直接按销售额和规定的征收率计算当期应交增值税金额。消费税是对我国境内从事生产、委托加工和进口应税消费品的单位和个人，根据其销售额或销售数量，在特定环节征收的一种流转税。

金融负债在初始确认时划分为以公允价值计量且其变动计入当期损益的金融负债和其他金融负债。以公允价值计量且其变动计入当期损益的金融负债可以进一步划分为交易性金融负债和直接指定为以公允价值计量且其变动计入当期损益的金融负债。

应付职工薪酬是指企业根据有关规定应付给职工的各种薪酬，职工薪酬主要包括短期薪酬、离职后福利、辞退福利和其他长期职工福利。短期薪酬包括职工工资、奖金、津贴和补贴，职工福利费，医疗、工伤、生育等社会保险费，住房公积金，工会经费，职工教育经费，非货币性福利等因职工提供服务而产生的义务。为了总括反映企业与职工之间工资的提取、结算和分配等情况，应当设置"应付职工薪酬"科目，并按照"工资""职工福利""社会保险费""住房公积金""工会经费""职工教育经费""非货币性福利"等应付职工薪酬项目设置明细科目，进行明细核算。离职后福利，是指企业为获得职工提供的服务而在职工退休或与企业解除劳动关系后，提供的各种形式的报酬和福利，属于短期薪酬和辞退福利的除外，离职后福利需要区分设定提存计划和设定受益计划。辞退福利，是指企业在职工劳动合同到期之前解除与职工的劳动关系，或者为鼓励职工自愿接受裁减而给予职工的补偿。其他长期职工福利，是指除短期薪酬、离职后福利、辞退福利之外所有的职工薪酬，包括长期带薪缺勤、长期残疾福利、长期利润分享计划等。

此外，企业在日常经营中，还会发生短期借款、应付股利、其他应付款等流动负债。

【本章思考题】

1. 流动负债有哪些特征？如何分类？
2. 应付票据应如何核算？
3. 流转税包括哪些税种？它们分别是如何处理的？

4. 试述"应交税费——应交增值税"科目下的五个专栏及其各自核算的内容。

5. 什么是交易性金融负债？如何计量？举例说明其会计处理。

6. 什么是应付职工薪酬？包括哪些内容？

7. 试述"应付职工薪酬"科目下的明细科目及各自核算的内容。

8. 简述"五险一金"的基本内容。

9. 什么是辞退福利？如何确认与计量？

10. 流动负债在会计报表及其附注中应披露哪些内容？

【本章练习】

1. 豫章股份有限公司为增值税的一般纳税人，增值税率13%，材料按实际成本核算。2025年5月30日，"应交税费——应交增值税（进项税额）"借方余额2万元，均可从下月的销项税额中抵扣。2025年6月发生下列有关业务：

（1）购入甲材料一批，增值税发票上注明原材料价款50 000元，增值税6 500元，运费1 000元，材料已验收入库，货款已用银行存款支付。

（2）购置生产用不需安装的设备一台，发票上注明价格为200 000元，增值税为26 000元，款项已通过银行支付。

（3）水灾后盘点库存发现损失原材料3 000元，应分担增值税390元。

（4）用原材料对外投资，双方协议按市价作价。投资后对被投资企业产生重大影响。该批原材料成本为60 000元，市价和计税价格均为80 000元，应缴纳的增值税额10 400元。

（5）销售产品一批，产品销售收入为360 000元，开出增值税专用发票并收款。

（6）在建工程领用生产用原材料10 000元，应分担增值税1 300元。

（7）计算本月应交增值税并以银行存款上缴。

要求：编制上述业务会计分录。

2. 洪都公司核定为小规模纳税企业，本月购入原材料，按照增值税专用发票上记载的原材料价款为100 000元，支付的增值税额为13 000元，企业开出承兑的商业汇票，材料已到达并验收入库。该企业本期销售产品，销售价格总额80 000元，增值税率为3%，货款尚未收到。要求：编制相关会计分录。

3. 豫章股份有限公司于2025年1月1日向银行借入一笔短期借款，共计100 000元，其期限为9个月，年利率为9%。根据豫章股份有限公司与银行签订的借款协议，该项借款的本金到期后一次归还，利息按季支付。要求：编制有关会计分录。

4. 2024年12月1日，豫章股份有限公司发行债券20 000张，面值1 000

元，票面利率6%，期限1年，准备近期内回购，发行价格1 020元，款项已存银行。2024年12月31日，该债券市价1 030元；2025年1月25日，该企业回购50%的债券，回购价1 025元，相关佣金2 000元，用银行存款支付。要求：编制有关会计分录。（单位：万元）

5. 豫章股份有限公司本月发生的职工薪酬分配如下：生产工人及车间管理人员的职工薪酬分别为400 000元和100 000元，管理部门人员的职工薪酬200 000元，销售人员的职工薪酬150 000元；工程人员和无形资产研发人员的职工薪酬（符合资本化条件）分别为200 000元和160 000元。并根据工资总额的9%、2%、0.8%和8%分别计算应缴纳的医疗保险费、工伤保险费、生育保险费等社会保险费和住房公积金，2%和1.5%分别计提工会经费和职工教育经费。要求：编制有关会计分录。

6. 豫章股份有限公司按照有关规定应向职工支付工资、奖金、津贴等1 210 000元，其中，代垫的家属药费、个人所得税等分别为25 000元和30 000元，代扣水电费及房租费分别为15 000元和20 000元，其余部分通过银行划给各职工银行账户。此外，用现金向职工支付医药费23 000元；支付工会运作费15 000元和职工培训费12 000元；通过银行缴纳社会保险费469 530元和住房公积金88 800元；因解除与职工的劳动关系向职工给予的补偿10 000元，用现金支付。要求：编制有关会计分录。

7. 豫章股份有限公司为一家计算机生产企业，共有职工150名，2024年10月，公司以其生产的成本为10 000元的笔记本电脑和外购的每台不含税价格为3 000元的空调作为福利发放给公司每名职工。该型号笔记本电脑的售价为每台14 000元，豫章股份有限公司适用的增值税率为13%；豫章股份有限公司购买的空调也开具了增值税专用发票，增值税率为13%。假定200名职工中100名为直接参加生产的职工，50名为总部管理人员。要求：编制有关会计分录。

8. 豫章股份有限公司为总部部门经理级别以上职工每人提供一辆小汽车免费使用，该公司总部共有部门经理以上职工25名，假定每辆小汽车每月计提折旧800元；该公司还为其6名副总裁以上高级管理人员每人租赁一套公寓免费使用，月租金为每套5 000元（假定上述人员发生的费用无法认定受益对象）。要求：编制有关会计分录。

【本章案例】

王芳今年刚大学毕业参加工作，她到一家医药生产企业华宇股份有限公司应聘一个会计岗位的工作，该公司财务经理询问了王芳一些会计方面的有关问题。为让王芳尽快熟悉业务，公司财务经理要求王芳针对增值税核算问题，将公司2025年5月与税金有关的资料进行了整理并打印了一份如下：

华宇股份有限公司为增值税一般纳税企业，通用的增值税税率为13%，材料采用实际成本进行日常核算。该公司2025年4月30日"应交税费——应交增值税"科目借方余额为10 000元，该借方余额均可用下月的销项税额抵扣。5月发生如下涉及增值税的经济业务：

1. 在建工程领用生产用原材料一批，实际成本3 000元，按规定不得抵扣的进项税额为390元。
2. 公司福利部门领用生产用原材料一批，实际成本为4 000元，原进项税额520元。
3. 原材料发生非常损失，其实际成本为10 000元，原进项税额1 300元。
4. 公司以原材料对豫章股份有限公司投资，该材料账面实际成本为400 000元，计税价格为400 000元。
5. 公司以库存商品捐赠远洋公司，账面实际成本为18 000元，计税价格为20 000元。
6. 公司将自己生产的产品用于在建工程，产品成本为53 000元，计税价格为60 000元。
7. 公司将自己生产的产品用于福利部门，产品成本为50 000元，计税价格为60 000元。
8. 公司接受捐赠原材料，取得增值税发票，其确认的价值为200 000元，进项税额26 000元，另支付运费300元，其中可以抵扣增值税13元。
9. 销售产品一批，销售价格为500 000元（不含增值税），款项尚未收到。
10. 购买原材料一批，增值税专用发票上注明的价款为60 000元，增值税为7 800元，公司已开出承兑的商业汇票，原材料已验收入库。
11. 上交本月增值税8 000元。

要求：

请你替王芳解决财务经理提出的以下问题：

1. 企业"应交税费——应交增值税"科目下应设置哪些专栏？其各自核算的内容是什么？
2. 企业哪些行为可以视同销售？哪些行为发生的进项增值税额不予抵扣？
3. 企业除了增值税外，还需要交纳哪些税金？在未缴纳税金前，为什么还要在账上反映？
4. 计算华宇股份有限公司5月应交未交增值税。
5. 为华宇股份有限公司2025年5月的业务编制会计分录。

第十章　非流动负债

【引入案例】

　　某高新技术企业2025年想买一台价值2 000万元的设备，但本企业资金短缺，选择分期付款方式购买这台设备，具体合同约定在五年内每年年末支付500万元，合同价款为2500万元，合同签订后，供应商向企业交付设备。另外，该企业2024年12月受到一计算机公司起诉。原告声称该企业侵犯了本公司商标权，要求企业予以赔偿，赔偿金额为300 000元。截至2024年12月31日，法院还未裁决。年末时，根据法律诉讼的进展情况以及律师的意见，该公司估计80%的可能性要赔偿金额200 000元。针对上述业务，有如下疑问：企业取得设备时，应该按合同价款2 500万元计入固定资产的初始成本，还是现值2 000万元入账？对于还没裁决的赔偿是否需要确认负债？预计负债是不是需要在报表中列示？可靠、谨慎进行企业财务信息披露对信息使用者有什么意义？我们先一起来学习非流动负债相关核算，就能解答上述问题了。

【学习目的与要求】

1. 了解非流动负债的性质、确认与计价；
2. 掌握长期借款的核算；
3. 掌握公司债券的核算；
4. 掌握借款费用的内容及会计处理；
5. 掌握预计负债的内容及会计处理；
6. 熟悉长期应付款、专项应付款、递延所得税负债的会计处理。

第一节　非流动负债概述

一、非流动负债的性质

（一）概念及内容

非流动负债是指偿还期在 1 年或者超过 1 年的一个营业周期以上的负债，它是企业向债权人筹集的、可供企业长期使用的资金。其主要包括长期借款、公司债券、预计负债和其他非流动负债等。长期借款是指企业从银行、其他金融机构或其他单位借入的、偿还期在一年以上的各种款项。企业必须按照有关规定办理借款的取得、使用和归还。公司债券是指企业依照法定程序发行，约定在长于一年或一年以上的一个经营周期的一定期限内还本付息的票据。预计负债是指履行或有事项相关义务很可能导致经济利益流出企业，且该义务的金额能够可靠计量的现时义务。其他非流动负债是指除长期借款和公司债券以外的非流动负债，包括长期应付款、专项应付款以及递延所得税负债。

（二）特征

1. 偿还期限长，金额大。考虑到货币的时间价值，非流动负债的现值和终值之间将存在较大的差异。非流动负债一般按现值计价。

2. 利率较高，风险较大。由于举借债务时间长，因而风险较大，债权人要求的风险报酬高，长期债务资金的利率比流动债务资金要高，利息费用比较大。

3. 举借非流动负债时限制性条款较多。从保护债权人角度出发，企业往往需要与债权人签订有关保护性条款，如要求企业提供担保、规定举借的最高限额、设置偿债基金等。因此企业对资金的灵活运用受到限制。

4. 偿还方式灵活。非流动负债可采用分期偿还的方式，也可采用分期偿还利息、定期偿还本金的方式，还可以采用到期一次偿还本息的方式。而流动负债的偿还方式一般是到期一次偿还。

5. 履行的现时义务很可能发生，如预计负债。

（三）分类

非流动负债可按不同的角度划分：

1. 按其内容分。非流动负债按其内容可分为：长期借款、公司债券、长期应付款、预计负债以及其他非流动负债；

2. 按是否计息分。非流动负债按是否计息可分为：需要计息的非流动负债，如长期借款、公司债券、长期应付款等，以及不需要计息的流动负债，如预计负债、递延所得税负债等。

其中，需要计息的非流动负债也可从不同角度分类：

（1）按计息方式可分为：单利计息的非流动负债、复利计息的非流动负债；

（2）按偿还方式可分为：定期偿还的非流动负债、分期偿还的非流动负债；

（3）按付息方式可分为：一次付息、分期付息；

（4）按付款方式可分为：人民币非流动负债、外币非流动负债。

3. 按用途分。非流动负债按用途可分为：专门借款（为购建或生产符合资本化条件的资产而专门借入的款项）、一般借款（专门借款以外的借款）。

（四）非流动负债的评价

1. 优越性。

长期资金的来源主要有两个：增发股票和举借长期债款（即举债经营）。与增发股票相比较，通过举借长期债务筹集资金有以下优越性：

（1）举借长期债务不会影响企业原有的股权结构，也不会影响股票的价格；而增发股票会稀释每股收益，可能导致股票价格下跌。

（2）债权人无权参与企业的生产经营决策，不会对企业的生产经营活动产生影响。

（3）债权人只按照事先约定收取利息，不参与企业的利润分配，而股东有权参与企业的利润分配。

（4）举借债务的利息可从应纳税所得额中扣除，而股利只能从税后利润中支付，不能作为税前扣除项目。

2. 不利影响。

当然，通过举借长期债务筹集资金也会产生一些不利影响，主要表现在以下几个方面：

（1）非流动负债的利息是企业必须定期支付的固定费用。如果举债经营的投资报酬率低于举债的利率，则会给企业带来较重的负担，并且有减少股东利益的风险。

（2）举借的债务都有明确的到期日，在偿还债务时会使企业产生大量的现金流出。

（3）债权人对企业财产享有优先求偿权，如果企业因资金周转困难而无法按期支付利息或本金，债权人的求偿权则可能迫使企业破产清算。

二、非流动负债的确认与计价

（一）非流动负债的确认

非流动负债的确认应当同时符合以下确认条件：

1. 符合非流动负债的定义；

2. 具有负债的一般特征；

3. 具有非流动负债的主要特征。

对于在资产负债表日起一年内到期的负债，企业预计能够自主地将清偿义务展期至资产负债表日后一年以上的，应当归类为非流动负债；贷款人在资产负债表日或之前同意提供在资产负债表日后一年以上的宽限期，企业能够在此期限内改正违约行为，且贷款人不能要求随时清偿，该项负债应当归类为非流动负债。其他非流动负债存在类似情况的，比照上述第一款和第二款处理。

（二）非流动负债的计价

1. 非流动负债的计价应以未来偿付债务的现金流出量（包括本金和利息）的现值为基础。

2. 现行准则规定，非流动负债应当以实际发生额入账，并按照负债本金或债券面值，按照规定的利率按期计提利息。

第二节　长期借款

一、长期借款概述

（一）长期借款性质

长期借款是指企业为了生产经营的需要，向银行或其他金融机构借入的期限在一年或一个营业周期以上的各种借款。

（二）长期借款的分类

1. 按用途分：固定资产投资借款、更新改造借款、科研开发和新产品试制借款等。

2. 按提供贷款的机构分：政策性贷款、商业银行贷款等。

3. 按有无担保分：信用贷款和抵押贷款。

二、长期借款的核算

企业应设置"长期借款"科目，并按贷款单位和贷款种类，分别以"本金""应计利息""利息调整"等进行明细核算。

（一）企业借入长期借款

借入长期借款时，应按实际收到的金额，借记"银行存款"科目，贷记"长期借款——本金"科目，如存在差额，还应借记"长期借款——利息调整"科目。

（二）资产负债表日

在资产负债表日，应按摊余成本和实际利率确定长期借款的利息费用，按合同利率确定应付未付利息，贷记"长期借款——应计利息"科目，按其差额，贷记"长期借款——利息调整"科目。对于已过付息期但尚未支付的利息，应借记"长期借款——应计利息"科目，贷记"应付利息"科目

  借：在建工程、制造费用、财务费用、研发支出等
    贷：长期借款——应计利息
       ——利息调整

对于已过付息期但尚未支付的利息，
  借：长期借款——应计利息
    贷：应付利息

长期借款发生的利息支出、手续费等借款费用应分以下情况处理：如果长期借款用于购建固定资产，对应予资本化的部分，应在资产达到预定可使用状态前，计算发生的长期借款费用，计入所购建固定资产的价值；对应予费用化的部分，应当在发生时根据其发生额确认为费用，计入当期损益。

（三）归还长期借款和支付利息

归还长期借款时，借记"长期借款——本金"科目，贷记"银行存款"科目，若存在利息调整余额的，还应将其结平。支付利息时，借记"长期借款——应计利息"或"应付利息"科目，贷记"银行存款"科目。

需要注意的是，在对长期借款进行核算时，如果实际利率与合同利率差异较小的，也可以采用合同利率来计算确定利息费用。

【例10-1】豫章股份有限公司于2023年1月1日从银行借入专门借款400万元用于购建生产经营用固定资产，借款期限为3年，年利率为5%，到期一次还本分期付息。次年1月6日支付利息。所借款项已存入银行。豫章股份有限公司将该借款用于当日购买一台需要安装的设备，价款300万元，增值税额为39万元，设备已于当日投入安装并支付安装费用100万元。2023年12月31日安装完毕达到预定可以使用状态。该固定资产预计使用10年，预计净残值为5万元。采用双倍余额递减法计算折旧。该企业为一般纳税企业，适用的增值税税率为13%。要求：做与长期借款相关的固定资产购建会计分录。

（1）2023年1月1日取得借款时：
  借：银行存款   400
    贷：长期借款——本金   400
（2）2023年1月1日支付设备款时：
  借：在建工程   300
    应交税费——应交增值税（进项税额） 39
    贷：银行存款   339

(3) 2023 年 1 月 1 日支付安装费用时：

借：在建工程　　　　　　　　　　　　　　　　　100
　　贷：银行存款　　　　　　　　　　　　　　　　　　100

(4) 2023 年 12 月 31 日计提长期借款利息：

借：在建工程　　　　　　　　　　　　　　20（400×5%）
　　贷：长期借款——应计利息　　　　　　　　　　　　20

(5) 2023 年 12 月 31 日达到预定可以使用状态：

借：固定资产　　　　　　　　　　　420（300+100+20）
　　贷：在建工程　　　　　　　　　　　　　　　　　420

(6) 2024 年 1 月 6 日支付利息：

借：长期借款——应计利息　　　　　　　　　　　　20
　　贷：银行存款　　　　　　　　　　　　　　　　　20

(7) 计算 2024 年固定资产的年折旧额 = 420×2/10 = 84（万元）

(8) 2024 年 12 月 31 日计提长期借款利息：

借：财务费用　　　　　　　　　　　　　20（400×5%）
　　贷：长期借款——应计利息　　　　　　　　　　　20

(9) 2025 年 1 月 6 日支付利息：

借：长期借款——应计利息　　　　　　　　　　　　20
　　贷：银行存款　　　　　　　　　　　　　　　　　20

(10) 到期支付第三年利息和本金：

借：财务费用　　　　　　　　　　　　　　　　　20
　　长期借款——本金　　　　　　　　　　　　　　400
　　贷：银行存款　　　　　　　　　　　　　　　　420

第三节　长期公司债券

一、公司债券概述

（一）公司债券性质

债券是举债的公司为筹措长期资金，按照法定程序报经核准，向社会大众发行的，约定在一定日期或分期还本付息的一种书面承诺。它是有价证券的一种。公司债券是指企业为筹集长期资金而发行债券的本金和利息。长期债券实质上是企业的一种长期应付票据，它是按照法定程序发行，约定在一定时间内还本付息，但不享有利润分配权的有价证券。按现行的企业会计准则规定，公司债券归属其他金融负债。

（二）公司债券的分类

按照不同的分类依据，可将债券分为以下几种类型：

1. 按发行方式分类。按债券的发行方式，可分为记名债券和无记名债券。
2. 按有无担保分类。按债券有无担保，可分为抵押债券和信用债券。
3. 按利息的支付方式分类。按债券利息的支付方式，可分为到期一次付息债券和分期付息债券。
4. 按可否转换为股票分类。按债券可否转换为股票，可分为一般公司债券和可转换公司债券。

（三）债券的发行

公司债券的面值，是企业在日后需要偿付的本金；票面利率，是企业根据资金市场情况、企业的信用地位、目前的获利能力和未来的发展前景等因素综合确定的。公司债券可以按面值发行，也可以溢价或折价发行，发行价格是债券的本金和利息分别按市场利率折算的现值之和。公司债券的发行价格要受到债券面值大小、期限长短、付息方式、票面利率与市场利率等许多因素的影响。其中，最主要的因素是债券票面利率与发行时的市场利率的关系。如果市场利率等于债券票面利率，债券的发行价格即与面值相等，债券为面值发行；如果市场利率小于债券票面利率，债券的发行价格就会大于面值，债券为溢价发行；如果市场利率大于债券票面利率，债券的发行价格就会小于面值，债券为折价发行。对于公司债券的发行者而言，债券溢价是其因以后多付利息而事先得到的补偿；债券折价则是其因以后少付利息而事先付出的代价。债券的溢价或折价，实际上起着平衡债券发行者和投资者利息水平的作用，通过溢价或折价的调节，使双方最终都能按市场利率公平合理地支付和获得利息。

（四）公司债券计量

公司债券应当按其公允价值和相关交易费用之和作为初始确认金额，采用摊余成本进行后续计量。

（五）实际利率法

债券的利息费用应当在债券的存续期间内采用实际利率法进行摊销。实际利率法是指按照公司债券的实际利率计算其摊余成本及各期利息费用的方法。其中，实际利率法是指将公司债券在债券存续期间的未来现金流量，折现为该债券当前账面价值所使用的利率，即债券发行时的市场利率。实际利率一旦确定，在整个债券的存续期间内保持不变。

债券的利息费用按照债券的摊余成本和实际利率计算确定。公司债券的摊余成本，是指公司债券的初始确认金额（债券的发行价格）经过下列调整后的结果：

1. 扣除已偿还的本金；
2. 加上或减去采用实际利率法将该初始确认金额与到期日金额之间的差额进行摊销形成的累计摊销额。

二、一般公司债券核算

（一）设置账户

为了核算企业为筹集长期资金而发行的债券本金和利息，应设置"应付债券"账户。应付债券可按"面值""利息调整""应计利息"等进行明细核算。贷方登记企业发行债券面值、面值小于实际收到的金额之差、资产负债表日应按摊余成本和实际利率计算确定的债券利息费用大于按票面利率计算确定的应付未付利息之差，以及按票面利率计算确定的应付未付利息；借方登记面值大于实际收到的金额之差、资产负债表日应按摊余成本和实际利率计算确定的债券利息费用大于按票面利率计算确定的应付未付利息之差，以及到期支付的债券本息；期末余额在贷方，反映企业尚未偿还的长期债券摊余成本。

（二）主要账务处理

1. 企业发行债券，无论是面值发行、溢价发行或折价发行，均应按实际收到的金额，借记"银行存款""库存现金"等科目，按债券票面金额，贷记"应付债券（面值）"科目；实际收到的价款与面值的差额，溢价贷记"应付债券（利息调整）"科目，折价借记"应付债券（利息调整）"科目。债券的溢价或折价，在债券的存续期内按实际利率进行摊销。企业发行债券所发生的发行费用，作为债券溢折价的调整。

2. 资产负债表日，企业应按摊余成本和实际利率计算确定的长期债券的利息费用，借记"在建工程""制造费用""财务费用""研发支出"等科目，应按票面利率计算确定的应付利息金额，贷记"应付债券——应计利息"科目，按其差额，借记或贷记"应付债券——利息调整"科目。对于已过付息期但尚未支付的利息，应借记"应付债券——应计利息"科目，贷记"应付利息"科目。

实际利率与合同约定的名义利率差异不大的，也可以采用合同约定的名义利率计算确定利息费用。

3. 长期公司债券到期，支付债券本息，借记本科目（面值、应计利息）、"应付利息"等科目，贷记"银行存款"等科目。同时，存在利息调整余额的，借记或贷记本科目（利息调整），贷记或借记"在建工程""制造费用""财务费用""研发支出"等科目。

企业应当设置"企业债券备查簿"，详细登记企业债券的票面金额、债券票面利率、还本付息期限与方式、发行总额、发行日期和编号、委托代售单位、转换股份等资料。企业债券到期兑付，在备查簿中应予注销。

本科目期末贷方余额，反映企业尚未偿还的长期债券摊余成本。

（三）业务举例

1. 债券折价发行。

【例10-2】豫章股份有限公司经批准于2023年1月1日发行两年期公司债券2 000万元，票面利率为3%，每半年付息一次，发行价格为1 961.92万元。经测算债券发行时实际利率为4%。要求：做有关债券发行、期末计息、付息及债券到期时的会计分录；并列表计算每期应付债券的摊余成本。

（1）2023年1月1日债券发行时的会计分录：

借：银行存款　　　　　　　　　　　　　　　　1 961.92
　　应付债券——利息调整　　　　　　　　　　　　38.08
　　贷：应付债券——面值　　　　　　　　　　　　　　2 000

（2）每期应付债券摊余成本计算。

每期应付债券摊余成本及各期利息收入或利息费用应采用实际利率法计算，计算步骤为：

第一，按摊余成本和实际利率计算确定的债券利息费用（即实际利息支出）；

第二，按面值和票面利率计算确定的应付未付利息；

第三，按摊余成本和实际利率计算确定的债券利息费用与按票面利率计算确定的应付未付利息之差调整初始确认金额与到期日金额之间的差额（即利息调整）；

第四，计算每期应付债券的摊余成本，即将应付债券的初始确认金额扣除已偿还的本金、加上或减去采用实际利率法将该初始确认金额与到期日金额之间的差额（即利息调整）进行摊销形成的累计摊销额。

2023年6月30日至2024年12月31日等各资产负债表日，每期应付债券摊余成本及各期利息收入或利息费用的计算见表10-1。

表10-1　　　　　每期应付债券摊余成本计算表　　　　　单位：万元

期次	期初摊余成本①	实际利息支出②	应付利息③	利息调整④	期末摊余成本⑤
0					1 961.92
2023.6.30	1 961.92	39.24	30	9.24	1 971.16
2023.12.31	1 971.16	39.42	30	9.42	1 980.58
2024.6.30	1 980.58	39.61	30	9.61	1 990.19
2024.12.31	1 990.19	39.81	30	9.81	2 000

其中：②＝①×2%；③＝面值×1.5%；④＝②－③；⑤＝①＋④；
①＝上期的⑤

（3）2023年6月30日，会计分录：

借：财务费用　　　　　　　　　　　　　　　　　　　39.24
　　贷：应付债券——应计利息　　　　　　　　　　　　30
　　　　　　　　——利息调整　　　　　　　　　　　　9.24
借：应付债券——应计利息　　　　　　　　　　　　　　30
　　贷：银行存款　　　　　　　　　　　　　　　　　　30

（4）以后每半年均应做上述会计分录，只是金额不同而已；

（5）2024年12月31日债券到期时会计分录：

借：财务费用　　　　　　　　　　　　　　　　　　　39.81
　　贷：应付债券——应计利息　　　　　　　　　　　　30
　　　　　　　　——利息调整　　　　　　　　　　　　9.81
借：应付债券——面值　　　　　　　　　　　　　　　2 000
　　　　　——应计利息　　　　　　　　　　　　　　　30
　　贷：银行存款　　　　　　　　　　　　　　　　　　2 030

2. 债券溢价发行。

【例10－3】豫章股份有限公司经批准于2023年1月1日发行三年期公司债券1 000万元，票面利率为4%，到期一次付息，发行价格为1 028.24万元。经测算债券发行时实际利率为2.9%。要求：做有关债券发行、期末计息、付息及债券到期时的会计分录；并列表计算每期应付债券的摊余成本。（保留小数点后两位数）

（1）2023年1月1日债券发行时的会计分录：

借：银行存款　　　　　　　　　　　　　　　　　　　1 028.24
　　贷：应付债券——面值　　　　　　　　　　　　　　1 000
　　　　　　　　——利息调整　　　　　　　　　　　　28.24

（2）每期应付债券摊余成本计算。

2023年12月31日至2025年12月31日等各资产负债表日，采用实际利率法计算的摊余成本及各期利息收入或利息费用见表10－2。

表10－2　　　　　　每期应付债券摊余成本计算表　　　　　　单位：万元

期次	期初摊余成本①	实际利息支出②	应付未付的利息③	利息调整④	期末摊余成本⑤
0					1 028.24
2023.12.31	1 028.24	29.82	40	10.18	1 058.06

续表

期次	期初摊余成本①	实际利息支出②	应付未付的利息③	利息调整④	期末摊余成本⑤
2024.12.31	1 058.06	30.68	40	9.32	1 088.74
2025.12.31	1 088.74	31.26	40	8.74	1 120

其中：② = ① × 2.9%；③ = 面值 × 4%；④ = ③ - ②；⑤ = ① - ④ + ③
① = 上期的⑤。

(3) 2023 年 12 月 31 日，会计分录：

借：财务费用　　　　　　　　　　　　　　　29.82
　　应付债券——利息调整　　　　　　　　　10.18
　　　贷：应付债券——应计利息　　　　　　　　40

(4) 2024 年 12 月 31 日，会计分录：

借：财务费用　　　　　　　　　　　　　　　30.68
　　应付债券——利息调整　　　　　　　　　 9.32
　　　贷：应付债券——应计利息　　　　　　　　40

(5) 2025 年 12 月 31 日，会计分录：

借：财务费用　　　　　　　　　　　　　　　31.26
　　应付债券——利息调整　　　　　　　　　 8.74
　　　贷：应付债券——应计利息　　　　　　　　40

(6) 2025 年 12 月 31 日债券到期时会计分录：

借：应付债券——面值　　　　　　　　　　1 000
　　　　　　——应计利息　　　　　　　　 120
　　　贷：银行存款　　　　　　　　　　　　　1120

三、可转换公司债券核算

（一）设置账户

企业发行的可转换公司债券，可能同时包括金融负债成分和权益工具成分。企业应在初始计量将负债和权益成分进行分拆。分拆时，应于初始计量时先确定金融负债成分的公允价值，再确定权益工具成分。分拆后形成的负债成分在"应付债券——可转换公司债券"中核算，"应付债券——可转换公司债券"可按"面值""利息调整""应计利息"等进行明细核算，类似一般公司债券的核算。权益工具成分在"其他权益工具"中核算。在可转换债券转换时，应终止负债成分和原权益成分，确认为权益，可转换债券转换时不产生损益。

（二）主要账务处理

1. 企业在发行可转换公司债券时，应按实际收到的金额，借记"银行存款"

等科目,按该项可转换公司债券包含的负债成分的面值,贷记应付债券(可转换公司债券——面值),按权益成分的公允价值,贷记"其他权益工具"科目,按其差额,借记或贷记应付债券(利息调整)。

2. 可转换公司债券持有人行使转换权利时,将其持有的债券转换为股票,按可转换公司债券的余额,借记应付债券(可转换公司债券——面值、利息调整),按其权益成分的金额,借记"其他权益工具"科目,按股票面值和转换的股数计算的股票面值总额,贷记"股本"科目,按其差额,贷记"资本公积——股本溢价"科目。如用现金支付不足1股可转换股票的部分,还应贷记"银行存款"等科目。

(三)业务举例

【例10-4】豫章股份有限公司(以下简称"豫章公司")为上市公司,经批准于2×23年1月按面值发行5年期一次还本、按年付息的可转换公司债券40 000万元,款项已收存银行,债券票面年利率为6%,债券利息于次年1月10日支付。债券发行1年后可转换为普通股股票,初始转股价为每股10元,股票面值为每股1元。债券持有人若在当期付息前转换股票的,应按债券面值除以转股价计算转换的股份数。假定2×24年1月1日债券持有人将持有的可转换公司债券全部转换为普通股股票,豫章公司发行可转换公司债券时二级市场上与之类似的没有附带转换权的债券市场利率为9%。已知(P/A,9%,5)= 3.8897,(P/F,9%,5)= 0.6499。不考虑其他因素。

(1) 2×23年1月1日发行可转换公司债券时:

可转换公司债券负债成分的公允价值 = 40 000 × 0.6499 + 40 000 × 6% × 3.8897 = 35 331.28(万元);

可转换公司债券权益成分的公允价值 = 40 000 - 35 331.28 = 4 668.72(万元)。

借:银行存款	40 000
应付债券——可转换公司债券(利息调整)	4 668.72
贷:应付债券——可转换公司债券(面值)	40 000
其他权益工具	4 668.72

(2) 2×23年12月31日确认利息费用时:

利息费用(财务费用)确认的金额 = 35 331.28 × 9% = 3 179.82(万元);

应付利息确认的金额 = 40 000 × 6% = 2 400(万元)。

借:财务费用	3 179.82
贷:应付债券——可转换公司债券(应计利息)	2 400
——可转换公司债券(利息调整)	779.82

(3) 2×24年1月1日债券持有人行使转换权时:

转换股数 = 40 000/10 = 4 000 (万股)。

借:应付债券——可转换公司债券(面值)	40 000
——可转换公司债券(应计利息)	2 400
其他权益工具	4 668.72
贷:股本	4 000
应付债券——可转换公司债券(利息调整)	3 888.9
资本公积——股本溢价	39 179.82

第四节 借款费用

一、借款费用概述

(一) 借款的分类

按照《借款费用》准则,可予以资本化的借款范围包括专门借款和一般借款。专门借款是指为购建或者生产符合资本化条件的资产而专门借入的款项。专门借款通常应当具有明确的用途,即为购建或生产某项符合资本化条件的资产而专门借入的,并且通常应当具有标明该用途的借款合同。一般借款是指除专门借款以外的借款,相对于专门借款而言,一般借款在借入时,其用途通常没有特指用于符合资本化条件的资产的购建或者生产。

(二) 借款费用概念及主要处理原则

借款费用是指企业因借款而发生的利息及其他相关成本。其包括借款利息、折价或者溢价的摊销、辅助费用以及因外币借款而发生的汇兑差额等。借款费用包括以下四个方面的内容:

1. 因借款而发生的利息。其包括企业向银行或者其他金融机构等借入资金发生的利息、发行债券发生的利息,以及为购建固定资产或者生产存货而发生的带息债务应当承担的利息等。

2. 与借款相关的溢价或折价的摊销。这主要是指发行公司债券所发生的折价或溢价。企业在每期摊销折价或溢价时,实质上是对债券利息费用的调整。因此,因借款而发生的折价或溢价的摊销属于借款费用的范畴。

3. 因借款而发生的辅助费用。借款而发生的辅助费用,是指企业在借款过程中发生的诸如交易费用、印刷费、承诺费等费用,其中交易费用是指可直接归属于发行金融工具新增的外部费用。新增的外部费用,是指企业不购买、发行或处置金融工具就不会发生的费用。交易费用包括支付给代理机构、咨询公司、券商等的手续费和佣金及其他必要支出，不包括债券溢价、折价、融资费用、内部管理成本及其他与交易不直接相关的费用。由于这些费用是因安排借款而发生的，属于借入资金所付出的代价，因此因借款而发生的辅助费用亦构成借款费用的组成部分。

4. 因外币借款而发生的汇兑差额。它是指因汇率变动导致市场汇率与账面汇率出现差异，从而对外币借款本金及其利息的记账本位币金额所产生的影响金额。

需要注意的是，与融资租赁有关的融资费用，指承租人根据租赁准则所确认的融资租赁所发生的融资费用属于借款费用。

（三）借款费用确认与计量原则

1. 借款费用的确认。

借款费用的确认原则主要解决的是是否将每期所发生的借款费用予以资本化的问题。根据《企业会计准则第17号——借款费用》准则的规定，企业发生的借款费用，可直接归属于符合资本化条件的资产的购建或者生产的，应当予以资本化，计入相关资产成本；其他借款费用，应当在发生时根据其发生额确认为费用，计入当期损益。

2. 借款费用的计量。

借款费用的计量包括三个方面：每期借款费用发生总额、每期应予资本化的借款费用金额和每期应计入当期损益的借款费用的计量。借款费用计量的关键是计算确定每期应予以资本化的借款费用金额，将其从每期发生的借款费用总额中扣除，剩余金额即计入当期损益。

二、借款费用资本化的资产及借款范围

（一）借款费用资本化的资产范围

符合资本化条件的资产，是指需要经过相当长时间（大于等于1年）购建或生产活动才能达到预定可使用或者可销售状态的固定资产、无形资产、投资性房地产和存货等资产。建造合同成本、确认为无形资产的开发支出等在符合条件的情况下，也可以认定为符合资本化条件的资产。

对于构建或生产活动的时间长度，需要注意的有两个问题：

1. 因人为或者故意等非正常因素导致资产的购建或者生产时间相当长的，该资产不属于符合资本化条件的资产。

2. 购入即可使用的资产，或者购入后需要安装但所需安装时间较短的资产，或者需要建造或生产但建造或生产时间较短的资产，不属于符合资本化条件的资产。

根据借款费用确认与计量原则，企业发生的借款费用，可直接归属于符合资

本化条件的资产——固定资产、无形资产以及存货的,应当予以资本化,分别记入"在建工程""研发支出";其他借款费用,应当在发生时根据其发生额确认为费用,计入当期损益,即记入"财务费用"。

(二) 借款费用资本化的借款范围

借款费用允许资本化的借款范围包括专门借款和一般借款,前提是这些借款必须用于符合资本化条件的资产。

三、借款费用资本化期间的确定

借款费用资本化期间,是指从借款费用开始资本化的时点到停止资本化的时点的期间,借款费用暂停资本化的期间不包括在内。根据我国企业会计准则,将借款费用资本化期间的确认如图10-1所示。

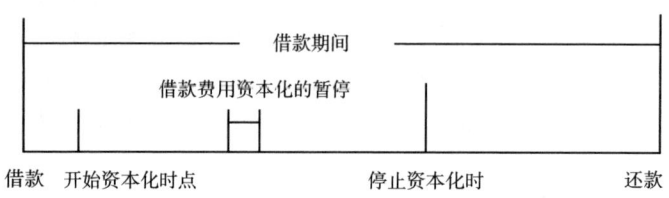

图10-1 借款费用资本化期间的确认图解

(一) 开始资本化的时点

借款费用同时满足下列条件的,才能开始资本化。

1. 资产支出已经发生。

这里的资产支出包括企业为购置或者生产符合资本化条件的资产而以支付现金、转移非现金资产或者承担带息债务形式发生的支出。具体来说:

(1) 支付现金是指用货币资金支付符合资本化条件的资产的购建或者生产支出。例如,企业用库存现金、银行存款或其他货币资金等购买工程用材料,用库存现金支付建造固定资产的职工薪酬等。

(2) 转移非现金资产是指企业将自己的非现金资产直接用于固定资产的建造或者安装。例如,企业将自己生产的产品(如自己生产的水泥、钢材等)用于固定资产的建造,企业将自己生产的产品向其他企业换取用于固定资产建造所需要的工程物资等。

(3) 承担带息债务是指企业为了购买工程用材料等而承担的带息应付款项(如带息应付票据)。企业以赊购方式购买工程用物资所产生的债务可能带息,也可能不带息。如果企业赊购工程用物资承担的是不带息债务,就不应当将购买价款计入资产支出,因为该债务在偿付前不需要承担利息,也没有占用借款资金,所以企业没有任何借款费用是应当归属于这部分未偿付债务的。企业只有等到实际偿付债务，发生了资源流出时，才能将其作为资产支出。例如，企业在购建固定资产时向供应商赊货（且该赊货所形成的债务不附息）、为购建固定资产所形成的应付工资、应付福利费等情况，尽管它们都构成在建工程成本，但由于它们没有占用借款资金，因而不应当作为资产支出。如果企业赊购工程用物资承担的是带息债务，则企业要为这笔债务付出代价，支付利息，与企业向银行借入款项用以支付资产支出在性质上是一样的。所以，企业为购建固定资产而承担的带息债务应当作为资产支出，用以计算应予资本化的借款费用金额。需要说明的是，如果企业建造固定资产采用的是出包方式，则企业向承包方支付第一笔工程进度款或者预付款时，即应当认为资产支出已经发生。

2. 借款费用已经发生。

借款费用已经发生是指企业已经发生了因购置或者生产符合资本化条件的资产而专门借入款项的借款费用或者所占用的一般借款的借款费用。例如，企业用发行债券的方式筹集资金来建造一项固定资产，在债券本身可能还没有计息时，就为发行债券向承销机构支付了一笔承销费，即发生了专门借款的辅助费用。此时，应当认为借款费用已经发生。

3. 为使资产达到预定可使用或者可销售状态所必要的购建或者生产活动已经开始。

这里所指的"为使资产达到预定可使用或者可销售状态所必要的购建活动"主要是指资产的实体建造或者生产工作，如主体设备的安装、厂房的实际开工建造、大型机械设备已投产、无形资产已开始研发等。它不包括仅仅持有资产、但没有发生为改变资产形态而进行实质上的建造或者生产活动。例如，企业购置了建筑用地，但是尚未开工兴建房屋或者发生有关房屋实体建造活动，即属于这种情况。

企业只有在上述三个条件同时满足的情况下，借款费用才可开始资本化，只要其中有一个条件没有满足，借款费用就不能开始资本化。例如，企业专门借款或一般借款的借款费用已经发生，固定资产的实体建造或存货生产工作也已经开始，但由于固定资产建造或生产存货所需物资等都是赊购或者客户垫付的（且所形成的负债均为不带息负债），发生的其他工资、福利费等费用也没有现金流出，在这种情况下，固定资产建造或存货生产本身并没有占用借款资金，没有导致资源流出，也没有发生资产支出，该事项只满足借款费用开始资本化的第二、第三个条件，但是没有满足第一个条件，因此，所发生的借款费用就不应当资本化；再如，企业已经使用银行存款购置了工程物资或原材料，固定资产或存货也已经开始动工兴建或投入生产，但专门借款或一般借款资金尚未到位，说明固定资产的建造或存货的生产占用了自有资金，所以尽管符合了借款费用开始资本化的第一、第三个条件，但是不符合借款费用开始资本化的第二个条件，因此也不允许开始借款费用的资本化；以购建固定资产为例，企业为了建造厂房已经使用银行存款购置了水泥、钢材等，发生了资产支出，专门借款或一般借款也已开始计息，即符合了借款费用开始资本化的第一、第二个条件，但是厂房迟迟没有开工兴建，即不符合借款费用开始资本化的第三个条件，在这种情况下，所发生的借款费用也不允许资本化。总之，上述三个条件缺一不可，只有当三个条件同时具备时，专门借款所发生的借款费用才允许开始资本化。

（二）借款费用资本化的暂停

符合资本化条件的资产在构建或生产期间，如果同时满足以下两个条件应当暂停借款费用的资本化。

1. 非正常中断。

非正常中断，通常是由于企业管理决策上的原因或者其他不可预见的原因等所导致的中断。例如，企业在建造厂房时因与施工方发生了质量纠纷而暂停建造，或者由于工程、生产用料没有及时供应而发生中断，或者由于资金周转发生了困难导致资产购建或者生产活动发生中断，均属于非正常中断。在中断期间发生的借款费用应当确认为费用，计入当期损益，直至资产的购建或者生产活动重新开始。

正常中断通常仅限于因购建或者生产符合资本化条件的资产达到预定可使用或者可销售状态所必要的程序，或者事先可预见的不可抗力因素导致的中断。例如，某项工程建造到一定阶段必须暂停进行质量或者安全检查，检查通过后才可继续下一阶段的建造工作，属于正常中断。还有某些地区的工程在建造过程中由于可预见的不可抗力因素（如雨季或冰冻季节等原因）导致施工出现停顿，也属于正常中断。如果中断时所购建或者生产的符合资本化条件的资产达到预定可使用或者可销售状态必要的程序，借款费用的资本化应当继续进行。

2. 中断时间连续超过3个月。

这是从重要性的要求出发，不超过3个月的借款费用由于金额不大可以忽略不计。

（三）终止资本化的时点

当所购建或者生产符合资本化条件的资产达到预定可使用或者可销售状态时，应当认为之后发生的借款费用与符合资本化条件的资产的购建或者生产活动无关，因此在所购建或者生产符合资本化条件的资产达到预定可使用或者可销售状态时，借款费用应当停止资本化。在符合资本化条件的资产达到预定可使用或者可销售状态之后所发生的借款费用，应当在发生时根据其发生额确认为费用，计入当期损益。

所谓"达到预定可使用或者可销售状态"是指资产已经达到建造方或者生产方预先设想的可以使用或可销售的状态。确定借款费用停止资本化的时点需要较多的职业判断。为此，企业应当遵循实质重于形式的原则，针对具体情况，依据经济实质进行判断。为了便于实际操作，通常所购建或者生产的符合资本化条件的资产满足以下条件之一，即应当认为资产已达到预定可使用或者可销售状态，借款费用停止资本化：

1. 符合资本化条件的资产的实体建造（包括安装）或者生产工作已经全部完成或者实质上已经完成。

2. 所购建或者生产的符合资本化条件的资产与设计要求、合同规定或者生产要求基本相符，即使有极个别与设计、合同或者生产要求不相符的地方，也不影响其正常使用或销售。

3. 继续发生在所购建或生产的符合资本化条件的资产上支出的金额很少或者几乎不再发生。

购建或者生产的符合资本化条件的资产需要试生产或者试运行的，在试生产结果表明资产能够正常生产出合格产品，或者试运行结果表明资产能够正常运转或者营业时，应当认为该资产已经达到预定可使用或者可销售状态。

在固定资产的实际购建过程中，还会出现所购建的固定资产分别建造、分别完工的情况，在这种情况下，企业应遵循实质重于形式的原则，区别以下不同情况，来界定借款费用停止资本化的时点：

第一，购建或者生产的符合资本化条件的资产的各部分分别完工，且每部分在其他部分继续建造过程中可供使用或者可对外销售，且为使该部分资产达到预定可使用或可销售状态所必要的购建或者生产活动实质上已经完成的，应当停止与该部分资产相关的借款费用的资本化。例如，由若干幢建筑物构成的工厂厂房，每幢厂房在其他厂房继续建造期间均可单独使用，那么，当其中的一幢厂房完工并达到预定可使用的状态时，应停止该幢厂房借款费用的资本化。

第二，购建或者生产的资产的各部分分别完工，但必须等到整体完工后才可使用或者可对外销售的，应当在该资产整体完工时停止借款费用的资本化。例如，涉及几项工程的钢铁厂，只有每项工程都建造完成后，整个钢铁厂才能正常运转，因而每一个单项工程完工后不停止资本化，须等到整个钢铁厂完工，达到预定可使用状态时才停止借款费用资本化。

四、借款费用资本化金额的确定及会计处理

（一）利息（包括利息调整）资本化金额的确定

在资本化期间，每一会计期间的利息资本化金额，不应当超过当期相关借款实际发生的利息金额。借款存在利息调整的，应当按照实际利率法确定每一会计期间应摊销的利息调整金额，调整每期利息金额。

资本化期间内，每一会计期间的利息（包括利息调整）资本化金额应当分

专门借款和一般借款分别计算。

1. 专门借款利息费用资本化金额的确定。

在资本化期间,为购建或者生产符合资本化条件的资产而借入专门借款的,应当以专门借款当期实际发生的利息费用,减去将尚未动用的借款资金存入银行取得的利息收入或者进行暂时性投资取得的投资收益后的金额,确定为专门借款利息费用的资本化金额,并在资本化期间内,将其计入符合资本化条件的资产成本。

2. 一般借款利息费用的资本化金额。

在借款费用资本化期间内,为购建或者生产符合资本化条件的资产占用了一般借款的,一般借款应予资本化的利息金额应当按照下列公式计算:

一般借款利息费用资本化金额 = 累计资产支出超过专门借款部分的资产支出加权平均数 × 所占用一般借款的资本化率

所占用一般借款的资本化率 = 所占用一般借款加权平均利率

$$= \sum \frac{\text{所占用一般借款当期实际发生的利息}}{\text{所占用一般借款本金加权平均数}}$$

$$\text{所占用一般借款本金加权平均数} = \sum \left(\text{所占用每笔一般借款本金} \times \text{每笔一般借款在当期所占用天数/当期天数} \right)$$

3. 举例说明。

【例 10-5】豫章股份有限公司于 2024 年 1 月 1 日动工兴建一栋办公楼,工程采用出包方式,每半年支付一次工程进度款。工程于 2025 年 6 月 30 日完工,达到预定可使用状态。建造工程资产支出如下:2024 年 1 月 1 日,支出 1 000 万元,2024 年 7 月 1 日,支出 4 000 万元,2025 年 1 月 1 日,支出 1 800 万元。公司为建造办公楼于 2024 年 1 月 1 日专门借款 2 500 万元,借款期限为 2 年,年利率为 4%,按年支付利息。除此之外,无其他专门借款。办公楼的建造还占用两笔一般借款:A 银行长期贷款 1 800 万元,期限为 2021 年 12 月 1 日至 2025 年 12 月 1 日,年利率为 3%,按年支付利息。按面值发行公司债券 1 亿元。发行日为 2021 年 1 月 1 日,期限为 5 年,年利率为 5%,按年支付利息。闲置专门借款资金存于银行,假定存款月利率为 0.3%。

(1) 2024 年公司建造办公楼应予资本化的利息金额如下:

2024 年借款利息费用

= 2 500 × 4% + 1 800 × 3% + 10 000 × 5% = 654(万元)

2024 年专门借款利息资本化金额

= 2 500 × 4% - 1 500 × 0.2% × 6 = 82(万元)

所占用一般借款本金加权平均数

= 1 800 × 360 ÷ 360 + 10 000 × 360 ÷ 360 = 11 800(万元)

一般借款年资本化率

= (1 800 × 3% + 10 000 × 5%) ÷ 11 800 = 4.69%

2024 年 7 月 1 日累计资产支出为 5 000 万元

超过专门借款 2 500［（1 000 + 4 000）- 2 500］万元。2024 年 7 月 1 日累计资产支出中，动用一般借款资金的资产支出 2 500 万元。

2024 年占用了一般借款资金的资产支出加权平均数

= 2 500 × 180/360 = 1 250（万元）

2024 年一般借款利息资本化金额 = 1 250 × 4.69% = 58.63（万元）

2024 年利息资本化金额合计 = 82 + 58.63 = 140.63（万元）

2024 年利息费用化金额合计 = 654 - 18 - 140.63 = 495.37（万元）

（2）2025 年公司建造办公楼应予资本化的利息金额如下：

2025 年借款利息费用 = 2 500 × 4% + 1 800 × 3% × 11/12 + 10 000 × 5% = 649.5（万元）

2025 年专门借款利息资本化金额 = 2 500 × 4% × 180/360 = 50（万元）

2025 年占用了一般借款资金的资产支出加权平均数

=（2 500 + 1 800）× 180/360 = 2 150（万元）

2025 年所占用一般借款本金加权平均数 = 1 800 × 11/12 + 10 000 = 11 650（万元）

2025 年一般借款年资本化率

=（1 800 × 3% × 11/12 + 10 000 × 5%）/11 650 = 4.72%

2025 年一般借款利息资本化金额 = 2 150 × 4.72% = 101.48（万元）

2025 年利息资本化金额合计 = 50 + 101.48 = 151.48（万元）

2025 年不允许资本化利息金额合计 = 649.5 - 151.48 = 498.02（万元）

（3）有关账务处理如下：

2024 年：

借：在建工程　　　　　　　　　　　　　　　　1 406 300
　　应收利息（或银行存款）　　　　　　　　　　180 000
　　财务费用　　　　　　　　　　　　　　　　4 953 700
　　贷：应付利息　　　　　　　　　　　　　　　　6 540 000

2025 年：

借：在建工程　　　　　　　　　　　　　　　　1 514 800
　　财务费用　　　　　　　　　　　　　　　　4 980 200
　　贷：应付利息　　　　　　　　　　　　　　　　6 495 000

由于该项工程已于 2025 年 6 月 30 日达到预计可使用状态，故此后发生的借款费用应停止资本化，而在发生时直接计入当期损益。

（二）借款辅助费用的处理

辅助费用是企业为了取得借款而发生的必要费用，包括借款手续费、佣金等。

专门借款发生的辅助费用，在所购建或者生产的符合资本化条件的资产达到预定可使用或者可销售状态之前发生的，应当在发生时根据其发生额予以资本化，计入符合资本化条件的资产的成本；在所购建或者生产的符合资本化条件的资产达到预定可使用或者可销售状态之后发生的，应当在发生时根据其发生额确认为费用，计入当期损益。

一般借款发生的辅助费用，也应当按照上述原则确定其发生额，其会计处理也相同。

【例10-6】豫章股份有限公司为建造一幢厂房于2025年1月1日按面值发行了200 000 000元的5年期债券，其年利率为4%，按债券面值的1%支付中介机构手续费2 000 000元，已用银行存款支付完毕。厂房的建造工作从2025年1月1日开始，建造期为3年。

应予以资本化的辅助费用金额为2 000 000元，公司支付发行债券手续费的会计处理如下：

借：在建工程——借款费用　　　　　　　　　　　2 000 000
　　贷：银行存款　　　　　　　　　　　　　　　　　　　2 000 000

（三）汇兑差额

在资本化期间内，外币专门借款本金及其利息的汇兑差额应当予以资本化，计入符合资本化条件的资产的成本；除外币专门借款之外的其他外币借款本金及其利息所产生的汇兑差额，应当作为财务费用计入当期损益。

五、借款费用披露

企业应当在附注中披露与借款费用有关的下列信息：当期资本化的借款费用金额；当期用于计算确定借款费用资本化金额的资本化率。

（一）当期资本化的借款费用金额信息的披露

在附注中披露当期资本化的借款费用金额，可以使信息使用者及时了解符合资本化条件的资产（主要是在建工程、研发支出、制造费用）成本中借款费用所占的比重，进而考察其成本构成的合理性，因此，披露这一信息对于信息使用者的决策是十分有用的。

当期资本化的借款费用金额包括当期资本化的利息、利息调整、汇兑差额和辅助费用之和。由于企业在会计核算中，对于当期应予资本化的借款费用都已记入"在建工程或研发支出或制造费用——借款费用"明细科目中，因此企业可以直接根据该明细科目的当期借方发生额披露当期资本化的借款费用金额。

（二）当期用于确定资本化金额的资本化率信息的披露

披露资本化的借款费用金额只能使会计信息使用者了解企业资本化金额总的

情况，但无从了解购建固定资产所占用借款资金成本高低的情况，为了弥补这一缺陷，企业还应当披露用于确定借款费用资本化金额的资本化率，以有助于信息使用者将其与市场利率和自有资金利润率进行比较，了解企业资金成本（主要是长期资金成本）的高低，判断企业财务杠杆利益和盈利能力。

第五节 预计负债

一、或有事项的基本特征及内容

或有事项是指过去的交易或者事项形成的，其结果须由某些未来事项的发生或不发生才能决定的不确定事项。或有事项具有以下基本特征：

1. 由过去交易或事项形成。即或有事项的现存状况是过去交易或事项引起的客观存在。

例如，未决诉讼虽然是正在进行当中的诉讼，但该诉讼是企业因过去的经济行为导致起诉其他单位或被其他单位起诉。这是现存的一种状况而不是未来将要发生的事项。未来可能发生的自然灾害、交通事故、经营亏损等，不属于或有事项。

2. 结果具有不确定性。即或有事项的结果是否发生具有不确定性，或者或有事项的结果预计将会发生，但发生的具体时间或金额具有不确定性。

例如，债务担保事项在担保方到期时是否一定承担和履行连带责任，需要根据被担保方债务到期时能否按时还款加以确定。这一事项的结果在担保协议达成时具有不确定性。

3. 由未来事项决定。即或有事项的结果只能由未来不确定事项的发生或不发生才能决定。

例如，未决诉讼只有等到法院判决才能决定其结果；债务担保事项只有在被担保方到期无力还款时，企业（担保方）才承担连带责任。

常见的或有事项主要包括：未决诉讼或仲裁、债务担保、产品质量保证（含产品安全保证）、亏损合同、重组义务、承诺、环境污染治理等。

二、或有负债与或有资产

或有事项包括或有负债、或有资产和预计负债。

或有负债，是指过去的交易或者事项形成的潜在义务，其存在须通过未来不确定事项的发生或不发生予以证实；或过去的交易或者事项形成的现时义务，履行该义务不是很可能导致经济利益流出企业或该义务的金额不能可靠计量。

通常应当结合表 10 – 3 的各种可能性情况加以判断。

表 10 – 3　　　　　　　　或有事项结果的可能性划分

结果的可能性	对应的概率区间
基本确定	大于 95% 但小于 100%
很可能	大于 50% 但小于或等于 95%
可能	大于 5% 但小于或等于 50%
极小可能	大于 0 但小于或等于 5%

如果履行或有事项相关义务很可能导致经济利益流出企业，通常确认为预计负债，并进行会计处理；如果是可能，则作为或有负债，只在附注中加以披露；如果是极小可能，根据重要性原则，不予考虑。

或有资产，是指过去的交易或者事项形成的潜在资产，其存在须通过未来不确定事项的发生或不发生予以证实。根据谨慎性原则，或有资产不进行会计处理，只有很可能发生的或有资产需要在附注中披露；如果或有事项属于基本确定的资产，则可作为资产加以确认。

企业不应当确认或有负债和或有资产。

三、预计负债的确认与计量

（一）预计负债的确认

或有事项相关义务确认预计负债应当同时具备的条件：

1. 该义务是企业承担的现时义务，即与或有事项相关的义务是在企业当前条件下已承担的义务。企业没有其他现实的选择，只能履行该现时义务，如法律要求企业履行、有关各方形成企业将履行现时义务的合理预期等。

2. 履行该义务很可能导致经济利益流出企业，即履行与或有事项相关的现时义务时，导致经济利益流出企业的可能性超过 50% 但尚未达到基本确定的程度。

3. 该义务的金额能够可靠地计量，即与或有事项相关的现时义务的金额能够合理地估计。

企业如果只满足上述其中两个条件，不能确认预计负债。对于未来发生的经营亏损，也不能确认预计负债。

（二）预计负债的计量

1. 初始计量。

预计负债应当按照履行相关现时义务所需支出的最佳估计数进行初始计量。

最佳估计数的确定应当分两种情况处理：

（1）所需支出存在一个连续范围，且该范围内各种结果发生的可能性相同的，最佳估计数应当按照该范围内的中间值确定，即上下限金额的平均数确定。

（2）所需支出不存在一个连续范围，或者存在一个连续范围，但该范围内各种结果发生的可能性不同，那么如果或有事项涉及单个项目的，则按照最可能发生金额确定；如果或有事项涉及多个项目的，则按照各种可能结果及相关概率计算确定。

企业在确定最佳估计数时，应当综合考虑与或有事项有关的风险、不确定性和货币时间价值等因素。货币时间价值影响重大的，应当通过对相关未来现金流出进行折现后确定最佳估计数。

企业清偿预计负债所需支出全部或部分预期由第三方补偿的，补偿金额只有在基本确定能够收到时才能作为资产单独确认。但所确认的补偿金额不应当超过预计负债的账面价值。企业预期从第三方获得的补偿，是一种潜在资产，其最终是否真的会转化为企业真正的资产具有较大的不确定性，因而只能在基本确定能够收到时才能作为资产单独确认。根据资产和负债不能随意抵消的原则，与其可获得的补偿在基本确定能够收到时应当确认为一项资产，不能作为预计负债金额的抵减。

2. 后续计量。

企业应当在资产负债表日对预计负债的账面价值进行复核。有确凿证据表明该账面价值不能真实反映当前最佳估计数的，应当按照当前最佳估计数对该账面价值进行调整。

四、预计负债的会计处理

为了正确核算预计负债，并与其他负债项目相区别，企业应设置"预计负债"账户，该账户核算各项预计的负债，包括对外提供担保、未决诉讼、产品质量保证、重组义务、亏损性合同等预计负债，并按预计负债项目设置明细账，进行明细核算。

（一）预计负债的主要账务处理

1. 企业由对外提供担保、未决诉讼、重组义务产生的预计负债，应按确定的金额，借记"营业外支出"等科目，贷记本科目。由产品质量保证产生的预计负债，应按确定的金额，借记"主营业务成本"科目，贷记本科目。

由资产弃置义务产生的预计负债，应按确定的金额，借记"固定资产"或"油气资产"科目，贷记本科目。在固定资产或油气资产的使用寿命内，按计算确定各期应负担的利息费用，借记"财务费用"科目，贷记本科目。

2. 实际清偿或冲减的预计负债，借记本科目，贷记"银行存款"等科目。

3. 根据确凿证据需要对已确认的预计负债进行调整的，调整增加的预计负债，借记有关科目，贷记本科目；调整减少的预计负债做相反的会计分录。

(二) 业务举例

1. 债务担保和未决诉讼。

【例10-7】2024年11月2日，豫章股份有限公司因与B公司签订了互相担保协议，而成为相关诉讼的第二被告，截至2024年12月31日，诉讼尚未判决。但是，由于B公司经营困难，豫章股份有限公司很可能要承担还款连带责任。预计豫章股份有限公司承担还款金额6万元责任的可能性为60%，而承担还款金额4万元责任的可能性为40%。

本例中，豫章股份有限公司因连带责任而承担了现时义务，该义务的履行很可能导致经济利益流出企业，且该义务的金额能够可靠地计量。因此，豫章股份有限公司应在2024年12月31日确认一项负债60 000元（假定豫章股份有限公司不负担诉讼费）。

借：营业外支出——赔偿支出　　　　　　　　　　60 000
　　贷：预计负债——未决诉讼　　　　　　　　　　　60 000

【例10-8】豫章股份有限公司欠B公司货款234 000元，逾期1年尚未偿付。为此，B公司依法向当地人民法院起诉豫章股份有限公司。5月初，法院一审判决B公司胜诉，责成豫章股份有限公司向B公司偿付货款本息248 000元，支付诉讼费用10 000元、罚款1 000元。但是，由于种种原因，豫章股份有限公司未履行判决。至资产负债表日，B公司尚未采取进一步的行动。

本例中，豫章股份有限公司因为败诉，承担了一项现时义务，金额为259 000元（在我国，诉讼费由败诉方承担）。为此，豫章股份有限公司在执行法院裁决前，应根据法院判决的结果，确认预计负债259 000元。由于应付账款234 000元已在发生时登记入账，这里只需对另外的25 000元进行账务处理，编制的会计分录如下：

借：财务费用　　　　　　　　　　　　　　　　14 000
　　管理费用　　　　　　　　　　　　　　　　10 000
　　营业外支出　　　　　　　　　　　　　　　 1 000
　　贷：预计负债　　　　　　　　　　　　　　　　25 000

2. 产品质量保证。

【例10-9】豫章股份有限公司为生产和销售洗衣机的企业。2024年第一季度销售滚筒洗衣机1 500台，每台售价为200元。该公司对购买其产品的消费者作出如下承诺：洗衣机售出后一年内如发生非意外事件造成的故障和质量问题，公司免费负责保修。根据近年来的经验，发生的保修费通常在销售额的1%~2.5%，假定豫章股份有限公司本年第一季度实际支付洗衣机维修费3 250元。

本例中,豫章股份有限公司因销售洗衣机而承担了现时义务,该义务的履行很可能导致经济利益流出豫章股份有限公司,且该义务的金额能够可靠地计量,则豫章股份有限公司在每季末应确认一项负债。

(1) 第一季度实际支付维修费时,则:

借:预计负债——产品质量保证　　　　　　　　　　　3 250
　　贷:银行存款　　　　　　　　　　　　　　　　　　3 250

(2) 第一季度末确认的产品质量保证负债金额为 5 250 元 [1 500 × 200 × (0.01 + 0.025) ÷ 2],则:

借:主营业务成本——产品质量保证　　　　　　　　　5 250
　　贷:预计负债——产品质量保证　　　　　　　　　　5 250

3. 亏损合同。

待执行合同,是指合同各方尚未履行任何合同义务,或部分地履行了同等义务的合同。例如,企业与其他企业签订的商品销售合同、劳务提供合同、让渡资产使用权合同、租赁合同等,均属于待执行合同,但不属于本准则规范的内容。

亏损合同,是指履行合同义务不可避免会发生的成本超过预期经济利益的合同。待执行合同变为亏损合同的,应当作为或有事项。

(1) 待执行合同确认为预计负债的条件。

当待执行合同变成亏损合同的,且该亏损合同产生的义务满足预计负债确认条件的,应当确认为预计负债。

待执行合同变成亏损合同时,分两种情况确认预计负债:

第一,有合同标的资产的,应当先对标的资产进行减值测试并按规定确认减值损失,如预计亏损超过该减值损失,应将超过部分确认为预计负债。

第二,无合同标的资产的,亏损合同相关义务满足预计负债确认条件时,应当确认为预计负债。

(2) 业务举例。

【例 10-10】豫章股份有限公司与乙公司签订合同,销售 200 件商品,合同价格每件 1 000 元,单位成本为 1 100 元。合同为亏损合同。

若存在标的资产(商品),即 200 件商品已经存在,应先确认资产减值损失和存货跌价准备 20 000 元,不确认预计负债。则会计分录为:

借:资产减值损失　　　　　　　　　　　　　　　　　20 000
　　贷:存货跌价准备　　　　　　　　　　　　　　　　20 000

若不存在标的资产(商品),即 200 件商品不存在,应确认预计负债 20 000 元。则会计分录为:

借：主营业务成本	20 000	
贷：预计负债		20 000
借：预计负债	20 000	
贷：库存商品		20 000

【例 10-11】豫章股份有限公司 2025 年 2 月 1 日与甲公司签订不可撤销的销售合同，约定 3 月 1 日前向甲公司销售 A 产品 150 件，每件售价 15 万元（不含税）。如果豫章股份有限公司违约将支付违约金 200 万元。豫章股份有限公司至 2 月 28 日已发生成本 100 万元，但由于原材料价格上涨等原因预计生产 A 产品的总成本将上升至 2 400 万元，有关账务处理如下：

如果执行合同豫章股份有限公司的损失 = 2400 - 150 × 15 = 150（万元），不执行合同豫章股份有限公司确认的损失为违约金 200 万元和已发生的成本 100 万元，所以豫章股份有限公司应选择执行合同，确认的损失为 150 万元，因为已发生生产成本 100 万元，应首先对标的资产计提存货跌价准备 100 万元，将预计亏损超过减值的部分确认为预计负债 = 150 - 100 = 50（万元）。

豫章股份有限公司应对有标的资产部分计提减值准备：

借：资产减值损失	100	
贷：存货跌价准备		100

对超过标的资产减值部分确认预计负债：

借：营业外支出	50	
贷：预计负债		50

4. 重组义务。

(1) 重组事项。

重组是指企业制定和控制的，将显著改变企业组织形式、经营范围或经营方式的计划实施行为。属于重组的事项主要包括三个方面：第一，出售或终止企业的部分业务；第二，对企业的组织结构进行较大调整；第三，关闭企业的部分营业场所，或将营业活动由一个国家或地区迁移到其他国家或地区。

(2) 重组义务确认。

首先，同时存在下列情况时，表明企业承担了重组义务：

①企业有详细、正式的重组计划，包括重组涉及的业务、主要地点、需要补偿的职工人数及其岗位性质、预计重组支出、计划实施时间等；

②该重组计划已对外公告。重组计划已经开始实施，或已向受影响的各方通告了该计划的主要内容，从而使受影响的各方形成了对该企业将实施重组的合理预期。

其次，需要判断重组义务是否同时满足预计负债的三个确认条件，只有同时满足三个条件，才能将重组义务确认为预计负债。

（3）重组义务计量。

企业应当按照与重组有关的直接支出确定预计负债金额。直接支出是企业重组必须承担的，与主体继续进行的活动无关的支出。直接支出主要包括自愿遣散、强制遣散、不再使用厂房的租赁撤销等，不包括留用职工岗前培训、市场推广、新系统和营销网络投入等支出。

5. 固定资产弃置费用确认的预计负债发生变动。

弃置费用形成的预计负债在确认后，按照实际利率法计算的利息费用应当确认为财务费用；由于技术进步、法律要求或市场环境变化等原因，特定固定资产的履行弃置义务可能发生支出金额、预计弃置时点、折现率等变动而引起的预计负债变动，应按照以下原则调整该固定资产的成本：

（1）对于预计负债的减少，以该固定资产账面价值为限扣减固定资产成本。如果预计负债的减少额超过该固定资产账面价值，超出部分确认为当期损益。

（2）对于预计负债的增加，增加该固定资产的成本。

按照上述原则调整的固定资产，在资产剩余使用年限内计提折旧。一旦该固定资产的使用寿命结束，预计负债的所有后续变动应在发生时确认为损益。

五、或有事项的披露内容

企业应当在附注中披露与或有事项有关的下列信息。

（一）预计负债

1. 预计负债的种类、形成原因以及经济利益流出不确定性的说明。
2. 各类预计负债的期初、期末余额和本期变动情况。
3. 与预计负债有关的预期补偿金额和本期已确认的预期补偿金额。

（二）或有负债（不包括极小可能导致经济利益流出企业的或有负债）

1. 或有负债的种类及其形成原因，包括已贴现商业承兑汇票、未决诉讼、未决仲裁、对外提供担保等形成的或有负债。
2. 经济利益流出不确定性的说明。
3. 或有负债预计产生的财务影响，以及获得补偿的可能性；无法预计的，应当说明原因。

（三）企业通常不应当披露或有资产。但或有资产很可能会给企业带来经济利益的，应当披露其形成的原因、预计产生的财务影响等

在涉及未决诉讼、未决仲裁的情况下，如果披露全部或部分信息预期对企业造成重大不利影响的，企业无须披露这些信息，但应当披露该未决诉讼、未决仲裁的性质，以及没有披露这些信息的事实和原因。

第六节　其他非流动负债

其他非流动负债是指除长期借款和公司债券以外的非流动负债，包括长期应付款、专项应付款以及递延所得税负债。

一、长期应付款

长期应付款，是指企业除长期借款和公司债券以外的其他各种长期应付款项，如分期付款方式购入固定资产发生的应付款项等。

企业购买资产有可能延期支付有关价款。如果延期支付的购买价款超过正常信用条件，实质上具有融资性质的，所购资产的成本应当以延期支付购买价款的现值为基础确定。实际支付的价款与购买价款的现值之间的差额，应当在信用期间内采用实际利率法进行摊销，计入相关资产成本或当期损益。

企业如果在购买固定资产、无形资产或存货过程中，延期支付的购买价款超过正常信用条件，则该笔交易实质上具有融资性质。企业应当按照未来分期付款的现值借记"固定资产""无形资产""原材料"等科目；按照未来分期付款的总额贷记"长期应付款"科目；按照差额借记"未确认融资费用"科目。企业在按照合同约定的付款日分期支付价款时，借记"长期应付款"科目，贷记"银行存款"等科目。

二、专项应付款

（一）专项应付款概述

专项应付款是企业接受国家拨入的具有专门用途的款项所形成的不需要以资产或增加其他负债偿还的负债。专项应付款指企业接受国家拨入的具有专门用途的拨款，如新产品试制费拨款、中间试验费拨款和重要科学研究补助费拨款等科技三项拨款等。其特征是：第一，属于企业的负债；第二，专款专用；第三，不需要以资产或新的负债偿还。

（二）专项应付款的核算

1. 账户设置。

为了核算企业取得的政府作为企业所有者投入的具有专项或特定用途的款项，如属于工程项目的资本性拨款等，应设置"专项应付款"科目，并按照拨入资本性投资项目的种类进行明细核算。

2. 主要账务处理。

具体核算内容如下：

（1）企业收到或应收的资本性拨款，借记"银行存款"等科目，贷记"专项应付款"科目。

（2）企业将专项或特定用途的拨款用于工程项目，借记"在建工程"等科目，贷记"银行存款""应付职工薪酬"等科目。

（3）企业在工程项目完工时，应根据不同情况进行处理：对于形成长期资产的部分，借记"专项应付款"科目，贷记"资本公积——资本溢价"科目，同时，借记"固定资产"等科目，贷记"在建工程"科目；对于未形成长期资产需要核销的部分，借记"专项应付款"科目，贷记"在建工程"等科目；如果拨款结余需要返还，则借记"专项应付款"科目，贷记"银行存款"科目。

三、递延所得税负债

递延所得税负债是指企业确认的应纳税暂时性差异产生的所得税负债。为对其进行核算，应设置"递延所得税负债"科目，本科目可按应纳税暂时性差异的项目进行明细核算。

递延所得税负债的主要账务处理：

1. 资产负债表日，企业确认的递延所得税负债，借记"所得税费用——递延所得税费用"科目，贷记本科目。资产负债表日递延所得税负债的应有余额大于其账面余额的，应按其差额确认，借记"所得税费用——递延所得税费用"科目，贷记本科目；资产负债表日递延所得税负债的应有余额小于其账面余额的做相反的会计分录。

与直接计入所有者权益的交易或事项相关的递延所得税负债，借记"资本公积——其他资本公积""其他综合收益"等科目，贷记本科目。

2. 企业合并中取得资产、负债的入账价值与其计税基础不同形成应纳税暂时性差异的，应于购买日确认递延所得税负债，同时调整商誉，借记"商誉"等科目，贷记本科目。

详见第十章第五节所得税费用。

【本章小结】

非流动负债是指流动负债以外的负债，偿还期在一年或者超过一年的一个营业周期以上。其特点是偿还期限长、债务金额大、偿还形式多样等，是企业向债权人筹集的，可供长期使用的资金。本章主要介绍了长期借款、借款费用、公司债券、长期应付款、预计负债等非流动负债。

企业向银行或其他金融机构借入的长期借款，在会计核算中设置"长期借款"科目核算。长期借款是指企业向银行或其他金融机构借入的期限在1年以上（不含1年）的各种借款。长期借款会计处理的基本要求是反映和监督企业长期借款的借入、借款利息的结算和借款本息的归还情况。企业应通过"长期借款"科目，核算长期借款的借入、归还等情况。

借款费用是指企业因借款而发生的利息、折价或溢价的摊销和辅助费用，以及因外币借款而发生的汇兑差额。它反映的是企业借入资金所付出的代价，企业发生的借款费用，只有可直接归属于符合资本化条件的资产的购建或者生产的，才应当予以资本化，计入相关资产成本；其他借款费用，应当在发生时根据其发生额确认为当期费用，即费用化。

公司债券是指企业为筹集（长期）资金而发行的债券。债券是企业为筹集长期使用资金而发行的公众书面凭证。因债券的票面利率与市场利率不同，债券的发行方式有溢价发行、面值发行和折价发行三种。企业应设置"应付债券"科目，核算企业为筹集长期资金而发行债券的本金和利息。企业发行可转换公司债券，应当在初始确认时将其包含的负债成分和权益成分进行分拆，将负债成分确认为应付债券，将权益成分确认为其他权益工具。权益成分的公允价值记入"其他权益工具"科目。对于可转换公司债券的负债成分，在未转换为股份前，其会计核算与一般公司债券相同，即按期计提利息，并按实际利率法摊销利息调整。可转换债券转换为股份时，按债券负债成分和权益成分的账面价值结转至"股本"和"资本公积——股本溢价"科目，若债券面额不足转换，企业应当以现金偿还。

企业发行的除了长期借款和公司债券以外的长期负债，在会计上作为长期应付款核算，如以分期付款方式购入固定资产的应付款项等。企业发生的除了长期借款和公司债券以外的长期负债，应设置"长期应付款"科目核算长期应付款的发生和归还情况。

或有事项因相关义务导致经济利益流出企业的可能不同分为预计负债、或有负债及或有资产。其中，预计负债是指履行或有事项相关义务很可能导致经济利益流出企业的现时义务，包括未决诉讼、产品质量保证、亏损合同及重组义务。预计负债应当按照履行相关现时义务所需支出的最佳估计数进行初始计量，并做会计处理。

【本章思考题】

1. 什么是非流动负债？它主要包括哪些内容？
2. 长期借款与短期借款相比，在核算上有何特点？

3. 债券的发行价格应如何确定？债券发行、计提利息、利息调整以及到期偿还应如何核算？

4. 借款费用主要包括哪些内容？借款费用资本化金额如何确定？

5. 什么是或有负债？它具有哪些特征？包括哪些内容？如何界定？

6. 什么是预计负债？如何确认？包括哪些内容？

7. 分期付款购买固定资产（具有融资成分）的业务应如何进行核算？

【本章练习】

1. 豫章股份有限公司发行公司债券为建造专用生产线筹集资金，有关资料如下：

（1）2021年12月31日，委托证券公司以7 755万元的价格发行3年期分期付息公司债券。该债券面值为8 000万元，票面年利率为4.5%，实际年利率为5.64%，每年付息一次，到期后按面值偿还。假定不考虑发行公司债券的相关交易费用。

（2）生产线建造工程采用出包方式，于2022年1月1日开始动工，发行债券所得款项当日全部支付给建造承包商，2023年12月31日所建造生产线达到预定可使用状态。

（3）假定各年度利息的实际支付日期均为下一年度的1月10日，2025年1月10日支付2024年度利息，一并偿付本金。

（4）所有款项均以银行存款收付。

要求：计算并编制豫章股份有限公司的有关会计分录。（单位为万元，结果保留两位小数）

2. 豫章股份有限公司2022年1月1日按每份面值1 000元发行了400万份可转换公司债券，取得总收入400 000万元。该债券期限为3年，票面年利率为6%，利息按年支付。债券发行1年后按照债券的面值进行转股，每份债券均可转换为80股该公司普通股，每股面值1元。该公司发行该债券时，二级市场上与之类似但没有转股权的债券的市场利率为9%。假定不考虑其他相关因素。发行可转换公司债券所筹集的资金用于补充流动资金。2023年4月1日，债券持有者申请将面值为400 000万元可转换公司债券转换为股份，并于当日办妥相关手续。（假定未支付的应付利息不再支付并不作为转股基数）。

[（P/A, 9%, %, 3) =2.5313, (P/F, 9%, %, 3) =0.7722]

要求：计算并编制豫章股份有限公司的有关会计分录。（单位为万元，结果保留两位小数）

3. 豫章股份有限公司由于企业经营周转需要，于2024年1月1日从银行取得长期借款500 000元。借款期限为2年，年利率为8%，按复利计算，到期一次还本付息。借入款项已收到并存入银行。请根据上述资料编制该公司取得至偿还长期借款的相关会计分录。

4. 豫章股份有限公司拟自建一条生产线，与该生产线建造相关的情况如下：

(1) 20×2年1月2日，豫章股份有限公司发行公司债券，专门筹集生产线建设资金。该公司债券为3年期分期付息、到期还本债券，面值为3 000万元，票面年利率为5%，发行价格为3 069.75万元，另在发行过程中支付中介机构佣金150万元，实际募集资金净额为2 919.75万元。

(2) 豫章股份有限公司除上述所发行公司债券外，还存在两笔流动资金借款：一笔于20×1年10月1日借入，本金为2 000万元，年利率为6%，期限2年；另一笔于20×1年12月1日借入，本金为3 000万元，年利率为7%，期限18个月。

(3) 生产线建造工程于20×2年1月2日开工，采用外包方式进行，预计工期1年。

有关建造支出情况如下：

20×2年1月2日，支付建造商1 000万元；
20×2年5月1日，支付建造商1 600万元；
20×2年8月1日，支付建造商1 400万元。

(4) 20×2年9月1日，生产线建造工程出现人员伤亡事故，被当地安监部门责令停工整改，至20×2年12月底整改完毕。工程于20×3年1月1日恢复建造，当日向建造商支付工程款1 200万元。建造工程于20×3年3月31日完成，并经有关部门验收，试生产出合格产品。为帮助职工正确操作使用新建生产线，甲公司自20×3年3月31日起对一线员工进行培训，至4月30日结束，共发生培训费用120万元。该生产线自20×3年5月1日起实际投入使用。

(5) 豫章股份有限公司将闲置专门借款资金投资固定收益理财产品，月收益率为0.5%。

本题中不考虑所得税等相关税费以及其他因素。

$(P/A, 5\%, 3) = 2.7232$，$(P/A, 6\%, 3) = 2.6730$，$(P/A, 7\%, 3) = 2.6243$
$(P/F, 5\%, 3) = 0.8638$，$(P/F, 6\%, 3) = 0.8396$，$(P/F, 7\%, 3) = 0.8163$

要求：

(1) 确定豫章股份有限公司生产线建造工程借款费用的资本化期间，并说明理由。

(2) 计算豫章股份有限公司发行公司债券的实际利率，并对发行债券进行会计处理。

(3) 分别计算豫章股份有限公司20×2年专门借款、一般借款利息应予资本化的金额，并对生产线建造工程进行会计处理。

（4）分别计算豫章股份有限公司20×3年专门借款、一般借款利息应予资本化的金额，并对生产线建造工程进行会计处理，编制结转固定资产的会计分录。

5. 资料：豫章股份有限公司2024年发生以下事项：

（1）2024年11月5日，豫章股份有限公司因合同违约而涉及一桩诉讼案。根据企业的法律顾问判断，最终的判决很可能对豫章股份有限公司不利。2024年12月31日，豫章股份有限公司尚未接到法院的判决，因诉讼须承担的赔偿金额也无法准确地确定。不过，据专业人士估计，赔偿金额可能是720万元至1 000万元之间的某一金额。

（2）2024年12月1日，豫章股份有限公司接到法院的通知，通知中说由于其联营企业在2年前的一笔借款到期，本息合计为500万元。因联营企业无力偿还，债权单位（贷款单位）已将本笔贷款的担保企业豫章股份有限公司告上法庭，要求豫章股份有限公司履行担保责任，代为清偿。豫章股份有限公司经研究认为，目前联营企业的财务状况很差，豫章股份有限公司有80%的可能性承担全部本息的偿还责任。

（3）豫章股份有限公司生产A产品，去年销售总额达2 000万元。当时的产品质量条款规定，产品保修期为1年，在1年之内产品如果发生质量问题，公司将免费修理。根据以往经验，预计已售产品中有80%不会出现问题，15%可能出现较小的质量问题，此时维修费为销售额的1%；有5%的可能出现较大的质量问题，此时维修费为销售额的3%。2024年年初，由于产品结构调整，已停止A产品的生产和销售。2024年度发生了维修支出4万元。

（4）豫章股份有限公司2024年12月1日与乙公司签订了一项不可撤销销售合同，约定于2025年4月1日以280万元的价格向乙公司销售大型机床一台。若不能按期交货，豫章股份有限公司需按照总价款的20%支付违约金。至2024年12月31日，豫章股份有限公司尚未开始生产该机床；由于原料上涨等因素，甲企业预计生产该机床成本不可避免地升至400万元。

要求：根据给定的资料，对或有事项确认负债的业务编制会计分录。

【本章案例】

豫章股份有限公司建造一幢新厂房，2023年3月1日从中国银行取得专门借款10 000 000元，期限3年，利率为6.5%。新厂房的建设从2023年4月10日开工并陆续发生各项支出。2024年2月5日，因款项迟迟不能到位，施工方停止了施工，直到2024年8月13日才恢复施工。新厂房于2024年10月16日完工，双方于2024年12月31日办完竣工决算手续。2025年5月1日，新厂房投入使用。豫章股份有限公司对这笔专门借款的利息共计1 950 000元全部计入了工程造价，形成了固定资产的价值。

【讨论】

(1) 豫章股份有限公司对借款利息的会计处理是否正确，为什么？

(2) 豫章股份有限公司这样处理的意图是什么？对其利润会产生什么影响？

第十一章 收 入

【引入案例】

2024年8月2日，锦富技术（300128）因涉嫌信息披露违法违规，被中国证监会立案调查。经查明，2021年，锦富技术及其子公司上海挚富高分子材料有限公司在与供应商贸易业务的会计处理中，违反《企业会计准则——收入》相关规定，将只是履行垫资义务并收取固定利息的相关所得违规计入了营业收入，导致财务报告中2021年第一季度、半年度和前三季度营业收入分别虚增了5 293.88万元、1.11亿元和1.72亿元。2025年5月，监管部门调查结果认为，公司会计处理未能审慎判断业务实质，采用错误的会计处理方法核算，董事长、总经理等高管未采取有效措施督促公司正确核算，拟决定对公司及公司主要责任人给予警告并罚款的处分。

通过上述锦富技术虚增收入案例可以看出，企业必须按照相关法律法规的规定确认和计量收入。作为会计人员和与会计工作相关的人员，必须严格遵守会计职业道德规范，深度理解会计准则规定的收入确认、计量原则，熟练掌握会计处理方法的应用。

【学习目的与要求】

1. 了解收入的含义、特征、分类及其与利得的异同；
2. 掌握会计准则对收入与合同成本确认和计量规定；
3. 掌握一般交易核算方法；
4. 掌握特殊交易的核算方法。

第一节 收入的含义、特征及分类

2006年2月，财政部发布《企业会计准则第14号——收入》和《企业会计准则第 15 号——建造合同》，规范了收入确认、计量和相关信息的披露。随着市场经济的日益发展、交易事项的日趋复杂，实务中收入确认和计量面临越来越多的问题。例如，如何划分收入准则和建造合同准则的边界，如何区分销售商品收入和提供劳务收入，如何判断商品所有权上的主要风险和报酬转移，如何区分总额法和净额法，对于包含多重交易安排或可变对价的复杂合同如何进行会计处理等等。

2014 年 5 月，国际会计准则理事会和美国财务会计准则委员会联合发布了《国际财务报告准则第 15 号——与客户之间的合同产生的收入》，自 2018 年 1 月 1 日起生效（采用美国财务会计准则的企业自 2017 年 12 月 15 日起实施）。该准则的核心原则是，主体确认收入的方式应当反映其向客户转让商品和服务的模式，确认金额应当反映主体预计因交付该商品和服务而有权获得的金额。并设定了统一的收入确认计量的五步法模型，即识别与客户订立的合同、识别合同中的单项履约义务、确定交易价格、将交易价格分摊至各单项履约义务、履行每一单项履约义务时确认收入。

2017 年 7 月 5 日，财政部修订发布了《企业会计准则第 14 号——收入》，新收入准则在我国境内上市公司以及其他境外公司的实施时间有所不同，其具体划分为三个时间段：第一，境内外同时上市的企业以及虽然在境外上市，但是采用的是国际财务报表的企业从 2018 年 1 月 1 日起执行新收入准则；第二，其他在境内上市的企业从 2020 年 1 月 1 日起执行新收入准则（允许提前实施）；第三，非上市的企业从 2021 年 1 月 1 日起执行新收入准则（允许提前实施）。

2017 年 5 月修订《企业会计准则第 14 号——收入》的主要内容包括：

第一，将现行收入和建造合同两项准则纳入统一的收入确认模型。

现行收入准则和建造合同准则在某些情形下边界不够清晰，可能导致类似的交易采用不同的收入确认方法，从而对企业财务状况和经营成果产生重大影响。修订后的收入准则采用统一的收入确认模型来规范所有与客户之间的合同产生的收入，并且就"在一段时间内"还是"在某一时点"确认收入提供具体指引，有助于更好地解决目前收入确认时点的问题，提高会计信息可比性。

第二，以控制权转移替代风险报酬转移作为收入确认时点的判断标准。

现行收入准则要求区分销售商品收入和提供劳务收入，并且强调在将商品所有权上的主要风险和报酬转移给购买方时确认销售商品收入，实务中有时难以判断。修订后的收入准则打破了商品和劳务的界限，要求企业在履行合同中的履约义务，即客户取得相关商品（或服务）控制权时确认收入。

第三，对于包含多重交易安排的合同的会计处理提供更明确的指引。

现行收入准则对于包含多重交易安排的合同仅提供了非常有限的指引，具体体现在收入准则第十五条以及企业会计准则讲解中有关奖励积分的会计处理规定。这些规定远远不能满足实务需要。修订后的收入准则对包含多重交易安排的合同的会计处理提供了更明确的指引，要求企业在合同开始日对合同进行评估，识别合同所包含的各项履约义务，按照各项履约义务所承诺商品（或服务）的相对单独售价将交易价格分摊至各单项履约义务，进而在履行各项履约义务时确认相应的收入。

第四，对于某些特定交易（或事项）的收入确认和计量给出了明确规定。

修订后的收入准则对于某些特定交易（或事项）的收入确认和计量给出了明确规定。例如，区分总额和净额确认收入、附有质量保证条款的销售、附有客户额外购买选择权的销售、向客户授予知识产权许可、售后回购、无须退还的初始费等，这些规定将有助于更好地指导实务操作，从而提高会计信息的可比性。

需要说明的是，修订后的收入准则保持与国际会计准则理事会 2014 年新发布的收入准则持续趋同。国际会计准则的核心原则是，主体确认收入的方式应当反映其向客户转让商品和服务的模式，确认金额应当反映主体预计因交付该商品和服务而有权获得的金额。为此，准则设定了收入确认计量的五步法：识别与客户订立的合同、识别合同中单独的履约义务、确定交易价格、将交易价格分摊至单独的履约义务、履行每一项履约义务时确认收入。

一、收入的含义及特征

收入是企业生产经营过程中流入的经济利益，但并非所有流入的经济利益都可以确认为收入。正确确认收入，首先必须了解收入的概念、特征、分类及其与利得的区别，再掌握不同来源收入的具体确认方法。

（一）收入的概念

《企业会计准则第 14 号——收入》规定，收入是指企业在日常活动中形成的、会导致所有者权益增加的、与所有者投入资本无关的经济利益的总流入。本章适用于所有与客户之间的合同，不涉及企业对外出租资产收取的租金、进行债权投资收取的利息、进行股权投资取得的现金股利、保险合同取得的保费收入等。企业以存货换取客户的存货、固定资产、无形资产以及长期股权投资等，按照本章进行会计处理；其他非货币性资产交换，按照《企业会计准则第 7 号——非货币性资产交换》进行会计处理。除非特别说明，本章所称商品，既包括商品，也包括服务。

（二）收入的特点

1. 收入产生于企业的日常活动。

日常活动是指企业为完成其经营目标而从事的经常性活动，以及与之相关的其他活动。只有日常活动产生的经济利益流入，才能确认为企业的收入。企业处置固定资产、处置无形资产、接受捐赠、债务重组等不经常发生的活动，不属于日常活动，非日常活动流入的经济利益不能确认为收入。

可以确认收入的企业日常活动主要包括：①销售商品活动。如产品制造企业销售库存商品、自制半成品、原材料和周转材料，商品流通企业销售库存商品等活动。需要注意的是，企业进行的有些活动可能不是经常发生的，如工业企业出售原材料，虽然不是经常发生，但因其与日常活动直接相关，因此该活动应当视同销售商品活动。②提供劳务活动。包括企业从事的建筑安装、修理修配、交通运输、仓储租赁、金融保险、邮电通信、咨询经纪、文化体育、科学研究、技术服务、教育培训、餐饮住宿、中介代理、卫生保健、社区服务、旅游、娱乐、加工等活动。③让渡资产使用权活动。主要包括固定资产、无形资产、包装物等资产的对外出租，出售无形资产使用权，取得债权性投资及股权投资等活动（涉及租赁收入和投资收益的不适用收入准则）。上述日常活动流入的经济利益，符合收入确认条件的，应当确认为收入。

2. 收入将引起企业所有者权益的增加。

企业取得收入一定能导致所有者权益的增加，但是，收入扣除相关成本费用后的净额，则可能增加所有者权益，也可能减少所有者权益。由于收入是经济利益的总流入，因此收入一定能引起企业所有者权益的增加。

3. 收入只包括本企业经济利益的总流入。

企业销售商品或提供劳务为第三方或者客户代收的款项，如增值税销项税额、代收利息等，一方面增加企业的资产，另一方面增加企业的负债，不会增加企业的所有者权益，不能作为本企业的收入。

（三）收入确认原则

根据《企业会计准则第14号——收入》规定，企业应当在履行了合同中的履约义务，即在客户取得相关商品或服务控制权时确认收入。

取得商品控制权同时包括下列三项要素：一是能力。即客户必须拥有现时权利，能够主导该商品的使用并从中获得几乎全部经济利益。二是主导该商品的使用。客户有能力主导该商品的使用，是指客户有权使用该商品，或者能够允许或阻止其他方使用该商品。三是能够获得几乎全部的经济利益。

企业确认收入的方式应当反映其向客户转让商品的模式，收入的金额应当反映企业因转让这些商品而预期有权收取的对价金额。

二、收入的分类

按照收入对企业营业活动的重要性，收入分为主营业务收入和其他业务收入。

（一）主营业务收入

主营业务收入是指企业经常性的、主要业务所产生的收入。如制造业的销售产品、半成品和提供工业性劳务作业的收入；商品流通企业的销售商品收入；旅游服务业的门票收入、客户收入、餐饮收入等。主营业务收入在企业收入中所占的比重较大，是会计信息使用者重点关注的财务指标。

(二) 其他业务收入

其他业务收入是指企业主营业务收入以外的所有通过销售商品、提供劳务收入及让渡资产使用权等日常活动中所形成的经济利益的流入。如产品制造企业原材料及包装物销售、无形资产使用权转让、固定资产出租、包装物出租、运输、废旧物资出售收入等。其他业务收入是企业从事除主营业务以外的其他业务活动所取得的收入，具有不经常发生，每笔业务金额一般不大，占收入的比重较低等特点。需要说明的是，利润表中的营业收入包括主营业务收入和其他业务收入。

三、收入与利得的异同

收入，是指企业在日常活动中形成的、会导致所有者权益增加的、与所有者投入资本无关的经济利益的总流入。

利得，是指企业在非日常活动中形成的、会导致所有者权益增加的、与所有者投入资本无关的经济利益的净流入。

利得分两类：一是计入所有者权益的利得（计入其他综合收益），如其他权益工具投资和其他债权投资的公允价值变动利得。二是计入当期损益的利得（计入营业外收入），如罚款收入、接受捐赠利得等。

收入和利得都会增加所有者权益，都与投入资本无关。两者的根本区别在于收入产生于企业日常活动，利得产生于企业非日常活动。另外，收入是指经济利益的总流入，而利得是指经济利益的净流入。

第二节 收入与合同成本的确认与计量

一、收入确认与计量步骤

2017 年修订后《企业会计准则——收入》规定，收入确认计量分五个步骤：第一，识别与客户订立的合同；第二，识别合同中的单项履约义务；第三，确定交易价格；第四，将交易价格分摊至各单项履约义务；第五，履行每一单项履约义务时确认收入。下面分别说明各步骤的具体确认计量规定。

(一) 识别与客户订立的合同

1. 收入确认的条件及合同的识别。

《企业会计准则第 14 号——收入》规定，企业应当在履行了合同中的履约义务，即在客户取得相关商品控制权时确认收入。

企业与客户之间的合同应当同时满足下列条件，才能在客户取得相关商品控制权时确认收入：

第一，合同各方已批准该合同并承诺将履行各自义务；

第二，合同明确了各方与所转让商品或提供劳务相关的权利和义务；

第三，该合同有明确的与所转让商品相关的支付条款；

第四，该合同具有商业实质；

第五，企业因向客户转让商品而有权取得的对价很可能收回。

对不符合上述五个条件规定的合同，企业只有在不再负有向客户转让商品的剩余义务，且已向客户收取的对价无须退回时，才能将已收取的对价确认为收入；否则，应当将已收取的对价作为负债进行会计处理。没有商业实质的非货币性资产交换，不确认收入。

会计准则规定，在合同开始日即满足上述条件的合同，企业在后续期间无须对其进行重新评估，除非有迹象表明相关事实和情况发生重大变化；在合同开始日不符合上述条件的合同，企业应当对其进行持续评估，在其满足上述条件时再按规定进行会计处理。

确认收入的合同可以采用书面或口头形式，也可以是隐含在主体商业惯例中的形式，不能简单将合同理解为书面合同。

企业与同一客户（或该客户的关联方）同时订立或在相近时间内先后订立的两份或多份合同，在满足下列条件之一时，应当合并为一份合同进行会计处理：(1) 该两份或多份合同基于同一商业目的订立并构成一揽子交易；(2) 该两份或多份合同中一份合同的对价金额取决于其他合同的定价或履行情况；(3) 该两份或多份合同中所承诺的商品（或每份合同中所承诺的部分商品）构成本准则规定的单项履约义务。

2. 合同变更的处理。

合同变更是指经签约各方同意对合同范围及价格所做的变更。合同变更应当分以下几种情况处理：

第一，将合同变更部分作为单独合同进行会计处理。

如果合同变更增加了可明确区分的商品及合同价款，且新增合同价款反映了新增商品单独售价的，应当将合同变更作为一项单独的合同进行会计处理。例如，原合同约定销售 A 产品 1 000 件，在原合同基础上增加销售 B 产品 500 件，合同单独确定 B 产品售价，应当将 B 产品销售作为一项单独的合同进行会计处理。

第二，将合同变更作为原合同终止及新合同订立进行会计处理。

如果合同变更不属于上述第一种情况，且在合同变更日已转让商品和未转让商品之间可以明确区分，应当视为原合同终止，同时将原合同未履约部分和合同变更部分合并为新的合同进行会计处理。例如，原合同约定销售 A 产品 1 000 件，销售方交付 A 产品 600 件后，购买方在原合同基础上要求增加销售 B 产品 100 件，合同没有单独确定 B 产品售价，只是将原合同价格进行调整，销售方应当将尚未交付的 400 件 A 产品和增加的 100 件 B 产品合并为新的合同进行会计处理。

第三，将合同变更部分作为原合同组成部分进行会计处理。

如果合同变更不属于上述第一种情况，且合同变更日已转让商品和未转让商品之间不可以明确区分，应将合同变更部分作为原合同的组成部分进行会计处理。例如，某建筑公司和客户签订了一项总金额为 1 000 万元的固定造价合同，在客户自有土地上建造一栋办公楼，预计合同总成本为 700 万元。假定该建造服务属于某一时间段内履行的履约义务，并根据累计发生的合同成本占合同预计总成本的比例确定履约进度，期末乙公司累计已发生成本 420 万元。第二年，合同双方同意更改该办公楼屋顶的设计，合同价格和预计总成本分别增加 300 万元和 220 万元。由于屋顶设计的修改，无法与原合同明确区分，销售方应当将合同变更部分作为原合同的组成部分进行会计处理。

（二）识别合同中的单项履约义务

合同开始日，企业应当对合同进行评估，识别该合同所包含的各单项履约义务，并确定各单项履约义务是在某一时段内履行，还是在某一时点履行。

履约义务，是指合同中企业向客户转让可明确区分商品的承诺。履约义务既包括合同中明确的承诺，也包括由于企业已公开宣布的政策、特定声明或以往的习惯做法等导致合同订立时客户合理预期企业将履行的承诺。具体来说，企业应当将下列向客户转让商品承诺作为单项履约义务：

第一，企业向客户转让可明确区分商品（或服务）的承诺。

第二，企业向客户转让一系列实质相同且转让模式相同、可明确区分商品的承诺。

企业向客户承诺的商品同时满足下列条件的，应当作为可明确区分商品：

条件一：客户能够从该商品本身或从该商品与其他易于获得资源一起使用中收益；

条件二：企业向客户转让该商品的承诺与合同中其他承诺可单独区分。

下列情形通常表明企业向客户转让该商品的承诺与合同中其他承诺不可单独区分：

（1）企业需要提供重大的服务以将该商品与合同中承诺的其他商品整合成合同约定的组合产出转让给客户。（2）该商品将对合同中承诺的其他商品予以重大修改或定制。（3）该商品与合同中承诺的其他商品具有高度关联性。

企业为履行合同而开展的初始活动，通常不构成履约义务，除非该活动向客户转让了承诺的商品。

【例11-1】豫章股份有限公司与B公司签订一项设备销售合同,合同约定豫章股份有限公司向B公司出售大型设备一台,售价1 000万元,增值税130万元。合同同时约定由豫章股份有限公司负责设备安装工作,安装费100万元及增值税10万元。安装完工后,B公司向豫章股份有限公司支付设备价款1 130万元(含增值税)和安装费110万元(含增值税),由于设备销售与安装劳务属于可明确区分商品(或服务)的承诺。因此该项销售合同包含两项单项履约业务,应当在履行每个单项履约业务时确认收入。

若上例合同约定由豫章股份有限公司免费提供设备安装,不收取设备安装费,安装完工后B公司向豫章股份有限公司支付设备款1 130万元,在这种情况下,设备安装业务不属于可明确区分的承诺,不属于单项履约义务。

(三) 确定交易价格

交易价格,是指企业因向客户转让商品而预期有权收取的对价金额。企业代第三方收取的款项以及企业预期将退还给客户的款项,作为负债进行会计处理,不计入交易价格。例如,履行交付商品义务收到的增值税,属于为国家代收的税款,不能确认为收入,应当确认为负债。

企业应当根据合同条款,并结合其以往的习惯做法确定交易价格。在确定交易价格时,企业应当考虑可变对价、合同中存在的重大融资成分、非现金对价、应付客户对价等因素的影响。

1. 确定可变对价对交易价格的影响。

可变对价是指企业与客户签订的合同中因为折扣、折让、返利退款、奖励积分、索赔等因素变化而影响的对价。

会计准则规定,合同中存在可变对价的,企业应当按照期望值或最可能发生金额确定可变对价的最佳估计数,但包含可变对价的交易价格,应当不超过在相关不确定性消除时累计已确认收入极可能不会发生重大转回的金额。企业在评估累计已确认收入是否极可能不会发生重大转回时,应当同时考虑收入转回的可能性及其比重。每一资产负债表日,企业应当重新估计应计入交易价格的可变对价金额,以如实反映报告期末存在的情况。

2. 合同中存在重大融资成分对交易价格的影响。

会计准则规定,合同中存在重大融资成分的,企业应当按照假定客户在取得商品控制权时即以现金支付的应付金额确定交易价格。该交易价格与合同对价之间的差额,应当在合同期间内采用实际利率法摊销。例如,企业超过正常信用期分期收款销售商品,应当按商品的现销价格确定交易价格,或者按未来应收金额的现值确定交易价格。

3. 非现金对价对交易价格的影响。

会计准则规定，客户支付非现金对价的，企业应当按照非现金对价的公允价值确定交易价格。非现金对价的公允价值不能合理估计的，企业应当参照其承诺向客户转让商品的单独售价间接确定交易价格。非现金对价的公允价值因对价形式以外的原因而发生变动的，应当作为可变对价。

【例11-2】豫章股份有限公司与B公司签订一项商品销售合同，合同约定豫章股份有限公司向B公司出售P商品1 000件，商品单独售价100万元，增值税13万元，豫章股份有限公司交付商品给B公司后，B公司用银行存款支付80%价款80万元及增值税10.4万元，其余20%价款B公司用一台设备抵偿，该设备公允价值20万元，账面价值15万元。该销售合同只有一项履约义务，豫章股份有限公司确定该合同的交易价格为100万元。

4. 应付客户对价对交易价格的影响。

存在企业应付客户对价的，应当将该应付对价冲减交易价格，并在确认相关收入与支付客户对价两者孰晚的时点冲减当期收入，但应付客户对价是为了向客户取得其他可明确区分商品的除外。例如，销售商品按照销售合同销售方对购买方按销售量给予购买方的返利，应当冲减交易价格。

（四）将交易价格分摊至各单项履约义务

会计准则规定，合同中包含两项或多项履约义务的，企业应当在合同开始日，按照各单项履约义务所承诺商品的单独售价的相对比例，将交易价格分摊至各单项履约义务。

企业在类似环境下向类似客户单独销售商品的价格，应作为确定该商品单独售价的最佳证据。单独售价无法直接观察的，企业应当综合考虑其能够合理取得的全部相关信息，采用市场调整法、成本加成法、余值法等方法合理估计单独售价。市场调整法，是指企业根据某商品或类似商品的市场售价考虑本企业的成本和毛利等进行适当调整后，确定其单独售价的方法。成本加成法，是指企业根据某商品的预计成本加上其合理毛利后的价格，确定其单独售价的方法。余值法，是指企业根据合同交易价格减去合同中其他商品可观察的单独售价后的余值，确定某商品单独售价的方法。企业在商品近期售价波动幅度巨大，或者因未定价且未曾单独销售而使售价无法可靠确定时，可采用余值法估计其单独售价。

在估计单独售价时，企业应当最大限度地采用可观察的输入值，并对类似的情况采用一致的估计方法。但一份合同如果只包含一个单项履约义务，就不需要将交易价格在各项履约义务之间分摊。

【例11-3】豫章股份有限公司2024年4月10日与B公司签订一份商品销售合同，合同约定豫章股份有限公司向B公司出售甲、乙两种产品，甲产品单独售价是20 000元，乙产品单独售价是30 000元，均不含增值税，增值税率均为

13%，合同约定的不含增值税的交易价格为 45 000 元。合同约定甲产品在合同签订日交付，乙产品在合同签订日后 20 日再交付，交付完两种产品后豫章股份有限公司才能获得价款。经确认甲、乙产品销售均构成单项履约义务、客户在交付商品时获得商品控制权。

要求：将交易价格在各项履约义务之间分摊并编制会计分录。

交易价格分摊率 = 45 000 ÷ (20 000 + 30 000) = 0.9

甲产品分摊额 = 20 000 × 0.9 = 18 000（元）

乙产品分摊额 = 30 000 × 0.9 = 27 000（元）

合同签订日交付甲产品时，因为必须交付全部产品才能获得收款权，因此只能将交付甲产品产生的收款权确认为合同资产，不能确认为应收账款。

借：合同资产　　　　　　　　　　　　　　　　　18 000
　　贷：主营业务收入　　　　　　　　　　　　　18 000

20 日后交付乙产品时，乙产品收款权及合同资产均已符合应收账款确认条件，可以确认应收账款。

借：应收账款　　　　　　　　　　　　　　　　　50 850
　　贷：合同资产　　　　　　　　　　　　　　　18 000
　　　　主营业务收入　　　　　　　　　　　　　27 000
　　　　应交税费——应交增值税（销项税额）　　 5 850

注意：合同资产是指企业向客户转让商品产生的有权收取对价的权利，且该权利取决于时间流逝外的其他因素。应收账款是企业无条件收取对价的权利。

会计准则规定，将交易价格分摊至各单项履约义务，还必须考虑合同折扣、可变对价交易价格的后续波动等因素。

1. 合同折扣的分摊方法。

合同折扣，是指合同中各单项履约义务所承诺商品的单独售价之和高于合同交易价格的金额。对于合同折扣，企业应当在各单项履约义务之间按比例分摊。有确凿证据表明合同折扣仅与合同中一项或多项（而非全部）履约义务相关的，企业应当将该合同折扣分摊至相关一项或多项履约义务。合同折扣仅与合同中一项或多项（而非全部）履约义务相关，且企业采用余值法估计单独售价的，应当首先按照前款规定在该一项或多项（而非全部）履约义务之间分摊合同折扣，然后采用余值法估计单独售价。

【例 11 – 4】 A、B 两种产品的单独售价分别为 20 000 元和 30 000 元，单独售价合计 50 000 元，合同约定同时交付两种产品的合同价格为 45 000 元，产生合同折扣 5 000 元。

合同折扣分摊率 = 5 000 ÷ (20 000 + 30 000) = 0.1

A 产品分摊折扣 = 20 000 × 0.1 = 2 000（元）

B 产品分摊折扣 = 30 000 × 0.1 = 3 000（元）

2. 可变对价的分摊方法。

可变对价是指企业与客户签订的合同中因为折扣、折让、返利退款、奖励积分、索赔等因素变化而影响的对价。对于可变对价，同时满足下列条件的，企业应当将其分摊至与之相关的一项或多项履约义务，或者分摊至构成单项履约义务的一系列可明确区分商品中的一项或多项商品。

第一，可变对价的条款专门针对企业为履行该项履约义务或转让该项可明确区分商品中的某项商品所做的努力或特定结果。

第二，企业将合同对价中的可变金额全部分摊至该项履约义务或该项可明确区分商品符合分摊交易价格的目标。

对于已履行的履约义务，其分摊的可变对价后续变动额应当调整变动当期的收入。例如，企业分摊至某项明确可区分商品的销售折让或奖励积分应当冲减该商品已经确认的收入。

由于商品的质量、规格等不符合要求，销售单位同意在商品价格上给予的销售折让，在核算时，应当将其作为收入的抵减数处理。具体来说，如果销售折让发生在销售方确认收入前，可以视同合同折扣进行会计处理；如果销售方确认收入后发生销售折让，除属于资产负债表日后事项的外，应当冲减折让发生当期的收入。

【例11-5】豫章股份有限公司2024年5月10日销售一批商品，增值税发票注明的售价为100万元，增值税为13万元，该批产品的成本为60万元。5月10日购买方取得了商品的控制权。购买方检验过程中发现部分商品质量与合同要求不一致，2024年5月30日通知豫章股份有限公司，要求给予价款5%的折让，甲公司同意折让。2024年6月5日豫章股份有限公司收到价款。

豫章股份有限公司所做的会计分录为：

2024年5月10日销售实现时：

借：应收账款	1 130 000
贷：主营业务收入	1 000 000
应交税费——应交增值税（销项税额）	130 000
借：主营业务成本	600 000
贷：库存商品	600 000

2024年5月30日发生销售折让时：

借：主营业务收入	50 000
应交税费——应交增值税（销项税额）	6 500
贷：应收账款	56 500

2024年6月5日实际收款时：

借：银行存款　　　　　　　　　　　　　　　1 073 500
　　贷：应收账款　　　　　　　　　　　　　　　1 073 500

（五）履行每一单项履约义务时确认收入

企业应当在履行了合同中的履约义务，即客户取得相关商品控制权时确认收入。企业应当根据实际情况，首先判断履约义务是否满足在某一时段内履行的条件，如不满足条件，则该履约义务属于在某一时点履行的履约义务。对于在某一时段内履行的履约义务，企业应当选取恰当的方法来确定履约进度；对于在某一时点履行的履约义务，企业应综合分析控制权转移的迹象判断其转移时点。

1. 在某一时段内的履约义务的收入确认。

在某一时段内的履约义务的收入确认条件：满足下列条件之一的，属于在某一时段内履行的履约义务，相关收入应当在该履约义务履行的期间内确认：

第一，客户在企业履约的同时即取得并消耗企业履约所带来的经济利益。

第二，客户能够控制企业履约过程中在建的商品。企业在履约过程中创建的商品包括在产品、在建工程、尚未完成的研发项目、正在进行的服务等。

第三，企业在整个合同期间内有权就累计至今已完成的履约部分收取款项。

对于在某一时段内履行的履约义务，企业应当在该段时间内按照履约进度确认收入，履约进度不能合理确定的除外。企业应当采用恰当的方法确定履约进度，以使其如实反映企业向客户转让商品的履约情况。

企业应当考虑商品的性质，采用产出法或投入法确定恰当的履约进度，并在确定履约进度时，应当扣除那些控制权尚未转移给客户的商品和服务。

第一，产出法主要是根据已转移给客户的商品对于客户的价值确定履约进度，如已经完成的工作量占合同工作量的比例。例如，某安装合同约定合同工时共5 000小时，工期18个月，截至2017年年末实际完成安装工时2 800小时，则履约进度为56%。

第二，投入法主要是根据企业履行履约义务的投入确定履约进度，主要包括已投入的材料数量、花费的人工工时或机器工时、发生的成本和时间进度等投入指标确定履约进度。例如，合同预计总成本800万元，截至2017年年末，实际发生履约成本240万元，则履约进度为30%。

注意：对于每一项履约义务，企业只能采用一种方法来确定其履约进度，并加以一贯运用。

在某一时段内履行的履约义务收入确认具体方法如下：

资产负债表日，企业应当在按照合同的交易价格总额乘以履约进度再扣除以前会计期间累计已确认的收入后的金额，确认为当期收入。

会计准则规定，当履约进度不能合理确定时，企业已经发生的履约成本预计能够得到补偿的，应当按照已经发生的履约成本金额确认收入，直到履约进度能够合理确定为止。

【例 11-6】豫章股份有限公司与 B 公司签订一项工程建造合同，合同约定豫章股份有限公司 2023 年 4 月 1 日开始为 B 公司建造一项污水处理系统，合同约定交易价格为 1 000 万元，合同工期 24 个月（两年），豫章股份有限公司预计合同履约成本为 800 万元，该合同只有一项履约义务。豫章股份有限公司预计 B 公司能够按照合同约定的期限支付建造费用。截至 2023 年 12 月 31 日豫章股份有限公司累计发生履约成本 240 万元，2024 年 12 月 31 日，豫章股份有限公司累计发生履约成本 640 万元。

判断：上述建造合同属于一段时期内履行的履约义务，豫章股份有限公司应当在资产负债表日按照履约进度确认收入。假设豫章股份有限公司每年末确认收入。豫章股份有限公司按发生的履约成本占合同预计总成本的比例确定履约进度。

2023 年 12 月 31 日履约进度 = 240/800 = 30%

2023 年 12 月 31 应当确认收入 = 1 000 × 30% = 300（万元）

2024 年 12 月 31 日履约进度 = 640 ÷ 800 = 80%

2024 年 12 月 31 日应当确认收入 = 1 000 × 80% - 300 = 500（万元）

2. 在某一时点的履约义务收入的确认。

当一项履约义务不属于在某一时段内的履约义务时，应当属于在某一时点的履约义务。对于在某一时点的履约义务，企业应当在客户取得相关商品控制权时点确认收入。判断客户是否已取得商品控制权时，应当考虑下列迹象：

第一，企业就该商品享有现时收款权利，即客户就该商品负有现时付款义务；

第二，企业已将该商品的法定所有权转移给客户，即客户已拥有该商品的法定所有权；

第三，企业已将该商品实物转移给客户，即客户已实际占有该商品；

第四，企业已将该商品所有权上的主要风险和报酬转移给客户，即客户已取得该商品所有权上的主要风险和报酬；

第五，客户已接受该商品；

第六，其他表明客户已取得商品控制权的迹象。

同时具备上述条件，通常表明客户已取得商品控制权。

二、合同成本的确认与计量

（一）合同履约成本

会计准则规定，企业为履行合同可能会发生各种成本，企业在确认收入的同时应当对这些成本进行分析，属于存货、固定资产、无形资产等规范范围的，应当按照相关章节进行会计处理。例如，为他人提供信息咨询服务购入的计算机系统应当确认为固定资产，能够单独计量的相关软件应当确认为无形资产。

不属于其他章节规范范围且同时满足下列条件的，应当作为合同履约成本确认为一项资产：

第一，该成本与一份当前或预期取得的合同直接相关。

预期取得的合同应当是企业能够明确识别的合同。例如，现有合同续约后的合同、尚未获得批准的特定合同等。与合同直接相关的成本包括直接人工、直接材料、制造费用或类似费用。

第二，该成本增加了企业未来用于履行（或持续履行）履约义务的资源。

第三，该成本预期能够收回。例如，劳务提供企业为履行劳务合同规定义务发生的直接材料费用、直接人工费用等就属于合同履约成本，发生时借记"合同履约成本"科目，贷记"原材料""应付职工薪酬"等科目。

注意：企业应当在下列支出发生时，将其计入当期损益：

（1）管理费用，除非这些费用明确由客户承担；

（2）非正常消耗的直接材料、直接人工和制造费用，因为这些支出为履行合同发生，但未反映在合同价格中；

（3）与履约义务中已履行（包括已全部履行或部分履行）部分相关的支出，即该支出与企业过去的履约活动相关；

（4）无法在尚未履行与已履行（或已部分履行）履约义务之间区分的相关支出。

（二）合同取得成本

企业为取得合同发生的增量成本预期能够收回的，应当作为合同取得成本确认为一项资产。

增量成本，是指企业不取得合同就不会发生的成本，如销售佣金等。增量成本可以采用简化处理方法，在发生时计入当期损益。企业采用该简化处理方法的，应当对所有类似合同一致采用。企业为取得合同发生的、除预期能够收回的增量成本之外的其他支出。例如，无论是否取得合同均会发生的差旅费、投标费、为准备投标资料发生的相关费用等，应当在发生时计入当期损益，除非这些支出明确由客户承担。因现有合同续约或发生合同变更需要支付的额外佣金，也属于为取得合同发生的增量成本。

（三）与合同履约成本和合同取得成本有关的资产的摊销和减值

1. 摊销的主要规定。

对于确认为资产的合同履约成本和合同取得成本，企业应当采用与该资产相关的商品收入确认相同的基础进行摊销，计入当期损益。

2. 减值的主要规定。

合同履约成本和合同取得成本的账面价值高于下列两项的差额的，超出部分应当减值准备：

（1）企业因转让该资产相关的商品预期能够取得的剩余对价；

（2）为转让该相关商品估计将要发生的成本。

会计准则规定，计提合同履约成本和合同取得成本的减值准备以后期间可以转回。

第三节　关于一般交易的会计处理

如果一份合同只包括一项履约义务，不需要识别合同中的各单项履约义务，也不需要在各单项履约义务之间分摊交易价格，且交易合同中没有特殊条款规定，这种交易属于一般交易。一般交易的核算，包括收入的确认、销售成本的结转、销售费用的结转、税金及附加的计算，以及合同折扣、销售折让和销售退回等核算内容。对一般交易，销售方应当区分该交易是属于某一时点的履约义务还是某一时段的履约义务，采用不同的方法确认计量收入。需要说明的是，企业将库存商品用于职工福利发放、抵债、投资、分配利润等，应当视同销售商品处理，确认收入并结转成本。实际工作中，一般交易采用的结算方式不同，会计处理也不同。

一、收入核算应设置的会计科目

为了总括地反映主营业务收入的实现情况，企业应设置"主营业务收入"科目。该科目核算企业销售商品、自制半成品和提供劳务等发生的收入，企业发生的销货退回、销售折让都作为冲减商品销售收入处理。该科目的贷方登记出售商品或自制半成品、提供劳务等取得的收入，借方登记发生的销售退回、销售折让。贷方余额为销售净收入，期末应将销售净收入转入"本年利润"科目，结转后"主营业务收入"科目无余额。该科目应按商品或劳务种类设置明细分类账，进行明细分类核算。另外，企业应当设置"其他业务收入"账户，用于核算销售原材料、周转材料等其他经营业务取得的收入。"其他业务收入"账户结构与"主营业务收入"账户结构基本相同。

根据收入与费用相配比的原则，企业在确定一定时期主营业务收入的同时，必须确定为取得收入而发生的必要的耗费和支出。为了准确核算这些耗费与支出，企业应设置"主营业务成本""其他业务成本""销售费用""税金及附加"和"发出商品"等科目。

"主营业务成本"科目，用来核算企业销售商品或自制半成品、提供工业性劳务等的成本，该科目的借方登记销售商品的成本，期末将科目余额转入"本年利润"科目，结转后该科目无余额，该科目应按"主营业务收入"相同口径设置明细分类账，进行明细分类核算。

"其他业务成本"科目，用于核算企业销售原材料、周转材料等业务应当结转的成本，该科目的借方登记销售材料结转的成本，贷方登记期末结转至"本年利润"科目的其他业务成本，结转后该科目无余额。

"发出商品"科目，专门用于核算企业未满足收入确认条件但已发出商品的实际成本（或进价）或计划成本（或售价）。采用支付手续费方式委托其他单位代销的商品，也可以单独设置"委托代销商品"科目。该科目可按购货单位、商品类别和品种进行明细核算。

"销售费用"科目，核算企业为销售商品而发生的销售费用，包括销售商品发生的运杂费、各种促销费用（如广告费）以及专设销售机构发生的各种费用。

"税金及附加"科目，核算企业销售商品、提供劳务等负担的税金及附加，包括消费税、资源税、城市维护建设税、教育费附加等。该科目借方登记按照规定计算出企业应负担的税金及附加。期末将该科目余额转入"本年利润"科目，结转后一般无余额。

"合同资产"科目，核算企业已向客户转让商品而有权收取对价的权利，应该按照合同进行明细核算。需要注意的是合同资产与应收账款的区别：

"应收账款"是企业无条件收取合同对价的权利，企业仅仅随着时间的流逝即可收款，企业仅承担信用风险。

"合同资产"并不是一项无条件收款权，该权利除了时间流逝之外，还取决于其他条件（例如，履行合同中的其他履约义务）才能收取相应的合同对价，企业除承担信用风险之外，还可能承担其他风险，如履约风险等。

"合同资产减值准备"科目，核算与合同资产有关的减值准备，可以按照合同进行明细核算。

"合同负债"科目，核算企业已收或者应收客户对价而应该向客户转让商品的义务，应该按照合同进行明细核算。需要注意的是，企业应转让商品的预收款，适用新收入准则进行会计处理时，不再使用"预收账款"科目，而使用"合同负债"科目。但企业与购买方订立合同前收到的预收货款，仍然通过"预收账款"科目核算。

注意：合同资产和合同负债应在资产负债表中单独列示，同一合同下的合同资产和合同负债应当以净额列示，同一合同下也可以设置"合同结算——价款结算""合同结算——收入结算"，在报表中按流动性，分别列示为"合同资产"或"其他非流动资产"以及"合同负债"或"其他非流动负债"。

"合同履约成本"科目，核算企业为履行当前合同或者预期取得合同所发生的应当确认为一项资产的成本，具体包括与合同直接相关的成本包括直接人工、直接材料、制造费用或类似费用（如与组织和管理生产、施工、服务等活动发生的费用，包括人员的职工薪酬、劳动保护费、固定资产折旧费及修理费、物料消耗、取暖费、水电费、办公费、差旅费、财产保险费、工程保修费、排污费、临时设施摊销费等），以及仅因该合同而发生的其他成本（如支付给分包商的成本、机械使用费、设计和技术援助费用、施工现场二次搬运费、生产工具和用具使用费、检验试验费、工程定位复测费、工程点交费用、场地清理费等）。

"合同履约成本减值准备"科目，核算与合同履约成本有关的资产的减值准备，可以按照合同进行明细核算。

"合同取得成本"科目，核算企业取得合同发生的、预计能够收回的增量成本，可以按照合同进行明细核算。增量成本，是指企业不取得合同就不会发生的成本。

"合同取得成本减值准备"科目，核算与合同取得成本有关的资产的减值准备，可以按照合同进行明细核算。

二、某一时点的履约义务的核算

企业销售库存商品（包括自制半成品）、原材料、周转材料等交易，通常属于在某一时点履行的履约义务，应当在履行了合同规定的履约义务，同时客户取得商品控制权时确认收入。如果一份合同只有一项履约义务，就不需要将交易价格在各履约义务之间进行分摊，如果交易价格不存在可变对价等因素的影响，企业应当按照合同约定的交易价格计量收入。由于交易采用的结算方式不同，会计处理也不同。

（一）采用委托收款、托收承付结算方式销售商品

采用委托收款、托收承付结算方式销售商品，办妥托收手续时一般表明销售方履行了履约义务同时客户取得了商品控制权，应当确认收入实现，销售实现时通过"应收账款"或"合同资产"科目核算。

【例11-7】豫章股份有限公司5月5日出售给K公司甲产品1 000件，增值税专用发票注明价款500 000元，增值税额65 000元，代垫包装费1 000元，已向银行办妥托收手续，该收款权属于应收账款核算。编制会计分录如下：

借：应收账款——K公司　　　　　　　　　　　　　566 000
　　贷：银行存款　　　　　　　　　　　　　　　　　1 000
　　　　主营业务收入　　　　　　　　　　　　　500 000
　　　　应交税费——应交增值税（销项税额）　　　65 000

(二) 采用商业汇票结算方式销售商品

采用商业汇票结算方式销售商品，商品发出并收到商业汇票（含商业承兑汇票和银行承兑汇票）时，通常表明销售方履行了履约义务同时客户取得了商品控制权，应当确认收入实现，销售实现时通过"应收票据"科目核算。

【例 11-8】豫章股份有限公司 2025 年 5 月 15 日向深农公司销售乙产品 400 件，增值税发票注明价款 80 000 元，增值税额 10 400 元，企业代垫运杂费 1 000 元，深农公司开出期限三个月的商业承兑汇票一张。编制会计分录如下：

借：应收票据 91 400
　　贷：银行存款 1 000
　　　　主营业务收入 80 000
　　　　应交税费——应交增值税（销项税额） 10 400

(三) 销售商品收到银行汇票、银行本票、转账支票、汇款等

销售商品收到银行汇票、银行本票、转账支票、汇款等，商品发出并收到款项一般表明销售方履行了履约义务同时客户取得了商品控制权，应当确认收入实现，销售实现时通过"银行存款"科目核算。

【例 11-9】豫章股份有限公司 2025 年 5 月 25 日向世康公司销售乙产品 200 件，增值税发票注明价款 20 000 元，增值税额 2 600 元，企业收到世康公司的银行汇票一张，已办理好收款手续。编制会计分录如下：

借：银行存款 22 600
　　贷：主营业务收入 20 000
　　　　应交税费——应交增值税（销项税额） 2 600

(四) 采用预收货款方式销售商品

采用预收货款方式销售商品，一般应当在商品发出时确认收入实现，预收的货款应当确认为一项负债，通过"合同负债"科目核算。

【例 11-10】豫章股份有限公司 5 月 10 日向世佳商场采用预收货款方式销售甲产品。

(1) 5 月 10 日按合同向世佳商场预收货款 500 000 元。

编制会计分录如下：

借：银行存款 500 000
　　贷：合同负债——世佳商场 500 000

(2) 5 月 28 日按合同规定向世佳商场发出甲产品 1 000 件，增值税发票注明价款 600 000 元，增值税额 78 000 元，确认销售收入实现。编制会计分录如下：

借：合同负债——世佳商场 678 000
　　贷：主营业务收入 600 000
　　　　应交税费——应交增值税（销项税额） 78 000

(3) 收到世佳商场补付的价款。编制会计分录如下：

借：银行存款　　　　　　　　　　　　　　　　　　　178 000
　　贷：合同负债　　　　　　　　　　　　　　　　　　178 000

注意：如果销售方在合同订立前收到预收货款，仍然计入"预收账款"。

（五）商品发出但不符合收入确认条件的商品销售

如果企业售出的商品不符合销售收入确认条件，不应确认收入，已经发出但尚未确认销售收入的商品成本应通过"发出商品"核算。但相关的增值税销项税额一般应当在商品发出时确认。

【例 11-11】豫章股份有限公司 2024 年 5 月 5 日出售给 K 公司 1 000 件产品，售价 500 元/件，增值税率 13%，代垫付运杂费 1 000 元，商品成本 350 元/件。发出商品并办妥托收手续后得知，K 公司在另一笔交易中发生巨额损失，资金周转紧张，经与 K 公司交涉，此项货款短期内收回的可能性很小。商品发出时因不符合识别与客户订立合同环节规定的交易对价很可能收回的条件，豫章股份有限公司不能确认收入，但销售商品的增值税纳税义务在商品发出时已经发生。豫章股份有限公司按照规定对上述不符合条件的合同进行持续评估，到 2024 年 10 月 20 日，K 公司财务状况已经好转，并承诺支付全部货款，已经符合收入确认条件。2024 年 10 月 30 日豫章股份有限公司收到全部货款。

豫章股份有限公司应编制如下会计分录：

(1) 5 月 5 日将已发出商品成本转入"发出商品"科目，该批商品的成本为 350 000 元，不符合收入确认原则。会计分录如下：

借：发出商品　　　　　　　　　　　　　　　　　　　350 000
　　贷：库存商品——甲产品　　　　　　　　　　　　350 000

(2) 将增值税和代垫付运杂费计入应收账款，会计分录如下：

借：应收账款——K 公司　　　　　　　　　　　　　　66 000
　　贷：银行存款　　　　　　　　　　　　　　　　　　1 000
　　　　应交税费——应交增值税（销项税额）　　　　65 000

(3) 10 月 20 日，销售收入予以确认，会计分录如下：

借：应收账款——K 公司　　　　　　　　　　　　　　500 000
　　贷：主营业务收入　　　　　　　　　　　　　　　　500 000
借：主营业务成本　　　　　　　　　　　　　　　　　350 000
　　贷：发出商品　　　　　　　　　　　　　　　　　　350 000

(4) 10 月 30 日收到货款：

借：银行存款　　　　　　　　　　　　　　　　　　　566 000
　　贷：应收账款　　　　　　　　　　　　　　　　　　566 000

（六）销售原材料、周转材料的核算

出售原材料、周转材料一般属于其他经营活动，相关收入应当确认为"其他

业务收入",材料成本应当结转为"其他业务成本"。

【例 11-12】豫章股份有限公司为设备制造企业,2025 年 2 月 10 日根据合同将 3 000 千克的原材料出售给 B 公司,豫章股份有限公司交付原材料给 B 公司时,B 公司即取得了对原材料的控制权,合同约定交易价格为 200 元/千克,增值税率 13%,价款收到转账支票。原材料实际成本 140 元/千克。

豫章股份有限公司编制会计分录如下:

借:银行存款　　　　　　　　　　　　　　　　　　678 000
　　贷:其他业务收入　　　　　　　　　　　　　　　600 000
　　　　应交税费——应交增值税(销项税额)　　　　 78 000
借:其他业务成本　　　　　　　　　　　　　　　　420 000
　　贷:原材料　　　　　　　　　　　　　　　　　　420 000

三、某一时段内的履约义务的核算

对于在某一时段内履行的履约义务,企业应当在该段时间内按照履约进度确认收入,履约进度不能合理确定的除外。企业应当采用恰当的方法确定履约进度,以使其如实反映企业向客户转让商品的履约情况。

企业应当考虑商品的性质,采用产出法或投入法确定恰当的履约进度,并在确定履约进度时,应当扣除那些控制权尚未转移给客户的商品和服务。

【例 11-13】豫章股份有限公司于 2024 年 12 月 1 日接受一项设备安装任务,安装期为 3 个月,合同总收入 600 000 元,至年底已预收安装费 440 000 元,实际发生安装费用为 280 000 元(假定均为安装人员薪酬),估计还将发生安装费用 120 000 元。假定豫章股份有限公司按实际发生的成本占估计总成本的比例确定安装的履约进度,不考虑增值税等其他因素。豫章股份有限公司的账务处理如下:

实际发生的成本占估计总成本的比例
= 280 000 ÷ (280 000 + 120 000) × 100% = 70%
2024 年 12 月 31 日确认的劳务收入 = 600 000 × 70% - 0 = 420 000(元)。
(1) 实际发生劳务成本:
借:合同履约成本　　　　　　　　　　　　　　　　280 000
　　贷:应付职工薪酬　　　　　　　　　　　　　　　280 000
(2) 预收劳务款:
借:银行存款　　　　　　　　　　　　　　　　　　440 000
　　贷:合同负债　　　　　　　　　　　　　　　　　440 000
(3) 2024 年 12 月 31 日确认劳务收入并结转劳务成本:
借:合同负债　　　　　　　　　　　　　　　　　　420 000
　　贷:主营业务收入　　　　　　　　　　　　　　　420 000

借：主营业务成本　　　　　　　　　　　　　　　　　280 000
　　贷：合同履约成本　　　　　　　　　　　　　　　　　280 000

企业对外提供建造、安装、施工的工程合同，通常属于在某一时段内履行的履约义务，应当按照履约进度确认收入，同一合同下可以设置"合同结算"科目核算合同资产和合同负债。

【例11-14】豫章股份有限公司为建筑施工企业，2024年1月1日，豫章股份有限公司与B公司签订一项建造工程合同，合同约定该工程的造价为6 000万元（不含增值税），工程期限为1年半，合同签订后立即施工，双方半年结算一次。预计2025年6月30日竣工，预计可能发生的总成本为4 000万元。假定该建造工程整体构成单项履约义务，并属于在某一时段履行的履约义务，豫章股份有限公司采用成本法确定履约进度，增值税税率为9%，不考虑其他相关因素。豫章股份有限公司每半年计算一次履约进度。

2024年6月30日，工程累计实际发生成本1 200万元，其中领用原材料900万元，职工薪酬300万元。B公司与豫章股份有限公司结算合同价款2 000万元（不含增值税），豫章股份有限公司实际收到价款2 180万元（含增值税）。假定豫章股份有限公司确认收入时发生增值税纳税义务，B公司在实际支付工程价款的同时支付其对应的增值税款。

（1）2024年1月1日至6月30日实际发生工程成本1 200万元。
借：合同履约成本　　　　　　　　　　　　　　　　　1 200
　　贷：原材料　　　　　　　　　　　　　　　　　　　 900
　　　　应付职工薪酬　　　　　　　　　　　　　　　　 300
（2）2024年6月30日：
履约进度=1200÷4000=30%；合同收入=6 000×30%=1 800。
借：合同结算　　　　　　　　　　　　　　　　　　　1 962
　　贷：主营业务收入　　　　　　　　　　　　　　　　1 800
　　　　应交税费——应交增值税（销项税额）　　　　　　162
借：主营业务成本　　　　　　　　　　　　　　　　　1 200
　　贷：合同履约成本　　　　　　　　　　　　　　　　1 200
借：应收账款　　　　　　　　　　　　　　　　　　　2 180
　　贷：合同结算　　　　　　　　　　　　　　　　　　2 180
借：银行存款　　　　　　　　　　　　　　　　　　　2 180
　　贷：应收账款　　　　　　　　　　　　　　　　　　2 180

2024年7月1日至2024年12月31日发生成本2 000万元，其中领用原材料1 500万元，职工薪酬500万元。累计发生成本3 200万元。B公司与豫章股份有限公司结算合同价款3 000万元（不含增值税），豫章股份有限公司实际收到价款 3 270 万元（含增值税）。

(1) 2024 年 7 月 1 日至 12 月 31 日实际发生工程成本时：

借：合同履约成本　　　　　　　　　　　　　　　　2 000
　　贷：原材料　　　　　　　　　　　　　　　　　　　1 500
　　　　应付职工薪酬　　　　　　　　　　　　　　　　　500

(2) 2024 年 12 月 31 日：

履约进度 = 3 200 ÷ 4 000 = 80%；合同收入 = 6 000 × 80% − 1 800 = 3 000。

借：合同结算　　　　　　　　　　　　　　　　　　3 270
　　贷：主营业务收入　　　　　　　　　　　　　　　　3 000
　　　　应交税费——应交增值税（销项税额）　　　　　 270
借：主营业务成本　　　　　　　　　　　　　　　　2 000
　　贷：合同履约成本　　　　　　　　　　　　　　　　2 000
借：应收账款　　　　　　　　　　　　　　　　　　3 270
　　贷：合同结算　　　　　　　　　　　　　　　　　　3 270
借：银行存款　　　　　　　　　　　　　　　　　　3 270
　　贷：应收账款　　　　　　　　　　　　　　　　　　3 270

2025 年 1 月 1 日至 2025 年 6 月 30 日工程实际发生成本 900 万元，其中领用原材料 700 万元，职工薪酬 200 万元，工程累计实际发生成本 4 100 万元，B 与豫章股份有限公司结算了其余合同价款 1 000 万元（不含增值税），豫章股份有限公司 2025 年 6 月 30 日收到其余工程款 1 090 万元（含增值税）。

(1) 2025 年 1 月 1 日至 6 月 30 日实际发生工程成本时：

借：合同履约成本　　　　　　　　　　　　　　　　　900
　　贷：原材料　　　　　　　　　　　　　　　　　　　　700
　　　　应付职工薪酬　　　　　　　　　　　　　　　　　200

(2) 2025 年 6 月 30 日：

由于当日该工程已竣工决算，其履约进度为 100%。

合同收入 = 6 000 − 1 800 − 3 000 = 1 200。

借：合同结算　　　　　　　　　　　　　　　　　　1 308
　　贷：主营业务收入　　　　　　　　　　　　　　　　1 200
　　　　应交税费——应交增值税（销项税额）　　　　　 108
借：主营业务成本　　　　　　　　　　　　　　　　　900
　　贷：合同履约成本　　　　　　　　　　　　　　　　　900
借：应收账款　　　　　　　　　　　　　　　　　　1 090
　　贷：合同结算　　　　　　　　　　　　　　　　　　1 090

借：银行存款　　　　　　　　　　　　　　　　　　　　　1 090
　　贷：应收账款　　　　　　　　　　　　　　　　　　　　1 090

注意：会计准则规定，当履约进度不能合理确定时，企业已经发生的成本预计能够得到补偿的，应当按照已经发生的成本金额确认收入，直到履约进度能够合理确定为止。

四、结转营业成本的会计处理

企业销售商品、提供劳务，可以逐笔计算结转营业成本，也可以在月份终了，编制"商品发出汇总表""劳务成本汇总表"等汇总原始凭证，汇总已销商品、自制半成品和已提供劳务的实际成本，然后根据上述汇总表一次性结转营业成本，借记"主营业务成本""其他业务成本"等科目，贷记"库存商品""原材料""合同履约成本"等科目。需要注意的是，收入与其相关的成本可以不需要同时计算结转，但必须在同一会计期间结转。

【例 11-15】豫章股份有限公司5月末，根据"一般销售商品业务商品发出汇总表"如表 11-1 所示。

表 11-1　　　　　　　　　×××年5月31日

产品名称	计量单位	数量	单位成本	总成本
甲产品	件	1 800	350	630 000
乙产品	件	700	280	196 000
合计				826 000

根据上述商品发出汇总表编制的会计分录如下：
借：主营业务成本——甲产品　　　　　　　　　　　　　630 000
　　　　　　　　　——乙产品　　　　　　　　　　　　　196 000
　　贷：库存商品——甲产品　　　　　　　　　　　　　　630 000
　　　　　　　　——乙产品　　　　　　　　　　　　　　196 000

五、税金及附加的会计处理

企业销售商品按规定计算应交的消费税、资源税、城市维护建设税、房产税、土地使用税、车船使用税、教育费附加等，按营业收入为基础计算得出的应缴纳的各种税金和附加费，借记"税金及附加"科目，贷记"应交税费"（按各税费种类分列明细科目）科目。此外，计入"税金及附加"的税金还包括不通过"应交税费"科目核算的印花税。企业缴纳印花税时，借记"税金及附加"，贷记"银行存款"等科目。

【例11-16】若甲产品为应税消费品，按本月甲产品销售收入 900 000 元的 10% 计算应交消费税。会计分录如下：

借：税金及附加　　　　　　　　　　　　　　　　90 000
　　贷：应交税费——应交消费税　　　　　　　　　　　90 000

第四节　关于特定交易的会计处理

一、合同中存在重大融资成分的业务

会计准则规定，合同中存在重大融资成分的，企业应当按照假定客户在取得商品控制权时即以现金支付的应付金额确定交易价格。该交易价格与合同对价之间的差额，应当在合同期间内采用实际利率法摊销。例如，企业超过正常信用期分期收款销售商品，应当按商品的现销价格确定交易价格，或者按未来应收金额的现值确定交易价格。

【例11-17】豫章股份有限公司售出大型设备一套，协议约定采用分期收款方式，从销售当年末分 5 年分期收款，每年 2 000 元，合计 10 000 元。不考虑增值税。假定购货方在销售成立日一次支付货款，只须付 8 000 元即可。据此可计算得出年金为 2 000 元、期数为 5 年、现值为 8 000 元的折现率为 7.93%（具体计算过程可参照有关财务管理教材的"内插法"）。

(1) 销售成立时：
借：长期应收款　　　　　　　　　　　　　　　　10 000
　　贷：主营业务收入　　　　　　　　　　　　　　　　8 000
　　　　未实现融资收益　　　　　　　　　　　　　　　2 000

(2) 第 1 年末：
借：银行存款　　　　　　　　　　　　　　　　　2 000
　　贷：长期应收款　　　　　　　　　　　　　　　　　2 000
借：未实现融资收益　　　　　　　　　　　　　　　634
　　贷：财务费用　　　　　　　　　　　　　　　　　　634

(3) 第 5 年末：
借：银行存款　　　　　　　　　　　　　　　　　2 000
　　贷：长期应收款　　　　　　　　　　　　　　　　　2 000
借：未实现融资收益　　　　　　　　　　　　　　　147
　　贷：财务费用　　　　　　　　　　　　　　　　　　147

二、销售退回的会计处理

(一) 附有退回条件的销售退回

对于附有销售退回条款的销售，企业应当在客户取得相关商品控制权时按照因向客户转让商品而预期有权收取的对价金额（不包含预期因销售退回将退还的金额）确认收入。按照预期因销售退回将退还的金额确认负债。同时，按照预期将退回商品转让时的账面价值，扣除收回该商品预计发生的成本（包括退回商品的价值减损）后的余额，确认为一项资产，按照所转让商品转让时的账面价值，扣除上述资产成本的净额结转成本。

每一资产负债表日，企业应当重新估计未来销售退回情况，如有变化，应当作为会计估计变更进行会计处理。

【例11-18】豫章股份有限公司2024年8月1日向B公司销售1 000件甲产品，合同售价100元/件（不含增值税），成本60元/件，增值税率13%。产品当日发出，合同约定B公司应于2024年12月31日前支付货款，次年3月31日之前有权退回上述产品。豫章股份有限公司根据经验估计该批产品的退货率约为20%。2024年12月31日，豫章股份有限公司对退货率进行重新评估，认为只有10%的产品会被退回。产品发出时纳税义务已经发生。假定产品发出时B公司已经取得产品控制权。

要求：编制豫章股份有限公司上述附有退回条件的产品销售会计分录。

2024年8月1日发出产品时：

借：应收账款　　　　　　　　　　　　　　113 000
　　贷：主营业务收入　　　　　　　　　　　　80 000
　　　　预计负债——应付退货款　　20 000（1 000×20%×100）
　　　　应交税费——应交增值税（销项税额）　　13 000
借：主营业务成本　　　　　　　　　　　　48 000
　　应收退货成本　　　　　12 000（1 000×20%×60）
　　贷：库存商品　　　　　　　　　　　　　60 000

2024年12月31日前收到货款时：

借：银行存款　　　　　　　　　　　　　　113 000
　　贷：应收账款　　　　　　　　　　　　　113 000

2024年12月31日，豫章股份有限公司对退货率进行重新评估：

转回原来多预计的10%退货；转回收入=100×100=10 000。

借：预计负债——应付退货款　　　　　　　10 000
　　贷：主营业务收入　　　　　　　　　　　10 000

转回成本=100×60=6 000。

借：主营业务成本　　　　　　　　　　　　　　　　　　　6 000
　　　贷：应收退货成本　　　　　　　　　　　　　　　　　　6 000

若 2025 年 3 月 31 日前实际退货 50 件（退货率 5%，少 5%），豫章股份有限公司用转账支票支付退货款。会计分录为：

借：库存商品　　　　　　　　　　　　3 000（50×60）
　　应交税费——应交增值税（销项税额）　　650
　　预计负债——应付退货款　　　　　10 000（20 000−10 000）
　　贷：应收退货成本　　　　　　　　　　3 000（50×60）
　　　　主营业务收入　　　　　　　　　　5 000（少退 50 件的收入）
　　　　银行存款　　　　　　　　　　　　5 650（50×100×1.13）
借：主营业务成本　　　　　　　　　　3 000（少退 50 件的成本）
　　贷：应收退货成本　　　　　　　　　　3 000

若 2025 年 3 月 31 日前实际退货 200 件（多退 10%），豫章股份有限公司用转账支票支付退货款。会计分录为：

借：库存商品　　　　　　　　　　　　12 000（退回 200 件×60）
　　应交税费——应交增值税（销项税额）　　2 600
　　预计负债——应付退货款　　　　　10 000（20 000−10 000）
　　主营业务收入　　　　　　　　　　10 000（多退 100 件的收入）
　　贷：应收退货成本　　　　　　　　　　12 000（200×60）
　　　　银行存款　　　　　　　　　　　　22 600（200×100×1.13）
借：应收退货成本　　　　　　　　　　6 000（多退 100 件的成本）
　　贷：主营业务成本　　　　　　　　　　6 000

（二）没有附退回条件的销售退回

对于没有规定退货保证条款的商品销售，仍可能发生商品销售退回，应当分以下几种情况处理：

1. 确认收入前发生销售退回。

销售退回发生在企业确认收入之前，只须将已记入"发出商品"等科目的商品成本转回"库存商品"科目。借记"库存商品"科目，贷记"发出商品"科目。同时冲减退货发生的增值税销项税额。编制的会计分录为：

借：库存商品
　　贷：发出商品
借：应交税费——应交增值税（销项税额）
　　贷：应收账款等科目

2. 已经确认收入的商品发生销售退回，但不属于资产负债表日后事项。

企业已经确认收入的售出商品（无论是当年的销售还是以前年度的销售），

在上年度财务报告对外公告日至当年年度终了（12月31日）之间发生销售退回的，不属于资产负债表日后事项，应当冲减退回当期的收入、成本、税金等，如该项销售已经发生现金折扣或销售折让，应在退回当期一并调整；企业发生销售退回后，开具"红字"销售发票等，办理商品入库手续。借记"主营业务收入"科目，贷记"银行存款""应收账款"等科目，并借记"应交税费——应交增值税（销项税额）"。如已经结转销售成本，同时应冲减退回当月的主营业务成本，借记"库存商品"等科目，贷记"主营业务成本"科目。

【例11–19】豫章股份有限公司2024年11月27日销售100件甲商品给H公司，销售价400元/件，销售成本350元/件。约定现金折扣为5/30、2/60、N/90（计算现金折扣不考虑增值税）。H公司于2024年12月5日支付了全部价款。因存在严重的质量问题，豫章股份有限公司于2025年1月22日收到H公司退回5件，并退回货款。豫章股份有限公司为增值税一般纳税人，增值税税率13%。已开具退回5件的"红字"增值税专用发票，办妥商品入库手续。

①冲减主营业务收入2 000元及现金折扣2 000×5% = 100元。

借：主营业务收入　　　　　　　　　　　　　　　2 000
　　应交税费——应交增值税（销项税额）　　　　　260
　　贷：银行存款　　　　　　　　　　　　　　　　　2 160
　　　　财务费用　　　　　　　　　　　　　　　　　100

②冲减主营业务成本（5×350 = 1 750）。

借：库存商品——甲产品　　　　　　　　　　　　1 750
　　贷：主营业务成本　　　　　　　　　　　　　　　1 750

3. 以前年度销售并已确认收入的商品，在上年度的年度财务报告批准对外公告日前发生销售退回。

以前年度销售商品，在上年度财务报告批准对外公告日之前发生退回的，应当作为资产负债表日后调整事项进行相关的账务处理，通过"以前年度损益调整"科目核算。如该项资产还发生了现金折扣或销售折让，还应同时冲减报告年度相关的折扣和折让。

【例11–20】豫章股份有限公司于2024年11月7日赊销一批甲商品给W公司，价款1 000 000元，增值税130 000元，销售成本600 000元，销货款于2024年12月10日收到。豫章股份有限公司于2025年1月2日接到W公司通知，W公司在验收商品时，发现该批商品存在严重的质量问题需要退货。豫章股份有限公司与W公司就退货事项已进行了协商并达成退货协议。2025年2月10日豫章股份有限公司收到上述退回商品并用转账支票支付退货款1 130 000元。豫章股份有限公司2024年度财务会计报告的对外公告日为2025年3月20日。豫章股份有限公司适用所得税税率为25%，盈余公积的提取比例为10%。豫章股份有限公司 2025 年 2 月 28 日完成 2024 年所得税汇算清缴。

豫章股份有限公司全部会计分录如下：

2024 年 11 月 7 日赊销成立时：

借：应收账款　　　　　　　　　　　　　　　　1 130 000
　　贷：主营业务收入　　　　　　　　　　　　　　1 000 000
　　　　应交税费——应交增值税（销项税额）　　　　130 000

借：主营业务成本　　　　　　　　　　　　　　　　600 000
　　贷：库存商品　　　　　　　　　　　　　　　　　600 000

2024 年 12 月 10 日收到价款时：

借：银行存款　　　　　　　　　　　　　　　　　1 130 000
　　贷：应收账款　　　　　　　　　　　　　　　　1 130 000

2025 年 2 月 10 日收到退货时：

①调整销售收入：

借：以前年度损益调整　　　　　　　　　　　　　1 000 000
　　应交税费——应交增值税（销项税额）　　　　　 130 000
　　贷：银行存款　　　　　　　　　　　　　　　　1 130 000

②调整销售成本：

借：库存商品　　　　　　　　　　　　　　　　　　600 000
　　贷：以前年度损益调整　　　　　　　　　　　　　600 000

③调整应交所得税［(1 000 000 – 600 000) × 25% = 100 000］：

借：应交税费——应交所得税　　　　　　　　　　　100 000
　　贷：以前年度损益调整　　　　　　　　　　　　　100 000

④将"以前年度损益调整"科目余额转入"利润分配"科目：

借：利润分配——未分配利润　　　　　　　　　　　300 000
　　贷：以前年度损益调整　　　　　　　　　　　　　300 000

⑤调整盈余公积（300 000 × 10% = 30 000）：

借：盈余公积　　　　　　　　　　　　　　　　　　 30 000
　　贷：利润分配——未分配利润　　　　　　　　　　 30 000

三、附有质量保证条款的销售

对于附有质量保证条款的销售，企业应当评估该质量保证是否在向客户保证所销售商品符合既定标准之外提供了一项单独的服务。企业提供额外服务的，应当作为单项履约义务，按照收入准则进行会计处理；否则，质量保证责任应当按照或有事项准则规定进行会计处理。具体包括：

(1) 客户能够选择单独购买质量保证的，该质量保证构成单项履约义务

（即收取服务费提供服务）。

（2）按照法定要求提供质量保证的，不属于单项履约义务。

（3）质量保证期限越长，越有可能是单项履约义务。

【例11-21】2024年12月10日，豫章股份有限公司与B公司签订一份设备销售合同，合同约定当月豫章股份有限公司向B公司出售G设备10套，售价200万元/套，增值税率13%，B公司收到设备后用转账支票支付设备款2 260万元。合同另外约定，豫章股份有限公司为B公司购买的10套G设备提供2025年全年免费维修的质量保证，2024年年末豫章股份有限公司预计2025年发生维修费的最佳估计数为60万元。假定B公司收到设备即取得设备控制权。

分析：由于豫章股份有限公司对B公司提供的上述质量保证没有单独售价，即B公司不需要单独支付设备维修费用，因此该质量保证不构成单项履约义务，应当按或有事项准则规定处理，豫章股份有限公司会计处理如下：

豫章股份有限公司销售商品、收到价款时：

借：银行存款　　　　　　　　　　　　　　　　　　　2 260
　　贷：主营业务收入　　　　　　　　　　　　　　　　　2 000
　　　　应交税费——应交增值税（销项税额）　　　　　　　260

2024年12月31日豫章股份有限公司预计质量保证费用时：

借：主营业务成本　　　　　　　　　　　　　　　　　　60
　　贷：预计负债——产品质量保证　　　　　　　　　　　　60

【例11-22】承【例11-21】，若合同约定，豫章股份有限公司为B公司购买的10套G设备提供一年维修服务，B公司收到设备时，除支付设备价款外，另外支付66万元（含增值税，税率10%）的设备维修服务费。其他条件不变。

分析：由于豫章股份有限公司对B公司提供的上述质量保证有单独售价，即B公司需要单独支付设备维修费用，因此该质量保证构成单项履约义务，应当按收入准则规定处理，豫章股份有限公司确认服务费为其他业务收入，会计处理如下：

豫章股份有限公司销售商品、收到价款时：

借：银行存款　　　　　　　　　　　　　　　　　　　2 260
　　贷：主营业务收入　　　　　　　　　　　　　　　　　2 000
　　　　应交税费——应交增值税（销项税额）　　　　　　　260

豫章股份有限公司收到B公司单独支付的设备维修服务费时：

借：银行存款　　　　　　　　　　　　　　　　　　　　66
　　贷：其他业务收入　　　　　　　　　　　　　　　　　　60
　　　　应交税费——应交增值税（销项税额）　　　　　　　　6

四、委托代销业务

企业应当根据其在向客户转让商品前是否拥有对该商品的控制权,来判断其从事交易时的身份是主要责任人还是代理人。企业向客户转让商品前能够控制该商品的,该企业为主要责任人,应当按照已收或应收对价总额确认收入;否则,该企业为代理人,应按照预期有权收取的佣金或手续费的金额确认收入。

委托代销业务采用视同买断的方式,受托方在向客户转让商品时有定价权等重大权利,因此身份是主要责任人,应当按照已收或应收客户对价总额确认销售商品的收入,委托方应当根据受托方是否承担了对受托代销商品无条件付款的迹象判断控制权是否转移,并作相应的会计处理。

委托代销业务采用收取手续费方式的,受托方在向客户转让商品时的身份是代理人,应根据代销商品数量和合同约定的收费方式(即手续费)确认代销服务收入。委托方则应当在收到代销清单时确认收入。

【例11-23】豫章股份有限公司委托B企业销售甲商品100件,协议价为200元/件,成本120元/件,增值税率为13%,协议约定B未销售部分可退回。豫章股份有限公司收到B企业开来的代销清单,并开具增值税专用发票,售价20 000元,增值税2 600元。B企业实际销售时,售价24 000元,增值税3 120元。

要求:按视同买断进行处理。

分析:豫章股份有限公司向客户转让商品前能够控制该商品,豫章股份有限公司为主要责任人,应当按照已收或应收对价总额确认收入;B企业为代理人,应按照预期有权收取的佣金或手续费的金额确认收入。双方会计处理如下:

(1)豫章股份有限公司。

①将商品交付B时:

借:委托代销商品	12 000
贷:库存商品	12 000

②收到代销清单时:

借:应收账款——B	22 600
贷:主营业务收入	20 000
应交税费——应交增值税(销项税额)	2 600
借:主营业务成本	12 000
贷:委托代销商品	12 000

③收到B汇来的货款:

借:银行存款	22 600
贷:应收账款	22 600

（2）B企业。

①收到甲商品时：

借：受托代销商品 20 000
　　贷：受托代销商品款 20 000

②实际销售时：

借：银行存款 27 120
　　贷：主营业务收入 24 000
　　　　应交税费——应交增值税（销项税额） 3 120

借：主营业务成本 20 000
　　贷：受托代销商品 20 000

借：受托代销商品款 20 000
　　应交税费——应交增值税（进项税额） 2 600
　　贷：应付账款——豫章股份有限公司 22 600

③将款项付给豫章股份有限公司时：

借：应付账款——豫章股份有限公司 22 600
　　贷：银行存款 22 600

【例11-24】豫章股份有限公司委托W公司销售甲商品100件，协议价为400元/件，该商品成本300元/件，增值税税率13%。豫章股份有限公司收到W公司开来的代销清单时开具增值税专用发票，发票上注明售价为40 000元，增值税额为5 200元。W公司按400元/件出售给顾客，豫章股份有限公司按售价的10%支付W公司手续费。W公司实际销售甲商品时，开具增值税专用发票，发票上注明售价为40 000元，增值税额5 200元。假设W公司的代销商品业务属于其他经营业务，不考虑代销劳务收入的增值税。

分析：豫章股份有限公司向客户转让商品前能够控制该商品，豫章股份有限公司为主要责任人，应当按照已收或应收对价总额确认收入；W公司为代理人，应按照预期有权收取的佣金或手续费的金额确认收入。双方会计处理如下：

（1）豫章股份有限公司账务处理。

①将甲商品交付W公司时：

借：发出商品（或委托代销商品） 30 000
　　贷：库存商品 30 000

②收到W公司开来的代销清单时：

借：应收账款——W公司 45 200
　　贷：主营业务收入 40 000
　　　　应交税费——应交增值税（销项税额） 5 200

借：主营业务成本 30 000

贷：发出商品（或委托代销商品）		30 000
借：销售费用	4 000	
贷：应收账款——W 公司		4 000

③收到 W 公司汇来的货款 41 200 元（45 200 - 4 000）时：

借：银行存款	41 200	
贷：应收账款——W 公司		41 200

（2）W 公司账务处理。

①收到豫章股份有限公司的甲商品时：

借：受托代销商品	40 000	
贷：受托代销商品款		40 000

②实际销售甲商品时：

借：银行存款	45 200	
贷：应付账款		40 000
应交税费——应交增值税（销项税额）		5 200

③收到增值税专用发票时：

借：应交税费——应交增值税（进项税额）	5 200	
贷：应付账款		5 200
借：受托代销商品款	40 000	
贷：受托代销商品		40 000

④支付货款并计算代销手续费时：

借：应付账款	45 200	
贷：其他业务收入		4 000
银行存款		41 200

五、附有客户额外购买选择权的销售

额外购买选择权的情况包括销售激励、客户奖励积分、未来购买商品的折扣券以及合同续约选择权等。

对于附有客户额外购买选择权的销售（如奖励积分计划），企业应当评估该选择权是否向客户提供了一项重大权利。企业提供重大权利的，应当作为单项履约义务，按照收入准则有关交易价格分摊的要求，将交易价格分摊至该履约义务，在客户未来行使购买选择权取得相关商品控制权时，或者该选择权失效时，确认相应的收入。

【例 11 - 25】2025 年 1 月 1 日，豫章股份有限公司推行一项销售商品的奖励积分计划。计划规定，客户购买豫章股份有限公司的甲商品 100 元可获得 1 个积分，每个积分从次月开始在购物时可以抵减 10 元。截至 2025 年 1 月 31 日，B 客户共购买甲产品 100 万元，可获得 10 000 个积分，根据历史经验，豫章股份有限公司估计该积分的兑换率为 90%。本例假定不考虑增值税影响。

分析：豫章股份有限公司授予客户的积分为客户提供了一项重大权利，应当作为一项单独的履约义务。

豫章股份有限公司购买商品单独售价合计为 100 万元。

估计积分的单独售价为 9 万元（10×10 000×90%）。

按照商品和积分单独售价的相对比例对交易价格进行分摊。

分摊至商品的交易价格 = [1 000 000÷(1 000 000 + 90 000)]×1 000 000
= 917 431.19

分摊至积分的交易价格 = [90 000÷(1 000 000 + 90 000)]×1 000 000
= 82 568.81

豫章股份有限公司应当在商品的控制权转移时确认收入 917 431.19 元，同时确认合同负债 82 568.81 元。

借：银行存款　　　　　　　　　　　　　　　　　1 000 000
　　贷：主营业务收入　　　　　　　　　　　　　　917 431.19
　　　　合同负债　　　　　　　　　　　　　　　　82 568.81

截至 2025 年 12 月 31 日，B 客户共兑换了 5 400 个积分，豫章股份有限公司对该积分的兑换率进行重新估计，仍然预计客户总共将会兑换 9 000 个积分。因此，豫章股份有限公司以客户兑换的积分数占预期将兑换的积分总数的比例为基础确认收入。

积分应当确认的收入 = 5 400÷9 000 ×82 568.81 = 49 541.29。

剩余未兑换的积分 = 82 568.81 - 49 541.29 = 33 027.52，仍然作为合同负债。

借：合同负债　　　　　　　　　　　　　　　　　49 541.29
　　贷：主营业务收入　　　　　　　　　　　　　　49 541.29

六、授予知识产权许可会计处理

企业向客户授予的知识产权，常见的包括软件和技术、影视和音乐等版权、特许经营权以及专利权、商标权等。

企业向客户授予知识产权许可的，应当按照收入准则要求评估该知识产权许可是否构成单项履约义务。对于不构成单项履约义务的，企业应当将该知识产权许可和其他商品一起作为一项履约义务进行会计处理。例如，企业向客户销售设备和相关软件，软件内嵌于设备之中，该设备必须安装了该软件之后才能正常使用，该软件产生的知识产权就不构成单项履约义务。对于构成单项履约义务的，应当进一步确定其是在某一时段内履行还是在某一时点履行的履约业务，分两种情况按照收入准则规定进行会计处理。同时满足下列条件时，应当作为在某一时段内履行的履约义务确认相关收入；否则，应当作为在某一时点履行的履约义务确认相关收入：

第一，合同要求或客户能够合理预期企业将从事对该项知识产权有重大影响的活动；

第二，该活动对客户将产生有利或不利影响；

第三，该活动不会导致向客户转让商品。

七、售后回购业务会计处理

售后回购，是指企业销售商品的同时承诺或有权选择日后再将该商品购回的销售方式。对于售后回购交易，企业应区分下列两种情形分别进行会计处理：

1. 企业因存在与客户的远期安排而负有回购义务或企业享有回购权利。

在此种情况下表明客户在销售时点并未取得相关商品控制权，应当作为租赁交易或融资交易进行相应的会计处理。

第一，回购价格低于原售价，应当视为租赁交易，按照租赁准则进行会计处理；

第二，回购价格不低于原售价，应视为融资交易，在收到客户款项时确认金融负债（合同负债），并将该款项和回购价格的差额在回购期间内确认为利息费用。

企业到期未行使回购权利的，应当在该回购权利到期时终止确认金融负债，同时确认收入。

2. 企业负有应客户要求回购商品义务的。

应当在合同开始日评估客户是否具有行使该要求权的重大经济动因。客户具有行使该要求权重大经济动因的，企业应当将售后回购作为租赁交易或融资交易，按上述第 1 种情形进行会计处理；否则，企业应当将其作为附有销售退回条款的销售交易进行处理。

【例 11-26】豫章股份有限公司于 2024 年 1 月 1 日向乙公司销售商品一批，合同价格为 100 万元，增值税 13 万元，商品成本为 80 万元。合同约定豫章股份有限公司必须于 2024 年 12 月 31 日以 112 万元（不含增值税，增值税率 13%）购回全部商品，价款均以银行存款支付。

豫章股份有限公司向乙公司发出商品时：
借：发出商品　　　　　　　　　　　　　　　800 000
　　贷：库存商品　　　　　　　　　　　　　　　　800 000
豫章股份有限公司收到乙公司支付的价款时：
借：银行存款　　　　　　　　　　　　　　1 130 000
　　贷：其他应付款　　　　　　　　　　　　　　1 000 000
　　　　应交税费——应交增值税（销项税额）　　130 000

每个月计提财务费用：(1 120 000 – 1 000 000)/12 = 10 000（共12个月）

借：财务费用 10 000
　　贷：其他应付款 10 000

豫章股份有限公司回购商品时：

借：库存商品 800 000
　　贷：发出商品 800 000
借：其他应付款 1 120 000
　　应交税费——应交增值税（进项税额） 145 600
　　贷：银行存款 1 265 600

八、客户未行使的权利的会计处理

企业向客户预收销售商品款项的，应当首先将该款项确认为负债，待履行了相关履约义务时再转为收入。例如，放弃储值卡的使用等。企业预期将有权获得与客户所放弃的合同权相关的金额的，应当按照客户行使合同权利的模式按比例将上述金额确认为收入；否则，企业只有在客户要求其履行剩余履约义务的可能性极低时，才能将上述负债的相关余额转为收入。

【本章小结】

收入是企业在日常活动中形成的、会导致所有者权益增加的、与所有者投入资本无关的经济利益的总流入。其中，日常活动是指企业为完成其经营目标所从事的经常性活动以及与之相关的其他活动。收入的确认与计量对企业可持续性发展至关重要。

本章阐述了修订后的《企业会计准则——收入》规定的收入的确认与计量步骤、一般交易收入的核算、特殊交易收入的核算等内容。其中，收入的确认与计量，要求掌握收入的概念、分类、确认与计量五个步骤及其具体规定、合同成本的确认计量规定等内容；一般交易收入的核算，包括时点收入和时段收入的确认计量方法及会计处理、销售成本的结转、销售费用的结转、税金及附加的计算等内容，这部分内容是本章的重点；特殊交易收入的核算，包括合同存在重大融资成分、附有退回条件的商品销售、附有质量保证条件的销售、附有客户额外购买选择权的销售、售后回购等内容，是本章学习的重点和难点，要求重点掌握。

【本章思考题】

1. 什么是收入？收入的特点是什么？

2. 如何区分主营业务收入和其他业务收入？
3. 收入准则规定企业应当分哪些步骤对收入进行确认和计量？
4. 确认收入的合同应当符合哪些条件？
5. 如何识别合同中的各单项履约义务？
6. 确定合同的交易价格应当考虑哪些因素的影响？
7. 如何区分某一时点的履约义务和某一时段的履约义务？
8. 简述某一时段履约义务收入和某一时点履约义务收入的确认计量方法。
9. 简述会计准则对合同成本的确认计量规定。
10. 如何将合同的交易价格分摊到各单项履约义务？

【本章练习】

1. A公司与B公司2023年6月30日签订一份设备安装合同，合同约定A公司2023年7月1日开始为B公司安装一套大型设备，合同约定交易价格为5 000万元，合同工期24个月（两年），A公司预计合同成本为4 000万元，A公司识别该合同只有一项履约义务。A公司预计B公司能够按照合同约定的期限支付安装费用。截至2023年12月31日，A公司累计发生合同成本800万元，2024年12月31日，A公司累计发生合同成本2 800万元。2025年6月30日安装完工，2025年A公司实际发生合同成本500万元。A公司每年末按照成本法确定履约进度并按履约进度确认收入，不考虑其他因素影响。

要求：计算A公司每年末的履约进度和每年末应当确认的收入，计算完工时A公司应当确认的收入。

2. A公司出售化妆品50件给东方公司，每件售价100元，单位生产成本60元，货已发出，增值税专用发票已开出，已办妥了委托银行收款手续。以现金代垫运费100元。增值税率13%，消费税率5%。

要求：编制A公司的会计分录。

3. 2024年6月10日A公司与B公司签订商品代销合同，合同约定A公司委托B公司代销其产品。2024年6月20日A公司发出P产品1 000件给B公司委托代销，委托代销的售价为500元/件，该批产品成本400元/件，增值税率13%。合同约定B公司按不含增值税售价的5%收取手续费。A公司在收到B公司的代销清单时开出增值税专用发票给B公司，2024年9月30日，B公司将代销商品出售，价款收到转账支票，A公司当日收到代销清单并开具增值税专用发票给B公司。2024年10月5日B公司将扣除代销手续费后的价款支付给A公司。

要求：分别编制委托方和受托方的会计分录。

4. A公司2024年1月10日采用委托收款结算方式向B公司出售甲产品

5 000 件，产品当日发出同时办妥托收手续；甲产品原价 200 元/件，产品实际生产成本 140 元/件；由于 B 公司购买量较多，销售合同约定合同折扣 10%。为尽快回笼货款，A 公司同意的付款条件为 2/30、1/50、N/70。B 公司 2024 年 1 月 25 日支付了全部价款。

要求：编制 A 公司上述销售商品业务会计分录。

5. A 公司 2024 年 2 月 10 日将甲产品 1 000 件出售给乙公司，产品当日发出，售价 200 元/件，增值税率 13%，产品成本 140 元/件。产品发出后很快有证据表明，乙公司存在严重财务困难，短期内无力支付货款。2024 年 6 月 30 日，乙公司财务状况好转，通知 A 公司准备支付 900 件产品的价款及增值税。2024 年 7 月 10 日 A 公司收到 900 件产品的价款及增值税。其余 100 件产品由于存在质量问题，双方协议退货。2024 年 7 月 31 日 A 公司收到退回的 100 件产品并验收入库。

要求：编制 A 公司上述销售商品业务会计分录。

6. A 公司 2024 年 2 月 10 日向 P 公司销售甲产品 2 000 件，售价 200 元/件，增值税率 13%，产品成本 140 元/件；合同约定 P 公司 2024 年 3 月 31 日支付价款，2024 年 6 月 30 日前 P 公司可以退货，销售时 A 公司预计退货率为 10%，截至 2024 年 6 月 30 日，实际发生退货 30 件，A 公司用银行存款支付退货款。

要求：编制 A 公司上述销售商品业务会计分录。

7. A 公司 2024 年 11 月 20 日将甲产品 10 000 件销售给 M 公司，售价 200 元/件，增值税率 13%，成本 140 元/件，当日发出商品同时收到 M 公司签发的转账支票 226 万元。2025 年 1 月 10 日，由于上述产品存在质量问题，双方协商由 M 公司将 10 000 件产品全部退回给 A 公司。2025 年 2 月 15 日 A 公司收到退货并签发转账支票 226 万元支付退货款。A 公司 2024 年度财务会计报告的对外公告日为 2025 年 3 月 20 日。A 公司适用所得税率 25%，当年按净利润 10% 计提了盈余公积。

要求：编制 A 公司上述业务会计分录。

8. 2024 年 1 月 1 日 A 房地产公司将一幢已开发完成的房产销售给 N 企业，售价 2 000 万元，增值税率 9%，款已收存银行。该房产成本 1 600 万元。合同规定，2024 年 12 月 31 日 A 公司必须将这幢房产重新购回，回购价 2 400 万元，增值税率 9%。A 公司 2024 年 12 月 31 日按约定购回，转账支票支付回购款。

要求：编制 A 公司上述业务的会计分录。

9. A 公司为建筑施工企业，2024 年 1 月 1 日，A 公司与 B 公司签订一项建造工程合同，合同约定该工程的造价为 1 000 万元（不含增值税），工程期限为 1 年半，合同签订后立即施工，双方半年结算一次；预计 2025 年 6 月 30 日竣工；预计可能发生的总成本为 800 万元。假定该建造工程整体构成单项履约义务，并属于在某一时段履行的履约义务，A 公司采用成本法确定履约进度，增值税税率为 9%，不考虑其他相关因素。A 公司每半年计算一次履约进度。

2024 年 6 月 30 日，工程累计实际发生成本 160 万元，其中领用原材料 100 万元，职工薪酬 60 万元。B 公司与 A 公司结算合同价款 300 万元（不含增值税），A 公司实际收到价款 327 万元（含增值税）。假定 A 公司确认收入时发生增值税纳税义务，B 公司在实际支付工程价款的同时支付其对应的增值税款。2024 年 7 月 1 日至 2024 年 12 月 31 日发生成本 400 万元，其中领用原材料 300 万元，职工薪酬 100 万元。累计发生成本 560 万元。B 公司与 A 公司结算合同价款 400 万元（不含增值税），A 公司实际收到价款 436 万元（含增值税）。2025 年 1 月 1 日至 2025 年 6 月 30 日工程实际发生成本 250 万元，其中领用原材料 180 万元，职工薪酬 70 万元，工程累计实际发生成本 810 万元，B 与 A 公司结算了其余合同价款 300 万元（不含增值税），A 公司 2025 年 6 月 30 日收到其余工程款 327 万元（含增值税）。

要求：编制 A 公司上述业务的会计分录（列出计算过程）。

10. A 公司是一家专用设备制造企业，2024 年 10 月 10 日 A 公司与 B 公司签订一份专用设备销售合同，合同约定 2024 年 12 月 1 日 A 公司向 B 公司出售专用设备一套，售价 5 000 万元，增值税率 13%，B 公司收到设备后用转账支票支付设备款 5 650 万元。合同另外约定，A 公司为 B 公司购买的专用设备提供 2024 年全年维修服务，B 公司收到设备时，除支付设备价款外，另外支付 22 万元（含增值税，税率 9%）的设备维修服务费。

要求：编制 A 公司确认收入的会计分录。

【本章案例】

注册会计师张至强和邹颖于 2025 年 3 月 2 日至 20 日对 HY 公司的 2024 年度财务报表进行审计，审计过程中发现 HY 公司在收入会计处理方面存在一些问题，主要问题如下：

1. 2024 年 12 月 20 日销售甲商品一批，售价 1 000 万元，增值税率 13%，商品成本 800 万元。合同规定现金折扣条件 2/10、1/20、N/30，买方于 12 月 29 日付款，享受现金折扣 20 万元。2025 年 2 月 21 日该商品因质量严重不合格被全部退回。HY 公司 2024 年度财务报告批准报出日为 2025 年 3 月 31 日。HY 公司将上述退回的商品冲减了 2025 年 2 月的销售收入和销售成本。

2. 2024 年 8 月 10 日采取委托收款方式向 L 公司销售商品一批，成本 240 万元，增值税发票上注明：售价 300 万元，增值税 48 万元。该批商品已经发出，并已向银行办妥委托收款手续。后来得知，L 公司在另一项交易中发生巨额损失，资金周转十分困难。此项收入收回的可能性极小，截至 2024 年 12 月 31 日，

HY公司仍然没有收到托收的货款,但HY公司仍作为2018年的收入确认。

3. HY公司2024年9月1日,与戊公司签订合同,向其销售D、E两类商品,合同价款为950万元。合同约定,D商品于合同开始日交付,E商品在2024年11月1日交付,只有当D、E两项商品全部交付之后,HY公司才有权收取950万元的合同对价。假定D商品和E商品构成两项履约义务,其控制权在交付时转移给客户。D商品和E商品的单独售价分别为600万元和400万元。2024年11月15日,HY公司收到合同价款950万元。HY公司在交付D商品时确认了主营业务收入600万元,同时确认应收账款。

4. HY公司2024年9月11日向关联企业以高于市场平均30%的价格销售一批商品,售价180万元,增值税率13%,商品成本100万元。同时合同约定将在2025年3月15日又以200万元的价格购回,增值税率13%。HY公司发出商品时确认收入180万元,购回商品时确认购入存货成本200万元。

5. HY公司2024年12月10日,向丁公司销售10件C商品,每件C商品的价格为20万元,成本为12万元,未收款。根据合同约定,丁公司有权在收到C商品的60天内无条件退货。根据历史经验,HY公司预计的退货率为10%。截至2024年12月31日,HY公司针对这笔销售确认了收入200万元。

要求:运用所学的相关会计知识分析HY公司会计处理错误的原因,并做出正确的账务处理。

第十二章 费　　用

【引入案例】

　　2025 年，小明经过努力拼搏，终于如愿考上了心仪的大学，开启了人生新篇章。寒假回到家，怀着对父母辛勤付出的感恩之心，小明和爸妈一起回顾了第一学期的花销：住宿费 1 000 元、基本生活费 10 000 元、手机话费 250 元，另外为了学习需要购置了笔记本电脑支出 6 000 元，以及必要的手机支出 4 000 元和被褥、衣服鞋帽等生活用品支出 2 000 元。总计 23 250 元的支出，让小明深刻体会到父母供自己求学的不易。如果小明要对这一学期的全部支出进行记账核算的话，那么这 23 250 元的支出该如何记账呢？用于保障基本学习和生活的住宿费、生活费、手机话费支出 11 250 元，以及用于购买笔记本电脑、手机、生活用品的支出 12 000 元，在记账性质上完全相同吗？特别是像笔记本电脑、手机这类可以使用多个学期的资产，将其全部支出都归于第一个学期合理吗？亲爱的同学们，学习完本章关于费用的知识，你们不仅能找到这些问题的答案，而且更能从中领悟勤俭节约、合理规划、珍惜资源的道理，并树立正确的消费观和价值观。

【学习目的与要求】

　　1. 理解成本、费用和损失的概念，正确划分资本性支出与收益性支出的界限；

　　2. 理解资产的计税基础和负债的计税基础，以及永久性差异和暂时性差异的概念；

　　3. 掌握所得税会计处理方法的资产负债表债务法。

第一节 费用概述

一、费用的定义及特征

费用是企业在日常活动中发生的会导致所有者权益减少的、与向所有者分配利润无关的经济利益的总流出。费用与收入相对应而存在,是企业在获得收入过程中的必要支出,具体表现为资产的流出或负债的增加,最终导致所有者权益的减少。

(一) 费用的定义

我国现行的《企业会计准则——基本准则》中关于费用的定义为:费用是企业在日常活动中发生的、会导致所有者权益减少的、与向所有者分配利润无关的经济利益的总流出。

费用有广义和狭义之分。广义的费用泛指企业各种日常活动发生的所有耗费,狭义的费用仅指与本期营业收入相配比的那部分耗费。费用应当按照权责发生制和配比原则确认,凡应属于本期发生的费用,不论其款项是否支付,均确认为本期费用;反之,不属于本期发生的费用,即使其款项已在本期支付,也不确认为本期费用。

费用按经济用途可以分为生产费用和期间费用两部分。生产费用按其计入的方式不同还可分为直接费用和间接费用。直接费用包括直接材料、直接动力、直接人工等,间接费用主要指制造费用。期间费用主要包括销售费用、管理费用和财务费用等。费用按经济性质可分为外购材料、外购燃料、外购动力、工资及福利费、折旧费用、利息支出、费用性税金以及其他支出等。正常消耗的生产费用应当计入产品成本,而期间费用直接计入当期损益。

(二) 费用的特征

无论对费用做出何种界定,普遍认为其都具备以下特征:

1. 费用最终会导致企业经济资源的减少。与收入导致经济资源的流入正好相反,费用的发生伴随着以资产形式表示的经济资源的流出,即使因费用而承担一项负债,其最终也要以企业所拥有或控制的经济资源来履行相应义务。

2. 费用最终会导致企业所有者权益的减少。一般而言,企业的所有者权益会随着收入的增加而增加;相反,费用的增加却会减少企业的所有者权益。

值得注意的是,企业在生产经营过程中,有两类支出是不归入费用的:一是企业偿债性支出,如以银行存款归还前期所欠债务,只是一项资产和一项负债等额减少,对所有者权益没有影响,因而不构成费用;二是企业向所有者分配利润或现金股利，虽然同样会导致企业所有者权益的减少，但它不是企业经营活动的结果，而属于最终利润的分配，因此也不属于费用。

二、费用的确认与计量

（一）费用的确认

在确认费用时，应当区分资本性支出和收益性支出的界限，同时遵循权责发生制原则，按照配比原则在确认收入的同一会计期间予以确认。费用的确认一般有三种方式：

第一，按其与收入的因果关系加以确认。这种确认方法是以所发生的费用与所取得的具体收益项目之间的因果关系为基础，将营业收入与费用直接地、联合地将来自相同交易或其他事项的营业收入与费用合并起来予以确认。如构成销售成本的费用应与取得的销售收入相联系，在确认收入的同时结转相应的销售成本。

第二，按系统且合理的分配方式确认。这种方法是以系统的、合理的分配程序为基础，在利润表中确认费用。如果经济利益可望在若干会计期间取得，并且只能大致和间接地确定费用与收益的联系，就应当采用合理和系统的分配程序，将耗费合理和系统地分配为不同会计期间的费用。例如，固定资产的折旧和无形资产的摊销，就是"系统且合理"原则的典型运用。

第三，直接作为当期费用确认。有些费用的发生与收入的取得没有直接的因果联系，无法也没有必要将这些费用加以分摊，则可以考虑这种确认方式，即在费用发生时作为当期费用确认。例如，企业管理人员的工资、管理部门的办公费、水电费、差旅费等即是按此方式在发生时作为当期费用。

（二）费用的计量

费用的计量，可采用历史成本、重置成本等计量属性。历史成本又称实际成本，是取得资产时实际支付的价格，代表企业的实际投入价值或现金流出。根据历史成本计价原则，对属于主营业务成本和期间费用的各个费用项目都应按其实际发生的耗费进行计量。我国企业会计准则规定"企业应当按实际发生额核算费用和成本"，也就是采用历史成本进行费用的计量，这也是世界各国会计实务中长期广泛采用的计量属性。重置成本又称现行成本，是指按照当前市场条件，重新取得同样一项资产所需支付的现金或现金等价物金额。重置成本是现在时点的成本，它强调站在企业主体角度，以投入某项资产上的价值作为重置成本。由于收入通常根据现行价格进行计量，根据配比的原则，费用也应当根据所耗费资产的现行成本来计量，使收益计算更为可信，但在实务操作中具有一定难度。

在确认费用时，首先应当划分生产费用与非生产费用的界限。生产费用是指与企业日常生产经营活动有关的费用，如生产产品所发生的原材料费用、人工费用等；非生产费用是指不属于生产费用的费用，如支付给管理人员的薪酬等。其次，应当分清生产费用与期间费用的界限。正常消耗的生产费用应当计入产品成本，而期间费用直接计入当期损益。在确认费用时，对于期间费用，必须进一步划分为管理费用、销售费用和财务费用。对于生产费用，必须根据该费用发生的实际情况分别不同的费用性质将其确认为不同产品所负担的费用。对于几种产品共同发生的费用，必须按受益原则，采用一定方法和程序将其分配计入相关产品的生产成本。

第二节　生产成本的核算

一、生产成本核算概述

生产成本是指企业在生产经营过程中为生产、制造产品而发生的直接费用和间接费用的总和，包括生产过程中实际消耗的直接材料、直接人工、制造费用等。前两者为产品生产的直接费用（直接成本），后者为产品生产的间接费用（间接成本）。

（一）生产成本核算的程序

生产成本的核算是企业以一定的产品为对象，对生产成本进行确认、计量、记录、分配、计算，以确定产品实际总成本和单位成本的过程。制造业企业产品成本的核算包括以下程序：

1. 确定成本计算对象；
2. 进行要素费用的归集和分配；
3. 进行辅助生产成本的归集和分配；
4. 进行基本生产车间制造费用的归集和分配；
5. 将生产成本在完工产品和期末在产品之间进行分配；
6. 结转验收入库产成品成本。

（二）成本项目

生产费用按其经济用途分类，可以分为直接材料费、燃料和动力费、直接人工费和制造费用等。这就是产品的生产成本项目，简称成本项目。

1. 直接材料费，指在生产过程中消耗的直接用于产品生产的各种原材料和外购半成品等。生产中一般耗用的物料列入制造费用。
2. 燃料和动力费，指直接用于产品生产的各种燃料和动力。生产中一般消耗的燃料和动力（如车间照明用电、取暖耗用燃料等），应列入制造费用。
3. 直接人工费，指直接从事产品生产的生产工人的薪酬。不直接从事产品生产的车间其他工人、工程技术和管理人员的薪酬，应计入制造费用。

4. 制造费用，指生产单位为组织和管理生产所发生的各项费用。具体包括生产车间管理人员工薪，生产车间房屋建筑物和机器设备等的折旧费、修理费、低值易耗品摊销、办公费、水电费、劳动保护费、租赁费、季节性和修理期间的停工损失以及其他制造费用等。

二、生产成本核算应设置的账户

为了按照用途归集各项费用，划清有关费用的界限，正确计算产品的生产成本，企业应设置"生产成本""制造费用"等账户。

（一）"生产成本"账户

"生产成本"账户属于成本类账户，用来核算制造企业生产各种产成品、自制半成品，提供劳务、自制材料、自制工具、自制设备等所发生的各项生产费用。该账户的借方反映生产费用的发生，贷方反映结转至"库存商品"等账户的成本。期末余额一般在借方，表示期末尚未完工产品的成本。"生产成本"账户需要按照不同成本核算对象设置明细分类账户，并按照成本项目分别归集和计算发生在各个成本对象上的总成本、单位成本和期末在产品成本。为了反映企业的基本生产车间和辅助生产车间发生的费用，也可在"生产成本"账户下设置"基本生产成本"和"辅助生产成本"两个明细账，进行明细分类核算。"基本生产成本"二级账户核算企业为完成主要生产目的而进行的产品生产所发生的费用；"辅助生产成本"二级账户核算为生产产品提供的服务部门，如机修车间、动力车间、供汽、供水等部门发生的费用。

（二）"制造费用"账户

"制造费用"账户属于成本类账户，用来核算企业为生产产品和提供劳务而发生的各项间接费用，包括生产车间的职工薪酬、折旧费、修理费、办公费、水电费、机物料消耗、劳动保护费、租赁费、保险费、季节性和修理期间的停工损失等。该账户的借方登记费用的发生额，贷方登记按一定标准和方法分配记入"生产成本""劳务成本"账户的有关成本核算对象的金额，月末一般无余额。该账户应按不同车间、部门和费用项目设置明细账，进行明细分类核算。

三、生产成本核算实务

（一）直接费用的核算

直接费用是指专为某种产品耗用，并能根据费用发生的原始凭证直接计入某种产品成本的费用，包括直接材料、直接人工和其他直接支出。

企业发生的各项直接费用，按成本核算对象和成本项目分别归集，借记"生产成本"账户，贷记"原材料""库存现金""银行存款""应付职工薪酬"等账户。对于应由各生产车间负担的制造费用,借记"生产成本"账户,贷记"制造费用"账户。月份终了,对于完工验收入库的产成品,应按其实际成本,借记"库存商品""自制半成品"等账户,贷记"生产成本"账户。

(二) 间接费用的核算

制造费用是企业内部生产单位为组织和管理生产经营活动而发生的间接费用。按照生产成本法的要求,企业发生各种间接费用时,借记"制造费用"账户,贷记"原材料""其他应付款""应付职工薪酬""累计折旧"等账户。期末时,采用一定的分配标准分配制造费用,计入有关产品的成本中,借记"生产成本"账户,贷记"制造费用"账户。

【例 12-1】豫章股份公司基本生产车间为生产 A 产品耗用材料一批,计划成本为 2 000 元;生产 B 产品耗用材料一批,计划成本为 1 200 元,车间管理部门领用一般消耗性材料,计划成本为 300 元,本月企业材料成本核算差异率为 3%。

根据发出材料汇总表,应编制会计分录如下:

借:生产成本——A 产品　　　　　　　　　　　　　2 000
　　　　　——B 产品　　　　　　　　　　　　　　1 200
　　制造费用　　　　　　　　　　　　　　　　　　300
　　贷:原材料　　　　　　　　　　　　　　　　　　　3 500

月终分摊发出材料所负担的材料成本差异,应编制会计分录如下:

借:生产成本——A 产品　　　　　　　　　　　　　　60
　　　　　——B 产品　　　　　　　　　　　　　　　36
　　制造费用　　　　　　　　　　　　　　　　　　　9
　　贷:材料成本差异　　　　　　　　　　　　　　　　105

有关产品成本的归集、分配、计算等具体会计处理,将在《成本会计》中做进一步学习,本书不再详细介绍。

第三节　营业成本的核算

一、营业成本核算内容

营业成本是指企业为生产产品、提供服务等发生的可归属于产品成本、服务成本等费用,应当在确认销售商品收入、提供服务收入时,将已销售商品、已提供服务的成本计入当期损益。

根据配比原则,企业在确认实现的收入以后,与之相配比的费用也应同时予以确认。与当期收入相配比的费用一般指营业成本。由于企业的经济业务不同，企业的主营业务活动和附属经营业务活动的范畴也不相同，故营业成本主要包括主营业务成本、其他业务成本。

（一）主营业务成本

主营业务成本，是指企业从事主营业务活动而发生的成本。如果企业从事的主要业务活动是销售其生产的产品，那么主营业务成本便是所销售产品的生产成本；如果企业是商业企业，从事的主要业务活动是销售其购进的商品，那么主营业务成本便是购进商品的入账成本；如果企业从事的主要业务活动是对外提供劳务，那么主营业务成本便是在提供劳务过程中所发生的实际劳务成本。

（二）其他业务成本

其他业务成本，是指企业除主营业务活动以外的其他经营活动所发生的成本。在实务中一般是除销售商品、提供劳务外的其他销售和其他业务所发生的支出，包括销售原材料的成本、经营性出租固定资产的折旧额、投资性房地产的日常修理支出、出租包装物的成本或摊销额等。

二、营业成本核算实务

为与当期收入相配比，正确核算营业成本，企业应设置"主营业务成本""其他业务成本"等账户。

（一）"主营业务成本"账户

为反映按配比原则确定的费用，企业应设置"主营业务成本"账户。该账户属于损益类账户，用于核算企业根据收入准则确认销售商品、提供劳务等主营业务收入时应结转的成本，该科目应当按照主营业务的种类进行明细核算。企业一般在确认销售商品、提供服务等主营业务收入时（或在月末），根据已销售的各种商品、提供的各种劳务的实际成本，计算应结转的主营业务成本，借记"主营业务成本"账户，贷记"库存商品""劳务成本"等账户。期末，"主营业务成本"账户余额应转入"本年利润"账户，结转后"主营业务成本"账户无余额。企业的主营业务成本可以根据具体情况，采用先进先出法、加权平均法、移动加权平均法和个别计价法、毛利率法等方法进行计算确定。方法选定以后，一般不得随意变更。如须变更，应在财务报表附注中予以说明。如果企业对库存商品采用计划成本或售价金额进行核算，对于按计划成本或售价金额计算结转的销售成本，在月份终了时，还应计算结转本月销售商品应分摊的成本差异或进销差价，以调整为实际成本或进价成本。

（二）"其他业务成本"账户

企业应设置"其他业务成本"账户，用于核算企业除主营业务活动以外的其他经营活动所发生的支出，包括销售原材料的成本、出租无形资产的累计摊销、出租包装物的成本或摊销额、出售投资性房地产的成本等。该账户属于损益类账户，借方登记发生的其他业务支出，贷方登记期末结转至"本年利润"的金额，结转后期末无余额。该账户按种类设明细账。发生其他业务支出时，借记"其他业务成本"账户，贷记"原材料""包装物""累计折旧""生产成本""应付职工薪酬""银行存款""应交税费"等账户。

（三）"税金及附加"账户

税金及附加是指企业经营活动应负担的相关税费，包括消费税、城市维护建设税、教育费附加、资源税、土地增值税、房产税、环境保护税、城镇土地使用税、车船税、印花税等。

企业应设置"税金及附加"账户，用于核算因经营活动发生的税金及教育费附加。该账户属于损益类账户，其明细账一般按商品（或劳务）的类别或品名设置。该科目借方核算企业经营活动发生的消费税、城市维护建设税、资源税、教育费附加、房产税、土地使用税、车船使用税等相关税费，贷方登记"应交税费"科目，月末转入"本年利润"账户的金额。企业按合同自贴花方式交纳印花税的，不会发生应付未付税款的情况，不需要预计应纳税金额，同时也不存在与税务机关结算或者清算的问题。因此，企业交纳的印花税不通过"应交税费"科目核算，当购买印花税票时，直接借记"税金及附加"科目，贷记"银行存款"科目。

第四节　期间费用的核算

一、期间费用核算内容

期间费用是指本期发生的、不能直接或间接计入某种产品成本的，而是直接计入当期损益的各项费用。期间费用是企业日常活动中所发生的经济利益的流出。之所以不计入特定的成本核算对象，主要是因为期间费用是企业为组织和管理整个经营活动所发生的费用，与可以确定特定成本核算对象的材料采购、产成品生产等没有直接关系，但与会计期间有直接的关联，因而期间费用不计入有关核算对象的成本，而是将其视为某一会计期间取得整体收入的"代价"，与会计期间相配比，在发生时直接计入当期损益。期间费用包括管理费用、销售费用和财务费用。

（一）管理费用

管理费用是指企业为组织和管理企业生产经营所发生的管理费用，包括企业在筹建期间内发生的开办费、董事会和行政管理部门在企业的经营管理中发生的或者应由企业统一负担的公司经费（包括行政管理部门职工工资及福利费、物料消耗、低值易耗品摊销、办公费和差旅费等）、工会经费、董事会费（包括董事会成员津贴、会议费和差旅费等）、聘请中介机构费、咨询费、诉讼费、业务招待费、技术转让费、研发费用、行政管理部门发生的固定资产日常修理费用等。企业发生的管理费用，在"管理费用"科目核算，并在"管理费用"科目中按费用项目设置明细账，进行明细核算。

（二）销售费用

销售费用是指企业在销售商品和材料、提供劳务的过程中发生的各种费用，包括企业在销售商品过程中发生的保险费、包装费、展览费和广告费、商品维修费、装卸费等，以及为销售本企业商品而专设的销售机构（含销售网点、售后服务网点等）的职工薪酬、业务费、折旧费、固定资产修理费用等费用。企业发生的销售费用，在"销售费用"科目核算，并在"销售费用"科目中按费用项目设置明细账，进行明细核算。值得一提的是，企业提供的、不能作为单项履约义务的保证类质量保证，因该质量保证产生的预计负债，应当按确定的金额，计入"主营业务成本"或"其他业务成本"，不再计入"销售费用"。

（三）财务费用

财务费用是指企业为筹集生产经营所需资金等而发生的费用，包括利息净支出（减利息收入）、汇总净损失（减汇兑收益），以及金融机构手续费、企业发生的现金折扣或收到的现金折扣等。企业发生的财务费用，在"财务费用"科目核算，并在"财务费用"科目中按费用项目设置明细账，进行明细核算。应注意的是，为购建或生产满足资本化条件的资产发生的应予以资本化的借款费用，在"在建工程""生产成本""制造费用"等账户核算，而不应该计入"财务费用"。

二、期间费用核算实务

企业为了归集和结转各项期间费用，应设置"管理费用""销售费用""财务费用"等账户。

（一）"管理费用"账户

"管理费用"账户属于损益类账户，反映管理费用的发生及结转。发生各项管理费用时，借记本账户，贷记"原材料""银行存款""应付职工薪酬""累计折旧""累计摊销""研发支出""应交税费"等账户。期末转入"本年利润"，结转后，"管理费用"科目无余额。

（二）"销售费用"账户

"销售费用"账户也属于损益类账户，用于反映销售费用的发生及结转。该科目借方登记企业所发生的各项销售费用，贷方登记期末转入"本年利润"科目的销售费用。发生各种销售费用时，借记本账户，贷记"库存现金""银行存款""应付职工薪酬""累计折旧"等账户。期末转入"本年利润"，结转后，"销售费用"科目无余额。

(三)"财务费用"账户

"财务费用"账户同样属于损益类账户，反映财务费用的发生及结转。发生各项财务费用时，借记本账户，贷记"银行存款""应付利息""长期借款""应付债券"账户。发生的应冲减财务费用的利息收入、汇兑收益时，借记"银行存款""长期借款""应收利息"等账户，贷记本账户。期末转入"本年利润"，结转后，"财务费用"科目无余额。

下面举例说明期间费用的核算。

【例12-2】 2025年3月豫章股份公司支付董事差旅费5 000元。

编制会计分录如下：

借：管理费用——差旅费　　　　　　　　　　　　　　5 000
　　贷：银行存款　　　　　　　　　　　　　　　　　　　　5 000

【例12-3】 2025年3月豫章股份公司发生销售费用：以银行存款支付广告费6 000元。

编制会计分录如下：

借：销售费用——广告费　　　　　　　　　　　　　　6 000
　　贷：银行存款　　　　　　　　　　　　　　　　　　　　6 000

【例12-4】 2025年9月豫章股份公司收到银行存款利息收入2 000元，支付银行借款利息4 000元。

编制会计分录如下：

借：银行存款　　　　　　　　　　　　　　　　　　2 000
　　贷：财务费用——利息收入　　　　　　　　　　　　　　2 000
借：财务费用——利息支出　　　　　　　　　　　　　4 000
　　贷：银行存款　　　　　　　　　　　　　　　　　　　　4 000

【例12-5】 2025年豫章股份公司全年确认管理费用50 000元，销售费用60 000元，财务费用24 000元。期末，把三个期间费用账户的余额转入"本年利润"账户。

编制会计分录如下：

借：本年利润　　　　　　　　　　　　　　　　　　134 000
　　贷：管理费用　　　　　　　　　　　　　　　　　　　　50 000
　　　　销售费用　　　　　　　　　　　　　　　　　　　　60 000
　　　　财务费用　　　　　　　　　　　　　　　　　　　　24 000

第五节 所得税的核算

企业会计准则与税法遵循不同的原则分别制定,两者原则的差异导致会计准则和税法对资产、负债、收入和费用的确认原则和计量标准等方面存在一定差异,从而导致税前会计利润与应税所得之间产生差异,其差异主要有两种:即永久性差异和暂时性差异。《企业会计准则第 18 号——所得税》规定企业应当采用资产负债表债务法核算所得税。资产负债表债务法是从资产负债表出发,通过比较资产负债表上列示的资产、负债按照会计准则规定确定的账面价值与按照税法规定确定的计税基础,对于两者之间的差异分别为应纳税暂时性差异与可抵扣暂时性差异,确认相关的递延所得税负债与递延所得税资产,同时在此基础上确定本期的所得税费用。

一、永久性差异

永久性差异,是指企业一定时期的税前会计利润与纳税所得之间由于计算口径不同而产生的差额,这种差额在本期发生,只影响本会计期间应纳税额,并不在以后各期转回。这种差异一旦产生,即永久存在,不会随着时间的推移而消失或改变。

(1) 按会计制度规定核算时作为收益计入会计报表,在计算应税所得时不确认为收益。

由于会计上收入的确认标准与税收上收入确认标准并不完全一致,某些收入会计上计入当期税前会计利润,而税收上则不作为纳税所得。例如,我国《企业所得税暂行条例实施细则》规定,企业购买的国债利息收入不计入纳税所得,而会计核算中,企业购买国债所产生的利息收入,计入当期损益。

(2) 按会计制度规定核算时不作为收益计入会计报表,在计算应税所得时作为收益。

某些收入,税收上需要计入纳税所得,会计上则不计入当期税前会计利润。例如,企业以自己生产的产品用于工程项目,在税收上需要视同销售计入纳税所得,而在会计核算中则按成本转账,不计入当期损益。

(3) 会计制度规定核算时确认为费用或损失计入会计报表,在计算应税所得时则不允许扣减。

由于会计上对费用或损失的确认标准与税收不完全一致,某些费用或损失可从当期税前会计利润中扣除,而在计算纳税所得时则不能扣除。例如,各种罚款支出在会计核算中作为营业外支出在税前会计利润中扣除,而在计算纳税所得时,罚款支出不得扣除。属于此类费用的还有超过规定标准的职工福利费支出、业务招待费、公益性捐赠、超过比例提取的工会会费以及非公益性捐赠等。

（4）按照会计制度规定核算时不确认为费用或损失，在计算应税所得时则允许扣减。按照会计制度要求，某些费用或损失不能计入利润表，但在计算应税所得时允许抵减，如加计扣除的研发费用。

二、计税基础与暂时性差异

暂时性差异是指资产、负债的账面价值与其计税基础不同产生的差额。

（一）资产的计税基础

资产的计税基础，是指企业收回资产账面价值过程中，计算应纳税所得额时按照税法规定可以自应税经济利益中抵扣的金额，即某一项资产在未来期间计税时按照税法规定可以税前扣除的金额。

【例12-6】 豫章股份公司于2023年5月12日取得的某项固定资产，原价为200万元，使用年限为5年，会计上采用年限平均法计提折旧，净残值为零。税法规定该固定资产采用加速折旧法计提的折旧可予税前扣除，该企业在计税时采用年数总和法计提折旧，净残值为零。2025年6月30日，企业估计该项固定资产的可收回金额为100万元。

分析：

2025年6月30日，该项固定资产的账面余额＝200－40×2＝120（万元），该账面余额大于其可收回金额100万元，两者之间的差额应计提20万元的固定资产减值准备。

2025年6月30日，该项固定资产的账面价值为100（万元）

其计税基础＝200×(1－5/15－4/15)＝80（万元）

该项固定资产的账面价值100万元与计税基础80万元之间的20万元差额，将于未来期间计入企业的应纳税所得额。

（二）负债的计税基础

负债的计税基础，是指负债的账面价值减去未来期间计算应纳税所得额时按照税法规定可予抵扣的金额。用公式表示即为：

负债的计税基础＝账面价值－未来期间按照税法规定可予税前扣除的金额

【例12-7】 汉东股份有限公司承诺对销售的产品提供1年保修服务。2025年12月31日豫章股份公司因售后保修服务确认的预计负债为10万元，按照税法规定，与产品售后保修服务相关费用在实际发生时可以税前扣除。

分析：

该预计负债账面价值为10万元。

该预计负债的计税基础＝账面价值10万－未来期间计算应纳税所得额时按照税法规定可予税前抵扣的金额10万＝0。

该项预计负债的账面价值10万元与计税基础零之间产生的10万元暂时性差

异,会减少企业于未来期间的应纳税所得额。

(三)暂时性差异

暂时性差异是指资产或负债的账面价值与其计税基础之间的不同产生的差异,该差异的存在不仅影响当期的应纳税额,而且影响以后各期的应纳税额,因此需要进行账务调整。因资产、负债的账面价值与其计税基础不同,产生了在未来收回资产或清偿负债的期间内,应纳税所得额增加或减少并导致未来期间应交所得税增加或减少的情况,从而形成企业的资产和负债,在有关暂时性差异发生当期,符合确认条件的情况下,应当确认相关的递延所得税负债或递延所得税资产。根据暂时性差异对未来期间应纳税所得额的影响,分为应纳税暂时性差异和可抵扣暂时性差异,如图12-1所示。

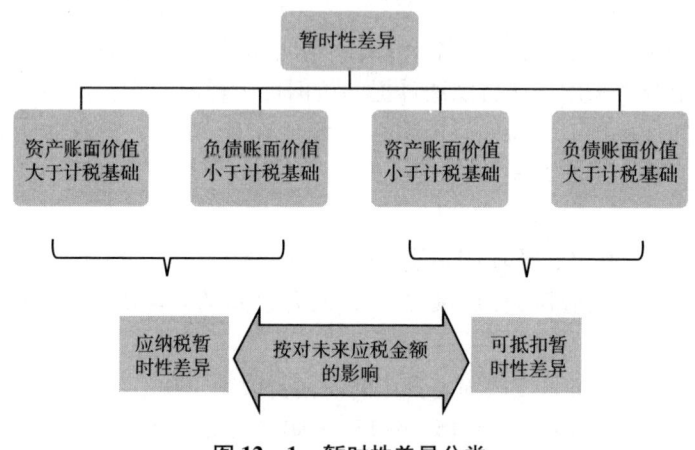

图 12-1　暂时性差异分类

1. 应纳税暂时性差异。

应纳税暂时性差异是指在确定未来收回资产或清偿负债期间的应纳税所得额时,将导致产生应税金额的暂时性差异。即在未来期间不考虑该事项影响的应纳税所得额的基础上,由于该暂时性差异的转回,会进一步增加转回期间的应纳税所得额和应交所得税金额,在其产生当期应当确认相关的递延所得税负债。应纳税暂时性差异通常产生于资产的账面价值大于其计税基础、负债的账面价值小于其计税基础两种情况。

2. 可抵扣暂时性差异。

可抵扣暂时性差异是指在确定未来收回资产或清偿负债期间的应纳税所得额时,将导致产生可抵扣金额的暂时性差异。该差异在未来期间转回时会减少转回期间的应纳税所得额,减少未来期间的应交所得税。在可抵扣暂时性差异产生当期,符合确认条件时,应当确认相关的递延所得税资产。可抵扣暂时性差异一般产生于资产的账面价值小于其计税基础、负债的账面价值大于其计税基础两种情况。

三、所得税会计的一般程序

采用资产负债表债务法核算所得税的情况下，企业一般应于每一资产负债表日进行所得税的核算。企业进行所得税核算一般应遵循以下程序：

第一，按照相关会计准则规定确定资产负债表中除递延所得税资产和递延所得税负债以外的其他资产和负债项目的账面价值。

第二，按照会计准则中对于资产和负债计税基础的确定方法，以适用的税收法规为基础，确定资产负债表中有关资产、负债项目的计税基础。应予说明的是，资产、负债的计税基础，是会计上的定义，但其确定应当遵循税法的规定进行。

第三，比较资产、负债的账面价值与其计税基础，对于两者之间存在的差异分析其性质，除准则中规定的特殊情况外，分别应纳税暂时性差异与可抵扣暂时性差异，确定资产负债表日递延所得税负债和递延所得税资产的应有金额，并与期初递延所得税资产和递延所得税负债的余额相比，确定当期应予进一步确认的递延所得税资产和递延所得税负债金额或应予转销的金额，作为递延所得税。

第四，就企业当期发生的交易或事项，按照适用的税法规定计算确定当期应纳税所得额，将应纳税所得额与适用的所得税税率计算的结果确认为当期企业实际应交纳的所得税，作为当期所得税。

第五，确定利润表中的所得税费用。利润表中的所得税费用包括当期所得税（当期应交所得税）和递延所得税两个组成部分，企业在计算确定了当期所得税和递延所得税后，两者之和（或之差）便是利润表中的所得税费用。

四、递延所得税资产及递延所得税负债的确认与计量

（一）递延所得税资产的确认与计量

递延所得税资产产生于可抵扣暂时性差异。确认因可抵扣暂时性差异产生的递延所得税资产应以未来期间可能取得的应纳税所得额为限。在可抵扣暂时性差异转回的未来期间内，企业无法产生足够的应纳税所得额用以利用可抵扣暂时性差异的影响，使得与可抵扣暂时性差异相关的经济利益无法实现的，不应确认递延所得税资产；企业有明确的证据表明其于可抵扣暂时性差异转回的未来期间能够产生足够的应纳税所得额，进而利用可抵扣暂时性差异的，则应以可能取得的应纳税所得额为限，确认相关的递延所得税资产。在确认递延所得税资产的同时，应减少利润表中的所得税费用。所得税准则规定，资产负债表日，对于递延所得税资产，应当根据适用税法的规定，按照预期收回该资产期间的适用所得税

税率为基础计算确定。

（二）递延所得税负债的确认与计量

除所得税准则中明确规定可不确认递延所得税负债的情况以外，企业对于所有的应纳税暂时性差异均应确认相关的递延所得税负债。除与直接计入所有者权益的交易或事项以及企业合并中取得资产、负债相关事项以外，在确认递延所得税负债的同时，应增加利润表中的所得税费用。所得税准则规定，资产负债表日，对于递延所得税负债，应当根据适用税法规定，按照预期收回该资产或清偿该负债期间的适用税率计量。

递延所得税=（递延所得税负债的期末余额-递延所得税负债的期初余额）-（递延所得税资产的期末余额-递延所得税资产的期初余额）

五、所得税费用的确认和计量

所得税会计的主要目的之一是确定当期应交所得税以及利润表中的所得税费用。在按照资产负债表债务法核算所得税的情况下，利润表中的所得税费用包括当期所得税和递延所得税两个部分。

（一）当期所得税

当期所得税是指企业按照税法规定计算确定的针对当期发生的交易和事项，应缴纳给税务部门的所得税金额，即当期应交所得税。

应纳税所得额=税前会计利润+纳税调整增加额-纳税调整减少额=会计利润+按照会计准则规定计入利润表但计税时不允许税前扣除的费用±计入利润表的费用与按照税法规定可予税前抵扣的金额之间的差额±计入利润表的收入与按照税法规定应计入应纳税所得额的收入之间的差额-税法规定的不征税收入±其他需要调整的因素

（二）递延所得税

递延所得税是指按照所得税准则规定当期应予确认的递延所得税资产和递延所得税负债金额，用公式表示即为：

递延所得税=（递延所得税负债的期末余额-递延所得税负债的期初余额）-（递延所得税资产的期末余额-递延所得税资产的期初余额）

（三）所得税费用

企业应设置"所得税费用"科目，核算企业所得税费用的确认及其结转情况。期末，应将"所得税费用"科目的余额转入"本年利润"科目，借记"本年利润"科目，贷记"所得税费用"科目，结转后，"所得税费用"科目无余额。

计算确定了当期所得税及递延所得税以后，利润表中应予确认的所得税费用为两者之和，即：

所得税费用 = 当期所得税 + 递延所得税

【例 12-8】豫章股份公司 2025 年适用的所得税税率为 25%，"递延所得税负债"年初余额为 5 万元（为生产车间固定资产折旧形成）。2025 年税前利润为 800 万元，其中，购买国债取得的利息收入为 100 万元，合同违约被法院判决支付罚款 30 万元，生产车间固定资产按直线法计提折旧 30 万元。另已知，该固定资产于 2022 年 12 月末购入，原始价值为 240 万元，净残值为 0，会计处理和税法处理均按直线法计提折旧，会计预计使用年限为 8 年，税法预计使用年限为 6 年。

要求：
（1）计算豫章股份公司 2025 年应交所得税；
（2）编制豫章股份公司涉及所得税的会计分录。

分析：
（1）计算豫章股份公司 2025 年应交所得税：
2025 年应交所得税 = （800 - 100 + 30 - 10）× 25% = 180（万元）
（2）编制豫章股份公司涉及所得税的会计分录：
递延所得税负债发生额 = 30 × 25% - 5 = 2.5（万元）

借：所得税费用　　　　　　　　　　　　　　　182.5
　　贷：递延所得税负债　　　　　　　　　　　　　2.5
　　　　应交税费——应交所得税　　　　　　　　180

有关所得税会计的详细内容将在《高级财务会计》教材有关章节中作专题讲解，本教材只对所得税会计的要点进行阐述。

【本章小结】

对于一个持续经营的企业来说，为了取得收入，就必然会发生相应的耗费（费用）。在收入一定的前提下，费用的确认直接关系到所确定的利润是否准确、合理。通过本章的学习，能够正确划分资本性支出与收益性支出的界限，重点掌握生产成本和期间费用的核算，理解资产的计税基础、负债的计税基础，以及应纳税暂时性差异和可抵扣暂时性差异两组名词的概念，了解所得税会计处理方法的资产负债表债务法。

【本章思考题】

1. 试述企业生产产品发生的直接费用和间接费用在核算上有何不同？
2. 期间费用包括哪些内容，如何进行相关会计处理？
3. 如何理解应纳税暂时性差异和可抵扣暂时性差异？

4. 何谓资产的计税基础？何谓负债的计税基础？
5. 递延所得税资产和递延所得税负债如何在财务报表上列报？

【本章练习】

1. 资料：豫章股份公司 2025 年 12 月发生下列经济业务：

(1) 2 日，以银行存款支付技术咨询费 500 元。

(2) 6 日，以存款支付广告费 5 000 元。

(3) 10 日，签发转账支票 620 元，支付商场代为提供产品售后服务的费用。

(4) 11 日，总经理因出差预借差旅费 700 元，以库存现金付讫。

(5) 14 日，以银行存款支付独立董事薪酬 6 000 元。

(6) 18 日，收到电网公司专用发票一张，开列动力用电费 2 600 元，照明用电费 500 元，增值税 403 元，签发转账支票付讫。根据记录，动力用电甲产品负担 1 600 元，乙产品负担 1 000 元；照明用电生产车间耗用 200 元，专设销售机构耗用 140 元，行政管理部门耗用 160 元。

(7) 25 日，委托银行办理银行汇票一份，支付手续费 18 元。

(8) 27 日，总经理报销差旅费 717 元，多余款以库存现金方式收回。

(9) 28 日，签发库存现金支票 1 750 元，支付招待客户费用。

(10) 30 日，提取本月份固定资产折旧费 4 000 元，其中生产车间 3 200 元，专设销售机构 460 元，行政管理部门 340 元。

(11) 30 日，银行开来短期借款计息单，系支付本季度短期借款利息 18 600 元，其中前两个月已预提短期借款利息 12 080 元，均进行费用化处理。

要求：编制会计分录。

2. 豫章股份公司 2025 年 12 月 31 日资产负债表中有关项目账面价值及其计税基础为：交易性金融资产账面价值为 1 500 万元，计税基础为 1 000 万元。预计负债账面价值为 100 万元，计税基础为 0 元。除上述项目外，该公司其他资产、负债的账面价值与其计税基础不存在差异，且递延所得税资产和递延所得税负债不存在期初余额，适用的所得税税率为 25%。假定当期按照税法规定计算确定的应交所得税为 600 万元。该公司预计在未来期间能够产生足够的应纳税所得额用来抵扣可抵扣暂时性差异。计算该公司递延所得税负债、递延所得税资产、递延所得税费用以及所得税费用金额。

3. 豫章股份公司 2025 年应纳税所得额 2 000 万元，所得税率为 25%，递延所得税资产年初余额 30 万元，递延所得税负债年初余额 60 万元。2025 年末豫章股份公司相关资产、负债账面价值及计税基础计算结果如下表所示。

报表项目	账面价值	计税基础
存货	500 万元	550 万元
固定资产	800 万元	720 万元
交易性金融资产	1 000 万元	600 万元
预计负债	300 万元	0

要求：计算豫章股份公司 2025 年年末应交所得税、递延所得税资产和递延所得税负债，以及 2025 年度递延所得税费用和所得税费用。

第十三章 所有者权益

【引入案例】

　　2024年4月10日，紫鑫药业（002118）公司收到《行政处罚及市场禁入事先告知书》，紫鑫药业惊天财务造假一事被公之于众。该公司自2013以来通过年报遗漏关联交易、虚增存货、无形资产、收入和利润等手段进行财务造假。例如，公司大股东以虚高评估的"人参种植技术专利"作价5亿元增资，但专利实际无商业价值，且评估机构涉嫌利益输送，通过虚假交易伪造专利应用场景，骗取验资报告，该公司2024年5月因此次造假被吉林证监局行政处罚，大股东股权被司法冻结，评估机构中联评估被吊销资质。我们不禁要问：企业虚假出资的目的是什么？所有者权益各部分的会计数据分别代表什么法律意义？所有者权益各项目应该如何核算？

【学习目的与要求】

1. 了解所有者权益的含义、构成及确认计量规定；
2. 不同组织形式的企业特征和所有者权益构成；
3. 掌握所有者投入资本的核算；
4. 理解金融负债与权益工具的区分，以及复合金融工具的核算；
5. 掌握资本公积和其他综合收益的核算；
6. 掌握留存收益核算。

第一节　所有者权益概述

一、所有者权益的含义及其与债权人权益的区别

　　所有者权益是指企业资产扣除负债后由所有者享有的剩余权益。在股份制企

业,所有者权益也称为股东权益。即一个会计主体在一定时期所拥有或可控制的具有未来经济利益资源的净额。

所有者和债权人均是企业资产的提供者,因而所有者权益和负债(债权人权益)两者均是对企业资产的要求权,但两者之间又存在着明显的区别。两者的区别主要表现在以下几点:

第一,所有者权益在企业经营期内可供企业长期、持续地使用,企业不必向投资人返还资本。而负债则须按期返还给债权人,成为企业的负担。

第二,所有者权益是企业所有人凭其对企业投入的资本,享受税后分配利润的权利,是企业分配税后净利润的主要依据。债权人除按规定取得利息外,无权分配企业的盈利。

第三,企业所有人有权行使企业的经营管理权,或者授权管理人员行使经营管理权,但债权人并没有经营管理权。

第四,企业的所有者对企业的债务和亏损负有无限的责任或有限的责任,而债权人对企业的其他债务不发生关系,一般也不承担企业的亏损。

二、所有者权益的构成

(一)所有者权益按照来源分类

所有者权益的来源包括所有者投入的资本、直接计入所有者权益的利得和损失、留存收益等。

投入资本,是投资人提供给公司的资本,由实收资本(或股本)和资本公积(股本溢价)构成。实收资本是投资者(国家/法人/个人/外商)按照公司的章程或合同、协议的约定,实际投入企业的资本。

直接计入所有者权益的利得和损失,是指不应计入当期损益、会导致所有者权益发生增减变动的、与所有者投入资本或者向所有者分配利润无关的利得或者损失。

利得是指由企业非日常活动所形成的、会导致所有者权益增加的、与所有者投入资本无关的经济利益的流入。

损失是指由企业非日常活动所发生的、会导致所有者权益减少的、与向所有者分配利润无关的经济利益的流出。

留存收益包括盈余公积和未分配利润两部分。

(二)所有者权益按在资产负债表中的构成分类

所有者权益在资产负债表中应当划分为实收资本(股本)、其他权益工具、资本公积、其他综合收益、盈余公积和未分配利润等报表项目。

三、不同组织形式的企业特征和所有者权益的构成

企业组织形式是指企业存在的形态和类型,主要有独资企业、合伙企业和公

司制企业三种形式。企业组织形式决定了企业所有者所承担的义务、风险及应享有的权益，不同的企业组织形式，其所有者权益的构成也不同。

（一）独资企业

独资企业，即为个人出资经营、归个人所有和控制、由个人承担经营风险和享有全部经营收益的企业。此类企业的特点：

（1）企业的建立与解散程序简单。

（2）经营管理灵活自由，企业主可以完全根据个人的意志进行管理决策。

（3）业主对企业的债务负无限责任。当企业的资产不足以清偿其债务时，业主以其个人财产偿付企业债务。

（4）企业的规模有限。

独资企业中，所有者权益属于业主一人独有，其所有者权益也称"业主权益"，业主对企业债务承担无限清偿责任，因此单独设置"业主权益"科目，并不划分投入资本、资本公积和留存收益。

（二）合伙企业

合伙企业是指由各合伙人订立合伙协议，共同出资、共同经营、共享收益、共担风险，并对企业债务承担无限连带责任的营利性组织。合伙企业的合伙人可以是自然人、法人或其他组织。此类企业的特点：

（1）合伙企业属于自然人，一般无法人资格。

（2）合伙人对企业的债务承担无限连带责任。

（3）相互代理。合伙人推举的负责人和其他人员的经营活动，由全体合伙人承担民事责任。换言之，每个合伙人代表合伙企业所发生的经济行为对所有合伙人均有约束力。

（4）合伙人签订合伙协议，对合伙人之间的权利和义务以及企业的经营管理进行约定。

在合伙企业中，所有者权益属于合伙人共有，设置"合伙人资本"核算合伙人权益，按合伙人分设账户，反映各合伙人的投资提款及权益余额，不划分投入资本、资本公积和留存收益。

（三）公司制企业

公司制企业是指按照法律规定，由法定人数以上的投资者（或股东）出资建立、自主经营、自负盈亏、具有法人资格的经济组织。法人是自然人的对称，是指具有民事权利能力和民事行为能力，依法独立承担民事责任的组织。在公司组织中，所有者权益属于一定数目的股东，故也称为"股东权益"。我国目前的公司制企业有有限责任公司和股份有限公司两种形式。不同形式下的组织特点不同，所有者权益构成和核算也有差异。

有限责任公司通常由五十个以下的股东出资设立，每个股东以其所认缴的出资额为限对公司承担有限责任，公司以其全部资产对公司债务承担全部责任。有限责任公司包括国有独资公司及其他有限责任公司。其有如下特征：

（1）有限责任公司的股东，仅以其出资额为限对公司承担责任。

（2）有限责任公司的股东人数，有最高人数的限制，我国《中华人民共和国公司法》规定，50个以下股东共同出资设立。

（3）有限责任公司不能公开募集股份，不能发行股票。

（4）设立程序比较简单，不必发布公告，也不必公布账目，尤其是公司的资产负债表一般不予公开，公司内部机构设置灵活。

有限责任公司的资本无须划分为等额股份，投入资本设置"实收资本"和"资本公积——资本溢价"科目进行核算，留存收益分盈余公积和未分配利润两部分。

股份有限公司是指公司资本由股份所组成的公司，股东以其认购的股份为限对公司承担责任的企业法人。《中华人民共和国公司法》规定，设立股份有限公司，应当有2人以上200以下为发起人，注册资本的最低限额为人民币500万元。股份有限公司有如下特征：

（1）股份有限公司股东仅负有限责任。《中华人民共和国公司法》规定，股东以其所持股份为限对股份公司承担责任，股份公司以全部资产对公司的债务承担责任。

（2）股份有限公司的全部资本划分为等额的股份，通过向社会公开发行的办法筹集资金，任何人在缴纳了股款之后，都可以成为公司股东，没有资格限制。

（3）股份有限公司的所有权与经营权分离。股东拥有股份公司的所有权，他们提供资本并分享收益，但股权极其分散，股东不可能直接参与公司经营管理，由董事会聘请总经理和其他高级管理人员负责公司的日常经营管理。

（4）股份有限公司通过发行股票拥有巨大的融资能力。股份有限公司能通过向社会公开发行股票而筹集巨额的资金作为公司的长期资本，宽阔的融资渠道使它们拥有其他企业无可比拟的融资能力，有利于进行大规模的生产经营活动。

（5）股份有限公司具有较强的稳定性。股份有限公司是多元化投资的主体，股东不可抽回股本，只可以转让所持股份，这就为股份有限公司提供了一个稳定的股本基础。

（6）股份有限公司财务报告应当公开。股份有限公司采取募集方式设立的，股东人数多，流动频繁，因而需要股份有限公司将其财务状况和经营成果向社会公开。《中华人民共和国公司法》明确规定，股东有权查阅公司章程、股东名册、公司债券存根、股东大会会议记录、董事会会议决议、监事会会议决议、财务会计报告，对公司的经营管理有权提出建议或者质询。基于此，股份有限公司编制的会计报表经注册会计师审计后，要定期向社会公开披露，并应在股东大会年会召开20日前置于公司住所，供股东查阅。

(7) 公司设立和解散有严格的法律程序，手续复杂。

股票是股份有限公司在筹集资本时向出资人公开或私下发行的、用以证明出资人的股东身份和权利，并根据持有人所持有的股份数享有权益和承担义务的凭证。股票是一种有价证券，代表着其持有人（股东）对股份公司的所有权，每一股同类型股票所代表的公司所有权是相等的，即"同股同权"。这种所有权为一种综合权利，如参加股东大会、投票表决、参与公司的重大决策、收取股息或分享红利等，但也要共同承担公司运作错误所带来的风险。股票可以公开上市，也可以不上市。上市的股票称为流通股，可在股票交易所（即二级市场）自由买卖。非上市的股票没有进入股票交易所，因此不能自由买卖，称为非上市流通股。

股票具有以下特征：

(1) 收益性。股东凭其持有的股票，有权从公司领取股息或红利，获取投资收益。股息或红利的大小，主要取决于公司的盈利水平和公司的盈利分配政策。股票的收益性，还表现在股票投资者可以获得价差收入或实现资产保值增值。通过低价买入和高价卖出股票，投资者可以赚取价差利润。

(2) 风险性。由于股票价格要受到诸如公司经营状况、供求关系、银行利率、大众心理等多种因素的影响，其波动有很大的不确定性，价格波动的不确定性越大，投资风险也越大。因此，股票是一种高风险的金融产品。

(3) 不可退还性。股票一经认购，一般都不可撤回，《中华人民共和国公司法》规定："发起人、认股人缴纳股款或者交付抵作股款的出资后，除未按期募足股份、发起人未按期召开创立大会或者创立大会决议不设立的情形外，不得抽回其股本。"股票的不可退还性，保证了公司拥有一笔稳定的自有资本，维护了公司存在的根基，也是对债权人利益的保障。

(4) 股票的流通性。股票在不同投资者之间可交易，其流通性通常以可流通的股票数量、股票成交量以及股价对交易量的敏感程度来衡量。可流通股数越多，成交量越大，价格对成交量越不敏感，股票的流通性就越好，反之就越差。股票的流通，使投资者可以在市场上卖出所持有的股票，取得现金。通过股票的流通和股价的变动，可以看出人们对于相关行业和上市公司的发展前景和盈利潜力的判断。那些在流通市场上吸引大量投资者、股价不断上涨的行业和公司，可以通过增发股票，不断吸收大量资本进入生产经营活动，从而优化资源配置。

(5) 参与性。股票持有者的投资意志和享有的经济利益，通常是通过行使股东参与权来实现的。股东参与公司决策的权利大小，取决于其所持有的股份的多少。从实践中看,只要股东持有的股票数量达到能够左右决策结果所需的实际数时,就能掌握公司的决策控制权。

股份有限公司全部注册资本由等额股份构成,其所有者权益由股本、资本公积、其他权益工具、其他综合收益、盈余公积、利润分配几部分构成。

第二节 实收资本(股本)和其他权益工具

一、实收资本的核算

一般企业投入资本通过"实收资本"科目核算。

(一)"实收资本"的含义

"实收资本"反映的是投资者按照企业章程或合同、协议的约定实际投入资产的价值,是所有者权益的重要组成部分,是企业设立的必备条件,也是企业从事正常生产经营活动必需的基本资金。

投入资本与实收资本是同一过程的两个方面,实收资本是投资者投资额在企业资产中的具体体现。实收资本具有两方面含义:

1. 实收资本代表企业资金的来源,表明企业创建时的规模状态。

2. 实收资本也代表所有者对企业的初始要求权,是所有者投给企业的本钱,企业有责任对其保值和增值。我国目前实行的是注册资本制度,《企业法人登记管理条例》规定,除国家另有规定以外,企业的注册资本应当与实收资本相一致。因而,在投资者足额交纳资本之后,企业实收资本应该等于企业的注册资本。

企业接受投资者投入的实收资本,通过"实收资本"科目核算。企业收到投资者出资超过其在注册资本或股本中所占份额的部分,作为资本溢价,在"资本公积"科目核算。本科目可按投资者进行明细核算。本科目期末贷方余额,反映企业实收资本的总额。

(二)"实收资本"增加的主要会计处理

1. 收到货币性投资。

企业收到投资者投入的货币性投资,借记"银行存款"等科目,按其在注册资本中所占份额,贷记"实收资本"科目,按其差额,贷记"资本公积——资本溢价"科目。

【例13-1】2025年2月1日,甲有限责任公司成立,收到乙公司投入现金2 000 000元存入银行,根据存款证明,甲有限责任公司所做的会计处理为:

借:银行存款 2 000 000

贷：实收资本——乙公司　　　　　　　　　　　　　　　2 000 000

【例13－2】2025年10月1日，甲有限责任公司收到新股东M公司投入资金150万元存入银行，投资后甲有限责任公司注册资本为2 000万元，M公司占注册资本比例为5%。

甲公司会计处理为：

　　借：银行存款　　　　　　　　　　　　　　　　　　　　1 500 000
　　　贷：实收资本——M公司　　　　　　　　　　　　　　　1 000 000
　　　　　资本公积——资本溢价　　　　　　　　　　　　　　　500 000

2. 收到实物投资。

企业收到固定资产、存货、投资性房地产等实物投资，应当按投资合同（协议）约定的价值计量收到的资产，但合同（协议）价不公允除外。一般纳税人收到投资发生的增值税，可以抵扣进项税额。如果合同（协议）价不公允，应当按公允价值计量收到的资产，公允价值与合同（协议）价之间的差额应当计入资本公积。

【例13－3】2025年3月1日，甲股份有限公司成立后，投资者丙公司投入材料一批，开来的专用发票标明价款为100 000元，增值税为13 000元。双方协商按发票价值计价，甲股份有限公司所做的会计分录为：

　　借：原材料　　　　　　　　　　　　　　　　　　　　　　100 000
　　　　应交税费——应交增值税（进项税额）　　　　　　　　　13 000
　　　贷：实收资本——丙公司　　　　　　　　　　　　　　　　113 000

【例13－4】甲有限责任公司为一般纳税人，2025年6月30日收到投资者M公司投入的设备一台，协议价300万元，增值税39万元，协议价与公允价一致，当日收到M公司开具的增值税专用发票。设备不需要安装。

　　借：固定资产　　　　　　　　　　　　　　　　　　　　　300 000
　　　　应交税费——应交增值税（进项税额）　　　　　　　　　390 000
　　　贷：实收资本——M公司　　　　　　　　　　　　　　　3 390 000

3. 收到无形资产投资。

企业收到专利权、商标权、土地使用权、非专利技术等无形资产投资，应当按投资合同（协议）约定的价值计量收到的资产，但合同（协议）价不公允的除外。一般纳税人收到投资发生的增值税，可以抵扣进项税额。如果合同（协议）价不公允，则应当按公允价值计量收到的资产，公允价值与合同（协议）价之间的差额应当计入资本公积。

【例13－5】甲有限责任公司2025年12月1日收到N公司投入的专利权一项，投资合同协议价100万元，与公允价值一致。该专利权适用增值税率6%。

　　借：无形资产　　　　　　　　　　　　　　　　　　　　1 000 000

应交税费——应交增值税（进项税额）	60 000
贷：实收资本——N 公司	1 060 000

二、"股本"的核算

股份有限公司应当设置"股本"科目核算股本增减变动。股份有限公司与其他企业相比最显著的特点是将企业的全部资本划分成等额股份，并通过发行股票的方式来筹集资本。股东以其所认购股份为限对公司承担有限责任。股票面值与股份总数的乘积就是股本数额。由于股本是以股票的票面价值计价，而股票的发行价格不一定等于股票的票面价值，因此，公司发行股票的收入与股本总额往往不一致。股票发行价高于票面价值，称为溢价发行；股票发行价等于票面价值，称为平价发行；股票发行价低于票面价值称为折价发行。我国不允许企业折价发行股票，企业只能溢价或平价发行股票。在溢价发行股票时，公司按其面值贷记"股本"科目，超过面值发行取得的溢价收入扣除发行手续费、佣金等发行费用后，贷记"资本公积"科目。平价发行或溢价金额不足以支付发行费用的部分，应将不足支付的发行费用冲减留存收益。

股份有限公司"股本"增加的原因主要包括：发行新股、增发股票（包括定向增发和公开增发）、发放股票股利、资本公积转增股本、盈余公积转增股本、可转换债券转股、股票期权的行权、债务转化为资本进行债务重组等。导致股份有限公司"股本"减少的原因主要包括：公司清算、回购股票注销等。

（一）股本增加业务的会计处理

1. 公开发行股票的会计处理。

股份有限公司应当在核定的股本总额及核定的股份总额的范围内发行股票。公司溢价发行的人民币股票，在收到现金等资产时，按实际收到的金额，借记"银行存款"等科目，按发行股票面值总额，贷记"股本"科目，按溢价净收入（扣除发行费用后），贷记"资本公积——股本溢价"科目。平价发行或溢价金额不足以支付发行费用的部分，应将不足支付的发行费用冲减留存收益（盈余公积和未分配利润）。

境外上市公司，以及在境内发行外资股的公司，收到股款时，按收到股款时的即期汇率折合的人民币金额，借记"银行存款"等科目，按股票面值总额，贷记"股本"科目，按收到股款当日的汇率折合的人民币金额与按人民币计算的股票面值总额的差额，贷记"资本公积——股本溢价"科目。

【例 13-6】金芙蓉股份有限公司 2025 年 1 月 10 日发起设立，当月委托华路证券公司代理发行普通股 1 000 万股，每股面值 1 元，每股发行价格为 5 元。公司与证券公司约定，按发行收入的 3% 收取手续费，从发行收入中扣除。公司已将收到的股款存入银行。金芙蓉股份有限公司应作如下会计处理：

公司收到的股款 = 1 000 × 5 × (1 – 3%) = 4 850（万元）

应记入"资本公积"科目的金额 = 溢价收入 – 发行手续费 = 1 000 × 4 – 150 = 3 850（万元）

借：银行存款　　　　　　　　　　　　　　　　48 500 000
　　贷：股本　　　　　　　　　　　　　　　　　　10 000 000
　　　　资本公积——股本溢价　　　　　　　　　　38 500 000

2. 公开增发股票会计处理。

《中华人民共和国公司法》规定股份有限公司必须符合以下条件方能增资扩股：前一次发行的股份已经募足，并间隔一年以上；公司在最近 3 年内连续盈利，并可向股东支付股利；公司在最近 3 年内财务会计文件无虚假记载；公司预期利润率可达到银行同期存款利率；经股东大会决议，同意并修改公司章程；经国务院授权部门或省级人民政府批准。

【例13 – 7】金芙蓉股份有限公司 2025 年 6 月 30 日经股东大会同意和中国证券监督管理委员会批准，按总股本 2 000 万股为基数，公开增发 30% 的普通股股票。按 10∶3 的比例向原普通股股东配售，配股价 6 元/股，股票面值 1 元/股，股票发行费用率为 2%。

配股数量 = 2 000 × 30% = 600（万股）

发行净收入 = 600 × 6 × (1 – 2%) = 3 528（万元）

借：银行存款　　　　　　　　　　　　　　　　35 280 000
　　贷：股本　　　　　　　　　　　　　　　　　　6 000 000
　　　　资本公积——股本溢价　　　　　　　　　　29 280 000

3. 发放股票股利会计处理。

股份有限公司宣告发放股票股利，实际上是将利润转换为股票发放给股东。宣告发放的股票股利不通过"应付股利"科目核算，实际发放股票股利时，按照发放股票的面值总额借记"利润分配——转作股本的股利"科目，贷记"股本"科目。

【例13 – 8】金芙蓉股份有限公司 2025 年 3 月 30 日经股东大会同意，决定按总股本 2 000 万股为基数，每 10 股发放股票股利 5 股，发放日为 2025 年 4 月 20 日，面值 1 元/股。

借：利润分配——转作股本的股利　　　　　　　　10 000 000
　　贷：股本　　　　　　　　　　　　　　　　　　10 000 000

4. 资本公积、盈余公积转增资本会计处理。

股份有限公司用资本公积、盈余公积转增资本，与利润分配无关，应当借记"资本公积""盈余公积"科目，贷记"股本"科目。

（二）股本减少的会计处理

为保障股份有限公司的稳定和债权人的利益，公司的股本不可随意减少，股东在公司存续期间不能抽回股本。然而市场需求发生重大变化，经营规模缩小等因素导致公司资本金过剩或发生了重大亏损而短期内又无力弥补时，公司可以按法定程序，注销股份以减少股本。公司减资时要达到以下要求：（1）公司减资前应事先通知债权人，债权人无异议时方可；（2）经股东大会同意，并经有关部门批准；（3）减资后的注册资本不得低于法定注册资本的最低限额；（4）公司减资时，应修订公司章程，并向工商管理部门办理注册资本变更手续，并予以公告。

股份有限公司由于采用发行股票的方式筹集股本，进行减资时，要收购发行在外的股票。我国法律规定，公司经批准减资而收回的股票，不能作为库藏股，而要作注销处理。库藏股是指那些被公司购回的已发行的股票，并且这些公司购回的股票没有被注销而被公司持有。股份有限公司购回已发行在外的股票时，按注销股票的面值总额减少股本。若股票购回价高于面值，可区别情况处理：（1）收购的股票凡是溢价发行的。首先冲减溢价收入形成的资本公积，仍不足冲减的，依次冲减盈余公积和未分配利润。（2）收购的股票是平价发行的。平价发行股票因无溢价发行形成的资本公积，所以直接冲减盈余公积和未分配利润。若股票购回价低于面值，则将其差额计入资本公积。

上市公司回购本公司发行在外的普通股，注销前先记入"库存股"账户借方，注销时记入"库存股"账户贷方。

【例 13-9】 金芙蓉股份有限公司 2023 年 1 月 1 日发行面值为 1 元的普通股 1 000 万股，发行价每股 8 元，2024 年 12 月 30 日因资本过剩经批准于市场按每股 6 元（含相关税费）购回 200 万股准备注销，2025 年 1 月 10 日经批准注销购回的股票 200 万股，注销日原发行股票产生的资本公积余额有 500 万元；盈余公积余额有 200 万元。

（1）按每股 6 元购回 200 万股，编制会计分录：

借：库存股	12 000 000
贷：银行存款	12 000 000

（2）注销时，会计分录为：

借：股本	2 000 000
资本公积	5 000 000
盈余公积	2 000 000
利润分配——未分配利润	3 000 000
贷：银行存款	12 000 000

若上例注销日原发行股票产生的资本公积余额有 2 000 万元，其他不变。注销日会计分录为：

借：股本	2 000 000

　　　　资本公积　　　　　　　　　　　　　　　10 000 000
　　　　　贷：库存股　　　　　　　　　　　　　　　　12 000 000

三、"其他权益工具"的核算

（一）金融负债和权益工具的区分

企业发行金融工具，在初始确认时将该金融工具或其组成部分分类为金融资产、金融负债或权益工具。

1. 金融负债和权益工具的定义。

金融负债，是指企业符合下列条件之一的负债：（1）向其他方交付现金或其他金融资产的合同义务；（2）在潜在不利条件下，与其他方交换金融资产或金融负债的合同义务；（3）将来须用或可用企业自身权益工具进行结算的非衍生工具合同，且企业根据该合同将交付可变数量的自身权益工具；（4）将来需用或可用企业自身权益工具进行结算的衍生工具合同，但以固定数量的自身权益工具交换固定金额的现金或其他金融资产的衍生工具合同除外。企业对全部现有同类别非衍生自身权益工具的持有方同比例发行配股权、期权或认股权证，使之有权按比例以固定金额的任何货币换取固定数量的该企业自身权益工具的，该类配股权、期权或认股权证应当分类为权益工具。

权益工具，是指能证明拥有某个企业在扣除所有负债后的资产中的剩余权益的合同。在同时满足下列条件的情况下，企业应当将发行的金融工具分类为权益工具：（1）该金融工具应当不包括交付现金或其他金融资产给其他方，或在潜在不利条件下与其他方交换金融资产或金融负债的合同义务；（2）将来需用或可用企业自身权益工具结算该金融工具。如为非衍生工具，该金融工具应当不包括交付可变数量的自身权益工具进行结算的合同义务；如为衍生工具，企业只能通过以固定数量的自身权益工具交换固定金额的现金或其他金融资产结算该金融工具。

2. 区分金融负债和权益工具需考虑的因素。

（1）合同所反映的经济实质。合同条款以外的因素一般不予考虑。

（2）工具的特征。企业应当全面细致地分析此类金融工具各组成部分的合同条款，以确定其显示的是金融负债还是权益工具的特征，并进行整体评估，以判定整个工具应划分为金融负债、权益工具，还是既包括金融负债成分又包括权益工具成分的复合金融工具。

3. 金融负债和权益工具区分的基本原则。

（1）是否存在无条件地避免交付现金或其他金融资产的合同义务。

①如果企业不能无条件地避免以交付现金或其他金融资产来履行一项合同义务，则该合同义务符合金融负债的定义。

②如果企业能够无条件地避免交付现金或其他金融资产,如能够根据相应的议事机制自主决定是否支付股息(即无支付股息的义务),同时所发行的金融工具没有到期日且持有方没有回售权,或虽有固定期限但发行方有权无限期递延(即无支付本金的义务),则此类交付现金或其他金融资产的结算条款不构成金融负债。

③有些金融工具虽然没有明确地包含交付现金或其他金融资产义务的条款和条件,但有可能通过其他条款和条件间接地形成合同义务。

(2) 是否通过交付固定数量的自身权益工具结算。

对于以企业自身权益工具结算的金融工具,其分类需要考虑所交付的自身权益工具的数量是可变的还是固定的。

(3) 基于自身权益工具的非衍生工具。

对于非衍生工具,如果发行方未来有义务交付可变数量的自身权益工具进行结算,则该非衍生工具是金融负债;否则,该非衍生工具是权益工具。

【例13-10】甲公司与乙公司签订的合同约定,甲公司以100万元等值的自身权益工具偿还所欠乙公司债务。

本例中,甲公司需偿还的负债金额100万元是固定的,但甲公司需交付的自身权益工具的数量随着其权益工具市场价格的变动而变动。在这种情况下,甲公司发行的该金融工具应当划分为金融负债。

【例13-11】甲公司与乙公司签订的合同约定,甲公司以100盎司黄金等值的自身权益工具偿还所欠乙公司债务。

本例中,甲公司须偿还的负债金额随黄金价格变动而变动,同时,甲公司须交付的自身权益工具的数量随着其权益工具市场价格的变动而变动。在这种情况下,该金融工具应当划分为金融负债。

【例13-12】甲公司发行了名义金额人民币100元的优先股,合同条款规定甲公司在3年后将优先股强制转换为普通股,转股价格为转股日前一工作日的该普通股市价。

本例中,转股价格是变动的,未来须交付的普通股数量是可变的,实质可视作甲公司将在3年后使用自身普通股并按其市价履行支付优先股每股人民币100元的义务。在这种情况下,该强制可转换优先股整体是一项金融负债。

4. 发行金融工具的重分类。

发行方原分类为权益工具的金融工具,自不再被分类为权益工具之日起,发行方应当将其重分类为金融负债,以重分类日该工具的公允价值计量,重分类日权益工具的账面价值和金融负债的公允价值之间的差额确认为权益。

发行方原分类为金融负债的金融工具,自不再被分类为金融负债之日起,发行方应当将其重分类为权益工具,以重分类日金融负债的账面价值计量。

(二) 其他权益工具会计处理的基本原则

企业发行的金融工具应当按照金融工具准则进行初始确认和计量。其后，于每个资产负债表日计提利息或分派股利，按照相关具体企业会计准则进行处理。对于归类为权益工具的金融工具，无论其名称中是否包含"债"，其利息支出或股利分配都应当作为发行企业的利润分配，其回购、注销等作为权益的变动处理；对于归类为金融负债的金融工具，无论其名称中是否包含"股"，其利息支出或股利分配原则上按照借款费用进行处理，其回购或赎回产生的利得或损失等计入当期损益。

企业（发行方）发行金融工具，其发生的手续费、佣金等交易费用，如分类为债务工具且以摊余成本计量的，应当计入所发行工具的初始计量金额；如分类为权益工具的，应当从权益（其他权益工具）中扣除。

(三) 科目设置

1. 发行方对于归类为金融负债的金融工具在"应付债券"科目核算。

对于需要拆分且形成衍生金融负债或衍生金融资产的，应将拆分的衍生金融负债或衍生金融资产按照其公允价值在"衍生工具"科目核算。对于发行的且嵌入了非紧密相关的衍生金融资产或衍生金融负债的金融工具，如果发行方选择将其整体指定为以公允价值计量且其变动计入当期损益的，则应将发行的金融工具的整体在"交易性金融负债"等科目核算。

2. 在所有者权益类科目中设置"其他权益工具"科目，核算企业发行的除普通股以外的归类为权益工具的各种金融工具。

(四) 主要会计处理

1. 发行方发行的金融工具归类为债务工具并以摊余成本计量的，借记"银行存款"等科目，贷记"应付债券——优先股、永续债（面值）"等科目，按其差额，贷记或借记"应付债券—优先股、永续债等（利息调整）"科目。

2. 发行方发行的金融工具归类为权益工具的，借记"银行存款"等科目，贷记"其他权益工具——优先股、永续债"等科目。

发行方应根据经批准的股利分配方案，按应分配给金融工具持有者的股利金额，借记"利润分配——应付优先股股利、应付永续债利息等"科目，贷记"应付股利——优先股股利、永续债利息"等科目。

3. 发行方发行的金融工具为复合金融工具的，借记"银行存款"等科目，贷记"应付债券——优先股、永续债（面值）"等科目，借记或贷记"应付债券——优先股、永续债（利息调整）"等科目，按实际收到的金额扣除负债成分的公允价值后的金额，贷记"其他权益工具——优先股、永续债"等科目。

发行复合金融工具发生的交易费用，应当在负债成分和权益成分之间按照各自占总发行价款的比例进行分摊。

【例 13–13】A 公司发行分离交易可转换公司债券相关资料如下：2023 年 1 月 1 日按面值发行 5 年期的分离交易可转换公司债券 5 000 万元，发行数额 5 000 万张，款项已收存银行，债券票面年利率为 6%，当年利息于次年 1 月 5 日支付。每张债券的认购人获得公司派发的 1 份认股权证，该认股权证行权比例为 1∶1（即 1 份认股权证可认购 1 股 A 股股票），行权价格为 12 元/股，每股面值 1 元。认股权证存续期为 24 个月（即 2023 年 1 月 1 日至 2024 年 12 月 31 日），行权期为认股权证存续期最后五个交易日（行权期间权证停止交易）。甲公司发行分离交易可转换公司债券时，二级市场上与之类似的不附认股权证的债券市场利率为 9%。2024 年 12 月 31 日前共有 70% 的认股权证行权，剩余部分未行权。

假设：(P/F，9%，5) = 0.6499；(P/F，6%，5) = 0.7473；(P/A，9%，5) = 3.8897；(P/A，6%，5) = 4.2124。

解析：该可分离交易的可转换公司债券是复合权益工具，既包含负债成分又包含权益成分。

(1) 公司发行该复合成分权益工具。

首先应区分负债和权益工具的公允价值：

不附认股权且其他条件相同的公司债券的公允价值 = 5 000 × (P/F，9%，5) + 5 000 × 6% × (P/A，9%，5) = 5 000 × 0.6499 + 5 000 × 6% × 3.8897 = 4 416.41（万元）

权益工具（其他权益工具）= 5 000 − 4 416.41 = 583.59（万元）

相关会计处理如下：

借：银行存款	50 000 000
应付债券——可转换公司债券（利息调整）	5 835 900
贷：应付债券——可转换公司债券（面值）	50 000 000
其他权益工具	5 835 900

(2) 70% 的认股权证行权时：

认股权证行权增加股数 = 5 000 × 70% = 3 500（万股）

收到银行存款 = 5 000 × 70% × 12 = 42 000（万元）

借：银行存款	420 000 000
其他权益工具	4 085 100
贷：股本	35 000 000
资本公积——股本溢价	389 085 100

(3) 行权期满，未行权部分：

借：其他权益工具	1 750 800
贷：资本公积——股本溢价	1 750 800

第三节 资本公积和其他综合收益的核算

一、资本公积的概念

资本公积，是用来核算企业收到投资者出资额超出其在注册资本或股本中所占份额的部分。直接计入所有者权益的利得和损失，也通过该科目核算。"资本公积"科目应当分别"资本溢价（股本溢价）""其他资本公积"进行明细核算。

二、资本公积的用途

根据《中华人民共和国公司法》等法律的规定，资本公积的用途只能用来转增资本（或股本）。前已述及，资本公积从本质上讲属于投入资本的范畴，我国采用注册资本制度等原因导致了资本公积的产生，所以将资本公积转增资本可以更好地反映投资者的权益。资本公积转增资本既没有改变企业的投入资本总额，也没有改变企业的所有者权益（净资产）总额，应当不会增加企业的价值，那么，将资本公积转增资本还有何意义呢？一种解释是，资本公积转增资本可以改变企业投入资本的结构，体现企业稳健、持续发展的潜力，因为企业实收资本一般不会用于投资者的分配或者用于弥补亏损，即使是在企业破产的情况下，它也将被优先分配给债权人；另一种解释是，对于股份有限公司而言，它会增加投资者持有的股份，从而增加公司股票的流通量，进而可以激活股价，提高股票的交易量和资本的流动性。根据会计准则，核算直接计入所有者权益的利得和损失的资本公积（其他资本公积）不允许转增资本。

三、资本公积的会计处理

1. 企业接受投资者投入的资本、可转换公司债券持有人行使转换权利、将债务转为资本等形成的资本公积，借记有关科目，贷记"股本""资本公积（股本溢价）"等科目。

2. 与发行权益性证券直接相关的手续费、佣金等交易费用，借记"资本公积（股本溢价）"等科目，贷记"银行存款"等科目。经股东大会或类似机构决议，用资本公积转增资本，借记"资本公积（股本溢价）"科目，贷记"股本"科目。

3. 同一控制下控股合并形成的长期股权投资，应在合并日按取得被合并方在最终控制方合并财务报表中的净资产的账面价值份额与最终控制方收购被合并方形成的商誉，借记"长期股权投资"科目，按享有被投资单位已宣告但尚未发放的现金股利或利润，借记"应收股利"科目，按支付的合并对价的账面价值，贷记有关资产科目或借记有关负债科目，按其差额，贷记"资本公积（股本溢价)"科目；为借方差额的，借记"资本公积（股本溢价）"科目，资本公积（股本溢价）不足冲减的，借记"盈余公积""利润分配——未分配利润"科目。同一控制下吸收合并涉及的资本公积，比照上述原则进行处理。

4. 长期股权投资采用权益法核算的，在持股比例不变的情况下，被投资单位除净损益、其他综合收益以外所有者权益的其他变动，企业按持股比例计算应享有的份额，借记或贷记"长期股权投资——其他权益变动"科目，贷记或借记"资本公积（其他资本公积）"科目。处置采用权益法核算的长期股权投资，还应结转原计入资本公积的相关金额，借记或贷记"资本公积（其他资本公积）"科目，贷记或借记"投资收益"科目。

5. 以权益结算的股份支付换取职工或其他方提供的服务的，应按照确定的金额，借记"管理费用"等科目，贷记"资本公积（其他资本公积）"科目。在行权日，应按实际行权的权益工具数量计算确定的金额，借记"资本公积（其他资本公积）"科目，按计入实收资本或股本的金额，贷记"实收资本"或"股本"科目，按其差额，贷记"资本公积（股本溢价）"科目。

6. 股份有限公司采用收购本公司股票方式减资的，按股票面值和注销股数计算的股票面值总额，借记"股本"科目，按所注销的库存股的账面余额，贷记"库存股"科目，按其差额，借记"资本公积（股本溢价）"科目，股本溢价不足冲减的，应借记"盈余公积""利润分配——未分配利润"科目。购回股票支付的价款低于面值总额的，应按股票面值总额，借记"股本"科目，按所注销的库存股的账面余额，贷记"库存股"科目，按其差额，贷记"资本公积（股本溢价）"科目。

四、其他综合收益的会计处理

其他综合收益，是指企业根据其他会计准则规定未在当期损益中确认的各项利得和损失。包括下列两类：

1. 以后会计期间不能重分类进损益的其他综合收益项目，主要包括：

（1）重新计量设定受益计划净负债或净资产导致的变动。根据《企业会计准则第9号——职工薪酬》，有设定受益计划形式离职后福利的企业应当将重新计量设定受益计划净负债或净资产，导致的变动计入其他综合收益，并且在后续会计期间不允许转回至损益。

（2）按照权益法核算的在被投资单位不能重分类进损益的其他综合收益变动中所享有的份额。根据《企业会计准则第2号——长期股权投资》，投资方取得长期股权投资后，应当按照应享有或应分担的被投资单位其他综合收益的份额，确认其他综合收益，同时调整长期股权投资的账面价值。投资单位在确定应享有或应分担的被投资单位其他综合收益的份额时，该份额的性质取决于被投资单位的其他综合收益的性质，即如果被投资单位的其他综合收益属于"以后会计期间不能重分类进损益"类别，则投资方确认的份额也属于"以后会计期间不能重分类进损益"类别。

（3）在初始确认时，企业可以将非交易性权益工具指定为以公允价值计量且其变动计入其他综合收益的金融资产，指定后不得撤销，即当该类非交易性权益工具终止确认时原计入其他综合收益的公允价值变动损益不得重分类进损益（转入留存收益）。

（4）指定为以公允价值计量且其变动计入当期损益的金融负债因企业自身信用风险变动引起的公允价值变动。

2. 以后会计期间在满足规定条件时将重分类进损益的其他综合收益项目，主要包括：

（1）符合金融工具准则规定，同时符合两个条件的金融资产应当分类为以公允价值计量且其变动计入其他综合收益：

①企业管理该金融资产的业务模式既以收取合同现金流量为目标又以出售该金融资产为目标；②该金融资产的合同条款规定，在特定日期产生的现金流量，仅为对本金和以未偿付本金金额为基础的利息的支付。当该类金融资产终止确认时，之前计入其他综合收益的累计利得或损失应当从其他综合收益中转出，计入当期损益。

（2）按照金融工具准则规定，对金融资产重分类按规定可以将原计入其他综合收益的利得或损失转入当期损益的部分。

（3）采用权益法核算的长期股权投资，按照被投资单位实现其他综合收益以及持股比例计算应享有或分担的金额，调整长期股权投资的账面价值，同时增加或减少其他综合收益，其会计处理为：借记（或贷记）"长期股权投资——其他综合收益"科目，贷记（或借记）"其他综合收益"，待该项股权投资处置时，将原计入其他综合收益的金额转入当期损益。

（4）现金流量套期工具产生的利得或损失中属于有效套期的部分。

（5）存货或自用房地产转换为投资性房地产。企业将作为存货的房地产转换为采用公允价值模式计量的投资性房地产时，应当按该项房地产在转换日的公允价值，借记"投资性房地产——成本"科目，原已计提跌价备的，借记"存货跌价准备"科目，按其账面余额，贷记"开发产品"等科目。同时，转换日的公允价值小于账面价值的，按其差额，借记"公允价值变动损益"科目，转换日的公允价值大于账面价值的，按其差额，贷记"其他综合收益"科目。

企业将自用的建筑物等转换为采用公允价值模式计量的投资性房地产时，应当按该项房地产在转换日的公允价值，借记"投资性房地产——成本"科目，原已计提减值准备的，借记"固定资产减值准备"科目，按已计提的累计折旧等，借记"累计折旧"等科目，按其账面余额，贷记"固定资产"等科目。同时，转换日的公允价值小于账面价值的，按其差额，借记"公允价值变动损益"科目，转换日的公允价值大于账面价值的，按其差额，贷记"其他综合收益"科目。待该项投资性房地产处置时，因转换计入其他综合收益的部分应转入当期损益。

（6）外币财务报表折算差额。按照外币折算的要求，企业在处置境外经营的当期，将已列入合并财务报表所有者权益的外币报表折算差额中与该境外经营相关部分，自其他综合收益项目转入处置损益。如果是部分处置境外经营，则应当按处置的比例计算处置部分的外币报表折算差额，转入处置当期损益。

第四节 留存收益的核算

所有者权益中的留存收益，是指利润分配后留存在公司的利润。留存收益来源于企业在生产经营活动中所实现的净利润，它与实收资本和资本公积的区别在于，实收资本和资本公积来源于企业的资本投入，而留存收益则来源于企业实现的利润。在我国，留存收益包括盈余公积和未分配利润。

一、利润分配法定顺序

留存收益的目的是保证企业实现的净利润有一部分留存在企业，不全部分配给投资者。这样，一方面可以满足企业维持或扩大再生产经营活动的资金需要，保持或提高企业的获利能力；另一方面可以保证企业有足够的资金用于偿还债务，保护债权人的权益。基于此，对于留存收益的提取和使用，除了企业的自主行为外，往往也有法律上的诸多规定和限制，我国相关法律法规规定企业的税后利润分配顺序为：

1. 弥补被没收财物损失，违反税法规定支付的滞纳金和罚金；
2. 弥补以前年度亏损；
3. 提取法定盈余公积金；
4. 提取任意盈余公积金；
5. 向投资者分配利润。

二、盈余公积的核算及相关规定

（一）盈余公积的概述

盈余公积，是指企业按一定比例从税后利润提取的积累基金。盈余公积按其用途分为法定盈余公积和任意盈余公积。公司制企业的法定盈余公积按税后利润的10%提取，法定盈余公积累计额已达到注册资本50%时可以不再计提；任意盈余公积由公司按照公司章程或股东大会自行决定提取和使用。

我国财务制度规定，盈余公积金可用于弥补亏损、转增资本，股份有限公司还可以按股东大会决议发放股利。应该注意的是，按照《中华人民共和国公司法》的规定，法定盈余公积金用于弥补亏损、转增资本和发放股利后不得低于注册资本的25%。

（二）盈余公积的会计核算

（1）提取盈余公积。

企业提取盈余公积时，借记"利润分配——提取法定盈余公积""利润分配——提取任意盈余公积"科目，贷记"盈余公积——法定盈余公积""盈余公积——任意盈余公积"科目。

（2）盈余公积补亏。

企业发生亏损时，应由企业自行弥补。弥补亏损的渠道主要有三条：一是用以后年度税前利润弥补。按照现行制度规定，企业发生亏损时，可以用以后五年内实现的税前利润弥补，即税前利润弥补亏损的期间为五年。二是用以后年度税后利润弥补。企业发生的亏损经过五年税前弥补尚未补足的亏损应用所得税后的利润弥补。三是以盈余公积弥补亏损。企业以提取的盈余公积弥补亏损时，应当由公司董事会提议，并经股东大会批准。企业用盈余公积弥补亏损时，借记"盈余公积"科目，贷记"利润分配——盈余公积补亏"科目。

（3）盈余公积转增资本。

企业将盈余公积转增资本时，必须经股东大会决议批准。在实际将盈余公积转增资本时，要按股东原有持股比例结转。按照《中华人民共和国公司法》的规定，法定公积金（资本公积和盈余公积）转为资本时，所留存的该项公积金不得少于转增前公司注册资本的25%。

经股东大会或类似机构决议，用盈余公积转增资本，借记"盈余公积"科目，贷记"实收资本"或"股本"科目。经股东大会决议，用盈余公积派送新股，按派送新股计算的金额，借记"盈余公积"科目，按股票面值和派送新股总数计算的股票面值总额，贷记"股本"科目。

企业提取的盈余公积，无论是用于弥补亏损，还是用于转增资本，只不过是在企业所有者权益内部做结构上的调整。例如，企业以盈余公积弥补亏损时，实际是减少盈余公积留存的数额，以此抵补未弥补亏损的数额，并不引起企业所有者权益总额的变动。企业以盈余公积转增资本时，也只是减少盈余公积结存的数额，但同时增加企业实收资本或股本的数额，也并不引起所有者权益总额的变动。

三、利润分配会计处理

利润分配是指企业根据国家有关规定和企业章程、投资者的决议等，对企业当年可供分配的利润所进行的分配。企业应该设置"利润分配"科目，本科目核算企业利润的分配（或亏损的弥补）和历年分配（或弥补）后的余额。

"利润分配"科目应当分别设置"提取法定盈余公积""提取任意盈余公积""应付现金股利""支付优先股股利""转增股本的股利""盈余公积补亏"和"未分配利润"等明细科目进行核算。本科目年末余额，反映企业的未分配利润（或未弥补亏损）。

企业按规定提取的盈余公积，借记本科目（提取法定盈余公积、提取任意盈余公积），贷记"盈余公积——法定盈余公积、任意盈余公积"科目。

经股东大会或类似机构决议，分配给股东或投资者的现金股利或利润，借记本科目（应付现金股利或利润），贷记"应付股利"科目。

经股东大会或类似机构决议，分配给股东的股票股利，应在办理增资手续后，借记本科目（转作股本的股利），贷记"股本"科目。

年度终了，企业应将全年实现的净利润，自"本年利润"科目转入"利润分配——未分配利润"科目，并将"利润分配"科目下的其他有关明细科目的余额，转入"未分配利润"明细科目。结转后，"未分配利润"明细科目的贷方余额，就是累积未分配的利润数额。如为借方余额，则表示累积未弥补的亏损数额。结转后，本科目除"未分配利润"明细科目外，其他明细科目应无余额。

【例13-14】金芙蓉股份有限公司2024年年初"利润分配——未分配利润"账户为贷方余额4 000万元，2024年度实现税后利润5 500万元，股东大会通过的利润分配方案如下：

（1）按当年净利润提10%法定盈余公积金。
（2）计算支付优先股股利300万元。
（3）按当年净利润20%提取任意盈余公积。
（4）按总股本20 000万股为基数，普通股每股发放现金股利0.1元。
（5）按总股本20 000万股为基数，普通股每股发放股票股利0.2股。

除上述利润分配方案外，公司还按总股本20 000股为基数，用资本公积每股转增股本0.3股。（公司股票面值为1元/股）

金芙蓉股份有限公司2024年利润分配业务会计分录如下：
（1）按当年净利润10%提取法定盈余公积，会计分录如下：
　　借：利润分配——提取法定盈余公积　　　　　　　　5 500 000
　　　　贷：盈余公积——法定盈余公积　　　　　　　　　　　　5 500 000

(2) 计算支付优先股股利 300 万元，会计分录如下：

借：利润分配——支付优先股股利 3 000 000
　　贷：应付股利——优先股股利 3 000 000
借：应付股利——优先股股利 3 000 000
　　贷：银行存款 3 000 000

(3) 按当年净利润 20% 提取任意盈余公积，会计分录如下：

借：利润分配——提取任意盈余公积 11 000 000
　　贷：盈余公积——任意盈余公积 11 000 000

(4) 按总股本 20 000 万股为基数，普通股每股发放现金股利 0.1 元，会计分录为：

借：利润分配——应付现金股利 20 000 000
　　贷：应付股利——普通股股利 20 000 000
借：应付股利——普通股股利 20 000 000
　　贷：银行存款 20 000 000

(5) 按总股本 20 000 万股为基数，普通股每股发放股票股利 0.2 股，会计分录为：

借：利润分配——转作股本的股利 40 000 000
　　贷：股本 40 000 000

(6) 按总股本 20 000 股为基数，用资本公积每股转增股本 0.3 股，会计分录为：

借：资本公积 60 000 000
　　贷：股本 60 000 000

(7) 结转"本年利润"账户，会计分录如下：

借：本年利润 55 000 000
　　贷：利润分配——未分配利润 55 000 000

(8) 结转"利润分配"账户，会计分录如下：

借：利润分配——未分配利润 79 500 000
　　贷：利润分配——提取法定盈余公积 5 500 000
　　　　　　　——支付优先股股利 3 000 000
　　　　　　　——提取任意盈余公积 11 000 000
　　　　　　　——应付现金股利 20 000 000
　　　　　　　——转作股本的股利 40 000 000

四、弥补亏损的核算

企业在生产经营过程中既可能发生盈利，也可能出现亏损。企业在当年发生亏损的情况下，应将本年发生的亏损自"本年利润"科目转让"利润分配——未分配利润"科目，借记"利润分配——未分配利润"科目，贷记"本年利润"科目，结转后"利润分配"的借方余额，即为未弥补亏损的数额，然后通过"利润分配"科目核算有关亏损的弥补情况。

由于未弥补亏损形成的时间长短不同等原因，以前年度未弥补亏损有的可以以当年实现的税前利润弥补，有的则须用税后利润弥补。以当年实现的利润弥补以前年度亏损，不需要做专门的账务处理。无论是以税前利润还是以税后利润弥补亏损，会计处理方法相同，在计算缴纳所得税时的处理是不同的。以税前利润弥补亏损的情况下，其弥补的数额可以抵减当期企业应纳税所得额，而税后弥补的数额，则不能从应纳税所得额中扣除。

【本章小结】

所有者权益是指企业资产扣除负债后由所有者享有的剩余权益。包括实收资本（或股本）、资本公积、盈余公积和未分配利润。在股份制企业又称为股东权益。所有者权益是企业投资人对企业净资产的所有权。它受总资产和总负债变动的影响而发生增减变动。所有者权益包含所有者以其出资额的比例分享企业利润。与此同时，所有者也必须以其出资额承担企业的经营风险。所有者权益还意味着所有者有法定的管理企业和委托他人管理企业的权利。

本章分别阐述了所有者权益的确认与计量、投入资本核算方法、资本公积核算方法和留存收益核算方法，并且介绍了金融负债与权益工具的区分，以及复合金融工具、其他综合收益的核算方法。本章应当重点掌握股份有限公司投入资本（股本）增减变动的核算、留存收益（利润分配）的核算；了解所有者权益的含义、构成、确认计量规定以及资本公积的核算。

【本章思考题】

1. 什么是所有者权益？所有者权益包括哪些内容？
2. 如何确认计量所有者权益？
3. 上市公司"股本"增减变动的原因有哪些？
4. 企业利润分配顺序如何？
5. 什么是资本公积，与盈余公积有什么不同？
6. 如何区分金融负债和权益工具？
7. 盈余公积计提和使用有哪些规定？
8. "利润分配"科目的明细科目有哪些？

【本章练习】

练习一

1. 目的：练习投入资本的相关核算。

2. 资料：甲公司2025年1月发生以下业务：

(1) 收到A投资者投入货币资金（人民币）300 000元，款项收到并存入银行。

(2) 收到B投资者投入货币资金（美元）20 000元，款项收到并存入银行，当日汇率1：7.4，合同汇率为1：7.0。

(3) 收到C投资者投入原材料，双方确认原材料价款100 000元，增值税进项税额13 000元。

(4) 收到D投资者投入专利权一项，双方确认价值60 000元。

(5) 收到E投资者投入不需安装新设备一台，双方确认价值40 000元。

(6) 该企业改为股份有限公司，发行股票普通股：以每股4元（面值1元）的价格发行300 000股，款项收到并存入银行。

3. 要求：根据上述资料编制有关会计分录。

练习二

1. 目的：练习利润分配相关核算。

2. 资料：W股份有限公司（以下简称W公司）2024年至2025年度有关业务资料如下：

2024年1月1日，W公司股东权益总额为56 500万元（其中，股本总额为10 000万股，每股面值为1元；资本公积为40 000万元；盈余公积为6 000万元；未分配利润为500万元）。2024年度实现净利润500万元，股本与资本公积项目未发生变化。

2025年3月1日，W公司董事会提出如下预案：

①按2024年度实现净利润的10%提取法定盈余公积，按5%提取任意盈余公积。

②以2024年12月31日的股本总额为基数，以资本公积（股本溢价）转增股本，每10股转增3股，计3 000万股。

2025年5月5日，W公司召开股东大会，审议批准了董事会提出的预案，同时决定分派现金股利200万元。2025年6月10日，W公司办妥了上述资本公积转增股本的有关手续。

3. 要求：编制W股份有限公司上述业务的会计分录。

练习三

1. 目的：练习股本增减的核算。

2. 资料：甲股份有限公司2024年至2025年发生与其股票有关的业务如下：

（1）2024年1月4日，经股东大会决议，并报有关部门核准，增发普通股20 000万股，每股面值1元，每股发行价格5元，股款已全部收到并存入银行。假定不考虑相关税费。

（2）2024年6月20日，经股东大会决议，并报有关部门核准，以资本公积2 000万元转增股本。

（3）2025年6月20日，经股东大会决议，并报有关部门核准，以银行存款回购本公司股票50万股，每股回购价格为3元。

（4）2025年6月26日，经股东大会决议，并报有关部门核准，将回购的本公司股票50万股注销。

3. 要求：编制甲股份有限公司上述业务的会计分录。

练习四

1. 目的：练习股票回购的账务处理。

2. 资料：甲股份有限公司（以下简称甲公司）2024年12月31日的股本总额为30 000万股，每股面值为1元，资本公积（股本溢价）5 000万元，盈余公积3 000万元，未分配利润2 000万元。经股东大会批准，甲公司拟以现金回购本公司股票3 000万股并注销。

3. 要求：

（1）假定每股回购价为0.9元，编制回购股票和注销股票的会计分录。

（2）假定每股回购价为3元，编制回购股票和注销股票的会计分录。

（3）假定每股回购价为4元，编制回购股票和注销股票的会计分录。

练习五

1. 目的：练习利润结转和盈余公积的账务处理。

2. 资料：甲股份有限公司（以下简称甲公司）2023年至2025年度有关业务资料如下：

（1）2023年1月1日，甲公司股东权益总额为46 500万元（其中：股本总额为10 000万股，每股面值为1元；资本公积为30 000万元；盈余公积为6 000万元；未分配利润为500万元）。2023年度实现净利润400万元，股本与资本公积项目未发生变化。2024年3月1日，甲公司董事会提出如下预案：①按2023年度实现净利润的10%提取法定盈余公积。②以2023年12月31日的股本总额为基数，以资本公积（股本溢价）转增股本，每10股转增4股，计4 000万股。2024年5月5日，甲公司召开股东大会，审议批准了董事会提出的预案，同时决定分派现金股利300万元。2024年6月10日，甲公司办妥了上述资本公积转增股本的有关手续。

（2）2024年度，甲公司发生净亏损3 142万元。

（3）2025年5月9日，甲公司股东大会决定以法定盈余公积弥补账面累计未弥补亏损 200 万元。

3. 要求：

(1) 编制甲公司 2024 年 3 月提取法定盈余公积的会计分录。

(2) 编制甲公司 2024 年 5 月宣告分派现金股利的会计分录。

(3) 编制甲公司 2024 年 6 月资本公积转增股本的会计分录。

(4) 编制甲公司 2024 年度结转当年净亏损的会计分录。

(5) 编制甲公司 2025 年 5 月以法定盈余公积弥补亏损的会计分录。

练习六

1. 目的：对接受投资、发行股票以及回购股票进行综合训练。

2. 资料：FGD 企业集团下属的各公司 2024 年度发生如下业务：

(1) 甲公司由 A 公司和 B 公司共同投资设立，2024 年 1 月 1 日，实收资本贷方余额 6 000 万元，资本公积贷方余额 180 万元，A 公司和 B 公司各占甲公司的 50% 股份。现决定吸收 C 公司和 D 公司新投资者加入该公司。经有关部门批准后，将注册资本增加到 12 000 万元，投资各方各占甲公司 25% 的股份。2024 年 2 月 1 日，甲公司收到 C 公司投入的固定资产作为增资，投资合同约定的价值为 3200 万元。收到 D 公司以一批原材料作为增资，投资合同约定的价值为 2700 万元，收到增值税专用发票，价款 2700 万元，增值税额 351 万元。假定约定的价值公允。

(2) 乙公司 2024 年 1 月 1 日发行在外的普通股为 11 600 万股，每股面值 1 元，资本公积（股本溢价）6 000 万元，盈余公积 900 万元。经股东大会批准，决定回购本公司发行的股票 1 600 万股并注销。回购时，每股股票回收价为 5 元。回购后，企业将库存股注销。

(3) 丙公司 2 年前持有 E 企业 30% 的有表决权股份，采用权益法核算对 E 企业的股权投资。2025 年 1 月 1 日丙公司确认 2024 年 E 企业股东权益共增加 300 万元，其中 180 万元为当年实现的净利润。

3. 要求：编制 FGD 企业集团下属的各公司上述业务的会计分录

【本章案例】

A、B、C、D 四家公司决定各出资 50 万元组建一家新公司甲，但投资协议规定只有 A 和 B 公司为投资方，其中 A 公司占 25% 的股权，B 公司占 75% 的股权，C 公司和 D 公司各将投资款 50 万元汇入 B 公司银行账户，由 B 公司代为出资。

(1) 以上投资是否违反规定？是否存在税收风险？

(2) B 公司如何进行会计处理，B 公司的长期股权投资应该 50 万元，还是 150 万元？

（3）甲公司的利润分配如何通过 B 公司转给 C 公司和 D 公司？

以上属于违规操作，B 公司无法对上述业务进行会计处理。现分析如下：

（1）C 公司、D 公司将投资款汇入 B 公司账户时，B 公司只能作负债处理，B 公司投出 150 万元属于 B 公司股权。B 公司从甲企业分得税后利润，无法支付给 C、D 公司。即使支付只能以利息的形式，这必然导致 C、D 公司多缴纳由于利息收入带来的增值税（按"金融服务"税目，适用税率 6%）。如果这部分利息超过了同期同类银行贷款利率计算的利息，B 公司在计算所得税时还需做纳税调整。

（2）如果 C、D 公司各出资 50 万元投资于 B 公司，这将改变 B 公司原资本结构。B 公司出资 150 万元仍然是 B 公司股权，C 公司和 D 公司不可能取得相当于甲公司 25% 的股权。

唯一的做法是：A、B、C、D 均以自己的名义各出资 50 万元，共同投资组建甲公司。如果 C、D 公司一定要以 B 公司名义投资，说明另有隐情，应当努力寻找其他途径解决问题。

第十四章　特殊业务核算

【引入案例】

  金科股份（000656.ST）作为曾位列中国房企TOP20的大型民营房地产企业，自2022年爆发债务危机后，其债务重组进程备受市场关注。截至2024年年末，集团总负债规模达到2 000亿元，其中金融机构贷款占比高，涉及数百家银行、信托及债券持有人。为避免财务危机，确保企业持续经营，金科集团于2025年年初启动债务重组计划，债务重组方式如下：

  1. 对有财产担保债权和普通债权分档，按比例进行清偿；

  2. 通过债转股引入战略投资者长城国富置业（中国长城资管旗下）作为核心战略投资者，出资约35亿元认购转增股票，成为第二大股东；

  3. 未纳入重整的核心资产（如商业物业、股权投资等）注入信托计划盘活剩余资产，未来处置收益向债权人二次分配。

  通过债务重组，金科股份的财务指标改善、经营状况稳定。金科集团2025年债务重组案例为房地产行业及其他面临债务困境的企业提供了有益的借鉴。通过制定合理的重组策略，积极与债权人沟通协商，有效改善了企业的财务状况，稳定了经营发展。同时，也为债权人在处理债务危机时提供了新思路，强调了合作共赢的重要性。但未来还存在现金流断裂风险、信托退出等不确定性因素。随着新修订的债务重组准则出台，金科集团债务重组案例中债务重组方式有几种，不同重组方式下债权人和债务人应该如何进行会计核算，相应的会计处理给债权人、债务人以及相关信息使用者乃至国家分别带来了哪些影响？作为具有创新思维和专业知识的高级财务人才，需要掌握了相关会计处理原则后对这些问题进行进一步探索和思考。

【学习目的与要求】

  1. 了解货币性资产与非货币性资产的区别；

2. 掌握非货币性资产交换的确认方法；
3. 掌握非货币性资产交换会计处理方法；
4. 了解债务重组的含义和方式；
5. 掌握各种债务重组方式下债权人和债务人的会计处理方法；
6. 了解会计政策与会计估计的区别；
7. 掌握会计政策变更与会计估计变更的会计处理方法；
8. 掌握前期会计差错更正的会计处理方法。

第一节 非货币性资产交换

一、非货币性资产交换概述

（一）非货币性资产的界定

资产按未来货币形式的经济利益流入是否固定或可确定，分为货币性资产和非货币性资产。货币性资产是指企业持有的货币资金和将以固定或可确定的金额收取的资产，包括现金、银行存款、应收账款和应收票据等。非货币性资产是指货币性资产以外的资产，包括存货（原材料、库存商品、包装物、低值易耗品、委托加工物资等）、固定资产、工程物资、在建工程、生产性生物资产、无形资产、长期股权投资、投资性房地产等。非货币性资产有别于货币性资产的最基本特征是其在将来为企业带来的经济利益（即货币金额）是不固定的或不可确定的。如果资产在将来为企业带来的经济利益（即货币金额）是固定的或可确定的，则该资产是货币性资产。反之，如果资产在将来为企业带来的经济利益（即货币金额）是不固定的或不确定的，则该资产是非货币性资产。例如，固定资产的主要目的是用于生产经营，通过折旧方式将其磨损的价值转移到产品成本中，然后通过产品销售获利，固定资产在将来为企业带来的经济利益（即货币金额）是不固定的或不可确定的，因此，固定资产属于非货币性资产。

（二）非货币性资产交换的概念及特征

非货币性资产交换，是指交易双方主要以存货、固定资产、无形资产和长期股权投资等非货币性资产进行的交换，该交换一般不涉及货币性资产，或只涉及少量货币性资产即补价。从非货币性资产交换的定义可以看出，非货币性资产交换具有如下特征：

第一，非货币性资产交换的交换对象主要是非货币性资产。企业用货币性资产（如现金、银行存款）来交换非货币性资产（如存货、固定资产等）的交易最为普遍，如以现金购入固定资产、以现金偿还借款等。但是在有些情况下，企业为了满足各自生产经营的需要，同时减少货币性资产的流入和流出，而进行非货币性资产交换业务。例如，A 企业需要 B 企业闲置的运输工具，B 企业需要 A 企业一项非专利技术，在双方都存在货币性资产短缺的情况下，可能会出现非货币性资产交换的行为。

第二，非货币性资产交换是以非货币性资产进行交换的行为。交换，通常是指一个企业和另外一个企业之间以非货币资产形式进行的互惠转让。以非货币性资产作为股利发给股东，或以非货币性资产向职工发放福利，或政府无偿提供非货币性资产给企业不属于非货币性资产交换。企业合并、债务重组中取得的非货币性资产、以存货换取客户的非货币性资产、关联方之间发生的非货币性资产交换不属于非货币性资产交换准则的适用范围。

第三，非货币性资产交换一般不涉及货币性资产，但有时也可能涉及少量的货币性资产。

（三）非货币性资产交换的认定

非货币性资产交换准则规定，认定涉及少量货币性资产的交换为非货币性资产交换，通常以补价占整个资产交换金额的比例是否低于 25% 作为参考比例。也就是说，支付的货币性资产占换入资产公允价值（或占换出资产公允价值与支付的货币性资产之和）的比例，或者收到的货币性资产占换出资产公允价值（或占换入资产公允价值和收到的货币性资产之和）的比例低于 25% 的，视为非货币性资产交换。高于 25%（含 25%）的，视为货币性资产交换，适用《企业会计准则第 14 号——收入》等相关准则的规定。

非货币性资产交换不涉及的交易和事项：

（1）企业以存货换取客户的非货币性资产：按《企业会计准则第 14 号——收入》准则。

（2）非货币性资产交换中涉及企业合并：按《企业会计准则第 20 号——企业合并》《企业会计准则第 2 号——长期股权投资》《企业会计准则第 33 号——合并财务报表》。

（3）非货币性资产交换中涉及金融资产：按《企业会计准则第 22 号——金融工具确认和计量》《企业会计准则第 23 号——金融资产转移》。

（4）非货币性资产交换中涉及使用权资产或应收融资租赁款等相关资产：按《企业会计准则第 21 号——租赁》。

（5）权益性交易的有关会计处理规定：非货币性资产交换的一方直接或间接对另一方持股且以股东身份进行交易的，或者非货币性资产交换的双方均受同一方或相同的多方最终控制，且该非货币性资产交换的交易实质是交换的一方向另一方进行了权益性分配或交换的一方接受了另一方权益性投入的业务。

二、非货币性资产交换的确认和计量

（一）非货币性资产交换的确认

1. 不涉及补价的非货币性资产交换。

如果非货币性资产交换不涉及补价，只要交换双方交付给对方的资产均为非货币性资产，该资产交换一定属于非货币性资产交换。例如，甲公司用固定资产交换乙公司的原材料、A 公司用持有的长期股权投资交换 B 公司的无形资产等。

2. 涉及补价的非货币性资产交换。

非货币性资产交换如果涉及少量的货币性资产（补价），应当通过计算补价占整个资产交换金额的比例来判断该交换是否属于非货币性资产交换。

（1）支付补价方的判断方法。

若支付的补价÷换入资产公允价值（或换出资产公允价值加支付的补价）<25%，则该资产交换属于非货币性资产交换

若支付的补价÷换入资产公允价值（或换出资产公允价值加支付的补价）≥25%，则该资产交换不属于非货币性资产交换

（2）收到补价方的判断方法。

若收到的补价÷换出资产公允价值（或换入资产公允价值加收到的补价）<25%，则该资产交换属于非货币性资产交换

若收到的补价÷换出资产公允价值（或换入资产公允价值加收到的补价）≥25%，则该资产交换不属于非货币性资产交换

需要注意的是，发生非货币性资产交换时，如果换入资产和换出资产公允价值均无法可靠计量，只能以账面价值为基础确认换入资产入账价值。在这种情况下，如果涉及补价，应当按补价占换入资产账面价值的比例是否小于 25% 来判断该资产交换是否属于非货币性资产交换。

【例 14-1】A 公司用一台设备交换 B 公司一批产品，A 公司的设备原价 500 万元，交换时累计折旧 120 万元，计提减值准备 50 万元，设备公允价值 350 万元，增值税率 13%；B 公司的产品成本为 300 万元，公允价值为 350 万元，增值税率 13%，该交换具有商业实质，未发生补价。

判断：由于 A 公司的设备和 B 公司的产品均为非货币性资产，且交换双方资产的公允价值相同，交换没有涉及货币性资产，因此上述资产交换属于非货币性资产交换。对于 A 公司，此项交换适用《企业会计准则——非货币性资产交换》相关规定进行确认计量，对于 B 公司来说，以存货交换设备，属于非货币性资产交换，但不适用《企业会计准则第 7 号——非货币性资产交换》，适用《企业会计准则第 14 号——收入》。

【例 14-2】若【例 14-1】中 A 公司设备的公允价值为 350 万元，B 公司产

品的公允价值为 300 万元，交换时 B 公司支付补价 50 万元及增值税差额 6.5 万元给 A 公司，其他条件不变。

判断：用于上述交换涉及货币性资产（补价），因此应当通过计算补价占整个资产交换金额的比例来判断该交换是否属于非货币性资产交换。

若 500 000 ÷ 3 500 000 = 14.29% < 25%，则属于非货币性资产交换。

【例 14 - 3】 若【例 14 - 1】中 A 公司设备的公允价值为 350 万元，B 公司产品的公允价值为 250 万元，交换时 B 公司支付补价 100 万元及增值税差额 13 万元给 A 公司，其他条件不变。

若 1 000 000 ÷ 3 500 000 = 28.57% > 25%，则该资产交换不属于非货币性资产交换。

（二）非货币性资产交换的计量

在非货币性资产交换的情况下，不论是一项资产换入一项资产、一项资产换入多项资产、多项资产换入一项资产，还是多项资产换入多项资产，会计准则规定了确定换入资产成本的两种计量基础和交换所产生损益的确认原则。

1. 按交换资产的公允价值计量。

《企业会计准则——非货币性资产交换》规定，非货币性资产交换同时满足下列两个条件的，应当以公允价值和应支付的相关税费作为换入资产的成本，公允价值与换出资产账面价值的差额计入当期损益：第一，该项交换具有商业实质；第二，换入资产或换出资产的公允价值能够可靠地计量。

资产存在活跃市场，是资产公允价值能够可靠计量的明显证据，但不是唯一要求。属于以下三种情形之一的，公允价值视为能够可靠计量：

（1）换入资产或换出资产存在活跃市场。

（2）换入资产或换出资产不存在活跃市场，但同类或类似资产存在活跃市场。

（3）换入资产或换出资产不存在同类或类似资产的可比市场交易、采用估值技术确定的公允价值满足一定的条件。采用估值技术确定的公允价值必须符合以下条件之一，视为能够可靠计量：

①采用估值技术确定的公允价值估计数的变动区间很小。这种情况是指虽然企业通过估值技术确定的资产的公允价值不是一个单一的数据，但是介于一个变动范围很小的区间内，可以认为资产的公允价值能够可靠计量。

②在公允价值估计数变动区间内，各种用于确定公允价值估计数的概率能够合理确定。这种情况是指采用估值技术确定的资产公允价值在一个变动区间内，区间内出现各种情况的概率或可能性能够合理确定，企业可以采用类似《企业会计准则第 13 号——或有事项》计算最佳估计数的方法确定资产的公允价值，这种情况视为公允价值能够可靠计量。

换入资产公允价值和换出资产公允价值均能够可靠计量的，应当以换出资产公允价值作为确定换入资产成本的基础。一般来说，取得资产的成本应当按照所放弃资产的对价来确定。在非货币性资产交换中，换出资产就是放弃的对价。如果其公允价值能够可靠确定，应当优先考虑按照换出资产的公允价值作为确定换入资产成本的基础。如果有确凿证据表明换入资产的公允价值更加可靠的，应当以换入资产公允价值为基础确定换入资产的成本。

2. 按交换资产的账面价值计量。

不具有商业实质或交换涉及资产的公允价值均不能可靠计量的非货币性资产交换，应当按照换出资产的账面价值和应支付的相关税费作为换入资产的成本，无论是否支付补价，均不确认损益，收到或支付的补价作为确定换入资产成本的调整因素。其中，收到补价方应当以换出资产的账面价值减去补价加上应支付的相关税费作为换入资产的成本。支付补价方应当以换出资产的账面价值加上补价和应支付的相关税费作为换入资产的成本。

3. 商业实质的判断。

企业应当遵循实质重于形式的原则，判断非货币性资产交换是否具有商业实质。根据换入资产的性质和换入企业经营活动的特征等因素，换入资产与换入企业其他现有资产相结合能够产生更大的作用，使换入企业受该换入资产影响产生的现金流量与换出资产明显不同的，表明该两项资产的交换具有商业实质。

根据《企业会计准则——非货币性资产交换》第四条的规定，符合下列条件之一的非货币性资产交换，视为具有商业实质。

第一，换入资产的未来现金流量在风险、时间和金额方面与换出资产显著不同。具体包括以下三种情况：

（1）未来现金流量的风险、金额相同，时间不同。

换入资产和换出资产产生的未来现金流量总额相同，获得这些现金流量的风险相同，但现金流量流入企业的时间不同。例如，某企业以一批存货换入一项设备，因存货流动性强，能够在较短的时间内产生现金流量，设备作为固定资产要在较长的时间内为企业带来现金流量，两者产生现金流量的时间相差较大，上述存货与固定资产产生的未来现金流量显著不同。

（2）未来现金流量的时间、金额相同，风险不同。

风险不同是指企业获得现金流量的不确定性程度存在差异。例如，某企业以其不准备持有至到期的国库券换入一幢房屋以备出租，该企业预计未来每年收到的国库券利息与房屋租金在金额和流入时间上相同，但取得国库券利息通常风险很小，而房屋租金的取得则取决于承租人的财务及信用情况等，两者现金流量的风险或不确定性程度存在明显差异，上述国库券与房屋的未来现金流量显著不同。

(3) 未来现金流量的风险、时间相同，金额不同。

换入资产和换出资产的现金流量总额相同，预计为企业带来现金流量的时间跨度相同，但各期产生的现金流量金额存在明显差异。例如，某企业以其商标权换入另一企业一项专利技术，预计两项无形资产的使用寿命相同，在使用寿命内预计为企业带来的现金流量总额相同，但是换入的专利技术是新开发的，预计在使用该专利技术初期产生的未来现金流量明显少于后期，而该企业拥有的商标每年产生的现金流量比较均衡，两者产生的现金流量金额差异明显，上述商标权与专利技术的未来现金流量显著不同。

第二，换入资产与换出资产的预计未来现金流量现值不同，且其差额与换入资产和换出资产的公允价值相比是重大的。例如，某企业以一项非专利技术换入另一企业拥有的长期股权投资，该项非专利技术与该项长期股权投资的公允价值相同，两项资产未来现金流量的风险、时间和金额亦相同，但对换入企业而言，换入该项长期股权投资使其对被投资方由重大影响变为控制关系，从而对换入企业的特定价值即预计未来现金流量现值与换出的非专利技术有较大差异。对方换入的非专利技术能够解决生产中的技术难题，从而对其特定价值即预计未来现金流量现值与换出的长期股权投资存在明显差异，因而两项资产的交换具有商业实质。需要注意的是，在确定非货币性资产交换是否具有商业实质时，企业应当关注交易各方之间是否存在关联方关系。关联方关系的存在可能导致发生的非货币性资产交换不具有商业实质。另外，会计准则所指资产的预计未来现金流量现值，应当按照资产在持续使用过程和最终处置时所产生的预计税后未来现金流量，根据企业自身而不是市场参与者对资产特定风险的评价，选择恰当的折现率对其进行折现后的金额加以确定。通常相同的非货币性资产进行交换，不具有商业实质。

三、非货币性资产交换的会计处理

（一）公允价值计量的会计处理

《企业会计准则第7号——非货币性资产交换》规定，对于非货币性资产交换同时满足两个条件时，应当以公允价值为基础计量，确认换入资产的成本，并确认换出资产的处置损益。一是该项交换具有商业实质；二是换入资产或换出资产的公允价值能够可靠地计量。

1. 不涉及补价的会计处理。

若以公允价值计价，以换出资产的公允价值加上销项税额减去进项税额，加上与换入资产有关应付的其他税费，作为换入资产的入账价值，换出资产公允价值与其账面价值的差额计入当期损益。其公式为：

换入资产的入账价值 = 换出资产的公允价值 + 销项税额 − 进项税额 + 与换入

资产有关应付的其他税费

2. 涉及补价的会计处理。

若以公允价值计价，支付补价方，以换出资产的公允价值，加上支付的补价加上销项税额减去进项税额，加上与换入资产有关应付的其他税费作为换入资产的入账价值，换出资产公允价值与其账面价值的差额计入当期损益。其公式为：

换入资产的入账价值 = 换出资产的公允价值 + 支付的补价 + 销项税额 − 进项税额 + 与换入资产有关应付的其他税费

收到补价方，以换出资产的公允价值，减去收到的补价和应支付的相关税费，作为换入资产的入账价值，换出资产公允价值与其账面价值的差额计入当期损益。其公式为：

换入资产的入账价值 = 换出资产的公允价值 − 收到的补价 + 销项税额 − 进项税额 + 与换入资产有关应付其他税费

交换无论是否涉及补价，非货币性资产交换采用公允价值计价时，换出资产公允价值与账面价值的差额按以下规定处理：

第一，换出资产为存货的，按收入准则中取得非现金资产公允价值确认营业收入，属于视同销售处理；

第二，换出资产为固定资产、无形资产的，换出资产公允价值与账面价值的差额计入资产处置损益；

第三，换出资产为金融资产或长期股权投资的，换出资产公允价值与账面价值的差额计入投资收益；

第四，换出资产为投资性房地产的，视同处置投资性房地产，公允价值一般确认为其他业务收入，账面价值确认为其他业务成本。

有确凿证据表明换入资产的公允价值更加可靠的，即以换入资产的公允价值为基础计量的，应当以换入资产的公允价值和与换入有关的应付税费作为换入资产的初始计量金额，换入资产的公允价值减去支付补价或加上收到补价的公允价值与换出资产账面价值之间的差额计入当期损益。

【例 14 − 4】A 公司 2025 年 5 月 10 日用一台原值 50 万元，已计提折旧 18 万元，已经计提减值准备 5 万元的设备交换 B 公司一辆作为运输工具的汽车。B 公司汽车的原值为 45 万元，交换日已经累计折旧 12 万元，未计提减值准备。双方协议设备和汽车的公允价值均为 30 万元，设备和汽车适用增值税率均为 13%，交换具有商业实质，未发生补价。交换过程中 A 公司支付设备清理及运杂费 0.5 万元。

A 公司换入汽车入账价值 = 30 + 3.9 − 3.9 = 30（万元）

B 公司换入设备入账价值 = 30（万元）

（1）A 公司交换资产业务会计分录如下：

借：固定资产清理	270 000
累计折旧	180 000
固定资产减值准备	50 000
贷：固定资产——设备	500 000
借：固定资产清理	5 000
贷：银行存款	5 000
借：固定资产——汽车	300 000
应交税费——应交增值税（进项税额）	39 000
贷：固定资产清理	275 000
应交税费——应交增值税（销项税额）	39 000
资产处置损益	25 000

（2）B 公司交换资产会计分录如下：

借：固定资产清理	330 000
累计折旧	120 000
贷：固定资产——汽车	450 000
借：固定资产——设备	300 000
应交税费——应交增值税（进项税额）	39 000
资产处置损益	30 000
贷：固定资产清理	330 000
应交税费——应交增值税（销项税额）	39 000

【例 14-5】 甲公司 2025 年 4 月 10 日用一台设备交换乙公司一批库存商品，设备账面原价 120 000 元，交换日已累计折旧 15 000 元，已计提减值准备 10 000 元，协议设备的公允价值 100 000 元。设备适用增值税率 13%。库存商品账面成本 80 000 元，协议公允价值 100 000 元，商品适用增值税率 13%。甲公司支付设备清理费 3 000 元。交易双方均为增值税一般纳税人，交换具有商业实质，未发生补价。

（1）甲公司交换资产业务会计分录如下：

换入库存商品入账价值 = 100 000 + 13 000 - 13 000 = 100 000（元）

借：固定资产清理	95 000
累计折旧	15 000
固定资产减值准备	10 000
贷：固定资产——设备	120 000
借：固定资产清理	3 000
贷：银行存款	3 000

借：库存商品	100 000	

```
借：库存商品                                    100 000
    应交税费——应交增值税（进项税额）              13 000
    贷：固定资产清理                                      98 000
        应交税费——应交增值税（销项税额）              13 000
        资产处置损益                                       2 000
```

（2）乙公司交换资产业务会计分录如下：
换入固定资产入账价值 = 100 000（元）

```
借：固定资产——设备                              100 000
    应交税费——应交增值税（进项税额）              13 000
    贷：主营业务收入                                    100 000
        应交税费——应交增值税（销项税额）              13 000
借：主营业务成本                                   80 000
    贷：库存商品                                         80 000
```

【例14-6】A公司用一项专利权交换B公司一套设备，交换具有商业实质。专利权历史成本200万元，交换时已累计摊销60万元，已计提减值准备10万元，协议专利权的公允价值为160万元，转让专利权的增值税率为6%。设备原值280万元，交换时已累计折旧100万元，已计提减值准备40万元。协议设备公允价值160万元，转让设备的增值税率为13%，B公司支付设备清理费用2万元，交换没有发生补价但A公司向B公司支付了增值税差额11.2万元。

（1）A公司交换资产会计分录如下：
换入固定资产入账价值 = 1 600 000 + 96 000 − 208 000 + 112 000 = 1 600 000（元）

```
借：固定资产                                    1 600 000
    应交税费——应交增值税（进项税额）             208 000
    累计摊销                                       600 000
    无形资产减值准备                               100 000
    贷：无形资产                                       2 000 000
        应交税费——应交增值税（销项税额）              96 000
        银行存款                                         112 000
        资产处置损益                                     300 000
```

（2）B公司交换资产会计分录如下：
换入无形资产入账价值 = 1 600 000 − 96 000 + 208 000 − 112 000 = 1 600 000（元）

```
借：固定资产清理                                1 400 000
    累计折旧                                     1 000 000
    固定资产减值准备                               400 000
    贷：固定资产                                       2 800 000
```

借：固定资产清理　　　　　　　　　　　　　　　　　　　20 000
　　贷：银行存款　　　　　　　　　　　　　　　　　　　　20 000
借：无形资产　　　　　　　　　　　　　　　　　　　1 600 000
　　应交税费——应交增值税（进项税额）　　　　　　　96 000
　　银行存款　　　　　　　　　　　　　　　　　　　　112 000
　　贷：固定资产清理　　　　　　　　　　　　　　　1 420 000
　　　　应交税费——应交增值税（销项税额）　　　　　208 000
　　　　资产处置损益　　　　　　　　　　　　　　　　180 000

（二）账面价值计量的会计处理

非货币性资产交换不具有商业实质，或者虽然具有商业实质但换入资产和换出资产的公允价值均不能可靠计量的，应当以换出资产的账面价值和应支付的相关税费作为换入资产的成本。无论是否支付补价，均不确认损益。

1. 不涉及补价的会计处理。

非货币性资产交换以账面价值计价且不涉及补价的，应当以换出资产的账面价值加上应支付的相关税费作为换入资产的入账价值，不涉及损益。其公式为：

换入资产的成本＝换出资产的账面价值＋应支付的相关税费

2. 涉及补价的会计处理。

非货币性资产交换以账面价值计价且涉及补价的，支付补价方应当以换出资产的账面价值，加上支付的补价和应支付的相关税费，作为换入资产的成本，不确认损益。收到补价方应当以换出资产的账面价值，减去收到的补价，加上应支付的相关税费，作为换入资产的成本，不确认损益。

【例14-7】A 公司有一台专用设备，账面原价500万元，已计提折旧120万元，未计提减值准备。B 公司有一项长期股权投资，账面价值400万元，计提减值准备30万元。2025年4月5日，A、B 公司协议将上述资产进行交换。由于专用设备性质特殊以及长期股权投资在活跃市场中没有报价，因此两项资产均无法确定公允价值。交换未发生补价，经税务部门核实，A 公司转让设备的增值税税价格为350万元，增值税率13%。交换时 B 公司向 A 公司支付了增值税差额45.5万元。假设不考虑其他税费。

分析：由于换入资产和换出资产公允价值不能可靠计量，应当以账面价值为基础对该交易进行计量。

（1）A 公司会计处理如下：

换入长期股权投资入账价值＝5 000 000－1 200 000＋455 000－455 000＝3 800 000（元）

借：固定资产清理　　　　　　　　　　　　　　　　　3 800 000
　　累计折旧　　　　　　　　　　　　　　　　　　　1 200 000

```
    贷：固定资产                                    5 000 000
  借：长期股权投资                                  3 800 000
    银行存款                                        455 000
    贷：固定资产清理                                3 800 000
      应交税费——应交增值税（销项税额）            455 000
```

（2）B 公司会计处理如下：

换入固定资产入账价值 = 4 000 000 - 300 000 - 455 000 + 455 000 = 3 700 000（元）

```
  借：固定资产                                      3 700 000
    应交税费——应交增值税（进项税额）              455 000
    长期股权投资减值准备                            300 000
    贷：长期股权投资                                4 000 000
      银行存款                                      455 000
```

（三）非货币性资产交换同时换入多项资产的会计处理

企业以一项非货币性资产同时换入其他企业的多项非货币性资产或者以多项非货币性资产同时换入其他企业的多项非货币性资产，企业无法将换出的某一资产与换入的某一资产相对应。在这种情况下，企业应当按以下两种情况计算每项换入资产入账价值。

1. 以公允价值为基础计量的情况。

1）以换出资产的公允价值为基础计量。

非货币性资产交换具有商业实质，换出资产和换入资产的公允价值均能够可靠计量的，应当按照换入各项资产的公允价值占换入资产公允价值总额的比例，将换出资产公允价值总额（涉及补价的，加上支付补价或减去收到补价）分摊至各项换入资产，以分摊额和与换入资产有关的应付税费作为各项换入资产的成本进行初始计量。如果交换中有金融资产，需要将金融资产公允价值从换出资产公允价值总额中扣除再进行分摊，金融资产的核算按照《企业会计准则第22号——金融工具的确认和计量》进行核算。

每项换入资产成本 = 该项资产的公允价值 ÷ 换入资产公允价值总额 × 换入资产的成本总额 + 换入资产有关的税费

【例 14-8】甲公司和乙公司均为增值税一般纳税人，适用的增值税税率均为 13%。2025 年 4 月，为适应业务发展的需要，经协商，甲公司决定以生产经营过程中使用的厂房、设备以及库存商品换入乙公司生产经营过程中使用的办公楼、小汽车、客运汽车。甲公司厂房的账面价值为 1 500 万元，在交换日的累计折旧为 300 万元，公允价值为 1 000 万元；设备的账面原价为 600 万元，在交换日的累计折旧为 480 万元，公允价值为 100 万元；库存商品的账面余额为 300 万元，不含增值税的市场价格为 350 万元，市场价格等于计税价格，其包含的增值税的公允价值为395.5万元。乙公司办公楼的账面原价为2 000万元，在交换日的累计折旧为1 000万元，公允价值为1 100万元；小汽车的账面原价为300万元，在交换日的累计折旧为190万元，公允价值为145.5万元；客运汽车的账面原价为300万元，在交换日的累计折旧为180万元，公允价值为150万元。乙公司另外向甲公司支付银行存款100万元。

假定甲公司和乙公司都没有为换出资产计提减值准备。整个交易过程中没有发生除库存商品增值税以外的其他相关税费。甲公司换入乙公司的办公楼、小汽车、客运汽车均作为固定资产使用和管理。乙公司换入甲公司的厂房、设备作为固定资产使用和管理。换入的库存商品作为原材料使用和管理。甲公司开具了增值税专用发票。

分析：本例题涉及收付货币性资产，应当计算收到的货币性资产占换出资产公允价值总额的比例（等于支付的货币性资产占换出资产公允价值与支付的补价之和的比例），即：

100万元÷(1 000 + 100 + 350)万元 = 6.90% < 25%

可以认定这一涉及多项资产的交换行为属于非货币性资产交换。对于甲公司而言，为了拓展运输业务，需要小汽车、客运汽车等，乙公司为了扩大产品生产，需要厂房、设备和原材料，换入资产对换入企业均能发挥更大的作用，该项涉及多项资产的非货币性资产交换具有商业实质。同时，按照各单项换入资产的公允价值占换入资产公允价值总额的比例，确定各单项换入资产的成本。甲公司的账务处理如下：

（1）根据增值税的有关规定，企业以库存商品换入其他资产，视同销售行为发生，应计算增值税销项税额，缴纳增值税。

换出库存商品的增值税销项税额：350×13% = 45.5（万元）

（2）计算换入资产、换出资产公允价值总额：

换出资产公允价值总额 = 1 000 + 100 + 350 = 1 450（万元）

换入资产公允价值总额 = 1 100 + 145.5 + 150 = 1 395.5（万元）

（3）计算换入资产总成本：

换入资产总成本 = 换出资产公允价值 − 补价 + 应支付的相关税费
　　　　　　　 = 1 450 − 100 + 45.5 = 1 395.5（万元）

（4）计算确定换入各项资产的公允价值占换入资产公允价值总额的比例：

办公楼公允价值占换入资产公允价值总额的比例 = 1 100÷1 395.5 = 78.82%

小汽车公允价值占换入资产公允价值总额的比例 = 145.5÷1 395.5 = 10.43%

客运汽车公允价值占换入资产公允价值总额的比例 = 150÷1 395.5 = 10.75%

（5）计算确定换入各项资产的成本：

办公楼的成本：1 395.5×78.82% = 1 099.93（万元）

小汽车的成本：1 395.5×10.43% =145.55（万元）
客运汽车的成本：1 395.5×10.75% =150.02（万元）
（6）会计分录：

借：固定资产清理　　　　　　　　　　　　　　13 200 000
　　累计折旧　　　　　　　　　　　　　　　　　 7 800 000
　　　贷：固定资产——厂房　　　　　　　　　　15 000 000
　　　　　　　——设备　　　　　　　　　　　　 6 000 000
借：固定资产——办公楼　　　　　　　　　　　　10 999 300
　　　　——小汽车　　　　　　　　　　　　　　 1 455 500
　　　　——客运汽车　　　　　　　　　　　　　 1 500 200
　　银行存款　　　　　　　　　　　　　　　　　 1 000 000
　　资产处置损益　　　　　　　　　　　　　　　 2 200 000
　　　贷：固定资产清理　　　　　　　　　　　　13 200 000
　　　　　主营业务收入　　　　　　　　　　　　 3 500 000
　　　　　应交税费——应交增值税（销项税额）　　　455 000
借：主营业务成本　　　　　　　　　　　　　　　 3 000 000
　　　贷：库存商品　　　　　　　　　　　　　　 3 000 000

乙公司的账务处理如下：

（1）根据增值税的有关规定，企业以其他资产换入原材料，视同购买行为发生，应计算增值税进项税额，抵扣增值税。

换入资产原材料的增值税进项税额：350×13% =45.5（万元）

（2）计算换入资产、换出资产公允价值总额：

换入资产公允价值总额 =1 000 +100 +350 =1 450（万元）

换出资产公允价值总额 =1 100 +145.5 +150 =1 395.5（万元）

（3）确定换入资产总成本：

换入资产总成本 =换出资产公允价值 +支付的补价 -可抵扣的增值税进项税额 =1 395.5 +100 -45.5 =1 450（万元）

（4）计算确定换入各项资产的公允价值占换入资产公允价值总额的比例：

厂房公允价值占换入资产公允价值总额的比例 =1 000÷1 450 =69%

设备公允价值占换入资产公允价值总额的比例 =100÷1 450 =6.9%

原材料公允价值占换入资产公允价值总额的比例 =350÷1 450 =24.1%

（5）计算确定换入各项资产的成本：

厂房的成本：1 450×69% =1 000.5（万元）

设备的成本：1 450×6.9% =100.05（万元）

原材料的成本：1 450×24.1% =349.45（万元）

(6) 会计分录：

借：固定资产清理	12 300 000
累计折旧	13 700 000
贷：固定资产——办公楼	20 000 000
——小汽车	3 000 000
——客运汽车	3 000 000
借：固定资产——厂房	10 005 000
——设备	1 000 500
原材料	3 494 500
应交税费——应交增值税（进项税额）	455 000
贷：固定资产清理	12 300 000
银行存款	1 000 000
资产处置损益	1 655 000

2）以换入资产的公允价值为基础计量。

对于同时换入多项资产，换入资产的公允价值更可靠时，应当以换入各项资产的公允价值和换入资产应付的税费作为各项换入资产额的初始计量金额。

2. 以账面价值为基础计量的情况。

非货币性资产交换不具有商业实质，应当按照换入各项资产的公允价值占换入资产公允价值总额的比例，将换出资产账面价值总额（涉及补价的，加上支付补价或减去收到补价）分摊至各项换入资产，以分摊额和与换入资产有关的应付税费作为各项换入资产的成本进行初始计量，各项换出资产终止时均不确认损益。如果换入资产的公允价值不能可靠计量的，应当按照换入各项资产的原账面价值占换入资产原账面价值总额的比例，对换入资产的成本总额进行分配，确定各项换入资产的成本。

【例 14-9】2025 年 5 月，甲公司因经营战略发生较大转变，产品结构发生重大调整，原生产产品的专有设备、生产该产品的专利技术等已不符合生产新产品的需要，经与乙公司协商，将其专用设备连同专利技术与乙公司正在建造过程中的一幢建筑物、对丙公司的长期股权投资进行交换。甲公司换出专有设备的账面原价为 1 200 万元，已计提折旧 750 万元。专利技术的账面原价为 450 万元，已摊销金额为 270 万元。乙公司在建工程截至交换日的成本为 525 万元，对丙公司的长期股权投资账面余额为 150 万元。由于甲公司持有的专有设备和专利技术市场上已不多见，因此，公允价值不能可靠计量。乙公司的在建工程因完工程度难以合理确定，其公允价值不能可靠计量。由于丙公司不是上市公司，乙公司对丙公司长期股权投资的公允价值也不能可靠计量。假定甲、乙公司均未对上述资产计提减值准备。假设不考虑增值税及其他相关税费的影响。

分析：本例不涉及收付货币性资产，属于非货币性资产交换。由于换入资产、换出资产的公允价值均不能可靠计量，甲、乙公司均应当以换出资产账面价值总额作为换入资产的成本，各项换入资产的成本，应当按各项换入资产的账面价值占换入资产账面价值总额的比例分配后确定。

甲公司的账务处理如下：
（1）计算换入资产、换出资产账面价值总额：
换入资产账面价值总额 = 525 + 150 = 675（万元）
换出资产账面价值总额 = (1 200 - 750) + (450 - 270) = 630（万元）
（2）确定换入资产总成本：
换入资产总成本 = 换出资产账面价值总额 = 630（万元）
（3）计算各项换入资产账面价值占换入资产账面价值总额的比例：
在建工程占换入资产账面价值总额的比例 = 525/675 = 77.8%
长期股权投资占换入资产账面价值总额的比例 = 150/675 = 22.2%
（4）确定各项换入资产成本：
在建工程成本 = 630 × 77.8% = 490.14（万元）
长期股权投资成本 = 630 × 22.2% = 139.86（万元）
（5）会计分录：

借：固定资产清理	4 500 000	
累计折旧	7 500 000	
贷：固定资产——专有设备		12 000 000
借：在建工程	4 901 400	
长期股权投资	1 398 600	
累计摊销	2 700 000	
贷：固定资产清理		4 500 000
无形资产——专利技术		4 500 000

乙公司的账务处理如下：
（1）计算换入资产、换出资产账面价值总额：
换入资产账面价值总额 = (1 200 - 750) + (450 - 270) = 630（万元）
换出资产账面价值总额 = 525 + 150 = 675（万元）
（2）确定换入资产总成本：
换入资产总成本 = 换出资产账面价值总额 = 675（万元）
（3）计算各项换入资产账面价值占换入资产账面价值总额的比例：
专有设备占换入资产账面价值总额的比例 = 450/630 = 71.4%
专利技术占换入资产账面价值总额的比例 = 180/630 = 28.6%

（4）确定各项换入资产成本：

专有设备成本 = 675 × 71.4% = 481.95（万元）

专利技术成本 = 675 × 28.6% = 193.05（万元）

（5）会计分录：

借：固定资产——专有设备	4 819 500
无形资产——专利技术	1 930 500
贷：在建工程	5 250 000
长期股权投资	1 500 000

第二节　债务重组

一、债务重组概述

（一）债务重组的定义和特征

债务重组，是指在不改变交易对手的情况下，经债权人和债务人协定或法院裁定，就清偿债务的时间、金额或方式等重新达成协议的交易。

2019年修订后的《企业会计准则第12号——债务重组》强调，债务重组业务是指不改变交易对手的情形下对原债权债务协议内容进行调整重新达成协议的交易，不再强调债务人发生财务困难。准则里的债权和债务，是指金融工具准则规范的债权和债务，不包括合同资产、合同负债、预计负债，但包括租赁应收款和租赁应付款。

以下是不适用债务重组准则的交易事项：

（1）债务重组中涉及的债权、重组债权、债务、重组债务和其他金融工具的确认、计量和列报，分别适用《企业会计准则第22号——金融工具确认和计量》和《企业会计准则第37号——金融工具列报》；

（2）通过债务重组形成企业合并的，适用《企业会计准则第20号——企业合并》；

（3）债权人或债务人中的一方对另一方持股且以股东身份进行债务重组的，或者债权人与债务人在债务重组前后均受同一方或相同的多方最终控制，且该债务重组的交易实质是债权人或债务人进行了权益性分配或接受了权益性投入的，适用权益性交易的有关会计处理规定。权益性交易的判断需要遵循实质重于形式的原则。

（二）债务重组的方式

（1）债务人以资产清偿债务。即债务人转让其资产负债表中确认的资产清偿债务，特殊的情形下债务人可以以未确认的自创品牌清偿债务，或处置组（即一组资产和与这些资产直接相关的负债）清偿债务。

（2）将债务转为权益工具。债务人将债务转为权益工具，这里的权益工具是指根据《企业会计准则第37号——金融工具列报》分类为"权益工具"的金融工具，体现为股本、实收资本、资本公积等，但不包括附带回购条款或强制分红条款的"债转股"和"复合金融工具"。

（3）除上述（1）和（2）以外，采用调整债务本金、改变债务利息、变更还款期限等方式修改债权和债务的其他条款，形成重组债权和重组债务。

（4）前述三种方式的组合。

二、债务重组的会计处理

（一）债权和债务的终止确认

债务重组中涉及的债权和债务的终止确认，应当遵循《企业会计准则第22号——金融工具确认和计量》和《企业会计准则第23号——金融资产转移》有关金融资产和金融负债终止确认的规定。即债权人在收取债权现金流量的合同权利终止时终止确认债权，债务人在债务的现时义务解除时终止确认债务。

（二）债权人的会计处理

1. 以资产清偿债务或将债务转为权益工具。

（1）债权人受让金融资产。

债权人应当按照《企业会计准则第22号——金融工具确认和计量》，初始确认时应当以其公允价值计量，金融资产确认金额与债权终止确认日账面价值之间的差额，记入"投资收益"科目。但是，收取的金融资产的公允价值与交易价格（即放弃债权的公允价值）存在差异的，应当按照金融工具相关规定处理（计入损益或递延）。具体账务处理如下：

①受让的股权投资分类为交易性金融资产。

借：交易性金融资产【交易性金融资产公允价值】
　　投资收益【交易费用】
　　坏账准备
　　贷：应收账款等
　　　　银行存款【支付的交易费用】
　　　　投资收益【差额】

②如取得的股权投资指定为以公允价值计量变动计入其他综合收益的非交易性资产（其他权益工具投资）。

借：其他权益工具投资【其他权益工具投资的公允价值＋交易费用】
　　坏账准备

贷：应收账款等
　　　　　银行存款【支付的交易费用】
　　　　　投资收益【差额】
　　(2) 债权人受让非金融资产。
　　债权人受让非金融资产（存货、固定资产、无形资产等），应当按照放弃债权的公允价值和直接相关税费进行非金融资产初始成本的确认，放弃债权的公允价值与账面价值之间的差额，应当计入当期损益（投资收益）。债权人受让不同非金融资产的账务处理如下：
　　①如存货、固定资产、无形资产等长期股权投资以外的非金融资产：
　　借：库存商品、固定资产、无形资产等【放弃债权公允价值 – 增值税进项税额 + 直接相关税费】
　　　　应交税费——应交增值税（进项税额）
　　　　坏账准备
　　　贷：应收账款等
　　　　　银行存款等【支付的直接相关税费】
　　　　　投资收益【放弃债权公允价值与账面价值的差额】
　　②如为对联营企业或合营企业的长期股权投资：
　　借：长期股权投资【放弃债权公允价值 + 直接相关税费】
　　　　坏账准备
　　　贷：应收账款等
　　　　　银行存款等【支付的直接相关税费】
　　　　　投资收益【放弃债权公允价值与账面价值的差额】
　　(3) 债权人受让多项资产。
　　债权人受让多项非金融资产，或者包括金融资产、非金融在内的多项资产的，应当按照《企业会计准则第22号——金融工具确认和计量》的规定确认和计量受让的金融资产。按照受让的金融资产以外的各项资产在债务重组合同生效日的公允价值比例，对放弃债权在合同生效日的公允价值扣除受让金融资产当日公允价值后的净额进行分配，并以此为基础分别确定各项资产的成本。放弃债权的公允价值与账面价值之间的差额，记入"投资收益"科目。
　　2. 修改其他条款。
　　如果修改其他条款导致全部债权终止，债权人应当按照修改后的条款以公允价值初始计量新的金融资产，终止确认的债权账面价值与新债权确认金额之间的差额，记入"投资收益"科目。
　　如果修改其他条款未导致债权终止确认，债权人应当根据其分类，继续以摊余成本、以公允价值计量且其变动计入其他综合收益或当期损益进行后续计量。

(三) 债务人的会计处理

1. 债务人以资产清偿债务。

债务重组采用以资产清偿债务方式进行的,债务人应当将所清偿债务账面价值与转让资产账面价值之间的差额计入当期损益。

(1) 债务人以金融资产清偿债务。

债务人以单项或多项金融资产清偿债务的,债务的账面价值与偿债金融资产账面价值的差额,记入"投资收益"科目。

债务人如果偿债金融资产已计提减值准备的,应结转已计提的减值准备。如果以其他债权投资偿债的,需要将之前计入其他综合收益的累计利得或损失从其他综合收益中转出,记入"投资收益"科目。如果以其他权益工具投资偿债的,需要将之前计入其他综合收益的累计利得或损失从其他综合收益中转出,计入留存收益。

(2) 债务人以非金融资产清偿债务。

债务人以单项或多项长期股权投资清偿债务的,清偿债务账面价值与偿债长期股权投资账面价值的差额,记入"投资收益"科目。债务人以单项或多项非金融资产(如固定资产、投资性房地产、无形资产、日常活动产出的商品或服务等)清偿债务,或者以包括金融资产和非金融资产在内的多项资产清偿债务的,不需要区分资产处置损益和债务重组损益,也不需要区分不同资产的处置损益,而应将所清偿债务账面价值与转让资产账面价值之间的差额,记入"其他收益——债务重组收益"科目。偿债资产已计提减值准备的,应结转已计提的减值准备。

2. 债务人将债务转为权益工具。

债务重组采用将债务转为权益工具方式进行的,债务人初始确认权益工具时,应当按照权益工具的公允价值计量,权益工具的公允价值不能可靠计量的,应当按照所清偿债务的公允价值计量。所清偿债务账面价值与权益工具确认金额之间的差额,记入"投资收益"科目。债务人因发行权益工具而支出的相关税费等,应当依次冲减资本公积、盈余公积、未分配利润等。

3. 修改其他条款。

债务重组采用修改其他条款方式进行的,如果修改其他条款导致债务终止确认,债务人应当按照公允价值计量重组债务,终止确认的债务账面价值与重组债务确认金额之间的差额,记入"投资收益"科目。如果修改其他条款未导致债务终止确认,或者导致部分债务终止确认,对于未终止确认的债务应当继续按原分类进行后续计量。对于以摊余成本计量的债务,债务人应当根据重新议定合同的现金流量变化情况,重新计算该债务重组的账面价值,并将相关利得或损失记入"投资收益"科目。

4. 组合方式。

债务重组采用以资产清偿债务、将债务转为权益工具、修改其他条款等方式的组合进行的：

（1）对于权益工具，债务人应当在初始确认时按照权益工具的公允价值计量，权益工具的公允价值不能可靠计量的，应当按照所清偿债务的公允价值计量。

（2）对于修改其他条款形成的重组债务，债务人应当参照前面"修改其他条款"部分的内容，确认和计量重组债务。

所清偿债务的账面价值与转让资产的账面价值以及权益工具和重组债务的确认金额之和的差额，记入"其他收益——债务重组收益"或"投资收益"（仅涉及金融工具时）科目。

（四）债务重组账务处理案例

【例14-10】豫章股份有限公司2025年3月1日就应收乙公司的债权100万元进行债务重组，双方约定，由乙公司以持有的丙公司的股票抵债，乙公司将其定义为交易性金融资产，债务重组当天该股票投资的账面余额为60万元，公允价值为80万元，豫章股份有限公司已提坏账准备9万元，此应收账款债务重组当日的公允价值为85万元，豫章股份有限公司取得丙公司股票后指定为以公允价值计量变动计入其他综合收益的金融资产。假定不考虑相关税费。

（1）债权人豫章股份有限公司的账务处理：

借：其他权益工具投资　　　　　　　　　　　80
　　投资收益　　　　　　　　　　　　　　　11
　　坏账准备　　　　　　　　　　　　　　　 9
　　贷：应收账款　　　　　　　　　　　　　　　100

（2）债务人乙公司的账务处理：

借：应付账款　　　　　　　　　　　　　　　100
　　贷：交易性金融资产　　　　　　　　　　　　 60
　　　　投资收益　　　　　　　　　　　　　　　 40

如果乙公司将持有的丙公司股票指定为以公允价值计量变动计入其他综合收益的金融资产，假定债务重组时其他综合收益累计净增10万元，双方计提盈余公积比例均为10%，其他条件不变，则相关账务处理如下：

（1）债权人豫章股份有限公司的账务处理：

借：其他权益工具投资　　　　　　　　　　　80
　　投资收益　　　　　　　　　　　　　　　11
　　坏账准备　　　　　　　　　　　　　　　 9
　　贷：应收账款　　　　　　　　　　　　　　　100

(2) 债务人乙公司的账务处理：

借：应付账款　　　　　　　　　　　　　　　　　　100
　　贷：其他权益工具投资　　　　　　　　　　　　　　60
　　　　投资收益　　　　　　　　　　　　　　　　　　40
借：其他综合收益　　　　　　　　　　　　　　　　　10
　　贷：盈余公积　　　　　　　　　　　　　　　　　　1
　　　　利润分配——未分配利润　　　　　　　　　　　9

【**例 14-11**】2025 年 6 月 18 日，豫章股份有限公司向乙公司销售商品一批，应收乙公司款项的入账金额为 95 万元。豫章股份有限公司将该应收款项分类为以摊余成本计量的金融资产。乙公司将该应付账款分类为以摊余成本计量的金融负债。2025 年 10 月 18 日，双方签订债务重组合同，乙公司以一项作为无形资产核算的非专利技术偿还该欠款。该无形资产的账面余额为 100 万元，累计摊销额为 10 万元，已计提减值准备 2 万元。10 月 22 日，双方办理完成该无形资产转让手续，豫章股份有限公司支付评估费用 4 万元。当日，豫章股份有限公司应收款项的公允价值为 87 万元，已计提坏账准备 7 万元，乙公司应付款项的账面价值仍为 95 万元。假设不考虑相关税费。

(1) 债权人的会计处理：

2025 年 10 月 22 日，债权人豫章股份有限公司取得该无形资产的成本为债权公允价值 87 万元与评估费用 4 万元的合计 91 万元。

豫章股份有限公司的账务处理如下：

借：无形资产　　　　　　　　　　　　　　　　　910 000
　　投资收益　　　　　　　　　　　　　　　　　　10 000
　　坏账准备　　　　　　　　　　　　　　　　　　70 000
　　贷：应收账款　　　　　　　　　　　　　　　950 000
　　　　银行存款　　　　　　　　　　　　　　　　40 000

(2) 债务人的会计处理：

乙公司 10 月 22 日的账务处理如下：

借：应付账款　　　　　　　　　　　　　　　　　950 000
　　累计摊销　　　　　　　　　　　　　　　　　100 000
　　无形资产减值准备　　　　　　　　　　　　　　20 000
　　贷：无形资产　　　　　　　　　　　　　　1 000 000
　　　　其他收益——债务重组收益　　　　　　　　70 000

【**例 14-12**】2025 年 2 月 1 日，乙公司销售一批商品给甲公司，形成应收款 250 万元，已提坏账准备 13 万元。由于甲公司发生财务困难，不能按合同规定支付货款，2025 年 8 月 1 日，经与乙公司协商，乙公司同意甲公司以一台生产设备偿还债务。该设备的账面原价为300万元,已提折旧140万元,计提的减值准备为15万元,甲公司支付清理费用1万元。该设备公允价值为200万元(等于计税价格),增值税率为13%。假定不考虑其他相关税费。假定此应收账款在2025年8月1日的公允价值为230万元。2025年8月1日双方账务处理如下:

(1)债权人乙公司的账务处理如下:

借:固定资产　　　　　　　　　　　　　　　　(230-26) 204
　　应交税费——应交增值税(进项税额)　　　　　　　　26
　　投资收益　　　　　　　　　　　　　(250-13-230) 7
　　坏账准备　　　　　　　　　　　　　　　　　　　　13
　　贷:应收账款——甲公司　　　　　　　　　　　　　　　250

(2)债务人甲公司的账务处理:

借:固定资产清理　　　　　　　　　　　　　　　　　145
　　累计折旧　　　　　　　　　　　　　　　　　　　140
　　固定资产减值准备　　　　　　　　　　　　　　　　15
　　贷:固定资产　　　　　　　　　　　　　　　　　　　　300
借:固定资产清理　　　　　　　　　　　　　　　　　　1
　　贷:银行存款　　　　　　　　　　　　　　　　　　　　　1
借:应付账款——乙公司　　　　　　　　　　　　　　250
　　贷:固定资产清理　　　　　　　　　　　　　　　　　　146
　　　　应交税费——应交增值税(销项税额)　　　　　　　26
　　　　其他收益　　　　　　　　　　　　　　　　　　　　78

【例14-13】甲、乙企业为一般纳税人,适用的增值税税率为13%,消费税税率为3%。2025年2月1日,甲企业因购买商品而欠乙企业购货款及税款合计200万元。由于甲企业财务发生困难,不能按照合同规定支付货款。于2025年10月1日,双方经协商,甲企业以其生产的产品偿还债务,该产品的公允价格110万元,成本120万元,已计提存货跌价准备18万元。乙企业接受甲企业以产品偿还债务,将该产品作为库存商品入库。乙企业对该项应收账款计提了11万元的坏账准备。2025年10月1日此应收账款的公允价值为179万元。2025年10月1日双方账务处理如下:

(1)债权人乙企业的账务处理:

借:库存商品　　　　　　　　　　　　　　　　(179-14.3) 164.7
　　应交税费——应交增值税(进项税额)　　　　　　　14.3
　　坏账准备　　　　　　　　　　　　　　　　　　　　11
　　投资收益　　　　　　　　　　　　　　　　　　　　10
　　贷:应收账款　　　　　　　　　　　　　　　　　　　200

（2）债务人甲企业的账务处理：

借：应付账款 200
　　存货跌价准备 18
　　贷：库存商品 120
　　　　应交税费——应交增值税（销项税额） 14.3
　　　　　　　　——应交消费税 3.3
　　　　其他收益 80.4

【例14-14】2025年4月3日，豫章股份有限公司因购买材料而欠乙公司购货款及税款合计为500万元，由于豫章股份有限公司无法偿付应付账款，2025年7月2日经双方协商同意，豫章股份有限公司以普通股偿还债务，假设普通股每股面值为1元，股票市价为每股2.5元，豫章股份有限公司发行120万股偿还该项债务，假定无相关税费。2025年12月31日办理完毕增资手续，乙公司对应收账款提取坏账准备40万元，此应收账款在12月31日的公允价值为270万元。假定乙公司取得豫章股份有限公司股权后，对其产生重大影响，豫章股份有限公司与乙公司在债务重组前不存在关联方关系。

（1）债权人乙公司的账务处理：

借：长期股权投资 270
　　坏账准备 40
　　投资收益 190
　　贷：应收账款——豫章股份有限公司 500

（2）债务人豫章股份有限公司的账务处理：

借：应付账款——乙公司 500
　　贷：股本 120
　　　　资本公积——股本溢价 （120×2.5-120）180
　　　　投资收益 200

【例14-15】2024年1月10日，甲公司向乙公司销售一批商品，价款1 000万元。至2024年12月31日，甲公司对该应收账款计提的坏账准备为50万元。由于乙公司发生财务困难，无法偿还债务，与甲公司协商进行债务重组。2025年3月1日，甲公司与乙公司达成债务重组协议如下：

（1）乙公司以账面价值480万元的库存商品抵偿债务500万元，该批商品在当日的公允价值为500万元；

（2）乙公司向甲公司增发股票200万股，面值1元/股，占乙公司股份总额的1%，用于抵偿债务500万元，乙公司股票于当日的收盘价为2.5元/股；

（3）上述（1）（2）两项偿债事项互为条件，若其中任何一项没有完成，则甲公司保留向乙公司收取1 000万元现金的权利。当日，甲公司债权的公允价值为940万元。2025年3月15日，甲公司将收到的商品作为原材料管理。2025年5月1日，乙公司办理完成股权增发手续，甲公司将其作为以公允价值计量且其变动计入当期损益的金融资产，当日乙公司股票的公允价值为2.4元/股。乙公司以摊余成本计量该笔债务，截至2025年5月1日，该笔债务的账面价值为1 000万元。本题不考虑货币时间价值和相关税费等其他条件。

要求：

（1）根据上述资料，说明甲公司在2025年3月15日是否应进行会计处理，并说明理由。

（2）根据上述资料，计算该项债务重组交易对甲公司、乙公司损益的影响金额。

（3）根据上述资料，分别编制甲公司、乙公司与债务重组相关的会计分录。

根据上述要求，具体分析及解答如下：

（1）甲公司在2025年3月15日应将收到的商品进行会计处理。

理由：当日，甲公司已收到该批商品并作为存货管理，该批存货满足资产的定义，并且金额能够可靠计量，符合资产确认条件，应予以确认。

（2）对甲公司损益的影响金额 = 放弃债权的公允价值 − 债权的账面价值 + 合同生效日到债务重组日受让金融资产的公允价值变动 = 940 − (1 000 − 50) + (2.4 − 2.5) × 200 = − 30（万元）；

对乙公司损益的影响金额 = 债务的账面价值 − 偿债资产的账面价值 − 权益工具的确认金额 = 1 000 − 480 − 2.4 × 200 = 40（万元）。

（3）甲公司（债权人）应编制的会计分录为：

2025年3月15日：受让原材料的入账价值 = 放弃债权的公允价值 − 受让股权的公允价值 = 940 − 200 × 2.5 = 440（万元）。

借：原材料　　　　　　　　　　　　　　　　　440
　　贷：应收账款　　　　　　　　　　　　　　　　　440

2025年5月1日：

借：交易性金融资产　　　　　　　　　（200 × 2.4）480
　　坏账准备　　　　　　　　　　　　　　　　　 50
　　投资收益　　　　　　　　　　　　　　　　　 30
　　贷：应收账款　　　　　　　　　　（1 000 − 440）560

乙公司（债务人）应编制的会计分录为：

2025年3月15日：

借：应付账款　　　　　　　　　　　　　　　　　480
　　贷：库存商品　　　　　　　　　　　　　　　　　480

2025年5月1日：

借：应付账款　　　　　　　　　　　　　　　　　　（1 000 – 480）520

　　贷：股本　　　　　　　　　　　　　　　　　　　（1×200）200

　　　　资本公积　　　　　　　　　　　　　　　（2.4×200 – 200）280

　　　　其他收益　　　　　　　　　　　　　　　　　　　　　　　40

【例14–16】豫章股份有限公司（以下简称"豫章公司"）为上市公司，2024年发生的相关交易或事项如下：

2024年6月30日，豫章公司就应收A公司账款6 000万元与A公司签订债务重组合同。合同规定：A公司以其拥有的一栋在建写字楼及持有的一项其他债权投资偿付该项债务。A公司将在建写字楼和其他债权投资所有权转移至豫章公司后，双方债权债务结清。同日该应收债权的公允价值为5 000万元，其他债权投资的公允价值为2 300万元。

2024年7月10日，A公司将在建写字楼和其他债权投资所有权转移至豫章公司。同日，A公司该在建写字楼的账面余额为1 800万元，未计提减值准备，公允价值为2 200万元。A公司该其他债权投资的账面价值为2 300万元（取得时的入账价值为2 400万元），公允价值为2 320万元。豫章公司对该重组债权已计提的坏账准备为800万元，将取得的其他债权投资仍作为其他债权投资核算。

2024年8月10日，豫章公司将上述其他债权投资对外出售，售价为2 340万元，已收存银行。

（1）债权人豫章公司的会计处理：

取得其他债权投资协议签订日的公允价值为2 300万元。放弃债权公允价值扣除其他债权投资公允价值后的净额 = 5 000 – 2 300 = 2 700（万元），在建工程入账金额为2 700万元。其他债权投资按取得日的公允价值2 320万元入账。

会计分录为：

2024年7月10日：

借：其他债权投资　　　　　　　　　　　　　　　　　　　　　2 320

　　在建工程　　　　　　　　　　　　　　　　　　　　　　　2 700

　　坏账准备　　　　　　　　　　　　　　　　　　　　　　　　800

　　投资收益　　　　　　　　　　　　　　　　　　　　　　　　180

　　贷：应收账款　　　　　　　　　　　　　　　　　　　　　6 000

2024年8月10日：

借：银行存款　　　　　　　　　　　　　　　　　　　　　　　2 340

　　贷：其他债权投资　　　　　　　　　　　　　　　　　　　2 320

　　　　投资收益　　　　　　　　　　　　　　　　　　　　　　20

(2) 债务人 A 公司的会计处理：
借：应付账款　　　　　　　　　　　　　　　　　6 000
　　贷：在建工程　　　　　　　　　　　　　　　　1 800
　　　　其他债权投资　　　　　　　　　　　　　　2 300
　　　　其他收益——债务重组收益　　　　　　　　1 900
借：投资收益　　　　　　　　　　　　　　　　　　100
　　贷：其他综合收益　　　　　　　　　　　　　　100

第三节　会计政策与会计估计变更及会计差错更正

为了规范企业会计政策的应用，会计政策、会计估计变更和前期差错更正的确认、计量和相关信息的披露，财政部制定了《企业会计准则第 28 号——会计政策、会计估计变更和差错更正》。

一、会计政策的含义、内容及特征

（一）会计政策概念

会计政策，是指企业在会计确认、计量和报告中所采用的原则、基础和会计处理方法。企业采用的会计计量基础也属于会计政策。会计处理方法是指企业在会计核算中按照法律、行政法规或者国家统一的会计制度等规定采用或者选择的、适合于本企业的具体会计处理方法。实务中某项交易或事项如果没有相应具体会计准则或其应用指南加以规范的，应当根据基本准则规定的原则、基础和方法进行处理。待发布新的具体规定时，从其规定。

（二）会计政策的内容

会计政策，是指企业在会计确认、计量和报告中所采用的原则、基础和会计处理方法。常见的会计政策包括：

（1）发出存货成本的计量，是指企业确定发出存货成本所采用的会计处理。例如，发出存货成本的计量是采用先进先出法，还是采用其他方法。

（2）长期股权投资的后续计量，是指企业取得长期股权投资后的会计处理。例如，企业对被投资单位的长期股权投资是采用成本法，还是采用权益法核算。

（3）投资性房地产的后续计量，是指企业在资产负债表日对投资性房地产进行后续计量所采用的会计处理。例如，企业对投资性房地产的后续计量是采用成本模式，还是采用公允价值模式。

（4）固定资产的初始计量，是指企业取得的固定资产初始成本的计量。例如，企业取得的固定资产初始成本是以购买价款，还是以购买价款的现值为基础进行计量。

(5) 无形资产的确认，是指对研究开发项目的支出是否确认为无形资产。例如，企业内部研究开发项目开发阶段的支出是确认为无形资产，还是在发生时计入当期损益。

(6) 非货币性资产交换的计量，是指非货币性资产交换事项中对换入资产成本的计量。例如，非货币性资产交换是以换出资产的公允价值作为确定换入资产成本的基础，还是以换出资产的账面价值作为确定换入资产成本的基础。

(7) 借款费用的处理，是指借款费用的会计处理方法是采用资本化，还是采用费用化的会计处理方法。

(8) 合并政策，是指编制合并会计报表所采纳的原则。例如，母公司与子公司的会计年度不一致的处理原则、合并范围的确定原则等。

(三) 会计政策的特征

在我国，会计准则属于行政法规。会计政策所包括的具体会计原则、基础和具体会计处理方法由会计准则规定。企业基本上是在法规所允许的范围内选择适合本企业实际情况的会计政策。所以，会计政策具有强制性和多层次的特点。

1. 会计政策的选择性。

只有在对同一经济业务所允许采用的会计处理方法存在多种选择时，会计政策才具有实际意义，因而会计政策存在一个"选择"问题。企业所选择的会计政策，将构成企业会计制度的一个重要方面。

2. 会计政策的强制性。

由于企业经济业务的复杂性和多样化，某些经济业务在符合会计原则和基础的要求下，可以有多种会计处理方法。例如，存货的计价，可以有先进先出法、加权平均法、个别计价法等。但是，企业在发生某项经济业务时，必须从允许的会计原则、基础和会计处理方法中选择出适合本企业特点的会计政策。

3. 会计政策的层次性。

会计政策包括会计原则、计量基础和会计处理方法三个层次。其中，会计原则是指导企业会计核算的具体原则；计量基础是为将会计原则体现在会计核算而采用的基础；会计处理方法是按照会计原则和计量基础的要求，由企业在会计核算中采用或者选择的、适合于本企业的具体会计处理方法。会计原则、计量基础和会计处理方法三者之间是一个具有逻辑性、密不可分的整体，通过这个整体，会计政策才能得以应用和落实。

二、会计政策变更含义及变更条件

(一) 会计政策变更的含义

会计政策变更，是指企业相同的交易或事项由原来采用的会计政策改用另一会计政策的行为。一般情况下，企业应在同一会计期间采用相同的会计政策，不应也不能随意变更会计政策，以使会计信息使用者能够根据会计资料正确判断企业的财务状况、经营成果和现金流量的趋势。但是当原采用的会计政策已经不能适应会计环境的需要，也应及时变更会计政策。

（二）会计政策变更的规定

企业采用的会计政策，在同一会计期间和前后各期应当保持一致，不得随意变更。但是，满足下列条件之一的，可以变更会计政策：

第一，法律、行政法规或者国家统一的会计制度等要求变更。

即制定了新的会计准则或会计制度，或修订了原有的会计准则或会计制度，要求变更会计政策。例如，《企业会计准则第 1 号——存货》对发出存货实际成本的计价排除了后进先出法，这就要求执行会计准则体系的企业按照新规定，将原来以后进先出法核算发出存货成本改为准则规定可以采用的其他发出存货成本计价方法。

第二，会计政策变更能够提供更可靠、更相关的会计信息。

随着企业的经济环境、客观情况发生变化，继续采用原来的会计政策已不能恰当反映企业的财务状况、经营成果和现金流量等情况，就需要改变会计政策，以对外提供更可靠、更相关的会计信息。例如，企业原来采用先进先出法进行存货周转成本的计价，由于发生了通货膨胀，采用移动加权平均法进行计价更能真实反映存货的当前价格，故而由先进先出法改为移动加权平均法。

虽然要求企业不得随意变更所采用的会计政策，在特殊情况下允许企业按照规定的程序变更会计政策，但企业应明确哪些属于会计政策变更，哪些属于采用新会计政策。如果本期发生的交易或事项与以前相比具有本质的差别而采用新会计政策，不属于会计政策变更，而应视为采用新会计政策。例如，企业由经营性租赁改为融资租赁而采用不同的会计政策，就不属于会计政策变更，是对融资租赁业务采用新会计政策。如果对于初次发生的或不重要的交易或事项采用新会计政策，也不属于会计政策变更，如企业的存货采用加权平均法计算发生存货的成本，对生产新产品的存货采用先进先出法计算存货发出成本，属于初次发生的业务而采用的新会计政策，不属于会计政策变更。

三、会计政策变更与会计估计变更的区分

企业应当以变更事项的会计确认、计量基础和列报项目是否发生变更作为判断该变更是会计政策变更还是会计估计变更的划分基础。

第一，以会计确认是否发生变更作为判断基础。

《企业会计准则——基本准则》规定了资产、负债、所有者权益、收入、费用、利润六项会计要素的确认标准。一般来说，对会计确认的指定或选择属于会

计政策，其相应的变更属于会计政策变更。例如，企业在前期将某项内部研究开发支出计入当期损益，而按照《企业会计准则——无形资产》的规定，该项支出符合无形资产确认条件的，应当确认为无形资产。因此从当期开始，企业改变了研究开发支出的确认方法，将原计入当期损益的支出中，符合无形资产条件的部分计入无形资产成本。该变更事项的会计确认发生变化，因此属于会计政策变更。

第二，以计量基础是否发生变更作为判断基础。

《企业会计准则——基本准则》规定企业对会计要素进行计量，可以采用历史成本、重置成本、公允价值、现值、可变现净值 5 项会计计量属性。一般来说，对计量基础的指定或选择属于会计政策，因此计量基础变更属于会计政策变更。例如，企业前期对超过正常信用条件付款购买的固定资产按历史成本计量入账，但当期按照《企业会计准则第 4 号——固定资产》的规定，该类固定资产的初始成本应当按付款额的现值入账。该事项的计量基础发生了变化，属于会计政策变更。

第三，以列报项目是否发生变更作为判断基础。

《企业会计准则第 30 号——财务报表列报》规定了财务报表项目应采用的列报原则。一般地，对财务报表列报项目的指定或选择属于会计政策，因此财务报表列报项目的变更属于会计政策变更。例如，某商业企业前期将商品采购费用列入利润表中的营业费用，当期按照《企业会计准则第 1 号——存货》的规定改为计入存货成本。因为列报项目发生了变化，所以该变更属于会计政策变更。

第四，根据会计确认、计量基础和列报项目所选择的、为取得与资产负债表项目有关的金额或数值（如预计使用寿命、预计净残值）所采用的处理方法，不是会计政策，属于会计估计，其相应的变更属于会计估计变更。例如，企业将固定资产预计使用寿命从 20 年变更为 15 年，属于会计估计变更。

归纳起来，企业应当分析相关变更是否涉及会计确认、计量基础或列报项目变更，至少涉及上述一项的变更属于会计政策变更，不涉及上述任何一项的变更属于会计估计变更。例如，企业将固定资产折旧方法由直线法改为加速折旧法属于会计政策变更；将固定资产预计净残值率由 2% 调整为 5%，同时将折旧年限由 10 年调整为 8 年就属于会计估计变更。

四、会计政策变更的会计处理方法

（一）会计政策变更的会计处理方法选择

会计政策变更会影响企业当年损益的计量，此外对以前年度的留存收益也可能会产生影响，对此如何进行会计处理是会计政策变更会计的核心问题。会计政策变更的会计处理方法应根据变更原因选择不同的处理方法。企业应当按以下规定变更会计政策：

第一，企业根据法律、行政法规或者国家统一的会计制度等要求变更会计政策的，国家发布相关的会计处理办法的按照国家相关会计处理规定执行；国家没有发布相关的会计处理办法的采用追溯调整法进行会计处理。

第二，会计政策变更能够提供更可靠、更相关的会计信息的，应当从会计提供信息的质量以及可操作性（即确定该项会计政策变更累积影响数是否切实可行）出发，选择追溯调整法或未来适用法。

会计政策变更累积影响数，是指按照变更后的会计政策对以前各期追溯计算的列报前期最早期初留存收益应有金额与现有金额之间的差额。

如果确定该项会计政策变更累积影响数切实可行，应该采用追溯调整法处理，将会计政策变更累积影响数调整列报前期最早期初留存收益，其他相关项目的期初余额和列报前期披露的其他比较数据也应当一并调整；如果确定会计政策变更对列报前期影响数不切实可行的，应当从可追溯调整的最早期间期初开始应用变更后的会计政策。在当期期初确定会计政策变更对以前各期累积影响数不切实可行的，应当采用未来适用法处理。

就以前某一特定期间而言，满足下列条件之一的，即可认为无法对会计政策变更应用追溯调整法进行调整或无法对某项前期差错应用追溯重述法进行更正：应用追溯调整法或追溯重述法的影响数不能确定；应用追溯调整法或追溯重述法要求对管理层在该期当时的意图做出假定；应用追溯调整法或追溯重述法要求对有关金额进行重大估计，且不可能将提供有关交易发生时存在状况的证据和该期间财务报表批准报出时能够取得的信息这两类信息与其他信息客观地加以区分。

（二）追溯调整法的会计处理

追溯调整法是指对某项交易或事项变更会计政策时，如同该交易或事项初次发生时就开始采用新的会计政策，并以此对相关项目进行调整的方法。即应当计算会计政策变更的累积影响数，并相应调整变更年度的期初留存收益以及会计报表的相关项目。追溯调整法在会计处理时的四个步骤如下。

1. 计算确定会计政策变更的累积影响数。

会计政策变更的累积影响数，是指按变更后的会计政策对以前各期追溯计算的变更年度期初留存收益应有的金额与原有的金额之间的差额。

会计政策变更的累计影响数可以通过以下步骤计算获得：

第一步，根据新的会计政策重新计算受影响的前期交易或事项；

第二步，计算两种会计政策下的差异；

第三步，计算差异的所得税影响金额；

第四步，取得前期中的每一期的税后差异；

第五步，计算会计政策变更的累计影响数。

2. 编制相关项目的调整分录。

企业应当将会计政策变更的累积影响数调整期初留存收益。留存收益包括当年和以前年度的未分配利润和按照相关法律规定提取并累积的盈余公积。调整期初留存收益是指对期初未分配利润和盈余公积两个项目的调整。进行相关的账务处理，是将累计影响数及相关项目记录到变更年度中。

3. 调整会计报表相关项目。

企业在会计政策变更当年，应当调整资产负债表年初留存收益，以及利润及利润分配表上年数栏有关项目。

4. 附注说明。即在财务报表附注中说明会计政策变更及采用追溯调整法的情况。

【例14-17】豫章股份有限公司20×5年12月购入一台管理用电子设备，原价为32万元，预计使用年限5年，预计净残值2万元，采用直线法计提折旧。20×6年6月25日，由于订单减少，设备开始闲置，按照当时制度规定，该设备从7月开始未计提折旧。20×7年1月1日，豫章股份有限公司开始执行20×6年《企业会计准则》，按新准则规定，未使用、不需用固定资产应计提折旧。

甲公司所得税采用资产负债表债务法核算，所得税税率为25%。税法规定，未使用、不需要固定资产不得计提折旧，但可以在固定资产清理时作为清理成本在税前扣除。甲公司按10%提取盈余公积。要求对20×7年会计政策变更采用追溯调整法进行处理。

第一，计算确定会计政策变更的累积影响数（单位：万元）。

年份	原值	残值	按原政策计提折旧	按新政策累计折旧	原账面价值	新账面价值	税基	暂时性差异	所得税影响	累积影响数
20×6	32	2	3	6	29	26	29	3	0.75	2.25
合计	32	2	3	6	29	26	29	3	0.75	2.25

（注：①按直线法计提折旧：每年折旧额=32万-2万/5=6万元
②所得税影响=暂时性差异×25%）

第二，20×7年进行相关的账务处理。

①调整累计影响数。

借：利润分配——未分配利润　　　　　　　　　　　　　　22 500
　　递延所得税资产　　　　　　　　　　　　　　　　　　7 500
　　贷：累计折旧　　　　　　　　　　　　　　　　　　　　　30 000

②调整由于净利润的减少而调减的盈余公积。

借：盈余公积　　　　　　　　　　　　　　　　　　　　　2 250
　　贷：利润分配——未分配利润　　　　　　　　　　　　　　2 250

第三，调整会计报表相关项目。

企业在 20×7 年 1 月 1 日变更会计政策，应当调整 20×7 资产负债表年初数，以及利润及利润分配表 20×6 年栏有关项目。对于资产负债表，应调整 20×7 年年初数，即调减盈余公积 2 250 元，调减未分配利润 20 250（22 500×90%）元，调增递延所得税资产 7 500 元，调增累计折旧 30 000 元。对于利润及利润分配表，应调增 20×6 年管理费用 30 000 元，调减 20×7 年年初未分配利润 20 250 元（因为到 20×7 年年末，调减净利润 22 500 元，其中 10% 形成盈余公积，90% 形成未分配利润。即形成未分配利润 22 500×90% = 20 250 元）等。

第四，编写会计报表附注：披露会计政策变更的内容和理由、会计政策变更的影响数。

【例 14-18】 A 公司 2016 年年初以 4 元/股（假设不考虑交易费用）的价格购入 B 公司股票 100 万股作为交易性金融资产，2016 年 A 公司采用成本计量该金融资产。2017 年 1 月 1 日开始，按相关会计准则规定改用公允价值计量该金融资产。A 公司保存的会计资料齐全，可以通过会计资料进行追溯调整。假设 A 公司适用的所得税率为 25%，每年净利润按 10% 计提盈余公积。2016 年 A 公司持有 B 公司股票数量没有发生变动。2016 年年末 B 公司股票公允价值为 6 元/股。

分析：上述计量基础变更属于会计政策变更，应当采用追溯调整法处理。

第一，计算 2016 年会计政策变更累计影响数。

税前差异 = 1 000 000 × (6 - 4) = 2 000 000

所得税影响 = 2 000 000 × 25% = 500 000

税后差异 = 2 000 000 - 500 000 = 1 500 000

第二，编制调整分录如下：

借：交易性金融资产——公允价值变动　　　　2 000 000
　　贷：递延所得税负债　　　　　　　　　　　　500 000
　　　　利润分配——未分配利润　　　　　　　1 500 000
借：利润分配——未分配利润　　　　　　　　　150 000
　　贷：盈余公积　　　　　　　　　　　　　　　150 000

第三，调整会计报表相关项目。

企业在 2017 年 1 月 1 日变更会计政策，应当调整 2017 年资产负债表年初数，应调整 2017 年年初数，即调增盈余公积 150 000 元，调增未分配利润 1 350 000 元，调增递延所得税负债 500 000 元，调增交易性金融资产 2 000 000 元。

第四，编写会计报表附注：披露会计政策变更的内容和理由、会计政策变更的影响数。

（三）未来适用法的会计处理

未来适用法，指对某项交易或事项变更会计政策时，新的会计政策适用于变更当期及未来期间发生的交易或事项。不计算会计政策变更的累积影响数，也不必调整变更当年年初的留存收益，只在变更当年采用新的会计政策。

五、会计估计变更及会计处理方法

（一）会计估计的内容及特点

1. 会计估计的内容。

指企业对其结果不确定的交易或事项以最近可利用的信息为基础所作的判断。企业为了定期、定时提供有用的会计信息，将企业延续不断的营业活动人为地划为各个期间，如年度、季度、月度等，并在权责发生制的基础上对企业的财务状况和经营成果进行定期确认和计量。在确认、计量过程中，当记入的交易或事项涉及未来事项不确定性时，必须予以估计入账。会计估计具有如下特点：会计估计的存在是由于经济活动中内在的不确定性因素的影响；进行会计估计时，往往以最近可利用的信息或资料为基础；进行会计估计并不会削弱会计核算的可靠性。

属于会计估计的事项主要有：（1）估计坏账比例；（2）存货受毁损、全部或部分陈旧过时；（3）固定资产的使用年限与净残值；（4）无形资产的摊销期；（5）或有事项的估计等。

2. 会计估计的特点。

（1）会计估计的存在是由于经济活动中内在的不确定性因素的影响。

在会计核算中，企业总是力求保持会计核算的准确性，但有些经济业务本身具有不确定性，如坏账、固定资产折旧年限、固定资产残余价值、无形资产摊销年限等，因而需要根据经验作出估计。同时，采用权责发生制会计编制财务报表这一事实本身也使得有必要充分估计未来交易或事项的影响。可以说，在进行会计核算和相关信息披露的过程中，会计估计是不可避免的。

（2）进行会计估计时，往往以最近可利用的信息或资料为基础。

企业在会计核算中，由于经营活动中内在不确定性，不得不经常进行估计。一些估计的主要目的是确定资产或负债的账面价值，如坏账准备、担保责任引起的负债。另一些估计的主要目的是确定将在某一期间记录的收益或费用的金额。例如，某一期间的折旧、摊销的金额。企业在进行会计估计时，通常应根据当时的情况和经验，以一定的信息或资料为基础进行。但是，随着时间的推移和环境的变化，进行会计估计的基础可能会发生变化，因此，进行会计估计所依据的信息或资料不得不经常发生变化。由于最新的信息是最接近目标的信息，以其为基础所做的估计最接近实际，因而进行会计估计时应以最近可利用的信息或资料为基础。

（3）进行会计估计并不会削弱会计核算的可靠性。

进行会计估计是企业经济活动中不可避免的，进行合理的会计估计是会计核算中必不可少的部分,它不会削弱会计核算的可靠性。企业为了定期、及时地提供有用的会计信息,将延续不断的经营活动人为划分为一定的期间,并在权责发生制的基础上对企业的财务状况和经营成果进行定期确认和计量。例如,在会计分期的情况下,许多企业的交易跨越若干会计年度,以至于需要在一定程度上作出决定:某一年度发生的开支,哪些可以合理地预期能够产生其他年度以收益形式表示的利益,从而全部或部分向后递延;哪些可以合理地预期在当期能够得到补偿,从而确认为费用。也就是说,需要决定在结算日,哪些开支可以在资产负债表中处理,哪些开支可以在利润表中作为当年费用处理。因此,在会计分期和货币计量的前提下,在确认和计量过程中,不得不对许多尚在延续中、其结果尚未确定的交易或事项予以估计入账。

企业应当正确划分会计政策变更和会计估计变更,并按不同的方法进行会计处理。但在实际工作中会计政策变更和会计估计变更难以划分。例如,固定资产由原直线法改为加速折旧法属于会计政策变更,由 8 年的折旧年限改为 6 年折旧年限属于会计估计变更;坏账损失由应收账款余额百分比法改为账龄分析法属于会计政策变更,由按应收账款的 5% 提取改为按应收账款的 8% 提取属于会计估计变更。当会计政策变更和会计估计变更不能划分清楚时,一般将其视为会计估计变更,按会计估计变更的方法进行会计处理。

(二) 会计估计变更的会计处理方法

由于经营过程中存在诸多不确定因素,许多会计报表项目不能准确地计量,只能根据最近可以得到的信息进行判断。但估计毕竟是根据现有资料对未来进行判断,因此当估计的基础发生变化,会计人员估计水平提高,有可能出现对原有的估计进行修正的情况,即会计估计变更。会计估计变更的主要原因可归纳为:赖以进行估计的基础发生了变化;取得了新的信息、积累了更多的经验。会计估计变更并不表明原估计方法有问题,只是表明原会计估计已经不能适应当前的实际情况,需要对其进行修正,以适应当期的实际情况。

对于会计估计变更,企业应采用未来适用法。即在会计估计变更当期及以后期间,采用新的会计估计,不改变以前期间的会计估计,也不调整以前期间的报告结果。为了使不同期间的财务报表能够可比,如果以前期间的会计估计变更的影响数计入日常经营活动损益,则以后期间也应计入日常经营活动损益;如果以前期间的会计估计变更的影响数计入特殊项目,则以后期间也应计入特殊项目。

【例 14-19】 豫章股份有限公司于 2021 年 1 月 1 日起对某管理用设备计提折旧,原价为 84 000 元,预计使用寿命为 8 年,预计净残值为 4 000 元,按年限平均法计提折旧。2025 年年初,由于新技术发展等原因,需要对原估计的使用寿命和净残值作出修正,修改后该设备预计尚可使用年限为 2 年,预计净残值为 2 000 元。豫章股份有限公司适用的企业所得税税率为 25%。

豫章股份有限公司对该项会计估计变更的会计处理如下：

（1）不调整以前各期折旧，也不计算累积影响数。

（2）变更日以后改按新的估计计提折旧。

按原估计，每年折旧额为 10 000 元，已提折旧 4 年，共计 40 000 元，该项固定资产账面价值为 44 000 元，则第 5 年相关科目的期初余额如下：

固定资产	84 000
减：累计折旧	40 000
固定资产账面价值	44 000

改变预计使用年限后，从 2025 年起每年计提的折旧费用为 21 000[（44 000 - 2 000）÷2]元。2025 年不必对以前年度已提折旧进行调整，只须按重新预计的尚可使用年限和净残值计算确定折旧费用，有关账务处理如下：

借：管理费用　　　　　　　　　　　　　　　　　　21 000
　　贷：累计折旧　　　　　　　　　　　　　　　　　　　21 000

（3）财务报表附注说明。

本公司一台管理用设备成本为 84 000 元，原预计使用寿命为 8 年，预计净残值为 4 000 元，按年限平均法计提折旧。由于新技术发展，该设备已不能按原预计使用寿命计提折旧，本公司于 2025 年年初将该设备的预计尚可使用寿命变更为 2 年，预计净残值变更为 2 000 元，以反映该设备在目前状况下的预计尚可使用寿命和净残值。此估计变更将减少本年度净利润 8 250[（21 000 - 10 000）×（1 - 25%）]元。

六、前期差错更正及会计处理方法

（一）前期差错内容

前期差错，是指由于没有运用或错误运用下列两种信息，而对前期财务报表造成省略或错报：编制前期财务报表时预期能够取得并加以考虑的可靠信息；前期财务报告批准报出时能够取得的可靠信息。前期差错通常包括计算错误、应用会计政策错误、疏忽或曲解事实以及舞弊产生的影响等。以下列举几项予以说明。

1. 采用法律或会计准则等行政法规、规章所不允许的会计政策，如有关法规规定借款费用在购建固定资产达到预计可使用状态前应资本化计入资产价值，但企业将其费用化计入当期损益。这种差错属于采用行政法规、规章所不允许的会计政策。

2. 账户分类以及计算错误，如将长期股权投资计入交易性金融资产账户。

3. 会计估计错误，如无形资产摊销年限估计的差错。

4. 在期末应计项目与递延项目未予调整，如期末未摊销待摊费用。

5. 漏记已完成的交易，如已满足收入确认条件，但未将其确认为当期实现的收入。

6. 对事实的忽视和误用，如未按照"长期股权投资"准则的规定确认债务转资本的业务。

7. 提前确认尚未实现的收入或不确认已实现的收入，如代销方式下，在未收到代销清单时即确认当期收入的实现。

（二）前期差错更正方法

企业应当采用追溯重述法更正重要的前期差错，但确定前期差错累积影响数不切实可行的除外。追溯重述法，是指在发现前期差错时，视同该项前期差错从未发生过，从而对财务报表相关项目进行更正的方法。追溯重述法的会计处理与追溯调整法相同。

【例14-20】 甲公司2024年财务会计报告在2025年4月30日批准报出，报告年度为2024年度。甲公司的所得税税率为25%，所得税采用债务法核算，2024年度所得税申报在2025年3月15日完成，按净利润的10%提取法定盈余公积，按5%提取任意盈余公积。

（1）甲公司发现2024年3月管理用固定资产漏提折旧300万元，不属于前期差错，则在2024年12月补提折旧：

借：管理费用　　　　　　　　　　　　　　　　　　3 000 000
　　贷：累计折旧　　　　　　　　　　　　　　　　3 000 000

（2）甲公司发现2023年公司漏记一项管理用固定资产的折旧费用300 000元，所得税申报表中也未扣除该项费用。假定2023年甲公司适用所得税税率为25%，无其他纳税调整事项。假定税法允许调整应交所得税。

分析前期差错的影响数：2023年少计折旧费用300 000元；多计所得税费用75 000元（300 000×25%）；多计净利润225 000元；多计应交税费75 000元（300 000×25%）；多提法定盈余公积和任意盈余公积22 500元（225 000×10%）和11 250元（225 000×5%）。

编制有关项目的调整分录。

①补提折旧。

借：以前年度损益调整　　　　　　　　　　　　　　300 000
　　贷：累计折旧　　　　　　　　　　　　　　　　300 000

②调整应交所得税。

借：应交税费——应交所得税　　　　　　　　　　　75 000
　　贷：以前年度损益调整　　　　　　　　　　　　75 000

③将"以前年度损益调整"科目余额转入未分配利润。

借：利润分配——未分配利润　　　　　　　　　　　225 000
　　贷：以前年度损益调整　　　　　　　　　　　　225 000

④因净利润减少，调减盈余公积。

借：盈余公积——法定盈余公积　　　　　　　　　22 500
　　　　　——任意盈余公积　　　　　　　　　　11 250
　　贷：利润分配——未分配利润　　　　　　　　　　　33 750

甲公司在列报 2024 年度财务报表时，应调整 2025 年度财务报表的相关项目。

①资产负债表项目的调整：

调减固定资产 300 000 元；调减应交税费 75 000 元；调减盈余公积 33 750 元，调减未分配利润 191 250 元。

②利润表项目的调整：

调增管理费用 300 000 元，调减所得税费用 75 000 元，调减净利润 225 000 元（需要对每股收益进行披露的企业应当同时调整基本每股收益和稀释每股收益）。

③所有者权益变动表项目的调整：

调减前期差错更正项目中盈余公积上年金额 33 750 元，未分配利润上年金额 191 250 元，所有者权益合计上年金额 225 000 元。

④财务报表附注说明：

本年度发现 2023 年漏记固定资产折旧 300 000 元，在编制 2024 年和 2023 年比较财务报表时，已对该项差错进行了更正。更正后，调减 2023 年净利润 225 000 元，调增累计折旧 300 000 元。

【本章小结】

企业发生的非货币性资产交换、债务重组、会计政策变更、会计估计变更以及会计差错更正属于特殊交易或事项，会计人员应当按照相关会计准则规定进行会计处理。

本章主要内容包括三个部分。一是非货币性资产交换业务，介绍了非货币性资产交换的确认方法和计量方法；介绍了采用公允价值基础和账面价值基础计量的非货币性资产交换业务的会计处理方法。二是债务重组业务，阐述了债务重组的含义、方式；介绍了各种债务重组方式下债权人和债务人的会计处理方法。三是会计政策与会计估计变更及差错更正。介绍了会计政策、会计估计变更及差错更正的定义、会计政策变更与会计估计变更的区分、追溯调整法和未来适用法的会计处理方法。

【本章思考题】

1. 如何区分货币性资产与非货币性资产？

2. 会计人员应当如何判断资产交换属于非货币性资产交换？

3. 非货币性资产交换采用公允价值计量基础应当具备哪些条件？

4. 简述非货币性资产交换会计处理方法。

5. 什么是债务重组？有哪些方式？

6. 简述债务重组利得（或损失）的确定和会计处理方法。

7. 如何区分会计政策变更与会计估计变更？

8. 简述追溯调整法和未来适用法的会计处理方法。

9. 前期差错更正有哪些方法？

10. 会计政策变更、会计估计变更及前期差错更正在会计附注中的披露分别有何规定和要求？

11. 如何应对"上有会计政策，下有企业对策"的信息造假现象？

12. 试判断下列事项属于会计政策变更、会计估计变更，还是前期差错更正：

（1）一项资产原来估计可使用10年，在使用4年后发现尚可使用8年。

（2）某公司在国外有一家附属公司，由于经济条件的限制，该子公司的经营环境很不稳定，很难对其取得实际的控制权，所以一直用权益法处理长期股权投资。近年来，形势发生了变化，企业已能够控制这一子公司，且已编制了合并报表，因此改为成本法。

（3）上年购入的办公用品在购入时记作管理费用，但实际上办公用品符合固定资产标准。

（4）一家公司原先按销售收入的1%估计坏账费用，后来发现实际的坏账费用较估计的高，故改为2%。

【本章练习】

1. P公司2025年8月10日用一台原值200万元，已计提折旧80万元，已经计提减值准备10万元的专用设备交换W公司三辆卡车。W公司三辆卡车的原值为150万元，交换日已经累计折旧25万元，未计提减值准备。双方协议设备和卡车的公允价值均为120万元，设备和汽车适用增值税率均为13%，交换具有商业实质，未发生补价。交换过程中P公司支付设备清理及运杂费1万元。

要求：编制P公司和W公司上述交易会计分录。

2. P公司2025年2月10日用一项专利权交换W公司一套设备，交换具有商业实质。专利权历史成本150万元，交换时已累计摊销30万元，已计提减值准备10万元，协议专利权的公允价值为140万元，转让专利权的增值税率为6%。设备原值180万元，交换时已累计折旧50万元，已计提减值准备8万元。协议设备公允价值140万元，转让设备的增值税率为13%，W公司支付设备清理费用2万元，交换没有发生补价但P公司向W公司支付了增值税差额9.8万元。

要求：编制P公司和W公司上述交易会计分录。

3. P公司2025年4月10日用一批原材料交换W公司一批库存商品，P公司原材料账面成本120万元，协议公允价值130万元，W公司库存商品账面价值100万元，协议公允价值140万元，上述材料和商品适用增值税率均为13%。P公司交换时向W公司支付补价10万元及增值税差额1.3万元。交换具有商业实质。交换过程中P公司支付原材料运杂费0.2万元，W公司支付商品运杂费0.3万元，不考虑其他税费。

要求：编制P公司和W公司上述交换业务会计分录。

4. P公司有一台设备，账面原价300万元，已计提折旧50万元，计提减值准备30万元。W公司有一项长期股权投资，账面价值260万元，计提减值准备30万元。2025年1月30日P、W公司协议将上述资产进行交换。设备及长期股权投资均无法确定公允价值。交换未发生补价，经税务部门核实，P公司转让设备的增值税计税价格为220万元，增值税率13%。交换时W公司向P公司支付了增值税差额28.6万元。假设不考虑其他税费。

要求：编制上述P公司和W公司交换资产业务会计分录。

5. 2023年11月10日，乙公司销售一批产品给甲公司，价款100万元，增值税13万元，代垫运杂费3万元，产品成本60万元。至2024年12月31日，甲公司尚未支付上述款项，乙公司决定对该应收账款计提5%的坏账准备。由于甲公司发生财务困难，无法偿还债务，与乙公司协商进行债务重组。可能采用的债务重组方案包括：

（1）甲公司用银行存款偿还乙公司货款60万元，其他债务免除。

（2）甲公司以自产产品一批偿还部分债务。该批产品的账面价值为70万元，已经计提存货跌价准备10万元，双方协议产品的公允价值为80万元，适用的增值税税率为13%。乙公司将该批产品作为原材料验收入库。

（3）将120万元的债务转为甲公司的股票10万股，股票面值1元/股，转换日公允价值为7元/股，乙公司支付相关税费0.3万元，乙公司将取得的甲公司股票作为交易所金融资产核算。

（4）甲公司用一台专用设备（固定资产）抵债，设备原价180万元，累计折旧110万元，计提减值准备5万元，协议设备公允价值70万元，转让设备适用增值税税率13%。不考虑增值税以外的其他税费。

（5）甲公司用一项专利权抵债，专利权历史成本150万元，累计摊销80万元，计提减值准备20万元，协议专利权公允价值65万元，转让专利权适用增值税税率6%，不考虑其他相关税费。

要求：编制上述各种债务重组方式下甲公司和乙公司的会计分录。

6. 2024年11月5日，甲公司向乙公司赊购一批材料，含税价为452万元。2025年4月10日，甲公司因发生财务困难，无法按合同约定偿还债务，双方协商进行债务重组。乙公司同意甲公司用其生产的商品、作为固定资产管理的机器设备和一项债券投资抵偿欠款。当日，该债权的公允价值为420万元，甲公司用于抵债的商品市价（不含增值税，下同）为180万元，抵债设备的公允价值为150万元，用于抵债的债券投资市价为47.1万元。抵债资产于2025年5月20日转让完毕，甲公司发生设备运输费用1.3万元（不含增值税），乙公司发生设备安装费用3万元。乙公司以摊余成本计量该项债权。

2025年5月20日，乙公司对该债权已计提坏账准备38万元，甲公司用于抵债的债券投资市价为42万元。乙公司将受让的商品、设备和债券投资分别作为库存商品、固定资产和以公允价值计量且其变动计入当期损益的金融资产核算。甲公司以摊余成本计量该项债务。

2025年5月20日，甲公司用于抵债的商品成本为140万元，未计提存货跌价准备。抵债设备的账面原价为300万元，累计折旧为80万元，已计提减值准备36万元。甲公司以摊余成本计量用于抵债的债券投资，债券票面价值总额为30万元，票面利率与实际利率一致，按年付息。当日，该项债务的账面价值仍为452万元。

甲、乙公司均为增值税一般纳税人，适用增值税税率为13%，经税务机关核定，该项交易中商品和设备的计税价格分别为180万元和150万元。不考虑其他相关税费。

要求：

（1）根据以上资料编制乙公司有关债务重组和安装设备的会计分录。

（2）根据以上资料编制甲公司有关债务重组的会计分录。

7. A股份有限公司为一般工业企业，所得税税率为25%，按净利润的10%提取法定盈余公积。假定对于会计差错，税法允许调整应交所得税。A公司2024年度财务会计报告于2025年3月20日批准对外报出，2024年度的汇算清缴在2025年3月20日完成。在2025年度发生或发现如下事项：

（1）A公司有一处投资性房地产，此前采用成本模式进行计量，至2025年1月1日，该办公楼的原价为4 000万元，已提折旧240万元，已提减值准备100万元。2025年1月1日，A公司决定采用公允价值对出租的办公楼进行后续计量。该办公楼2024年12月31日的公允价值为3 800万元。假定2024年12月31日前无法取得该办公楼的公允价值。2025年1月1日该办公楼的计税基础为3 760万元。

要求：判断该业务属于会计估计变更还是政策变更，并编制会计分录。

（2）A公司于2021年1月1日起计提折旧的一台管理用机器设备，原价为

200万元，预计使用年限为10年（不考虑净残值因素），按直线法计提折旧。由于技术进步的原因，从2024年1月1日起，决定将原估计的使用年限改为7年，同时改按年数总和法计提折旧。

要求：判断该业务属于会计估计变更还是政策变更，并编制会计分录。

8. 星湖股份有限公司2024年的年度财务报告批准报出日为2025年4月30日。某会计师事务所于2025年2月1日在审计该公司会计报表时，发现该公司2024年应计入工程成本的利息费用50 000元，误计入当期财务费用。该公司应对此重大会计差错予以更正。该公司适用的所得税税率为25%，按净利润的10%提取法定盈余公积，按净利润的5%提法定盈余公积。

要求：（1）根据上述资料，编制相关的会计分录。
（2）列出应调整的2024年度资产负债表有关项目的名称及金额。

9. 甲股份有限公司2024年度实现净利润1 000 000元，适用的所得税税率为25%，按净利润的10%计提法定盈余公积。该公司所得税采用债务法核算有关事项如下：

（1）考虑到技术进步因素，自2024年1月1日起将一套办公自动化设备的使用年限改为5年。该套设备系2022年12月28日购入并投入使用，原价为810 000元，预计使用年限为8年，预计净残值为10 000元，采用直线法计提折旧。按税法规定，该套设备的使用年限为8年，并按直线法计提折旧。

（2）2024年底发现如下差错：

①2022年2月购入一批管理用低值易耗品，价款6 000元，误记为固定资产，至年底已提折旧600元计入管理费用。甲公司对低值易耗品采用领用时一次摊销的方法，至年底该批低值易耗品已被管理部门领用50%。

②2023年1月3日购入的一项专利权，价款15 000元，会计和税法规定的摊销期均为15年，但2023年未予摊销。

③2023年11月3日销售的一批产品，符合销售收入确认条件，已经确认收入300 000元，但销售成本250 000元尚未结转，在计算2023年度应纳税所得额时也未扣除该项销售成本。

要求：（1）计算2024年该套办公自动化设备应计提的折旧额，以及上述会计估计变更对2024年度所得税费用和净利润的影响额，并列出计算过程。
（2）编制上述前期差错更正相关的会计分录（不考虑所作分录对所得税、期末结转损益类账户的影响。涉及应交税金的，应写出明细账户）。

【本章案例】

案例一：澳柯玛股份有限公司20×2年4月债务重组

20×2年4月25日，中国农业银行青岛市北区第一支行（甲方）、本公司

(乙方）及该贷款的担保方青岛澳柯玛集团总公司（丙方）三方共同签署了《中国农业银行贷款利息减免协议》。协议主要条款：①甲方同意乙方所欠的下列贷款可以根据本协议减免所欠部分利息：贷款总金额28 235万元，贷款结欠利息总计18 012.219 945万元（截至20×1年12月31日）。②甲乙双方同意乙方在20×3年1月6日前偿还贷款本金28 235万元整，利息1 500万元整，具体还款期限、金额根据约定的还款计划执行。③甲方同意在乙方履行上述还款义务后，免除乙方所欠剩余利息16 512.219 945万元（截至20×1年12月31日）及至本息清偿日止新生利息。④如乙方未按照约定期限偿付贷款本金、利息及相关费用，甲方有权终（中）止本协议，对剩余贷款本金及利息进行追偿。

案例分析：上述澳柯玛股份有限公司与中国农业银行之间的债务重组属于修改其他债务条件的债务重组，根据债务重组协议，债务重组日农业银行是否会免除澳柯玛公司利息，取决于澳柯玛公司在20×3年1月6日能否履行偿还义务，如果澳柯玛公司不能按期偿还债务，上述债务重组就不能为澳柯玛公司带来债务重组利得。另外，根据双方协议，免除的利息由两部分组成：一是已计提的利息16 512.219 945万元；二是至本息清偿日止新生利息，这部分新生利息金额不确定，取决于偿还本金的进度，所以在债务重组日，重组利得的金额不确定，应当按照谨慎性要求确认债务重组利得，不能将可能发生的债务重组利得计入当期营业外收入。

实际情况是，澳柯玛公司将上述债务重组利得全部计入当期营业外收入，增加当期利润总额，这种做法是否恰当有待商榷。

案例二：正处于资金链吃紧的中海发展（600026.SH）一纸公告，将对投资性房地产采用公允价值模式进行后续计量，不再对其计提折旧或进行摊销，此举将直接增加20×2年净利3.36亿元，并对20×3年业绩产生积极影响。

7月19日，中海发展称，决定从20×2年1月1日起将投资性房地产后续计量方法由成本计量模式变更为公允价值计量模式。

根据公告，公司的投资性房地产分布在上海市虹口区，一个是东大名路670号的上海港国际客运中心5号楼的部分写字楼和地下72个车位，账面值为23 595.51万元，评估价值为39 467.22万元，评估值比账面价值增值15 871.71万元，增值率为67.27%；另一个是东大名路670号的上海港国际客运中心5号楼除7层以外的写字楼、商铺和车位，账面值为58 928.14万元，评估值为119 345.84万元，评估值比账面价值增值60 417.70万元，增值率为102.53%。

中海发展称，政策变更的依据是，公司持有的投资性房地产主要位于上海虹口区北外滩航运集聚区，具有活跃的房地产租赁和交易市场，公司能够从房地产市场上取得同类或类似房地产的市场价格及其他相关信息，从而对投资性房地产的公允价值做出科学合理的估计，投资性房地产的公允价值能够持续可靠取得。

不过，《证券市场周刊》记者注意到，20×2年以来国内外航运市场持续低迷，中海发展盈利能力20×2年开始下降，公司经营活动现金流出现大幅下滑。财报显示，公司20×3年第一季度营业收入为26.33亿元，同比下降了3.86%，净利润为-4.85亿元，同比下降54.05%，经营活动产生的现金流量为-1.87亿元。一季报介绍，20×3年航运市场总体供大于求，经营形势不容乐观，企业资金面依然偏紧。截至20×3年第一季度末，中航发展货币资金21.56亿元，而短期借款比货币资金还高，达到了23.56亿元。

此次会计政策变更，将调增中海发展20×1年资本公积1.05亿元，调增20×1年度净利润0.15亿元。由于投资性房地产不需要进行折旧和摊销，增加公司20×2年度净利润3.36亿元。

年报显示，按照公允价值模式进行后续计量，20×2年公司投资性房地产为公司带来4.39亿元的公允价值变动收益。公司在20×3年也不需要对投资性房地产进行折旧和摊销，净利润将增加。

你对中海发展上述会计政策变更有什么看法？

第十五章 财务会计报告

【引入案例】

　　作为一名在外地求学的大学生，父母与我们相隔千里，无法像从前一样时刻陪伴左右、直接了解我们的学习动态。那么，父母如何跨越距离，知晓我们在学业上的耕耘与收获呢？承载着诚信与责任的成绩单，正是这份重要的桥梁。每到学期末，我们通过期末考试检验学习成果，这些凝聚着努力与汗水的分数被如实记录在成绩单上，由学校郑重地寄达父母手中。这份薄薄的成绩单，不仅是学习成果的客观呈现，更是我们对父母期许的一份郑重回应。父母借此了解我们的学业进展，给予及时的鼓励或必要的鞭策。

　　你知道吗？这份建立在诚信基础上的信息传递，正是现代经济社会运行的重要基石。如今，许多企业的所有者并不直接参与经营管理，他们如何跨越距离，了解自己投入资本所创造的企业的真实状况呢？与父母通过成绩单了解我们类似，所有者正是依赖于经营者定期提供的财务报告。财务报告如同企业的"成绩单"，承载着经营者对所有者、对社会公众的诚信责任。一份真实、准确、完整的财务报告，是所有者了解企业财务状况、经营成果和现金流量的关键依据，是他们做出科学投资决策的基础，更是维护市场公平、透明、信任的核心保障。

　　同学们，财务报告远非冰冷的数字堆砌。它关乎诚信、责任与信任。你知道什么是财务报告吗？它具体发挥着怎样的社会功能？如何才能编制出经得起审计、无愧于信任的财务报告？学习完本章内容，你不仅能掌握专业知识，更能深刻理解诚信为本、操守为重、遵循准则、不做假账这一职业灵魂的重要性。

【学习目的与要求】

1. 掌握资产负债表的填列规则及编制方法；
2. 掌握利润表的填列规则及编制方法；

3. 掌握现金流量表的填列规则及编制方法；
4. 了解所有者权益变动表的填列规则及编制方法。

第一节　财务报告概述

财务报告是指企业对外提供的反映企业某一特定日期的财务状况和某一会计期间的经营成果、现金流量等会计信息的文件。财务报告包括财务报表和其他应当在财务报告中披露的相关信息和资料（其他财务报告）。财务报表是对企业财务状况、经营成果和现金流量的结构性表述。财务报表至少应当包括下列组成部分：资产负债表、利润表、现金流量表、所有者权益（或股东权益）变动表、附注。财务报表的这些组成部分具有同等的重要程度。

一、财务报告的内容

财务报告是企业对外揭示和传递财务信息的总结性书面文件，是企业财务会计确认与计量的最终结果体现，是向投资者、债权人等财务报告使用者提供与决策有关会计信息的媒介和渠道。我国会计法、公司法、证券法规定企业应当定期编制财务报告。

财务报告至少包括以下几层含义：（1）财务报告应当是对外报告，其服务对象主要是投资者、债权人等企业外部使用者，专门为了内部管理需要而编制的报告不属于财务报告的范畴；（2）财务报告应当综合反映企业的经济活动的过程和结果，包括某一时点的财务状况和某一时期的经营成果与现金流量等信息，以勾画出企业经营情况的整体和全貌；（3）财务报告必须形成一套系统的文件，不应是零星的或者不完整的信息。

财务报告一般应当提供以下信息：

1. 提供有关企业的经济资源，这些资源上的权利以及引起资源和资源权利变动的各种交易、事项的信息。

2. 提供有关企业在报告期内的经营绩效，即企业经营活动（包括投资活动和融资活动）所引起的资产、负债和所有者权益的变动及其结果的信息。

3. 提供有关企业现金流动的信息，即企业在一定会计期间内现金及现金等价物流入、流出和结余状况的信息。

4. 提供有关企业管理当局如何利用受托使用的资源，以及进行资源的保值、增值活动并履行法律与合同规定的其他义务等有关受托责任的信息。

二、财务报告的目标和作用

会计作为一个信息系统，要向企业的利益相关者提供企业的会计信息，而财务报告正是会计信息系统对外传递信息的载体。财务报告不仅有助于财务会计报告使用者作出经济决策,而且能够反映企业管理层受托责任履行情况。财务报告的外部使用者主要包括投资者(包括企业股东和潜在的投资者)、债权人、政府有关部门(工商、税务、统计、上级主管机关等)、供应商、客户和社会公众等。

财务报告的作用主要表现在以下几个方面:

1. 评估和预测未来的经济运行情况,帮助投资者和债权人做出合理的决策。投资者、债权人是财务报告最重要的使用者。企业中有关经济资源和经济义务等方面的财务信息,对于投资人和债权人来说,是用来判断企业在激烈竞争的市场环境中生存、适应、成长与扩展能力的依据。财务报告提供的有关企业财务状况、经营成果和现金流量的信息,有助于投资者和债权人预测有关企业未来时期的现金流入净额、流入时间和不确定性,最终有助于投资者和债权人做出科学的决策。

2. 财务报告是诸多经济契约签订与执行的依据。企业理论认为,现代企业是在市场经济条件下,以法律法规、章程为规范,由"若干契约结合的经济实体"。企业与投资者、债权人、职工、政府、供应商和客户等都存在多种多样的契约关系,其中众多契约条款均涉及会计数据。财务报告数据,尤其是财务报表数据,已成为这些契约制订与执行的重要依据。

3. 能够反映管理当局的受托经管责任。现代公司的重要特征之一是公司的所有权和经营权相分离,从而导致了股东和企业管理当局之间出现委托代理关系。股东把资金投入企业,委托管理当局进行经营管理。股东为了确保其投入的资金保值与增值,需要经常了解管理当局对受托资源的经营管理情况。通过财务报告披露的信息,可以较全面、系统、连续地反映公司管理当局的经营业绩,从而有助于股东评估企业的财务状况与经营绩效,以及管理当局对受托资源的经营管理责任的履行情况。

4. 为国家宏观调控提供企业基础信息,促进社会资源最佳配置,维护资本市场的良好秩序。由于企业是国民经济的重要组成部分,通过对企业提供的财务资源进行汇总分析,国家有关部门可以考核国民经济各部门的运行情况及各种宏观调控政策的执行情况,一旦发现问题即可及时采取相应措施。通过财务报告披露的有关信息,政府宏观管理部门可以了解经济资源配置的状况与效益,评估公司的财务状况与经营成果对所在行业产生的影响,可以维护资本市场的良好秩序,促进资本市场的健康发展。

三、财务报告的分类

财务报表可以按照不同的标准进行分类。

1. 按财务报表编报期间的不同,可以分为中期财务报表和年度财务报表。

中期财务报表是以短于一个完整会计年度的报告期间为基础编制的财务报表，包括月报、季报和半年报等。

2. 按财务报表编报主体的不同，可以分为个别财务报表和合并财务报表。个别财务报表是由企业在自身会计核算基础上对账簿记录进行加工而编制的财务报表，它主要用以反映企业自身的财务状况、经营成果及现金流量情况。合并财务报表是以母公司和子公司组成的企业集团为会计主体，根据母公司和所属子公司的财务报表，由母公司编制的综合反映整个企业集团财务状况、经营成果及现金流量的财务报表。

3. 按反映内容分类，可分为静态报表和动态报表。静态报表是指综合反映企业在某一特定日期资产、负债和所有者权益状况的报表，如资产负债表；动态报表是指综合反映企业一定时期的经营情况或现金流动情况的报告，如利润表和现金流量表。

四、财务报告列报的基本要求

为充分发挥财务报告的作用，必须保证财务报告的质量，为此，企业编制财务报告应符合下列基本要求。

（一）依据各项会计准则确认和计量的结果编制财务报表

企业应当根据实际发生的交易和事项，遵循《企业会计准则——基本准则》、各项具体会计准则的规定进行确认和计量，并在此基础上编制财务报表。企业应当在附注中对这一情况作出声明，只有遵循了企业会计准则的所有规定时，财务报表才应当被称为"遵循了企业会计准则"。同时，企业不应以在附注中披露代替对交易和事项的确认和计量，不恰当的确认和计量也不能通过充分披露相关会计政策而纠正。

此外，如果按照各项会计准则规定披露的信息不足以让报表使用者了解特定交易或事项对企业财务状况、经营成果和现金流量的影响时，企业还应当披露其他的必要信息。

（二）列报基础

持续经营是会计的基本前提，也是会计确认、计量及编制财务报表的基础。在编制财务报表的过程中，企业管理层应当利用其所有可获得信息来评价企业自资产负债表日起至少12个月的持续经营能力。评价时需要考虑的因素包括宏观政策风险、市场经营风险、企业目前或长期的盈利能力、偿债能力、财务弹性以及企业管理层改变经营政策的意向等。评价结果表明对持续经营能力产生重大怀疑的，企业应当在附注中披露导致对持续经营能力产生重大怀疑的影响因素以及企业拟采取的改善措施。企业评估持续经营能力时应当结合企业的具体情况。通常情况下，企业过去每年都有可观的净利润，并且易于获取所需的财务资源，则往往表明以持续经营为基础编制财务报表是合理的，而无须进行详细的分析即可得出企业持续经营的结论。反之，如果企业过去多年有亏损的记录等情况，则需要通过考虑更加广泛的相关因素来作出评价，如目前和预期未来的获利能力、债务清偿计划、替代融资的潜在来源等。非持续经营是企业在极端情况下呈现的一种状态。企业存在以下情况之一的，通常表明企业处于非持续经营状态：（1）企业已在当期进行清算或停止营业；（2）企业已经正式决定在下一个会计期间进行清算或停止营业；（3）企业已确定在当期或下一个会计期间没有其他可供选择的方案而将被迫进行清算或停止营业。企业处于非持续经营状态时，应当采用其他基础编制财务报表。例如，企业处于破产状态时，其资产应当采用清算净值计量、负债应当按照清偿价值计量等。在非持续经营情况下，企业应当在附注中声明财务报表未以持续经营为基础列报，披露未以持续经营为基础的原因以及财务报表的编制基础。

（三）权责发生制

除现金流量表按照收付实现制编制外，企业应当按照权责发生制编制其他财务报表。

（四）列报的一致性

可比性是会计信息的一项重要质量要求，目的是使同一企业不同期间和同一期间不同企业的财务报表相互可比。为此，财务报表项目的列报应当在各个会计期间保持一致，不得随意变更。这一要求不仅针对财务报表中的项目名称，还包括财务报表项目的分类、排列顺序等方面。只有在以下规定的特殊情况下，财务报表项目的列报是可以改变的：（1）会计准则要求改变；（2）企业经营业务的性质发生重大变化或对企业经营影响较大的交易或事项发生后，变更财务报表项目的列报能够提供更可靠、更相关的会计信息。

（五）依据重要性原则单独或汇总列报项目关于项目在财务报表中是单独列报还是汇总列报，应当依据重要性原则来判断。

总的原则是，如果某项目单个看不具有重要性，则可将其与其他项目汇总列报；如具有重要性，则应当单独列报。企业在进行重要性判断时，应当根据企业所处的具体环境，从项目的性质和金额两个方面予以判断：一方面，应当考虑该项目的性质是否属于企业日常活动，是否显著影响企业的财务状况、经营成果和现金流量等因素；另一方面，判断项目金额大小的重要性，应当通过单项金额占资产总额、负债总额、所有者权益总额、营业收入总额、营业成本总额、净利润、综合收益总额等直接相关项目金额的比重或所属报表单列项目金额的比重加以确定。同时，企业对于各项目重要性的判断标准一经确定，不得随意变更。具体而言：

（1）性质或功能不同的项目，一般应当在财务报表中单独列报，如存货和固定资产在性质上和功能上都有本质差别，应分别在资产负债表上单独列报。但是不具有重要性的项目可以汇总列报。

（2）性质或功能类似的项目，一般可以汇总列报，但是对其具有重要性的类别应该单独列报。如原材料、低值易耗品等项目在性质上类似，均通过生产过程形成企业的产品存货，因此可以汇总列报，汇总之后的类别统称为"存货"，在资产负债表上列报。

（3）项目单独列报的原则不仅适用于报表，还适用于附注。某些项目的重要性程度不足以在资产负债表、利润表、现金流量表或所有者权益变动表中单独列报，但是可能对附注而言却具有重要性，在这种情况下应当在附注中单独披露。

（4）无论是财务报表列报准则规定单独列报的项目，还是其他具体会计准则规定单独列报的项目，企业都应当予以单独列报。

（六）财务报表项目金额间的相互抵销

财务报表项目应当以总额列报，资产和负债、收入和费用、直接计入当期利润的利得和损失项目的金额不能相互抵销，即不得以净额列报，但企业会计准则另有规定的除外。例如，企业欠客户的应付款不得与其他客户欠本企业的应收款相抵销，如果相互抵销就掩盖了交易的实质。下列三种情况不属于抵销，可以以净额列示：

（1）一组类似交易形成的利得和损失以净额列示的，不属于抵销。例如，汇兑损益应当以净额列报，为交易目的而持有的金融工具形成的利得和损失应当以净额列报等。但是，如果相关利得和损失具有重要性，则应当单独列报。

（2）资产或负债项目按扣除备抵项目后的净额列示，不属于抵销。例如，对资产计提减值准备，表明资产的价值确实已经发生减损，按扣除减值准备后的净额列示，才反映了资产当时的真实价值。

（3）非日常活动产生的利得和损失，以同一交易形成的收益扣减相关费用后的净额列示更能反映交易实质的，不属于抵销。非日常活动并非企业主要的业务，非日常活动产生的损益以收入扣减费用后的净额列示，更有利于报表使用者的理解。例如，非流动资产处置形成的利得或损失，应当按处置收入扣除该资产的账面金额和相关销售费用后的净额列报。

（七）比较信息的列报

企业在列报当期财务报表时，至少应当提供所有列报项目上一个可比会计期间的比较数据，以及与理解当期财务报表相关的说明，目的是向报表使用者提供对比数据，提高信息在会计期间的可比性，以反映企业财务状况、经营成果和现金流量的发展趋势，提高报表使用者的判断与决策能力。列报比较信息的这一要求适用于财务报表的所有组成部分，即既适用于四张报表，也适用于附注。

通常情况下，企业列报所有项目上一个可比会计期间的比较数据，至少包括两期报表及相关附注。当企业追溯应用会计政策或追溯重述，或者重新分类财务报表项目时，按照《企业会计准则第 28 号——会计政策、会计估计变更和差错更正》等的规定，企业应当在一套完整的财务报表中列报最早可比期间期初的财务报表，即应当至少列报三期资产负债表、两期其他各报表（利润表、现金流量表和所有者权益变动表）及相关附注。其中，列报的三期资产负债表分别指当期期末的资产负债表、上期期末（即当期期初）的资产负债表，以及上期期初的资产负债表。在财务报表项目的列报确需发生变更的情况下，应当至少对可比期间的数据按照当期的列报要求进行调整，并在附注中披露调整的原因和性质，以及调整的各项目金额。但是，在某些情况下，对可比期间比较数据进行调整不切实可行。例如，企业在以前期间可能没有按照可以进行重新分类的方式收集数据，并且重新生成这些信息是不切实可行的，则企业应当在附注中披露不能调整的原因，以及假设金额重新分类可能进行的调整的性质。

（八）财务报表表首列报要求

财务报表通常与其他信息（如企业年度报告等）一起公布，企业应当将按照企业会计准则编制的财务报告与一起公布的同一文件中的其他信息相区分。财务报表分为表首、正表两部分。表首一般放在财务报表的显要位置。表首至少应当披露：①编报企业的名称；②对资产负债表而言，需披露资产负债表日，而对利润表、现金流量表、所有者权益变动表而言，需要披露报表涵盖的会计期间；③货币名称和单位，按照我国企业会计准则的规定，企业应当以人民币作为记账本位币列报，并标明金额单位，如人民币元、人民币万元等；④财务报表是合并财务报表的，应当予以标明。

（九）报告期间

企业至少应当按年编制财务报表。根据《中华人民共和国会计法》的规定，会计年度自公历 1 月 1 日起至 12 月 31 日止。在编制年度财务报表时，可能存在年度财务报表涵盖的期间短于一年的情况，如企业在年度中间（如 3 月 1 日）开始设立等。在这种情况下，企业应当披露年度财务报表的实际涵盖期间及其短于一年的原因，并说明由此引起财务报表项目与比较数据不具可比性这一事实。

第二节　资产负债表

一、资产负债表概述

（一）资产负债表的概念和作用

资产负债表是反映企业在资产负债表日全部资产、负债和所有者权益情况的报表，它是一张揭示企业在一定时点上财务状况的静态报表。资产负债表的作用主要表现在以下几个方面：

一是反映企业拥有或控制的经济资源及其分布与结构。资产负债表把企业所拥有或控制的资产按经济性质、用途分类为流动资产、长期投资、固定资产、无形资产等。各项目之下又具体分成明细项目。例如，流动资产项目可根据其构成项目的不同性质，分为现金、银行存款、交易性金融资产、应收及预付款项、存货等。这样，使用者就可以一目了然地从资产负债表上了解到企业在某一特定时日所拥有的资产总量及其结构。

二是反映企业资产的变现能力和短期偿债能力。变现能力指企业把资产转换成现金的能力。由于资产负债表上的资产和负债项目是按其流动性加以排列，因此，通过资产和负债的构成项目及相对比例分析，企业的变现能力就能得到反映。同时，通过把现金等价物与流动负债对比，就可以评估企业短期偿债能力。通常，债权人和股东非常重视企业的流动性，以评价企业支付现金股利和扩充规模的能力，同时，企业资产流动性越强，企业失败的风险越小。

三是反映企业的长期偿债能力和资本结构。长期偿债能力指企业以全部资产清偿全部负债的能力，资本结构指权益总额中负债和所有者权益的相对比例。长期偿债能力的大小主要取决于企业的获利能力和它的资本结构。债权人和所有者都是资产的提供者，债权人对企业的资产有优先受偿的权利，所有者拥有的是剩余权益，因而是风险投资的提供者。负债和所有者权益的相对比例的大小，会影响债权人和所有者的相对风险，以及长期偿债能力。

四是评价企业的财务弹性，反映企业的财务实力。财务弹性是企业面临突发性现金需要时，采取有效行动改变现金流量的数量和时间作出迅速反应的能力。通过资产负债表，可以了解企业拥有或控制的资源以及提供这些资源的权力，从而评价企业的财务弹性。如果企业的负债对股东权益的比例过高，企业可能没有筹集长期资金的能力，而只能追加发行股票，从而导致其财务弹性较弱，扩张能力和支付到期债务的能力较弱。

五是提供财务分析的基本资料，评价、预测企业的绩效，供管理部门作出合理的经营决策。通过对财务报告的分析，可以深入剖析企业绩效优劣之根源，寻求提高企业经济资源利用效率之良策。例如，通过比较净利润和企业投入的资产或股东的投资，可以确定企业的投资回报率；比较主营业务成本与资产负债表中的存货项目，可掌握存货的周转情况。

（二）资产负债表的格式

在我国，资产负债表采用账户式结构，报表分为左右两方，左方列示资产各项目，反映全部资产的分布及存在形态。右方列示负债和所有者权益各项目，反映全部负债和所有者权益的内容及构成情况。资产负债表左右双方平衡，资产总计等于负债和所有者权益总计，即"资产＝负债＋所有者权益"。此外，为了使使用者通过比较不同时点资产负债表的数据，掌握企业财务状况的变动情况及发展趋势，企业需要提供比较资产负债表，资产负债表还就各项目再分为"期末余额"和"上年年末余额"两栏分别填列。资产负债表的具体格式如表 15－1 所示。

表 15－1　　　　　　　　　资产负债表格式

资产负债表

编制单位：　　　年　月　日　　　　　　　　　　　　　　　　　　　　　单位：元

资产	金额		负债和所有者权益（或股东权益）	金额	
	期末余额	上年年末余额		期末余额	上年年末余额
流动资产：			流动负债：		
货币资金			短期借款		
交易性金融资产			交易性金融负债		
衍生金融资产			衍生金融负债		
应收票据			应付票据		
应收账款			应付账款		
应收款项融资			预收款项		
预付款项			合同负债		
其他应收款			应付职工薪酬		
存货			应交税费		
合同资产			其他应付款		
持有待售资产			持有待售负债		
一年内到期的非流动资产			一年内到期的非流动负债		
其他流动资产			其他流动负债		
流动资产合计			流动负债合计		
非流动资产：			非流动负债：		
债权投资			长期借款		
其他债权投资			应付债券		
长期应收款			其中：优先股		
长期股权投资			永续债		
其他权益工具投资			租赁负债		
其他非流动金融资产			长期应付款		
投资性房地产			预计负债		

续表

资产	金额		负债和所有者权益（或股东权益）	金额	
	期末余额	上年年末余额		期末余额	上年年末余额
固定资产			递延收益		
在建工程			递延所得税负债		
生产性生物资产			其他非流动负债		
油气资产			非流动负债合计		
使用权资产			负债合计		
无形资产			所有者权益（或股东权益）：		
开发支出			实收资本（或股本）		
商誉			其他权益工具		
长期待摊费用			其中：优先股		
递延所得税资产			永续债		
其他非流动资产			资本公积		
非流动资产合计			减：库存股		
			其他综合收益		
			盈余公积		
			未分配利润		
			所有者权益（或股东权益）合计		
资产合计			负债及所有者权益（或股东权益）合计		

（三）资产负债表的列报要求

资产负债表按照资产、负债和所有者权益三大类分别列报，每一类再细分为具体的项目加以列报。对于资产和负债应当分别按照流动性分为流动资产和非流动资产、流动负债和非流动负债依次列示。同时，资产负债表中的资产类至少应当列示流动资产、非流动资产和资产的合计项目；负债类至少应当列示流动负债、非流动负债以及负债的合计项目；所有者权益类应当列示所有者权益的合计项目。

1. 资产项目的列报要求。

资产满足下列条件之一的，应当归类为流动资产：（1）预计在一个正常营业周期中变现、出售或耗用；（2）主要为交易目的而持有；（3）预计在资产负债表日起一年内（含一年）变现；（4）自资产负债表日起一年内，交换其他资产或清偿负债的能力不受限制的现金或现金等价物。流动资产以外的资产应当归类为非流动资产。

正常营业周期，通常是指企业从购买用于加工的资产起至收回现金或现金等价物的期间。正常营业周期通常短于一年，在一年内有几个营业周期。但是，也存在正常营业周期长于一年的情况，如房地产开发企业开发用于出售的房地产开发产品，造船企业制造用于出售的大型船只等，往往超过一年才变现、出售或耗用，仍应划分为流动资产。正常营业周期不能确定时，应当以一年作为正常营业周期。

2. 负债项目的列报要求。

负债满足下列条件之一的，应当归类为流动负债：（1）预计在一个正常营业周期中清偿；（2）主要为交易目的而持有；（3）自资产负债表日起一年内到期应予清偿；（4）企业无权自主地将清偿推迟至资产负债表日后一年以上。流动负债以外的负债应当归类为非流动负债。

对于在资产负债表日起一年内到期的负债，企业预计能够自主地将清偿义务展期至资产负债表日后一年以上的，应当归类为非流动负债；不能自主地将清偿义务展期的，即使在资产负债表日后、财务报告批准报出日前签订了重新安排清偿计划协议，该项负债仍应归类为流动负债。

3. 所有者权益项目的列报要求。

所有者权益各组成部分一般按照不同的来源和特定用途进行分类，单独列示实收资本或股本、资本公积、其他综合收益、盈余公积和未分配利润等项目。

二、资产负债表的填列规则和具体方法

（一）资产负债表的填列规则

资产负债表是静态的会计报表，因而它的填列依据主要是企业的资产、负债、所有者权益类账户的期末余额。分为"期初余额"和"期末余额"两栏，分别反映期初和期末资产、负债和所有者权益的构成情况，以便于有关指标相互比较，考察企业变化状况。其列报规则如下：

1. 期初余额的列报规则。

资产负债表"期初余额"栏内各项目数字，应根据上年末资产负债表"期末余额"栏内所列数字填列。如果本年度资产负债表规定的各个项目的名称和内容同上年度不相一致，应对上年年末资产负债表各项目的名称和数字按本年度的规定进行调整，按调整后的数字填入本表"期初余额"栏内。

2. 期末余额的列报规则。

"期末余额"是指某一资产负债表日的数字，即月末、季末、半年末或年末

的数字。资产负债表各项目"期末余额"主要以各相关账户的期末余额为基础进行填列,但资产负债表各项目反映的内容更加概括和集中,因此,这一填列过程是一个"在确认"的过程。资产负债表各项目"期末余额"的填列方法包括:

(1) 根据总账科目的余额直接填列。

"短期借款""应付票据""预收款项""应交税费""其他权益工具投资""长期待摊费用""递延所得税资产""递延所得税负债""实收资本(或股本)""资本公积""其他综合收益""盈余公积"等项目,应根据有关总账科目的余额填列。"长期待摊费用"项目中摊销期限只剩一年或不足一年的,或者预计在一年内(含一年)进行摊销的部分,仍在"长期待摊费用"项目中列示,不转入"一年内到期的非流动资产"项目。

有些项目则应根据几个总账科目的余额计算填列,如"货币资金"项目,需要根据"库存现金""银行存款""其他货币资金""数字货币——人民币"等总账科目余额的合计数填列;"其他应付款"项目,需要根据"其他应付款""应付利息""应付股利"三个总账科目余额的合计数填列,其中的"应付利息"仅反映相关金融工具已到期应支付但于资产负债表日尚未支付的利息;"其他流动资产""其他流动负债"项目,应根据有关科目的期末余额分析填列。

(2) 根据相关明细账余额计算分析填列。

"交易性金融资产"项目,应根据"交易性金融资产"科目的明细科目期末余额分析填列,自资产负债表日起超过一年到期且预期持有超过一年的以公允价值计量且其变动计入当期损益的非流动金融资产,在"其他非流动金融资产"项目中填列;"应收款项融资"项目,应根据"应收票据""应收账款"科目的明细科目期末余额分析填列;"其他债权投资"项目,应根据"其他债权投资"科目的明细科目余额分析填列,自资产负债表日起一年内到期的长期债权投资,在"一年内到期的非流动资产"项目中填列,购入的以公允价值计量且其变动计入其他综合收益的一年内到期的债权投资,在"其他流动资产"项目中填列;"交易性金融负债"项目,应根据"交易性金融负债"科目的相关明细科目的期末余额填列;"应付账款"项目,应根据"应付账款"和"预付账款"科目所属的相关明细科目的期末贷方余额合计数填列;"合同负债"项目,应根据"合同资产""合同负债""合同结算"科目的相关明细科目的期末余额分析填列;"一年内到期的非流动资产""一年内到期的非流动负债"项目,应根据有关非流动资产或非流动负债项目的明细科目余额分析填列,已计提减值准备的,还应扣减相应的减值准备;"应付职工薪酬"项目,应根据"应付职工薪酬"科目的明细科目期末余额分析填列;"预计负债"项目,应根据"预计负债"科目的明细科目期末余额分析填列;"应付债券""其他权益工具"项目,应分别根据"应付债券""其他权益工具"科目的明细科目期末余额分析填列;"未分配利润"项目，应根据"利润分配"科目中所属的"未分配利润"明细科目期末余额填列。

（3）根据相关的总分类账余额抵减其备抵项目后按净额填列。

"债权投资""长期股权投资""商誉""持有待售资产"项目，应根据相关科目的期末余额填列，已计提减值准备的，还应扣减相应的减值准备；"投资性房地产""生产性生物资产""使用权资产""无形资产"项目，应根据相关科目的期末余额扣减相关的累计折旧（或摊销）填列，已计提减值准备的，还应扣减相应的减值准备，折旧（或摊销）期限只剩一年或不足一年的，或者预计在一年内（含一年）进行折旧（或摊销）的部分，仍在上述项目中列示，不转入"一年内到期的非流动资产"项目。

（4）根据总账和明细账余额分析填列。某些报表项目不能根据有关总账的期末余额直接填列，也不能根据有关明细账的期末余额计算填列，而需要根据有关总账和明细账的期末余额分析计算填列。例如，"长期借款"项目，应当根据"长期借款"总账余额，减去"长期借款"明细账中反映的属于一年内到期的长期借款部分分析填列。

（5）综合运用上述方法。某些报表项目需要综合运用上述各种方法。如"存货"项目，需要根据"原材料""库存商品""委托加工物资""周转材料""材料采购""在途物资""发出商品""材料成本差异"等总账科目期末余额的分析汇总数，再减去"存货跌价准备"科目余额后的净额填列。

（二）资产负债表的填列具体方法

1. 资产类项目。

（1）"货币资金"项目，反映企业库存现金、银行存款、银行汇票存款、银行本票存款、信用卡存款、信用保证金存款等的合计数。本项目应根据"库存现金""银行存款""其他货币资金"账户的期末余额合计填列。

（2）"交易性金融资产"项目，反映资产负债表日企业分类为以公允价值计量且其变动计入当期损益的金融资产，以及企业持有的指定为以公允价值计量且其变动计入当期损益的金融资产的期末账面价值。本项目应根据"交易性金融资产"账户的相关明细科目期末余额分析填列。自资产负债表日起超过一年到期且预期持有超过一年的以公允价值计量且其变动计入当期损益的非流动金融资产的期末账面价值，在"其他非流动金融资产"项目反映。

（3）"应收票据"项目，反映资产负债表日以摊余成本计量的、企业因销售商品、提供服务等收到的商业汇票，包括银行承兑汇票和商业承兑汇票。该项目应根据"应收票据"账户的期末余额，减去"坏账准备"账户中相关坏账准备期末余额后的金额分析填列。

（4）"应收账款"项目，反映企业因商品、产品和提供劳务等而应向购买单位收取的各种款项，减去已计提的坏账准备后的净额。本项目应根据"应收账款"账户所属明细账户期末借方余额合计,减去"坏账准备"账户中有关应收账款计提的坏账准备期末余额后的金额填列。如"应收账款"账户所属明细账户期末有贷方余额,应在本表"预收账款"项目内填列。

(5)"应收款项融资"项目,反映资产负债表日以公允价值计量且其变动计入其他综合收益的应收票据和应收账款等。

(6)"预付账款"项目,反映企业预付给供应单位的款项。本项目应根据"预付账款"账户所属各明细账户的期末借方余额合计填列。如"预付账款"账户所属有关明细账户期末有贷方余额的,应在本表"应收账款"项目内填列。如"应付账款"账户所属明细账户有借方余额的,也应包括在本项目内。

(7)"其他应收款"项目,应根据"应收利息""应收股利"和"其他应收款"科目的期末余额合计数,减去"坏账准备"科目中相关坏账准备期末余额后的金额填列。其中的"应收利息"仅反映相关金融工具已到期可收取但于资产负债表日尚未收到的利息。基于实际利率法计提的金融工具的利息应包含在相应金融工具的账面余额中。

(8)"存货"项目,反映企业期末在库、在途和在加工中的各项存货的可变现净值,包括各种材料、商品、在产品、半成品、包装物、周转材料、委托代销商品等。本项目应根据"材料采购""原材料""库存商品""周转材料""委托加工物资""受托代销商品""发出商品""生产成本""合同履约成本"等账户的期末余额合计,减去"受托代销商品款""存货跌价准备""合同履约成本减值准备"账户期末余额后的金额填列。存货采用计划成本核算,以及库存商品采用计划成本或售价核算的企业,还应加或减材料成本差异、商品进销差价的金额。

(9)"持有待售资产"项目,反映资产负债表日划分为持有待售类别的非流动资产及划分为持有待售类别的处置组中的流动资产和非流动资产的期末账面价值。该项目应根据"持有待售资产"账户的期末余额,减去"持有待售资产减值准备"账户的期末余额后的金额填列。

(10)"一年内到期的非流动资产"项目,通常反映预计自资产负债表日起一年内变现的非流动资产。对于按照相关会计准则采用折旧(或摊销、折耗)方法进行后续计量的固定资产、使用权资产、无形资产和长期待摊费用等非流动资产,折旧(或摊销、折耗)年限(或期限)只剩一年或不足一年的,或预计在一年内(含一年)进行折旧(或摊销、折耗)的部分,不得归类为流动资产,仍在各该非流动资产项目中填列,不转入"一年内到期的非流动资产"项目。

(11)"其他流动资产"项目,反映企业除以上流动资产项目外的其他流动资产,本项目应根据有关账户的期末余额填列。如其他流动资产价值较大的,应在会计报表附注中披露其内容和金额。符合资产确认条件的"合同取得成本",

初始确认时摊销期限不超过一年或一个正常营业周期的，在资产负债表中列示为其他流动资产；初始确认时摊销期限在一年或一个正常营业周期以上的，在资产负债表中列示为其他非流动资产，已计提减值准备的，还应减去"合同取得成本减值准备"科目中相关的期末余额后的金额填列。按照《企业会计准则第14号——收入》的相关规定确认为资产的应收退货成本，应当根据"应收退货成本"科目是否在一年或一个正常营业周期内出售，在"其他流动资产"或"其他非流动资产"项目中填列。

(12)"债权投资"项目，反映资产负债表日企业以摊余成本计量的长期债权投资的期末账面价值。该项目应根据"债权投资"科目的相关明细科目期末余额，减去"债权投资减值准备"科目中相关减值准备的期末余额后的金额分析填列。自资产负债表日起一年内到期的长期债权投资的期末账面价值，在"一年内到期的非流动资产"项目反映。企业购入的以摊余成本计量的一年内到期的债权投资的期末账面价值，在"其他流动资产"项目反映。

(13)"其他债权投资"项目，反映资产负债表日企业分类为以公允价值计量且其变动计入其他综合收益的长期债权投资的期末账面价值。该项目应根据"其他债权投资"科目的相关明细科目的期末余额分析填列。自资产负债表日起一年内到期的长期债权投资的期末账面价值，在"一年内到期的非流动资产"项目反映。企业购入的以公允价值计量且其变动计入其他综合收益的一年内到期的债权投资的期末账面价值，在"其他流动资产"项目反映。

(14)"长期股权投资"项目，反映企业不准备在一年内（含一年）变现的各种股权性质的投资可收回金额。本项目应根据"长期股权投资"账户的期末余额，减去"长期股权投资减值准备"中有关股权投资减值准备期末余额后的金额填列。

(15)"其他权益工具投资"项目，反映资产负债表日企业指定为以公允价值计量且其变动计入其他综合收益的非交易性权益工具投资的期末账面价值。该项目应根据"其他权益工具投资"账户的期末余额填列。

(16)"投资性房地产"项目，反映企业持有的投资性房地产。本项目应根据"投资性房地产"账户余额，减去"投资性房地产累计折旧"和"投资性房地产减值准备"账户的期末余额后的金额填列。

(17)"固定资产"项目，反映资产负债表日企业固定资产的期末账面价值和企业尚未清理完毕的固定资产清理净损益。本项目应根据"固定资产"账户的期末余额，减去"累计折旧"和"固定资产减值准备"账户的期末余额后的金额，以及"固定资产清理"账户的期末余额填列。

(18)"在建工程"项目，反映资产负债表日企业尚未达到预定可使用状态的在建工程的期末账面价值和企业为在建工程准备的各种物资的期末账面价值。

本项目应根据"在建工程"账户的期末余额,减去"在建工程减值准备"账户期末余额后的金额,以及"工程物资"账户的期末余额,减去"工程物资减值准备"账户的期末余额后的金额填列。

(19)"使用权资产"项目,反映资产负债表日承租人企业持有的使用权资产的期末账面价值。该项目应根据"使用权资产"账户的期末余额,减去"使用权资产累计折旧"和"使用权资产减值准备"账户的期末余额后的金额填列。

(20)"无形资产"项目,反映企业各项无形资产的期末金额。本项目应根据"无形资产"账户的期末余额,减去"累计摊销"及"无形资产减值准备"账户期末余额后的金额填列。

(21)"开发支出"项目,反映企业开发无形资产过程中能够资本化形成无形资产成本的支出部分。本项目应根据"研发支出"账户中的"资本化支出"明细科目期末余额填列。

(22)"商誉"项目,反映非同一控制企业合并购买企业投资成本超过被合并企业净资产公允价值的差额。本项目应根据"商誉"的期末余额减"商誉减值准备"填列。

(23)"长期待摊费用"项目,反映企业已经发生但应由本期和以后各期负担的分摊期限在一年以上的各项费用。长期待摊费用中在一年内摊销的部分,在资产负债表"一年内到期的非流动资产"项目填列。本项目应根据"长期待摊费用"账户的期末余额减去将于一年内摊销的数额后的金额列示。

(24)"递延所得税资产"项目,反映企业由于可抵扣暂时性差异确认的递延所得税资产。本项目应根据"递延所得税资产"账户的期末余额填列。

(25)"其他非流动资产"项目,反映企业除以上资产以外的其他非流动资产。本项目应根据有关账户的期末余额填列。

2. 负债类项目。

(1)"短期借款"项目,反映企业借入尚未归还的一年期以下(含一年)的借款。本项目应根据"短期借款"账户的期末余额填列。

(2)"交易性金融负债"项目,反映资产负债表日企业承担的交易性金融负债,以及企业持有的指定为以公允价值计量且其变动计入当期损益的金融负债的期末账面价值。本项目应根据"交易性金融负债"账户的相关明细账户期末余额填列。

(3)"应付票据"项目,反映资产负债表日以摊余成本计量的、企业因购买材料、商品和接受服务等开出、承兑的商业汇票,包括银行承兑汇票和商业承兑汇票。该项目应根据"应付票据"账户的期末余额填列。

(4)"应付账款"项目,反映资产负债表日以摊余成本计量的、企业因购买材料、商品和接受服务等经营活动应支付的款项。本项目应根据"应付账款"

项目所属各明细账户的期末贷方余额合计填列；如"应付账款"账户所属各明细账户期末有借方余额，应在本表"预付账款"项目内填列。

（5）"预收款项"项目，反映企业预收购货单位的账款。本项目应根据"预收账款"账户所属各有关明细账户的期末贷方余额合计填列。如"预收账款"账户所属有关明细账户有借方余额的，应在本表"应收账款"项目内填列。

（6）"应付职工薪酬"项目，反映企业应付未付的职工工资、奖金、津贴；职工福利费；社会保险费；住房公积金；工会经费和职工教育经费；非货币性福利；辞退福利等等。本项目应根据"应付职工薪酬"账户期末贷方余额填列。如"应付职工薪酬"账户期末为借方余额，以"－"号填列。

（7）"应交税费"项目，反映企业按照税法规定计算应交纳的各种税费，包括增值税、消费税、城市维护建设税、教育费附加、企业所得税、资源税、土地增值税、房产税、城镇土地使用税、车船税、环境保护税等。企业代扣代缴的个人所得税，也通过本项目列示。企业所缴纳的税金不需要预计应交数的，如印花税、耕地占用税等，不在本项目列示。本项目应根据"应交税费"科目的期末贷方余额填列。需要说明的是，"应交税费"科目下的"应交增值税""未交增值税""待抵扣进项税额""待认证进项税额""增值税留抵税额"等明细科目期末借方余额应根据情况，在资产负债表中的"其他流动资产"或"其他非流动资产"项目列示。

（8）"其他应付款"项目，应根据"应付利息""应付股利"和"其他应付款"科目的期末余额合计数填列。其中的"应付利息"仅反映相关金融工具已到期应支付但于资产负债表日尚未支付的利息。基于实际利率法计提的金融工具的利息应包含在相应金融工具的账面余额中。

（9）"持有待售负债"项目，反映资产负债表日处置组中与划分为持有待售类别的资产直接相关的负债的期末账面价值。本项目应根据"持有待售负债"账户的期末余额填列。

（10）"租赁负债"项目，反映资产负债表日承租人企业尚未支付的租赁付款额的期末账面价值。该项目应根据"租赁负债"账户的期末余额填列。自资产负债表日起一年内到期应予以清偿的租赁负债的期末账面价值，在"一年内到期的非流动负债"项目反映。

（11）"一年内到期的非流动负债"项目，反映企业非流动负债中将于资产负债表日后一年内到期部分的金额。本项目应根据有关账户的期末余额填列。

（12）"其他流动负债"项目，反映企业除以上流动负债以外的其他流动负债。本项目应根据有关账户的期末余额填列。

（13）"长期借款"项目，反映企业借入尚未归还的一年期以上（不含一年）的借款本息。本项目应根据"长期借款"账户的期末余额填列。

（14）"应付债券"项目，反映企业发行的尚未偿还的各种长期债券的本息。本项目应根据"应付债券"账户的期末余额填列。

（15）"长期应付款"项目，反映资产负债表日企业除长期借款和应付债券以外的其他各种长期应付款项的期末账面价值。本项目应根据"长期应付款"账户的期末余额，减去相关的"未确认融资费用"账户的期末余额后的金额，以及"专项应付款"账户的期末余额填列。

（16）"预计负债"项目，反映企业预计负债的期末余额。其主要包括：对外提供担保、商业承兑票据贴现、未决诉讼、产品质量保证、债务重组中的或有负债。本项目应根据"预计负债"账户的期末余额填列。企业按照《企业会计准则第22号——金融工具确认和计量》的相关规定对贷款承诺、财务担保合同等项目计提的损失准备，应当在"预计负债"项目中填列。

（17）"递延所得税负债"项目，反映企业由于应纳税暂时性差异确认的递延所得税负债。本项目应根据"递延所得税负债"账户的期末贷方余额填列。

（18）"其他非流动负债"项目，反映企业除以上非流动负债项目以外的其他非流动负债。本项目应根据有关账户的期末余额填列。上述非流动负债各项目均应根据有关账户期末余额扣除将于一年内（含一年）到期偿还数后的余额填列。

3. 所有者权益类项目。

（1）"实收资本（股本）"项目，反映企业各股东实际投入的股本总额。本项目应根据"实收资本（或股本）"账户的期末余额的填列。

（2）"其他权益工具"项目，反映资产负债表日企业发行在外的除普通股以外分类为权益工具的金融工具的期末账面价值。对于资产负债表日企业发行的金融工具，分类为权益工具的，应在"其他权益工具"项目填列，对于优先股和永续债，还应在"其他权益工具"项目下的"优先股"项目和"永续债"项目分别填列。

（3）"资本公积"项目，反映企业资本公积的期末余额。本项目应根据"资本公积"账户的期末余额填列。

（4）"其他综合收益"项目，反映企业根据其他会计准则规定未在当期损益中确认的各项利得和损失，本项目应根据"其他综合收益"账户的期末余额填列。

（5）"盈余公积"项目，反映企业盈余公积的期末余额。本项目应根据"盈余公积"账户的期末余额填列。

（6）"未分配利润"项目，反映企业尚未分配的利润。本项目应根据"本年利润"账户和"利润分配"账户的余额计算填列。弥补的在本项目内以"－"号反映。

4. 收入相关项目。

（1）"合同资产"和"合同负债"项目。企业应按照《企业会计准则第14号——收入》的相关规定根据本企业履行履约义务与客户付款之间的关系在资产负债表中列示合同资产或合同负债。"合同资产"项目、"合同负债"项目，应分别根据"合同资产"科目、"合同负债"科目的相关明细科目的期末余额分析填列，同一合同下的合同资产和合同负债应当以净额列示，其中净额为借方余额的，应当根据其流动性在"合同资产"或"其他非流动资产"项目中填列，已计提减值准备的，还应减去"合同资产减值准备"科目中相关的期末余额后的金额填列；其中净额为贷方余额的，应当根据其流动性在"合同负债"或"其他非流动负债"项目中填列。

由于同一合同下的合同资产和合同负债应当以净额列示，企业也可以设置"合同结算"科目（或其他类似科目），以核算同一合同下属于在某一时段内履行履约义务涉及与客户结算对价的合同资产或合同负债，并在此科目下设置"合同结算——价款结算"科目反映定期与客户进行结算的金额，设置"合同结算——收入结转"科目反映按履约进度结转的收入金额。资产负债表日，"合同结算"科目的期末余额在借方的，根据其流动性在"合同资产"或"其他非流动资产"项目中填列；期末余额在贷方的，根据其流动性在"合同负债"或"其他非流动负债"项目中填列。

（2）按照《企业会计准则第14号——收入》的相关规定确认为资产的合同取得成本，应当根据"合同取得成本"科目的明细科目初始确认时摊销期限是否超过一年或一个正常营业周期，在"其他流动资产"或"其他非流动资产"项目中填列，已计提减值准备的，还应减去"合同取得成本减值准备"科目中相关的期末余额后的金额填列。

（3）按照《企业会计准则第14号——收入》的相关规定确认为资产的合同履约成本，应当根据"合同履约成本"科目的明细科目初始确认时摊销期限是否超过一年或一个正常营业周期，在"存货"或"其他非流动资产"项目中填列，已计提减值准备的，还应减去"合同履约成本减值准备"科目中相关的期末余额后的金额填列。

（4）按照《企业会计准则第14号——收入》的相关规定确认为资产的应收退货成本，应当根据"应收退货成本"科目是否在一年或一个正常营业周期内出售，在"其他流动资产"或"其他非流动资产"项目中填列。

（5）按照《企业会计准则第14号——收入》的相关规定确认为预计负债的应付退货款，应当根据"预计负债"科目下的"应付退货款"明细科目是否在一年或一个正常营业周期内清偿，在"其他流动负债"或"预计负债"项目中填列。

三、资产负债表编制实例

（一）资料

豫章股份公司为增值税一般纳税人，增值税税率为13%，所得税税率为25%。2025年12月31日有关账户的余额表如表15-2所示。

表15-2　　　　　账户余额表　　　　　单位：元

账户名称		账户名称	
库存现金	1 200	短期借款	30 000
银行存款	483 498.6	应付票据	60 000
其他货币资金	4 380	应付账款	572 280
交易性金融资产	0	其他应付款	30 000
应收票据	39 600	应付职工薪酬	108 000
应收账款	360 000	应交税费	136 038.6
坏账准备	-1 080	应付股利	19 329.51
预付账款	60 000	应付利息	0
其他应收款	3 000	长期借款	696 000
材料采购	165 000	股本	3 000 000
原材料	405 000	盈余公积	74 862.24
周转材料	22 830	利润分配	
库存商品	895 440	（未分配利润）	130 808.25
材料成本差异	2 550		
其他流动资产	60 000		
长期股权投资	150 000		
固定资产	1 440 600		
累计折旧	-102 000		
固定资产减值准备	-18 000		
工程物资	180 000		
在建工程	256 800		
无形资产	360 000		
累计待摊	-36 000		
递延所得税资产	4 500		
其他长期资产	120 000		
合计	4 857 318.6	合计	4 857 318.6

（二）根据上述资料，编制豫章股份公司2025年12月31日的资产负债表（见表15-3）。

表15-3　　　　　　　　　　　　　　资产负债表

编制单位：豫章股份公司　　　　　2025年12月31日　　　　　　　　　　　　　单位：元

资产	期末余额	期初余额（略）	负债和所有者权益	期末余额	期初余额（略）
流动资产：			流动负债：		
货币资金	489 078.6		短期借款	30 000	
交易性金融资产	0		交易性金融负债	0	
应收票据	39 600		应付票据	60 000	
应收账款	358 920		应付账款	572 280	
预付款项	60 000		预收款项	0	
其他应收款	3 000		合同负债	0	
存货	1 490 820		应付职工薪酬	108 000	
合同资产	0		应交税费	136 038.6	
一年内到期的非流动资产	0		其他应付款	49 329.51	
其他流动资产	60 000		一年内到期的非流动负债	0	
流动资产合计	2 501 418.6		其他流动负债	0	
非流动资产：			流动负债合计	955 648.11	
债权投资	0		非流动负债：		
其他债权投资	0		长期借款	696 000	
长期应收款	0		应付债券	0	
长期股权投资	150 000		长期应付款	0	
其他权益工具投资	0		预计负债		
其他非流动金融资产	0		递延收益	0	
投资性房地产	0		递延所得税负债	0	
固定资产	1 320 600		其他非流动负债	0	
在建工程	436 800		非流动负债合计	696 000	
生产性生物资产	0		负债合计	1 651 648.11	
使用权资产	0		所有者权益：		
无形资产	324 000		实收资本（或股本）	3 000 000	

续表

资产	期末余额	期初余额（略）	负债和所有者权益	期末余额	期初余额（略）
开发支出	0		其他权益工具	0	
商誉	0		资本公积	0	
长期待摊费用	0		减：库存股	0	
递延所得税资产	4 500		其他综合收益	0	
其他非流动资产	120 000		盈余公积	74 862.24	
非流动资产合计	2 355 900		未分配利润	130 808.25	
			所有者权益合计	3 205 670.49	
资产总计	4 857 318.6		负债和所有者权益总计	4 857 318.6	

第三节 利润表

一、利润表概述

（一）利润表的概念及作用

利润表是反映企业在一定会计期间经营成果的会计报表，它是一张动态报表。利润表就像一段录像，把一定期间的收入和相关的费用进行配比，计算得出企业在一定时期的净利润或净亏损。由于利润是企业经营业绩的综合体现，又是进行利润分配的主要依据，因此，利润表是会计报表中的主要报告，是财务报告使用者进行投资决策的主要依据之一，其作用表现体现在以下几个方面：

第一，可以据以解释、评价和预测企业的经营成果和获利能力。利润表提供了企业在一定会计期间所取得的营业收入、营业成本、期间费用和利润等信息，这些信息有助于财务报告使用者解释、评价和预测企业的经营成果和获利能力。经营成果是指企业利用其所控制的经济资源所取得的报酬，通常是一个绝对指标，可以反映企业财富增长的规模。获利能力是一个相对指标，它指企业运用一定经济资源获取经营成果的能力，其指标通常包括净资产收益率、成本收益率、人均实现收益率等，这些指标能揭示企业利用经济资源的效率。

第二，为企业管理当局作出合理的经营决策提供依据。企业通过比较和分析利润表中各种构成要素，可知道各项收入、成本、费用与收益之间的消长趋势，发现存在的问题，改善经营管理，努力增收节支，作出合理的经营决策。

第三，可据以评价和考核管理人员的绩效。利润表的各项数据体现了企业在生产经营、融资和投资等活动中的管理效率及经济效益，综合反映了企业的经营业绩。通过比较前后期利润表中各项收入、费用、成本及收益的增减变动情况，并查考其增减变动的原因，可以较为客观地评价各职能部门和管理人员的绩效。

第四，可以据以解释、评价和预测企业的偿债能力。利润表本身不能提供偿债能力的信息，但企业的偿债能力不仅取决于资产的流动性和资本结构，还取决于获利能力。债权人和管理部门通过分析和比较收益表的有关信息，可以间接地解释、评价和预测企业的偿债能力，尤其是长期偿债能力，并揭示偿债能力的变化趋势，进而作出各种信贷决策。

（二）利润表的列报格式

常见的利润表结构主要有单步式和多步式两种。在我国，企业利润表采用的基本上是多步式结构（见表15-4），即通过对当期的收入、费用项目按性质加以归类，按利润形成的主要环节列示一些中间性利润指标，分步计算当期净损益，便于使用者理解企业经营成果的不同来源。企业利润表对于费用列报通常应当按照功能进行分类，即分为从事经营业务发生的成本、管理费用、销售费用、研发费用和财务费用等，有助于使用者了解费用发生的活动领域。企业可以分如下四个步骤编制多步式利润表，即：

第一步，计算营业利润。以营业收入为基础，减去营业成本、税金及附加、销售费用、管理费用、研发费用、财务费用、资产减值损失、信用减值损失，加上公允价值变动损益（损失以"-"号表示）、投资收益（损失以"-"号表示）、资产处置收益（损失以"-"号表示）和其他收益，计算出营业利润。

第二步，计算利润总额。以营业利润为基础，加上营业外收入，减去营业外支出，计算出利润总额。

第三步，计算净利润。以利润总额为基础，减去所得税费用，计算出净利润。

第四步，计算综合收益总额。以净利润为基础，加上其他综合收益，计算出综合收益总额。

表 15-4　　　　　　　　　　利润表格式

利润表

编制单位：　　年　月　　　　　　　　　　　　　　　　　　　　单位：元

项目	本期金额	上期金额
一、营业收入		
减：营业成本		
税金及附加		
销售费用		

续表

项目	本期金额	上期金额
管理费用		
研发费用		
财务费用		
其中：利息费用		
利息收入		
加：其他收益		
投资收益（损失以"-"号填列）		
其中：对联营企业和合营企业的投资收益		
以摊余成本计量的金融资产终止确认收益（损失以"-"号填列）		
公允价值变动收益（损失以"-"号填列）		
信用减值损失（损失以"-"号填列）		
资产减值损失（损失以"-"号填列）		
资产处置收益（损失以"-"号填列）		
二、营业利润（亏损以"-"号填列）		
加：营业外收入		
减：营业外支出		
三、利润总额（亏损总额以"-"号填列）		
减：所得税费用		
四、净利润（净亏损以"-"号填列）		
（一）持续经营净利润（净亏损以"-"号填列）		
（二）终止经营净利润（净亏损以"-"号填列）		
五、其他综合收益的税后净额		
…		
六、综合收益总额		
七、每股收益：		
（一）基本每股收益		
（二）稀释每股收益		

二、利润表各项目的内容和具体填列方法

由于利润表是动态的会计报表，因而它的主要填列依据是损益类会计账户的

本期发生额。一般而言，各收入类项目应根据相应的收入类会计账户的贷方发生额填列，各费用类项目则应根据相应的费用类会计账户的借方发生额填列。具体而言，利润表各项目的内容及其填列方法如下。

1. "营业收入"项目，反映企业通过生产或经营活动，提供劳务，或进行其他业务活动取得的收入总额。本项目应根据"主营业务收入"和"其他营业收入"账户的发生额分析填列。

2. "营业成本"项目，反映企业在生产或经营活动，提供劳务，或进行其他业务活动中发生的实际成本。本项目应根据"主营业务成本"和"其他营业支出"账户的发生额分析填列。

3. "税金及附加"项目，反映企业经营活动应负担的消费税、城市维护建设税、资源税、土地增值税、教育费附加、房产税、车船税、印花税、环境保护税等。本项目应根据"税金及附加"账户的发生额分析填列。

4. "销售费用"项目，反映企业在销售商品和商品流通企业在购入商品等过程中发生的费用。本项目应根据"销售费用"账户的发生额分析填列。

5. "管理费用"项目，反映企业为组织和管理生产经营活动发生的费用。本项目应根据"管理费用"账户的发生额分析填列。

6. "研发费用"项目，反映企业进行研究与开发过程中发生的费用化支出，以及计入管理费用的自行开发无形资产的摊销。本项目应根据"管理费用"科目下的"研究费用"明细科目的发生额，以及"管理费用"科目下的"无形资产摊销"明细科目的发生额分析填列。

7. "财务费用"项目，反映企业为筹集资金所发生的费用。该项目应根据"财务费用"账户的发生额分析填列。其中，"利息费用"项目，反映企业为筹集生产经营所需资金等而发生的应予费用化的利息支出，本项目应根据"财务费用"科目的相关明细科目的发生额分析填列。"利息收入"项目，反映企业确认的利息收入。本项目应根据"财务费用"科目的相关明细科目的发生额分析填列。

8. "其他收益"项目，反映计入其他收益的政府补助，以及其他与日常活动相关且计入其他收益的项目。本项目应根据"其他收益"科目的发生额分析填列。企业作为个人所得税的扣缴义务人，根据《中华人民共和国个人所得税法》收到的扣缴税款手续费，应作为其他与日常活动相关的收益在该项目中填列。

9. "投资收益"项目，反映企业以各种方式对外投资所取得的收益。本项目应根据"投资收益"账户的发生额分析填列。如为投资损失，以"-"号填列。

10. "公允价值变动收益"项目，反映企业应当计入当期损益的资产或负债公允价值变动损益。本项目应根据"公允价值变动损益"账户的发生额分析填列。如为公允价值变动损失，以"-"号填列。

11."资产减值损失"项目，反映企业各项资产所发生的减值损失。本项目应根据"资产减值损失"账户的发生额分析填列。

12."信用减值损失"项目，反映企业按照《企业会计准则第 22 号——金融工具确认和计量》要求计提的各项金融工具减值准备所形成的预期信用损失。本项目应根据"信用减值损失"账户的发生额分析填列。

13."资产处置收益"项目，反映企业出售划分为持有待售的非流动资产（金融工具、长期股权投资和投资性房地产除外）或处置组时确认的处置利得或损失，以及处置未划分为持有待售的固定资产、在建工程、生产性生物资产及无形资产而产生的处置利得或损失。本项目应根据"资产处置损益"账户的发生额分析填列。如为处置损失，以"-"号填列。

14."营业利润"项目，反映企业实现的营业利润。如为亏损，本项目以"-"号填列。

15."营业外收入"项目，反映企业发生的除营业利润以外的收益，主要包括与企业日常活动无关的政府补助、盘盈利得、捐赠利得（企业接受股东或股东的子公司直接或间接的捐赠，经济实质属于股东对企业的资本性投入的除外）等。本项目应根据"营业外收入"科目的发生额分析填列。

16."营业外支出"项目，反映企业发生的除营业利润以外的支出，主要包括公益性捐赠支出、非常损失、盘亏损失、非流动资产毁损报废损失等。本项目应根据"营业外支出"科目的发生额分析填列。"非流动资产毁损报废损失"通常包括因自然灾害发生毁损、已丧失使用功能等原因而报废清理产生的损失，企业在不同交易中形成的非流动资产毁损报废利得和损失不得相互抵销，应分别在"营业外收入"项目和"营业外支出"项目进行填列。

17."利润总额"项目，反映企业实现的利润总额。如为亏损总额，以"-"号填列。

18."所得税费用"项目，反映企业按规定从本期损益中减去的所得税。本项目应根据"所得税费用"账户的发生额分析填列。

19."净利润"项目，反映企业实现的净利润。如为净亏损，以"-"号填列。

20."（一）持续经营净利润"和"（二）终止经营净利润"项目，分别反映净利润中与持续经营相关的净利润和与终止经营相关的净利润；如为净亏损，以"-"号填列。两个项目应按照《企业会计准则第 42 号——持有待售的非流动资产、处置组和终止经营》的相关规定分别列报。

21."其他综合收益"项目，反映企业根据企业会计准则规定未在损益中确认的各项利得和损失扣除所得税影响后的金额，本项目应该根据"其他综合收益"账户的发生额分析填列。

22."综合收益总额"项目，反映企业在某一期间除与所有者以其所有者身份进行的交易之外的其他交易或事项所引起的所有者权益变动。

23."每股收益"项目，包括基本每股收益和稀释每股收益两项指标，反映普通股或潜在普通股公开交易的企业，以及正处在公开发行普通股或潜在普通股过程中的企业的每股收益信息。

三、利润表的编制实例

豫章股份公司 2025 年损益类科目的累计发生净额，如表 15-5 所示，根据该资料，编制豫章股份公司 2025 年度利润表。

表 15-5　　豫章股份公司 2025 年损益类科目的累计发生净额　　单位：万元

科目名称	借方发生额	贷方发生额
主营业务收入		400 000
其他业务收入		100 000
主营业务成本	200 000	
其他营业成本	70 000	
税金及附加	850	
销售费用	30 000	
管理费用	107 920	
财务费用	13 000（均为利息支出）	
资产减值损失	2 000	
公允价值变动收益		1 770
投资收益		4 000
营业外收入		
营业外支出	5 000	
所得税费用	19 250	
其他综合收益		2 250

根据表 15-5 编制的豫章股份公司 2025 年度利润表如表 15-6 所示。

表 15-6　　　　　　　　　豫章股份公司 2025 年度利润表

利　润　表

编制单位：豫章股份公司　2025 年度　　　　　　　　　　　　　　　　　　　　　单位：万元

项目	本期金额	上期金额
一、营业收入	500 000	
减：营业成本	270 000	
税金及附加	850	
销售费用	30 000	
管理费用	107 920	
研发费用		
财务费用（收益以"-"号填列）	13 000	
其中：利息费用	13 000	
利息收入		
资产减值损失	2 000	
信用减值损失		
加：其他收益		
投资收益（损失以"-"号填列）	4 000	
其中：对联营企业和合营企业的投资收益		
净敞口套期收益（损失以"-"号填列）		
公允价值变动收益（损失以"-"号填列）	1 770	
资产处置收益（损失以"-"号填列）		
二、营业利润（亏损以"-"号填列）	82 000	
加：营业外收入		
减：营业外支出	5 000	
三、利润总额（亏损总额以"-"号填列）	77 000	
减：所得税费用	19 250	
四、净利润（净亏损以"-"号填列）	57 750	
五、每股收益		
（一）基本每股收益		
（二）稀释每股收益		
六、其他综合收益	2 250	
七、综合收益总额	60 000	

第四节 现金流量表

一、现金流量表概述
（一）现金流量表的概念及作用

现金流量表，是指反映企业在一定会计期间现金和现金等价物流入和流出的报表。从编制原则上看，现金流量表按照收付实现制原则编制，将权责发生制下的盈利信息调整为收付实现制下的现金流量信息，便于信息使用者了解企业净利润的质量。从内容上看，现金流量表被划分为经营活动、投资活动和筹资活动三个部分，每类活动又分为各具体项目，这些项目从不同角度反映企业业务活动的现金流入与流出，弥补了资产负债表和利润表提供信息的不足。通过现金流量表，报表使用者能够了解现金流量的影响因素，评价企业的支付能力、偿债能力和周转能力，预测企业未来现金流量，为其决策提供有力依据。其作用具体表现在如下几个方面：

第一，评价企业现金流量情况，帮助投资者做出相关决策。无论是权益投资还是债权投资，投资者主要目的是取得收益并增加未来的现金流量。投资者在作出是否投资的决策时需要考虑未来收回投资、股利、利息和本金的可能性，而所有这些都取决于企业本身的现金流量的金额、时间及不确定性。只有企业能产生必要的现金流量，才有能力按期还本付息和支付稳定的股利。由于投资者所作决策的正确与否和现金流量信息之间具有高度的相关性，因此现金流量表提供的信息能帮助投资者评估企业未来的现金流量，进而帮助他们作出是否投资和贷款的决策。

第二，评价企业偿债能力和支付能力。判断一家企业是否具有偿债能力和支付能力，关键就是要看其是否能够产生净现金流入，从而有足够的现金进行偿债或支付。因此，在分析企业偿债能力和支付能力时，应将资产负债表和利润表的信息与现金流量表所提供的现金流量信息结合起来，才能更全面地帮助财务报告使用者分析和评价企业偿债能力和支付能力。

第三，评价净收益与相关现金流量差异的原因。由于净利润的计算基础是权责发生制，而现金流量是以现金收付实现制为基础计算而得，因此，企业现金净流量与净利润并非完全相同。从企业的全部经营期间来看，创造净利润的总和应等于结束清算、变卖资产并偿还各种债务后的净现金流入，但是就一定会计期间而言，损益确认的时间与现金收付的时间并不总是一致的，而通过现金流量表分析这一差异及原因，有利于报表使用者评价净利润的质量和做出正确的决策。

第四，获得不涉及现金的投资和筹资活动的信息。现金流量表除了反映企业与现金有关的投资和筹资活动外,还通过补充资料(附注)方式提供不涉及现金的投资和筹资活动方面的信息,使会计报表使用者或阅读者能够全面了解和分析企业的投资和筹资活动。

(二)现金流量表的编制基础

现金流量表中的现金概念即为编表基础,其含义与我们通常对现金的理解是不完全相同的,它是广义的现金,不仅包括库存现金、银行存款和其他货币资金,还包括现金等价物。其中,库存现金指企业持有的可随时用于支付的现金,它与会计核算中"库存现金"科目所包括的内容基本一致。银行存款是指企业存在金融企业的可随时用于支付的存款,它与会计核算中"银行存款"科目所包括的内容基本一致。但不包括不能随时用于支付的存款,例如,不能随时用于支付的定期存款不应作为现金流量表中的现金,但提前通知金融企业便可支取的定期存款,则包括在现金流量表的现金范围内。其他货币资金是指企业存在金融企业有特定用途的资金,如外埠存款、银行汇票存款、银行本票存款、信用证保证金存款、信用卡存款等,与"其他货币资金"科目核算内容相一致。

现金等价物,是指企业持有的期限短、流动性强、易于转换为已知金额现金、价值变动风险很小的投资。现金等价物的定义本身,包含了判断一项投资是否属于现金等价物的四个条件,即,①期限短;②流动性强;③易于转换为已知金额的现金;④价值变动风险很小。其中,期限短、流动性强,强调了变现能力,而易于转换为已知金额的现金、价值变动风险很小,则强调了支付能力的大小。期限短,一般是指从购买日起三个月内到期。现金等价物通常包括可在证券市场上流通的三个月内到期的债券投资等。权益性投资变现的金额通常不确定,因而不属于现金等价物。

(三)现金流量的分类及列示

1. 经营活动产生的现金流量。

经营活动是指企业投资活动和筹资活动以外的所有交易和事项,就工商企业而言,经营活动包括:销售商品、提供劳务、经营租赁、购买商品、接受劳务、广告宣传、支付薪酬、交纳税款等。经营活动流入的现金主要包括:(1)销售商品、提供劳务收到的现金;(2)收到的税费返还;(3)收到的其他与经营活动有关的现金。经营活动流出的现金主要包括:(1)购买商品、接受劳务支付的现金;(2)支付给职工以及为职工支付的现金;(3)支付的各项税费;(4)支付其他与经营活动有关的现金。

2. 投资活动产生的现金流量。

投资活动指企业长期资产的购建和不包括在现金等价物范围内的投资及其处置活动。长期资产是指固定资产、无形资产、在建工程、其他资产等持有期限在一年或一个营业周期以上的资产。这里之所以将"包括在现金等价物范围内的投资"排除在投资活动之外,是因为已经将包括在现金等价物范围的投资视同现金。需要注意的是,这里所讲的投资活动,既包括实物资产投资,也包括金融资产投资。既包括"对内投资"(购建固定资产、无形资产和其他长期资产),也包括"对外投资"(购买股票、购买债券)。

3. 筹资活动产生的现金流量。

筹资活动是指导致企业资本及债务规模和构成发生变化的活动。这里所说的资本,既包括实收资本(股本),也包括资本溢价(股本溢价)。这里所说的债务,指对外举债,包括向银行借款、发行债券以及偿还债务等,但通常情况下不包括应付账款、应付票据等活动。需要注意的是,筹资活动既包括"资本筹资活动"(吸收直接投资、发行股票等),也包括"债务筹资活动"(银行借款、发行债券等)。

对于企业日常活动之外特殊的、不经常发生的项目,如自然灾害损失、保险赔款、捐赠等,应当归并到相关类别中,并单独反映。例如,对于自然灾害损失和保险赔款,如果能够明确属于对流动资产损失的赔款,应当列入"收到的其他与经营活动有关的现金"项目内;如果属于对固定资产损失的赔款,则应当列入"处置固定资产、无形资产和其他长期资产而收到的现金净额"项目内。如果不能明确,则可以列入经营活动产生的现金流量。捐赠收入和支出,可以列入经营活动。

企业应当结合行业特点判断相关业务活动产生的现金流量的分类。不同形式现金之间的转换以及现金与现金等价物之间的转换均不产生现金流量。例如,因银行承兑汇票贴现而取得的现金,若银行承兑汇票贴现不符合金融资产终止确认条件,因票据贴现取得的现金在资产负债表中应确认为一项借款,该现金流入在现金流量表中相应分类为筹资活动现金流量;若银行承兑汇票贴现符合金融资产终止确认的条件,相关现金流入则分类为经营活动现金流量;若银行承兑汇票贴现不符合金融资产终止确认条件,后续票据到期偿付等导致应收票据和借款终止确认时,因不涉及现金收付,在编制现金流量表时,不得虚拟现金流量。公司发生以银行承兑汇票背书购买原材料等业务时,比照该原则处理。

(四)现金流量表的填列方法

1. 直接法和间接法。

编制现金流量表时,列报经营活动现金流量的方法有两种:直接法和间接法。这两种方法通常也称为编制现金流量表的方法。

所谓直接法,是指按现金收入和现金支出的主要类别直接反映企业经营活动产生的现金流量,如销售商品、提供劳务收到的现金,购买商品、接受劳务支付的现金等就是按现金收入和支出的类别直接反映的。在直接法下,一般是以利润表中的营业收入为起算点,调节与经营活动有关的项目的增减变动,然后计算出经营活动产生的现金流量。直接法下现金流量表格式如表15-7所示。

所谓间接法，是指以净利润为起算点，调整不涉及现金的收入、费用、营业外收支等有关项目，剔除投资活动、筹资活动对现金流量的影响，据此计算出经营活动产生的现金流量。由于净利润是按照权责发生制原则确定的，且包括与投资活动和筹资活动相关的收益和费用，将净利润调节为经营活动现金流量，实际上就是将按权责发生制原则确定的净利润调整为现金净流入，并剔除投资活动和筹资活动对现金流量的影响。

采用直接法编报的现金流量表，便于分析企业经营活动产生的现金流量的来源和用途，预测企业现金流量的未来前景；采用间接法编报现金流量表，便于将净利润与经营活动产生的现金流量净额进行比较，了解净利润与经营活动产生的现金流量差异的原因，从现金流量的角度分析净利润的质量。所以，现金流量表准则规定企业应当采用直接法编报现金流量表，同时要求在附注中提供以净利润为基础调节到经营活动现金流量的信息。

表15-7　　　　　　　　　　　　**现金流量表格式**
现金流量表

编制单位：　　　年　　月　　　　　　　　　　　　　　　　　　　单位：元

项目	本期金额	上期金额
一、经营活动产生的现金流量：		
销售商品、提供劳务收到的现金		
收到的税费返还		
收到其他与经营活动有关的现金		
经营活动现金流入小计		
购买商品、接受劳务支付的现金		
支付给职工以及为职工支付的现金		
支付的各项税费		
支付其他与经营活动有关的现金		
经营活动现金流出小计		
经营活动产生的现金流量净额		
二、投资活动产生的现金流量：		
收回投资收到的现金		
取得投资收益收到的现金		
处置固定资产、无形资产和其他长期资产收回的现金净额		
处置子公司及其他营业单位收到的现金净额		

续表

项目	本期金额	上期金额
收到其他与投资活动有关的现金		
投资活动现金流入小计		
购建固定资产、无形资产和其他长期资产支付的现金		
投资支付的现金		
取得子公司及其他营业单位支付的现金净额		
支付其他与投资活动有关的现金		
投资活动现金流出小计		
投资活动产生的现金流量净额		
三、筹资活动产生的现金流量：		
吸收投资收到的现金		
取得借款收到的现金		
收到其他与筹资活动有关的现金		
筹资活动现金流入小计		
偿还债务支付的现金		
分配股利、利润或偿付利息支付的现金		
支付其他与筹资活动有关的现金		
筹资活动现金流出小计		
筹资活动产生的现金流量净额		
四、汇率变动对现金及现金等价物的影响		
五、现金及现金等价物净增加额		
加：期初现金及现金等价物余额		
六、期末现金及现金等价物余额		

2. 工作底稿法或 T 型账户法。

在具体编制现金流量表时，可以采用工作底稿法或 T 型账户法，也可以根据有关科目记录分析填列。

（1）工作底稿法。

采用工作底稿法编制现金流量表，是以工作底稿为手段，以资产负债表和利润表数据为基础，对每一项目进行分析并编制调整分录，从而编制现金流量表。工作底稿法的程序如下：

第一步，将资产负债表的期初余额和期末余额填入工作底稿的期初数栏和期末数栏。

第二步，对当期业务进行分析并编制调整分录。编制调整分录时，要以利润表项目为基础，从"营业收入"开始，结合资产负债表项目逐一进行分析。在调整分录中，有关现金和现金等价物的事项，并不直接借记或贷记现金，而是分别记入"经营活动产生的现金流量""投资活动产生的现金流量""筹资活动产生的现金流量"有关项目。借记表示现金流入，贷记表示现金流出。

第三步，将调整分录过入工作底稿中的相应部分。

第四步，核对调整分录，借方、贷方合计数均已经相等，资产负债表项目期初余额加减调整分录中的借贷金额以后，也等于期末余额。

第五步，根据工作底稿中的现金流量表项目部分编制正式的现金流量表。

(2) T型账户法。

采用T型账户法编制现金流量表，是以T型账户为手段，以资产负债表和利润表数据为基础，对现金流量表每一项目进行分析并编制调整分录，从而编制现金流量表。T型账户法的程序如下：

第一步，为所有的非现金项目（包括资产负债表项目和利润表项目）分别开设T型账户，并将各自的期末和期初变动数过入各相关账户。如果项目的期末数大于期初数，则将差额过入和项目余额相同的方向；反之，过入相反的方向。

第二步，开设一个大的"现金及现金等价物"T型账户，每边分为经营活动、投资活动和筹资活动三个部分，左边记现金流入，右边记现金流出。与其他账户一样，过入期末期初变动数。

第三步，以利润表项目为基础，结合资产负债表分析每一个非现金项目的增减变动，并据此编制调整分录。

第四步，将调整分录过入各T型账户，并进行核对，该账户借贷相抵后的余额与原先过入的期末期初变动数应当一致。

第五步，根据大的"现金及现金等价物"T型账户编制正式的现金流量表。

二、直接法下现金流量表各项目的内容和填列方法

1. 销售商品、提供劳务收到的现金。

销售商品、提供劳务收到的现金：反映企业销售商品、提供劳务实际收到的现金（含销售收入和应向购买者收取的增值税额），包括本期销售商品、提供劳务收到的现金，以及前期销售和提供劳务本期收到的现金和本期预收的账款，减去本期退回本期销售的商品和前期销售本期退回商品的现金。企业销售材料和代购代销业务收到的现金，也在本项目反映。

本项目的金额可以根据利润表、资产负债表有关项目以及部分账户记录资料计算填列。具体计算公式为：

销售商品提供劳务收到现金 = 当期营业收入 × (1 + 增值税税率) − 应收账款

（期末余额－期初余额）－应收票据（期末余额－期初余额）－坏账准备（期末余额－期初余额）＋当期收回前期核销的坏账－销售折扣与折让－应收票据贴现的利息－以非货币性资产抵偿债务而减少的应收账款和应收票据

【例 15－1】 豫章股份公司 2025 年度有关资料如下：

（1）应收账款项目：年初数 100 万元，年末数 120 万元；

（2）应收票据项目：年初数 40 万元，年末数 20 万元；

（3）预收账款项目：年初数 80 万元，年末数 90 万元；

（4）业务收入 6 000 万元；

（5）应交税费——应交增值税（销项税额）1 037 万元；

（6）其他有关资料如下：本期计提坏账准备 5 万元。

解：销售商品、提供劳务收到现金 ＝（6 000 ＋ 1 037）－ 20 ＋ 20 ＋ 10 － 5 ＝ 7 042（万元）。

2. 收到的税费返还。

"收到的税费返还"项目，反映企业收到返还的各种税费，如收到的增值税、消费税、所得税、教育费附加返还等。这里应当注意的是，本项目只包括企业上交后而由税务等政府部门返还的款项，不包括其他方面的补贴或返还款项。本项目可根据"库存现金""银行存款""税金及附加""营业外收入"等科目的记录分析填列。

3. 收到的其他与经营活动有关的现金。

本项目反映企业除上述各项目外，收到的其他与经营活动有关的现金，如罚款收入、经营租赁固定资产收到的现金、投资性房地产收到的租金收入、流动资产损失中由个人赔偿的现金收入、除税费返还外的其他政府补助收入等。其他与经营活动有关的现金，如果价值较大的，应单列项目反映。本项目可以根据"库存现金""银行存款""管理费用""销售费用"等科目的记录分析填列。值得一提的是，企业实际收到的政府补助，无论是与资产相关还是与收益相关，均在"收到其他与经营活动有关的现金"项目填列。

4. 购买商品、接受劳务支付的现金。

购买商品支付的现金仅指购买原材料、商品、周转材料、接受劳务时支付的现金（含一并支付的增值税进项税额），包括本期购入商品、接受劳务支付的现金，以及本期支付前期购入商品、接受劳务的未付款项和本期预付款项，同时扣除本期发生的购货退回收到的现金。为购置存货而发生的借款利息资本化部分，应在"分配股利、利润或偿付利息支付的现金"项目中反映。

本项目的金额可以根据利润表、资产负债表有关项目以及部分账户记录资料计算填列。具体计算公式为：

购买商品、接受劳务支付的现金 ＝ 营业成本 ＋ 存货项目（期末余额－期初余额）+ 应付账款（期初余额 - 期末余额）+ 应付票据（期初余额 - 期末余额）+ 预付账款（期末余额 - 期初余额）+ 存货跌价准备（期末余额 - 期初余额）+ 本期新增应付款项中所含的增值税进项税额

还要考虑与非货币性资产交换和债务重组等有关的存货减增数，非现金抵债、非存货抵债引起的应付账款、应付票据的减少数，直接购货业务支付的增值税发生额，以及营业成本中的非外购存货费用。

在运用上述公式时需要注意以下几点：第一，营业成本不包含经营租赁支出，经营租赁支出在"支付其他与经营活动有关的现金"项目中反映。另外不属于本项目的职工薪酬及其所包含的制造费用都该扣除。第二，关于存货扣除项目，不属于本项目的职工薪酬及其所包含的制造费用要扣除；不涉及现金流量的存货增减应扣除，如计入管理费用、销售费用、营业外支出的存货，与债务重组有关的存货等。

【例15-2】豫章股份公司2025年度利润表和资产负债表有关项目金额资料如下：

（1）应付账款项目：年初数100万元，年末数120万元；
（2）应付票据项目：年初数40万元，年末数20万元；
（3）预付账款项目：年初数80万元，年末数90万元；
（4）存货项目：年初数为100万元，年末数为80万元；
（5）营业成本项目：4 000万元；
（6）本期新增应付款项中所含的增值税进项税额：600万元。

解：购买商品、接受劳务支付的现金 =（4 000 + 600）- 20 + 20 + 10 - 20 = 4 590（万元）。

5. 支付给职工以及为职工支付的现金。

"支付给职工以及为职工支付的现金"项目，反映企业实际支付给职工，以及为职工支付的现金，包括本期实际支付给职工的工资、奖金、各种津贴和补贴等，以及为职工支付的其他费用。企业代扣代缴的职工个人所得税，也在本项目反映。不包括支付的离退休人员的各项费用和支付给在建工程人员的工薪等。支付的在建工程人员的薪酬，在"购建固定资产、无形资产和其他长期资产所支付的现金"项目反映。本项目可以根据"应付职工薪酬""库存现金""银行存款"等科目的记录分析填列。

企业为职工支付的医疗、养老、失业、工伤、生育等社会保险基金、补充养老保险、住房公积金，企业为职工交纳的商业保险金，因解除与职工劳动关系给予的补偿，现金结算的股份支付，以及企业支付给职工或为职工支付的其他福利费用等，应根据职工的工作性质和服务对象，分别在"购建固定资产、无形资产和其他长期资产所支付的现金"和"支付给职工以及为职工支付的现金"项目中反映。

6. 支付的各项税费。

该项目反映企业按规定支付的各种税费，包括企业本期发生并支付的税费，以及本期支付以前各期发生的税费和本期预交的税费，包括所得税、增值税、消费税、印花税、房产税、土地增值税、车船使用税、教育费附加、矿产资源补偿费等，但不包括计入固定资产价值、实际支付的耕地占用税，也不包括本期退回的增值税、所得税等。本期退回的增值税、所得税在"收到的税费返还"项目反映。本项目可以根据"应交税费""库存现金""银行存款"等科目的记录分析填列。

【例15－3】豫章股份公司2025年有关资料如下：

（1）"应交税费——应交增值税（已交税金）"科目本期发生额为600 000元；

（2）"应交税费——未交增值税"科目年初贷方余额为100 000元，本期由"应交税费——应交增值税（转出未交增值税）"科目转入800 000元，年末贷方余额为80 000元。

根据有关政策该企业目前可以免交所得税。假定不考虑其他税费。

解：支付的各项税费 = 600 000 + （100 000 + 800 000 - 80 000） = 1 420 000（元）。

7. 支付的其他与经营活动有关的现金。

"支付的其他与经营活动有关的现金"项目，反映企业除上述各项外，支付的其他与经营活动有关的现金流出，如罚款支出、差旅费支出、业务招待费现金支出、保险费支出、经营租赁支付等。其他现金流出金额较大的，应单列项目反映。本项目可以根据"管理费用""销售费用""营业外支出""制造费用"等有关科目的记录分析填列。

8. 收回投资收到的现金。

"收回投资收到的现金"项目，反映企业出售、转让或到期收回除现金等价物以外的交易性金融资产、债权投资、其他债权投资、其他权益工具投资、长期股权投资（不包括处置子公司）而收到的现金，以及收回长期债权投资本金而收到的现金。本项目可以根据"交易性金融资产""债权投资""其他债权投资""其他权益工具投资""长期股权投资""库存现金""银行存款"等科目的记录分析填列。

填列本项目时，需要注意以下几点：①长期债权投资收回的利息，在"取得投资收益收到的现金"项目中反映；②对符合现金等价物条件的短期投资的处置，属于现金的内部转换，既不产生现金流入，也不产生现金流出；③处置投资收到非现金资产时，不涉及现金流量，不列入现金流量表。但是，如果此类交易金额重大，应在补充资料中披露。

9. 取得投资收益收到的现金。

"取得投资收益收到的现金"项目,反映企业因股权性投资和债权性投资而取得的现金股利和利息,以及从子公司、联营企业和合营企业分回利润收到的现金,包括收到的属于现金等价物范围内的债券利息收入,但不包括股票股利和收到的买价中包含的已宣告分配但尚未领取的现金股利和已到期尚未领取的利息。本项目可以根据"应收股利""应收利息""投资收益""库存现金""银行存款"等科目的记录分析填列。但注意这里的投资收益不包括权益法下被投资企业实现净利润确认的投资收益。

10. 处置固定资产、无形资产和其他长期资产收回的现金净额。

"处置固定资产、无形资产和其他长期资产收回的现金净额"项目,反映企业处置固定资产、无形资产和其他长期资产所取得的现金,减去为处置这些资产而支付的有关费用后的净额。由于自然灾害所造成的固定资产等长期资产损失而收到的保险赔偿收入,也在本项目反映。如处置固定资产、无形资产和其他长期资产收回的现金净额为负数,则应作为投资活动现金流出项目反映,列在"支付的与投资活动有关的其他现金"中。本项目可以根据"固定资产清理""库存现金""银行存款"等科目的记录分析填列。

11. 收到的其他与投资活动有关的现金。

"收到的其他与投资活动有关的现金"项目,反映企业除了上述各项以外,收到的其他与投资活动有关的现金流入。其他现金流入金额较大的,应单列项目反映。本项目可以根据有关科目的记录分析填列。

12. 购建固定资产、无形资产和其他长期资产支付的现金。

该项目反映企业购买、建造固定资产,取得无形资产和其他长期资产所支付的现金,包括购买机器设备所支付的现金、建造工程支付的现金、支付在建工程人员的工资等现金支出,不包括为购建固定资产、无形资产和其他长期资产而发生的借款利息资本化部分。为购建固定资产、无形资产和其他长期资产而发生的借款利息资本化部分,在"分配股利、利润或偿付利息支付的现金"项目中反映。本项目可以根据"固定资产""在建工程""工程物资""无形资产""库存现金""银行存款"等科目的记录分析填列。

13. 投资支付的现金。

"投资支付的现金"项目,反映企业进行权益性投资和债权性投资支付的现金,包括企业取得的除现金等价物以外的交易性金融资产、债权投资、其他债权投资、其他权益工具投资、长期股权投资支付的现金,以及支付的佣金、手续费等交易费用。本项目可以根据"长期股权投资""债权投资""交易性金融资产""库存现金""银行存款"等科目的记录分析填列。

但企业购买股票和债券时,实际支付的价款中包含的已宣告尚未领取的现金股利或已到付息期但尚未领取的债券的利息，应在投资活动的"支付的其他与投资活动有关的现金"项目反映；收回购买股票和债券时支付的已宣告但尚未领取的现金股利或已到付息期但尚未领取的债券的利息，在投资活动的"收到的其他与投资活动有关的现金"项目反映。

14. 支付的其他与投资活动有关的现金。

"支付的其他与投资活动有关的现金"项目，反映企业除了上述各项以外，支付的其他与投资活动有关的现金流出。其他现金流出如价值较大的，应单列项目反映。本项目可以根据有关科目的记录分析填列。

15. 吸收投资收到的现金。

该项目反映企业以发行股票、债券等方式筹集资金实际收到的款项净额（发行收入减去支付的佣金等发行费用后的净额）。以发行股票、债券等方式筹集资金而由企业直接支付的审计、咨询等费用，不在本项目反映，而是在"支付的其他与筹资活动有关的现金"项目中反映。

16. 借款收到的现金。

"借款收到的现金"项目，反映企业举借各种短期、长期借款所收到的现金。本项目可以根据"短期借款""长期借款""交易性金融负债""现金""银行存款"等科目的记录分析填列。

17. 收到的其他与筹资活动有关的现金。

"收到的其他与筹资活动有关的现金"项目，反映企业除上述各项目外，收到的其他与筹资活动有关的现金流入，如接受现金捐赠等。其他现金流入如价值较大的，应单列项目反映。本项目可以根据有关科目的记录分析填列。

18. 偿还债务支付的现金。

"偿还债务支付的现金"项目，反映企业以现金偿还债务的本金，包括偿还金融企业的借款本金、偿还债券本金等。企业偿还的借款利息、债券利息，在"分配股利、利润或偿付利息所支付的现金"项目反映，不包括在本项目内。本项目可以根据"短期借款""长期借款""交易性金融负债""现金""银行存款"等科目的记录分析填列。

19. 分配股利、利润或偿付利息支付的现金。

"分配股利、利润或偿付利息支付的现金"项目，反映企业实际支付的现金股利，支付给其他投资单位的利润以及支付的借款利息、债券利息等。本项目可以根据"应付股利""应付利息""财务费用""长期借款""库存现金""银行存款"等科目的记录分析填列。

20. 支付的其他与筹资活动有关的现金。

本项目反映企业除上述各项目外，支付的其他与筹资活动有关的现金，如以发行股票、债券等方式筹集资金而由企业直接支付的审计、咨询等费用，以分期付款方式购建固定资产、无形资产等各期支付的现金，减少注册资本发生的现金支出等。其他与筹资活动有关的现金，如果价值较大的，应单列项目反映。本项目可以根据有关科目的记录分析填列。

21. 汇率变动对现金及现金等价物的影响。

现金流量表准则规定，外币现金流量以及境外子公司的现金流量，应当采用现金流量发生日的即期汇率或即期汇率近似的汇率折算。汇率变动对现金的影响额应当作为调节项目，在现金流量表中单独列报。汇率变动对现金的影响，指企业外币现金流量及境外子公司的现金流量折算成记账本位币时，所采用的是现金流量发生日的汇率或即期汇率近似的汇率，而现金流量表"现金及现金等价物净增加额"项目中外币现金净增加额是按资产负债表日的即期汇率折算。这两者的差额即为汇率变动对现金的影响。

三、现金流量表附注的内容及填列

现金流量表补充资料主要包括三项：一是将净利润调节为经营活动现金流量；二是不涉及当期现金收支，但影响企业财务状况或在未来可能影响企业现金流量的重大投资和筹资活动；三是现金及现金等价物净变动情况。

（一）将净利润调整为经营活动的现金流量

附注中的"将净利润调整为经营活动的现金流量"，实际上是采用间接法编制经营活动的现金流量。间接法是以净利润为出发点，净利润是按照权责发生制确定的，其中有些收入、费用项目并没有实际发生现金流入和现金流出，通过对这些项目的调整，即可将净利润调整为经营活动现金流量。在我国，现金流量表补充资料应采用间接法反映经营活动产生的现金流量情况，以对现金流量表中采用直接法反映的经营活动现金流量进行核对和补充说明，以便财务报告使用者更好地了解企业净利润与经营活动现金流量净额不一致的原因。

采用间接法列报经营活动产生的现金流量时，需要调整以下四大类项目：①实际没有支付现金的费用；②实际没有收到现金的收益；③不属于经营活动的损益；④经营性应收应付项目的增减变动。采用间接法将净利润调整为经营活动现金流量的基本公式如下：

经营活动产生的现金流量净额＝净利润＋计提的资产减值准备＋固定资产折旧＋无形资产摊销＋长期待摊费用摊销＋长期待摊费用减少（减：增加）＋应付利息增加（减：减少）＋处置固定资产、无形资产和其他长期资产的损失（减：收益）＋固定资产报废损失＋公允价值变动损失（减：收益）＋财务费用＋投资损失（减：收益）＋递延所得税负债（减：递延所得税资产）＋存货的减少（减：增加）＋经营性应收项目的减少（减：增加）＋经营性应付项目的增加（减：减少）＋其他上述需要调整的项目分别说明如下：

1. 计提的资产减值准备。

企业计提的各项减值准备包括坏账准备、存货跌价准备、长期股权投资减值准备、投资性房地产减值准备、固定资产减值准备、在建工程减值准备、无形资产减值准备、商誉减值准备、生产性生物资产减值准备、油气资产减值准备等。这些减值准备直接计入了当期损益，但它们实际上并没有发生现金流出，因此，在将净利润调节为经营活动现金流量时应将其加回。本项目可根据"资产减值损失"科目分析填列。

2. 计提的固定资产折旧。

企业计提的固定资产折旧，有的包括在管理费用中，有的包括在制造费用中。计入管理费用中的部分，作为期间费用在计算净利润时从中扣除，但没有发生现金流出，在将净利润调节为经营活动现金流量时，需要予以加回。计入制造费用中已经变现的部分，在计算净利润时通过销售成本予以扣除，但没有发生现金流出，在将净利润调节为经营活动现金流量时，需要予以加回；计入制造费用中的没有变现的部分，既不涉及现金收支，也不影响企业当期净利润。由于在调节存货时，已经从中扣除，在此处将净利润调节为经营活动现金流量时，需要予以加回。

3. 无形资产摊销。

该项目反映企业本期累计摊入成本费用的无形资产价值。无形资产摊销时，计入了管理费用，但没有发生现金流出，所以在调整时应将本年摊销额加回到净利润中。

4. 长期待摊费用。

本项目反映由于经营活动影响的长期待摊费用的增减变化，长期待摊费用减少一般会增加费用，减少净利润，应在净利润的基础上加回；长期待摊费用增加一般会减少现金或存货等，应从净利润中扣除。但由于投资活动和筹资活动业务影响的长期待摊费用的增加或减少业务，则不应考虑。

5. 处置固定资产、无形资产和其他长期资产的损益（减：收益）。

处置固定资产、无形资产和其他长期资产，不属于经营活动，而是投资活动。如果处置时产生损失，则会减少净利润，但不会影响经营活动的现金流量，因此，应在调整净利润时加回。如果产生收益，则应减去。本项目可根据"资产处置损益"等科目所属有关明细科目的记录分析填列；如为净收益，以"－"号填列。

6. 固定资产报废损失。

固定资产报废损失计入了营业外支出，使净利润减少，但这部分损失并没有影响经营活动现金流量，所以应在调节净利润时加回。固定资产的盘盈和盘亏的处置，会影响净利润，应在净利润基础上进行调整。本项目可根据"营业外支出""营业外收入"等科目所属有关明细科目的记录分析填列。

7. 公允价值变动损益。

公允价值变动损益反映企业交易性金融资产、投资性房地产等公允价值变动形成的应计入当期损益的利得或损失。企业发生的公允价值变动损益，通常与企业的投资活动或筹资活动有关，而且并不影响企业当期的现金流量。为此，应当将其从净利润中剔除。本项目可以根据"公允价值变动损益"科目的发生额分析填列。如为持有损失，在将净利润调节为经营活动现金流量时，应当加回；如为持有利得，在将净利润调节为经营活动现金流量时，应当扣除。

8. 财务费用。

"财务费用"项目，反映企业本期发生的应属于投资活动或筹资活动的财务费用，不包括经营活动产生的财务费用，如票据贴现利息。投资或筹资活动引起的财务费用的增加，会使企业的净利润减少，但它不属于企业的经营活动，因此，对经营活动净流量的影响额为零，所以将净利润调节为经营活动的现金流量，应加回投资活动或筹资活动引起的财务费用的发生额。本项目可以根据"财务费用"账户的本期借方发生额分析填列；如为收益，以"－"号填列。

9. 投资净损失（减：收益）。

"投资损益"项目，反映企业本期投资所发生的损失减去收益后的净损失或收益。由于投资净损失或净收益，会使企业本期的净利润减少或增加，但由于它不属于经营活动，因此，对经营活动净流量的影响额为零，所以将净利润调节为经营活动的现金流量时，应加回投资净损失，减去投资净收益。本项目可以根据利润表"投资收益"项目的本期发生额填列；如为投资收益，以"－"号填列。

10. 递延所得税资产减少（减：增加）。

递延所得税资产减少使计入所得税费用的金额大于当期应交的所得税金额，其差额没有发生现金流出，但在计算净利润时已经扣除，在将净利润调节为经营活动现金流量时，应当加回。递延所得税资产增加使计入所得税费用的金额小于当期应交的所得税金额，两者之间的差额并没有发生现金流入，但在计算净利润时已经包括在内，在将净利润调节为经营活动现金流量时，应当扣除。本项目可以根据资产负债表"递延所得税资产"科目期初、期末余额分析填列。

11. 递延所得税负债增加（减：减少）。

递延所得税负债增加使计入所得税费用的金额大于当期应交的所得税金额，其差额没有发生现金流出，但在计算净利润时已经扣除，在将净利润调节为经营活动现金流量时，应当加回。递延所得税负债减少使计入当期所得税费用的金额小于当期应交的所得税金额，其差额并没有发生现金流入，但在计算净利润时已经包括在内，在将净利润调节为经营活动现金流量时，应当扣除。本项目可以根据资产负债表"递延所得税负债"项目期初、期末余额分析填列。

12. 存货的减少（减：增加）。

存货的增加变动属于经营活动。在不存在赊销的情况下，若某一期间期末存货比期初存货增加了，说明当期购入的存货除耗用外，还留有余额，即除了当期销售成本包含的存货发生现金支出外，还为增加存货发生了现金支出，所以应在调节净利润时减去。反之，应该加回到净利润中。也就是说，存货增加，说明现金减少；存货减少，说明现金增加。所以在调整净利润时，应减去存货的增加数，或加上存货的减少数。

13. 经营性应收项目的减少（减：增加）。

经营性应收项目包括应收票据、应收账款、预付账款、长期应收款和其他应收款中，与经营活动有关的部分，以及应收的增值税销项税额等。经营性应收项目期末余额小于经营性应收项目期初余额，说明本期收回的现金大于利润表中所确认的销售收入，所以在将净利润调节为经营活动现金流量时，需要加回。经营性应收项目期末余额大于经营性应收项目期初余额，说明本期销售收入中有一部分没有收回现金，但是，在计算净利润时这部分销售收入已包括在内，所以在将净利润调节为经营活动现金流量时，需要扣除。本项目应当根据有关科目的期初、期末余额分析填列；如为增加，以"－"号填列。

14. 经营性应付项目的增加（减：减少）。

经营性应付项目包括应付票据、应付账款、预收账款、应付职工薪酬、应交税费、应付利息、长期应付款、其他应付款中与经营活动有关的部分，以及应付的增值税进项税额等。经营性应付项目期末余额大于经营性应付项目期初余额，说明本期购入的存货中有一部分没有支付现金，但是，在计算净利润时却通过销售成本包括在内，在将净利润调节为经营活动现金流量时，需要加回；经营性应付项目期末余额小于经营性应付项目期初余额，说明本期支付的现金大于利润表中所确认的销售成本，在将净利润调节为经营活动产生的现金流量时，需要扣除。本项目应当根据有关科目的期初、期末余额分析填列；如为减少，以"－"号填列。

【例 15 – 4】豫章股份公司当期净利润为 600 万元，投资收益为 100 万元，与筹资活动有关的财务费用为 50 万元，经营性应收项目增加 75 万元，经营性应付项目减少 25 万元，固定资产折旧为 40 万元，无形资产摊销为 10 万元。假设没有其他影响经营活动现金流量的项目。要求，计算豫章股份公司当期经营活动产生的现金流量净额。

【分析】将净利润调整为经营活动现金流量，是以净利润为基础，然后通过对有关项目的分析，进行调增或调减。投资收益 100 万元，增加了净利润，但不影响经营活动现金流量，应该减去。与筹资有关的财务费用，减少了净利润，但不影响经营活动现金流量,因为它属于筹资活动,不属于经营活动,应该加上。经营性应收项目增加 75 万元,不影响净利润,但导致现金减少 75 万元,应该减去。经营性应付项目减少 25 万元,不影响净利润,但导致现金减少 25 万元,应该减去。固定资产折旧 40 万元、无形资产摊销 10 万元,减少了净利润,但不影响经营活动现金流量,应该加上。

当期经营活动产生的现金流量净额 = 600 - 100 + 50 - 75 - 25 + 40 + 10 = 500(万元)。

(二)不涉及现金收支的投资和筹资活动

"不涉及现金收支的投资和筹资活动",反映企业一定期间内影响资产或负债但不形成该期现金收支的所有投资和筹资活动的信息。这些投资和筹资虽然不涉及现金收支,但对以后各期的现金流量有重大影响。如融资租入设备,记入"长期应付款"账户,当期并不支付设备款及租金,但以后各期必须为此支付现金,从而在一定时期内形成了一项固定的现金支出。不涉及现金收支的投资和筹资活动所包含的项目及其填列方法如下:

1. "债务转为资本"项目,反映企业本期转为资本的债务金额。
2. "一年内到期的可转换公司债券"项目,反映企业一年内到期的可转换公司债券的本息。

(三)现金及现金等价物净变动情况

现金及现金等价物净变动情况,可以通过现金的期末期初差额进行反映,用以检验用直接法编制的现金流量净额是否准确。现金等价物是企业持有的期限短、流动性强、易于转换为已知金额现金、价值变动风险很小的投资。企业可据此设定现金等价物的标准,根据期末、期初余额分析填列。若企业的现金等价物年末余额与年初余额相差不大,可以忽略不计。

四、现金流量表编制实例

豫章股份公司根据 2025 年编制的现金流量表和附注如表 15 - 8 和表 15 - 9 所示。

表 15 - 8　　　　　　　豫章股份公司现金流量表

现 金 流 量 表

编制单位:豫章股份公司　　　2025 年　　　　　　　　　　　　　单位:元

项目	本期金额	上期金额
一、经营活动产生的现金流量:		
销售商品、提供劳务收到的现金	399 000	
收到的税费返还		

续表

项目	本期金额	上期金额
收到其他与经营活动有关的现金		
经营活动现金流入小计	399 000	
购买商品、接受劳务支付的现金	146 250	
支付给职工以及为职工支付的现金	22 800	
支付的各项税费	43 350	
支付其他与经营活动有关的现金	30 000	
经营活动现金流出小计	242 400	
经营活动产生的现金流量净额	156 600	
二、投资活动产生的现金流量：		
收回投资收到的现金	45 000	
取得投资收益收到的现金	6 000	
处置固定资产、无形资产和其他长期资产收回的现金净额	40 000	
处置子公司及其他营业单位收到的现金净额		
收到其他与投资活动有关的现金		
投资活动现金流入小计	91 000	
购建固定资产、无形资产和其他长期资产支付的现金	1 372 000	
投资支付的现金	200 000	
取得子公司及其他营业单位支付的现金净额		
支付其他与投资活动有关的现金		
投资活动现金流出小计	1 572 000	
投资活动产生的现金流量净额	1 481 000	
三、筹资活动产生的现金流量：		
吸收投资收到的现金		
取得借款收到的现金	600 000	
收到其他与筹资活动有关的现金		
筹资活动现金流入小计	600 000	
偿还债务支付的现金	150 000	
分配股利、利润或偿付利息支付的现金	7 500	
支付其他与筹资活动有关的现金	50 000	
筹资活动现金流出小计	207 500	

续表

项目	本期金额	上期金额
筹资活动产生的现金流量净额	392 500	
四、汇率变动对现金及现金等价物的影响		
五、现金及现金等价物净增加额	-931 900	
加：期初现金及现金等价物余额	3 558 000	
六、期末现金及现金等价物余额	2 626 100	

表 15－9　　　　　豫章股份公司现金流量表附注

补充资料	本期金额	上期金额（略）
1. 将净利润调节为经营活动现金流量：		
净利润	51 590	
加：计提的资产减值准备	14 500	
固定资产折旧	250 000	
无形资产摊销	20 000	
长期待摊费用摊销	70 500	
长期待摊费用减少（减：增加）		
应付利息增加（减：减少）		
处置固定资产、无形资产和其他长期资产的损失（减：收益）	5 000	
固定资产报废损失		
财务费用（扣除贴现的利息）	12 000	
投资损失（减：收益）	-4 000	
公允价值变动损益（减：增加）	-1 770	
递延所得税负债（减：递延所得税资产 584－3960）	-3 376	
存货的减少（增加以"－"表示）	-247 880	
经营性应收项目的减少（指原价，并非净值）	-185 000	
经营性应付项目的增加（减：减少）	175 036	
其他		
经营活动产生的现金流量净额	156 600	
2. 不涉及现金收支的投资和筹资活动：		
债务转为资本		
一年内到期的可转换公司债券		
融资租入固定资产	300 000	

续表

补充资料	本期金额	上期金额（略）
3. 现金及现金等价物净增加情况：		
现金的期末余额	2 626 100	
减：现金的期初余额	3 558 000	
加：现金等价物的期末余额		
减：现金等价物的期初余额		
现金及现金等价物增加额	-931 900	

第五节 所有者权益变动表

一、所有者权益变动表概述

（一）所有者权益变动表的概念及作用

所有者权益变动表是反映构成所有者权益的各组成部分当期的增减变动情况的报表，不仅包括所有者权益总量的增减变动，还包括所有者权益增减变动的重要结构性信息，特别是要反映直接计入所有者权益的利得和损失，让报表使用者准确理解所有者权益增减变动的根源。

在所有者权益变动表中，综合收益和与所有者（或股东）的资本交易导致的所有者权益的变动，应当分别列示。企业至少应当单独列示反映下列信息的项目：(1) 综合收益总额；(2) 会计政策变更和前期差错更正的累积影响金额；(3) 所有者投入资本和向所有者分配利润等；(4) 提取的盈余公积；(5) 所有者权益各组成部分的期初和期末余额及其调节情况。

（二）所有者权益变动表的列报格式

1. 以矩阵的形式列报。

为了清楚地表明构成所有者权益的各组成部分当期的增减变动情况，所有者权益变动表应以矩阵的形式列示。一方面，列示导致所有者权益变动的交易或事项，并且按所有者权益变动的来源对一定时期所有者权益变动情况进行全面反映；另一方面，按照所有者权益各组成部分（包括实收资本、资本公积、盈余公积、未分配利润和库存股）及其总额列示交易或事项对所有者权益的影响。

2. 列示所有者权益变动的比较信息。

根据财务报表列报准则的规定，企业需要提供比较所有者权益变动表，因此，所有者权益变动表还将各项目再分为"本年金额"和"上年金额"两栏分别填列。所有者权益变动表的格式见表15–10。

表15–10　　　　　　　　豫章股份公司所有者权益变动表

编制单位：豫章股份公司　　2025年　　　　　　　　　　　　　　　　　　单位：元

项目	行次	本年金额								上年金额							
		实收资本（或股本）	其他权益工具	资本公积	减：库存股	其他综合收益	盈余公积	未分配利润	所有者权益合计	实收资本（或股本）	其他权益工具	资本公积	减：库存股	其他综合收益	盈余公积	未分配利润	所有者权益合计
一、上年年末余额		7 500 000					900 000	210 000	8 610 000								
加：会计政策变更																	
前期差错更正																	
其他																	
二、本年年初余额		7 500 000					900 000	210 000	8 610 000								
三、本年增减变动金额（减少以"–"号填制）																	
（一）综合收益总额				1 687				57 750	59 437								
（二）所有者投入和减少资本																	
1. 所有者投入的普通股																	
2. 其他权益工具持有者投入资本																	
3. 股份支付计入所有者权益的金额																	
4. 其他																	
（三）利润分配																	
1. 提取盈余公积							5 775	–5 775	0								
2. 对所有者（或股东）的分配								–16 430	–16 430								
3. 其他																	
（四）所有者权益内部结转																	

续表

项目	行次	本年金额								上年金额							
		实收资本（或股本）	其他权益工具	资本公积	减:库存股	其他综合收益	盈余公积	未分配利润	所有者权益合计	实收资本（或股本）	其他权益工具	资本公积	减:库存股	其他综合收益	盈余公积	未分配利润	所有者权益合计
1. 资本公积转增资本（或股本）																	
2. 盈余公积转增资本（或股本）																	
3. 盈余公积弥补亏损																	
4. 其他综合收益结转留存收益																	
5. 其他																	
四、本年年末余额		7 500 000		1 687		905 775	245 545		8 653 007								

二、所有者权益变动表的编制方法

1. 所有者权益变动表"上年金额"栏内各项数字，应根据上年度所有者权益变动表"本年金额"栏内所列数字填列。如果上年度所有者权益变动表规定的项目的名称和内容与本年度不一致，应对上年度所有者权益变动表各项目的名称和金额按照本年度的规定进行调整，填入所有者权益变动表"上年金额"栏内。

2. 本年金额栏的填列方法。所有者权益变动表"本年金额"栏内各项数字一般应根据"实收资本（或股本）""利润分配""其他权益工具""资本公积""盈余公积""专项储备""其他综合收益""库存股""以前年度损益调整"等科目及其明细科目的发生额分析填列。

3. "会计政策变更""前期差错更正"项目，分别反映企业采用追溯调整法处理的会计政策变更的累积影响金额和采用追溯重述法处理的会计差错更正的累积影响金额。

4. "本年增减变动额"栏目。

（1）"综合收益总额"项目，反映企业在某一期间除与所有者以其所有者身份进行的交易之外的其他交易或事项所引起的所有者权益变动，其金额为净利润和其他综合收益扣除所得税影响后净额相加的合计金额。

（2）"所有者投入和减少资本"项目，反映企业当年所有者投入的资本和减少的资本。"所有者投入的普通股"项目,反映企业接受投资者投入形成的实收资本(或股本)和资本溢价或股本溢价。"其他权益工具持有者投入资本"项目,反映企业接受其他权益工具持有者投入资本。"股份支付计入所有者权益的金额"项目,反映企业以权益结算的股份支付计入所有者权益的金额。

(3)"利润分配"项目,反映企业当年的利润分配金额。"提取盈余公积"项目,反映企业按照规定提取的盈余公积。"对所有者(或股东)的分配"项目,反映对所有者(或股东)分配的利润(或股利)金额。

(4)"所有者权益内部结转"项目,反映企业构成所有者权益的组成部分之间的增减变动情况。为了全面反映所有者权益各组成部分的增加变动情况,所有者权益内部结转也是所有者权益变动表的重要组成部分,主要指不影响所有者权益总额的所有者权益各组成部分当期的增减变动。"资本公积转增资本(或股本)"项目,反映企业以资本公积转增资本或股本的金额。"盈余公积转增资本(或股本)"项目,反映企业以盈余公积转增资本或股本的金额。"盈余公积弥补亏损"项目,反映企业以盈余公积弥补亏损的金额。"其他综合收益结转留存收益"项目反映从其他综合收益中转入留存收益的金额。

第六节 财务报表附注

一、财务报表附注概述

(一)财务报表附注的概念及作用

附注是对在资产负债表、利润表、现金流量表和所有者权益变动表等报表中列示项目的文字描述或明细资料,以及对未能在这些报表中列示项目的说明等。《企业会计准则第30号——财务报表列报》对附注的披露要求是对企业附注披露的最低要求,应当适用于所有类型的企业,企业还应当按照各项具体会计准则的规定在附注中披露相关信息。

附注相关信息应当与资产负债表、利润表、现金流量表和所有者权益变动表等报表中列示的项目相互参照,以有助于使用者联系相关联的信息,并由此从整体上更好地理解财务报表。

企业在披露附注信息时,应当与定量、定性信息相结合,按照一定的结构对附注信息进行系统合理地排列和分类,以便于使用者理解和掌握。

财务报表附注的作用主要体现在以下几个方面:

第一,可以增进表内会计信息的可理解性。企业外部财务报告使用者的信息需求及侧重点各不相同,同时由于目前各公司所处经济环境的复杂性,仅靠几张财务报表提供信息不仅不能满足信息使用者的需要，而且有可能误导信息使用者作出正确决策。会计报表附注就是将表中数据进行解释，把一个个抽象的数据分解成若干个具体项目，并说明产生各项目的会计方法，从而有助于信息使用者理解财务报表的信息。

第二，可以提高表内会计信息的可比性。可比性是衡量会计信息质量的一条重要的会计原则，然而如果不同企业的同一类业务采取了不同的会计政策或者同一家企业不同期间的同一类项目采用了不同的会计政策，则会影响信息的可比性。因此在财务报告中用适当的方式通过会计报表附注来说明公司所采用的会计政策及其变更，有助于提高财务报表的可比性。

第三，可以促进表内会计信息的充分披露，增强透明度。由于会计报表采用表格形式，受其限制，只能按大类设置项目，反映总括情况，具有一定的固定性和规定性，至于各项目的情况以及项目背后的情况往往难以在表内反映，从而使其反映的会计信息受到一定的限制。会计报表附注就是对公司的会计政策及其变更等内容都有必要的说明，对财务报表的各大类和项目也有必要的说明性注释，使报表使用者对公司的财务状况、经营成果和现金流动情况获得更充分的了解，并有利于报表使用者作出正确的决策。

第四，可以突出财务报表信息的重要性。由于财务报表所提供的数量信息比较全面，内容繁多，信息使用者有可能抓不住重点，通过会计报表附注，可将财务报表中的重要数据进一步予以分解、说明，有助于信息使用者了解哪些是重要的信息，应当引起注意并在决策中有所考虑。

（二）财务报表附注披露的基本要求

第一，附注披露的信息应是定量和定性信息的结合，从而能从量和质两个角度对企业经济事项完整地进行反映，才能满足信息使用者的决策需求。

第二，附注应当按照一定的结构进行系统合理地排列和分类，有顺序地披露信息。由于附注的内容繁多，因此更应按逻辑顺序排列，分类披露，条理清晰，具有一定的组织结构，以便于使用者理解和掌握，也更好地实现财务报表的可比性。

第三，附注相关信息应当与资产负债表、利润表、现金流量表和所有者权益变动表等报表中列示的项目相互参照，以有助于使用者联系相关联的信息，并由此从整体上更好地理解财务报表。

二、财务报表附注的内容

企业应当在附注中至少披露下列内容，但是非重要项目除外。

（一）企业的基本情况

1. 企业注册地、组织形式和总部地址。
2. 企业的业务性质和主要经营活动，如企业所处的行业、所提供的主要产品或服务、客户的性质、销售策略、监管环境的性质等。

3. 母公司以及集团最终母公司的名称。

4. 财务报告的批准报出者和财务报告批准报出日,或者以签字人及其签字日期为准。

5. 营业期限有限的企业,还应当披露有关其营业期限的信息。

(二) 财务报表的编制基础

财务报表的编制基础主要包括会计年度、记账本位币、会计计量所运用的计量基础和现金及现金等价物的构成。

(三) 遵循企业会计准则的声明

企业应当声明编制的财务报表符合企业会计准则的要求,真实、完整地反映了企业的财务状况、经营成果和现金流量等有关信息,以此明确企业编制财务报表所依据的制度基础。

如果企业编制的财务报表只是部分地遵循了企业会计准则,附注中不得作出这种表述。

(四) 重要会计政策和会计估计的说明

企业在发生某项交易或事项允许选用不同的会计处理方法时,应当根据准则的规定从允许的会计处理方法中选择适合本企业特点的会计政策。例如,存货的计价可以选择先进先出法、加权平均法和个别计价法等。为了有助于报表使用者理解,有必要对这些会计政策加以披露。财务报表列报准则强调了对会计估计不确定因素的披露要求,企业应当披露会计估计中所采用的关键假设和不确定因素的确定依据,这些关键假设和不确定因素在下一会计期间内很可能导致对资产、负债账面价值进行重大调整。

(五) 会计政策和会计估计变更以及会计差错更正的说明

主要包括以下内容:①会计政策变更的性质、内容和理由。②当期和各个列报前期财务报表中受影响的项目名称和金额。③会计政策变更无法进行追溯调整的事实和原因以及开始应用变更后的会计政策的时点、具体应用情况。④会计估计变更的内容和理由。⑤会计估计变更对当期和未来期间的影响数。⑥会计估计变更的影响数不能合理确定的事实和理由。⑦前期会计差错的性质。⑧各个列报前期财务报表中受影响的项目名称和更正金额;前期差错对当期财务报表也有影响的,还要披露当期财务报表中受影响的项目名称和金额。⑨前期会计差错无法进行追溯重述的事实和原因以及对前期差错开始进行更正的时点、具体更正情况。

(六) 重要报表项目的说明

企业应当尽可能以列表形式披露重要报表项目的构成或当期增减变动情况。对重要报表项目的明细说明,应当按照资产负债表、利润表、现金流量表、所有者权益变动表的顺序以及报表项目列报的顺序进行披露,应当以文字和数字描述相结合进行披露,并与报表项目相互参照。

(七) 或有和承诺事项的说明

需要说明的或有和承诺事项主要包括:①预计负债的种类、形成原因以及经济利益流出不确定性的说明。②与预计负债有关的预期补偿金额和本期已确认的预期补偿金额。③或有负债种类、形成原因及经济利益流出不确定性的说明。④或有负债预计产生的财务影响,以及获得补偿的可能性;无法预计的,应当说明原因。⑤或有资产很可能会给企业带来经济利益的,其形成的原因、预计产生的财务影响等。⑥在涉及未决诉讼、未决仲裁的情况下,披露全部或部分信息预期对企业造成重大不利影响的,该未决诉讼、未决仲裁的性质以及没有披露这些信息的事实和原因。

(八) 资产负债表日后事项的说明

每项重要的资产负债表日后非调整事项的性质、内容,及其对财务和经营成果的影响。无法做出估计的,应当说明原因。

(九) 关联方关系及其交易的说明

关联方交易是指关联方之间发生的交易。关联关系是指其中一方具有影响另一方决策的能力。因此,关联方关系及其交易是会计报表附注中要披露的重要内容。对此,附注要求公司披露:①母公司和子公司的名称。母公司不是该企业最终控制方的,说明最终控制方名称,母公司和最终控制方均不对外提供财务报表的,说明母公司之上与其最相近的对外提供财务报表的母公司名称。②母公司和子公司的业务性质、注册地、注册资本及其变化。③母公司对该企业或者该企业对子公司的持股比例和表决权比例。④在企业与关联方发生交易的情况下,企业应说明关联方关系的性质、交易类型及其交易要素,这些要素包括:交易的金额,未结算项目的金额、条款和条件,以及有关提供或取得担保的信息,未结算应收项目的坏账准备金额,定价政策。⑤企业应当分别关联方以及交易类型披露关联方交易。

【本章小结】

财务报告是指企业对外提供的反映企业某一特定日期的财务状况和某一会计期间的经营成果、现金流量等会计信息的文件。财务报告是企业对外揭示和传递财务信息的总结性书面文件,是企业财务会计确认与计量的最终结果体现,是向投资者、债权人等财务报告使用者提供与决策有关会计信息的媒介和渠道。财务报告包括:资产负债表、利润表、现金流量表、所有者权益变动表和报表附注。

资产负债表是根据"资产＝负债＋所有者权益"这一基本会计恒等式的原理设计和编制的报表，反映企业在一定日期财务状况的静态报表。利润表是根据"收入－费用＝利润"这一基本会计恒等式的原理设计和编制的报表，反映企业一定期间经营成果的动态财务报表。现金流量表是依据"现金流入－现金流出＝现金流量净额"这一基本关系式来设计和编制的报表，是反映企业一定期间现金流入、流出及增减净额的动态报表。所有者权益变动表是根据"上年年末余额＋本年增减变动金额＝本年年末余额"的这一基本关系式来设计和编制的报表，是反映企业所有者权益构成及其变动情况的报表。

【本章思考题】

1. 简述资产负债表的作用。
2. 试述资产负债表项目的设置、分类及列报方法。
3. 简述多步式损益表的构成。
4. 简述现金流量表的作用。
5. 简述直接法下如何计算经营活动现金流量。
6. 简述编制现金流量表的方法有哪些。
7. 简述什么是会计报表附注及其作用。
8. 会计报表附注由哪些内容构成？

【本章练习】

资料：豫章股份公司为增值税一般纳税人，假定所有账户期初余额均为0，2025 年度发生下列经济业务：

（1）收到实收资本 232.32 万元，款存入银行。

（2）赊购原材料一批，价款 100 万元，增值税 13 万元，材料已入库。

（3）向银行借入生产用短期借款 30 万元，当年支付短期借款利息 3 万元。

（4）用原材料 10 万元对外投资，增值税税率为 13%。

（5）领用原材料 20 万元，其中生产部门 10 万元，车间领用 6 万元，在建工程领用 4 万元。

（6）分配并发放工薪 40 万元，其中生产工人工薪 20 万元，管理人员工薪 5 万元，在建工程人员工薪 15 万元，计提职工工薪福利费 14%。

（7）本年计提折旧 6 万元，其中生产用固定资产折旧 4 万元，厂部用 2 万元。

（8）结转本月制造费用。同时假设本期生产的产品全部完工入库，结转完工产品成本。

(9) 销售 A 产品，价款 130 万元，增值税税率 13%，款存入银行，产品成本为 20 万元。

(10) 本年度提取坏账准备金 0.3 万元。

(11) 从银行取得长期借款 80 万元，三年期，当年计提借款利息 8 万元。

(12) 按面值购入债券 10 万元，准备长期持有，当年支付利息 1 万元。

(13) 公司拥有甲公司 20% 的股权（对甲有重大影响），甲公司当年实现净利润 50 万元，支付现金股利 3 万元。

(14) 盘亏库存商品 2 万元，属于收发差错造成的盘亏，计入管理费用。

(15) 购入设备一台，价款 20 万元，增值税为 2.6 万元，款项已付，设备已交付使用。

(16) 归还长期借款 10 万元。

(17) 盘亏设备一台，原值 5 万元，已提折旧 2 万元，经批准计入"营业外支出"。

(18) 向甲公司投资机器一台，原值 10 万元，已提折旧 3 万元，协议作价 8 万元。

(19) 用银行存款 20 万元购入乙公司的专利权，本期摊销无形资产 2 万元。

(20) 销售原材料 5 万元，销售价 10 万元，增值税 1.3 万元，款项未收。

(21) 计算本期的应交所得税，税率为 25%。本年实际上缴所得税 5 万元，上缴增值税 3 万元。

(22) 结转本年损益。

(23) 按照税后净利润的 10% 提取法定盈余公积，按 5% 提取任意盈余公积，向股东分配现金股利 19.95 万元。

(24) 结转利润分配。

要求：(1) 编制豫章股份公司相关的会计分录。

(2) 编制该公司 2025 年 12 月 31 日的资产负债表，以及 2025 年度的利润表和现金流量表。